BIBLIA DE BOSQUEJOS Y SERMONES

TOMO 8
1 y 2 Corintios

BIBLIA DE BOSQUEJOS Y SERMONES

TOMO 8

1 y 2 Corintios

La misión de *Editorial Portavoz* consiste en proporcionar productos de calidad —con integridad y excelencia—, desde una perspectiva bíblica y confiable, que animen a las personas en su vida espiritual y servicio cristiano.

Título del original: *The Preacher's Outline and Sermon Bible,* Vol. 8, I & II Corinthians, © 1991 por Alpha-Omega Ministries, Inc. y publicado por Leadership Ministries Worldwide, P.O. Box 21310, Chattanooga, TN 37424. Todos los derechos reservados.

Edición en castellano: *Biblia de bosquejos y sermones,* tomo 8, 1 y 2 Corintios, © 2005 por Alpha-Omega Ministries, Inc. y publicado con permiso por Editorial Portavoz, filial de Kregel Publications, Grand Rapids, Michigan 49501. Todos los derechos reservados.

La *Biblia de bosquejos y sermones* fue escrita para que el pueblo de Dios la use tanto en sus vidas personales como en la predicación y enseñanza.

EDITORIAL PORTAVOZ
P.O. Box 2607
Grand Rapids, Michigan 49501 USA

Visítenos en: www.portavoz.com

ISBN 0-8254-1013-4

1 2 3 4 5 edición / año 09 08 07 06 05

Impreso en los Estados Unidos de América
Printed in the United States of America

CONTENIDO

ABREVIATURAS VARIAS

a.C.	=	antes de Cristo	p.	=	página
AT	=	Antiguo Testamento	p.ej.	=	por ejemplo
caps.	=	capítulos	pp.	=	páginas
concl.	=	conclusión	pto.	=	punto
cp.	=	compárese	s.	=	siguiente
d.C.	=	después de Cristo	ss.	=	siguientes
EF	=	Estudio a fondo	v.	=	versículo
N°	=	número	vs.	=	versus
NT	=	Nuevo Testamento	vv.	=	versículos

Cómo usar la *Biblia de bosquejos y sermones*

A   **El pasaje bíblico** siempre impreso

B   **El bosquejo para predicar** aparece cerca de cada versículo

C   Abundante material de **comentario práctico**

D   **Ilustraciones** y **aplicaciones** para cualquier auditorio

E   **Pasajes bíblicos de apoyo** minuciosamente seleccionados e impresos por completo

En primer lugar: Observe el **tema general**. Piense en él por un momento.

Después: Preste atención al **tema general** y a los **puntos principales** en conjunto.

Luego: Ponga atención a los **puntos principales** y a los **subpuntos** mientras lee las Escrituras. Note que los puntos se encuentran en forma bosquejada al lado del versículo correspondiente; sencillamente exponen lo que la Biblia quiere decir.

Por último: Lea el **comentario.** Importante: Note que los *números de los puntos principales* en el *bosquejo* se corresponden con los del *comentario.*

HECHOS DE LOS APÓSTOLES

CAPÍTULO 1

I. Los grandes días de expectación, 1:1-26

A. El ministerio de Jesús en la tierra, 1:1 **A**

(1) Lucas le escribe a Teófilo, le recuerda del ministerio de Jesús
2 Obras y enseñanzas de Jesús
  a. Hasta que fue tomado

1 En el primer tratado, oh Teófilo, hablé acerca de todas las cosas que Jesús comenzó a hacer y a enseñar, 2 hasta el día en que fue recibido arriba, después de haber

3 a quienes también, después de haber padecido, se presentó vivo con muchas pruebas indubitables, apareciéndoseles durante cuarenta días y hablándoles acerca del reino de Dios.

4 Y estando juntos, les mandó que no se fueran de Jerusalén, sino que esperasen la promesa del Padre, la cual, les dijo, oísteis de mí.

3 **Muerte y resurrección de Jesús**
  a. Prueba 1: Se mostró vivo a ellos **B**
  b. Prueba 2: Diversas pruebas, vistas durante cuarenta días
4 **Jesús promete el reino**
5 **Jesús promete el Espíritu**
  a. Los discípulos tenían que "esperar"
  b. Los discípulos tenían

DIVISIÓN I

LOS GRANDES DÍAS DE EXPECTACIÓN, 1:1-26

A. El ministerio de Jesús en la tierra, 1:1-5

(1:1-5) *Introducción:* Fíjese en las palabras "en el primer tratado" o libro. Lucas está haciendo referencia a su evangelio. Él le estaba escribiendo nuevamente al mismo hombre para quién había escrito su evangelio, Teófilo. Le estaba recordando a Teófilo que en su evangelio él había abarcado la vida y ministerio terrenal de Jesucristo. Note la palabra "comenzó". La vida y obra de Jesús en la tierra fue únicamente el comienzo. Aunque él está en el cielo, continúa su obra y ministerio mediante la presencia del Espíritu en los corazones y vidas de los creyentes. El libro de los Hechos muy bien podría titularse…

(1) (1:1) *Teófilo:* Lucas le **C** cribió a Teófilo, recordándole el primer evangelio que le h escrito, el evangelio que abarcaba la vida y ministerio de Jesús.

¿Quién es Teófilo? No se nos dice, pero fíjese en varios

Pensamiento 1: Este pensamiento encierra una gran lección, una lección de a **D** y humildad que tanto se necesita en este mundo y medio del pueblo de Dios (cp. Mt. 23:7-12).

> **"¿No decís vosotros: Aún faltan cuatro meses para que llegue la siega? He aquí os digo: Alzad vuestros ojos y mirad los campos, porque ya están blancos para la siega" (Jn. 4:35).**
>
> **"Me es necesario h** **E** **las obras del que me envió, entre tanto que el día a; la noche viene, cuando nadie puede trabajar" (Jn. 9:4).**
>
> **"Ahora bien, se requiere de los administradores, que cada uno sea hallado fiel" (1 Co. 4:2).**
>
> **"Porque habéis sido comprados por precio; glorificad, pues, a Dios en vuestro cuerpo y en vuestro espíritu, los cuales son de Dios" (1 Co. 6:20).**

PRIMERA EPÍSTOLA DEL APÓSTOL PABLO A LOS CORINTIOS

PRIMERA EPÍSTOLA DEL APÓSTOL PABLO A LOS CORINTIOS

INTRODUCCIÓN

AUTOR: Pablo, el apóstol.

El estilo de redacción es el de Pablo, y la descripción de Corinto y de su pueblo, coinciden con la época de Pablo. En el año 96 d.C. Clemente de Roma se refirió a la epístola de los corintios en una carta que él mismo escribió: "Hagan suya la Epístola del santo Pablo, el Apóstol". Con frecuencia Ignacio y Policarpo tomaban citas de la epístola (cerca del 155 d.C.) Aparece listada en el Fragmento Muratorio. Este fragmento consiste en una lista de libros que datan de alrededor de mediados del siglo II.

FECHA: Incierta. Es probable que entre los años 54-56 d.C. en el tercer viaje misionero de Pablo.

Pablo dijo: "estaré en Éfeso hasta Pentecostés" (16:8). Por consiguiente, él escribió la epístola desde Éfeso donde ministró por espacio de tres años (Hch. 20:31). Cuando Pablo estuvo en Corinto "Galión era procónsul de Acaya" (Hch. 18:12). Galión comenzó su administración alrededor del 51 d.C. y Hechos 18:18 plantea que Pablo abandonó Corinto bastante rápido, pero no inmediatamente, después de la llegada de Galión. Él viajó por poco tiempo a Éfeso (Hch. 18:19-21); luego a Cesárea, Jerusalén, y Antioquía (Hch. 18:22). Luego comenzó su tercer viaje misionero por Galacia (Hch. 18:23). Después fue a Éfeso para un ministerio de tres años y la redacción de Primera Corintios. Todos estos sucesos tomarían un tiempo considerable, y colocarían la redacción de la epístola a mediados de los años cincuenta.

A QUIÉN SE ESCRIBIÓ: "a la iglesia de Dios que está en Corinto, a los santificados en Cristo Jesús" (1:2).

PROPÓSITO: Pablo escribió por tres razones.

1. Para unir a la iglesia en un espíritu de unidad como un cuerpo en Cristo. La iglesia se encontraba severamente dividida y separada, había contención, riña y formación de camarillas.

2. Para lidiar con la relajación moral en la iglesia.

3. Para responder algunas preguntas que la iglesia le había hecho a Pablo que respondiera: "Preguntas con respecto al matrimonio, los derechos y la libertad cristiana, adoración pública, dones espirituales y la resurrección de los muertos".

CARACTERÍSTICAS ESPECIALES:

1. La ciudad de Corinto. Corinto era la capital de Acaya, ubicada en el extremo sur de Grecia. Parecía una isla, yacía en una lengua de tierra de solo cuatro a cinco millas de extensión. Sus costas proporcionaban dos puertos naturales, uno en la costa este y el otro en la costa oeste. Con todo el embarque proveniente del este y el oeste tocando puerto allí, Corinto era un paraíso comercial. Todo el tráfico comercial que viajaba por tierra del norte y el sur también decidía pasar por la ciudad.

La ciudad contaba con una población numerosa, una verdadera mezcla de nacionalidades: griegos, latinos, judíos, egipcios, sirios y asiáticos. La población numerosa y la prosperidad material convertían a la ciudad en un centro deportivo. Los Juegos Ístmicos, considerados los eventos deportivos más importantes después de los Olímpicos, se celebraban en la ciudad.

Corinto también estaba moralmente corrupta. La prosperidad material y los comerciantes que se encontraban de viaje contribuían a un espíritu de parranda, borrachera e inmoralidades. El propio nombre de la ciudad: "Corinto", se convirtió en un sinónimo de vida perversa e inmoral. Incluso la adoración de los residentes locales se centraba en la gran diosa del amor, Afrodita. El templo albergaba a mil prostitutas sagradas.

Corinto era un centro tanto intelectual como cultural. El placer y el desenvolvimiento personal eran los objetivos a alcanzar, aunque se alcanzaran de un modo cultural o temerario e inmoral. Había poco reconocimiento de la ley, salvo la ley de los deseos del hombre.

Corinto contaba con una potencialidad explosiva para las misiones mundiales. Se ha estimado que la población era más de medio millón. Desde la perspectiva moral, la ciudad necesitaba con urgencia el evangelio. Si el evangelio lograba hacer mella alguna en la moralidad, el mensaje se escucharía por todo el mundo. Desde el punto de vista geográfico, la ciudad era estratégica y coincidía de manera perfecta con la estrategia de Pablo. (Vea la nota — Hch. 18:1.)

2. La iglesia de Corinto. Cuando Pablo entró a Corinto, él entró "con debilidad, y mucho temor y temblor" (2:3), al parecer desalentado. Le había hecho frente a una oposición severa en sus tres ministerios justo antes de Corinto. Los practicantes del judaísmo lo habían echado de Filipos, Tesalónica, y Berea. Incluso en Atenas, había experimentado poco éxito. Ahora, frente a Corinto, encaraba una mezcolanza de toda clase, una ciudad de cultura y población diversas, una población que era orgullosa, intelectual, curiosa e inmoral. Y al parecer estaba solo, ya que Silas y Timoteo se habían quedado en Macedonia para ministrar. Él se encontraba, por así decirlo, a merced de Dios solamente.

Dios suplió la necesidad de Pablo. Casi de un modo inmediato, Dios puso dos creyentes en el camino de Pablo, Aquila y Priscila, quienes por oficio hacían tiendas. A estos dos judíos piadosos los habían expulsado de Roma conjuntamente con todos los otros judíos por decreto del Emperador Claudio (Hch. 18:2-3). Silas y Timoteo también regresaron después donde él, y le trajeron noticias de que los creyentes de Tesalónica se mantenían firmes contra la persecución (Hch. 18:5). Con aliento y presión en su espíritu, Pablo de inmediato entró en la sinagoga y comenzó su ministerio, dando testimonio de que Jesús es el Cristo (Hch. 18:5).

Pablo experimentó un éxito tal que los judíos hostiles lo echaron a la fuerza de la sinagoga. Se fue a la casa que estaba al lado de la sinagoga, la cual pertenecía a Justo, y aquella casa se convirtió en su base de operaciones. Al parecer, para evitar mayor desaliento, Dios le dio a Pablo una visión en la que le aseguró que Cristo salvaría a muchas personas en esa ciudad (Hch. 18:10). Su ministerio duró dieciocho meses, el ministerio más largo aparte de los tres años que pasó con la iglesia de Éfeso.

Los conversos de Corinto ilustraron de manera diáfana la clase de éxito que Pablo experimentó de ciudad en ciudad. Hasta donde se conoce, los únicos judíos conversos bajo su ministerio personal eran Crispo y su familia. Él era el principal de la sinagoga (Hch. 18:8). Como sucedía en otras ciudades, el mayor número de conversos lo proporcionaban los gentiles, quienes se habían sentido atraídos con anterioridad a la religión judía por su énfasis en los altos valores morales y la creencia en un solo Dios. El judaísmo les resultaba atractivo de manera particular a las mujeres, fundamentalmente entre las mujeres acaudaladas. Eran ciudadanos de un mundo inmoral que no les permitían derecho alguno a las mujeres; de ahí que encontraban gran seguridad en una religión de gran moralidad. Sin embargo, a la mayoría de los gentiles, a pesar de su atracción por el judaísmo, les resultaban repulsivos los ritos y nacionalismo judíos, como por ejemplo, la circuncisión. Fueron ellos los que se dispusieron con prontitud a escuchar el evangelio de Cristo, quienes constituían ampliamente el mayor número de conversos.

Había algunos conversos adinerados. Gayo fue el hospedador de Pablo y de toda la iglesia (Ro. 16:23). Erasto era el chambelán (tesorero) de la ciudad. Es probable que Cloé fuera una señora muy acaudalada con intereses de negocios tanto en Corinto como en Éfeso (1 Co. 1:11). Algunos creyentes tenían litigios y otros asistían a banquetes costosos. Ambas cosas demuestran la existencia de riquezas. Sin embargo, el mayor número de conversos provenía de personas promedio y de personas que tenían los antecedentes más pecaminosos que se puedan imaginar. Recuerden: Corinto era una de las letrinas de la inmoralidad y la vida de club nocturnos del mundo antiguo. Como dice Pablo de un modo tan claro, "…no sois muchos sabios según la carne, ni muchos poderosos, ni muchos nobles; sino que lo necio del mundo escogió Dios, para avergonzar a los sabios; y lo débil del mundo escogió Dios, para avergonzar a lo fuerte; y lo vil del mundo y lo menospreciado escogió Dios, y lo que no es, para deshacer lo que es, a fin de que nadie se jacte en su presencia" (1 Co. 1:26-29).

3. Contactos de Pablo con la iglesia de Corinto. Un análisis de los contactos de Pablo con la iglesia proporcionará una mejor comprensión de la situación de Corinto.

   a. Contacto 1: Fundación de la iglesia por Pablo.
   b. Contacto 2: Pablo escribe una carta que desde entonces ha estado perdida (1 Co. 5:9).
   c. Contacto 3: Pablo, en Éfeso, recibe noticias alarmantes de división y corrupción moral dentro de la iglesia de dos fuentes. Hay una visita de algún miembro de la familia de Cloé (1 Co. 1:11), y hay una carta de la iglesia en la que solicitan respuestas a ciertas preguntas (1 Co. 7:1s).

   d. Contacto 4: Pablo escribe Primera Corintios.
   e. Contacto 5: Al parecer Pablo se entera de que las cosas empeoran y hace una visita apresurada a Corinto. Sin embargo, se decepciona mucho de sus resultados (2 Co. 12:14; 2 Co. 1:15). Algunos se cuestionan esta visita; sin embargo, es algo casi seguro (vea la nota — 2 Co. 1:15-17). "Esto, pues, determiné para conmigo, no ir otra vez a vosotros con tristeza" (2 Co. 2:1) no encaja con la primera visita de Pablo. Su primera visita no fue para nada una experiencia decepcionante.
   f. Contacto 6: Después de que Pablo recupera sus fuerzas y compostura espiritual, él escribe la epístola severa y la envía por medio de Tito. (Se menciona en 2 Co. 2:4 y 7:8.)
   g. Contacto 7: En espera de una respuesta, Pablo se inquieta de tal manera que se dispone a encontrarse con Tito. Se encuentran en Macedonia y se entera de que la epístola severa ha surtido efecto. Por consiguiente, se sienta, es probable que allí mismo en Filipos, y escribe Segunda Corintios.
   h. Contacto 8: Él hace una visita final a la iglesia (Hch. 20:1-4).

4. Primera Corintios, junto con Segunda Corintios, es: "La epístola que revela el carácter personal de Pablo". A Pablo se le formula una acusación tras otra. Él les dedica mucho tiempo a ambas epístolas dándole respuesta a estas acusaciones (vea 2 Co. Notas introductorias, Características especiales, pto. 3).

5. Primera Corintios es "La epístola escrita para responder las preguntas específicas de la iglesia" (vea Propósito, pto. 3).

6. Primera Corintios es "La epístola que soluciona los problemas confrontados por una iglesia precursora" (vea Propósito, ptos. 1-3; Características especiales, ptos. 1-3).

7. Primera Corintios es "Una epístola escrita a una iglesia carnal". Una ojeada al índice general lo demostrará.

8. Primera Corintios es "La epístola diversificada". Pablo lidia en Primera Corintios con más temas diferentes que en cualquier otra epístola.

BOSQUEJO DE PRIMERA CORINTIOS

LA BIBLIA DE BOSQUEJOS Y SERMONES es *única.* Difiere de todo otro material de estudios bíblicos y recursos de sermones en cuanto a que cada pasaje y tema es bosquejado justo al lado de las Escrituras correspondientes. Cuando usted elija cualquier tema mencionado más adelante y se remita a la referencia, no solo contará con el pasaje de las Escrituras, sino que también descubrirá el pasaje de las Escrituras y el tema *ya bosquejado para usted, versículo por versículo.*

A modo de ejemplo rápido, escoja uno de los temas mencionados más adelante y remítase a las Escrituras y hallará esta maravillosa ayuda para un empleo más rápido, más sencillo y más preciso.

Además, cada punto de las Escrituras y el tema está totalmente desarrollado en un Comentario con un pasaje de apoyo de las Escrituras en el final de la página.

Note algo más: los temas de Primera Corintios tienen títulos que son a la vez bíblicos y prácticos. Los títulos prácticos a veces tienen más atracción para la gente. Este beneficio se ve claramente en el empleo de folletos, boletines, comunicados de la iglesia, etc.

Una sugerencia: para una visión más rápida de Primera Corintios, primero lea todos los títulos principales (I, II, III, etc.), y luego vuelva y lea los subtítulos.

BOSQUEJO DE PRIMERA CORINTIOS

	CAPÍTULO 1
	
	I. LA SALUTACIÓN, 1:1-9
	
	A. Algunos elementos que sirven como fundación, 1:1-3
		2 a la iglesia de Dios que está en Corinto, a los santificados en Cristo Jesús, llamados a ser santos con todos los que en cualquier lugar invocan el nombre de nuestro Señor Jesucristo, Señor de ellos y nuestro:	2 La iglesia local
			  a. Es de Dios, pero está en Corinto
			  b. Está santificada en Cristo:*EF1* Llamados a ser santos*EF2*

1 El mensajero de Cristo
  a. Es llamado por la voluntad de Dios
  b. Es llamado a ser hermano de otros creyentes
	1 Pablo, llamado a ser apóstol de Jesucristo por la voluntad de Dios, y el hermano Sóstenes,	3 Gracia y paz a vosotros, de Dios nuestro Padre y del Señor Jesucristo.	c. Se identifica con todos los otros creyentes: La iglesia universal
			  d. Experimenta gracia y paz

DIVISIÓN I

LA SALUTACIÓN, 1:1-9

A. Algunos elementos que sirven como fundación, 1:1-3

(1:1-3) *Introducción:* Esta es la introducción de la epístola de Pablo a los corintios. Este pasaje contiene solo tres versículos pero son muy contundentes. Cubren algunos elementos de fundación cuya comprensión resulta esencial por completo al lidiar con el mensajero de Dios y una iglesia con problemas (vea la Introducción — Propósito y Características especiales, pto. 3).

  1. El mensajero de Cristo (v. 1).
  2. La iglesia local (vv. 2-3).

1 (1:1) *Ministros, llamado de — Humildad:* El mensajero es un mensajero de Cristo, no de sí mismo ni de nadie más.

  1. El mensajero de Cristo es llamado por la voluntad de Dios. Es Dios el que llama a los hombres y mujeres a servirle a Él, no son los hombres y mujeres los que deciden servir a Dios. Pablo fue *llamado por Dios* a ser apóstol, lo que significa que fue designado por Dios a ser *mensajero, testigo, misionero* para llevarles a los hombres el evangelio de Cristo.

Se hace énfasis en lo siguiente: El llamado y designio del mensajero proviene de Dios, no de los hombres. Ningún hombre, ni él mimo ni ningún otro hombre, lo pone en el ministerio. Solo Dios lo escoge y lo llama. En el caso particular de Pablo, algunos de los creyentes corintios se cuestionaban y negaban el llamado que Dios les había hecho (1 Co. 9:1-2; cp. 2 Co. 10:10). Note que las mismísimas primeras palabras escritas por Pablo son la declaración del llamado que Dios le hizo.

> "No me elegisteis vosotros a mí, sino que yo os elegí a vosotros, y os he puesto para que vayáis y llevéis fruto, y vuestro fruto permanezca; para que todo lo que pidiereis al Padre en mi nombre, él os lo dé" (Jn. 15:16).

> "Así que, somos embajadores en nombre de Cristo, como si Dios rogase por medio de nosotros; os rogamos en nombre de Cristo: Reconciliaos con Dios" (2 Co. 5:20).

> "Pablo, apóstol (no de hombres ni por hombre, sino por Jesucristo y por Dios el Padre que lo resucitó de los muertos)" (Gá. 1:1).

> "Mas os hago saber, hermanos, que el evangelio anunciado por mí, no es según hombre; pues yo ni lo recibí ni lo aprendí de hombre alguno, sino por revelación de Jesucristo" (Gá. 1:11-12).

> "El hacer tu voluntad, Dios mío, me ha agradado, Y tu ley está en medio de mi corazón" (Sal. 40:8).

> "Después oí la voz del Señor, que decía: ¿A quién enviaré, y quién irá por nosotros? Entonces respondí yo: Heme aquí, envíame a mí" (Is. 6:8).

  2. El mensajero de Dios es llamado a ser hermano de otros creyentes. Note que Pablo llamó a Sóstenes *nuestro hermano*, lo que significa que él era hermano en Cristo. Es muy probable que Sóstenes fuera uno de los hombres enviados por la iglesia de Corinto para entregarle a Pablo su carta, la carta en la que se le hacen a Pablo las preguntas que él responde en Primera Corintios. Resulta interesante notar que puede que Sóstenes haya sido el principal de la sinagoga en Corinto, el principal que había dirigido el arresto y juicio de Pablo. Pero note lo siguiente: Sóstenes mismo fue aprehendido y golpeado por el gobernador romano porque se atrevió a alterar la cargada agenda de los tribunales con un asunto tan insignificante como la predicación (Hch. 18:12-17). Si Sóstenes era el mismo que el principal de la sinagoga, en algún momento estaba convertido a Cristo.

Sucede lo siguiente: El mensajero de Dios es llamado por Dios, pero su llamado no lo hace mejor ni superior a los otros creyentes. Su llamado y función como mensajero de Dios es ser reconocido y respetado, pero eso no lo convierte en una persona superior. Él es *hermano* de todos los otros creyentes.

> "Digo, pues, por la gracia que me es dada, a cada cual que está entre vosotros, que no tenga más alto concepto de sí que el que debe tener, sino que piense de sí con cordura, conforme a la medida de fe que Dios repartió a cada uno" (Ro. 12:3).

> "Nada hagáis por contienda o por vanagloria; antes bien con humildad, estimando cada uno a los demás como superiores a él mismo; no mirando cada uno por lo suyo propio, sino cada cual también por lo de los otros" (Fil. 2:3, 4)

2 (1:2-3) *Iglesia:* Pablo se dirige a la iglesia local. La introducción de Pablo a la iglesia resulta reveladora porque señala en qué consiste una iglesia.

1. La iglesia local es de Dios: Es "la iglesia de Dios, que está en Corinto"; es decir, es *la iglesia de Dios* en una ciudad o localidad específica. La iglesia no es la iglesia de Corinto ni de ninguna otra ciudad; es la iglesia que ha nacido de Dios; por consiguiente, pertenece a Dios.

> "Por tanto, mirad por vosotros, y por todo el rebaño en que el Espíritu Santo os ha puesto por obispos, para apacentar la iglesia del Señor, la cual él ganó por su propia sangre" (Hch. 20:28).
>
> "Maridos, amad a vuestras mujeres, así como Cristo amó a la iglesia, y se entregó a sí mismo por ella" (Ef. 5:25)
>
> "quien se dio a sí mismo por nosotros para redimirnos de toda iniquidad y purificar para sí un pueblo propio, celoso de buenas obras" (Tit.2:14).
>
> "siendo renacidos, no de simiente corruptible, sino de incorruptible, por la palabra de Dios que vive y permanece para siempre" (1 P. 1:23).
>
> "Respondió Jesús y le dijo: De cierto, de cierto te digo, que el que no naciere de nuevo, no puede ver el reino de Dios" (Jn. 3:3).

Pensamiento 1. La iglesia es *la iglesia de Dios*. La iglesia pertenece a Dios, no a ningún hombre ni a ningún grupo de personas. Con gran frecuencia algún líder o algún grupo de personas dentro de una iglesia comienza a actuar como si poseyeran la iglesia, como si la iglesia existiera para hacer su voluntad. Tal conducta resulta peligrosa tanto para la iglesia como para los que actúan como si poseyeran la iglesia. Destruirá la comunión y ministerio y utilidad de una iglesia local, y esto conllevará a un castigo severo a los que se erigen en dueños de la iglesia. ¿Por qué? Porque Dios no compartirá su gloria con ninguna persona egocéntrica y arrogante que obre para destruir su iglesia. La iglesia es de Dios y solo de Dios.

> "Yo Jehová; este es mi nombre; y a otro no daré mi gloria, ni mi alabanza a esculturas" (Is. 42:8).
>
> "Por mí, por amor de mí mismo lo haré, para que no sea amancillado mi nombre, y mi honra no la daré a otro" (Is. 48:11).

2. La iglesia local y sus creyentes son santificados en Cristo y llamados santos. La palabra santificado significa *estar apartado* o *separado* (vea el *Estudio a fondo 1, Santificar* — 1 Co. 1:2 para un análisis). La iglesia de Dios debe estar apartada y separada para Dios. La idea es que los creyentes no deben salirse del mundo, sino que deben ser diferentes al mundo. Su estilo de vida y propósito en la vida deben ser diferentes. Deben llevar una vida santa y deben dejar de amar al mundo y dejar de tocar las cosas inmundas del mundo.

> "Por lo cual, salid de en medio de ellos, y apartaos, dice el Señor, Y no toquéis lo inmundo; Y yo os recibiré, Y seré para vosotros por Padre, Y vosotros me seréis hijos e hijas, dice el Señor Todopoderoso" (2 Co. 6:17, 18).

> "como hijos obedientes, no os conforméis a los deseos que antes teníais estando en vuestra ignorancia; sino, como aquel que os llamó es santo, sed también vosotros santos en toda vuestra manera de vivir" (1 P. 1:14, 15).
>
> "No améis al mundo, ni las cosas que están en el mundo. Si alguno ama al mundo, el amor del Padre no está en él. Porque todo lo que hay en el mundo, los deseos de la carne, los deseos de los ojos, y la vanagloria de la vida, no proviene del Padre, sino del mundo" (1 Jn. 2:15, 16).

a. Note cómo una iglesia y sus creyentes *son santificados en Dios*. Son apartados para Dios por medio del Señor Jesucristo. Ninguna persona puede acercarse a Dios, ninguna persona puede santificarse en Dios, excepto por medio del Señor Jesucristo.

> "Palabra fiel y digna de ser recibida por todos: que Cristo Jesús vino al mundo para salvar a los pecadores, de los cuales yo soy el primero" (1 Ti. 1:15).
>
> "Porque hay un solo Dios, y un solo mediador entre Dios y los hombres, Jesucristo hombre" (1 Ti. 2:5).
>
> "Y nosotros hemos visto y testificamos que el Padre ha enviado al Hijo, el Salvador del mundo" (1 Jn. 4:14).
>
> "Pero cuando se manifestó la bondad de Dios nuestro Salvador, y su amor para con los hombres, nos salvó, no por obras de justicia que nosotros hubiéramos hecho, sino por su misericordia, por el lavamiento de la regeneración y por la renovación en el Espíritu Santo, el cual derramó en nosotros abundantemente por Jesucristo nuestro Salvador, para que justificados por su gracia, viniésemos a ser herederos conforme a la esperanza de la vida eterna" (Tit. 3:4-7).
>
> "y decían a la mujer: Ya no creemos solamente por tu dicho, porque nosotros mismos hemos oído, y sabemos que verdaderamente éste es el Salvador del mundo, el Cristo" (Jn. 4:42).
>
> "Jesús le dijo: Yo soy el camino, y la verdad, y la vida; nadie viene al Padre, sino por mí" (Jn. 14:6).
>
> "Y en ningún otro hay salvación; porque no hay otro nombre bajo el cielo, dado a los hombres, en que podamos ser salvos" (Hch. 4:12).
>
> "A éste, Dios ha exaltado con su diestra por Príncipe y Salvador, para dar a Israel arrepentimiento y perdón de pecados" (Hch. 5:31).
>
> "por lo cual puede también salvar perpetuamente a los que por él se acercan a Dios, viviendo siempre para interceder por ellos" (He. 7:25).

b. Note que a los creyentes se les llama *"santos"*.

3. La iglesia local y sus creyentes se identifican con todos los otros creyentes (vea el *Estudio a fondo 2, Santos* — 1 Co. 1:2 para un análisis). La iglesia es universal. No hay exclusividad, ni superioridad en la iglesia de Dios, no en la iglesia verdadera. Puede haber sistemas de castas y niveles de superioridad en algunas iglesias que deshonren el nombre de Cristo y en las religiones del mundo que son creadas por los hombres, pero no en la verdadera iglesia de Dios. Esto constituía un problema en la iglesia de Corinto. Algunos aseguraban ser superiores y tener una relación con Cristo más

especial que otros. La súper espiritualidad y el orgullo estaban calando la vida de algunas personas, a tal punto que toda la comunión de la iglesia se veía amenazada (cp. 1 Co. 1:12; 2 Co. 10:7).

Pensamiento 1. No hay cabida para la súper espiritualidad y el orgullo en la iglesia de Dios. Solo se debe honrar y exaltar a alguien: "A Cristo Jesús nuestro Señor". Todos los creyentes, no importa cuán baja o cuán alta sea su posición y estado en la vida, son súbditos de Cristo y no los señores de otros creyentes.

"Entonces Pedro, abriendo la boca, dijo: En verdad comprendo que Dios no hace acepción de personas" (Hch. 10:34).

"No os conforméis a este siglo, sino transformaos por medio de la renovación de vuestro entendimiento, para que comprobéis cuál sea la buena voluntad de Dios, agradable y perfecta" (Ro. 12:2).

"¿Tú quién eres, que juzgas al criado ajeno? Para su propio señor está en pie, o cae; pero estará firme, porque poderoso es el Señor para hacerle estar firme" (Ro. 14:4).

4. La iglesia local y sus creyentes experimentan gracia y paz.

a. Gracia significa el favor de Dios. Quiere decir todas las dádivas buenas y perfectas de Dios, todo lo bueno y beneficioso que Él nos da y hace por nosotros, ya sea físico, material o espiritual (Stg. 1:17). (Vea el *Estudio a fondo 1, Gracia* — 1 Co. 1:4 para un mayor análisis.)

"siendo justificados gratuitamente por su gracia, mediante la redención que es en Cristo Jesús" (Ro. 3:24).

"en quien tenemos redención por su sangre, el perdón de pecados según las riquezas de su gracia" (Ef. 1:7).

"para mostrar en los siglos venideros las abundantes riquezas de su gracia en su bondad para con nosotros en Cristo Jesús" (Ef. 2:7).

"Mi Dios, pues, suplirá todo lo que os falta conforme a sus riquezas en gloria en Cristo Jesús" (Fil. 4:19).

"Pero la gracia de nuestro Señor fue más abundante con la fe y el amor que es en Cristo Jesús" (1 Ti. 1:14).

"Porque la gracia de Dios se ha manifestado para salvación a todos los hombres" (Tit. 2:11).

"para que justificados por su gracia, viniésemos a ser herederos conforme a la esperanza de la vida eterna" (Tit. 3:7).

"Toda buena dádiva y todo don perfecto desciende de lo alto, del Padre de las luces, en el cual no hay mudanza, ni sombra de variación" (Stg. 1:17).

b. Paz es el resultado o fruto del favor de Dios: "Paz con Dios y paz con los hombres". Cuando un hombre recibe la gracia de Dios, de inmediato se reconcilia con Dios y con el hombre. Recibe comunión con Dios y amor por todos los hombres.

"La paz os dejo, mi paz os doy; yo no os la doy como el mundo la da. No se turbe vuestro corazón, ni tenga miedo" (Jn. 14:27).

"Estas cosas os he hablado para que en mí tengáis paz. En el mundo tendréis aflicción; pero confiad, yo he vencido al mundo" (Jn. 16:33).

"Justificados, pues, por la fe, tenemos paz para con Dios por medio de nuestro Señor Jesucristo" (Ro. 5:1).

Note que tanto la gracia como la paz provienen tan solo de *Dios nuestro Padre* y del Señor Jesucristo. Son la única fuente de gracia y paz. Si un hombre desea recibir el favor de Dios y que la paz de Dios reine en su corazón y su vida, tiene que venir a Dios el Padre por medio de su Hijo, Jesucristo.

"Dios envió mensaje a los hijos de Israel, anunciando el evangelio de la paz por medio de Jesucristo; éste es Señor de todos" (Hch. 10:36).

"que Dios estaba en Cristo reconciliando consigo al mundo, no tomándoles en cuenta a los hombres sus pecados, y nos encargó a nosotros la palabra de la reconciliación" (2 Co. 5:19).

"Porque él es nuestra paz, que de ambos pueblos hizo uno, derribando la pared intermedia de separación" (Ef. 2:14).

"y por medio de él reconciliar consigo todas las cosas, así las que están en la tierra como las que están en los cielos, haciendo la paz mediante la sangre de su cruz" (Col. 1:20).

"Mas él herido fue por nuestras rebeliones, molido por nuestros pecados; el castigo de nuestra paz fue sobre él, y por su llaga fuimos nosotros curados" (Is. 53:5).

ESTUDIO A FONDO 1

(1:2) *Santificar — Santificación* (*hagiazo*): La palabra "santificar" quiere decir estar apartado, estar separado (cp. 1 P. 1:15-16). Hay tres etapas de santificación:

1. Hay una santificación inicial o de posición. Cuando una persona cree en Jesucristo, de inmediato se aparta para Dios. Es un acto permanente y de una vez y por todas (He. 3:1; cp. He. 10:10).

2. Hay una santificación progresiva. El creyente verdadero hace un esfuerzo determinado y disciplinado para permitir que el Espíritu de Dios lo aparte día tras día. El Espíritu de Dios lo forma cada vez más a imagen de Cristo. Este crecimiento tiene lugar mientras el creyente ande sobre esta tierra (cp. Jn. 17:17; 2 Co. 3:18; Ef. 5:25-26; 1 Ts. 5:23-24).

3. Hay una santificación eterna. Vendrá el día en que el creyente estará apartado de manera perfecta para Dios y su servicio, sin pecado ni fracaso alguno. Ese día será el día grande y glorioso de la redención eterna del creyente (Ef. 5:27; 1 Jn. 3:2).

ESTUDIO A FONDO 2

(1:2) *Santos* (*hagiois*): La palabra significa apartado, consagrado, sagrado y santo. Un santo es un seguidor del Señor Jesucristo que ha sido apartado para vivir en función de Dios. El santo se ha entregado a llevar una vida consagrada, sagrada y santa, todo para la gloria de Dios. Note que los creyentes son *santos* en ambos sentidos:

1. Los creyentes son *santos* en el sentido de que Dios les ha dado un nuevo corazón: Un corazón que está renovado y recreado en justificación y santidad verdaderas.

> **"y vestíos del nuevo hombre, creado según Dios en la justicia y santidad de la verdad" (Ef. 4:24).**
>
> **"y revestido del nuevo, el cual conforme a la imagen del que lo creó se va renovando hasta el conocimiento pleno" (Col. 3:10).**
>
> **"De modo que si alguno está en Cristo, nueva criatura es; las cosas viejas pasaron; he aquí todas son hechas nuevas" (2 Co. 5:17).**

2. Los creyentes son *santos* en el sentido de que son apartados para llevar una vida consagrada y santa en este mundo.

> **"Así que, hermanos, os ruego por las misericordias de Dios, que presentéis vuestros cuerpos en sacrificio vivo, santo, agradable a Dios, que es vuestro culto racional No os conforméis a este siglo, sino transformaos por medio de la renovación de vuestro entendimiento, para que comprobéis cuál sea la buena voluntad de Dios, agradable y perfecta" (Ro. 12:1, 2).**
>
> **"para una herencia incorruptible, incontaminada e inmarcesible, reservada en los cielos para vosotros,... sino, como aquel que os llamó es santo, sed también vosotros santos en toda vuestra manera de vivir" (1 P. 1:4, 15).**

	B. Algunos recursos para el creyente, 1:4-9	firmado en vosotros,	1) Una fe confirmada
1 Recurso 1: La gracia de Dios	4 Gracias doy a mi Dios siempre por vosotros, por la gracia de Dios que os fue dada en Cristo Jesús;	7 de tal manera que nada os falta en ningún don, esperando la manifestación de nuestro Señor Jesucristo;	2) Una provisión plena 3) Un fuerte anhelo por el regreso de Jesús
2 Recurso 2: Los dones del Espíritu y la gracia de Dios a. Los dones: Palabra y ciencia b. Los resultados	5 porque en todas las cosas fuisteis enriquecidos en él, en toda palabra y en toda ciencia; 6 así como el testimonio acerca de Cristo ha sido con-	8 el cual también os confirmará hasta el fin, para que seáis irreprensibles en el día de nuestro Señor Jesucristo. 9 Fiel es Dios, por el cual fuisteis llamados a la comunión con su Hijo Jesucristo nuestro Señor.	**3 Recurso 3: El propio Jesucristo, su seguridad** **4 Recurso 4: El propio Dios, su llamado**

DIVISIÓN I

LA SALUTACIÓN, 1:1-9

B. Algunos recursos para el creyente, 1:4-9

(1:4-9) *Introducción — Jesús — Problemas:* El nombre de Jesucristo se menciona diez veces en los primeros diez versículos. Pablo quería que los creyentes corintios se centraran de manera inmediata en Jesucristo. Él lo sabía: La solución a los problemas de los corintios no yacía en su capacidad para analizar y razonar, tampoco en su imposición de reglas y reglamentos, sino en Jesucristo. Por consiguiente, de inmediato analizó algunos recursos que el creyente recibe cuando acepta a Jesucristo como su Salvador y Señor.

1. Recurso 1: La gracia de Dios (v. 4).
2. Recurso 2: Los dones del Espíritu y la gracia de Dios (vv. 5-6).
3. Recurso 3: El propio Jesucristo, su seguridad (v. 8).
4. Recurso 4: El propio Dios, su llamado (v. 9).

1 **(1:4) *Gracia:*** El primer recurso del creyente es la gracia de Dios. De un modo sencillo, gracia significa el favor y bendiciones inmerecidas de Dios. No merecemos que Dios nos mire con favor ni tampoco que nos bendiga con su favor. Pero Dios nos ama con un amor increíble, por eso nos honra con los dones más increíbles.

La iglesia de Corinto (los creyentes) *conocían* y habían experimentado la gracia de Dios. Sabían en qué consistía recibir el favor y las bendiciones de Dios (vea el *Estudio a fondo 1, Gracia* — 1 Co. 1:4 para un análisis).

ESTUDIO A FONDO 1

(1:4) *Gracia* (*charis*): El favor y las bendiciones de Dios; el favor y las bendiciones de Dios inmerecidas y de las que no somos dignos; la profundidad y la riqueza del corazón y la mente de Dios; la bondad y el amor que mora dentro de la naturaleza misma de Dios. La gracia de Dios lo cubre todo en la vida.

1. Gracia significa la bondad y amor que Dios da de manera gratuita a los que *han actuado en su contra*. Es el favor de Dios derramado sobre los hombres que no merecen su favor, hombres que son...

- "débiles" (Ro. 5:6).
- "impíos" (Ro. 5:6).
- "pecadores" (Ro. 5:8).
- "enemigos" (Ro. 5:10).

Ninguna otra palabra expresa de ese modo la profundidad y riqueza del corazón y la mente de Dios. Esta es la diferencia distintiva entre la gracia de Dios y la gracia del hombre. Aunque el hombre en ocasiones hace favores a sus amigos y por ende, se dice que es misericordioso, Dios ha hecho algo insólito entre los hombres: Él ha dado a su propio Hijo para que muera por sus enemigos (vea el índice y las notas — Ro. 5:6-11. Vea también las notas, *Amor* — Jn. 21:15-17; *Gracia* — Ef. 2:8-9).

a. La gracia de Dios no se gana. Es algo inmerecido por completo y de lo que no somos dignos.

"Porque por gracia sois salvos por medio de la fe; y esto no de vosotros, pues es don de Dios; no por obras, para que nadie se gloríe" (Ef. 2:8, 9).

"Pero cuando se manifestó la bondad de Dios nuestro Salvador, y su amor para con los hombres, nos salvó, no por obras de justicia que nosotros hubiéramos hecho, sino por su misericordia, por el lavamiento de la regeneración y por la renovación en el Espíritu Santo" (Tit. 3:4,5).

b. La gracia de Dios es la dádiva gratuita de Dios. Dios extiende su gracia al hombre.

"siendo justificados gratuitamente por su gracia, mediante la redención que es en Cristo Jesús" (Ro. 3:24).

"Pero Dios, que es rico en misericordia, por su gran amor con que nos amó, aun estando nosotros muertos en pecados, nos dio vida juntamente con Cristo (por gracia sois salvos)" (Ef. 2:4, 5).

"Porque la gracia de Dios se ha manifestado para salvación a todos los hombres, enseñándonos que, renunciando a la impiedad y a los deseos mundanos, vivamos en este siglo sobria, justa y piadosamente, aguardando la esperanza bienaventurada y la manifestación gloriosa de nuestro gran Dios y Salvador Jesucristo, quien se dio a sí mismo por nosotros para redimirnos de toda iniquidad y

purificar para sí un pueblo propio, celoso de buenas obras" (Tit. 2:11-14).

   c. La gracia de Dios es la única manera en la que el hombre puede ser salvo.

"Pero el don no fue como la transgresión; porque si por la transgresión de aquel uno murieron los muchos, abundaron mucho más para los muchos la gracia y el don de Dios por la gracia de un hombre, Jesucristo" (Ro. 5:15).

"Gracias doy a mi Dios siempre por vosotros, por la gracia de Dios que os fue dada en Cristo Jesús" (1 Co. 1:4).

"Porque ya conocéis la gracia de nuestro Señor Jesucristo, que por amor a vosotros se hizo pobre, siendo rico, para que vosotros con su pobreza fueseis enriquecidos" (2 Co. 8:9).

"el cual derramó en nosotros abundantemente por Jesucristo nuestro Salvador, para que justificados por su gracia, viniésemos a ser herederos conforme a la esperanza de la vida eterna" (Tit. 3:6, 7).

2. Gracia significa todos los favores y dádivas de Dios. Significa todas las dádivas buenas y perfectas de Dios, todo lo bueno y beneficioso que Él nos da y hace por nosotros, ya sea físico, material o espiritual (Stg. 1:17).

"en quien tenemos redención por su sangre, el perdón de pecados según las riquezas de su gracia" (Ef. 1:7).

"para mostrar en los siglos venideros las abundantes riquezas de su gracia en su bondad para con nosotros en Cristo Jesús" (Ef. 2:7).

"Mi Dios, pues, suplirá todo lo que os falta conforme a sus riquezas en gloria en Cristo Jesús" (Fil. 4:19).

"Pero la gracia de nuestro Señor fue más abundante con la fe y el amor que es en Cristo Jesús" (1 Ti. 1:14).

2 (1:5-7) *Dones, espirituales — Gracia:* El segundo recurso del creyente es el don del Espíritu y la gracia de Dios. La gracia de Dios enriqueció a los creyentes corintios "en todas las cosas": Experimentaron el favor de Dios en cada área de la vida y fueron en realidad bendecidos con todos los dones y bendiciones del Espíritu de Dios.

  1. Fueron *particularmente bendecidos* con los dones de la palabra y el conocimiento.

  => Palabra: Todos los dones espirituales que involucran el discurso, lo que incluiría dones como la profecía, la enseñanza, y las lenguas, todas las formas del habla necesarias para alabar a Dios y dar testimonio de Cristo.

  => Ciencia: El don espiritual del entendimiento de la doctrina y la verdad espiritual, de tener una comprensión inusual de la naturaleza de Dios, su llamado y misión en el mundo.

La iglesia y sus creyentes estaban capacitados por la gracia de Dios para conocer y comprender la verdad de la Palabra de Dios y para transmitirle la verdad a un mundo perdido y agonizante. El Espíritu de Dios había enriquecido la vida de cada uno de ellos proporcionándoles todos los dones de la palabra espiritual y la ciencia espiritual.

  2. Los resultados de los dones y la gracia de Dios fueron maravillosos. Demuestran lo que le puede suceder a nuestra fe cuando experimentamos en realidad la gracia y los dones del Espíritu de Dios. Hay tres resultados significativos mencionados por las Escrituras:

   a. Los dones y la gracia de Dios *confirmaron "el testimonio de Cristo"* en el corazón de cada uno de los creyentes. Los creyentes tenían una confirmación perfecta de su salvación. Sabían sin duda alguna que eran salvos.

     => Jesucristo había *dado testimonio* de (proclamado) la verdad: Él era el Hijo de Dios, el Salvador del mundo.

     => Los discípulos habían *dado testimonio* de Cristo: Que Él era en realidad el Hijo de Dios, el Salvador del mundo.

Los creyentes corintios habían aceptado el testimonio de Cristo. Se habían salvado verdaderamente, y su salvación fue confirmada por los dones y bendiciones de la gracia de Dios. Dios había derramado su gracia y su Espíritu sobre la iglesia de Corinto y sus creyentes. Los dones del Espíritu eran su confirmación. Su fe en Cristo estaba confirmada por los dones de la gracia gloriosa y el Espíritu de Dios. No había dudas de su salvación. La presencia del Espíritu de Dios y la gracia de Dios daban un testimonio claro de que su salvación y experiencia con Cristo eran genuinas.

Pensamiento 1. Dios confirmará la fe de un creyente verdadero. Él *sellará* la decisión por Cristo de una persona con el Espíritu Santo. Dios derramará su Espíritu y su gracia sobre una persona que confíe verdaderamente en su Hijo, el Señor Jesucristo. Lo único que Dios quiere por encima de todas las cosas es que el creyente se establezca firmemente en la fe de su amado Hijo.

"Y el que nos confirma con vosotros en Cristo, y el que nos ungió, es Dios, el cual también nos ha sellado, y nos ha dado las arras del Espíritu en nuestros corazones" (2 Co. 1:21, 22).

"En él también vosotros, habiendo oído la palabra de verdad, el evangelio de vuestra salvación, y habiendo creído en él, fuisteis sellados con el Espíritu Santo de la promesa" (Ef. 1:13).

"Y no contristéis al Espíritu Santo de Dios, con el cual fuisteis sellados para el día de la redención" (Ef. 4:30).

"Pero cuando vino el cumplimiento del tiempo, Dios envió a su Hijo, nacido de mujer y nacido bajo la ley, para que redimiese a los que estaban bajo la ley, a fin de que recibiésemos la adopción de hijos. Y por cuanto sois hijos, Dios envió a vuestros corazones el Espíritu de su Hijo, el cual clama: ¡Abba, Padre!" (Gá. 4:4-6).

   b. Los dones y la gracia de Dios proporcionaron una provisión plena para los creyentes corintios

(v. 7). No carecían de dones espirituales de ningún tipo; de hecho, cuando se hablaba de dones espirituales, se podían comparar con la más fuerte de las iglesias. Experimentaban no solo los dones personales como la fe, el conocimiento, y las lenguas, sino los dones públicos como milagros, sanidad, y profecía; y los poseían en abundancia.

Pensamiento 1. El creyente debe "procurar los dones mejores" y "procurar los dones espirituales" (1 Co. 12:31; 14:1). Pero el creyente siempre deberá recordar que la posesión de los dones del Espíritu no quiere decir que necesariamente sea *fuerte* en el Señor. No había creyentes más carnales en la época primitiva de la iglesia que los creyentes corintios. Abusaban trágicamente de sus dones y su abuso y juicio subsiguiente nos sirve de fuerte amonestación para todos. (Vea el índice y las notas — 1 Co. 12:1—14:40.)

    c. Los dones y la gracia de Dios *despertaron* un fuerte anhelo por el regreso de Cristo. Los dones del Espíritu nos proporcionan un anticipo de las glorias del cielo.

    => El don de la profecía o de la predicación proclama cómo será el cielo.

    => El don de ministrar demuestra el amor y compasión adorables que existen en el cielo.

    => El don de sanidad demuestra el poder y voluntad de Dios de que el hombre viva sin corrupción ni dolor.

Cuando los dones del Espíritu están activos entre un pueblo, es algo muy natural que dentro del corazón de sus integrantes se despierte el regreso de Cristo y del cielo; porque constantemente están experimentando la presencia del Señor entre ellos y están recibiendo un anticipo del cielo.

Mientras más activos estén los dones del Espíritu entre un pueblo, mayor será el anhelo del pueblo por el regreso del Señor. Mientras más un pueblo hable y converse acerca del Señor y se ministren unos a otros en el Señor, más anhelarán al Señor y estar con Él. Recogemos, lo que sembramos. Mientras más sembremos la conversación acerca del Señor y los dones del Señor, más anhelaremos que seamos segados por el Señor. Se entiende claramente el fuerte anhelo del creyente por el regreso del Señor. ¡Imagínese nada más la expectativa gloriosa que él posee!

    => El creyente sabe que recibirá una casa (un hogar) o una mansión en el cielo.

        "En la casa de mi Padre muchas moradas hay; si así no fuera, yo os lo hubiera dicho; voy, pues, a preparar lugar para vosotros. Y si me fuere y os preparare lugar, vendré otra vez, y os tomaré a mí mismo, para que donde yo estoy, vosotros también estéis" (Jn. 14:2, 3).

    => El creyente sabe que los sufrimientos de este mundo no son nada comparados con la gloria del regreso del Señor y del cielo.

        "Pues tengo por cierto que las aflicciones del tiempo presente no son comparables con la gloria venidera que en nosotros ha de manifestarse" (Ro. 8:18).

    => El creyente sabe que su cuerpo corruptible será cambiado por un cuerpo incorruptible y perfecto cuando venga Jesús.

        "Mas nuestra ciudadanía está en los cielos, de donde también esperamos al Salvador, al Señor Jesucristo; el cual transformará el cuerpo de la humillación nuestra, para que sea semejante al cuerpo de la gloria suya, por el poder con el cual puede también sujetar a sí mismo todas las cosas" (Fil. 3:20, 21).

    => El creyente sabe que cuando Cristo aparezca, él aparecerá con Cristo en gloria.

        "Cuando Cristo, vuestra vida, se manifieste, entonces vosotros también seréis manifestados con él en gloria" (Col. 3:4).

    => El creyente sabe que se reunirá con todos sus seres amados (que fueron creyentes) cuando Jesús regrese.

        "Porque si creemos que Jesús murió y resucitó, así también traerá Dios con Jesús a los que durmieron en él. Por lo cual os decimos esto en palabra del Señor: que nosotros que vivimos, que habremos quedado hasta la venida del Señor, no precederemos a los que durmieron. Porque el Señor mismo con voz de mando, con voz de arcángel, y con trompeta de Dios, descenderá del cielo; y los muertos en Cristo resucitarán primero. Luego nosotros los que vivimos, los que hayamos quedado, seremos arrebatados juntamente con ellos en las nubes para recibir al Señor en el aire, y así estaremos siempre con el Señor. Por tanto, alentaos los unos a los otros con estas palabras" (1 Ts. 4:14-18).

    => El creyente sabe que recibirá una corona de gloria ese día.

        "Y cuando aparezca el Príncipe de los pastores, vosotros recibiréis la corona incorruptible de gloria" (1 P. 5:4).

    => El creyente sabe que será hecho a imagen de su Señor y Salvador Jesucristo.

        "Amados, ahora somos hijos de Dios, y aún no se ha manifestado lo que hemos de ser; pero sabemos que cuando él se manifieste, seremos semejantes a él, porque le veremos tal como él es" (1 Jn. 3:2).

3 (1:8) *Seguridad — Confirmación*: El tercer recurso del creyente es la seguridad del Señor Jesucristo, la confirmación que le da al corazón del creyente. La palabra "confirmar" (bebaiosei) significa preservar y establecer, hacer categórico, firme y seguro. Jesucristo preservará y asegurará al creyente para que no caiga. Note la razón gloriosa: Que los creyentes puedan ser "irreprensibles en el día de nuestro Señor Jesucristo".

La palabra "irreprensibles" (anegkletous) quiere decir irreprochable, inocente. Quiere decir que nadie podrá acusar al creyente cuando se pare frente a Cristo en el día del juicio. El *"día de nuestro Señor Jesucristo"* traerá como resultado el tribunal de Cristo, y solo los que son preservados por la sangre y el poder de Jesucristo serán considerados irreprensibles (v. 8).

> "estando persuadido de esto, que el que comenzó en vosotros la buena obra, la perfeccionará hasta el día de Jesucristo" (Fil. 1:6).

> "Por lo cual asimismo padezco esto; pero no me avergüenzo, porque yo sé a quién he creído, y estoy seguro que es poderoso para guardar mi depósito para aquel día" (2 Ti. 1:12).

> "Y el Señor me librará de toda obra mala, y me preservará para su reino celestial. A él sea gloria por los siglos de los siglos. Amén" (2 Ti. 4:18).

> "que sois guardados por el poder de Dios mediante la fe, para alcanzar la salvación que está preparada para ser manifestada en el tiempo postrero" (1 P. 1:5).

> "Y a aquel que es poderoso para guardaros sin caída, y presentaros sin mancha delante de su gloria con gran alegría" (Jud. 24).

> "Por cuanto has guardado la palabra de mi paciencia, yo también te guardaré de la hora de la prueba que ha de venir sobre el mundo entero, para probar a los que moran sobre la tierra" (Ap. 3:10).

4 (1:9) *Comunión, espiritual:* El cuarto recurso del creyente es el propio Dios, su llamado glorioso. Dios ha llamado a los creyentes con un propósito específico: "Estar en comunión con su Hijo Jesucristo nuestro Señor". El anhelo de Dios en nuestro corazón es que los hombres conozcan a su Hijo:

- Emparentándose personalmente con Él por medio de la adopción (Ro. 8:15-17; Gá. 4:4-6).

- Teniendo comunión con Él día tras día, las veinticuatro horas del día.

Note la idea: Dios no quiere que tengamos comunión con su Hijo solo de un modo temporal. Cuando Dios nos llama a comunión con su Hijo, Él se refiere a comunión eterna. Él nos está adoptando como hijos de modo que Jesucristo recibirá nuestra comunión como hermanos.

> "Pues no habéis recibido el espíritu de esclavitud para estar otra vez en temor, sino que habéis recibido el espíritu de adopción, por el cual clamamos: ¡Abba, Padre! El Espíritu mismo da testimonio a nuestro espíritu, de que somos hijos de Dios. Y si hijos, también herederos; herederos de Dios y coherederos con Cristo, si es que padecemos juntamente con él, para que juntamente con él seamos glorificados" (Ro. 8:15-17).

> "Porque a los que antes conoció, también los predestinó para que fuesen hechos conformes a la imagen de su Hijo, para que él sea el primogénito entre muchos *hermanos*" (Ro. 8:29).

> "Pero cuando vino el cumplimiento del tiempo, Dios envió a su Hijo, nacido de mujer y nacido bajo la ley, para que redimiese a los que estaban bajo la ley, a fin de que recibiésemos la adopción de hijos. Y por cuanto sois hijos, Dios envió a vuestros corazones el Espíritu de su Hijo, el cual clama: ¡Abba, Padre!" (Gá. 4:4-6).

> "lo que hemos visto y oído, eso os anunciamos, para que también vosotros tengáis comunión con nosotros; y nuestra comunión verdaderamente es con el Padre, y con su Hijo Jesucristo" (1 Jn. 1:3).

> "He aquí, yo estoy a la puerta y llamo; si alguno oye mi voz y abre la puerta, entraré a él, y cenaré con él, y él conmigo" (Ap. 3:20).

	II. LA DIVISIÓN DE LA IGLESIA, 1:10—4:21	uno de vosotros dice: Yo soy de Pablo; y yo de Apolos; y yo de Cefas; y yo de Cristo.	b. Algunos aseguraban seguir solo a Jesús
1 La exhortación fuerte: "todos ustedes" estén de acuerdo	A. El problema: Una iglesia dividida, 1:10-16	13 ¿Acaso está dividido Cristo? ¿Fue crucificado Pablo por vosotros? ¿O fuisteis bautizados en el nombre de Pablo?	4 El problema con las camarillas a. Divide a Cristo b. Eleva a los hombres, como salvadores c. Convierte a una persona en un seguidor de hombres
a. Hablen una misma cosa b. Que no haya disensión c. Únanse en una misma mente y un mismo parecer	10 Os ruego, pues, hermanos, por el nombre de nuestro Señor Jesucristo, que habléis todos una misma cosa, y que no haya entre vosotros divisiones, sino que estéis perfectamente unidos en una misma mente y en un mismo parecer.	14 Doy gracias a Dios de que a ninguno de vosotros he bautizado, sino a Crispo y a Gayo,	
2 El informe trágico: Contienda		15 para que ninguno diga que fuisteis bautizados en mi nombre.	d. La conclusión: Pablo no buscaba seguidores personales[EF1,2,3]
3 Las partes en disputa a. Algunos favorecían a un ministro más que a otro	11 Porque he sido informado acerca de vosotros, hermanos míos, por los de Cloé, que hay entre vosotros contiendas. 12 Quiero decir, que cada	16 También bauticé a la familia de Estéfanas; de los demás, no sé si he bautizado a algún otro.	

DIVISIÓN II

LA DIVISIÓN EN LA IGLESIA, 1:10—4:21

A. El problema: Una iglesia dividida, 1:10-16

(1:10—4:21) *Panorámica general de la división: Unidad — División:* La iglesia de Corinto se encontraba en un estado lamentable. La comunión entre los creyentes se había deteriorado a tal punto que estaba a punto de desmoronarse y derrumbarse. Había división y disensión severas en las filas: acusaciones verbales, discrepancia de opiniones, posiciones competitivas, luchas de poder, envidia, contiendas, descontentos, reniegos, quejas, murmuraciones, riñas, ataques y chismes. Creyente haciéndole frente a creyente, y ninguna de las dos partes era capaz de ceder. El desastre estaba a punto de estallar; la iglesia estaba dividida y amenazaba una separación severa.

Este fue el primer problema con el que Pablo lidió. Tenía que ser el primero, porque una casa dividida contra sí misma no puede permanecer. Había otros problemas en la iglesia, otros asuntos que habían de manejarse, pero las personas no podían manejarlos a menos que se unieran en una misma mente y en un mismo espíritu. El ministerio y la misión de la iglesia no podían continuar eficazmente hasta que las personas se unieran. La adoración, la exhortación, las misiones, y la predicación y el ministrar a las personas, la causa misma de Cristo, la razón misma por la que Él vino a la tierra y murió, se vieron afectadas y seguirían sufriendo hasta que las personas se unieran.

Gracias a Dios hay una solución para cada división, no importa cuán severa y amenazante. De hecho, el Espíritu Santo por medio de Pablo proporciona once respuestas o soluciones a la división dentro de la iglesia. Una ojeada rápida al índice general de esta sección demostrará cuán *sensatas* son las soluciones. Las soluciones unirán a cualquier iglesia dividida siempre que las personas estén dispuestas a escuchar.

1. El problema: Una iglesia dividida (1:10-16).
2. Primera solución: La cruz (1:17-25).
3. Segunda solución: Tener en cuenta al pueblo sencillo y humilde de Dios (1:26-31).
4. Tercera solución: La predicación sensata (2:1-5).
5. Cuarta solución: La sabiduría revelada de Dios (2:6-13).
6. Quinta solución: Comprender las etapas espirituales del hombre (2:14-3:4).
7. Sexta solución: Tener en cuenta quiénes son realmente los ministros (3:5-9).
8. Séptima solución: Ser arquitecto (3:10-17).
9. Octava solución: Renunciar al engaño de sí mismo (3:18-23).
10. Novena solución: Dejar que Dios juzgue (4:1-5).
11. Décima solución: No comparar ni juzgar a los ministros (4:6-13).
12. Undécima solución: Tener en cuenta y comprender el espíritu del ministro de Dios (4:14-21).

(1:10-16) *Introducción:* La división dentro de la iglesia es uno de los problemas más graves que una iglesia puede enfrentar, si no es *el* más grave. Puede asolar la comunión, adoración, misión, testimonio de la iglesia para el mundo a menos que se resuelva rápidamente. Pablo lo sabía; por consiguiente, intentó resolver el problema de inmediato. Toda iglesia y ministro de Dios necesita estudiar y tener presente este pasaje para siempre en su mente.

1. La exhortación fuerte: "todos ustedes" estén de acuerdo (v. 10).
2. El informe trágico: Contienda (v. 11).
3. Las partes en disputa (v. 12).
4. El problema con las camarillas (vv. 13-16).

1 (1:10) *Unidad — División:* La exhortación fuerte es "todos ustedes" estén de acuerdo. Note cómo Pablo enfoca el problema severo de la división: él no tiene fuego en los ojos ni un espíritu de represión y lucha en su corazón. Ni siquiera hay un rastro de ira en él. Por el contrario, su corazón es tierno y está lleno de amor. Él apela misericordiosamente a los corintios.

=> Él dice: "Os ruego". La palabra "rogar" (parakalo) significa llamar hacia el lado de alguien. Pablo dice: "Los llamo hacia mi lado; vengan, vamos a hablar, resolvamos el asunto. Les pido, les suplico, les imploro, que escuchen lo que les tengo que decir".

=> Él los llama *hermanos* dos veces justamente en dos versículos (vv. 10, 11).

=> Les implora en el nombre del Señor Jesucristo que le presten atención a lo que él les dice. Les suplica que consideren su amor por Cristo. Deben acabar con sus divisiones y unificarse nuevamente, por amor a Cristo. Por Él y su causa deben obedecerlo y unirse en un mismo espíritu y una misma mente.

Pensamiento 1. Los ministros del evangelio y los líderes no deben atacar y censurar ni arremeter contra los miembros de la congregación que causan problemas, disensión y división. Más bien, deben acercarse a la persona que provoca la división en un espíritu de ternura y amor, y en el nombre del Señor Jesucristo. Puede que en ocasiones resulte difícil por la severidad del problema y la arrogancia y la indisposición del alborotador. No obstante, el corazón de Cristo es amor y restauración. Por consiguiente, siempre debemos acudir a la persona con un espíritu de amor y restauración antes de que se intente aplicar la disciplina de la iglesia (vea el índice y las notas — Mt. 18:15-20).

"Bienaventurados los misericordiosos, porque ellos alcanzarán misericordia" (Mt. 5:7).

"En aquel tiempo, respondiendo Jesús, dijo: Te alabo, Padre, Señor del cielo y de la tierra, porque escondiste estas cosas de los sabios y de los entendidos, y las revelaste a los niños" (Mt. 11:25).

"Por tanto, si tu hermano peca contra ti, ve y repréndele estando tú y él solos; si te oyere, has ganado a tu hermano. Mas si no te oyere, toma aún contigo a uno o dos, para que en boca de dos o tres testigos conste toda palabra. Si no los oyere a ellos, dilo a la iglesia; y si no oyere a la iglesia, tenle por gentil y publicano" (Mt. 18:15-17).

"Respondiendo Jesús, les dijo: Los que están sanos no tienen necesidad de médico, sino los enfermos. No he venido a llamar a justos, sino a pecadores al arrepentimiento" (Lc. 5:31, 32).

"Dios envió mensaje a los hijos de Israel, anunciando el evangelio de la paz por medio de Jesucristo; éste es Señor de todos" (Hch. 10:36).

"Mas él herido fue por nuestras rebeliones, molido por nuestros pecados; el castigo de nuestra paz fue sobre él, y por su llaga fuimos nosotros curados" (Is. 53:5).

La exhortación es fuerte; es directa y sencilla. Y nótese: Se da de inmediato. No hay vacilación ni equivocación al darla. Entenderla no debe ser un problema, porque se plantea de un modo claro y sencillo.

"Os ruego, pues, hermanos, por el nombre de nuestro Señor Jesucristo, que habléis todos una misma cosa, y que no haya entre vosotros divisiones, sino que estéis perfectamente unidos en una misma mente y en un mismo parecer" (v. 10).

1. Se hace la exhortación a que hablen la misma cosa: Llegar a un acuerdo, dejar de hablar unos contra otros, acusándose, atacándose, murmurando, con descontento, reniegos, quejas, chismes. Dejar de usar la lengua para provocar disensión y división.

"Y la lengua es un fuego, un mundo de maldad. La lengua está puesta entre nuestros miembros, y contamina todo el cuerpo, e inflama la rueda de la creación, y ella misma es inflamada por el infierno" (Stg. 3:6).

"Hermanos, no murmuréis los unos de los otros. El que murmura del hermano y juzga a su hermano, murmura de la ley y juzga a la ley; pero si tú juzgas a la ley, no eres hacedor de la ley, sino juez" (Stg. 4:11).

"Desechando, pues, toda malicia, todo engaño, hipocresía, envidias, y todas las detracciones" (1 P. 2:1).

"Porque: el que quiere amar la vida y ver días buenos, refrene su lengua de mal, y sus labios no hablen engaño" (1 P. 3:10).

"Guarda tu lengua del mal, y tus labios de hablar engaño" (Sal. 34:13).

"El que guarda su boca guarda su alma; mas el que mucho abre sus labios tendrá calamidad" (Pr. 13:3).

"El que guarda su boca y su lengua, su alma guarda de angustias" (Pr. 21:23).

2. Se hace la exhortación a que no permitan disensión ni división. La palabra "división" (schismata) quiere decir separar, rasgar, destrozar. Note las palabras "entre vosotros". La división o la disensión no se encuentra fuera de la iglesia; no se encuentra afuera en el mundo. Se encuentra dentro de la iglesia. La iglesia divisiva no está obrando para traer paz, amor, y hermandad al mundo. A la iglesia divisiva no se le ve en el mundo ministrando a los hambrientos, a los enfermos, y a las masas perdidas del mundo. A la iglesia divisiva se le ve bufando y peleando. Los problemas pecaminosos y devastadores de la disensión se encuentran *dentro de* la iglesia divisiva. La iglesia divisiva se está separando, rasgando, y destrozando ella misma.

"Mas él, conociendo los pensamientos de ellos, les dijo: Todo reino dividido contra sí mismo, es asolado; y una casa dividida contra sí misma, cae" (Lc. 11:17).

"porque aún sois carnales; pues habiendo entre vosotros celos, contiendas y disensiones, ¿no sois carnales, y andáis como hombres?" (1 Co. 3:3).

3. Se hace la exhortación a que estén *perfectamente unidos* en una misma mente y en un mismo parecer". Las palabras "perfectamente unidos" significan justo lo que expresan: Estar en unión perfecta con cada uno; estar unidos y juntados perfectamente; estar restaurado a la unión perfecta de estar juntos. La palabra griega da la idea de una red destrozada que se está reparando y remendando (Mt. 4:21), o la

extremidad de un hombre que está fracturada o dislocada y se le está restaurando al lugar adecuado.

La unión debe ser tanto en mente como en parecer. La mente comprende pensamientos, razonamientos, afectos, emociones, motivos e intenciones. El parecer comprende conclusiones, propósitos, metas, y objetivos. Se hace la exhortación a que la iglesia de Corinto se restaure a sí misma, y note: "No solo deben unirse, deben unirse *perfectamente* en una misma mente y un mismo parecer".

> **"Porque si lo que perece tuvo gloria, mucho más glorioso será lo que permanece" (2 Co. 3:11).**
>
> **"solícitos en guardar la unidad del Espíritu en el vínculo de la paz" (Ef. 4:3).**
>
> **"Quítense de vosotros toda amargura, enojo, ira, gritería y maledicencia, y toda malicia. Antes sed benignos unos con otros, misericordiosos, perdonándoos unos a otros, como Dios también os perdonó a vosotros en Cristo" (Ef. 4:31, 32).**
>
> **"Solamente que os comportéis como es digno del evangelio de Cristo, para que o sea que vaya a veros, o que esté ausente, oiga de vosotros que estáis firmes en un mismo espíritu, combatiendo unánimes por la fe del evangelio" (Fil. 1:27).**
>
> **"Finalmente, sed todos de un mismo sentir, compasivos, amándoos fraternalmente, misericordiosos, amigables" (1 P. 3:8).**

2 (1:11) *División — Contienda:* El informe trágico es que la contienda existe dentro de la iglesia. La contienda era tan severa que algún creyente acudió a Pablo para ver el asunto. Exactamente quién fue el creyente no se conoce. Él o ella pertenecían a la familia de Cloé, quien al parecer era una creyente bien conocida para los corintios. Probablemente Cloé fuera ciudadana de Éfeso y no de Corinto. Pablo nunca habría identificado su fuente de información si él o ella vivieran en Corinto por temor a que las partes en disputa se volvieran contra Cloé y su familia. Pablo escribía a Corinto desde Éfeso, de modo que probablemente un miembro de su familia le informara el asunto a Pablo en algún viaje de regreso de Corinto.

La profundidad y gravedad de la división nuevamente la expresa la palabra "contiendas" (erides). La palabra significa disputas, conflictos, riñas, discusiones. Nota: "La palabra define más claramente la naturaleza de la división". La iglesia estaba riñendo y separándose en grupos, contendiendo y riñendo por algo. Había un conflicto severo entre facciones y camarillas en la iglesia. La contienda es una de las terribles "obras de la carne".

> **"Y manifiestas son las obras de la carne, que son: adulterio, fornicación, inmundicia, lascivia, idolatría, hechicerías, enemistades, pleitos, celos, iras, *contiendas*, disensiones, herejías, envidias, homicidios, borracheras, orgías, y cosas semejantes a estas; acerca de las cuales os amonesto, como ya os lo he dicho antes, que los que practican tales cosas no heredarán el reino de Dios" (Gá. 5:19-21).**

3 (1:12) *División — Súper espiritualidad:* Las partes en disputa. Note lo que plantean las Escrituras: "Prácticamente

todo el mundo estaba exaltando más a un ministro anterior que a otros ministros de la iglesia". Los pocos que no lo hacían se estaban volviendo súper espirituales, asegurando que ellos eran seguidores de Cristo y no del hombre. Probablemente había tres problemas básicos que provocaban la división dentro de la iglesia.

1.   Existía el problema en el estilo y la capacidad de predicación. No había diferencia en los mensajes predicados por Pablo y por Apolos. Ambos predicaban el evangelio de Cristo, pero había una diferencia en su estilo de predicación y al ministrar. Apolos era un *varón elocuente* y poderoso en las Escrituras (Hch. 18:24). Pablo *no era un gran orador* (2 Co. 10:10; 11:6); por consiguiente, algunas personas menospreciaban a Pablo como predicador y favorecían a Apolos. No lograban discernir los distintos dones y llamados de Dios para con cada ministro.

Pablo era un misionero de marco estrecho, dotado en el entendimiento de las Escrituras y dotado como administrador en el orden de la iglesia. Ambos dones, aunque no se encontraban tanto en la vanguardia del reconocimiento público, eran de un valor inmenso. Pablo se sobresalía fortaleciendo a los creyentes, cultivando discípulos, y estableciendo iglesias. Existe una gran posibilidad de que la parte de Apolos comenzara a *intelectualizar y socializar* el cristianismo, a alejarlo de la doctrina de la salvación en Cristo, y a restarle énfasis a la necesidad absoluta de andar en él día tras día.

2.   Existía el problema de convertir la libertad en libertinaje. El énfasis de Pedro tenía que lidiar con las *tradiciones y rituales* de la iglesia, porque él era el apóstol de los judíos (Gá. 2:7). Algunos creyentes preferían que se hiciera más énfasis en las tradiciones y los rituales, y que se le diera menos importancia al énfasis de Pablo en la doctrina, la salvación, y el andar diario del creyente. Los dos grupos comenzaron a parcializarse por los dos apóstoles y a formar camarillas.

3.   Existía el problema de los que aseguraban ser "de Cristo". Probablemente estos se hubieran hartado con los otros grupos y se dispusieron a ser más espirituales que los otros. Se veían como si fueran demasiado espirituales como para degradarse al nivel de identificarse con cualquier camarilla. Es probable que comenzaran a creerse los únicos cristianos verdaderamente espirituales de Corinto. Aseguraban seguir solo a Cristo, y negaban su necesidad de ayuda o la ayuda misma de cualquier hombre.

Los corintios se consideraban tan avanzados en la madurez que les proporcionaba una posición privilegiada. Se erigieron en *jueces* de otros. Usurparon la autoridad de Dios. Se tomaron la libertad de juzgar a los maestros (1 Co. 1:12s), de juzgar a los sabios y los imprudentes (1 Co. 1:19; 2:1s), de establecer normas morales (1 Co. 5:1s), y de juzgar a los dotados y sus dones (1 Co. 12:1s).

> **"No juzguéis, para que no seáis juzgados" (Mt. 7:1).**
>
> **"¿Y por qué miras la paja que está en el ojo de tu hermano, y no echas de ver la viga que está en tu propio ojo?" (Mt. 7:3).**
>
> **"Por lo cual eres inexcusable, oh hombre, quien-**

quiera que seas tú que juzgas; pues en lo que juzgas a otro, te condenas a ti mismo; porque tú que juzgas haces lo mismo" (Ro. 2:1).

"¿Tú quién eres, que juzgas al criado ajeno? Para su propio señor está en pie, o cae; pero estará firme, porque poderoso es el Señor para hacerle estar firme" (Ro. 14:4).

"Así que, los que somos fuertes debemos soportar las flaquezas de los débiles, y no agradarnos a nosotros mismos" (Ro. 15:1).

"Así que, no juzguéis nada antes de tiempo, hasta que venga el Señor, el cual aclarará también lo oculto de las tinieblas, y manifestará las intenciones de los corazones; y entonces cada uno recibirá su alabanza de Dios" (1 Co. 4:5).

"Uno solo es el dador de la ley, que puede salvar y perder; pero tú, ¿quién eres para que juzgues a otro?" (Stg. 4:12).

4 (1:13-16) *División — Camarillas:* El problema con las camarillas y los grupos en discordia en la iglesia tiene tres aspectos. Vea detenidamente el versículo antes de analizar los problemas.

"¿Acaso está dividido Cristo? ¿Fue crucificado Pablo por vosotros? ¿O fuisteis bautizados en el nombre de Pablo?" (v. 13).

En tres preguntas cortas Pablo muestra la naturaleza crítica de las camarillas que causan la división. Las camarillas arremeten contra:

• La persona de Cristo o su señorío.
• La crucifixión o muerte de Cristo.
• El bautismo o testimonio del creyente.

Note cómo esto se ve claramente en la medida que se analizan cada uno de los tres problemas con los grupos en discordia.

1. Las camarillas dividen a Cristo. Una camarilla siempre cree tener la razón, por divisiva que sea su posición, y quiere hacer su voluntad, con gran frecuencia a cualquier costo.

=> Una camarilla destrona a Cristo. Se erige a sí misma en el Señor, se erige en las personas que pueden juzgar lo que está bien y lo que está mal para la iglesia.

=> Una camarilla trata de hacer lo imposible: "Trata de dividir a Cristo, de traer a Cristo a su lado". Con frecuencia una camarilla asegura que Cristo apoya su posición, que Cristo sostendría la posición y haría exactamente lo que la camarilla está haciendo.

Observe la pregunta que hacen las Escrituras: ¿Está dividido Cristo? ¿Hay parte de Cristo por acá con este grupo y parte de Él por allá con aquel grupo? ¿Quién gobierna la iglesia? ¿Quién es el Señor? ¿Quién tiene el derecho de juzgar y decir lo que está bien y lo que está mal, el Señor dentro de la iglesia o las camarillas dentro de la iglesia?

Jesucristo no puede estar dividido. Solo hay un Señor, solo una persona que se llama el Señor Jesucristo. Él no son dos personas. Ni Él ni su voluntad se pueden separar en dos camarillas divisivas. Él es una Persona y tiene una voluntad.

"y sometió todas las cosas bajo sus pies, y lo dio por cabeza sobre todas las cosas a la iglesia" (Ef. 1:22).

"un cuerpo, y un Espíritu, como fuisteis también llamados en una misma esperanza de vuestra vocación; un Señor, una fe, un bautismo" (Ef. 4:4, 5).

"y él es la cabeza del cuerpo que es la iglesia, él que es el principio, el primogénito de entre los muertos, para que en todo tenga la preeminencia" (Col. 1:18).

2. Las camarillas elevan a los hombres como salvadores. Pablo no fue crucificado por los corintios; por consiguiente, él no fue el salvador de los corintios ni de ningún otro grupo de creyentes. Esto es cierto: Si Pablo no fue el salvador, entonces ningún otro predicador ni ningún otro líder de una camarilla es el salvador. Los creyentes no les deben su fidelidad a predicadores y líderes de camarillas; ellos le deben su fidelidad al Señor Jesucristo. Fue Jesucristo el que murió por nosotros, no los predicadores ni los líderes de las iglesias. Por consiguiente, debemos obedecer y cumplir la voluntad de Cristo según se dicta en las Escrituras, y debemos apoyar a los siervos del Señor a quienes Él nos pone alrededor nuestro para que nos ministren. El Señor nos da un ministro en específico porque tiene un don único que ofrecer a la iglesia y al ministerio, un aporte muy especial que se necesita durante un período específico.

"que os ha nacido hoy, en la ciudad de David, un Salvador, que es CRISTO el Señor" (Lc. 2:11).

"porque el marido es cabeza de la mujer, así como Cristo es cabeza de la iglesia, la cual es su cuerpo, y él es su Salvador" (Ef. 5:23).

"A éste, Dios ha exaltado con su diestra por Príncipe y Salvador, para dar a Israel arrepentimiento y perdón de pecados" (Hch. 5:31).

"Palabra fiel y digna de ser recibida por todos: que Cristo Jesús vino al mundo para salvar a los pecadores, de los cuales yo soy el primero" (1 Ti. 1:15).

"por lo cual puede también salvar perpetuamente a los que por él se acercan a Dios, viviendo siempre para interceder por ellos" (He. 7:25).

3. Las camarillas convierten a una persona en un seguidor de hombres. Esto resulta trágico, porque un creyente genuino siempre se bautiza en el nombre del Señor, no en el nombre de algún ministro o líder de una iglesia. En su bautismo el creyente *confesó al Señor y* dio testimonio de que estaba comprometiendo su vida a seguir al Señor. No le confesó su lealtad a algún hombre, por grande y maravilloso que pueda ser el hombre. Sin embargo, cuando la persona forma o junta una camarilla, él mismo se separa de Cristo y del resto de los creyentes; él traiciona su bautismo y compromiso con Cristo y su iglesia, y le ofrece su lealtad al líder o posición de una camarilla divisiva.

"Nada hagáis por contienda o por vanagloria; antes bien con humildad, estimando cada uno a los demás como superiores a él mismo; no mirando cada uno por lo suyo propio, sino cada cual también por lo de los otros" (Fil. 2:3, 4).

"Humillaos delante del Señor, y él os exaltará" (Stg. 4:10).

"Mejor es humillar el espíritu con los humildes que repartir despojos con los soberbios" (Pr. 16:19).

"La soberbia del hombre le abate; pero al humilde de espíritu sustenta la honra" (Pr. 29:23).

"Porque así dijo el Alto y Sublime, el que habita la eternidad, y cuyo nombre es el Santo: Yo habito en la altura y la santidad, y con el quebrantado y humilde de espíritu, para hacer vivir el espíritu de los humildes, y para vivificar el corazón de los quebrantados" (Is. 57:15).

"Oh hombre, él te ha declarado lo que es bueno, y qué pide Jehová de ti: solamente hacer justicia, y amar misericordia, y humillarte ante tu Dios" (Mi. 6:8).

4.   Note ahora la negación categórica de Pablo respecto a que él hubiera intentado garantizar un grupo de seguidores personales. Él le da gracias a Dios por no haber bautizado a nadie excepto a unos pocos creyentes, porque ningún creyente puede acusarlo con derecho de querer ganar seguidores o formar una camarilla.

"Oh hombre, él te ha declarado lo que es bueno, y qué pide Jehová de ti: solamente hacer justicia, y amar misericordia, y humillarte ante tu Dios" (1 Co. 15:9).

"Y predicaba, diciendo: Viene tras mí el que es más poderoso que yo, a quien no soy digno de desatar encorvado la correa de su calzado" (Mr. 1:7).

ESTUDIO A FONDO 1

(1:14) *Crispo:* El principal de la sinagoga judía de Corinto. Fue llevado a Cristo y bautizado por Pablo personalmente (Hch. 18:8; 1 Co. 1:14).

ESTUDIO A FONDO 2

(1:14) *Gayo:* Hospedó a Pablo cuando estuvo en Corinto. Como Pablo bautizó a Gayo, probablemente también lo haya llevado al Señor (Ro. 16:23; 1 Co. 1:4. Cp. Hch. 19:29; 20:4 para un hombre llamado Gayo que sirvió como misionero con Pablo. Puede que sea el mismo Gayo, aunque el nombre era muy común en el mundo antiguo).

ESTUDIO A FONDO 3

(1:16) *Estéfanas:* Era uno de los tres mensajeros que le entregó a Pablo la carta de los corintios (cp. 1 Co. 7:1). Pablo bautizó a todos los miembros de su familia (1 Co. 1:16; 16:15).

	B. Primera solución: La cruz, 1:17-25	21 Pues ya que en la sabiduría de Dios, el mundo no conoció a Dios mediante la sabiduría, agradó a Dios salvar a los creyentes por la locura de la predicación.	**5 La cruz es la sabiduría y el poder de Dios para salvar a los que creen**

1 La cruz es la misión fundamental del predicador
2 La cruz puede privarse de su poder
3 La cruz es el poder de Dios[EF1]
  a. Locura para los que se pierden
  b. Poder para los que se salvan
4 La cruz destruye la sabiduría de los hombres y enloquece la sabiduría del mundo
	17 Pues no me envió Cristo a bautizar, sino a predicar el evangelio; no con sabiduría de palabras, para que no se haga vana la cruz de Cristo.
	18 Porque la palabra de la cruz es locura a los que se pierden; pero a los que se salvan, esto es, a nosotros, es poder de Dios.
	
	19 Pues está escrito: Destruiré la sabiduría de los sabios, Y desecharé el entendimiento de los entendidos.
	20 ¿Dónde está el sabio? ¿Dónde está el escriba? ¿Dónde está el disputador de este siglo? ¿No ha enloquecido Dios la sabiduría del mundo?
		22 Porque los judíos piden señales, y los griegos buscan sabiduría;
		23 pero nosotros predicamos a Cristo crucificado, para los judíos ciertamente tropezadero, y para los gentiles locura;
		
		24 mas para los llamados, así judíos como griegos, Cristo poder de Dios, y sabiduría de Dios.
		
		25 Porque lo insensato de Dios es más sabio que los hombres, y lo débil de Dios es más fuerte que los hombres.
			6 La cruz responde a la búsqueda que el hombre hace de Dios
			  a. Los judíos: Piden señales, tropiezan con la cruz
			  b. Los griegos: Buscan sabiduría, concluyen en que la cruz es locura
			  c. Los llamados: Encuentran a Cristo, descubren que la cruz es el poder y la sabiduría de Dios
			7 La cruz demuestra que las cosas de Dios son más sabias y más fuertes que las del hombre

DIVISIÓN II

LA DIVISIÓN EN LA IGLESIA, 1:10—4:21

B. Primera solución: La cruz, 1:17-25

(1:17-25) *Introducción:* Recuerden, esta sección de Corintios lidia con la división dentro de la iglesia. Observe el contraste entre "palabras de sabiduría" o la "sabiduría de palabras" y la "cruz de Cristo" (v. 17). La "sabiduría de palabras" es plural, insinuando diferencias y división dentro de la comunión de la iglesia. La "cruz de Cristo" es singular, lo que sugiere unidad de espíritu. La cruz sola es la solución a una iglesia dividida, no las palabras de la sabiduría humana. La sabiduría humana nunca puede solucionar las divisiones dentro de la iglesia, tampoco del mundo, no por sí sola. ¿Por qué? Porque el amor, el amor entre todas las personas, es el único remedio para la división, y la demostración más grande de amor que se haya presenciado en la tierra es la cruz de Cristo. Es la cruz la que revela el amor de Dios por un mundo antagónico, y que alienta a los hombres a amar a su prójimo. La cruz de Cristo es la solución tanto a las divisiones entre los hombres como a los problemas que asedian a los hombres y al mundo.

1. La cruz es la misión fundamental del predicador (v. 17).
2. La cruz puede privarse de su poder (v. 17).
3. La cruz es el poder de Dios (v. 18).
4. La cruz destruye la sabiduría de los hombres y enloquece la sabiduría del mundo (vv. 19-20).
5. La cruz es la sabiduría y el poder de Dios para salvar a los que creen (v. 21).
6. La cruz responde a la búsqueda que el hombre hace de Dios (vv. 22-24).
7. La cruz demuestra que las cosas de Dios son más sabias y más fuertes que las del hombre (v. 25).

(1:17-25) *Otro bosquejo:* La cruz y el hombre.

1. El hombre puede hacer vana a la cruz: por medio del discurso ingenioso (v. 17).
2. El criterio del hombre sobre la cruz (v. 18).
   a. Los "perdidos": locura.
   b. Los "salvos": el poder de Dios.
3. El hombre trata de encontrar a Dios por medio de la sabiduría (Is. 29:14; 33:18) (v. 18).
   a. Su sabiduría pasa, es transitoria (v. 19).
   b. Su intento es fallido. No conoció a Dios (cp. Ro. 1:20, 28) (v. 21).
4. El hombre es salvo por la locura de la predicación (v. 21).
5. El hombre busca de Dios (v. 22).
   a. Los judíos: piden señales, tropiezan con la cruz.
   b. Los griegos: buscan sabiduría, concluyen en que la cruz es locura (v. 23).
   c. Los llamados: Encuentran a Cristo y descubren que la cruz es el poder y sabiduría de Dios (v. 24).

6. El hombre demuestra ser menos sabio y más débil que Dios (v. 25).

1 (1:17) *Jesucristo, cruz — Ministros — Predicación:* La cruz es la misión fundamental del predicador. El ministro de Dios debe predicar la cruz. Pablo declara:

> **"Pues no me envió Cristo a bautizar, sino a predicar el evangelio; no con sabiduría de palabras, para que no se haga vana la cruz de Cristo" (1 Co. 1:17).**

Esto significa dos cosas.

1. El *mensaje del evangelio* es la cruz de Cristo. El *contenido* de la predicación y el testimonio debe ser la cruz. El *tema principal* de nuestra vida y nuestras conversaciones debe ser la cruz de Cristo. Todos los otros temas de la vida cristiana se deben al hecho de que nos hemos reconciliado con Dios y nos hemos acercado a Él por la cruz de Cristo. La cruz demuestra el amor de Dios, el hecho de que Él nos acepta y nos permite *andar* con Él día tras día. En toda nuestra predicación y testimonio, el glorioso amor de Dios revelado en la cruz debe ser el tema predominante.

=> El predicador debe predicar la cruz.
=> El creyente debe dar testimonio de la cruz.

2. El ministro de Dios nunca deberá permitir que los rituales de la iglesia ocupen el lugar de la cruz en su ministerio, por importante que puedan ser. A pesar de su importancia, y ninguno es más importante que el bautismo, el objetivo central del mensaje y ministerio del predicador debe ser el evangelio, es decir, la cruz de Cristo (v. 17).

Es necesario hacerle entender esto constantemente al corazón de cada uno de nosotros: "El objetivo central de nuestra vida, de nuestras conversaciones, y nuestro ministerio debe ser la cruz de nuestro Señor Jesucristo, la cruz que demuestra el glorioso amor de Dios". La cruz es la misión fundamental del predicador, no los rituales y ministerios de la iglesia.

Pensamiento 1. Resulta fácil permitir que el ritual, la ceremonia, y la formalidad sustituyan la cruz en la iglesia. Resulta también mucho más fácil administrar ritos y ceremonias que dedicar horas al estudio diligente y a predicarle la cruz a un mundo egoísta que rechaza la exigencia de abnegación.

Note algo más: Las exigencias que ponen otras funciones en la iglesia sobre el tiempo de un ministro a menudo consumen tanto tiempo que se descuida de su llamado primordial que es el estudio, la oración, y la predicación del evangelio. El ministro de Dios no debe permitir que esto suceda. Debe mantenerse firme en nuestras prioridades: "Tiene que hacerlo él, porque nadie se lo va a hacer". Debe centrarse en la cruz; debe convertir a la cruz en el tema fundamental de su vida y la predicación.

> **"Y estableció a doce, para que estuviesen con él, y para enviarlos a predicar" (Mr. 3:14).**
> **"Y les dijo: Id por todo el mundo y predicad el evangelio a toda criatura" (Mr. 16:15).**

2 (1:17) *Jesucristo, cruz — Ministros — Predicación:* La cruz puede privarse de su poder. ¿Cómo? Por medio de la predicación del evangelio con "sabiduría de palabras". Esto al menos quiere decir dos cosas.

1. Un predicador puede preocuparse más por la elocuencia que por la cruz. Puede centrarse en…

- un lenguaje florido
- palabras expresivas
- términos descriptivos
- argumentos atractivos
- palabras persuasivas
- la apariencia
- el carisma
- la fluidez

2. Un predicador también puede preocuparse más por el contenido de su mensaje y sus elementos y argumentos que por la proclamación de la cruz. Puede centrarse en:

- Tener un sermón bueno, dinámico, e interesante.
- Presentar una idea nueva o novel.
- Transmitir una postura interesante.
- Estimular consideraciones sobre alguna especulación o filosofía.

Observe lo que declaran las Escrituras: "El hombre que predica el evangelio con "sabiduría de palabras" hace vana a la cruz de Cristo". Anula o priva a la cruz de su poder. Centra su atención en la presentación florida y descriptiva o en la nueva idea o poder dinámico del sermón. Cuando las personas abandonan el culto, su atención no está centrada en el evangelio y la cruz, su atención está centrada en el predicador. A la cruz se le ha quitado su poder. Ninguna vida se ha cambiado, al menos no por Dios.

Pensamiento 1. Ningún predicador o maestro debe disponerse a impresionar a las personas con su estilo, su discurso, su fluidez, su carisma, sus ideas o cualquier otra cosa. Al ministro y al maestro los ha llamado Dios a predicar la cruz y solo la cruz, no uno mismo ni las ideas nuevas y noveles, ni las especulaciones de hombres. El ministro y el maestro de Dios no deben olvidar la declaración contundente de las Escrituras:

> **"Pues no me envió Cristo a bautizar, sino a predicar el evangelio; no con *sabiduría de palabras,* para que no se haga vana la cruz de Cristo" (1 Co. 1:17).**
> **"Así que, hermanos, cuando fui a vosotros para anunciaros el testimonio de Dios, no fui con excelencia de palabras o de sabiduría. Pues me propuse no saber entre vosotros cosa alguna sino a Jesucristo, y a éste crucificado. Y estuve entre vosotros con debilidad, y mucho temor y temblor; y ni mi palabra ni mi predicación fue con palabras persuasivas de humana sabiduría, sino con demostración del Espíritu y de poder, para que vuestra fe no esté fundada en la sabiduría de los hombres, sino en el poder de Dios" (1 Co. 2:1-5).**
> **"Pues si anuncio el evangelio, no tengo por qué gloriarme; porque me es impuesta necesidad; y ¡ay de mí si no anunciare el evangelio!" (1 Co. 9:16).**

3 (1:18) *Jesucristo, cruz — Ministros — Predicación:* La cruz es el poder de Dios. Note dos elementos significativos:

1. La predicación de la cruz es locura para aquellos que se pierden (ver el *Estudio a fondo 1, los que se pierden* — 1 Co. 1:18). En griego "la predicación" (ho logos) es literalmente "*La Palabra* de la cruz" (vea la nota, *La Palabra* — Jn.

1:1-5). Se hace una gran comparación entre la "sabiduría de palabras" (v. 17) y "la Palabra de la cruz". La sabiduría del mundo incluye muchas *palabras*, es decir, muchas formas de hallar la verdad y hallarle el sentido a la vida. Pero la Palabra de la cruz es el *único camino* a la verdad y el significado de la vida. Exactamente por qué la predicación o la palabra de la cruz es locura para aquellos que se pierden se analiza más adelante (vv. 22-24, pto. 5). Por el momento, el objetivo es demostrar:

* Que los hombres del mundo que no vienen a Dios por medio de la cruz de Cristo están en un *estado de perdición* (vea el *Estudio a fondo 1, Perdición* — 1 Co. 1:18).
* Que a los perdidos nos les agrada el mensaje de la cruz, es decir, el mensaje de que el hombre es salvo por medio de un Redentor crucificado. Toman el mensaje por locura.
* Que a los perdidos no les agrada el modo sencillo en el que se proclama el mensaje.

2. La predicación de la cruz es el poder de Dios para aquellos que se salvan. Ningún otro mensaje en la tierra:

* Puede reconciliar a los hombres con Dios y ponerlos bajo su cuidado diario.
* Puede darles a los hombres la *seguridad perfecta* del cuidado y el amor de Dios y de la vida eterna con Dios.

Ningún otro mensaje ha cambiado vidas como el mensaje de la cruz de Cristo. Ningún otro mensaje ha revolucionado las sociedades, las comunidades y las familias como la cruz de Cristo. La cruz de Cristo es el poder *de Dios* para salvar a los hombres (vea el *Estudio a fondo 1, Salvación* — 1 Co. 1:18; Ro. 1:16 para un análisis).

ESTUDIO A FONDO 1

(1:18) *Salvación — Perdición:* Aquí los hombres están ubicados en una de dos categorías, *los que se pierden* o *los que se salvan.* Un hombre atraviesa la vida viviendo una de estas dos experiencias: o se está perdiendo, descendiendo siempre hacia la tumba; o se está salvando, ascendiendo siempre a la vida eterna. En el griego, ambas palabras son acciones continuas; es decir, un hombre *se está perdiendo* o *se está salvando.* Las palabras no son estáticas; el hombre no está sentado tranquilamente. Siempre se está "perdiendo", está prisionero cada vez más de la carne y está condicionado a aceptar un mundo agonizante y que se está perdiendo; o siempre "se está salvando", quedando libre cada vez más de andar justa y piadosamente en este mundo actual. El hombre que es salvo está condicionado a romper las ataduras de un mundo agonizante y que se está perdiendo y a esperar la aparición gloriosa del nuevo mundo. (Vea el *Estudio a fondo 1, Salvación* — Ro. 1:16.)

1. La palabra terrible *perdición* quiere decir estar perdido, estar completamente destruido, perder la vida eterna, estar destituido espiritualmente, estar aislado.

   a. Perdición significa estar en un estado perdido en este mundo. Significa estar:

* Envejeciendo, deteriorándose, descomponiéndose, muriendo. (Vea el *Estudio a fondo 1* — Mt. 8:17; las notas — 1 Co. 15:50; Col. 2:13; y el *Estudio a fondo 1* — 2 P. 1:4.)
* Sin vida (propósito, sentido, importancia). (Vea el *Estudio a fondo 2* — Jn. 1:4; el *Estudio a fondo 1* — 10:10; y el *Estudio a fondo 1* — 17:2-3.)
* Sin paz (confirmación, confianza, seguridad en el cuidado de Dios). (Vea la nota — Jn. 14:27.)
* Sin esperanza (de vivir para siempre). (Vea el *Estudio a fondo 1* — 2 Ti. 4:18.)

   b. Perdición significa estar en un estado perdido en el mundo venidero. Significa...

* tener que morir
* enfrentar juicio
* estar condenado
* sufrir la separación de Dios y de todos los seres queridos
* experimentar todo cuanto es el infierno

(Vea el *Estudio a fondo 2* — Mt. 5:22; el *Estudio a fondo 4* — Lc. 16:24; y el *Estudio a fondo 1* — He. 9:27.)

2. La gran palabra *salvación* se usa en las Escrituras para describir al menos tres experiencias para el creyente.

   a. La *experiencia única* de salvación. Es una experiencia que ha sucedido en algún momento del pasado: "Vos *habéis sido salva*" (Lc. 7:50). Es el acto inicial de fe en el Señor Jesucristo. Es recibir a Cristo en nuestro corazón y nuestra vida como Señor. Significa ser salvo o liberado del pecado, la muerte, y el infierno; y recibir la confirmación de que nunca nos separaremos de Dios, ni en esta vida ni en el mundo venidero. (Vea el *Estudio a fondo 2* — Jn. 1:4; el *Estudio a fondo 1* — 10:10; y el *Estudio a fondo 1* — 17:2-3.)

"como le has dado potestad sobre toda carne, para que dé vida eterna a todos los que le diste" (Jn. 17:2).

"Porque para Dios somos grato olor de Cristo en los que se salvan, y en los que se pierden" (2 Co. 2:15).

"aun estando nosotros muertos en pecados, nos dio vida juntamente con Cristo (por gracia sois salvos)" (Ef. 2:5).

"Porque por gracia sois salvos por medio de la fe; y esto no de vosotros, pues es don de Dios" (Ef. 2:8).

"quien nos salvó y llamó con llamamiento santo, no conforme a nuestras obras, sino según el propósito suyo y la gracia que nos fue dada en Cristo Jesús antes de los tiempos de los siglos" (2 Ti. 1:9).

   b. La *experiencia continua* de salvación. Es una experiencia que está ocurriendo ahora, en el presente. "Estáis siendo salvo" (1 Co. 1:18). Es una descripción de la obra de Dios día tras día en la vida del creyente. Es el Espíritu Santo de Dios que obra en el creyente. (Cp. Ro. 6:14; 8:2; 2 Co. 3:18; Gá. 2:20; Fil. 1:19; 2:12-13; 2 Ts. 2:13.)

=> Para guiarlo y enseñarlo, y librarlo de todas las pruebas y problemas de la vida.

"Y yo rogaré al Padre, y os dará otro Consolador, para que esté con vosotros para siempre: el Espíritu de verdad, al cual el mundo no puede recibir, porque no le ve, ni le conoce; pero vosotros le conocéis, porque mora con vosotros, y estará en vosotros" (Jn. 14:16, 17).

"Respondió Jesús y le dijo: El que me ama, mi palabra guardará; y mi Padre le amará, y vendremos a él, y haremos morada con él" (Jn. 14:23).

=> Para llenarlo de un corazón de amor, gozo, y paz, todos los frutos y recursos necesarios para vivir una vida a plenitud.

"Mas el fruto del Espíritu es amor, gozo, paz, paciencia, benignidad, bondad, fe, mansedumbre, templanza; contra tales cosas no hay ley" (Gá. 5:22, 23).

=> Para conformarlo cada vez más a imagen de Cristo.

"Por tanto, nosotros todos, mirando a cara descubierta como en un espejo la gloria del Señor, somos transformados de gloria en gloria en la misma imagen, como por el Espíritu del Señor" (2 Co. 3:18).

=> Para estimularlo y equiparlo para vivir testificando de Cristo día tras día, hora tras hora, minuto tras minuto, y en todo momento.

"pero recibiréis poder, cuando haya venido sobre vosotros el Espíritu Santo, y me seréis testigos en Jerusalén, en toda Judea, en Samaria, y hasta lo último de la tierra" (Hch. 1:8).

"Porque no nos ha dado Dios espíritu de cobardía, sino de poder, de amor y de dominio propio. Por tanto, no te avergüences de dar testimonio de nuestro Señor, ni de mí, preso suyo, sino participa de las aflicciones por el evangelio según el poder de Dios" (2 Ti. 1:7, 8).

c. La *experiencia redentora* de la salvación que debe ocurrir en el futuro; "ahora está más cerca de nosotros nuestra salvación que cuando creímos" (Ro. 13:11). Esta referencia futura a la salvación apunta al día de la redención, al día del reino de Cristo, al día en el que Cristo recibirá su reino en esta tierra. Al día en el que Dios creará un nuevo cielo y tierra y hará su perfecta voluntad y permitirá su gobierno por todo el universo.

"porque también la creación misma será libertada de la esclavitud de corrupción, a la libertad gloriosa de los hijos de Dios. Porque sabemos que toda la creación gime a una, y a una está con dolores de parto hasta ahora; y no sólo ella, sino que también nosotros mismos, que tenemos las primicias del Espíritu, nosotros también gemimos dentro de nosotros mismos, esperando la adopción, la redención de nuestro cuerpo" (Ro. 8:21-23).

"Así también es la resurrección de los muertos. Se siembra en corrupción, resucitará en incorrupción. Se siembra en deshonra, resucitará en gloria; se siembra en debilidad, resucitará en poder. Se siembra cuerpo animal, resucitará cuerpo espiritual. Hay cuerpo animal, y hay cuerpo espiritual" (1 Co. 15:42-44).

"que sois guardados por el poder de Dios mediante la fe, para alcanzar la salvación que está preparada para ser manifestada en el tiempo postrero" (1 P. 1:5).

"Pero el día del Señor vendrá como ladrón en la noche; en el cual los cielos pasarán con grande estruendo, y los elementos ardiendo serán deshechos, y la tierra y las obras que en ella hay serán quemadas. Puesto que todas estas cosas han de ser deshechas, ¡cómo no debéis vosotros andar en santa y piadosa manera de vivir, esperando y apresurándoos para la venida del día de Dios, en el cual los cielos, encendiéndose, serán deshechos, y los elementos, siendo quemados, se fundirán! Pero nosotros esperamos, según sus promesas, cielos nuevos y tierra nueva, en los cuales mora la justicia" (2 P. 3:10-13).

(Vea el *Estudio a fondo 3, Reino de Dios* — Mt. 19:23-24.)

4 (1:19-20) *Jesucristo, cruz — Mundo, sabiduría del — Hombre — Utopía:* La predicación de la cruz destruye la sabiduría de los hombres y enloquece la sabiduría del mundo. Este es un versículo citado del Antiguo Testamento (cp. Is. 29:14; 33:18). ¿Cómo la cruz destruye y enloquece la sabiduría de los hombres y su mundo?

1. La cruz desenmascara la mentira del razonamiento y la sabiduría del hombre. El hombre trata de vencer el mal a través de la ciencia, la tecnología, y la religión del esfuerzo humano. El hombre trata de usar todo cuanto tiene a su disposición para vencer a la naturaleza, la enfermedad, el sufrimiento, la corrupción, y la muerte. El hombre quiere una vida que sea plena y libre; pero la quiere con sus propias condiciones, es decir, quiere todas estas cosas de una forma tal que le permita continuar:

- Haciendo su voluntad.
- Viviendo como desea.
- Sintiendo lujuria.
- Ganando posición y poder.
- Ganando reconocimiento y fama.
- Estando cómodo y acaparando y acumulando, aunque grandes números de personas estén asoladas y se encuentren muriendo de hambre, enfermedad, soledad, y vacío.

Y mientras tanto, el hombre quiere aceptación y reconocimiento por sus logros. Lo que la cruz hace es destruir este razonamiento: Desenmascara un problema severo que existe con el hombre: "El problema del pecado, de un corazón depravado y egoísta". La cruz es el Hijo de Dios, el Hombre perfecto muerto por el resto del mundo. Los hombres mataron al Hijo de Dios porque el hombre es perverso. El hombre sencillamente no está dispuesto a vivir como Cristo dijo; por consiguiente, él mató a Cristo.

2. La cruz desenmascara la mentira de la búsqueda del hombre de amor, gozo, paz, y todas las otras cualidades espirituales de la vida. El hombre quiere llevar una vida plena y libre, y desea lo mismo para otros hombres, al menos hasta cierto punto. Pero en toda su búsqueda el hombre descubre algo. La ciencia, la tecnología, y las buenas obras no proporcionan el amor, el gozo, y la paz que él anhela, tampoco proporcionan la confirmación perfecta de conocer a Dios, de conocerlo realmente a tal punto que una persona está *absolutamente segura* de que va a vivir con Dios eternamente.

Sin embargo, la cruz sí da esa confirmación. Miles de creyentes genuinos que han confiado en Cristo y en su muerte en la cruz para salvarlos darán testimonio de que tienen la confirmación absoluta de la vida eterna con Dios. La cruz destruye la idea de que la plenitud de la vida proviene de la ciencia, la tecnología, la educación, e incluso "las buenas obras".

> **"Porque por gracia sois salvos por medio de la fe;
> y esto no de vosotros, pues es don de Dios; no por
> obras, para que nadie se gloríe" (Ef. 2:8, 9).**

3. La cruz demuestra que la solución a los problemas y la utopía del hombre es el sacrificio. La solución no está en...
*   el poder y la fama
*   el egoísmo y la avaricia
*   los esfuerzos y las obras humanas

Ningún hombre puede llegar a Dios y hallar la verdad o solucionar los problemas del mundo sin amor y el sacrificio total. En esto consiste la cruz. El sentido común nos dice que carecemos de la gloria de Dios; no somos completamente rectos o justos, y ciertamente no perfectos. Por consiguiente, no hay forma de que podamos ser aceptos y se nos permita vivir en presencia de un Dios adorable, justo, y perfecto. De un modo sencillo, no somos como Él. Solo hay una forma de volvernos aceptos ante Dios: Dios tendrá que amarnos lo suficiente como para proporcionarnos un sacrificio perfecto. Y recuerden: Solo Él puede proporcionar el sacrificio perfecto, porque solo Él es perfecto.

Este es el mensaje glorioso de la cruz: Dios nos da lo suficiente como para salvarnos; ha ofrecido un sacrificio perfecto por nosotros. En la cruz Jesucristo, el propio Hijo perfecto de Dios:
*   Asumió nuestros pecados.
*   Asumió nuestro castigo por haber pecado contra Él mismo.

Dios sacrificó a su propio Hijo por nosotros, y es a través de su sacrificio que Dios nos salva. Dios acepta a los hombres cuando se acercan a Él por medio de la cruz, es decir, cuando los hombres creen que Dios los ama tanto que sacrificaría a su Hijo por ellos. Dios toma la fe de ese hombre y la considera como justificación o perfección. El hombre que cree se vuelve acepto ante Dios (vea la nota, *Justificación* — Ro. 5:1).

¿Cómo esto destruye y enloquece la sabiduría de los hombres y su mundo? La cruz no es la forma en que los hombres quieren acercarse a Dios. Los hombres quieren ser aceptos ante Dios sin tener *que amar a Dios y sacrificarse completamente*. Aún así, si aceptan el sacrificio de Cristo como la verdad, tienen que sacrificarse de la misma manera que Él se sacrificó; tienen que dar todo cuanto son y todo cuanto tienen para tenderles la mano y ayudar a las personas del mundo. Por consiguiente, tratan de acercarse a Dios por medio de...
*   sus propios razonamientos
*   sus propios pensamientos
*   sus propias filosofías
*   sus propias religiones
*   sus propias obras
*   su propio entendimiento
*   sus propias especulaciones
*   su propia sabiduría
*   sus propios esfuerzos

Pero los hombres no lo logran. Todo esfuerzo humano que no sea la cruz siempre ha fracasado y siempre fracasará. Ningún esfuerzo humano ha solucionado jamás los problemas del mundo del pecado y el mal, la enfermedad y el sufrimiento, el egoísmo y la avaricia, la muerte y el juicio. Ningún hombre ha penetrado jamás en el mundo espiritual para averiguar cómo es Dios. Solo Cristo y su cruz pueden cambiar a los hombres y darles vida; una vida que es tanto abundante como eterna. *Y esto se ha demostrado vida tras vida través de los siglos.*

La cruz destruye la sabiduría de los hombres de la forma siguiente: Demuestra que la manera de solucionar los problemas del mundo es la cruz, no la ciencia, ni la tecnología, ni la educación, y tampoco la religión. Todos los problemas del mundo (físicos, materiales, y espirituales) se podrían solucionar si los hombres acudieran a la cruz, que es la demostración perfecta de amor y sacrificio.

Pensamiento 1. Imagínese nada más cómo sería el mundo si todos los hombres amaran a Dios y sacrificaran todo cuanto fueran y tuvieran para solucionar los problemas del mundo, se amaran y se sacrificaran como lo hizo Cristo.

5 (1:21) *Jesucristo, cruz — Salvación — Predicación — Dios, sabiduría:* La cruz es tanto la sabiduría como el poder de Dios para salvar a todos los que creen.

1. La cruz es la sabiduría de Dios. El término la "sabiduría de Dios" quiere decir la cruz, la manera que Dios ha escogido para salvar al mundo. Observe nuevamente el énfasis de que el mundo por medio de su sabiduría no ha conocido a Dios. Según se ha planteado en el punto anterior (vv. 19-20), el hombre no puede ser salvo por medio de la ciencia, la tecnología, la educación, la religión, no por medio de ningún esfuerzo humano de bondad. No importa lo que el hombre haga o cuán sabio se vuelva, nuca podrá volverse perfecto, no en amor y justicia. A pesar de todo lo que el hombre

pueda lograr, aún así "carecerá de la gloria de Dios" (que es perfección).

De la forma que el hombre y su mundo pueden ser salvos no es por medio de la sabiduría de los hombres, sino por medio de la sabiduría de Dios, que es la cruz. Si los hombres acudieran a la cruz en su demostración perfecta de amor y sacrificio, entonces los hombres se amarían y se sacrificarían como debieran para satisfacer las necesidades de la humanidad.

El amor y el sacrificio son los medios de Dios para salvar al mundo. Por consiguiente, es la persona que cree la predicación de la cruz la que se salva. Cuando una persona cree que Jesucristo murió por ella, cuando da todo cuanto es y tiene a Cristo, Dios salva a esa persona y la usa para llegar a los perdidos y destituidos del mundo.

2. La cruz es el poder de Dios para salvar a los que creen. Solo la cruz cambia la vida de los hombres para amar a Dios y sacrificarse por Dios y por los hombres.

> **"Pero ahora en Cristo Jesús, vosotros que en otro tiempo estabais lejos, habéis sido hechos cercanos por la sangre de Cristo. Porque él es nuestra paz, que de ambos pueblos hizo uno, derribando la pared intermedia de separación … y mediante la cruz reconciliar con Dios a ambos en un solo cuerpo, matando en ella las enemistades" (Ef. 2:13-14, 16).**

6 (1:22-24) *Jesucristo, cruz — Hombre, búsqueda de utopía:* La cruz responde a la búsqueda que el hombre hace de Dios. El mundo ha cometido tres errores al analizar la cruz.

1. Los judíos o los religiosos del mundo creen que ellos son la simiente escogida de Dios, que llegan donde Dios por tener una herencia piadosa y por ser religioso y suficientemente bueno para ser acepto ante Él. Creen que deben obrar con tanta diligencia como sea posible para traer el reino de Dios y la utopía del hombre a la tierra. La mayoría de los religiosos son exactamente como eran los judíos: desarrollan un sistema de pensamiento por medio del cual el Mesías debe venir a la tierra cuando ellos le hayan preparado la tierra a Él. Y cuando Él venga, dicen ellos que Él vendrá con grandes señales de poder y majestad y traerá una era de oro sobre la tierra.

Pensamiento 1. Note cómo el énfasis de los religiosos recae en *sus* obras y su labor por Dios:

=> Es el hombre el que prepara el camino para la salvación del Mesías sobre la tierra en lugar de ser el Mesías el que prepare el camino para que el hombre se acerque a Dios.

=> Es el hombre el que trae la utopía y la gloria de Dios a la tierra en lugar de ser el Mesías el que da comienzo al reino.

La cruz, un Salvador crucificado que redime a los hombres, está destinada a servir de tropiezo para los religiosos. Los criterios de la cruz sencillamente les resultan extraños a un religioso, los criterios de:

• Que no puede hacer suficiente bien para ser acepto ante Dios.

• Que la pena por sus pecados tuvo que ser pagada por

el sacrificio perfecto del Hijo de Dios.

• Que debe confiar en el sacrificio perfecto del Hijo de Dios por sus pecados.

• Que la verdadera creencia en el Hijo de Dios quiere decir que él sacrifica todos cuanto es y tiene para salvar a un mundo de una humanidad desesperada y perdida.

Cuando el religioso mira la cruz y ve la fealdad del pecado, la vergüenza, el castigo y la muerte, la sangre y el sufrimiento en vez de la gloria y la majestad, el triunfo y la victoria, siente repulsión, retrocede y se aleja de la verdad de que el Hijo de Dios tuvo que morir por sus pecados. El religioso no quiere hacer énfasis en los factores negativos del pecado y la muerte; él quiere centrarse en las cosas positivas del ritual, la ceremonia, la religión, las obras, y la benevolencia, por eso no se espera que lo entregue todo.

> **"y bienaventurado es el que no halle tropiezo en mí" (Mt. 11:6).**

> **"¿No es éste el carpintero, hijo de María, hermano de Jacobo, de José, de Judas y de Simón? ¿No están también aquí con nosotros sus hermanas? Y se escandalizaban de él" (Mr.6:3).**

> **"y: Piedra de tropiezo, y roca que hace caer, porque tropiezan en la palabra, siendo desobedientes; a lo cual fueron también destinados" (1 P. 2:8).**

> **"mas Israel, que iba tras una ley de justicia, no la alcanzó. ¿Por qué? Porque iban tras ella no por fe, sino como por obras de la ley, pues tropezaron en la piedra de tropiezo, como está escrito: He aquí pongo en Sion piedra de tropiezo y roca de caída; y el que creyere en él, no será avergonzado" (Ro. 9:31-33).**

2. Los griegos cometieron el error de tomar a Dios como "apatheia". *Apatheia* significa mucho más que apatía. Significa una incapacidad total de sentir. Se creía que Dios estaba demasiado distante y poco involucrado en los asuntos humanos para sentir. Por consiguiente, pensar en un Dios que se convirtió en hombre y sintió los dolores de la muerte en una cruz era locura para una mente griega. Sencillamente era una insensatez. Sobrepasaba los límites del entendimiento de la mente humana.

Los griegos también admiraban grandemente a "un hombre sabio". El hombre sabio era un hombre que podía hablar persuasivamente con lenguaje florido sobre asuntos terrenales y sabiduría humana, y hacerlas parecer eternas. Por consiguiente, la predicación de la cruz con su mensaje directo parecía cruda e inculta. Se le hacían burlas y se ponía en ridículo en lugar de escucharlo y aceptarlo.

El mundo, generación tras generación, comete el error de tropezar con la sencillez de la cruz. El hombre cree que tiene que usar su propia sabiduría y energía para lograr cualquier cosa en este mundo, o de lo contrario no lo logra. Por consiguiente, el mundo no logra entender que la cruz es la expresión del amor de Dios por un mundo perdido, y que el mensaje de la cruz consiste en la fe sencilla en el amor de Dios. El mundo no tiene que ejercer la sabiduría humana a fin de ser salvo. El mundo sencillamente no puede entenderlo, por eso tropieza con la cruz.

Pensamiento 1. ¿Cuántos ven la cruz ?...

- ¿Como cruda e inculta?
- ¿Como una religión repulsiva y sangrienta?
- ¿Como algo que carece de evidencia racional? La idea misma de que un hombre pueda morir y resucitar de entre los muertos es locura.

> "¿No es éste el carpintero, hijo de María, hermano de Jacobo, de José, de Judas y de Simón? ¿No están también aquí con nosotros sus hermanas? Y se escandalizaban de él" (Mr. 6:3).
> "Profesando ser sabios, se hicieron necios" (Ro. 1:22).
> "Y otra vez: El Señor conoce los pensamientos de los sabios, que son vanos" (1 Co. 3:20).
> "Mirad que nadie os engañe por medio de filosofías y huecas sutilezas, según las tradiciones de los hombres, conforme a los rudimentos del mundo, y no según Cristo" (Col. 2:8).

3. Los llamados de Dios hallan a Cristo. Hay algunas personas que le prestan atención a la influencia del llamado y el movimiento de Dios en el corazón de cada una de ellas. Escuchan y obedecen al llamado de Dios: Se arrodillan y de un modo expiatorio le rinden su vida a Cristo. Y cuando lo hacen, suceden dos cosas.

a. Descubren que Jesucristo es el poder de Dios (vea la nota 3 y el *Estudio a fondo 1* — 1 Co. 1:18 para un análisis).

> "como le has dado potestad sobre toda carne, para que dé vida eterna a todos los que le diste" (Jn. 17:2).

b. Descubren que Jesucristo es la sabiduría de Dios. Descubren que Jesucristo les trae a su corazón y a su vida:
   - Liberación del pecado y la inquietud de su alma.
   - El conocimiento de Dios y la plenitud de amor, gozo, y paz.
   - La guía y dirección de Dios a medida que atraviesan las pruebas de la vida día tras día.
   - La confirmación perfecta de la vida eterna con Dios.
   - El propósito y el sentido más grande posible de vida: El de tenderle la mano y ministrar a un mundo que lleva a cuesta el peso de la calamidad y las necesidades apremiantes, no importa el costo.

> "Mirad que nadie os engañe por medio de filosofías y huecas sutilezas, según las tradiciones de los hombres, conforme a los rudimentos del mundo, y no según Cristo" (Col. 2:8).
> "Porque Dios sujetó a todos en desobediencia, para tener misericordia de todos. ¡Oh profundidad de las riquezas de la sabiduría y de la ciencia de Dios! ¡Cuán insondables son sus juicios, e inescrutables sus caminos!" (Ro. 11:32, 33).

7 (1:25) *Jesucristo, cruz:* La cruz demuestra que las cosas de Dios son más sabias y más fuertes que las cosas del hombre. Son más sabias y más fuertes porque salva a los hombres. El hecho es que podría salvar a todo el mundo si los hombres se rindieran al *Cristo de la cruz.* ¿Cómo podría la cruz de Cristo hacer algo tan fenomenal? Por su ejemplo, exigencia, y poder para cambiar a los hombres de seres pecaminosos y egoístas en criaturas adorables y expiatorias. Cuando un hombre se inclina verdaderamente ante la cruz, entrega *todo cuanto es y tiene* a Cristo, y Cristo lo convierte en una nueva criatura. El hombre se levanta y se dispone a hacer todo cuanto puede y a dar todo cuanto puede para salvar y suplir las necesidades de un mundo que lleva a cuesta el peso de sus masas hambrientas, enfermas y perdidas.

Pensamiento 1. ¡Piense nada más lo que sucedería realmente si tan solo un millón de personas dentro de una nación se inclinara ante la cruz, dando todo cuanto fueran y tuvieran a Cristo! ¿Qué sucedería si en verdad se sacrificaran totalmente a Cristo como Cristo lo hizo por ellos?

> "Porque no me avergüenzo del evangelio, porque es poder de Dios para salvación a todo aquel que cree; al judío primeramente, y también al griego" (Ro. 1:16).
> "Con Cristo estoy juntamente crucificado, y ya no vivo yo, mas vive Cristo en mí; y lo que ahora vivo en la carne, lo vivo en la fe del Hijo de Dios, el cual me amó y se entregó a sí mismo por mí" (Gá. 2:20).
> "Pero lejos esté de mí gloriarme, sino en la cruz de nuestro Señor Jesucristo, por quien el mundo me es crucificado a mí, y yo al mundo. Porque en Cristo Jesús ni la circuncisión vale nada, ni la incircuncisión, sino una nueva creación" (Gá. 6:14, 15).
> "De modo que si alguno está en Cristo, nueva criatura es; las cosas viejas pasaron; he aquí todas son hechas nuevas" (2 Co. 5:17).

	C. Segunda solución: Tener en cuenta al pueblo sencillo y humilde de Dios, 1:26-31	y lo que no es, para deshacer lo que es, 29 a fin de que nadie se jacte en su presencia.	d. Lo que no es para deshacer lo que es 3 Dios tiene un propósito: Eliminar la jactancia del hombre 4 La sabiduría real de Dios es Cristo
1 Dios no llama a muchas personas extraordinarias a. No muchos sabios b. No muchos poderosos c. No muchos nobles 2 Dios llama a personas sencillas y humildes a. Lo necio, para avergonzar a los sabios b. Lo débil, para avergonzar a lo fuerte c. Lo vil y menospreciado	26 Pues mirad, hermanos, vuestra vocación, que no sois muchos sabios según la carne, ni muchos poderosos, ni muchos nobles; 27 sino que lo necio del mundo escogió Dios, para avergonzar a los sabios; y lo débil del mundo escogió Dios, para avergonzar a lo fuerte; 28 y lo vil del mundo y lo menospreciado escogió Dios,	30 Mas por él estáis vosotros en Cristo Jesús, el cual nos ha sido hecho por Dios sabiduría, justificación, santificación y redención; 31 para que, como está escrito: El que se gloría, gloríese en el Señor.	a. Él es sabiduría b. Él es justicia c. Él es santificación d. Él es redención, v. 30 e. Razón: Estimular a los hombres alabar a Dios

DIVISIÓN II

LA DIVISIÓN EN LA IGLESIA, 1:10—4:21

C. Segunda solución: Tener en cuenta al pueblo sencillo y humilde de Dios, 1:26-31

(1:26-31) *Introducción — Creyente cristiano:* La segunda solución a la división es tener en cuenta al pueblo sencillo y humilde de Dios. Los corintios necesitaban recordar quiénes eran. No muchos provenían de los sabios, los poderosos o los nobles. Por consiguiente, no tenían excusa para actuar de un modo esnobista, ni para criticar e ignorar a otros. Solo eran aquello en lo que Dios los había convertido. Su conocimiento, categoría, y poder no atraía a Dios, y tales cosas no garantizarían favor especial alguno de Dios.

Toda iglesia y creyente necesita tomarse bien a pecho el mensaje de este pasaje, porque una de las características más trágicas de la sociedad moderna es su orgullo y autosuficiencia. La sociedad moderna proclama una doctrina de filosofía humanística, es decir, que el hombre es supremo. El resultado es un mundo que está a punto de explotar bajo la presión de que:

* El yo debe satisfacerse por encima de todas las cosas.
* Uno tiene el derecho de hacer su voluntad.
* La imagen de uno mismo proporciona integridad.
* Ellos me deben.
* El poder tiene la razón.
* El color y la raza determinan el estado.

La necesidad apremiante del mundo es que el hombre reconozca que la única solución a la división es la *reconciliación* con Dios y con cada uno, y la única manera de estar reconciliados es llevando una vida que sea sencilla y humilde.

1. Dios no llama a muchas personas extraordinarias (v. 26).
2. Dios llama a personas sencillas y humildes (vv. 27-28).

3. Dios tiene un propósito: Eliminar la jactancia del hombre (v. 29).
4. La sabiduría real de Dios es Cristo (vv. 30-31).

1 (1:26) *Creyentes — Llamado — Iglesia:* Dios no llama a muchas personas extraordinarias. Los corintios se estaban jactando y se estaban enorgulleciendo en gran manera de su sabiduría y entendimiento, dones y capacidades. Dios los había dotado con todo don espiritual concebible, y fueron enriquecidos espiritualmente con los dones que lidiaban con la palabra y la ciencia. Los dones de la palabra y la ciencia son las herramientas principales del…

* predicador
* educador
* político
* maestro
* gobernante
* negociante

De hecho, la palabra y la ciencia son dos de las herramientas principales de cualquier líder. Son dones que *sobresalen* y que todos ven y notan claramente. Con frecuencia la persona dotada con la ciencia y la palabra es un líder que está en el candelero público.

Sucede lo siguiente: Estos dos dones, la palabra y la ciencia, se encuentran fundamentalmente sujetos a la tentación del orgullo. Al parecer la iglesia de Corinto había cedido ante la tentación del orgullo, es decir, de sentirse superior por:

* Los dones y capacidades que tenían.
* El conocimiento y la sabiduría de sus líderes.
* Los dones inusuales de la ciencia y la palabra (profecía, lenguas, enseñanza, elocuencia, y carisma).
* Los pastores y los líderes que Dios les había puesto en su camino (Apolos, Pedro, Pablo).

Pablo dice: "Pues mirad, hermanos, vuestra vocación", mírense ustedes mimos. Miren su iglesia, al tipo de persona que Dios llama.

1. Dios no llama a *muchos* "sabios [que viven] según la carne": El educador, el maestro, el filósofo, el político, todos

los que buscan la sabiduría de este mundo en vez de la sabiduría de Dios. "Los sabios según la carne" son aquellos que persiguen y viven en función de la sabiduría carnal de este mundo. Pocos así son salvos. Algunos lo son, pero no muchos. Los hombres no descubren a Dios por medio de la sabiduría de este mundo.

"**Unánimes entre vosotros; no altivos, sino aso- ciándoos con los humildes. No seáis sabios en vuestra propia opinión" (Ro. 12:16).**

"**Porque la palabra de la cruz es locura a los que se pierden; pero a los que se salvan, esto es, a nosotros, es poder de Dios. Pues está escrito: Destruiré la sabidu- ría de los sabios, y desecharé el entendimiento de los entendidos. ¿Dónde está el sabio? ¿Dónde está el escri- ba? ¿Dónde está el disputador de este siglo? ¿No ha en- loquecido Dios la sabiduría del mundo? Pues ya que en la sabiduría de Dios, el mundo no conoció a Dios me- diante la sabiduría, agradó a Dios salvar a los creyentes por la locura de la predicación" (1 Co. 1:18-21).**

"**Y si alguno se imagina que sabe algo, aún no sabe nada como debe saberlo" (1 Co. 8:2).**

"**No seas sabio en tu propia opinión; teme a Jehová, y apártate del mal" (Pr. 3:7).**

"**¿Has visto hombre sabio en su propia opinión? Más esperanza hay del necio que de él" (Pr. 26:12).**

"**Oye, pues, ahora esto, mujer voluptuosa, tú que estás sentada confiadamente, tú que dices en tu corazón: Yo soy, y fuera de mí no hay más; no quedaré viuda, ni conoceré orfandad. Estas dos cosas te ven- drán de repente en un mismo día, orfandad y viudez; en toda su fuerza vendrán sobre ti, a pesar de la multi- tud de tus hechizos y de tus muchos encantamientos. Porque te confiaste en tu maldad, diciendo: Nadie me ve. Tu sabiduría y tu misma ciencia te engañaron, y dijiste en tu corazón: Yo, y nadie más" (Is. 47:8-10).**

2.   Dios no llama a "muchos poderosos" de este mundo: A los grandes, los poderosos, los gobernantes, los ricos, los líderes de negocio, los políticos, los influyentes. De aquellos que se encuentran envueltos en las posiciones, las riquezas, y la autoridad de este mundo, pocos son salvos. Algunos lo son, pero no muchos. Quiénes sean los hombres no ejerce influen- cia alguna en Dios. Su posición y poder terrenales no tienen importancia alguna para que Dios los acepte.

"**Así que, el que piensa estar firme, mire que no caiga" (1 Co. 10:12).**

"**El que confía en su propio corazón es necio; mas el que camina en sabiduría será librado" (Pr. 28:26).**

"**Con tu sabiduría y con tu prudencia has acumu- lado riquezas, y has adquirido oro y plata en tus tesoros. Con la grandeza de tu sabiduría en tus con- trataciones has multiplicado tus riquezas; y a causa de tus riquezas se ha enaltecido tu corazón" (Ez. 28:4, 5).**

"**Habéis arado impiedad, y segasteis iniquidad; comeréis fruto de mentira, porque confiaste en tu ca- mino y en la multitud de tus valientes" (Os. 10:13).**

"**Si te remontares como águila, y aunque entre las estrellas pusieres tu nido, de ahí te derribaré, dice Jehová" (Abd. 3, 4).**

"**Esta es la ciudad alegre que estaba confiada, la que decía en su corazón: Yo, y no más. ¡Cómo fue aso-**

lada, hecha guarida de fieras! Cualquiera que pasare junto a ella, se burlará y sacudirá su mano" (Sof. 2:15).

3.   Dios no llama a "muchos nobles": La clase alta, los de alta cuna, la nobleza de la sociedad, aquellos de herencia respetada, aquellos con raíces nobles.

Pensamiento 1. Poseer conocimiento, influencia, y nobleza terrenales no hacen a una persona acepta ante Dios. Tales cosas son de estimación para los hombres, pero no son de estimación para Dios. Esto molesta a los hombres, porque ellos creen que quienes son y lo que han hecho debería tener cierta importancia para que Dios los aceptara. Sin embargo, eso es lo que impide que tantas personas no sean aceptas ante Dios: El orgullo, la auto- suficiencia, la autorrealización, las pretensiones de supe- rioridad moral, el egocentrismo, como quiera que los hombres decidan denominarlo. Los hombres son salvos por la gracia de Dios, no por el esfuerzo propio. Todos los hombres son iguales ante Dios, no importa cuál sea su estado.

"**Porque el que se cree ser algo, no siendo nada, a sí mismo se engaña" (Gá. 6:3).**

"**El rey sabio avienta a los impíos, y sobre ellos hace rodar la rueda" (Pr. 20:6).**

"**Se destruyó, cayó la tierra; enfermó, cayó el mundo; enfermaron los altos pueblos de la tierra" (Is. 24:4).**

"**Porque mi pueblo es necio, no me conocieron; son hijos ignorantes y no son entendidos; sabios para hacer el mal, pero hacer el bien no supieron" (Jer. 4:22).**

2 (1:27-28) *Creyentes — Llamado — Iglesia:* Dios llama a personas sencillas y humildes. Observe la palabra "escogi- do" (exelexato): El hecho de que los hombres no se salvan ellos mismos, sino que Dios los salva, se enfatiza tres veces en las palabras "vocación" y "escogido" (vv. 26, 27, 28). Dios es el que toma la iniciativa de salvar a los hombres. Es Dios…

*   el que *no llama* a muchas personas extraordinarias.
*   el que sí llama a las personas sencillas y humildes.

Debe tenerse en cuenta lo siguiente: "La elección de Dios no es arbitraria, no sin razón". Él sabe por qué escoge a las personas sencillas y humildes y no a las extraordinarias. Dios tiene sus razones, y Él explica sus razones en este pasaje:

1.   Dios escoge lo "necio [personas] de este mundo para avergonzar a los sabios". Observe que se usa el término "lo necio" en lugar "las personas necias". Muchos de los sabios del mundo consideran a aquellos que tienen poco o que no tienen nada como cosas. No los ven como otra cosa que herramientas que el rico y el poderoso usan a su antojo. Dios escoge lo ignorante, lo inculto, y lo desfavorecido y no a lo sabio del mundo. ¿Para qué? Para "avergonzar" (kataischune) a los sabios. La palabra significa avergonzar. Los sabios se creen autosuficientes en su educación, conocimiento, y sabiduría. Sienten muy poca necesidad de Dios, de sentir alguna, y con frecuencia se preguntan si hay un Dios vivo y verdadero que es soberano. El sentido común y la lógica nos dicen que una actitud como esa de arrogancia no podría jamás

ser acepta ante Dios. No porque Él les niegue el derecho a los hombres de preguntar y pensar por medio de preguntas legítimas, sino porque la mayoría de los sabios de este mundo no son suficientemente sinceros como para estudiar genuinamente la verdad de Dios que ha sido revelada en Cristo y en las Sagradas Escrituras. Y, con gran frecuencia, los pocos que podrían buscar la verdad estudian fuentes secundarias (libros acerca de la Biblia) en lugar de estudiar la fuente primaria, la propia Biblia. Son demasiadas las personas que buscan a Dios por medio de lo que dicen los hombres en lugar de dejar que Dios hable por sí mismo.

Es por tal orgullo, arrogancia, e intolerancia que Dios escoge a pocos de los sabios de este mundo. De hecho, Dios hace lo que haría la mayoría de los hombres: Él escoge a aquellos que se humillan ante Él, que lo confiesan como Dios y le piden que los salve. El resultado, desde luego, es que los sabios de este mundo quedan avergonzados, y su vergüenza se volverá muy visible y vergonzosa cuando venga el juicio.

2. Dios escoge a "lo débil del mundo para avergonzar a lo fuerte". Débil se refiere a aquellos que no tienen posición, influencia o riqueza. Lo débil es lo menos importante, lo insignificante. Es una persona sin autoridad o influencia de ningún tipo. Puede ser el obrero común, el trabajador sencillo, el pobre, el desamparado, el hambriento, el niño, el anciano, el deformado, el enfermo o el indefenso. Dios salva a la persona débil, no a la persona fuerte. Cualquier persona que se pare derecha ante Dios, con su frente en alto, profesando su posición, autoridad, riqueza, y obra diligente, será *rechazada* por Dios. De hecho, Dios avergonzará una actitud como esa de *poder arrogante*. Él solo aceptará a la persona que venga a Él con debilidad y le pida su ayuda.

3. Dios escoge a lo vil y lo menospreciado. Nuevamente, note que a las personas se les considera como "cosas" y no como personas. Lo vil contrasta con los que se encuentran en la clase alta de la sociedad. Lo vil y lo menospreciado comprende las clases bajas de la sociedad: lo humilde, lo despreciable, lo innoble, lo vil, lo criminal, lo inmoral, lo depravado, lo sucio, lo desagradable. Son a tales personas a las que Dios escoge en lugar de escoger a las clases altas de la sociedad. ¿Por qué? Otra vez, por el orgullo, la arrogancia, las pretensiones de superioridad moral, y la autosuficiencia. Muchas personas de la clase alta no están dispuestas a dar todo cuanto son y todo cuanto tienen a Cristo y a su causa. Quieren una religión y algunas causas caritativas, pero no están dispuestas a rendir la vida de cada una de ellas a un *Señor* que exige su total lealtad.

4. Dios escoge lo que no es para deshacer lo que es de este mundo. Hay personas en este mundo a las que no se les tiene en cuenta y se les pasa por encima y se les considera totalmente insignificantes e inútiles. Dios escoge a su pueblo de entre esas personas también, y lo hace para deshacer, destronar, y anular a todos los que creen que son algo en este mundo.

Pensamiento 1. Una vez más, Dios no niega ni prohíbe el derecho del hombre a analizar y hacer preguntas honestas y sinceras. Por el contrario, Dios quiere que el hombre piense y aprenda. Él es el que le dio al hombre

una mente con el propósito de razonar y descubrir las verdades del universo que Él creó.

1) Dios espera que el hombre tenga dominio sobre el universo, que venza y controle tanto como sea posible las fuerzas destructivas de la naturaleza.

> **"Y creó Dios al hombre a su imagen, a imagen de Dios lo creó; varón y hembra los creó. Y los bendijo Dios, y les dijo: Fructificad y multiplicaos; llenad la tierra, y *sojuzgadla, y señoread* en los peces del mar, en las aves de los cielos, y en todas las bestias que se mueven sobre la tierra" (Gn. 1:27, 28).**

> **"Le hiciste señorear sobre las obras de tus manos; todo lo pusiste debajo de sus pies" (Sal. 8:6).**

> **"Porque el reino de los cielos es como un hombre que yéndose lejos, llamó a sus siervos y les entregó sus bienes" (Mt. 25:14).**

> **"Oh Timoteo, guarda lo que se te ha encomendado, evitando las profanas pláticas sobre cosas vanas, y los argumentos de la falsamente llamada ciencia" (1 Ti. 6:20).**

> **"Y llamando a diez siervos suyos, les dio diez minas, y les dijo: Negociad entre tanto que vengo" (Lc. 19:13).**

2) Dios espera que el hombre razone con Él, pero Él espera un corazón honesto y dispuesto y la sujeción de nuestra vida a su señorío cuando se revela verdad.

> **"Venid luego, dice Jehová, y estemos a cuenta: si vuestros pecados fueren como la grana, como la nieve serán emblanquecidos; si fueren rojos como el carmesí, vendrán a ser como blanca lana" (Is. 1:18).**

> **"A todos los sedientos: Venid a las aguas; y los que no tienen dinero, venid, comprad y comed. Venid, comprad sin dinero y sin precio, vino y leche" (Is. 55:1).**

> **"Venid a mí todos los que estáis trabajados y cargados, y yo os haré descansar" (Mt. 11:28).**

> **"He aquí, yo estoy a la puerta y llamo; si alguno oye mi voz y abre la puerta, entraré a él, y cenaré con él, y él conmigo" (Ap. 3:20).**

> **"Y el Espíritu y la Esposa dicen: Ven. Y el que oye, diga: Ven. Y el que tiene sed, venga; y el que quiera, tome del agua de la vida gratuitamente" (Ap. 22:17).**

Pensamiento 2. Dios envió a su Hijo al mundo a salvar a aquellos que confiesan:

• Que no se pueden salvar ellos mismos del pecado, la muerte, y el infierno.

• Que quieren vivir con Dios eternamente y servirle como Señor.

> **"¿Cuál de los dos hizo la voluntad de su padre? Dijeron ellos: El primero. Jesús les dijo: De cierto os digo, que los publicanos y las rameras van delante de vosotros al reino de Dios" (Mt. 21:31).**

> **"Respondiendo Jesús, les dijo: Dad a César lo que es de César, y a Dios lo que es de Dios. Y se maravillaron de él" (Mr. 2:17).**

> **"Por lo cual te digo que sus muchos pecados le son perdonados, porque amó mucho; mas aquel a quien se le perdona poco, poco ama" (Lc. 7:47).**

> **"y los fariseos y los escribas murmuraban, diciendo: Este a los pecadores recibe, y con ellos come" (Lc. 15:2).**

"Entonces Jesús le dijo: De cierto te digo que hoy estarás conmigo en el paraíso" (Lc. 23:43).

3 (1:29) *Dios, propósito — Salvos, los:* Dios tiene un propósito para salvar solo a las personas sencillas y humildes, eliminar la jactancia del hombre. Piensen un momento: "Piensen en todo el mal, la perversidad, y la fealdad que hay en el mundo en cualquier día". De hecho, seamos un poco más particulares: "Piensen en todo el mal, la perversidad, y la fealdad que hay en cualquier ciudad en cualquier día…

- los asesinatos
- el egoísmo
- la corrupción
- los pensamientos inmorales
- la inmoralidad
- las luchas
- la avaricia
- la mentira
- el lenguaje grosero
- la estafa
- la maldición
- la ira
- las discusiones
- el robo
- el maltrato
- el engaño
- los pensamientos negativos

La lista podría ser interminable, y todo eso sucede todos los días. Además, piense en cuán pequeño es el número de personas que piensan en Dios y lo reconocen y cuán poco lo consideran incluso esos pocos. No importa cuál sea su educación, su sabiduría, la ciencia, la tecnología, el poder, y la herencia, el hombre nunca ha podido ni podrá:

- Controlar el pecado y el mal en el mundo.
- Traerle la paz, la confirmación, y el control al corazón humano.
- Cambiar el corazón egoísta de los hombres en un corazón de amor y sacrificio.
- Traerle vida eterna al hombre más allá de sus cortos y pocos años en esta tierra.

En cuanto a la pregunta terrible: ¿Qué derecho tiene el hombre a la gloria? ¿Por qué el hombre se considera sabio, poderoso y noble? ¿Por qué el hombre quiere actuar de un modo…

- autosuficiente cuando no puede controlar su propia conducta terrenal, mucho menos su destino?
- sabio cuando lo que aprende siempre está cambiando y se está descartando o modificando y desarrollando, y ni siquiera puede controlar lo que aprende?
- poderoso cuando ni siquiera puede impedir que un sencillo virus le tumbe el cuerpo, mucho menos los accidentes, las enfermedades, y la muerte?
- noble, como si fuera mejor que otros cuando no es más que carne y hueso como los otros hombres, y sus criterios de clase alta y baja no so más que *ideas* en su mente que Dios pronto destruirá en la muerte?

La pregunta que se hace el hombre honesto e inteligente de la tierra no es: "¿Por qué Dios no escoge a los que moran en conducta y pensamientos superficiales?", sino "¿Qué es el hombre, para que te acuerdes de él?" (He. 2:6).

El hombre no merece la atención de Dios, mucho menos su salvación. Pero Dios ama al hombre, por eso le concede tanto su atención como su salvación. Sin embargo, Dios no soporta la insensatez de la sabiduría depravada del hombre y sus afirmaciones ridículas de *autosuficiencia y las pretensiones de superioridad moral.* El hombre no controla su destino. Todo cuanto tiene que hacer es fijarse en la conducta de los hombres, y luego mirar la tumba y ser honesto y pensar en la realidad, y tiene que confesar su necesidad de Dios.

Esta es la razón por la que Dios ha escogido todo lo contrario a lo que el hombre piensa. Él escoge como sus seguidores y siervos a las personas que son lo contrario de lo que los hombres escogen. Dios salva a aquellos y usa a aquellos que los hombres atropellan, ignoran, descuidan, maltratan, y de los que abusan. ¿Por qué?

"Pues está escrito: Destruiré la sabiduría de los sabios, y desecharé el entendimiento de los entendidos. ¿Dónde está el sabio? ¿Dónde está el escriba? ¿Dónde está el disputador de este siglo? ¿No ha enloquecido Dios la sabiduría del mundo?" (1 Co. 1:19, 20).

"¿Dónde está el sabio? ¿Dónde está el escriba? ¿Dónde está el disputador de este siglo? ¿No ha enloquecido Dios la sabiduría del mundo?" (1 Co. 1:20).

"No améis al mundo, ni las cosas que están en el mundo. Si alguno ama al mundo, el amor del Padre no está en él. Porque todo lo que hay en el mundo, los deseos de la carne, los deseos de los ojos, y la vanagloria de la vida, no proviene del Padre, sino del mundo. Y *el mundo pasa*, y sus deseos; pero el que hace la voluntad de Dios permanece para siempre" (1 Jn. 2:15-17).

"Antes del quebrantamiento es la soberbia, y antes de la caída la altivez de espíritu" (Pr. 16:18).

Pensamiento 1. Observe que algunas de las personas extraordinarias del mundo son salvas. Algunas son sinceramente honestas y sí piensan en Dios y escudriñan las Escrituras en busca de la verdad. Por consiguiente, Dios las salva. Dios no salva una persona humilde porque sea humilde. Él salva a *un hombre* porque el corazón del hombre es humilde.

"Así que, *cualquiera* que se humille como este niño, ése es el mayor en el reino de los cielos" (Mt. 18:4).

"Porque el que se enaltece será humillado, y el que se humilla será enaltecido" (Mt. 23:12).

"Digo, pues, por la gracia que me es dada, a cada cual que está entre vosotros, que no tenga más alto concepto de sí que el que debe tener, sino que piense de sí con cordura, conforme a la medida de fe que Dios repartió a cada uno" (Ro. 12:3).

"Humillaos delante del Señor, y él os exaltará" (Stg. 4:10).

"Mejor es humillar el espíritu con los humildes que repartir despojos con los soberbios" (Pr. 16:19).

"La soberbia del hombre le abate; pero al humilde de espíritu sustenta la honra" (Pr. 29:23).

"Porque así dijo el Alto y Sublime, el que habita la eternidad, y cuyo nombre es el Santo: Yo habito en la altura y la santidad, y con el quebrantado y humilde de espíritu, para hacer vivir el espíritu de los humildes, y para vivificar el corazón de los quebrantados" (Is. 57:15).

"Oh hombre, él te ha declarado lo que es bueno, y qué pide Jehová de ti: solamente hacer justicia, y amar misericordia, y humillarte ante tu Dios" (Mi. 6:8).

4 (1:30-31) *Jesucristo, persona — Salvación — Sabiduría:* La sabiduría real de Dios es Jesucristo, su Hijo Unigénito. Note "por Él" (ek autou); es decir, *por Dios*, por su naturaleza de amor y salvación, Él nos escoge para que estemos *en* Cristo" (vea el *Estudio a fondo 1, Posición en Cristo* — Ro. 8:1 para un análisis). Una vez más, se hace énfasis en que es Dios el que salva a la persona. La persona no se salva a sí misma, no importa cuán capaz sea o cuánto bien pueda hacer. ¿Cómo Dios puede salvar a los hombres? Por medio de Cristo. Dios tomó a Cristo y *lo presentó* ante el mundo como la sabiduría de Dios.

1.   Cristo es la sabiduría de Dios dada al mundo para que los hombres pudieran conocer el camino, la verdad, y la vida de Dios. Dios envió a Cristo a la tierra como la Palabra (logos) de Dios. Él fue la expresión perfecta de lo que Dios quería decirle al hombre. Todo cuanto Jesucristo dijo e hizo fue exactamente lo que Dios quiere que el hombre hable y haga. Jesucristo fue la Palabra de Dios al hombre (vea el *Estudio a fondo 1, La Palabra* — Jn. 1:1-5 para un análisis).

a.   Dios envió a Cristo a la tierra como la plenitud de la divinidad en forma corporal.

"en quien están escondidos todos los tesoros de la sabiduría y del conocimiento" (Col. 2:3).
"Porque en él habita corporalmente toda la plenitud de la Deidad" (Col. 2:9).

b.   Dios envió a Cristo a la tierra como la Revelación de Dios. Dios quería que el hombre viera exactamente quién era Él, cómo era, y cómo Él espera que el hombre viva. Por consiguiente, Dios se le reveló al hombre en la persona de Jesucristo.

"lo que hemos visto y oído, eso os anunciamos, para que también vosotros tengáis comunión con nosotros; y nuestra comunión verdaderamente es con el Padre, y con su Hijo Jesucristo" (1 Jn. 1:3).
"Jesús le dijo: Yo soy el camino, y la verdad, y la vida; nadie viene al Padre, sino por mí" (Jn. 14:6).
"Jesús le dijo: ¿Tanto tiempo hace que estoy con vosotros, y no me has conocido, Felipe? El que me ha visto a mí, ha visto al Padre; ¿cómo, pues, dices tú: Muéstranos el Padre? ¿No crees que yo soy en el Padre, y el Padre en mí? Las palabras que yo os hablo, no las hablo por mi propia cuenta, sino que el Padre que mora en mí, él hace las obras" (Jn. 14:9, 10).
"Yo y el Padre uno somos" (Jn. 10:30).
"Si no hago las obras de mi Padre, no me creáis. Mas si las hago, aunque no me creáis a mí, creed a las obras, para que conozcáis y creáis que el Padre está en mí, y yo en el Padre" (Jn. 10:37, 38).

c.   Cristo fue la personificación misma de la gloria de Dios.

"Porque Dios, que mandó que de las tinieblas resplandeciese la luz, es el que resplandeció en nuestros corazones, para iluminación del conocimiento de la gloria de Dios en la faz de Jesucristo" (2 Co. 4:6).

Lo que todo esto quiere decir es que un hombre debe venir a Jesucristo si desea conocer a Dios, porque Jesucristo es la sabiduría de Dios revelada al mundo. Dios le ha dado su sabiduría al mundo a través de su Hijo, Jesucristo. A través de Jesucristo:

•   La sabiduría de Dios le ha hablado al mundo.
•   La sabiduría de Dios se le ha revelado al mundo.
•   La sabiduría de Dios ha vivido ante el mundo en carne humana.

Ahora el hombre conoce el camino, la verdad, y la vida de Dios. El hombre ya no tiene excusa.

2.   Cristo es la justificación de Dios. La justificación demuestra exactamente cuán sabio es Dios realmente. El hombre no es perfecto, sino imperfecto e injusto. Por consiguiente, el hombre por su propia naturaleza no puede vivir en la presencia de Dios, porque Dios es perfecto y es la personificación misma de la justicia. ¿Cómo puede el hombre entonces volverse acepto ante Dios y que se le permita vivir en la presencia de Dios? Jesucristo es la respuesta, porque Él es la justificación de Dios; es decir, Dios envió a Jesucristo a la tierra para que viviera una vida *perfecta, ideal,* e *impecable.* Jesucristo nunca pecó, ni siquiera una vez. Por consiguiente, Él fue ante Dios y ante el mundo el Hombre ideal, el Hombre perfecto, el Hombre representativo, la Justificación perfecta que podía representar y cubrir la justificación de cada hombre.

Cuando un hombre cree en Jesucristo, cree verdaderamente, Dios toma la fe de ese hombre y la considera (su fe) como justificación. El hombre no es justo; eso lo sabe él y todo el mundo. Pero Dios considera su fe y su creencia como justificación. ¿Por qué Dios haría algo tan increíble? Porque Dios ama mucho a su Hijo y Dios ama mucho al hombre. Dios ama tanto que Él tomará a cualquier hombre que honre a su Hijo creyendo en Él y considerará la fe de ese como si fuera el elemento necesario: "La justificación". De un modo muy sencillo: Jesucristo es la justificación de Dios. Él es la única manera en la que un hombre puede volverse justo y acepto ante Dios.

"Al que no conoció pecado, por nosotros lo hizo pecado, para que nosotros fuésemos hechos justicia de Dios en él" (2 Co. 5:21).
"Porque no tenemos un sumo sacerdote que no pueda compadecerse de nuestras debilidades, sino uno que fue tentado en todo según nuestra semejanza, pero sin pecado" (He. 4:15).
"por lo cual puede también salvar perpetuamente a los que por él se acercan a Dios, viviendo siempre para interceder por ellos. Porque tal sumo sacerdote nos convenía: santo, inocente, sin mancha, apartado de los pecadores, y hecho más sublime que los cielos" (He. 7:25, 26).
"Saludaos unos a otros con ósculo de amor. Paz sea con todos vosotros los que estáis en Jesucristo. Amén" (1 P. 2:24).
"Porque también Cristo padeció una sola vez por los pecados, el justo por los injustos, para llevarnos a Dios, siendo a la verdad muerto en la carne, pero vivificado en espíritu" (1 P. 3:18).

3.   Cristo es la santificación de Dios. La santificación también demuestra exactamente cuán sabio es Dios. Santificación quiere decir dos cosas:

a. Santificación quiere decir estar apartado para Dios. Jesucristo apartó su vida para vivir para Dios, y Él vivió para Dios perfecta y justamente. Por consiguiente, su acto de santificación es capaz de fungir como la santificación ideal, perfecta, y representativa por el hombre. Cuando un hombre cree *en* Jesucristo, Dios toma la fe de ese hombre y la considera como la santificación del hombre. Dios considera al hombre como uno de los suyos, como si estuviera *apartado* para Él.

"En esa voluntad somos santificados mediante la ofrenda del cuerpo de Jesucristo hecha una vez para siempre" (He. 10:10).

"Por lo cual también Jesús, para santificar al pueblo mediante su propia sangre, padeció fuera de la puerta" (He. 13:12).

"elegidos según la presciencia de Dios Padre en santificación del Espíritu, para obedecer y ser rociados con la sangre de Jesucristo: Gracia y paz os sean multiplicadas" (1 P. 1:2).

b. Santificación quiere decir santidad: Llevar una vida santa y justa, pura y limpia. Cuando un hombre cree en Cristo, Dios hace algo maravilloso. Dios pone el Espíritu de Cristo, la vida, energía, y poder mismos de Cristo, en el corazón y para que viva realmente en el cuerpo del creyente. Por consiguiente, el creyente tiene un poder sobrenatural para vivir por Dios. A medida que le sigue los pasos a Cristo, viviendo cada vez más como lo hizo Él, él se santifica cada vez más, se aparta más para Dios, llevando una vida más santa que la del día anterior.

"¿No sabéis que sois templo de Dios, y que el Espíritu de Dios mora en vosotros?" (1 Co. 3:16).

"Huid de la fornicación. Cualquier otro pecado que el hombre cometa, está fuera del cuerpo; mas el que fornica, contra su propio cuerpo peca. ¿O ignoráis que vuestro cuerpo es templo del Espíritu Santo, el cual está en vosotros, el cual tenéis de Dios, y que no sois vuestros? Porque habéis sido comprados por precio; glorificad, pues, a Dios en vuestro cuerpo y en vuestro espíritu, los cuales son de Dios" (1 Co. 6:18-20).

"Así que, si alguno se limpia de estas cosas, será instrumento para honra, santificado, útil al Señor, y dispuesto para toda buena obra" (2 Ti. 2:21).

"Seguid la paz con todos, y la santidad, sin la cual nadie verá al Señor" (He. 12:14).

"sino, como aquel que os llamó es santo, sed también vosotros santos en toda vuestra manera de vivir; porque escrito está: Sed santos, porque yo soy santo" (1 P. 1:15, 16).

4. Cristo es la redención de Dios. La redención demuestra la sabiduría de Dios para el mundo. Como el Hombre ideal, perfecto y representativo, lo que Cristo hiciera representaría al hombre. Por consiguiente, cuando Jesucristo murió, su muerte se convirtió en la muerte ideal y representativa para todos los hombres. A esto es a lo que se refieren las Escrituras cuando dicen que Jesucristo murió por el hombre. Él murió como el Hombre ideal y perfecto, como el sustituto y representante de todos los hombres. Como el Hombre perfecto e ideal, Él fue capaz de soportar el castigo de los pecados de todos los hombres. Por medio de su muerte Jesucristo nos redime (libera) del pecado, la muerte, y el castigo. Él es la *redención*, la liberación de Dios para este mundo.

"siendo justificados gratuitamente por su gracia, mediante la redención que es en Cristo Jesús" (Ro. 3:24).

"Cristo nos redimió de la maldición de la ley, hecho por nosotros maldición (porque está escrito: Maldito todo el que es colgado en un madero)" (Gá. 3:13).

"en quien tenemos redención por su sangre, el perdón de pecados según las riquezas de su gracia" (Ef. 1:7).

"en quien tenemos redención por su sangre, el perdón de pecados" (Col. 1:14).

"quien se dio a sí mismo por nosotros para redimirnos de toda iniquidad y purificar para sí un pueblo propio, celoso de buenas obras" (Tit. 2:14).

"y no por sangre de machos cabríos ni de becerros, sino por su propia sangre, entró una vez para siempre en el Lugar Santísimo, habiendo obtenido eterna redención" (He. 9:12).

"sabiendo que fuisteis rescatados de vuestra vana manera de vivir, la cual recibisteis de vuestros padres, no con cosas corruptibles, como oro o plata, sino con la sangre preciosa de Cristo, como de un cordero sin mancha y sin contaminación" (1 P. 1:18, 19).

"y cantaban un nuevo cántico, diciendo: Digno eres de tomar el libro y de abrir sus sellos; porque tú fuiste inmolado, y con tu sangre nos has redimido para Dios, de todo linaje y lengua y pueblo y nación" (Ap. 5:9).

5. El propósito de Dios en enviar a Cristo a la tierra fue estimular a los hombres a alabar a Dios en lugar de jactarse de su propia sabiduría y autosuficiencia. (Cp. Jer. 9:23-24.)

	CAPÍTULO 2 **D. Tercera solución: La predicación sensata, 2:1-5**	3 Y estuve entre vosotros con debilidad, y mucho temor y temblor;	**3 La predicación sensata se proclama con un gran sentido de incompetencia**
1 La predicación sensata no es elocuencia ni filosofía humana	1 Así que, hermanos, cuando fui a vosotros para anunciaros el testimonio de Dios, no fui con excelencia de palabras o de sabiduría.	4 y ni mi palabra ni mi predicación fue con palabras persuasivas de humana sabiduría, sino con demostración del Espíritu y de poder,	**4 La predicación sensata no consiste en palabras persuasivas, sino en una demostración del Espíritu y de poder**
2 La predicación sensata tiene un gran tema: Jesucristo y este crucificado	2 Pues me propuse no saber entre vosotros cosa alguna sino a Jesucristo, y a éste crucificado.	5 para que vuestra fe no esté fundada en la sabiduría de los hombres, sino en el poder de Dios.	**5 La predicación sensata conlleva a la fe** a. No en la capacidad del hombre b. En el poder de Dios

DIVISIÓN II

LA DIVISIÓN EN LA IGLESIA, 1:10—4:21

D. Tercera solución: La predicación sensata, 2:1-5

(2:1-5) *Introducción:* La iglesia de Corinto estaba grandemente dividida. Dos de los problemas que la dividían eran una disputa sobre qué clase de predicador debía ocupar el púlpito, y qué ministro anterior había contribuido más a su iglesia (cp. 1 Co. 1:11-16). La iglesia necesitaba desesperadamente comprender en *qué consistía realmente la predicación.* Si tan solo comprendieran el objetivo de Dios con la predicación podrían tener esperanzas de solucionar sus diferencias. Una de las soluciones contundentes a la división es la predicación sensata.

1. La predicación sensata no es elocuencia ni filosofía humana (v. 1).
2. La predicación sensata tiene un gran tema: Jesucristo y este crucificado (v. 2).
3. La predicación sensata se proclama con un gran sentido de incompetencia (v. 3).
4. La predicación sensata no consiste en palabras persuasivas, sino en una demostración del Espíritu y de poder (v. 4).
5. La predicación sensata conlleva a la fe (v. 5).

(2:1-5) *Otro bosquejo:* La predicación sensata de Pablo.
1. Su método: Predicar (v. 1).
   a. No con elocuencia ni filosofía.
   b. El testimonio de Dios.
2. Su único gran tema: La cruz (v. 2).
3. Su gran sentido de incompetencia (v. 3).
4. Su discurso y mensaje (v. 4).
   a. No con palabras persuasivas.
   b. Del Espíritu y de poder.
5. Su único propósito: Edificar la fe (v. 5).
   a. No en la capacidad del hombre.
   b. En el poder de Dios.

1 (2:1) *Predicación — Ministro:* La predicación sensata no es elocuencia ni sabiduría o filosofía humanas. Este es el testimonio personal de Pablo. Las palabras "Yo" y "mi" se usan seis veces en estos cinco breves versículos. Esto es enfático. Pablo destaca una realidad crítica: "La preocupación de que la predicación no debe consistir en elocuencia ni en sabiduría o filosofía humanas".

1. La predicación sensata no es elocuencia. La palabra griega (huperoche) quiere decir realmente superioridad, elevación, preeminencia. Recuerden que Pablo está hablando de palabras, no tanto sobre sí mismo, aunque pueda estar implícita la conducta de una persona. Pablo no trató de parecer más superior, más elevado, ni más elocuente en su predicación. A él no le preocupaba en lo más mínimo que su predicación sobresaliera ni que fuera más preeminente ni que a reconocieran más que la predicación de otros predicadores.

2. La predicación sensata no es sabiduría ni filosofía humanas. Pablo se enfrentó al mismo tipo de situación que nos enfrentamos hoy, y en realidad, al mismo tipo de situación que se enfrenta toda generación de creyentes: Un mundo que hace énfasis en la filosofía del humanismo. El mundo, no importa su generación, está buscando constantemente cada vez más sabiduría, educación, ciencia, tecnología, e ideas nuevas y noveles, en particular ideas que lidian con la realidad y la verdad. Todos estos objetivos no solo valen la pena, sino que son absolutamente esenciales para el bienestar del hombre. El problema es el siguiente: "El hombre persigue estos objetivos dentro del marco de este mundo". Se olvida completamente de Dios. Como resultado, la sabiduría, la educación, la ciencia, la tecnología, la realidad, y la verdad del mundo son *solo* de este mundo. Y, desde luego, el destino de todo lo que hay dentro del mundo es la corrupción y la muerte. No hay fundamento pleno ni permanencia en nada en el mundo. Todo lo que hay en el mundo es insatisfactorio en sí mismo, desaparece, y deja de existir.

Esta es la razón por la que Pablo no predicó filosofía humana ni sabiduría mundana. Cuando Pablo predicó, a él no le preocupó parecer un filósofo ni un gran pensador o un predicador y teólogo con una posición o idea nueva o novel.

3. La predicación sensata declara el testimonio de Dios. La palabra "testimonio" (marturion) es el misterio o revelación de Dios. El testimonio o revelación gloriosa de Dios es Jesucristo y éste crucificado (v. 2). La predicación no

consiste en pronunciar discursos elocuentes ni consejos sabios sobre…

- desenvolvimiento
- pensamiento positivo
- ciencia
- filosofía
- historia
- imagen propia
- educación
- ideas nuevas y novedosas
- religión y sus rituales

Todo esto tiene su lugar, y es necesario enseñar cuál verdad yace en cada uno; pero esos no son los temas que deben *predicar los ministros de Dios* a un mundo perdido que lleva a cuesta el peso de la soledad, el vacío, el hambre y el sufrimiento de las masas del pueblo. El predicador genuino de Dios debe predicar el testimonio (marturion, misterio, revelación) de Dios.

2 (2:2) *Predicación — Ministro — Jesucristo, cruz:* La predicación sensata tiene un gran tema, Jesucristo y este crucificado. La frase "me propuse" (ekrina) quiere decir he decidido, he tomado una decisión. Pablo tomó una *decisión deliberada*, una *determinación fuerte* de predicar solo a Jesucristo y a este crucificado. Su tema no fue:

- Jesús el gran modelo para los hombres.
- Jesús el gran maestro.
- Jesús el gran hombre de propósito.
- Jesús el gran ejemplo.
- Jesús el gran mártir.

1. El mensaje de Pablo era Jesucristo, *su Persona como el Hijo de Dios*, quien nos fue hecho "sabiduría, justificación, santificación, y redención" (vea la nota — 1 Co. 1:30-31 para un análisis).

2. El mensaje de Pablo era Jesucristo *crucificado*. Pablo declara: "me propuse no saber entre vosotros cosa alguna sino a Jesucristo, y a éste crucificado" (1 Co. 2:2). Este es un planteamiento enfático y contundente:

=> La idea central de la predicación de Pablo fue la muerte de Jesucristo.

=> El tema de la predicación de Pablo fue la muerte de Jesucristo.

=> El mensaje de la predicación de Pablo fue la muerte de Jesucristo.

=> El principio de la predicación de Pablo fue la muerte de Jesucristo.

=> El corazón de la predicación de Pablo fue la muerte de Jesucristo.

Pablo se concentró en la muerte de Jesucristo. La razón se ve claramente cuando vemos lo que las Escrituras dicen acerca del tema. (Vea también *Jesucristo, Muerte — Índice temático principal* para un mayor análisis.)

=> Es por medio de la muerte de Jesucristo que somos limpiados y librados de todo pecado.

"porque esto es mi sangre del nuevo pacto, que por muchos es derramada para remisión de los pecados" (Mt. 26:28).

"El siguiente día vio Juan a Jesús que venía a él, y dijo: He aquí el Cordero de Dios, que quita el pecado del mundo" (Jn. 1:29).

"Porque primeramente os he enseñado lo que asimismo recibí: Que Cristo murió por nuestros pecados, conforme a las Escrituras" (1 Co. 15:3).

"Y casi todo es purificado, según la ley, con sangre; y sin derramamiento de sangre no se hace remisión" (He. 9:22).

"Y casi todo es purificado, según la ley, con sangre; y sin derramamiento de sangre no se hace remisión" (He. 9:26).

"así también Cristo fue ofrecido una sola vez para llevar los pecados de muchos; y aparecerá por segunda vez, sin relación con el pecado, para salvar a los que le esperan" (He. 9:28).

"quien llevó él mismo nuestros pecados en su cuerpo sobre el madero, para que nosotros, estando muertos a los pecados, vivamos a la justicia; y por cuya herida fuisteis sanados" (1 P. 2:24).

"pero si andamos en luz, como él está en luz, tenemos comunión unos con otros, y la sangre de Jesucristo su Hijo nos limpia de todo pecado" (1 Jn. 1:7).

"Y sabéis que él apareció para quitar nuestros pecados, y no hay pecado en él" (1 Jn. 3:5).

=> Es por medio de la muerte de Jesucristo que somos aceptados por Dios, nos reconciliamos con Dios y tenemos paz con Dios.

"para alabanza de la gloria de su gracia, con la cual nos hizo *aceptos* en el Amado, en quien tenemos redención por su sangre, el perdón de pecados según las riquezas de su gracia" (Ef. 1:6, 7).

"y por medio de él reconciliar consigo todas las cosas, así las que están en la tierra como las que están en los cielos, haciendo la paz mediante la sangre de su cruz" (Col. 1:20).

=> Es por medio de la muerte de Jesucristo que somos justificados.

"Pues mucho más, estando ya justificados en su sangre, por él seremos salvos de la ira" (Ro. 5:9).

=> Es por medio de la muerte de Jesucristo que somos redimidos eternamente.

"siendo justificados gratuitamente por su gracia, mediante la redención que es en Cristo Jesús, a quien Dios puso como propiciación por medio de la fe en su sangre, para manifestar su justicia, a causa de haber pasado por alto, en su paciencia, los pecados pasados" (Ro. 3:24, 25).

"en quien tenemos redención por su sangre, el perdón de pecados" (Col. 1:14).

"Porque hay un solo Dios, y un solo mediador entre Dios y los hombres, Jesucristo hombre, el cual se dio a sí mismo en rescate por todos, de lo cual se dio testimonio a su debido tiempo" (1 Ti. 2:5, 6).

"y no por sangre de machos cabríos ni de becerros, sino por su propia sangre, entró una vez para siempre en el Lugar Santísimo, habiendo obtenido eterna redención" (He. 9:12).

"sabiendo que fuisteis rescatados de vuestra vana manera de vivir, la cual recibisteis de vuestros padres, no con cosas corruptibles, como oro o plata" (1 P. 1:18).

"y cantaban un nuevo cántico, diciendo: Digno eres de tomar el libro y de abrir sus sellos; porque tú fuiste inmolado, y con tu sangre nos has redimido para Dios, de todo linaje y lengua y pueblo y nación" (Ap. 5:9).

=> Es por medio de la muerte de Jesucristo que somos liberados de la muerte.

"quien nos salvó y llamó con llamamiento santo, no conforme a nuestras obras, sino según el propósito suyo y la gracia que nos fue dada en Cristo Jesús antes de los tiempos de los siglos, pero que ahora ha sido manifestada por la aparición de nuestro Salvador Jesucristo, el cual quitó la muerte y sacó a luz la vida y la inmortalidad por el evangelio" (2 Ti. 1:9, 10).

"Pero vemos a aquel que fue hecho un poco menor que los ángeles, a Jesús, coronado de gloria y de honra, a causa del padecimiento de la muerte, para que por la gracia de Dios gustase la muerte por todos" (He. 2:9).

=> Es por medio de la muerte de Jesucristo que somos liberados de condenación.

"¿Quién es el que condenará? Cristo es el que murió; más aun, el que también resucitó, el que además está a la diestra de Dios, el que también intercede por nosotros" (Ro. 8:34).

=> Es por medio de la muerte de Jesucristo que somos liberados de la maldición de la ley, es decir, de la muerte y la separación de Dios.

"Cristo nos redimió de la maldición de la ley, hecho por nosotros maldición (porque está escrito: Maldito todo el que es colgado en un madero)" (Gá. 3:13).

"Pero cuando vino el cumplimiento del tiempo, Dios envió a su Hijo, nacido de mujer y nacido bajo la ley, para que redimiese a los que estaban bajo la ley, a fin de que recibiésemos la adopción de hijos" (Gá. 4:4, 5).

"anulando el acta de los decretos que había contra nosotros, que nos era contraria, quitándola de en medio y clavándola en la cruz, y despojando a los principados y a las potestades, los exhibió públicamente, triunfando sobre ellos en la cruz" (Col. 2:14, 15).

=> Es por medio de la muerte de Jesucristo que somos liberados de la ira y el juicio venideros.

"y esperar de los cielos a su Hijo, al cual resucitó de los muertos, a Jesús, quien nos libra de la ira venidera" (1 Ts. 1:10).

"Porque no nos ha puesto Dios para ira, sino para alcanzar salvación por medio de nuestro Señor Jesucristo, quien murió por nosotros para que ya sea que velemos, o que durmamos, vivamos juntamente con él" (1 Ts. 5:9, 10).

=> Es por medio de la muerte de Jesucristo que somos liberados de este mundo maligno (corruptible y agonizante) actual.

"el cual se dio a sí mismo por nuestros pecados para librarnos del presente siglo malo, conforme a la voluntad de nuestro Dios y Padre" (Gá. 1:4).

=> Es por medio de la muerte de Jesucristo que el poder de Satanás sobre la muerte y el mundo se quebranta y se destruye.

"Así que, por cuanto los hijos participaron de carne y sangre, él también participó de lo mismo, para destruir por medio de la muerte al que tenía el imperio de la muerte, esto es, al diablo, y librar a todos los que por el temor de la muerte estaban durante toda la vida sujetos a servidumbre" (He. 2:14, 15).

"Y ellos le han vencido por medio de la sangre del Cordero y de la palabra del testimonio de ellos, y menospreciaron sus vidas hasta la muerte" (Ap. 12:11).

=> Es por medio de la muerte de Jesucristo que somos sanados.

"Mas él herido fue por nuestras rebeliones, molido por nuestros pecados; el castigo de nuestra paz fue sobre él, y por su llaga fuimos nosotros curados" (Is. 53:5).

=> Es por medio de la muerte de Jesucristo que se nos dan todas las cosas.

"El que no escatimó ni a su propio Hijo, sino que lo entregó por todos nosotros, ¿cómo no nos dará también con él todas las cosas?" (Ro. 8:32).

=> Es por medio de la muerte de Jesucristo que los débiles son salvos.

"Porque Cristo, cuando aún éramos débiles, a su tiempo murió por los impíos" (Ro. 5:6).

"Y por el conocimiento tuyo, se perderá el hermano débil por quien Cristo murió" (1 Co. 8:11).

=> Es por medio de la muerte de Jesucristo que los impíos son salvos.

"Porque Cristo, cuando aún éramos débiles, a su tiempo murió por los impíos" (Ro. 5:6).

=> Es por medio de la muerte de Jesucristo que los pecadores son salvos.

"Mas Dios muestra su amor para con nosotros, en que siendo aún pecadores, Cristo murió por nosotros" (Ro. 5:8).

=> Es por medio de la muerte de Jesucristo que los enemigos de Dios son salvos.

"Porque si siendo enemigos, fuimos reconciliados con Dios por la muerte de su Hijo, mucho más, estando reconciliados, seremos salvos por su vida" (Ro. 5:10).

=> Es por medio de la muerte de Jesucristo que los injustos son salvos.

"Porque también Cristo padeció una sola vez por los pecados, el justo por los injustos, para llevarnos a Dios, siendo a la verdad muerto en la carne, pero vivificado en espíritu" (1 P. 3:18).

=> Es por medio de la muerte de Jesucristo que todos los hombres están atraídos a Cristo.

"Y yo, si fuere levantado de la tierra, a todos atraeré a mí mismo" (Jn. 12:32).

=> Es por medio de la muerte de Jesucristo que tenemos acceso a la presencia santa de Dios.

> **"Así que, hermanos, teniendo libertad para entrar en el Lugar Santísimo por la sangre de Jesucristo, por el camino nuevo y vivo que él nos abrió a través del velo, esto es, de su carne" (He. 10:19, 20).**

=> Es por medio de la muerte de Jesucristo que el gran amor de Dios nos es revelado.

> **"Y andad en amor, como también Cristo nos amó, y se entregó a sí mismo por nosotros, ofrenda y sacrificio a Dios en olor fragante" (Ef. 5:2).**

=> Es por medio de la muerte de Jesucristo que somos librados de una vida egocéntrica y vivimos para Cristo.

> **"llevando en el cuerpo siempre por todas partes la muerte de Jesús, para que también la vida de Jesús se manifieste en nuestros cuerpos. Porque nosotros que vivimos, siempre estamos entregados a muerte por causa de Jesús, para que también la vida de Jesús se manifieste en nuestra carne mortal" (2 Co. 4:10, 11).**

> **"y por todos murió, para que los que viven, ya no vivan para sí, sino para aquel que murió y resucitó por ellos" (2 Co. 5:15).**

> **"Con Cristo estoy juntamente crucificado, y ya no vivo yo, mas vive Cristo en mí; y lo que ahora vivo en la carne, lo vivo en la fe del Hijo de Dios, el cual me amó y se entregó a sí mismo por mí" (Gá. 2:20).**

> **"Puesto que Cristo ha padecido por nosotros en la carne, vosotros también armaos del mismo pensamiento; pues quien ha padecido en la carne, terminó con el pecado" (1 P. 4:1).**

=> Es por medio de la muerte de Jesucristo que estamos capacitados para vivir en justificación.

> **"Porque habéis sido comprados por precio; glorificad, pues, a Dios en vuestro cuerpo y en vuestro espíritu, los cuales son de Dios" (1 Co. 6:20).**

> **"Al que no conoció pecado, por nosotros lo hizo pecado, para que nosotros fuésemos hechos justicia de Dios en él" (2 Co. 5:21).**

> **"quien llevó él mismo nuestros pecados en su cuerpo sobre el madero, para que nosotros, estando muertos a los pecados, vivamos a la justicia; y por cuya herida fuisteis sanados" (1 P. 2:24).**

=> Es por medio de la muerte de Jesucristo que se nos enseña a amar y a sacrificar nuestra vida por otros.

> **"Y andad en amor, como también Cristo nos amó, y se entregó a sí mismo por nosotros, ofrenda y sacrificio a Dios en olor fragante" (Ef. 5:2).**

> **"En esto hemos conocido el amor, en que él puso su vida por nosotros; también nosotros debemos poner nuestras vidas por los hermanos" (1 Jn. 3:16).**

=> Es por medio de la muerte de Jesucristo que nuestra *conciencia* se limpia de un modo genuino de modo que podamos servir a Dios y llevar fruto.

> **"quien se dio a sí mismo por nosotros para redimirnos de toda iniquidad y purificar para sí un pueblo propio, celoso de buenas obras" (Tit. 2:14).**

> **"¿cuánto más la sangre de Cristo, el cual mediante el Espíritu eterno se ofreció a sí mismo sin mancha a Dios, limpiará vuestras conciencias de obras muertas para que sirváis al Dios vivo?" (He. 9:14).**

=> Es por medio de la muerte de Jesucristo que conocemos el poder de Dios.

> **"Porque la palabra de la cruz es locura a los que se pierden; pero a los que se salvan, esto es, a nosotros, es poder de Dios" (1 Co. 1:18).**

=> Es por medio de la muerte de Jesucristo que podemos purgar nuestros pecados antiguos.

> **"Limpiaos, pues, de la vieja levadura, para que seáis nueva masa, sin levadura como sois; porque nuestra pascua, que es Cristo, ya fue sacrificada por nosotros" (1 Co. 5:7).**

=> Es por medio de la muerte de Jesucristo que estamos reconciliados con los hombres.

> **"Pero ahora en Cristo Jesús, vosotros que en otro tiempo estabais lejos, habéis sido hechos cercanos por la sangre de Cristo. Porque él es nuestra paz, que de ambos pueblos hizo uno, derribando la pared intermedia de separación,... y mediante la cruz reconciliar con Dios a ambos en un solo cuerpo, matando en ella las enemistades... porque por medio de él los unos y los otros tenemos entrada por un mismo Espíritu al Padre" (Ef. 2:13-14, 16, 18).**

=> Es por medio de la muerte de Jesucristo que Jesucristo se ganó el derecho de estar exaltado como el Señor de los muertos y de los vivos.

> **"Porque Cristo para esto murió y resucitó, y volvió a vivir, para ser Señor así de los muertos como de los que viven" (Ro. 14:9).**

> **"y estando en la condición de hombre, se humilló a sí mismo, haciéndose obediente hasta la muerte, y muerte de cruz. Por lo cual Dios también le exaltó hasta lo sumo, y le dio un nombre que es sobre todo nombre, para que en el nombre de Jesús se doble toda rodilla de los que están en los cielos, y en la tierra, y debajo de la tierra; y toda lengua confiese que Jesucristo es el Señor, para gloria de Dios Padre" (Fil. 2:8-11).**

> **"el cual, siendo el resplandor de su gloria, y la imagen misma de su sustancia, y quien sustenta todas las cosas con la palabra de su poder, habiendo efectuado la purificación de nuestros pecados por medio de sí mismo, se sentó a la diestra de la Majestad en las alturas" (He. 1:3).**

> **"puestos los ojos en Jesús, el autor y consumador de la fe, el cual por el gozo puesto delante de él sufrió la cruz, menospreciando el oprobio, y se sentó a la diestra del trono de Dios" (He. 12:2).**

=> Es por medio de la muerte de Jesucristo que se compró la iglesia de Dios.

> **"Por tanto, mirad por vosotros, y por todo el rebaño en que el Espíritu Santo os ha puesto por obispos, para apacentar la iglesia del Señor, la cual él ganó por su propia sangre" (Hch. 20:28).**

"Maridos, amad a vuestras mujeres, así como Cristo amó a la iglesia, y se entregó a sí mismo por ella" (Ef. 5:25).

3 (2:3) *Predicación — Ministros:* La predicación sensata se proclama con un gran sentido de incompetencia. Probablemente haya cuatro razones por las que Pablo se sintió tan incompetente:

1. Al parecer la aparición personal de Pablo no les resultaba impresionante a los corintios. Pablo dice que la presencia corporal era débil (2 Co. 10:10; 11:6), y que él tenía algún padecimiento físico (Gá. 4:14; 6:11). Esto no debiera importarle a una congregación del pueblo de Dios, pero a los corintios sí. Algunos entre los corintios estaban más interesados en el carisma, la capacidad mundana, y las habilidades de predicación de un pastor que en su profundidad y conocimiento del Señor. Lamentablemente, muchas personas de la iglesia de Corinto al parecer estaban interesadas en esto.

2. Puede que Pablo haya sido un hombre de marco estrecho y un hombre con el conocimiento, los dones, y la voz más preparados para la enseñanza que para la predicación. Cuando se tiene en cuenta toda la vida de Pablo y lo que se dice de él, este parece ser el caso. Sin embargo, no se pueden ni se deben forzar las cosas. Si los datos son exactos, entonces Pablo habría sentido una gran sensación de incompetencia ante los corintios por su interés en la elocuencia y el carisma de los oradores (1 Co. 2:4; 2 Co. 10:10; 11:6).

3. Cuando Pablo vino a Corinto él presentía *debilidad* en el ministerio, una gran incompetencia personal. En las cuatro ciudades en las que había ministrado antes de Corinto, se había enfrentado a un gran problema en el ministerio. En Filipos había presenciado un comienzo prometedor aplastado por los religiosos y los practicantes del judaísmo. Algo similar sucedió en Tesalónica y en Berea. Y en la ciudad de la que acababa de regresar, Atenas, Pablo experimentó lo que algunos denominan un fracaso. Atenas fue un gran centro intelectual, lleno de filósofos erizados de las últimas filosofías y las noticias mundiales. Pablo había intentado hacerles frente con sus propios fundamentos filosóficos. Había reducido el cristianismo a términos filosóficos. Había intentado hablarles en la sabiduría del mundo, usando sus propios términos y citando sus propias autoridades (Hch. 17:22-31). Al parecer su enfoque filosófico no logró ganar a muchos para Cristo (Hch. 17:32-34). De ahí que al parecer en alguna parte del camino, de viaje entre Atenas y Corinto, Pablo determinó que por el resto de sus días él predicaría a Cristo y solo a Cristo, y que predicaría con las palabras más sencillas. Nunca más volvería a vestir la historia de Jesús con las palabras de la sabiduría humana y el lenguaje florido.

4. Indudablemente, Pablo sintió una incompetencia espiritual e indignidad en servir al Señor. Esto se puede ver en todo su ministerio. Él sabía que su suficiencia estaba en el Señor y solo en el Señor. Él sabía que cualquier cosa que se hiciera tenía que hacerse por medio del poder del Espíritu de Dios si había de tener valor perdurable. Él sabía que si intentaba hacer algo por sus propias fuerzas, fracasaría y no perduraría. Por consiguiente, lo que Pablo está describiendo es su *actitud*, su *estado anímico*, lo que caracterizaba todo su ministerio. Cuando se acercaba a una persona o a un pueblo para ministrarlos, él los ministraba con debilidad y temor personal ante el Señor, incluso al extremo de temblar. Él sintió una vacilación, un nerviosismo, una tensión, una aprehensión temblorosa, todo proveniente de una profunda sensación de incompetencia y de la importancia eminente de la obra.

Pensamiento 1. Ningún hombre deberá pararse ante un pueblo por sus propias fuerzas, pararse ante ellos dependiendo de…
* su apariencia
* su carisma
* su capacidad
* su sabiduría
* sus ideas noveles

El ministro de Dios debe saber lo siguiente: No puede convertir y cambiar a las personas espiritualmente. Ninguna persona puede librar a los hombres de la muerte y darles una vida que sea tanto abundante como eterna. Solo Dios puede hacer eso; por consiguiente, el ministro de Dios debe vivir ante Dios en debilidad y en temor y temblor, siempre dependiendo del Espíritu de Dios para que lo prepare para la proclamación del evangelio de Dios. Solo Dios puede dar vida y justificación; solo Dios puede llevar el fruto permanente de la vida y de la verdadera justificación.

"sino que golpeo mi cuerpo, y lo pongo en servidumbre, no sea que habiendo sido heraldo para otros, yo mismo venga a ser eliminado" (1 Co. 9:27).

"Porque yo soy el más pequeño de los apóstoles, que no soy digno de ser llamado apóstol, porque perseguí a la iglesia de Dios" (1 Co.15:9).

"del cual yo fui hecho ministro por el don de la gracia de Dios que me ha sido dado según la operación de su poder. A mí, que soy menos que el más pequeño de todos los santos, me fue dada esta gracia de anunciar entre los gentiles el evangelio de las inescrutables riquezas de Cristo" (Ef. 3:7, 8).

"Palabra fiel y digna de ser recibida por todos: que Cristo Jesús vino al mundo para salvar a los pecadores, de los cuales yo soy el primero" (1 Ti. 1:15).

4 (2:4) *Predicación — Ministros:* La predicación sensata no consiste en palabras persuasivas, sino en una demostración del Espíritu y de poder. Es necesario analizar detenidamente varios puntos:

1. Observe las palabras *palabra* y *predicación*. Se hace una distinción entre el habla o la conversación diaria y la predicación. Las conversaciones diarias de Pablo se centraban en Jesucristo de la misma manera que su predicación. Él está diciendo algo en lo que ya ha hecho énfasis: Se propuso no saber entre las personas cosa alguna sino a "Jesucristo y a éste crucificado".

Pensamiento 1. ¡Qué ejemplo tan dinámico para nosotros! Nuestra vida y nuestras conversaciones debieran centrarse Jesucristo, todos los días, las veinticuatro horas del día. Cuando sea posible y *siempre que se dé la oportunidad*, el tema de nuestra conversación deberá ser

Jesucristo y este crucificado…

* en la casa
* en el trabajo
* mientras jugamos
* en la escuela
* en la predicación
* en la enseñanza
* en el análisis
* en la conversación "porque no podemos dejar de decir lo que hemos visto y oído" (Hch. 4:20).

> **"Pero teniendo el mismo espíritu de fe, conforme a lo que está escrito: Creí, por lo cual hablé, nosotros también creemos, por lo cual también hablamos" (2 Co. 4:13).**

> **"hablando entre vosotros con salmos, con himnos y cánticos espirituales, cantando y alabando al Señor en vuestros corazones" (Ef. 5:19).**

> **"Sea vuestra palabra siempre con gracia, sazonada con sal, para que sepáis cómo debéis responder a cada uno" (Col. 4:6).**

> **"Por tanto, no te avergüences de dar testimonio de nuestro Señor, ni de mí, preso suyo, sino participa de las aflicciones por el evangelio según el poder de Dios" (2 Ti. 1:8).**

> **"Retén la forma de las sanas palabras que de mí oíste, en la fe y amor que es en Cristo Jesús" (2 Ti. 1:13).**

> **"sino santificad a Dios el Señor en vuestros corazones, y estad siempre preparados para presentar defensa con mansedumbre y reverencia ante todo el que os demande razón de la esperanza que hay en vosotros" (1 P. 3:15).**

> **"Y estas palabras que yo te mando hoy, estarán sobre tu corazón; y las repetirás a tus hijos, y hablarás de ellas estando en tu casa, y andando por el camino, y al acostarte, y cuando te levantes" (Dt. 6:6, 7).**

> **"La gloria de tu reino digan, y hablen de tu poder" (Sal. 145:11).**

> **"Entonces los que temían a Jehová hablaron cada uno a su compañero; y Jehová escuchó y oyó, y fue escrito libro de memoria delante de él para los que temen a Jehová, y para los que piensan en su nombre" (Mal. 3:16).**

2. La palabra "persuasivas" (peithois) quiere decir convincente, verosímil. El testimonio y la predicación de Pablo no estaban basados en argumentos verosímiles persuasivos, y convincentes de la sabiduría y filosofía del hombre.

3. La palabra "demostración" (apodeixei) significa demostrar con la evidencia y prueba más rigurosa. Da la idea de que la evidencia se presenta de modo tan contundente que la verdad se percibe claramente.

4. De la única manera en la que se puede proclamar de un modo tan fuerte el testimonio y la predicación de una persona es por medio del Espíritu Santo y su poder. El evangelio de salvación puede ser convincente solo cuando el Espíritu Santo y su poder lo demuestran.

Pensamiento 1. Solo el Espíritu Santo puede *convencer*, *persuadir*, y *convertir* a una persona de vivir para Dios. Solo el Espíritu Santo puede darle vida a una persona. Por consiguiente, el ministro de Dios debe rendirle su vida al Espíritu de Dios. Él debe estar lleno de la presencia, plenitud, y poder del Espíritu Santo.

> **"Y cuando él venga, *convencerá* al mundo de pecado, de justicia y de juicio.9 De pecado, por cuanto no creen en mí; de justicia, por cuanto voy al Padre, y no me veréis más; y de juicio, por cuanto el príncipe de este mundo ha sido ya juzgado" (Jn. 16:8-11).**

> **"pero recibiréis poder, cuando haya venido sobre vosotros el Espíritu Santo, y me seréis testigos en Jerusalén, en toda Judea, en Samaria, y hasta lo último de la tierra" (Hch. 1:8).**

> **"Y con gran poder los apóstoles daban testimonio de la resurrección del Señor Jesús, y abundante gracia era sobre todos ellos" (Hch. 4:33).**

> **"Mas el fruto del Espíritu es amor, gozo, paz, paciencia, benignidad, bondad, fe, mansedumbre, templanza; contra tales cosas no hay ley" (Gá. 5:22, 23).**

> **"Y a Aquel que es poderoso para hacer todas las cosas mucho más abundantemente de lo que pedimos o entendemos, según el poder que actúa en nosotros" (Ef. 3:20).**

> **"No os embriaguéis con vino, en lo cual hay disolución; antes bien sed llenos del Espíritu" (Ef. 5:18).**

5 **(2:5)** *Predicación — Ministros, propósito:* La predicación sensata conlleva a la fe. Note algo importante: "La sabiduría de los hombres no puede salvar al hombre". Solo el poder de Dios puede hacerlo. A un hombre no le es de valor alguno saber:

* Que Jesucristo vivió realmente, que Él fue una persona histórica.
* Que Jesucristo es realmente el Salvador, que es verdaderamente el Hijo de Dios.
* Que otras religiones y posiciones no son ciertas.

La salvación de una persona no puede radicar en el conocimiento humano y la sabiduría de los hombres. Los argumentos y criterios humanos pueden parecer racionales y lógicos, pero no tienen poder espiritual. Ningún hombre, ninguna palabra y ninguna predicación, puede convertir a un alma humana y darle vida eterna. Solo Dios puede hacer algo así. Por consiguiente, el ministro de Dios debe hablar y predicar *bajo* la influencia y poder del Espíritu de Dios.

Pensamiento 1. *Cualquier cosa que carezca del Espíritu de Dios* pone la fe de una persona en el conocimiento y la sabiduría de los hombres. El pueblo de Dios tiene la necesidad imperiosa de ser controlado por el Espíritu de Dios para que Dios pueda demostrarle su poder por medio de ellos a un mundo perdido y agonizante.

> **"pero recibiréis poder, cuando haya venido sobre vosotros el Espíritu Santo, y me seréis testigos en Jerusalén, en toda Judea, en Samaria, y hasta lo último de la tierra" (Hch. 1:8).**

	E. Cuarta solución: La sabiduría revelada de Dios, 2:6-13	10 Pero Dios nos las reveló a nosotros por el Espíritu; porque el Espíritu todo lo escudriña, aun lo profundo de Dios.	4 La sabiduría de Dios la revela solamente el Espíritu de Dios
1 La sabiduría de Dioses solo para aquellos que buscan ser maduros ante Dios 2 La sabiduría de Dios no es la sabiduría de este mundo ni de sus príncipes	6 Sin embargo, hablamos sabiduría entre los que han alcanzado madurez; y sabiduría, no de este siglo, ni de los príncipes de este siglo, que perecen.	11 Porque ¿quién de los hombres sabe las cosas del hombre, sino el espíritu del hombre que está en él? Así tampoco nadie conoció las cosas de Dios, sino el Espíritu de Dios.	a. Solo el Espíritu de Dios conoce la sabiduría y las cosas de Dios

3 La sabiduría de Dios es la sabiduría del propio Dios
  a. La sabiduría de Dios es un misterio*EFI*
  b. Los príncipes del mundo no conocen la sabiduría de Dios
    1) Prueba 1: Crucificaron a Jesús
    2) Prueba 2: Nunca han visto ni han escuchado la verdad, nunca ha entrado en el corazón de cada uno de ellos
	7 Mas hablamos sabiduría de Dios en misterio, la sabiduría oculta, la cual Dios predestinó antes de los siglos para nuestra gloria,
	8 la que ninguno de los príncipes de este siglo conoció; porque si la hubieran conocido, nunca habrían crucificado al Señor de gloria.
	
	9 Antes bien, como está escrito: Cosas que ojo no vio, ni oído oyó, Ni han subido en corazón de hombre, Son las que Dios ha preparado para los que le aman.
		12 Y nosotros no hemos recibido el espíritu del mundo, sino el Espíritu que proviene de Dios, para que sepamos lo que Dios nos ha concedido,
		13 lo cual también hablamos, no con palabras enseñadas por sabiduría humana, sino con las que enseña el Espíritu, acomodando lo espiritual a lo espiritual.
			b. La sabiduría de Dios se le revela a los creyentes
			
			c. La sabiduría de Dios es el mensaje que enseña el Espíritu

DIVISIÓN II

LA DIVISIÓN EN LA IGLESIA, 1:10—4:21

E. Cuarta solución: La sabiduría revelada de Dios, 2:6-13

(2:6-13) *Introducción:* Una de las causas más grandes de la división es el orgullo, la manifestación de superioridad. El orgullo siempre constituye una infracción grave. Tiende a categorizar a las personas y a degradarlas, lo que afecta su iniciativa y crecimiento. Finalmente puede condenar a una persona o a toda una clase de personas a la esclavitud. El orgullo, la arrogancia, la superioridad, tenerse uno mismo en muy alta estima, ninguna forma o manifestación de egocentrismo desempeña papel alguno en la iglesia de Dios. Aún así, se había instalado profundamente un orgullo intelectual en la iglesia de Corinto. Y el orgullo, la sabiduría del mundo, estaba a punto de destrozar a la iglesia. La cuarta solución a la división es la sabiduría revelada de Dios.

1. La sabiduría de Dios es solo para aquellos que buscan ser maduros ante Dios (v. 6).
2. La sabiduría de Dios no es la sabiduría de este mundo ni de sus príncipes (v. 6).
3. La sabiduría de Dios es la sabiduría del propio Dios (vv. 7-9).

4. La sabiduría de Dios la revela solamente el Espíritu de Dios (vv. 10-13).

(2:6-13) *Otro bosquejo:* Conocer la sabiduría revelada de Dios.

1. En qué consiste la sabiduría (v. 6).
   a. No la sabiduría del mundo.
   b. La sabiduría de Dios (1:30) (v. 7).
2. Quién conoce la sabiduría (v. 8).
   a. No los príncipes del mundo.
   b. Aquellos que aman a Dios (v. 9).
3. Cómo uno recibe la sabiduría (v. 10).
   a. Por revelación.
   b. Recibiendo al Espíritu de Dios (v. 12).
   c. Por la Palabra enseñada o predicada (v. 13).
4. Quién recibe la sabiduría (v. 14-16).
   a. No el hombre natural.
   b. El hombre espiritual (v. 14-16).

1 (2:6) *Dios, sabiduría de — Evangelio:* La sabiduría de Dios es solo para aquellos que buscan ser maduros ante Dios. Pablo dice claramente que él hablaba "sabiduría entre los que han alcanzado madurez". Con "madurez" quiere decir aquellos que se preocupan…

- por ser maduros y aceptos ante Dios.
- por estar destinados a madurez en el cielo.

La palabra "maduro" (teleiois) quiere decir terminado, completo. Significa completamente desarrollado, crecido, criado. Quiere decir cumplir alguien su fin. La persona que *anhela el cielo y trata de cumplir* su fin siendo madura ante Dios es la persona que centra su vida en la sabiduría de Dios. Es la única persona que está interesada en Dios y su sabiduría. Es la persona que habla, proclama, y conversa acerca de la sabiduría de Dios. Los hombres del mundo tienen poco interés en Dios y en su sabiduría, de tener interés alguno. Desean vivir y andar como les place, no vivir y andar en la sabiduría de Dios. La sabiduría de Dios es locura *para los que se pierden*, pero para nosotros que tratamos de ser maduros (los salvos) es el poder de Dios.

> **"Porque la palabra de la cruz es locura a los que se pierden; pero a los que se salvan, esto es, a nosotros, es poder de Dios. Pues está escrito: Destruiré la sabiduría de los sabios, y desecharé el entendimiento de los entendidos. ¿Dónde está el sabio? ¿Dónde está el escriba? ¿Dónde está el disputador de este siglo? ¿No ha enloquecido Dios la sabiduría del mundo?" (1 Co. 1:18-20).**

> **"Hermanos, no seáis niños en el modo de pensar, sino sed niños en la malicia, pero maduros en el modo de pensar" (1 Co. 14:20).**

> **"Porque no me avergüenzo del evangelio, porque es poder de Dios para salvación a todo aquel que cree; al judío primeramente, y también al griego. Porque en el evangelio la justicia de Dios se revela por fe y para fe, como está escrito: Mas el justo por la fe vivirá" (Ro. 1:16, 17).**

> **"hasta que todos lleguemos a la unidad de la fe y del conocimiento del Hijo de Dios, a un varón perfecto, a la medida de la estatura de la plenitud de Cristo;" (Ef. 4:13).**

2 (2:6) *Dios, sabiduría de — Mundo, sabiduría de:* La sabiduría de Dios no es la sabiduría de este mundo ni de sus príncipes. La palabra "príncipes" se refiere a todos los líderes del mundo: "Gobernantes, científicos, filósofos, educadores, jueces, ejecutivos, y religiosos". Se refiere a cualquiera con influencia, cualquiera que piense en el mundo y la vida y que saque conclusiones serias sobre el propósito, significado e importancia de las cosas. (Vea la nota, *Mundo, sabiduría —* 1 Co. 1:19-20 para un mayor análisis.)

1. ¿Qué es la sabiduría del mundo y de sus príncipes? La sabiduría del mundo comprende *muchos* métodos de hallar la verdad y el significado de la vida, muchos métodos para resolver los problemas terribles y asoladores del mal y la muerte en el mundo. Una ojeada a los estilos de vida, religiones, filosofías, y psicologías de la vida de inmediato manifiestan la sabiduría del mundo. Sin embargo, la sabiduría del mundo y de sus príncipes se resume a dos posiciones primordiales:

  a. La sabiduría del mundo dice que no hay Dios; Él no existe. Hace mucho tiempo, tanto como se pueda recordar, *algo,* un elemento, una molécula, un átomo, o gas, apareció:

=> ¿De dónde?
=> ¿Por qué fuerza?
=> ¿Bajo qué condiciones?

No había nada, no existía lugar, ni fuerza, ni condiciones. El primer *algo* sencillamente apareció *de la nada*, y a partir de ese primer *algo*, los mundos del cielo y la tierra evolucionaron con sus formas de vida. Por consiguiente, nos encontramos aquí en la tierra, vivos, tras haber sobrevivido a la lucha. Nuestra misión es hacer todo cuanto podamos por vencer todas las fuerzas del mal y construir el mejor mundo que podamos. El destino del hombre se encuentra en sus propias manos.

  b. La sabiduría del mundo dice que puede que exista Dios, pero puede que no exista. No podemos saberlo con seguridad. Si existe verdaderamente, se encuentra tan lejos y distante que los hombres se encuentran a su propia merced. Dios no tiene interés en el mundo. Nuestra misión es vencer al mal y las fuerzas negativas de la vida por medio de la ciencia, la tecnología, la educación, y la religión del esfuerzo humano. Debemos usar todo cuanto tengamos a nuestra disposición y hacer todo cuanto podamos para vencer la naturaleza, la enfermedad, el sufrimiento, la corrupción, y la muerte. Debemos llevar una vida que sea tan legal y plena como sea posible. Si por casualidad existe un Dios, Él esperaría que hiciéramos eso.

2. Observe la palabra "mundo" (aionos). Quiere decir esta era, este mundo que está pasando tan rápido como el viento, hoy aquí y desaparecido mañana con tanta rapidez. La sabiduría del mundo y de sus príncipes está hoy aquí y desaparecida mañana. Las ideas del hombre acerca de Dios y la verdad se desvanecen y desaparecen casi tan rápido como el propio hombre.

3. Note la palabra "perecen". Quiere decir que la sabiduría de los príncipes del mundo *perece,* se vuelve nada. Su sabiduría se compara con nada, con lo no existente, toda su sabiduría desaparecerá y dejará de existir.

> **"Profesando ser sabios, se hicieron necios" (Ro. 1:22).**

> **"Pues está escrito: Destruiré la sabiduría de los sabios, y desecharé el entendimiento de los entendidos" (1 Co. 1:19).**

> **"Sin embargo, hablamos sabiduría entre los que han alcanzado madurez; y sabiduría, no de este siglo, ni de los príncipes de este siglo, que perecen" (1 Co. 2:6).**

> **"Porque la sabiduría de este mundo es insensatez para con Dios; pues escrito está: El prende a los sabios en la astucia de ellos. Y otra vez: El Señor conoce los pensamientos de los sabios, que son vanos" (1 Co. 3:19, 20).**

> **"Mirad que nadie os engañe por medio de filosofías y huecas sutilezas, según las tradiciones de los hombres, conforme a los rudimentos del mundo, y no según Cristo" (Col. 2:8).**

"Tales cosas tienen a la verdad cierta reputación de sabiduría en culto voluntario, en humildad y en duro trato del cuerpo; pero no tienen valor alguno contra los apetitos de la carne" (Col. 2:23).

"porque esta sabiduría no es la que desciende de lo alto, sino terrenal, animal, diabólica" (Stg. 3:15).

"por tanto, he aquí que nuevamente excitaré yo la admiración de este pueblo con un prodigio grande y espantoso; porque perecerá la sabiduría de sus sabios, y se desvanecerá la inteligencia de sus entendidos" (Is. 29:14).

"Porque mi pueblo es necio, no me conocieron; son hijos ignorantes y no son entendidos; sabios para hacer el mal, pero hacer el bien no supieron" (Jer. 4:22).

"Con tu sabiduría y con tu prudencia has acumulado riquezas, y has adquirido oro y plata en tus tesoros. Con la grandeza de tu sabiduría en tus contrataciones has multiplicado tus riquezas; y a causa de tus riquezas se ha enaltecido tu corazón. Por tanto, así ha dicho Jehová el Señor: Por cuanto pusiste tu corazón como corazón de Dios" (Ez. 28:4-6).

3 *(2:7-9) Dios, sabiduría de — Misterio — Hombre, ignorancia:* La sabiduría de Dios es la sabiduría del propio Dios. Y note: "La sabiduría de Dios se proclama como un misterio". Esto no quiere decir que la sabiduría de Dios sea extraña y misteriosa, sino más bien que comprende hechos que el hombre no puede conocer, no por el raciocinio natural del hombre. La sabiduría de Dios tiene que ser revelada; es un misterio ya que nunca puede conocerse a menos que Dios la revele. Ningún hombre puede entrar en el cielo a descubrir a Dios y la verdad. Si este mundo material va a conocer el mundo espiritual, entonces Dios, que es Espíritu, tiene que revelarse a sí mismo y a su mundo espiritual.

1. ¿En qué consiste la sabiduría de Dios? ¿Cuál es la sabiduría predicada por Pablo, la sabiduría que se debe hablar entre los que están preocupados por ser maduros? Es el evangelio de Dios, la buena nueva acerca de Cristo y este crucificado.

El evangelio cuenta cómo Dios reconcilió al mundo consigo mismo y cómo el hombre debe ser reconciliado con Dios. El evangelio demuestra cuán sabio ha sido Dios al lidiar con el hombre y su mundo. Por consiguiente, el evangelio, Cristo y este crucificado, es la sabiduría y el misterio de Dios. Es la sabiduría misma que todo hombre debe poseer si desea conocer a Dios y vivir con Dios por toda la eternidad. (Vea la nota, *Jesucristo, cruz* — 1 Co. 1:19-20 para un mayor análisis.)

2. Los líderes del mundo no conocen la sabiduría de Dios. No comprenden:

- El origen de Dios y la vida.
- La naturaleza de Dios y la vida (la razón subyacente de por qué la vida es como es).
- El fin o destino de Dios y la vida.

El mundo y sus líderes no logran comprender de dónde provenimos, por qué estamos aquí, y hacia dónde nos dirigimos. Hay dos pruebas claras de esta realidad:

   a. Si los líderes hubieran conocido la sabiduría de Dios no habrían crucificado al *"SEÑOR DE GLORIA"*. Jesucristo es el Señor de gloria, Dios mismo. Él vino a la tierra para salvar a los hombres, y no vino a salvarlos solamente por setenta y pocos años, sino para salvarlos eternamente. Aún así los líderes lo rechazaron y lo crucificaron. No habrían hecho esto de haber conocido la sabiduría de Dios.

Pensamiento 1. Los líderes de la época de Cristo lo rechazaron. Su rechazo simboliza exactamente lo que muchos líderes han hecho y siempre harán: "Rechazarlo". El mundo es culpable ante Dios, culpable de rechazar su sabiduría (cp. Ro. 3:9-19).

   b. Los líderes del mundo nunca han visto ni han escuchado la verdad: La verdad nunca ha entrado en el corazón de cada uno de ellos. ¿Cómo lo sabemos? Porque la verdad de Dios es "lo que Dios ha preparado para los que le aman" (v. 9). La verdad y la sabiduría de Dios son la riqueza de su gloria y su gracia, la cual envió al mundo por medio de Cristo, las riquezas y los beneficios más gloriosos que se puedan imaginar. Pero la riqueza y los dones de Dios solo se encuentran en Cristo Jesús. Él vino a la tierra a revelar la verdad acerca del hombre y de su mundo. ¿Cuál es esa verdad? El hombre y su mundo se habían creado en perfección, pero el hombre se ha corrompido y ha corrompido a su mundo a través de…

- el pecado
- el engaño
- el robo
- el descuido

- las mentiras
- la matanza
- la inmoralidad

- el egoísmo
- el poder
- la complacencia

Por consiguiente, el hombre tiene que arrepentirse y acudir a Dios si desea vivir con Dios. Pero observe cómo los hombres recibieron la sabiduría y la verdad de Dios. Rechazaron y crucificaron a Cristo:

=> Sus ojos no podían ver el mundo espiritual.

=> Sus oídos no podían *oír la verdad espiritual.*

=> El corazón de cada uno de ellos no podía *concebir la verdad espiritual*, la gloria de las cosas que Dios ha preparado para los que le aman.

"Porque el corazón de este pueblo se ha engrosado, y con los oídos oyen pesadamente, y han cerrado sus ojos; para que no vean con los ojos, y oigan con los oídos, y con el corazón entiendan, y se conviertan, y yo los sane" (Mt. 13:15).

"En el mundo estaba, y el mundo por él fue hecho; pero el mundo no le conoció" (Jn. 1:10).

"Respondió Jesús y le dijo: Si conocieras el don de Dios, y quién es el que te dice: Dame de beber; tú le pedirías, y él te daría agua viva" (Jn. 4:10).

"Ellos le dijeron: ¿Dónde está tu Padre? Respondió Jesús: Ni a mí me conocéis, ni a mi Padre; si a mí me conocieseis, también a mi Padre conoceríais" (Jn. 8:19).

"Respondió el hombre, y les dijo: Pues esto es lo maravilloso, que vosotros no sepáis de dónde sea, y a mí me abrió los ojos" (Jn.9:30).

"Jesús le dijo: ¿Tanto tiempo hace que estoy con vosotros, y no me has conocido, Felipe? El que me ha visto a mí, ha visto al Padre; ¿cómo, pues, dices tú: Muéstranos el Padre?" (Jn. 14:9).

ESTUDIO A FONDO 1

(2:7) *Misterio* (*musterion*): Un hecho o verdad que el hombre no puede descubrir por sí mismo; un hecho o verdad que se le tiene que revelar al hombre. Es un hecho o verdad que Dios ha ocultado y ha mantenido en secreto hasta que llegue la hora de revelarlo. Eso no quiere decir que sea algo difícil de entender o algo extraño y misterioso como un truco de magia. Eso no quiere decir que haya algo misterioso acerca de Dios. Significa algún hecho o verdad:

* Que solo Dios conoce.
* Que Dios le revela al hombre porque Él ama al hombre y el hombre necesita desesperadamente conocer la verdad.

Hay varios misterios importantes revelados en la Biblia:

1. El misterio del evangelio, es decir, la sabiduría de Dios que es *Cristo crucificado*.

"pero nosotros predicamos a Cristo crucificado, para los judíos ciertamente tropezadero, y para los gentiles locura; mas para los llamados, así judíos como griegos, Cristo poder de Dios, y *sabiduría de Dios*" (1 Co. 1:23, 24).

"Mas *hablamos sabiduría de Dios en misterio*, la sabiduría oculta, la cual Dios predestinó antes de los siglos para nuestra gloria" (1 Co. 2:7).

"y por mí, a fin de que al abrir mi boca me sea dada palabra para dar a conocer con denuedo el misterio del evangelio" (Ef. 6:19).

2. Los misterios del reino del cielo. (Vea la nota — Mt. 13:10-11; cp. Mt. 13:1-52.)

3. El misterio de la ceguera y restauración de Israel.

"Porque no quiero, hermanos, que ignoréis este misterio, para que no seáis arrogantes en cuanto a vosotros mismos: que ha acontecido a Israel endurecimiento en parte, hasta que haya entrado la plenitud de los gentiles; y luego todo Israel será salvo, como está escrito: Vendrá de Sion el Libertador, que apartará de Jacob la impiedad. Y este será mi pacto con ellos, cuando yo quite sus pecados" (Ro. 11:25-27).

4. El misterio de la resurrección de los creyentes, que les permitirá vivir una vida incorruptible con Dios.

"He aquí, os digo un misterio: No todos dormiremos; pero todos seremos transformados, en un momento, en un abrir y cerrar de ojos, a la final trompeta; porque se tocará la trompeta, y los muertos serán resucitados incorruptibles, y nosotros seremos transformados" (1 Co. 15:51, 52).

"Tampoco queremos, hermanos, que ignoréis acerca de los que duermen, para que no os entristezcáis como los otros que no tienen esperanza.

Porque si creemos que Jesús murió y resucitó, así también traerá Dios con Jesús a los que durmieron en él. Por lo cual os decimos esto en palabra del Señor: que nosotros que vivimos, que habremos quedado hasta la venida del Señor, no precederemos a los que durmieron. Porque el Señor mismo con voz de mando, con voz de arcángel, y con trompeta de Dios, descenderá del cielo; y los muertos en Cristo resucitarán primero. Luego nosotros los que vivimos, los que hayamos quedado, seremos arrebatados juntamente con ellos en las nubes para recibir al Señor en el aire, y así estaremos siempre con el Señor. Por tanto, alentaos los unos a los otros con estas palabras" (1 Ts. 4:13-18).

5. El misterio de la voluntad de Dios: Que Él juntará y unificará todas las cosas en Cristo, las unificará en un espíritu de paz y armonía, todas las cosas, tanto las visibles como las invisibles.

"dándonos a conocer el misterio de su voluntad, según su beneplácito, el cual se había propuesto en sí mismo, de reunir *todas* las cosas en Cristo, en la dispensación del cumplimiento de los tiempos, así las que están en los cielos, como las que están en la tierra" (Ef. 1:9, 10).

6. El misterio de la iglesia y del amor universal de Dios: Que tanto judíos como gentiles se incluyen en la iglesia.

"leyendo lo cual podéis entender cuál sea mi conocimiento en el misterio de Cristo, misterio que en otras generaciones no se dio a conocer a los hijos de los hombres, como ahora es revelado a sus santos apóstoles y profetas por el Espíritu: que los gentiles son coherederos y miembros del mismo cuerpo, y copartícipes de la promesa en Cristo Jesús por medio del evangelio" (Ef. 3:4-6; cp. vv. 7-12).

"Y al que puede confirmaros según mi evangelio y la predicación de Jesucristo, según la revelación del misterio que se ha mantenido oculto desde tiempos eternos" (Ro. 16:25).

7. El misterio de la iglesia: que la iglesia es la novia y el cuerpo de Cristo.

"porque somos miembros de su cuerpo, de su carne y de sus huesos. Por esto dejará el hombre a su padre y a su madre, y se unirá a su mujer, y los dos serán una sola carne. Grande es este misterio; mas yo digo esto respecto de Cristo y de la iglesia" (Ef. 5:30-32; cp. el v. 22-33).

8. El misterio del Cristo que mora dentro de nosotros, de "Cristo en usted, la esperanza de gloria".

"el misterio que había estado oculto desde los siglos y edades, pero que ahora ha sido manifestado a sus santos, a quienes Dios quiso dar a conocer las riquezas de la gloria de este misterio entre los gentiles; que es *Cristo en vosotros, la esperanza de gloria*" (Col. 1:26, 27).

"Con Cristo estoy juntamente crucificado, y ya no vivo yo, mas vive Cristo en mí; y lo que ahora vivo en la carne, lo vivo en la fe del Hijo de Dios, el cual me amó y se entregó a sí mismo por mí" (Gá. 2:20).

9. El misterio de la piedad o de Cristo; de Dios que viene a la tierra en carne humana en la persona de Jesucristo.

> "para que sean consolados sus corazones, unidos en amor, hasta alcanzar todas las riquezas de pleno entendimiento, a fin de conocer el misterio de Dios el Padre, y de Cristo,... Porque en él habita corporalmente toda la plenitud de la Deidad" (Col. 2:2, 9).
>
> "E indiscutiblemente, grande es el misterio de la piedad: Dios fue manifestado en carne, justificado en el Espíritu, visto de los ángeles, predicado a los gentiles, creído en el mundo, recibido arriba en gloria" (1 Ti. 3:16).
>
> "orando también al mismo tiempo por nosotros, para que el Señor nos abra puerta para la palabra, a fin de dar a conocer el misterio de Cristo, por el cual también estoy preso" (Col. 4:3).
>
> "que Dios estaba en Cristo reconciliando consigo al mundo, no tomándoles en cuenta a los hombres sus pecados, y nos encargó a nosotros la palabra de la reconciliación" (2 Co.5:19).

10. El misterio de la iniquidad y del pecado en el mundo y de la desobediencia del hombre a Dios.

> "Porque ya está en acción el misterio de la iniquidad; sólo que hay quien al presente lo detiene, hasta que él a su vez sea quitado de en medio" (2 Ts. 2:7).
>
> "en los cuales anduvisteis en otro tiempo, siguiendo la corriente de este mundo, conforme al príncipe de la potestad del aire, el espíritu que ahora opera en los hijos de desobediencia" (Ef. 2:2).

11. El misterio de las siete estrellas o iglesias y pastores locales.

> "El misterio de las siete estrellas que has visto en mi diestra, y de los siete candeleros de oro: las siete estrellas son los ángeles de las siete iglesias, y los siete candeleros que has visto, son las siete iglesias" (Ap. 1:20).

12. El misterio de Babilonia en el tiempo del fin.

> "y en su frente un nombre escrito, un misterio: BABILONIA LA GRANDE, LA MADRE DE LAS RAMERAS Y DE LAS ABOMINACIONES DE LA TIERRA... Y el ángel me dijo: ¿Por qué te asombras? Yo te diré el misterio de la mujer, y de la bestia que la trae, la cual tiene las siete cabezas y los diez cuernos" (Ap. 17:5, 7).

4 (2:10-13) *Dios, sabiduría de — Ignorancia espiritual — Embotamiento espiritual:* La sabiduría de Dios la revela solamente el Espíritu de Dios. Observe tres elementos.

1. Solo el Espíritu de Dios conoce la sabiduría y las cosas de Dios. El razonamiento humano nuca puede descubrir a Dios y las cosas de Dios. Esto lo entiende claramente el hombre que es honesto e inteligente.

Ninguna persona sabe lo que está sucediendo realmente dentro de un hombre excepto el propio espíritu del hombre. Sucede lo mismo con Dios. Ningún hombre conoce realmente a Dios y las cosas de Dios excepto el Espíritu de Dios.

Por consiguiente, el mundo no conoce a Dios ni las cosas de Dios, porque se deben *revelar*. No las puede ver, oír, ni concebir el corazón del hombre (v. 9). Solo las revela el Espíritu de Dios.

Pensamiento 1. Lo único que el hombre siempre debe recordar es lo siguiente: "El hombre no puede entrar en el mundo espiritual". Ninguna persona ha visto a Dios, no importa lo que puedan asegurar algunas personas. Si vamos a conocer el mundo y la dimensión espiritual de la existencia, Dios tiene que revelarse Él mismo. Él lo hizo una sola vez en Cristo Jesús, su *Unigénito* amado.

> "A Dios nadie le vio jamás; el unigénito Hijo, que está en el seno del Padre, él le ha dado a conocer" (Jn. 1:18).
>
> "También el Padre que me envió ha dado testimonio de mí. Nunca habéis oído su voz, ni habéis visto su aspecto" (Jn. 5:37).
>
> "el único que tiene inmortalidad, que habita en luz inaccesible; a quien ninguno de los hombres ha visto ni puede ver, al cual sea la honra y el imperio sempiterno. Amén" (1 Ti. 6:16).
>
> "Nadie ha visto jamás a Dios. Si nos amamos unos a otros, Dios permanece en nosotros, y su amor se ha perfeccionado en nosotros" (1 Jn. 4:12).

2. La sabiduría de Dios (Dios y las cosas de Dios) se le revela a los creyentes. Esta es la razón misma por la que Dios le ha dado su Espíritu a los creyentes: "Para que podamos conocer las cosas que Dios nos da gratuitamente".

    a. Solo el Espíritu Santo conoce las cosas de Dios (1 Co. 2:11).

    b. Solo el hombre que recibe a Cristo, que nace de nuevo por medio del Espíritu de Dios, es llamado a entender las cosas espirituales.

> "Respondió Jesús y le dijo: De cierto, de cierto te digo, que el que no naciere de nuevo, *no puede ver* el reino de Dios... Lo que es nacido de la carne, carne es; y lo que es nacido del Espíritu, espíritu es" (Jn. 3:3, 6).
>
> "Pero cuando venga el Espíritu de verdad, él os guiará a toda la verdad; porque no hablará por su propia cuenta, sino que hablará todo lo que oyere, y os hará saber las cosas que habrán de venir. El me glorificará; porque tomará de lo mío, y os lo hará saber. Todo lo que tiene el Padre es mío; por eso dije que tomará de lo mío, y os lo hará saber" (Jn. 16:13-15).
>
> "Y nosotros no hemos recibido el espíritu del mundo, sino el Espíritu que proviene de Dios, para que sepamos lo que Dios nos ha concedido,... En cambio el espiritual juzga todas las cosas; pero él no es juzgado de nadie. Porque ¿quién conoció la mente del Señor? ¿Quién le instruirá? Mas nosotros tenemos la mente de Cristo" (1 Co. 2:12, 15-16).

    c. Solo el creyente que se *preocupa* por las cosas espirituales puede entender las cosas maduras y profundas de Dios.

> "Porque los que son de la carne piensan en las cosas de la carne; pero los que son del Espíritu, en las cosas del Espíritu. Porque el ocuparse de la carne es muerte, pero el ocuparse del Espíritu es vida y paz. Por

cuanto los designios de la carne son enemistad contra Dios; porque no se sujetan a la ley de Dios, ni tampoco pueden" (Ro. 8:5-7).

"Antes bien, como está escrito: Cosas que ojo no vio, ni oído oyó, ni han subido en corazón de hombre, son las que Dios ha preparado para los que le aman. Pero Dios nos las reveló a nosotros por el Espíritu; porque el Espíritu todo lo escudriña, aun lo profundo de Dios" (1 Co. 2:9, 10).

"En cambio el espiritual juzga todas las cosas; pero él no es juzgado de nadie" (1 Co. 2:15).

"De manera que yo, hermanos, no pude hablaros como a espirituales, sino como a carnales, como a niños en Cristo. Os di a beber leche, y no vianda; porque aún no erais capaces, ni sois capaces todavía" (1 Co. 3:1, 2).

d. El hombre natural (cualquier hombre no renacido por medio del Espíritu de Dios) no puede conocer las cosas de Dios.

"Mas hablamos sabiduría de Dios en misterio, la sabiduría oculta, la cual Dios predestinó antes de los siglos para nuestra gloria, la que ninguno de los príncipes de este siglo conoció; porque si la hubieran conocido, nunca habrían crucificado al Señor de gloria" (1 Co. 2:7, 8).

"Porque ¿quién de los hombres sabe las cosas del hombre, sino el espíritu del hombre que está en él? Así tampoco nadie conoció las cosas de Dios, sino el Espíritu de Dios" (1 Co. 2:11).

"Pero el hombre natural no percibe las cosas que son del Espíritu de Dios, porque para él son locura, y no las puede entender, porque se han de discernir espiritualmente" (1 Co. 2:14).

"¿Por qué no entendéis mi lenguaje? Porque no podéis escuchar mi palabra" (Jn. 8:43).

"No hay quien entienda, no hay quien busque a Dios" (Ro. 3:11).

"Porque ignorando la justicia de Dios, y procurando establecer la suya propia, no se han sujetado a la justicia de Dios" (Ro. 10:3).

"en los cuales el dios de este siglo cegó el entendimiento de los incrédulos, para que no les resplandezca la luz del evangelio de la gloria de Cristo, el cual es la imagen de Dios" (2 Co. 4:4).

"teniendo el entendimiento entenebrecido, ajenos de la vida de Dios por la ignorancia que en ellos hay, por la dureza de su corazón" (Ef. 4:18).

"Estas siempre están aprendiendo, y nunca pueden llegar al conocimiento de la verdad" (2 Ti. 3:7)

"No saben, no entienden, Andan en tinieblas; Tiemblan todos los cimientos de la tierra" (Sal. 82:5).

"Palpamos la pared como ciegos, y andamos a tientas como sin ojos; tropezamos a mediodía como de noche; estamos en lugares oscuros como muertos" (Is. 59:10).

"No saben hacer lo recto, dice Jehová, atesorando rapiña y despojo en sus palacios" (Am. 3:10).

3. La sabiduría de Dios es el mensaje que enseña el Espíritu Santo. El mensaje, la sabiduría y evangelio gloriosos de Dios, no es un mensaje de la sabiduría del hombre. La sabiduría y el evangelio de Dios es el mensaje del Espíritu de Dios mismo. El Espíritu Santo enseña la sabiduría y el evangelio de Dios. Note que el versículo termina con la palabra "espiritual". No hay complemento. Esto significa algo glorioso: El Espíritu Santo:

*   Combina lo espiritual con las personas espirituales.
*   Combina lo espiritual con lo espiritual.

Pensamiento 1. El Espíritu Santo nos guía y nos dirige, nos enseña a comparar y combinar lo espiritual con lo espiritual. Usamos la Palabra de Dios para interpretar la Palabra de Dios. Cuando buscamos y leemos las instrucciones de Dios y no entendemos algo, usamos otros pasajes y referencias de las Escrituras para interpretar lo que no está claro. El Espíritu Santo nos guarda de todo error a medida que seguimos su liderazgo.

"porque el Espíritu Santo os enseñará en la misma hora lo que debáis decir" (Lc. 12:12).

"Mas el Consolador, el Espíritu Santo, a quien el Padre enviará en mi nombre, él os enseñará todas las cosas, y os recordará todo lo que yo os he dicho" (Jn. 14:26).

"lo cual también hablamos, no con palabras enseñadas por sabiduría humana, sino con las que enseña el Espíritu, acomodando lo espiritual a lo espiritual" (1 Co. 2:13).

"Pero la unción que vosotros recibisteis de él permanece en vosotros, y no tenéis necesidad de que nadie os enseñe; así como la unción misma os enseña todas las cosas, y es verdadera, y no es mentira, según ella os ha enseñado, permaneced en él" (1 Jn. 2:27).

"Y el que guarda sus mandamientos, permanece en Dios, y Dios en él. Y en esto sabemos que él permanece en nosotros, por el Espíritu que nos ha dado" (1 Jn. 3:24).

"En esto conocemos que permanecemos en él, y él en nosotros, en que nos ha dado de su Espíritu" (1 Jn. 4:13).

"Este es Jesucristo, que vino mediante agua y sangre; no mediante agua solamente, sino mediante agua y sangre. Y el Espíritu es el que da testimonio; porque el Espíritu es la verdad" (1 Jn. 5:6).

	F. Quinta solución: Comprender las etapas espirituales del hombre, 2:14—3:4	CAPÍTULO 3	3 El hombre carnal[EFI]
1 El hombre natural a. No percibe las cosas del Espíritu b. Las considera locura c. Es incapaz, espiritualmente **2 El hombre espiritual** a. Discierne todas las cosas b. No lo entiende el hombre natural c. Razón: Tiene la mente, el espíritu de Cristo	14 Pero el hombre natural no percibe las cosas que son del Espíritu de Dios, porque para él son locura, y no las puede entender, porque se han de discernir espiritualmente. 15 En cambio el espiritual juzga todas las cosas; pero él no es juzgado de nadie. 16 Porque ¿quién conoció la mente del Señor? ¿Quién le instruirá? Mas nosotros tenemos la mente de Cristo.	1 De manera que yo, hermanos, no pude hablaros como a espirituales, sino como a carnales, como a niños en Cristo. 2 Os di a beber leche, y no vianda; porque aún no erais capaces, ni sois capaces todavía, 3 porque aún sois carnales; pues habiendo entre vosotros celos, contiendas y disensiones, ¿no sois carnales, y andáis como hombres? 4 Porque diciendo el uno: Yo ciertamente soy de Pablo; y el otro: Yo soy de Apolos, ¿no sois carnales?	a. No es espiritual (maduro); es un bebé en Cristo b. Se le tiene que alimentar con leche, no con la vianda de la Palabra c. Está caracterizado por la división 1) La envidia y el conflicto 2) Actúa como un simple hombre 3) Profesa ser un seguidor de simples hombres, de partes terrenales

DIVISIÓN II

LA DIVISIÓN EN LA IGLESIA, 1:10—4:21

F. Quinta solución: Comprender las etapas espirituales del hombre, 2:14—3:4

(2:14-3:4) *Introducción*: La división es un problema terrible, uno de los problemas más asoladores y devastadores que existen en el mundo. La división conlleva a la ira, las luchas, el divorcio, el asesinato, y la guerra. Una de las soluciones para resolver la división es vernos nosotros mismos como Dios nos ve. Cuando Dios mira a una persona, Él ve a esa persona en una de tres clasificaciones:

1. El hombre natural (v. 14).
2. El hombre espiritual (vv. 15-16).
3. El hombre carnal (cap. 3, vv. 1-4).

1 (2:14) *Hombre natural — Hombre, etapas espirituales del*: Existe el hombre natural o lo que el griego denomina el hombre *psuchikos*. La palabra "natural" (psuchikos) significa un hombre que tiene vida física o que está vivo. La raíz de la palabra es *alma* (psuche), que significa sencillamente la vida de un hombre, la conciencia, el aliento, la energía, el ser de un hombre. El *alma* es la vida animal de un hombre. Los hombres y los animales son seres *conscientes* y *que respiran*. Son almas vivas. Esto se señala claramente en la creación de la vida animal. Cuando Dios estaba creando el mundo y había terminado la creación de la vegetación, Él dijo:

> **"Produzcan las aguas 'seres vivientes' [hephesh, hebreo]" (Gn. 1:20).**

Lo que Dios estaba diciendo es que la vida que Él estaba creando era diferente de la vegetación que acababa de crear. Las cosas que ahora se estaban creando eran "seres vivientes", cosas que respiran y tienen conciencia, cosas que tienen "alma", vida, y conciencia dentro del cuerpo.

Sucede lo siguiente: El hombre natural es un *ser viviente*, un alma animal. Es un hombre que está viviendo en esta tierra, exactamente como un animal. Sin embargo, *eso es todo cuanto hace*. Solo está viviendo *en la carne*. No ha sobrepasado los límites de la carne, no ha sobrepasado los límites de su vida animal. Nunca ha progresado al nivel de lo espiritual. Su mente y su vida, su energía y su esfuerzo están todos centrados en…

- lo físico
- lo material
- el mundo
- la carne
- lo natural
- lo humano
- lo que se puede ver
- lo que se puede tocar
- lo que se puede oír
- lo que se puede saborear
- lo que se puede sentir
- lo que se puede poseer

Hay otra manera de decir lo mismo que resulta extremadamente útil. El hombre natural es el *hombre adámico*, el hombre que ha caído de la perfección de su creación. El hombre natural es:

- El hombre caído y depravado.
- El hombre pecador y corrupto.
- El hombre que envejece y se deteriora.
- El hombre agonizante y condenado.

El hombre natural es el hombre moralmente corrupto, el hombre cuyo espíritu está muerto para Dios. Es un hombre con una naturaleza humana, y la naturaleza humana es todo cuanto tiene. Su naturaleza es la naturaleza humana *aparte* de Dios. Es una naturaleza humana carente de Cristo, una naturaleza que no creerá, obedecerá, ni vivirá para Cristo. Es la vida vivida sin la presencia e influencia de Jesucristo.

"Mas vosotros no vivís según la carne, sino según el Espíritu, si es que el Espíritu de Dios mora en vosotros. Y si alguno no tiene el Espíritu de Cristo, no es de él" (Ro. 8:9).

"porque esta sabiduría no es la que *desciende de lo alto*, sino terrenal, animal, diabólica" (Stg. 3:15).

"Estos son los que causan divisiones; los sensuales, que *no tienen al Espíritu*" (Jud. 19).

Se dicen tres cosas del hombre natural:

1. El hombre natural no percibe las cosas del Espíritu de Dios. La frase "no percibe" (dechetai) quiere decir que las cosas espirituales no se reciben como a un huésped, no se aceptan. Quiere decir rehusar y rechazar. Las cosas espirituales son de poco interés, de ser de interés alguno, para el hombre natural, porque su mente está centrada fundamentalmente en este mundo y en…

- cosas mayores y mejores
- adquirir cada vez más
- deseos y sentimientos
- necesidades y anhelos
- posición y riqueza
- atención y reconocimiento
- ambición y promoción
- reuniones sociales y fiestas
- juego y recreación
- comodidad y facilidad
- bebida y comida
- ropas y apariencia

La vida y la mente del hombre natural están siempre centradas en lo natural, en este mundo y no en lo espiritual; por consiguiente, ante los ojos de Dios está clasificado como *el hombre natural*. Su corazón recibe solo al mundo; está cerrado para Dios. Dios no es bien recibido en su vida. Por consiguiente, no percibe las cosas del Espíritu de Dios.

"Por cuanto los designios de la carne son enemistad contra Dios; porque no se sujetan a la ley de Dios, ni tampoco pueden" (Ro. 8:7).

"Esto, pues, digo y requiero en el Señor: que ya no andéis como los otros gentiles, que andan en la vanidad de su mente" (Ef. 4:17).

"Y a vosotros también, que erais en otro tiempo extraños y enemigos en vuestra mente, haciendo malas obras, ahora os ha reconciliado" (Col. 1:21).

"Todas las cosas son puras para los puros, mas para los corrompidos e incrédulos nada les es puro; pues hasta su mente y su conciencia están corrompidas" (Tit. 1:15).

2. El hombre natural considera las cosas de Dios como locura. La palabra "locura" (moria) quiere decir tonto, absurdo, desagradable. Recuerden que el hombre natural vive fundamentalmente en función de la parte animal de su naturaleza: Vive fundamentalmente en función de lo que…

- luce bien
- se siente bien
- sabe bien
- suena bien

Vive fundamentalmente en función de sus sentidos animales, fundamentalmente en función de lo que lo excita. Puede que sea posición, dinero, riqueza, posesiones, reconocimiento, fama, influencia, poder, familia, casa, autos, sexo, alimento, ropa, popularidad, se podría enumerar una lista interminable de cosas materiales y mundanas, cualquier cosa que atraiga y guste a la naturaleza animal que llevamos

dentro como seres humanos. El hombre que se rinde a estos instintos y deseos es la persona que vive como el hombre natural. Para él las cosas de Dios son secundarias, de menos importancia. ¿Por qué? Porque no puede ver, palpar, probar, oír, ni demostrar las cosas espirituales, no con sus sentidos físicos. Por consiguiente, para su mente, resulta totalmente loco poner primero las cosas espirituales.

"pero nosotros predicamos a Cristo crucificado, para los judíos ciertamente tropezadero, y para los gentiles locura; mas para los llamados, así judíos como griegos, Cristo poder de Dios, y sabiduría de Dios" (1 Co. 1:23, 24).

"sino que lo necio del mundo escogió Dios, para avergonzar a los sabios; y lo débil del mundo escogió Dios, para avergonzar a lo fuerte" (1 Co. 1:27).

3. El hombre natural *no puede* conocer las cosas espirituales. Note las palabras *no puede*. No es solamente que el hombre natural no conocerá ni conoce las cosas espirituales, sino que *no puede* conocerlas. Es incapaz, no está facultado, está incapacitado para conocerlas. No puede discernir las cosas espirituales…

- su verdad
- su bondad
- su realidad
- su virtud
- su esperanza
- su riqueza
- su valía
- su excelencia
- su majestad
- su gloria

¿Por qué el hombre natural no puede conocer las cosas espirituales? De un modo sencillo, porque se han de discernir espiritualmente. La palabra "discernir" (anakrinetai) significa investigar, juzgar, escudriñar, examinar, estimar. As cosas espirituales las tiene que discernir un *espíritu vivo*, no un hombre natural, no un hombre que vive fundamentalmente en función de su naturaleza animal. Las cosas espirituales las puede discernir solo un espíritu que es vivo. Las cosas espirituales pueden ser:

- Investigadas solo por un espíritu vivo.
- Juzgadas solo por un espíritu vivo.
- Examinadas solo por un espíritu vivo.
- Estimadas solo por un espíritu vivo.

"pero si tu ojo es maligno, todo tu cuerpo estará en tinieblas. Así que, si la luz que en ti hay es tinieblas, ¿cuántas no serán las mismas tinieblas?" (Mt. 6:23).

"Porque ignorando la justicia de Dios, y procurando establecer la suya propia, no se han sujetado a la justicia de Dios" (Ro. 10:3).

"en los cuales el dios de este siglo cegó el entendimiento de los incrédulos, para que no les resplandezca la luz del evangelio de la gloria de Cristo, el cual es la imagen de Dios" (2 Co. 4:4).

"teniendo el entendimiento entenebrecido, ajenos de la vida de Dios por la ignorancia que en ellos hay, por la dureza de su corazón" (Ef. 4:18).

"Pero yo dije: Ciertamente éstos son pobres, han enloquecido, pues no conocen el camino de Jehová, el juicio de su Dios" (Jer. 5:4).

"Vendrán muchas naciones, y dirán: Venid, y subamos al monte de Jehová, y a la casa del Dios de Jacob; y nos enseñará en sus caminos, y andaremos

por sus veredas; porque de Sion saldrá la ley, y de Jerusalén la palabra de Jehová" (Mi. 4:2).

2 (2:15-16) *Hombre espiritual — Hombre, etapas espirituales:* Existe el hombre espiritual o lo que el griego denomina el hombre *pneumatikos*. La palabra "espíritu" (pneuma) es el equivalente usado para el Espíritu Santo lo que significa que el hombre espiritual es una persona en la que mora el Espíritu Santo. Un hombre es espiritual porque el Espíritu Santo mora *en* él. No es espiritual porque:

- Haya recibido algún don humano superior.
- Haya recibido alguna habilidad inusual.
- Se haya vuelto más inteligente que antes.
- Se haya vuelto mayor que antes.
- Se haya vuelto mejor que antes.

Un hombre se vuelve espiritual porque ha recibido al Espíritu de Dios y está viviendo bajo la influencia del Espíritu de Dios. Cuando un hombre recibe a Cristo Jesús como su Salvador, las Escrituras dicen:

- Que nace de nuevo por medio del Espíritu de Dios.

    "Respondió Jesús: De cierto, de cierto te digo, que el que no naciere de agua y del Espíritu, no puede entrar en el reino de Dios. Lo que es nacido de la carne, carne es; y lo que es nacido del Espíritu, espíritu es" (Jn. 3:5, 6; cp. 1 Co. 3:16; 6:19).

    "siendo renacidos, no de simiente corruptible, sino de incorruptible, por la palabra de Dios que vive y permanece para siempre" (1 P. 1:23).

- Que le preocupan las cosas de Dios, no las cosas de la carne.

    "Porque los que son de la carne piensan en las cosas de la carne; pero los que son del Espíritu, en las cosas del Espíritu. Porque el ocuparse de la carne es muerte, pero el ocuparse del Espíritu es vida y paz" (Ro. 8:5, 6).

- Que él está en el Espíritu y que el Espíritu mora dentro de él.

    "Mas vosotros no vivís según la carne, sino según el Espíritu, si es que el Espíritu de Dios mora en vosotros. Y si alguno no tiene el Espíritu de Cristo, no es de él" (Ro. 8:9).

    "Y yo rogaré al Padre, y os dará otro Consolador, para que esté con vosotros para siempre: el Espíritu de verdad, al cual el mundo no puede recibir, porque no le ve, ni le conoce; pero vosotros le conocéis, porque mora con vosotros, y estará en vosotros" (Jn. 14:16, 17).

- Que el Espíritu le da vida.

    "Pero si Cristo está en vosotros, el cuerpo en verdad está muerto a causa del pecado, mas el espíritu vive a causa de la justicia" (Ro. 8:10).

- Que el Espíritu aviva su cuerpo mortal.

    "Y si el Espíritu de aquel que levantó de los muertos a Jesús mora en vosotros, el que levantó de los muertos a Cristo Jesús vivificará también vuestros cuerpos mortales por su Espíritu que mora en vosotros" (Ro. 8:11; cp. 1 P. 3:18).

"El espíritu es el que da vida; la carne para nada aprovecha; las palabras que yo os he hablado son espíritu y son vida" (Jn. 6:63).

- Que puede matar las obras pecaminosas de su cuerpo solo por medio del Espíritu.

    "porque si vivís conforme a la carne, moriréis; mas si por el Espíritu hacéis morir las obras de la carne, viviréis" (Ro. 8:13).

    "Digo, pues: Andad en el Espíritu, y no satisfagáis los deseos de la carne" (Gá. 5:16).

- Que la presencia del liderazgo del Espíritu en la vida del hombre demuestra que es un hijo de Dios.

    "El Espíritu mismo da testimonio a nuestro espíritu, de que somos hijos de Dios. Y si hijos, también herederos; herederos de Dios y coherederos con Cristo, si es que padecemos juntamente con él, para que juntamente con él seamos glorificados" (Ro. 8:16, 17).

    "Y por cuanto sois hijos, Dios envió a vuestros corazones el Espíritu de su Hijo, el cual clama: ¡Abba, Padre!" (Gá. 4:6).

    "Y el que guarda sus mandamientos, permanece en Dios, y Dios en él. Y en esto sabemos que él permanece en nosotros, por el Espíritu que nos ha dado" (1 Jn. 3:24).

    "En esto conocemos que permanecemos en él, y él en nosotros, en que nos ha dado de su Espíritu" (1 Jn. 4:13).

    "Este es Jesucristo, que vino mediante agua y sangre; no mediante agua solamente, sino mediante agua y sangre. Y el Espíritu es el que da testimonio; porque el Espíritu es la verdad" (1 Jn. 5:6).

Se dicen tres cosas acerca del hombre espiritual:

1. El hombre espiritual juzga o discierne todas las cosas. La palabra juzgar significa lo mismo discernir en el versículo anterior. El hombre que cree en Jesucristo experimenta algo muy maravilloso:

=> El Espíritu de Dios entra y mora en su cuerpo convirtiendo su cuerpo en un templo santo para la presencia de Dios.

    "Mas vosotros no vivís según la carne, sino según el Espíritu, si es que el Espíritu de Dios mora en vosotros. Y si alguno no tiene el Espíritu de Cristo, no es de él" (Ro. 8:9).

    "¿No sabéis que sois templo de Dios, y que el Espíritu de Dios mora en vosotros?" (1 Co. 3:16).

    "¿O ignoráis que vuestro cuerpo es templo del Espíritu Santo, el cual está en vosotros, el cual tenéis de Dios, y que no sois vuestros?" (1 Co. 6:19).

=> El hombre participa realmente de la naturaleza divina de Dios y se convierte en una nueva criatura, un hombre nuevo.

    "por medio de las cuales nos ha dado preciosas y grandísimas promesas, para que por ellas llegaseis a ser participantes de la naturaleza divina, habiendo huido de la corrupción que hay en el mundo a causa de la concupiscencia" (2 P. 1:4).

    "y vestíos del nuevo hombre, creado según Dios en la justicia y santidad de la verdad" (Ef. 4:24).

"y revestido del nuevo, el cual conforme a la imagen del que lo creó se va renovando hasta el conocimiento pleno" (Col. 3:10).

Sucede lo siguiente: El hombre que es verdaderamente espiritual vive bajo el control del Espíritu de Dios. El Espíritu de Dios vive dentro de su cuerpo. Por consiguiente, es el Espíritu Santo *de Dios* el que *le revela la verdad de las cosas espirituales al hombre*. Resulta importante tener esto en cuenta: "La capacidad de discernir no es del hombre; es del Espíritu Santo que está dentro del hombre".

Pensamiento 1. No hay cabida para la súper espiritualidad en la iglesia de Dios, porque todo cuanto tenemos proviene de Dios; no de nosotros.

2. Al hombre espiritual no lo entiende el hombre natural. Observe cómo las Escrituras plantean esto: El hombre espiritual no es "juzgado de nadie" (v. 15). Este planteamiento se ha maltratado y mal utilizado a tal extremo que algunos hombres se han convertido no solo en el hazmerreír, sino en tropiezo para el inocente. Esto resulta trágico, porque el significado se entiende perfecta y claramente cuando *se mantiene en el contexto* de este pasaje.

"Nadie" quiere decir el hombre natural, el hombre del que se acaba de hablar. El hombre natural tiene poco interés y poco conocimiento de Cristo y de Dios; por consiguiente, no hay forma humana de que pueda entender al hombre espiritual. Un hombre conoce solo lo que él experimenta y estudia: El sentido común y la honestidad nos dicen esto. No hay manera en la que un hombre pueda juzgar las cosas espirituales a menos que él *experimente y estudie* las cosas espirituales. Por consiguiente, el hombre natural no puede comprender por qué una persona querría invertir sus esfuerzos y malgastar su tiempo en asuntos que son "de otro mundo". Después de todo, vivimos en este mundo, no en el otro mundo, todavía no. De ahí que el hombre natural sienta que nuestro interés principal deba estar en este mundo (esto es cierto incluso con los religiosos). El hombre natural podría argumentar que un pequeño pensamiento acerca de las cosas espirituales es aceptable, pero no que una persona centre toda su vida. La cuestión es que el hombre natural sencillamente no comprende al hombre espiritual. Para él, el hombre espiritual es un loco por pasar por alto este mundo y todas las *cosas buenas* que este mundo brinda.

3. El hombre espiritual tiene la *"mente de Cristo"*. Esta es la razón por la que el creyente puede discernir las cosas espirituales: Tiene la *"mente de Cristo"*. Esto no quiere decir que el hombre espiritual conozca todo cuanto hay que conocer de Cristo, sino que su mente está centrada en Dios y en las cosas de Dios de la misma manera que lo estaba la mente de Cristo. El Espíritu de Dios atrae, llama y estimula la mente del creyente genuino a las cosas espirituales.

"Haya, pues, en vosotros este sentir que hubo también en Cristo Jesús, el cual, siendo en forma de Dios, no estimó el ser igual a Dios como cosa a que aferrarse, sino que se despojó a sí mismo, tomando forma de siervo, hecho semejante a los hombres; y estando en la condición de hombre, se humilló a sí mismo, haciéndose obe-

diente hasta la muerte, y muerte de cruz" (Fil. 2:5-8).

"Y decía a todos: Si alguno quiere venir en pos de mí, niéguese a sí mismo, tome su cruz cada día, y sígame. Porque todo el que quiera salvar su vida, la perderá; y todo el que pierda su vida por causa de mí, éste la salvará" (Lc. 9:23, 24).

"Porque los que son de la carne piensan en las cosas de la carne; pero los que son del Espíritu, en las cosas del Espíritu. Porque el ocuparse de la carne es muerte, pero el ocuparse del Espíritu es vida y paz" (Ro. 8:5, 6).

3 (3:1-4) *Carnal — Hombre, etapas espirituales:* Existe el hombre carnal (vea el *Estudio a fondo 1, Carnal —* 1 Co. 3:1-4 para el significado de la palabra carnal). Se dicen tres cosas acerca del hombre carnal:

1. El hombre carnal no es espiritualmente maduro; es un bebé en Cristo. Note que el hombre carnal es un creyente verdadero. Es un bebé en Cristo, pero está deformado como un bebé deformado. Debería ser más maduro, más desarrollado espiritualmente, pero no ha crecido en Cristo. El hombre carnal no conoce a Cristo ni las cosas de Dios como debiera. Su mente y su conducta no están centradas en Cristo como debieran estarlo. Lleva años como creyente, pero conoce poco acerca de Cristo y de Dios.

2. El hombre carnal tiene que alimentarse de la leche y no de la vianda de la Palabra. Esto no quiere decir que hayan dos grupos de enseñanzas, tampoco que hayan dos grupos de creencias, una para el creyente letrado y otro para el creyente inculto. Se le predica el mismo evangelio a todos, y todos estudian la misma Palabra; pero algunos han prestado más atención, han estudiado más, han orado más, y han servido más a Cristo que otros. Por consiguiente, naturalmente conocen más de la Palabra de Dios, y conocen más de lo que quiere decir orar y andar en Cristo. El creyente espiritual conoce y experimenta más la profundidad de las cosas espirituales que el creyente carnal, mucho más. Por consiguiente, el creyente carnal tiene que alimentarse de los rudimentos mismos y no de lo avanzado de la Palabra de Dios.

Pensamiento 1. Sucede lo mismo con cualquier empresa del hombre. Mientras más una persona experimente y estudie un campo, más conoce acerca de su campo. Todo el mundo se alimenta de la "leche" o la "vianda" de su campo o empresa.

"Con muchas parábolas como estas les hablaba la palabra, conforme a lo que podían oír" (Mr. 4:33).

"Aún tengo muchas cosas que deciros, pero ahora no las podéis sobrellevar" (Jn. 16:12).

"Os di a beber leche, y no vianda; porque aún no erais capaces, ni sois capaces todavía" (1 Co. 3:2).

"Me he hecho débil a los débiles, para ganar a los débiles; a todos me he hecho de todo, para que de todos modos salve a algunos" (1 Co. 9:22).

"Hermanos, no seáis niños en el modo de pensar, sino sed niños en la malicia, pero maduros en el modo de pensar" (1 Co. 14:20).

"para que ya no seamos niños fluctuantes, llevados por doquiera de todo viento de doctrina, por estratagema de hombres que para engañar emplean con astucia las artimañas del error" (Ef. 4:14).

"Porque debiendo ser ya maestros, después de tanto tiempo, tenéis necesidad de que se os vuelva a enseñar cuáles son los primeros rudimentos de las palabras de Dios; y habéis llegado a ser tales que tenéis necesidad de leche, y no de alimento sólido" (He. 5:12).

"desead, como niños recién nacidos, la leche espiritual no adulterada, para que por ella crezcáis para salvación" (1 P. 2:2).

3. El hombre carnal se caracteriza por la división. La división es una prueba sorprendente de que un hombre o un pueblo son carnales, ya sea el caso de la división en una iglesia o en una familia.

    a. La carnalidad se ve claramente en la envidia y el conflicto. La envidia conlleva al celo, y el celo conlleva a la división. Cuando las personas se celan unas de otras, se dividen y comienzan a luchar, o a discutir y a reñir unos con otros. La envidia puede ser causada por…

- alguna posición
- algún reconocimiento
- alguna promoción
- alguna posesión
- alguna riqueza
- alguna atención
- alguna persona
- algún don

La lista podría ser interminable, pero se entiende bien la idea. La envidia conlleva a diferencias y a conflictos, y el conflicto conlleva a la división. Una conducta así es carnal, de la carne, y no tiene cabida en la iglesia.

    b. La carnalidad se ve cuando los creyentes comienzan a andar y a actuar como los hombres del mundo. Los hombres del mundo viven en función del mundo, por eso quieren y luchan por todo cuanto pueden obtener con el menor esfuerzo…

- la mejor posición
- la mejor suma de dinero
- el más alto honor
- el reconocimiento igual
- la posición codiciada

    c. La carnalidad se ve cuando los creyentes comienzan a seguir a los hombres y a formar camarillas (vea el índice y las notas — 1 Co. 1:10-16 para un análisis).

"sabiendo esto, que nuestro viejo hombre fue crucificado juntamente con él, para que el cuerpo del pecado sea destruido, a fin de que no sirvamos más al pecado" (Ro. 6:6).

"Por cuanto los designios de la carne son enemistad contra Dios; porque no se sujetan a la ley de Dios, ni tampoco pueden" (Ro. 8:7).

"Esto, pues, digo y requiero en el Señor: que ya no andéis como los otros gentiles, que andan en la vanidad de su mente" (Ef. 4:17).

"En cuanto a la pasada manera de vivir, despojaos del viejo hombre, que está viciado conforme a los deseos engañosos, y renovaos en el espíritu de vuestra mente, y vestíos del nuevo hombre, creado según Dios en la justicia y santidad de la verdad" (Ef. 4:22-24).

"Nadie os prive de vuestro premio, afectando humildad y culto a los ángeles, entremetiéndose en lo que no ha visto, vanamente hinchado por su propia mente carnal" (Col. 2:18).

"No mintáis los unos a los otros, habiéndoos despojado del viejo hombre con sus hechos, y revestido del nuevo, el cual conforme a la imagen del que lo creó se va renovando hasta el conocimiento pleno" (Col. 3:9, 10).

"Todas las cosas son puras para los puros, mas para los corrompidos e incrédulos nada les es puro; pues hasta su mente y su conciencia están corrompidas" (Tit. 1:15).

"Puesto que Cristo ha padecido por nosotros en la carne, vosotros también armaos del mismo pensamiento; pues quien ha padecido en la carne, terminó con el pecado, para no vivir el tiempo que resta en la carne, conforme a las concupiscencias de los hombres, sino conforme a la voluntad de Dios. Baste ya el tiempo pasado para haber hecho lo que agrada a los gentiles, andando en lascivias, concupiscencias, embriagueces, orgías, disipación y abominables idolatrías. A éstos les parece cosa extraña que vosotros no corráis con ellos en el mismo desenfreno de disolución, y os ultrajan" (1 P. 4:1-4).

ESTUDIO A FONDO 1

(3:1-4) *Carnal — Carne — Hombre natural:* William Barclay señala que en este pasaje se usan dos palabras diferentes para describir al hombre carnal (vv. 1, 3. *Las epístolas a los corintios.* "The Daily Study Bible" ["La Biblia de estudio diario"]. Filadelfia, PA: The Westminster Press, 1954, p. 33). A los corintios se les denomina "carnales" (sarkinoi, v. 1) lo que quiere decir carne. La terminación "inoi" quiere decir "estar hecho de". Pablo está diciendo que los corintios eran seres humanos, hechos de carne. Su problema consistía en que vivían como si no fueran más que carne. Aún vivían al nivel humano de la vida. Nunca habían sobrepasado los asuntos y las cosas materiales de esta vida. Actuaban como si este mundo fuera todo cuanto hubiera.

La palabra "carnal" (sarkikoi, v. 3) también se usa. La terminación "ikoi" quiere decir estar "caracterizado por". Pablo está diciendo que los corintios no solo estaban "hechos de carne" sino que estaban caracterizados y "dominados por la carne". Estaban permitiendo que la carne y todas sus pasiones cautivaran y controlaran su conducta. Estaban viviendo al nivel de la carne, dominados por la misma.

La palabra "carne" se usa para describir dos hombres diferentes.

1. Existe el hombre natural o adámico. (Vea la nota — 1 Co. 2:14.)

2. Existe el hombre carnal o hecho de carne. El hombre carnal obedece la parte más baja de su naturaleza. Él obedece sus deseos descontrolados que son propensos a pecar y a centrar su atención en sí mismo. Lleva una vida que se opone a Dios (Ro. 4:14, 18). Una vida carnal se refiere a mucho más que a pecados sexuales o corporales. Gálatas 5:19-21 lo demuestra. Los pecados sexuales o corporales están comprendidos, pero también están los pecados del Espíritu como por ejemplo la avaricia, el egoísmo,

el odio, el orgullo, y la idolatría. También está comprendida esa parte del hombre que sujeta a la persona a un espíritu legal y esclavista, un espíritu que lo sujeta a rituales, ceremonias, reglas, y reglamentaciones (Gá. 3:3; 4:9). De un modo sencillo, el hombre que es carnal es un hombre que vive según la carne. Es un hombre que permite que su naturaleza más baja, la peor parte de su ser, ejerza influencia y domine su vida.

La Biblia dice varias cosas acerca de la carne:

1. La carne nada tiene de bueno; se opone a hacer el bien.

> "Y yo sé que en mí, esto es, en mi carne, no mora el bien; porque el querer el bien está en mí, pero no el hacerlo" (Ro. 7:18).

2. El hombre que está *en la carne* se encuentra bajo la influencia de la carne y no puede agradar a Dios.

> "y los que viven según la carne no pueden agradar a Dios" (Ro. 8:8).

3. El hombre que tiene el Espíritu de Cristo se libra de estar *bajo* la influencia de la carne. Se dice que un hombre así es un hombre transformado, un hombre nuevo, incluso una nueva creación.

> "Mas vosotros no vivís según la carne, sino según el Espíritu, si es que el Espíritu de Dios mora en vosotros. Y si alguno no tiene el Espíritu de Cristo, no es de él" (Ro. 8:9).
>
> "No os conforméis a este siglo, sino transformaos por medio de la renovación de vuestro entendimiento, para que comprobéis cuál sea la buena voluntad de Dios, agradable y perfecta" (Ro. 12:2).
>
> "De modo que si alguno está en Cristo, nueva criatura es; las cosas viejas pasaron; he aquí todas son hechas nuevas" (2 Co. 5:17).
>
> "En cuanto a la pasada manera de vivir, despojaos del viejo hombre, que está viciado conforme a los deseos engañosos, y renovaos en el espíritu de vuestra mente, y vestíos del nuevo hombre, creado según Dios en la justicia y santidad de la verdad" (Ef. 4:22-24).

4. Sin embargo, el hombre transformado puede andar según la carne, al menos temporalmente. Se dice que un hombre así es un creyente carnal.

> "Porque la ley del Espíritu de vida en Cristo Jesús me ha librado de la ley del pecado y de la muerte... para que la justicia de la ley se cumpliese en nosotros, que no andamos conforme a la carne, sino conforme al Espíritu. Porque los que son de la carne piensan en las cosas de la carne; pero los que son del Espíritu, en las cosas del Espíritu. Porque el ocuparse de la carne es muerte, pero el ocuparse del Espíritu es vida y paz. Por cuanto los designios de la carne son enemistad contra Dios; porque no se sujetan a la ley de Dios, ni tampoco pueden" (Ro. 8:2, 4-7).
>
> "porque aún sois carnales; pues habiendo entre vosotros celos, contiendas y disensiones, ¿no sois carnales, y andáis como hombres? Porque diciendo el uno: Yo ciertamente soy de Pablo; y el otro: Yo soy de Apolos, ¿no sois carnales?" (1 Co. 3:3, 4).
>
> "Por lo cual hay muchos enfermos y debilitados entre vosotros, y muchos duermen. Si, pues, nos examinásemos a nosotros mismos, no seríamos juzgados; mas siendo juzgados, somos castigados por el Señor, para que no seamos condenados con el mundo" (1 Co. 11:30-32).

5. El hombre regenerado se siente instado fuertemente a andar "en el Espíritu". Se dice que un hombre así es un creyente espiritual. (Vea la nota, *Hombre espiritual* — 1 Co. 2:15-16.)

> "Digo, pues: Andad en el Espíritu, y no satisfagáis los deseos de la carne. Porque el deseo de la carne es contra el Espíritu, y el del Espíritu es contra la carne; y éstos se oponen entre sí, para que no hagáis lo que quisiereis. Pero si sois guiados por el Espíritu, no estáis bajo la ley. Y manifiestas son las obras de la carne, que son: adulterio, fornicación, inmundicia, lascivia, idolatría, hechicerías, enemistades, pleitos, celos, iras, contiendas, disensiones, herejías, envidias, homicidios, borracheras, orgías, y cosas semejantes a estas; acerca de las cuales os amonesto, como ya os lo he dicho antes, que los que practican tales cosas no heredarán el reino de Dios. Mas el fruto del Espíritu es amor, gozo, paz, paciencia, benignidad, bondad, fe, mansedumbre, templanza; contra tales cosas no hay ley. Pero los que son de Cristo han crucificado la carne con sus pasiones y deseos. Si vivimos por el Espíritu, andemos también por el Espíritu. No nos hagamos vanagloriosos, irritándonos unos a otros, envidiándonos unos a otros" (Gá. 5:16-26).

	G. Sexta solución: Tener en cuenta quiénes son en realidad los ministros, 3:5-9	7 Así que ni el que planta es algo, ni el que riega, sino Dios, que da el crecimiento.	b. Solo Dios da el crecimiento y es digno de obediencia
1 Los ministros son servidores a. Son instrumentos de Dios b. Solo pueden ayudar según Dios les concede	5 ¿Qué, pues, es Pablo, y qué es Apolos? Servidores por medio de los cuales habéis creído; y eso según lo que a cada uno concedió el Señor.	8 Y el que planta y el que riega son una misma cosa; aunque cada uno recibirá su recompensa conforme a su labor.	**3 Los ministros son una misma cosa, iguales a los ojos de Dios** a. Tanto el que planta como el que riega b. Cada uno es personalmente responsable
2 Los ministros no son nada comparados con Dios a. El que planta, el que riega	6 Yo planté, Apolos regó; pero el crecimiento lo ha dado Dios.	9 Porque nosotros somos colaboradores de Dios, y vosotros sois labranza de Dios, edificio de Dios.	**4 Los ministros son colaboradores de Dios** a. Para obrar por Dios b. Para cultivar el campo

DIVISIÓN II

LA DIVISIÓN EN LA IGLESIA, 1:10—4:21

G. Sexta solución: Tener en cuenta quiénes son en realidad los ministros, 3:5-9

(3:5-9) *Introducción:* La iglesia de Corinto estaba dividida severamente. La división se centraba fundamentalmente en los predicadores que la iglesia había tenido: Pedro, Pablo, y Apolos. Los propios ministros no estaban involucrados; eran los creyentes carnales de la iglesia los que provocaban el problema. A algunos les agradaba más Pedro y su predicación y creían que él estaba haciendo más por el Señor; otros sentían lo mismo por Pablo y Apolos.

El problema de cuál predicador era mejor y es mejor para una iglesia siempre constituye un problema crítico. La razón se entiende claramente: Cada creyente tiene su *ministro favorito,* el ministro que lo guió donde el Señor o a un compromiso más profundo, que lo ministró a él y a su familia o que cuando predicó le llegó verdaderamente a su corazón. Un ministro que se compenetra más con la vida de una persona está destinado a significar mucho para esa persona. Es necesario que se entienda esto. Sin embargo, es necesario también que se entienda algo más. Los creyentes no deben:

* Enfrentar a un ministro contra otro.
* Exaltar a un ministro más que a otro.
* Centrarse en los dones de un ministro e ignorar los dones de otros.
* Hablar más sobre un ministro y hacer más énfasis en él que en otro.
* Favorecer más a un ministro que a otro.
* Formar una camarilla alrededor de un ministro.

Esto le había sucedido a la iglesia de Corinto. Al parecer trataban de determinar qué clase de ministro era mejor para ellos y para su iglesia. Las discusiones habían llegado ya a los hogares y a las reuniones sociales, y las opiniones se habían fortalecido tanto que se estaban formando camarillas y estaban discutiendo entre sí.

Este pasaje proporciona la sexta solución a la división en una iglesia: Tener en cuenta quiénes son realmente los ministros. Este mensaje es contundente, un mensaje que debe entenderlo tanto la iglesia como sus creyentes.

1. Los ministros son servidores (v. 5).
2. Los ministros no son nada comparados con Dios (vv. 6-7).
3. Los ministros son una misma cosa, iguales a los ojos de Dios (v. 8).
4. Los ministros son colaboradores de Dios (v. 9).

1 (3:5) *Ministros:* Los ministros de Dios son servidores. La palabra "ministros" (diakonoi) significa servidor, asistente, o mesero. Se hace énfasis en la condición humilde del servicio. Los ministros no son *señores* de la iglesia y congregación de Dios; son servidores humildes. Son los servidores de Dios y los servidores del pueblo de Dios. Se hace énfasis en dos puntos de la servidumbre:

1. Los ministros son solo instrumentos de Dios. Son solo servidores "por medio de los cuales [o a través de quienes] habéis creído". A modo de repetición, los ministros no son los señores de la vida de las personas. No son a quienes los creyentes deben alabar ni en quienes los creyentes deben estar centrados. Dios debe ser el centro de atención, palabra, y lealtad. Ningún ministro creó el mensaje del evangelio, Dios sí. Ningún ministro salva al creyente, Dios sí. Ningún ministro lleva a una persona a creer, Dios sí. El ministro de Dios es solo el instrumento y servidor del Señor, no el Señor.

> "Pues si yo, el Señor y el Maestro, he lavado vuestros pies, vosotros también debéis lavaros los pies los unos a los otros" (Jn. 13:14).
> "Volvió a decirle la segunda vez: Simón, hijo de Jonás, ¿me amas? Pedro le respondió: Sí, Señor; tú sabes que te amo. Le dijo: Pastorea mis ovejas" (Jn. 21:16).
> "Porque testigo me es Dios, a quien sirvo en mi espíritu en el evangelio de su Hijo, de que sin cesar hago mención de vosotros siempre en mis oraciones" (Ro. 1:9).

"**Doy gracias al que me fortaleció, a Cristo Jesús nuestro Señor, porque me tuvo por fiel, poniéndome en el ministerio**" (1 Ti. 1:12).

"**del cual yo fui constituido predicador, apóstol y maestro de los gentiles**" (2 Ti. 1:11).

2. Los ministros pueden ayudar a las personas *solo* según Dios les concede. Los dones del ministerio no son dotes y capacidades naturales. Los dones de proclamar el evangelio y de ministrar a las personas no son del predicador. Son dones espirituales *dados solo por Dios*, y el ministro *solo puede servir eficazmente* cuando Dios le da los dones de su Espíritu. Por consiguiente, el hombre, el ministro mismo como persona, no tiene nada de lo que las personas se puedan gloriar. Los dones son de Dios y solo de Dios; por consiguiente, las personas deben centrar sus pensamientos y alabanza en Dios solamente. (Vea las notas, *Dones espirituales* — Ro. 12:6-8; 1 Co. 12:8-11; Ef. 4:11 para un análisis de los dones espirituales.)

"**A uno dio cinco talentos, y a otro dos, y a otro uno, a cada uno conforme a su capacidad; y luego se fue lejos**" (Mt. 25:15).

"**De manera que, teniendo diferentes dones, según la gracia que nos es dada, si el de profecía, úsese conforme a la medida de la fe**" (Ro. 12:6).

"**Porque ¿quién te distingue? ¿o qué tienes que no hayas recibido? Y si lo recibiste, ¿por qué te glorías como si no lo hubieras recibido?**" (1 Co. 4:7).

"**Ahora bien, hay diversidad de dones, pero el Espíritu es el mismo**" (1 Co. 12:4).

"**Y él mismo constituyó a unos, apóstoles; a otros, profetas; a otros, evangelistas; a otros, pastores y maestros**" (Ef. 4:11).

2 (3:6-7) *Ministros:* Los ministros de Dios no son nada comparados con Dios (v. 7). ¿Qué quiere decir un planteamiento tan fuerte? Sencillamente esto: "Ningún ministro tiene motivo alguno para sentirse digno de gloria, alabanza, honra o reconocimiento". No hay cabida, ni hay razón para que un ministro sienta orgullo. No hay razón para que una persona o un pueblo idolatre y siga a un ministro. No hay razón para que un pueblo convierta a un ministro en la causa de favoritismo o de lucha y división. Respeten al ministro, sí. Ámenlo, sí. Ténganlo en muy alta estima, sí; porque el ministro tiene una misión imposible, la misión más difícil que hay sobre la tierra. Consideren cualquier profesión. Si un hombre tuviera que *pronunciar un discurso en una conferencia* ante cien o doscientos de sus colegas profesionales, ¿cuánto tiempo sacaría él de su agenda semanal para preparar su intervención? ¿Y si tuviera que dirigirse al mismo grupo de personas dos veces, tres veces, *todas en las misma semana*? ¡Imagínese nada más! ¿Con cuánto tiempo contaría él de sus deberes diarios para prepararse? Y no solo eso. ¿Y si el profesional tuviera que cuidar, preocuparse, y ministrar a cada uno de sus colegas de la conferencia, ministrarlos personalmente cada vez que:

• Uno de ellos se enfermara y estuviera hospitalizado.
• Uno de los miembros de su familia estuviera hospitalizado.

• Surgiera un problema grave.
• Se necesitara consejo.
• Se efectuara una reunión.

Y encima de todo eso, el profesional tuviera que dirigir la conferencia, sus reuniones, sus agendas, sus finanzas, sus programas de edificación, cualquier cosa que surgiera. Y aún más. Tuviera que estar constantemente visitando y alistando a nuevas personas para que asistan y se sumen a la conferencia.

Nuevamente, respeten al ministro de Dios. Ámenlo y cuídenlo, porque su vocación y misión son imposibles. Pero no deben idolatrarlo y seguirlo como si él fuera el fundador de su fe. Una ilustración de la agricultura demuestra exactamente cuál debe ser nuestra actitud hacia los ministros. Un ministro de Dios plantó la semilla de la Palabra de Dios en nuestra vida. Otro ministro viene y riega la semilla. Todos los ministros que se cruzan en nuestro camino contribuyen a nuestra vida. Aportan tanto con la semilla del evangelio como con el agua de la Palabra. Pero observe lo siguiente: Es Dios el que da el crecimiento. Ningún ministro puede hacer que la semilla crezca. Cuando se habla del crecimiento, hay solo una cosa que hace crecer cualquier cosa...

=> energía
=> fuerza
=> poder

El crecimiento no lo da la mano del hombre. El crecimiento espiritual lo activa la energía, fuerza, y poder de Dios solamente.

=> El ministro que planta no es nada (v. 7).
=> El ministro que riega no es nada (v. 7).
=> Dios que da el crecimiento lo es todo (v. 7).

Por consiguiente, glorifiquen y hablen de Dios. Alaben a Dios y exalten su nombre, no el nombre de un ministro. Cualquier don que el ministro tenga es de Dios; y cualquier siembra y riega que el ministro haga es por la fuerza y llamado de Dios; y cualquier crecimiento que se experimente se debe a Dios. Solo Dios se merece que lo sigan; por consiguiente, sigan a Dios, no a un ministro. Respétenlo y cuídenlo y ténganlo en muy alta estima, porque él obra abundantemente por su bien. Pero honre y alaben y sigan a Dios.

"**Pero el Dios de la paciencia y de la consolación os dé entre vosotros un mismo sentir según Cristo Jesús, para que unánimes, a una voz, glorifiquéis al Dios y Padre de nuestro Señor Jesucristo**" (Ro. 15:5, 6).

"**Porque habéis sido comprados por precio; glorificad, pues, a Dios en vuestro cuerpo y en vuestro espíritu, los cuales son de Dios**" (1 Co. 6:20).

"**Por lo cual asimismo oramos siempre por vosotros, para que nuestro Dios os tenga por dignos de su llamamiento, y cumpla todo propósito de bondad y toda obra de fe con su poder, para que el nombre de nuestro Señor Jesucristo sea glorificado en vosotros, y vosotros en él, por la gracia de nuestro Dios y del Señor Jesucristo**" (2 Ts. 1:11, 12).

"**Dad a Jehová la gloria debida a su nombre; adorad a Jehová en la hermosura de la santidad**" (Sal. 29:2).

"**Engrandeced a Jehová conmigo, y exaltemos a una su nombre**" (Sal. 34:3).

"Exaltado seas sobre los cielos, oh Dios; sobre toda la tierra sea tu gloria" (Sal. 57:5).

"Exáltenlo en la congregación del pueblo, y en la reunión de ancianos lo alaben" (Sal. 107:32).

"En la hermosura de la gloria de tu magnificencia, y en tus hechos maravillosos meditaré" (Sal. 145:5).

"Jehová, tú eres mi Dios; te exaltaré, alabaré tu nombre, porque has hecho maravillas; tus consejos antiguos son verdad y firmeza" (Is. 25:1).

3 (3:8) *Ministros:* Los ministros son una misma cosa; son iguales a los ojos de Dios. Y se les debe ver como *una misma cosa* e *igual* ante los ojos de la iglesia y sus creyentes. Observe dos elementos significativos:

1. Tanto el que siembra como el que edifica, tanto el que planta como el que riega, *se dice enfáticamente que son una misma cosa.* Todos los ministros son llamados:

• Por el mismo Señor.
• Al mismo cargo: "El cargo de ministro".
• A la misma obra: "Servir a la iglesia de Dios".
• A ser responsables ante Dios y solo ante Dios.

Hay una unidad espiritual entre los ministros. La obra del que planta no se puede hacer sin la obra del que riega. Ambas son absolutamente esenciales. No son rivales, obrando uno contra otro. Son plantadores y regadores, que plantan y riegan vidas para Dios. Dios los llamó y los usa como Él quiere y Él los pone donde quiere. Si la iglesia y sus creyentes exaltan o enfrentan a un ministro contra otro, están yendo en contra del propósito que Dios tiene con su evangelio y la iglesia.

"así nosotros, siendo muchos, somos un cuerpo en Cristo, y todos miembros los unos de los otros" (Ro. 12:5).

"Yo pues, preso en el Señor, os ruego que andéis como es digno de la vocación con que fuisteis llamados, con toda humildad y mansedumbre, soportándoos con paciencia los unos a los otros en amor, solícitos en guardar la unidad del Espíritu en el vínculo de la paz; un cuerpo, y un Espíritu, como fuisteis también llamados en una misma esperanza de vuestra vocación; un Señor, una fe, un bautismo, un Dios y Padre de todos, el cual es sobre todos, y por todos, y en todos" (Ef. 4:1-6).

"Y él mismo constituyó a unos, apóstoles; a otros, profetas; a otros, evangelistas; a otros, pastores y maestros, a fin de perfeccionar a los santos para la obra del ministerio, para la edificación del cuerpo de Cristo, hasta que todos lleguemos a *la unidad de la fe* y del conocimiento del Hijo de Dios, a un varón perfecto, a la medida de la estatura de la plenitud de Cristo" (Ef. 4:11-13).

2. Cada ministro de Dios es personalmente responsable ante Dios. Cada hombre debe ser recompensado por lo que hace, no por lo que hace otro ministro. Un hombre usa sus propios dones; no trata de usar los dones de otra persona ni de ser como otro. Dios le dio dones específicos para propósitos especiales, así que de un modo diligente obra para usar sus dones como *Dios desea.* De hecho, el ministro debe ser recompensado por lo bien que use sus dones. Por consiguiente, tratar de ser como otro ministro no es su misión. Su misión debe ser aquello para lo que Dios lo llamó y debe hacer según Dios le haya concedido.

Nota: El ministro será juzgado por su obra, no por lo que los hombres denominan *éxito.*

"Llegando también el que había recibido dos talentos, dijo: Señor, dos talentos me entregaste; aquí tienes, he ganado otros dos talentos sobre ellos. Su señor le dijo: Bien, buen siervo y fiel; sobre poco has sido fiel, sobre mucho te pondré; entra en el gozo de tu señor" (Mt. 25:22, 23).

"Si alguno habla, hable conforme a las palabras de Dios; si alguno ministra, ministre conforme al poder que Dios da, para que en todo sea Dios glorificado por Jesucristo, a quien pertenecen la gloria y el imperio por los siglos de los siglos. Amén" (1 P. 4:11).

4 (3:9) *Ministros — Iglesia — Fundamento espiritual:* Los ministros son colaboradores de Dios. En este versículo se declaran tres elementos sorprendentes:

1. Dios es la fuente de todo en la iglesia. Esto se ve en el texto griego. El nombre de Dios está primero en este versículo tres veces diferentes:

=> "De Dios sois colaboradores".
=> "De Dios sois labranza".
=> "De Dios sois edificio".

Todo es de Dios; Dios lo es todo. Él es la Fuente de todo lo que concierne a la iglesia: La fuente tanto de sus ministros como de su pueblo. Ni a los ministros ni al pueblo se les debe exaltar ni alabar más que a otro ministro u otro pueblo. Solo Dios merece nuestra atención y nuestro pensamiento, nuestra gloria y honra, nuestra adoración y alabanza, nuestro servicio y ministerio.

2. Los ministros son colaboradores, y obran junto con Dios. Obran con Dios, realizando su voluntad y haciendo lo que Él quiere. Su preocupación no es lo que los hombres piensan y quieren. Su misión es servir conjuntamente con el propio Dios.

"Entonces dijo a sus discípulos: A la verdad la mies es mucha, mas los obreros pocos. Rogad, pues, al Señor de la mies, que envíe obreros a su mies" (Mt. 9:37, 38).

"¿No decís vosotros: Aún faltan cuatro meses para que llegue la siega? He aquí os digo: Alzad vuestros ojos y mirad los campos, porque ya están blancos para la siega. Y el que siega recibe salario, y recoge fruto para vida eterna, para que el que siembra goce juntamente con el que siega" (Jn. 4:35, 36).

"Y ellos, saliendo, predicaron en todas partes, ayudándoles el Señor y confirmando la palabra con las señales que la seguían. Amén" (Mr. 16:20).

"Pero de ninguna cosa hago caso, ni estimo preciosa mi vida para mí mismo, con tal que acabe mi carrera con gozo, y el ministerio que recibí del Señor Jesús, para dar testimonio del evangelio de la gracia de Dios" (Hch. 20:24).

"Porque nosotros somos colaboradores de Dios, y vosotros sois labranza de Dios, edificio de Dios" (1 Co. 3:9).

"Así, pues, nosotros, como colaboradores suyos, os exhortamos también a que no recibáis en vano la gracia de Dios" (2 Co. 6:1).

"Tan grande es nuestro afecto por vosotros, que hubiéramos querido entregaros no sólo el evangelio de

Dios, sino también nuestras propias vidas; porque habéis llegado a sernos muy queridos" (1 Ts. 2:8).

Pensamiento 1. Observe que un *colaborador* que no obra es una paradoja. Un agricultor que no trabaja no recibe la recompensa en la época de cosecha. No hay nada que recibir.

"Así que, hermanos míos amados, estad firmes y constantes, creciendo en la obra del Señor siempre, sabiendo que vuestro trabajo en el Señor no es en vano" (1 Co. 15:58).

"Pero tú sé sobrio en todo, soporta las aflicciones, haz obra de evangelista, cumple tu ministerio" (2 Ti. 4:5).

"Mas el que sin conocerla hizo cosas dignas de azotes, será azotado poco; porque a todo aquel a quien se haya dado mucho, mucho se le demandará; y al que mucho se le haya confiado, más se le pedirá" (Lc. 12:48).

3. La iglesia es la labranza y el edificio de Dios. La iglesia debe llevar fruto, y debe hacer nuevas adiciones a su estructura. El objetivo de que un campo exista no es que no se utilice. Existe para producir una cosecha. Sucede lo mismo con un edificio que se supone que se le hagan adiciones. Al edificio no se le harán adiciones, no el tipo de adiciones que se le debieran hacer, si se vuelve inseguro para el contratista (ministro) trabajar dentro de sus paredes.

La iglesia como campo debe dejar que los que plantan y los que riegan hagan su trabajo o de lo contrario:

- El campo de la iglesia es ineficaz para Dios.
- El edificio de la iglesia no tiene uso alguno para Dios.

Pensamiento 1. Tanto los ministros como los creyentes son obreros conjuntamente con Dios. Todos desempeñan un papel en la iglesia de Dios y la necesidad apremiante es que todos colaboren juntos en la edificación.

"Cualquiera, pues, que me oye estas palabras, y las hace, le compararé a un hombre prudente, que edificó su casa sobre la roca. Descendió lluvia, y vinieron ríos, y soplaron vientos, y golpearon contra aquella casa; y no cayó, porque estaba fundada sobre la roca" (Mt. 7:24, 25).

"Porque nadie puede poner otro fundamento que el que está puesto, el cual es Jesucristo" (1 Co. 3:11).

"Así que ya no sois extranjeros ni advenedizos, sino conciudadanos de los santos, y miembros de la familia de Dios, edificados sobre el fundamento de los apóstoles y profetas, siendo la principal piedra del ángulo Jesucristo mismo, en quien todo el edificio, bien coordinado, va creciendo para ser un templo santo en el Señor; en quien vosotros también sois juntamente edificados para morada de Dios en el Espíritu" (Ef. 2:19-22).

"atesorando para sí buen fundamento para lo por venir, que echen mano de la vida eterna" (1 Ti. 6:19).

"Pero el fundamento de Dios está firme, teniendo este sello: Conoce el Señor a los que son suyos; y: Apártese de iniquidad todo aquel que invoca el nombre de Cristo" (2 Ti. 2:19).

"Por lo cual también contiene la Escritura: He aquí, pongo en Sion la principal piedra del ángulo, escogida, preciosa; y el que creyere en él, no será avergonzado" (1 P. 2:6).

	H. Séptima solución: Ser arquitecto y colaborador dentro de la iglesia, 3:10-17	día la declarará, pues por el fuego será revelada; y la obra de cada uno cuál sea, el fuego la probará.	a. El día de inspección es seguro
1 Existe el perito arquitecto y los colaboradores	10 Conforme a la gracia de Dios que me ha sido dada, yo como perito arquitecto puse el fundamento, y otro edifica encima; pero cada uno mire cómo sobreedifica.	14 Si permaneciere la obra de alguno que sobreedificó, recibirá recompensa.	b. La obra de todo hombre será probada, con fuego
2 Existe la amonestación: Cada uno mire cómo sobreedifica	11 Porque nadie puede poner otro fundamento que el que está puesto, el cual es Jesucristo.	15 Si la obra de alguno se quemare, él sufrirá pérdida, si bien él mismo será salvo, aunque así como por fuego.	c. El creyente cuyas obras permanezcan será recompensado
3 Existe solo un fundamento: Jesucristo		16 ¿No sabéis que sois templo de Dios, y que el Espíritu de Dios mora en vosotros?	d. El creyente cuyas obras se quemen sufrirá pérdida
4 Existe la estructura: Hay dos materiales posibles, el que permanece y el que perece	12 Y si sobre este fundamento alguno edificare oro, plata, piedras preciosas, madera, heno, hojarasca,	17 Si alguno destruyere el templo de Dios, Dios le destruirá a él; porque el templo de Dios, el cual sois vosotros, santo es.	6 Existe el edificio identificado: El templo de Dios, es decir, la iglesia
5 Existe el día de inspección	13 la obra de cada uno se hará manifiesta; porque el		7 Existe la gravedad de la profanación: Destrucción

DIVISIÓN II

LA DIVISIÓN EN LA IGLESIA, 1:10—4:21

H. Séptima solución: Ser arquitecto y colaborador dentro de la iglesia, 3:10-17

(3:10-17) *Introducción — Iglesia*: Este pasaje ilustra la edificación de la iglesia. Se ve claramente ya que Pablo les acaba de declarar a los creyentes locales de Corinto, "vosotros sois edificio de Dios" (v. 9; cp. el v. 16).

La iglesia de Corinto se encontraba en apuros severos. Había algunas camarillas *alborotadoras* y *testarudas* en la iglesia que estaban a punto de destruir la iglesia. Por eso estaban poniendo en peligro su destino eterno, y necesitaban desesperadamente darse cuenta de ello. Una de las soluciones a una iglesia dividida es que cada creyente *sea arquitecto y colaborador dentro de la iglesia*.

1. Existe el perito arquitecto y los colaboradores (v. 10).
2. Existe la amonestación: Cada uno mire cómo sobreedifica (v. 10).
3. Existe solo un fundamento: Jesucristo (v. 11).
4. Existe la estructura: Hay dos materiales posibles, el que permanece y el que perece (v. 12).
5. Existe el día de inspección (vv. 13-15).
6. Existe el edificio identificado: El templo de Dios, es decir, la iglesia (v. 16).
7. Existe la gravedad de la profanación: Destrucción (v. 17).

1 (3:10) *Iglesia*: Existe el perito arquitecto y los colaboradores. La palabra "arquitecto" (archtekton) significa el superintendente o arquitecto del proyecto de construcción. Pablo dice que él fue el que planificó la iglesia de Corinto. Él fue el que puso el fundamento, el que comenzó y superentendió el fundamento de la iglesia. Sin embargo, observe tres cosas:

1. Pablo fue arquitecto por la gracia de Dios, no por ningún mérito o habilidad personal. La palabra "gracia" quiere decir mucho más que ser llamado a fundar una iglesia; quiere decir estar capacitado, facultado, y equipado para hacer el trabajo. Fue el poder de Dios, los dones de Dios, las habilidades de Dios las que se le dieron a Pablo para hacer el trabajo. Pablo fue solamente el instrumento por medio del cual Dios edificó la iglesia.

Note ahora un factor crucial: Pablo no hablaba de un edificio. Él hablaba de personas. La iglesia no era un edificio; la iglesia era un grupo de personas que verdaderamente creían en Jesucristo. Dios le dio a Pablo la gracia, la fuerza, el poder, y la capacidad, de llegar a las personas por Jesucristo y de *reunirlas* en un grupo para adorar a Dios y honrar a su Hijo, Jesucristo. Donde se reunieron no importaba. Se podían reunir en una casa, una choza, una cueva, un campo, un patio, un edificio público o una edificación eclesiástica. Lo que importaba era que eran uno en su:

- Confianza en el Señor.
- Creencia y adoración de Dios.
- Propósito y misión de llegar a su prójimo y al mundo con el mensaje del gran amor de Dios.

2. Pablo dijo que él era "*perito* arquitecto". La palabra "perito" quiere decir hábil. No se enfrentó a la tarea y al proyecto descuidadamente. Él lo consideró mucho y por largo tiempo; él se mantuvo centrado en la tarea. No permitió que los placeres del mundo lo distrajeran; tampoco permitió que interfirieran los deseos de su propia carne, los que en ocasiones añoraban menos trabajo tan exigente. Pablo sabía que Dios lo había llamado a hacerlo, a planificar y a establecer iglesias por todo el mundo, así que lo hizo como un "*perito*" arquitecto y superintendente de obra.

3. Otros edificaron sobre la obra de Pablo en Corinto. Cuando Pablo abandonó Corinto, Dios levantó a otros para

que colaboraran y continuaran edificando la iglesia. Entre ellos estarían…

- los ministros
- los líderes
- los maestros
- los miembros que sirvieron y perpetuaron el ministerio de la iglesia a fin de edificarla. Esto debiera comprender a todos los miembros de una iglesia, porque todos los miembros ciertamente deben edificar la iglesia por medio de su testimonio y servicio por el Señor. Todos los miembros de la iglesia están edificando o destruyendo el testimonio y fuerza de una iglesia.

Pensamiento 1. Piensen en algo asombroso. Toda iglesia ha tenido a una persona que fue el jefe de obra, el arquitecto, el fundador de la iglesia. Alguien se entregó a Dios y dio el paso al frente por Dios. Alguien se entregó a Dios para volverse jefe de obra, arquitecto, precursor, edificador de iglesias para Dios.

La pregunta más importante de todas es la siguiente: ¿Dónde están los hombres y mujeres de hoy que entregarán su vida a Dios y serán los arquitectos que darán el paso al frente y edificarán iglesias para Dios? Las personas necesitan desesperadamente que se les predique y se les reúna por el amor y la misión de Cristo.

> "El les dijo: Y vosotros, ¿quién decís que soy yo? Respondiendo Simón Pedro, dijo: Tú eres el Cristo, el Hijo del Dios viviente. Entonces le respondió Jesús: Bienaventurado eres, Simón, hijo de Jonás, porque no te lo reveló carne ni sangre, sino mi Padre que está en los cielos. Y yo también te digo, que tú eres Pedro, y sobre esta roca edificaré mi iglesia; y las puertas del Hades no prevalecerán contra ella" (Mt. 16:15-18).

Pensamiento 2. Otra pregunta importante es la siguiente: ¿Cuántos miembros de la iglesia están edificando la iglesia? ¿Cuántos están edificando sabia y hábilmente sobre el fundamento que ya se ha puesto?

> "vosotros también, como piedras vivas, sed edificados como casa espiritual y sacerdocio santo, para ofrecer sacrificios espirituales aceptables a Dios por medio de Jesucristo" (1 P. 2:5).

2 (3:10) *Iglesia:* Existe la amonestación clara, cada uno mire cómo sobreedifica encima del fundamento de la iglesia. El fundamento se ha puesto, y es fuerte. Nunca se moverá. Ahora se debe edificar sobre él, pero todos en la iglesia, ministro y laico, deben preocuparse por cómo sobreedifican encima de él.

> "Guardaos de hacer vuestra justicia delante de los hombres, para ser vistos de ellos; de otra manera no tendréis recompensa de vuestro Padre que está en los cielos" (Mt. 6:1).
> "Mirad que no menospreciéis a uno de estos pequeños; porque os digo que sus ángeles en los cielos ven siempre el rostro de mi Padre que está en los cielos" (Mt. 18:10).
> "Respondiendo Jesús, les dijo: Mirad que nadie os engañe" (Mt. 24:4).

> "Les dijo también: Mirad lo que oís; porque con la medida con que medís, os será medido, y aun se os añadirá a vosotros los que oís" (Mr. 4:24).
> "Pero mirad por vosotros mismos; porque os entregarán a los concilios, y en las sinagogas os azotarán; y delante de gobernadores y de reyes os llevarán por causa de mí, para testimonio a ellos" (Mr.13:9).
> "Y se sentó en el monte de los Olivos, frente al templo. Y Pedro, Jacobo, Juan y Andrés le preguntaron aparte" (Mr. 13:3).
> "Mirad, pues, cómo oís; porque a todo el que tiene, se le dará; y a todo el que no tiene, aun lo que piensa tener se le quitará" (Lc. 8:18).
> "Mira pues, no suceda que la luz que en ti hay, sea tinieblas" (Lc. 11:35).
> "Y les dijo: Mirad, y guardaos de toda avaricia; porque la vida del hombre no consiste en la abundancia de los bienes que posee" (Lc. 12:15).
> "Él entonces dijo: Mirad que no seáis engañados; porque vendrán muchos en mi nombre, diciendo: Yo soy el Cristo, y: El tiempo está cerca. Mas no vayáis en pos de ellos" (Lc. 21:8).
> "Conforme a la gracia de Dios que me ha sido dada, yo como perito arquitecto puse el fundamento, y otro edifica encima; pero cada uno mire cómo sobreedifica" (1 Co. 3:10).
> "Así que, el que piensa estar firme, mire que no caiga" (1 Co. 10:12).
> "Decid a Arquipo: Mira que cumplas el ministerio que recibiste en el Señor" (Col. 4:17).
> "Ten cuidado de ti mismo y de la doctrina; persiste en ello, pues haciendo esto, te salvarás a ti mismo y a los que te oyeren" (1 Ti. 4:16).
> "Tenemos también la palabra profética más segura, a la cual hacéis bien en estar atentos como a una antorcha que alumbra en lugar oscuro, hasta que el día esclarezca y el lucero de la mañana salga en vuestros corazones" (2 P. 1:19).

3 (3:11) *Jesucristo, fundamento — Jesucristo, deidad; vocero; mediador — Iglesia, fundamento:* Existe solo un fundamento, el propio Jesucristo. Todos los otros fundamentos son *arena movediza*. No pueden hacerle frente a las tormentas de la vida. Ningún hombre, no importa quién sea, puede poner cualquier otro fundamento que perdure. Todos los otros fundamentos se desmoronarán se destruirán para siempre. ¿Qué significa decir que Cristo es el único fundamento?

1. Quiere decir que el propio Cristo, es el único fundamento sobre el que los hombres pueden edificar la vida de cada uno de ellos.

> "Cualquiera, pues, que me oye estas palabras, y las hace, le compararé a un hombre prudente, que edificó su casa sobre la roca. Descendió lluvia, y vinieron ríos, y soplaron vientos, y golpearon contra aquella casa; y no cayó, porque estaba fundada sobre la roca. Pero cualquiera que me oye estas palabras y no las hace, le compararé a un hombre insensato, que edificó su casa sobre la arena; y descendió lluvia, y vinieron ríos, y soplaron vientos, y dieron con ímpetu contra aquella casa; y cayó, y fue grande su ruina" (Mt. 7:24-27).
> "Y como Moisés levantó la serpiente en el

desierto, así es necesario que el Hijo del Hombre sea levantado, para que todo aquel *que en él cree,* no se pierda, mas tenga vida eterna" (Jn. 3:14, 15).

"Porque de tal manera amó Dios al mundo, que ha dado a su Hijo *unigénito,* para que todo aquel que en él cree, no se pierda, mas tenga vida eterna" (Jn. 3:16).

"Otra vez Jesús les habló, diciendo: *Yo soy la luz del mundo;* el que me sigue, no andará en tinieblas, sino que tendrá la luz de la vida" (Jn. 8:12).

"Por eso os dije que moriréis en vuestros pecados; porque si no creéis que yo soy, en vuestros pecados moriréis" (Jn. 8:24).

"*Yo soy la puerta;* el que por mí entrare, será salvo; y entrará, y saldrá, y hallará pastos" (Jn. 10:9).

"Jesús le dijo: *Yo soy el camino, y la verdad, y la vida;* nadie viene al Padre, sino por mí" (Jn. 14:6).

"Y en ningún otro hay salvación; porque *no hay otro nombre* bajo el cielo, dado a los hombres, en que podamos ser salvos" (Hch. 4:12).

"Porque hay un solo Dios, y *un solo mediador* entre Dios y los hombres, Jesucristo hombre, el cual se dio a sí mismo en rescate por todos, de lo cual se dio testimonio a su debido tiempo" (1 Ti. 2:5, 6).

2.   Quiere decir que la enseñanza o doctrina de Cristo es el único fundamento sobre el que los hombres pueden edificar su vida.

"Cualquiera, pues, que me oye estas palabras, y las hace, le compararé a un hombre prudente, que edificó su casa sobre la roca" (Mt. 7:24).

"Porque el que Dios envió, las palabras de Dios habla; pues Dios no da el Espíritu por medida" (Jn. 3:34).

"El espíritu es el que da vida; la carne para nada aprovecha; las palabras que yo os he hablado son espíritu y son vida" (Jn. 6:63).

"Le respondió Simón Pedro: Señor, ¿a quién iremos? Tú tienes palabras de vida eterna" (Jn. 6:68).

"Jesús les respondió y dijo: Mi doctrina no es mía, sino de aquel que me envió. El que quiera hacer la voluntad de Dios, conocerá si la doctrina es de Dios, o si yo hablo por mi propia cuenta" (Jn. 7:16, 17).

"Muchas cosas tengo que decir y juzgar de vosotros; pero el que me envió es verdadero; y yo, lo que he oído de él, esto hablo al mundo" (Jn. 8:26).

"Les dijo, pues, Jesús: Cuando hayáis levantado al Hijo del Hombre, entonces conoceréis que yo soy, y que nada hago por mí mismo, sino que según me enseñó el Padre, así hablo" (Jn. 8:28).

"Yo hablo lo que he visto cerca del Padre; y vosotros hacéis lo que habéis oído cerca de vuestro padre" (Jn. 8:38).

"De cierto, de cierto os digo, que el que guarda mi palabra, nunca verá muerte" (Jn. 8:51).

"El que me rechaza, y no recibe mis palabras, tiene quien le juzgue; la palabra que he hablado, ella le juzgará en el día postrero. Porque yo no he hablado por mi propia cuenta; el Padre que me envió, él me dio mandamiento de lo que he de decir, y de lo que he de hablar. Y sé que su mandamiento es vida eterna. Así pues, lo que yo hablo, lo hablo como el Padre me lo ha dicho" (Jn. 12:48-50).

"El que no me ama, no guarda mis palabras; y la palabra que habéis oído no es mía, sino del Padre que me envió" (Jn. 14:24).

"porque las palabras que me diste, les he dado; y ellos las recibieron, y han conocido verdaderamente que salí de ti, y han creído que tú me enviaste" (Jn. 17:8).

"Entonces si alguno os dijere: Mirad, aquí está el Cristo; o, mirad, allí está, no le creáis" (Mr. 13:31).

3.   Quiere decir que Jesucristo es el único fundamento *sobre el que los hombres pueden edificar una iglesia verdadera.*

"por tanto, Jehová el Señor dice así: He aquí que yo he puesto en Sion por fundamento una piedra, piedra probada, angular, preciosa, de cimiento estable; el que creyere, no se apresure" (Is. 28:16).

"El les dijo: Y vosotros, ¿quién decís que soy yo? Respondiendo Simón Pedro, dijo: Tú eres el Cristo, el Hijo del Dios viviente. Entonces le respondió Jesús: Bienaventurado eres, Simón, hijo de Jonás, porque no te lo reveló carne ni sangre, sino mi Padre que está en los cielos. Y yo también te digo, que tú eres Pedro, y sobre esta roca edificaré mi iglesia; y las puertas del Hades no prevalecerán contra ella" (Mt. 16:15-18).

"Este Jesús es la piedra reprobada por vosotros los edificadores, la cual ha venido a ser cabeza del ángulo. Y en ningún otro hay salvación; porque no hay otro nombre bajo el cielo, dado a los hombres, en que podamos ser salvos" (Hch. 4:11, 12).

"edificados sobre el fundamento de los apóstoles y profetas, siendo la principal piedra del ángulo Jesucristo mismo, en quien todo el edificio, bien coordinado, va creciendo para ser un templo santo en el Señor" (Ef. 2:20, 21).

"Por lo cual también contiene la Escritura: He aquí, pongo en Sion la principal piedra del ángulo, escogida, preciosa; y el que creyere en él, no será avergonzado" (1 P. 2:6).

4 (3:12) *Iglesia — Maestros, falsos:* Existe la estructura. Se puede edificar de dos materiales posibles: "Ya sean los materiales que permanecen o los que perecen". Puede haber solo un fundamento, y lo pueden poner Cristo y sus apóstoles, pero hay muchos tipos diferentes de materiales dentro del mercado del mundo. Y el creyente debe escoger qué materiales usará para edificar su parte de la iglesia.

1.   Existen los materiales permanentes y valiosos, los materiales que no son corruptibles y que no se deterioran y se descomponen como las cosas de esta tierra. Los materiales permanentes duran para siempre; son incorruptibles e indestructibles y no desaparecen. Las Escrituras dicen que se pueden comparar con el oro, la plata, y las piedras preciosas. ¿Cuáles son los materiales permanentes? Las Escrituras los describen de muchas maneras. A continuación se dan varios ejemplos:

a.   Son el fruto del Espíritu, las cualidades espirituales que en su duración sobrepasan los límites de esta vida. Nuevamente, estas son las cosas que el creyente debe usar al edificar la iglesia.

"Mas el fruto del Espíritu es amor, gozo, paz, paciencia, benignidad, bondad, fe, mansedumbre, templanza; contra tales cosas no hay ley" (Gá. 5:22, 23).

b. Son *las cosas* que se le deben añadir a nuestra fe. Son las cosas perdurables que la iglesia necesita tan desesperadamente, y son las cosas que el creyente debe usar al edificar la iglesia.

"vosotros también, poniendo toda diligencia por esto mismo, añadid a vuestra fe virtud; a la virtud, conocimiento; al conocimiento, dominio propio; al dominio propio, paciencia; a la paciencia, piedad; a la piedad, afecto fraternal; y al afecto fraternal, amor. Porque si *estas cosas* están en vosotros, y abundan, no os dejarán estar ociosos ni sin fruto en cuanto al conocimiento de nuestro Señor Jesucristo. Pero el que no tiene *estas cosas* tiene la vista muy corta; es ciego, habiendo olvidado la purificación de sus antiguos pecados. Por lo cual, hermanos, tanto más procurad hacer firme vuestra vocación y elección; porque haciendo estas cosas, no caeréis jamás. Porque de esta manera os será otorgada amplia y generosa entrada en el reino eterno de nuestro Señor y Salvador Jesucristo" (2 P. 1:5-11).

c. Son el alma y la vida de cada uno de los hombres, mujeres, niños, y niñas que se convierten en piedras vivas en la iglesia.

"Acercándoos a él, *piedra viva*, desechada ciertamente por los hombres, mas para Dios escogida y preciosa, vosotros también, como *piedras vivas*, sed edificados como casa espiritual y sacerdocio santo, para ofrecer sacrificios espirituales aceptables a Dios por medio de Jesucristo" (1 P. 2:4, 5).

"Y les dijo: Id por todo el mundo y predicad el evangelio a toda criatura" (Mr. 16:15).

"Porque ¿qué aprovechará al hombre, si ganare todo el mundo, y perdiere su alma? ¿O qué recompensa dará el hombre por su alma?" (Mt. 16:26).

2. Existen los materiales combustibles y que perecen. Son los materiales y cosas de esta tierra que son corruptibles; que se oxidan, se descomponen, y se deterioran. Las Escrituras dicen que se pueden comparar con la madera, el heno, y la hojarasca. ¿Cuáles son los materiales que perecen? Otra vez, las Escrituras los describen de muchas maneras:

a. Son los tesoros, la riqueza, y los intereses de este mundo.

"Y a ti te daré las llaves del reino de los cielos; y todo lo que atares en la tierra será atado en los cielos; y todo lo que desatares en la tierra será desatado en los cielos. Entonces mandó a sus discípulos que a nadie dijesen que él era Jesús el Cristo. Desde entonces comenzó Jesús a declarar a sus discípulos que le era necesario ir a Jerusalén y padecer mucho de los ancianos, de los principales sacerdotes y de los escribas; y ser muerto, y resucitar al tercer día" (Mt. 6:19-21).

"pero los afanes de este siglo, y el engaño de las riquezas, y las codicias de otras cosas, entran y ahogan la palabra, y se hace infructuosa" (Mr. 4:19).

b. Son las obras de la carne.

"Y manifiestas son las obras de la carne, que son: adulterio, fornicación, inmundicia, lascivia, idolatría, hechicerías, enemistades, pleitos, celos, iras, contiendas, disensiones, herejías, envidias, homicidios, borracheras, orgías, y cosas semejantes a estas; acerca de las cuales os amonesto, como ya os lo he dicho antes, que los que practican tales cosas no heredarán el reino de Dios" (Gá. 5:19-21).

c. Son las falsas enseñanzas que peligrosamente siempre están flotando alrededor de los creyentes y de la iglesia.

"Guardaos de los falsos profetas, que vienen a vosotros con vestidos de ovejas, pero por dentro son lobos rapaces… Muchos me dirán en aquel día: Señor, Señor, ¿no profetizamos en tu nombre, y en tu nombre echamos fuera demonios, y en tu nombre hicimos muchos milagros? Y entonces les declararé: Nunca os conocí; apartaos de mí, hacedores de maldad" (Mt. 7:15, 22-23).

"Pues en vano me honran, enseñando como doctrinas, mandamientos de hombres… Pero respondiendo él, dijo: Toda planta que no plantó mi Padre celestial, será desarraigada" (Mt. 15:9, 13).

"mas ahora, conociendo a Dios, o más bien, siendo conocidos por Dios, ¿cómo es que os volvéis de nuevo a *los débiles y pobres rudimentos*, a los cuales os queréis volver a esclavizar?" (Gá. 4:9).

"Mirad que nadie os engañe por medio de filosofías y huecas sutilezas, según las tradiciones de los hombres, conforme a los rudimentos del mundo, y no según Cristo" (Col. 2:8).

"Si alguno enseña otra cosa, y no se conforma a las sanas palabras de nuestro Señor Jesucristo, y a la doctrina que es conforme a la piedad, está envanecido, nada sabe, y delira acerca de cuestiones y contiendas de palabras, de las cuales nacen envidias, pleitos, blasfemias, malas sospechas, disputas necias de hombres corruptos de entendimiento y privados de la verdad, que toman la piedad como fuente de ganancia; apártate de los tales" (1 Ti. 6:3-5).

"Recuérdales esto, exhortándoles delante del Señor a que no contiendan sobre palabras, lo cual para nada aprovecha, sino que es para perdición de los oyentes. Procura con diligencia presentarte a Dios aprobado, como obrero que no tiene de qué avergonzarse, que usa bien la palabra de verdad. Mas evita profanas y vanas palabrerías, porque conducirán más y más a la impiedad" (2 Ti. 2:14-16).

"Pero hubo también falsos profetas entre el pueblo, como habrá entre vosotros falsos maestros, que introducirán encubiertamente herejías destructoras, y aun negarán al Señor que los rescató, atrayendo sobre sí mismos destrucción repentina. Y muchos seguirán sus disoluciones, por causa de los cuales el camino de la verdad será blasfemado, y por avaricia harán mercadería de vosotros con palabras fingidas. Sobre los tales ya de largo tiempo la condenación no se tarda, y su perdición no se duerme" (2 P. 2:1-3).

"Amados, no creáis a todo espíritu, sino probad los espíritus si son de Dios; porque muchos falsos profetas han salido por el mundo. En esto conoced el Espíritu de Dios: Todo espíritu que confiesa que Jesucristo ha venido en carne, es de Dios; y todo espíritu que no confiesa que Jesucristo ha venido en carne, no es de Dios; y este es el espíritu del anticristo, el cual vosotros habéis oído que viene, y que ahora ya está en el mundo. Hijitos, vosotros sois de Dios, y los habéis vencido; porque mayor es el que está en vosotros, que el que está en el mundo. Ellos son del mundo; por eso hablan del mundo, y el mundo los oye" (1 Jn. 4:1-5).

5 (3:13-15) *Juicio — Recompensas:* Existe el día de inspección. El edificio de la iglesia será inspeccionado. Observe cuatro puntos:

1. Es seguro que el día de inspección vendrá. Se comenzó el edificio a fin de terminarlo. Cuando se termine, el inspector, el Señor Jesucristo, vendrá a aprobarlo o desaprobarlo.

> "de tal manera que nada os falta en ningún don, esperando la manifestación de nuestro Señor Jesucristo; el cual también os confirmará hasta el fin, para que seáis irreprensibles en *el día de nuestro Señor Jesucristo*" (1 Co.1:7, 8).

2. Toda obra del hombre, la obra de *todo creyente*, se hará manifiesta y se declarará. Ningún creyente estará exento de ello. Cada creyente se parará ante el Señor Jesucristo y su obra será juzgada y probada por el Señor. Cada una de las obras será probada, y se expondrá la verdad y la calidad de su obra. Esto, desde luego, es una referencia al tribunal de Cristo (vea la nota — 2 Co. 5:10 para un mayor análisis).

¿Cómo se probarán? Increíblemente, con fuego. En la Biblia se usa constantemente el fuego como un símbolo de juicio y de una prueba terrible. El edificio será incendiado, y solo los materiales permanentes del Espíritu resistirán el fuego. Todos los materiales de esta tierra se quemarán, se consumirán y desaparecerán para siempre.

> "Porque el Hijo del Hombre vendrá en la gloria de su Padre con sus ángeles, y entonces pagará a cada uno conforme a sus obras" (Mt. 16:27).
> "en el día en que Dios juzgará por Jesucristo los secretos de los hombres, conforme a mi evangelio" (Ro. 2:16).
> "Porque es necesario que todos nosotros comparezcamos ante el tribunal de Cristo, para que cada uno reciba según lo que haya hecho mientras estaba en el cuerpo, sea bueno o sea malo" (2 Co.5:10).
> "Mas vosotros, hermanos, no estáis en tinieblas, para que aquel día os sorprenda como ladrón" (1 Ts. 5:4).
> "Y si invocáis por Padre a aquel que sin acepción de personas juzga según la obra de cada uno, conducíos en temor todo el tiempo de vuestra peregrinación" (1 P. 1:17).
> "sabiendo primero esto, que en los postreros días vendrán burladores, andando según sus propias concupiscencias, y diciendo: ¿Dónde está la promesa de su advenimiento? Porque desde el día en que los padres durmieron, todas las cosas permanecen así como desde el principio de la creación.... por lo cual el mundo de entonces pereció anegado en agua; pero los cielos y la tierra que existen ahora, están reservados por la misma palabra, guardados para el fuego en el día del juicio y de la perdición de los hombres impíos. Mas, oh amados, no ignoréis esto: que para con el Señor un día es como mil años, y mil años como un día. El Señor no retarda su promesa, según algunos la tienen por tardanza, sino que es paciente para con nosotros, no queriendo que ninguno perezca, sino que todos procedan al arrepentimiento. Pero el día del Señor vendrá como ladrón en la noche; en el cual los cielos pasarán con grande estruendo, y los elementos ardiendo serán deshechos, y la tierra y las obras que en ella hay serán quemadas. Puesto que todas estas cosas han de ser deshechas, ¡cómo no debéis vosotros andar en santa y piadosa manera de vivir, esperando y apresurándoos para la venida del día de Dios, en el cual los cielos, encendiéndose, serán deshechos, y los elementos, siendo quemados, se fundirán! Pero nosotros esperamos, según sus promesas, cielos nuevos y tierra nueva, en los cuales mora la justicia. Por lo cual, oh amados, estando en espera de estas cosas, procurad con diligencia ser hallados por él sin mancha e irreprensibles, en paz. Y tened entendido que la paciencia de nuestro Señor es para salvación; como también nuestro amado hermano Pablo, según la sabiduría que le ha sido dada, os ha escrito" (2 P. 3:3-4, 6-15).

3. El creyente cuyas obras resistan el fuego será recompensado grandemente, tanto que la mente humana no es capaz de comprenderlo.

Recompensas que lidian con nuestra naturaleza y estado de existencia
=> Ser adoptados como hijos de Dios (Gá. 4:4-7; 1 Jn. 3:1).
=> Ser hechos irreprensibles y sencillos (Fil. 2:15).
=> Recibir la vida eterna (Jn. 3:16; 1 Ti. 6:19).
=> Recibir una herencia perdurable (He. 10:34).
=> Recibir un cuerpo glorioso (Fil. 3:11, 21; 1 Co. 15:42-44).
=> Recibir gloria, honra y paz eternas (Ro. 2:10).
=> Recibir reposo y paz eternos (He. 4:9; Ap. 14:13).
=> Recibir las bendiciones del Señor (Pr. 10:22).
=> Recibir el conocimiento de Cristo Jesús (Fil. 3:8).
=> Recibir riquezas duraderas y justicia (Pr. 8:18).
=> Ser hechos sacerdotes (Ap. 20:6).
=> Recibir una corona incorruptible (1 Co. 9:25).
=> Recibir una corona de justicia (2 Ti. 4:8).
=> Recibir una corona de vida (Stg. 1:12).
=> Recibir una corona de gloria (1 P. 5:4).

Recompensas que lidian con la obra, la posición y el gobierno
=> Ser hechos seres exaltados (Ap. 7:9-12).
=> Ser hechos gobernantes sobre muchas cosas (Mt. 25:23).
=> Recibir el reino de Dios (Stg. 2:5; Mt. 25:34).
=> Recibir una posición de gobierno y autoridad (Lc. 12:42-44; 22:28-29; 1 Co. 6:2-3).
=> Recibir responsabilidad y gozo eternos (Mt. 25:21, 23).
=> Recibir gobierno y autoridad sobre ciudades (Lc. 19:17, 19).
=> Recibir tronos y el privilegio de reinar para siempre (Ap. 20:4; 22:5).

=> Recibir el privilegio de rodear el trono de Dios (Ap. 7:9-13; 20:4).

=> Ser hechos sacerdotes (Ap. 20:6).

=> Ser hechos reyes (Ap. 1:5; 5:10).

Recompensas que lidian con nuestra herencia o riqueza

=> Ser hechos herederos de Dios (Ro. 8:16-17; Tit. 3:7).

=> Recibir una herencia incorruptible (1 P. 1:3-4).

=> Recibir las bendiciones del Señor (Pr. 10:22).

=> Recibir riquezas duraderas y justicia (Pr. 8:18).

=> Recibir inescrutables riquezas (Ef. 3:8).

=> Recibir tesoros en el cielo (Mt. 19:21; Lc. 12:33).

4. El creyente cuyas obras perezcan en el fuego sufrirá pérdida. Nota: "Será salvo, pero sufrirá la pérdida de la recompensa, y parecerá y lucirá como un edifico incendiado".

> "Por tanto, debías haber dado mi dinero a los banqueros, y al venir yo, hubiera recibido lo que es mío con los intereses. Quitadle, pues, el talento, y dadlo al que tiene diez talentos" (Mt. 25:27, 28).
>
> "Mirad por vosotros mismos, para que no perdáis el fruto de vuestro trabajo, sino que recibáis galardón completo" (2 Jn. 8).
>
> "Vuestras iniquidades han estorbado estas cosas, y vuestros pecados apartaron de vosotros el bien" (Jer. 5:25).

6 (3:16) *Iglesia — El templo de Dios — Espíritu Santo:* Existe el edificio identificado. Es el templo de Dios, la iglesia. En ocasiones este versículo se aplica al creyente individual como templo de Dios. Es cierto que el creyente es el templo de Dios, en el que mora el Espíritu de Dios (cp. 1 Co. 6:19). Sin embargo, este versículo en particular no se aplica al creyente individual. En el contexto de este pasaje, es a la iglesia como un todo a la que se le denomina el templo de Dios. Observe dos elementos:

1. Hay dos equivalentes griegos para templo. El primero (heiron) se refiere a todos los predios del templo. El segundo (naos) se refiere al *santuario*, la casa santa. Es naos, el *santuario*, la casa santa la que se usa aquí.

2. La palabra "templo" es singular, pero la palabra "*vosotros*" es plural. Las Escrituras dicen: "*sois* [todos los creyentes corintios] el templo y santuario de Dios, y el Espíritu de Dios mora en vosotros". Se hace énfasis en la presencia de Dios: Su presencia misma *mora dentro* del santuario, dentro de la casa santa. El planteamiento es contundente: Dios mora entre todos los creyentes de la iglesia. El Espíritu de Dios mora dentro de la iglesia, en un sentido muy, muy especial, no importa donde se reúnan. La iglesia misma, el grupo de creyentes, es el santuario para la presencia de Dios. (Vea las notas — Jn. 14:20; 20:22; 1 Co. 6:19; Ef. 3:6; Col. 1:26-27.)

Esto resulta extremadamente importante. Es una verdad que se debe enfatizar tanto como que el Espíritu mora dentro del cuerpo del creyente cristiano, porque profanar el templo o la iglesia traerá como resultado un juicio severo (1 Co. 3:17). A esto es a lo que se refiere exactamente Pablo. Algunas personas estaban profanando la iglesia de Corinto. Algunos estaban *quejándose, portándose mal,* y *mostrándose divisivos.*

Estaban en peligro del juicio más severo. Necesitan aprender y temer, porque estaban profanando el templo mismo de Dios, el santuario en el que moraba el propio Espíritu de Dios.

> "Y entró Jesús en el templo de Dios, y echó fuera a todos los que vendían y compraban en el templo, y volcó las mesas de los cambistas, y las sillas de los que vendían palomas; y les dijo: Escrito está: Mi casa, casa de oración será llamada; mas vosotros la habéis hecho cueva de ladrones" (Mt. 21:12, 13).
>
> "¿Y qué acuerdo hay entre el templo de Dios y los ídolos? Porque vosotros sois el templo del Dios viviente, como Dios dijo: Habitaré y andaré entre ellos, y seré su Dios, y ellos serán mi pueblo" (2 Co. 6:16).
>
> "en quien todo el edificio, bien coordinado, va creciendo para ser un templo santo en el Señor; en quien vosotros también sois juntamente edificados para morada de Dios en el Espíritu" (Ef. 2:21, 22).
>
> "pero Cristo como hijo sobre su casa, la cual casa somos nosotros, si retenemos firme hasta el fin la confianza y el gloriarnos en la esperanza" (He. 3:6).
>
> "vosotros también, como piedras vivas, sed edificados como casa espiritual y sacerdocio santo, para ofrecer sacrificios espirituales aceptables a Dios por medio de Jesucristo" (1 P. 2:5).

7 (3:17) *Iglesia — Juicio:* Existe la gravedad de la profanación de la iglesia. La persona que profana la iglesia se enfrentará a un juicio terrible. Note las dos palabras "profanar" y "destruir": Ambas provienen de la misma palabra griega (phtheiro). El planteamiento es sorprendente: "La persona que molesta a la iglesia sufrirá el mismo tipo de molestia ella misma". Lo que siembre, definitivamente lo recogerá. El alboroto dentro de la iglesia destruye el espíritu de unidad y amor que reina en la iglesia. Corromper y destruir la iglesia es invitar a Dios a corromper y destruir al alborotador. Observe que el castigo no se describe de un modo específico. Sencillamente se deja claro que el que haga algo tan terrible como molestar a una iglesia sufrirá un castigo terrible. Será destruido: "Destrozado, desgarrado, hecho pedazos, devastado".

La iglesia o templo de Dios puede destruirse al menos de dos maneras:

1. Los alborotadores pueden imposibilitar completamente que el Espíritu obre dentro de la iglesia. Una actitud de disgusto, un espíritu de mala voluntad, una indisposición a aprender, rezongar, renegar, quejarse, reñir, discutir, dividirse, destruye la comunión espiritual de la iglesia.

2. Los alborotadores pueden separar la iglesia. Los alborotadores sostienen opiniones como todo el mundo. Sin embargo, hay una diferencia distintiva: "Se vuelven *testarudos*". En ocasiones tratan de sostener sus opiniones para sí mismos, pero por lo general su opinión está escrita en su rostro, en sus palabras y en su conducta. En ocasiones se vuelven tan testarudos que se impacientan por transmitir sus sentimientos y en poco tiempo ya tienen seguidores. El resultado es que la iglesia comienza a desintegrarse en pequeños partidos y camarillas testarudas. La iglesia entonces va camino de una serie de grupos desvinculados y comienza a marchar camino a la ruina.

Es el Espíritu de Dios solamente el que produce una comunión espiritual. Solo en la medida en la que los miembros de la iglesia tengan comunión con el Espíritu de Dios podrán unificarse en un espíritu de unidad, identidad y amor. (Vea el *Estudio a fondo 3, Comunión* — Hch. 2:42.)

Es necesario resaltar algo más. El Espíritu crea una comunión espiritual de diferentes personalidades y opiniones. Y siempre hay opiniones y personalidades diferentes, incluso cuando se reúnen solo dos personas. Constituye una molestia, ya sea por medio de una actitud, palabra o acto, que entristece y aplasta la obra del Espíritu de Dios dentro de la iglesia.

"**Nada hagáis por contienda o por vanagloria; antes bien con humildad, estimando cada uno a los demás como superiores a él mismo**" (Fil. 2:3).

"**Recuérdales esto, exhortándoles delante del Señor a que no contiendan sobre palabras, lo cual para nada aprovecha, sino que es para perdición de los oyentes**" (2 Ti. 2:14).

"**Porque el siervo del Señor no debe ser contencioso, sino amable para con todos, apto para enseñar, sufrido**" (2 Ti. 2:24).

"**Mirad bien, no sea que alguno deje de alcanzar la gracia de Dios; que brotando alguna raíz de amargura, os estorbe, y por ella muchos sean contaminados**" (He. 12:15).

"**Y la lengua es un fuego, un mundo de maldad. La lengua está puesta entre nuestros miembros, y contamina todo el cuerpo, e inflama la rueda de la creación, y ella misma es inflamada por el infierno**" (Stg. 3:6).

	I. Octava solución: Renunciar al engaño de sí mismo, 3:18-23	20 Y otra vez: El Señor conoce los pensamientos de los sabios, que son vanos.	e. Es vana f. Es responsable ante Dios

1 Cuidarse del engaño de sí mismo
2 Renunciar a la sabiduría mundana
  a. Es solo superficial
  b. No es la verdadera sabiduría
  c. Es insensatez para Dios
  d. Dios la prende
	18 Nadie se engañe a sí mismo; si alguno entre vosotros se cree sabio en este siglo, hágase ignorante, para que llegue a ser sabio.
	19 Porque la sabiduría de este mundo es insensatez para con Dios; pues escrito está: El prende a los sabios en la astucia de ellos.
		21 Así que, ninguno se gloríe en los hombres; porque todo es vuestro:
		22 sea Pablo, sea Apolos, sea Cefas, sea el mundo, sea la vida, sea la muerte, sea lo presente, sea lo por venir, todo es vuestro,
		23 y vosotros de Cristo, y Cristo de Dios.
			3 Renunciar a gloriarse en los hombres
			  a. Todas las cosas pertenecen al creyente
			
			  b. Los creyentes pertenecen a Cristo; Cristo pertenece a Dios

DIVISIÓN II

LA DIVISIÓN EN LA IGLESIA, 1:10—4:21

I. Octava solución: Renunciar al engaño de sí mismo, 3:18-23

(3:18-23) *Introducción — Sabiduría mundana — División:* En este pasaje Pablo proporciona la causa original del problema de los corintios. Era el orgullo, orgullo por lo que eran y por lo que conocían. Corinto era un centro de cultura y búsqueda intelectual; y algunas personas en la iglesia se estaban gloriando de formar parte de una sociedad altamente cultivada y educada. Profesaban una sabiduría mundana e intelectual; profesaban conocer más que la mayoría, y esta actitud se llevaba a la iglesia. Profesaban comprender las Escrituras y los caminos de Dios mejor que la mayoría. Se creían suficientemente sabios para juzgar el valor de los diferentes líderes de la iglesia. Se enorgullecían de su capacidad para juzgar la verdad. Estaban criticando a diferentes hombres en cuanto a la forma en la que predicaban y ministraban. Juzgaban la retórica, la persuasión de su discurso, la lógica de sus argumentos, la descripción florida de sus oraciones. Juzgaban la capacidad y los dones por los hombres, y si coincidían que las capacidades de los hombres eran lo que la iglesia necesitaba en un momento específico, colaboraban. Pero si no se ponían de acuerdo, se separaban y formaban pequeños partidos. Se parcializaban por Pablo, Cefas, y Apolos; y algunos, con un aire espiritual, proclamaban sencillamente que se parcializaban por Cristo.

Una de las soluciones al problema de la división dentro de la iglesia es que un hombre reconozca que se ha engañado y que *renuncie al engaño de sí mismo*.

1. Cuidarse del engaño de sí mismo (v. 18).
2. Renunciar a la sabiduría mundana (vv. 18-20).
3. Renunciar a gloriarse en los hombres (vv. 21-23).

1 (3:18) *Engaño, de sí mismo:* Cuidarse del engaño de sí mismo, "nadie se engañe a sí mismo". Hay un antecedente para este mandato que ayuda al lector a comprender su importancia.

La iglesia de Corinto tenía algunas ventajas inusuales que no tenían otras iglesias:

=> Tenían acceso a las Escrituras, y disfrutaban las Escrituras y los caminos de Dios.

=> Disfrutaban la filosofía y teología y se encontraban en una gran ciudad donde tanto la filosofía como la teología se fomentaban libremente y se analizaban abiertamente.

=> Tenían el privilegio de ser ministrados por algunos de los predicadores más extraordinarios, no solo de su época, sino de la historia (Pablo, Pedro, Apolos).

=> Habían recibido una concesión inusual de los dones del Espíritu de Dios (cp. los caps. 12 al 14).

Sin embargo, la iglesia de Corinto tenía un problema grave: Los corintios querían reconocimiento mundano. Querían que se les conociera como personas intelectuales, bien educadas, y muy capaces de comprender al mundo y a Dios. Disfrutaban al analizar y racionalizar acerca de Dios y del mundo, y se enorgullecían en gran medida de sus ideas y de las ideas de sus semejantes.

El resultado fue trágico. Habían comenzado a hacer caso de sus propias ideas y racionalizaciones y a descuidar la voluntad y la Palabra de Dios. Habían comenzado a exaltar su propia sabiduría y a exaltar a los hombres con una capacidad inusual. Habían comenzado a regir la vida de cada uno de ellos según sus propias ideas en lugar de obedecer la Palabra de Dios. De un modo sencillo, estaban exaltando la sabiduría y las ideas de los hombres por sobre la sabiduría de Dios. Corrían el riesgo de destruirse a sí mismos y a la iglesia. Se estaban engañando a sí mismos.

"A unos que confiaban en sí mismos como justos, y menospreciaban a los otros, dijo también esta parábola" (Lc. 18:9).

"Así que, el que piensa estar firme, mire que no caiga" (1 Co. 10:12).

"Porque el que se cree ser algo, no siendo nada, a sí mismo se engaña" (Gá. 6:3).

"Pero sed hacedores de la palabra, y no tan solamente oidores, engañándoos a vosotros mismos" (Stg. 1:22).

"Porque tú dices: Yo soy rico, y me he enriquecido, y de ninguna cosa tengo necesidad; y no sabes que tú eres un desventurado, miserable, pobre, ciego y desnudo" (Ap. 3:17).

"El que confía en su propio corazón es necio; mas el que camina en sabiduría será librado" (Pr. 28:26).

"Habéis arado impiedad, y segasteis iniquidad; comeréis fruto de mentira, porque confiaste en tu camino y en la multitud de tus valientes" (Os. 10:13).

2 (3:18-20) *Sabiduría, de hombres:* Renunciar a la sabiduría mundana. La sabiduría mundana consiste en el *raciocinio natural solamente*: Es la sabiduría de los hombres la que trata de conocer la *verdad del mundo y de Dios* por medio del *raciocinio natural solamente.* Los hombres reconocen fácilmente el problema del mal y del sufrimiento que hay en el mundo causado por cosas como desastres naturales, enfermedades, hambre, egoísmo, avaricia, violencia, lujuria, ira, accidentes, y prejuicios. Incluso algunos hombres dedican su vida a la tarea de comprender y vencer los problemas del mal y el pecado en el mundo. Se comprometen a descubrir la verdad del mundo, y en algunos casos la verdad de Dios, por medio de áreas tales como la ciencia, la educación, la tecnología, y la religión. Pero no lo logran; siempre fracasan. No importa cuánta sabiduría mundana y esfuerzos se inviertan en tales empresas, el hombre nunca logra vencer y controlar el mal ni descubrir a Dios.

Sucede lo siguiente: Cuando una iglesia comienza a acercarse a Dios y a los problemas del mundo por medio de la sabiduría mundana, el resultado es trágico. La iglesia toma un camino que destruye su testimonio y lo vuelve inservible en el reino de Dios. Este fue el camino que tomó la iglesia de Corinto, y es el camino que con frecuencia toman muchas iglesias.

Ahora bien, ¿por qué la sabiduría mundana no logra comprender la verdad del mundo y de Dios? En este pasaje se dan tres razones. (Vea la nota, *Mundo, sabiduría del* — 1 Co. 1:19-20 para un análisis de la sabiduría del mundo.)

1. La sabiduría mundana es superficial: Solo *se cree* sabia. La palabra "cree" (dokei) significa *pensar.* El hombre se cree sabio y creativo, conocedor e inteligente. Cree que tiene una idea o concepto novel de Dios y de la verdad.

Nota: La mayoría de los hombres piensan que son bastante sabios y conocedores en cuanto a cómo manejar su vida y sus asuntos. Pocos piensan que serán totalmente inaceptables y rechazados por cualquier *ser superior* que exista. Tal conocimiento y sabiduría existe solo en la mente de los hombres. No es cierto. Es un conocimiento superficial, una sabiduría mundana. Solo aparenta ser sabio. Esto se ve claramente en tres elementos:

a. Desde que Dios existe, desde que Dios es, ninguna persona puede entender al mundo y a Dios si deja a Dios fuera del asunto. Incluso un ateo tiene que admitirlo: Si Dios existe verdaderamente, entonces el hombre debe comprender a Dios a fin de entender el mundo que Dios creó. Una persona sencillamente no puede comprender el mundo sin comprender a Dios, no importa quién sea.

b. Ningún hombre ha visto jamás a Dios, no importa lo que ciertos hombres aseguren. Ningún hombre ha abandonado jamás el mundo físico, la dimensión física de la existencia, y ha entrado en el mundo espiritual y ha visto a Dios y ha regresado al mundo físico. Este mundo material, corruptible, e imperfecto no puede penetrar en el mundo espiritual, incorruptible, y perfecto. Resulta total y absolutamente imposible que un ser imperfecto vea al Ser perfecto (Dios) y sobreviva la experiencia. Resulta total y absolutamente imposible que un ser imperfecto penetre en un mundo perfecto. Si sucediera, ya no sería perfecto.

"A Dios nadie le vio jamás; el unigénito Hijo, que está en el seno del Padre, él le ha dado a conocer" (Jn. 1:18).

"También el Padre que me envió ha dado testimonio de mí. Nunca habéis oído su voz, ni habéis visto su aspecto" (Jn. 5:37).

"el único que tiene inmortalidad, que habita en luz *inaccesible;* a quien ninguno de los hombres ha visto ni puede ver, al cual sea la honra y el imperio sempiterno. Amén" (1 Ti. 6:16).

"Dijo más: No podrás ver mi rostro; porque no me verá hombre, y vivirá" (Éx. 33:20).

c. De la única manera que se puede conocer a Dios es que Dios se revele a sí mismo. De la única manera que se puede conocer la verdad de un mundo perfecto es que Dios la revele.

En esto consiste exactamente este pasaje. Cualquier sabiduría que trate de conocer a Dios aparte de su revelación es superficial. Es un hombre que solo se cree sabio: Solo es sabio en asuntos mundanos; no conoce la verdad real.

"Profesando ser sabios, se hicieron necios" (Ro. 1:22).

"Mirad que nadie os engañe por medio de filosofías y huecas sutilezas, según las tradiciones de los hombres, conforme a los rudimentos del mundo, y no según Cristo" (Col. 2:8).

"porque esta sabiduría no es la que desciende de lo alto, sino terrenal, animal, diabólica" (Stg. 3:15).

"Porque mi pueblo es necio, no me conocieron; son hijos ignorantes y no son entendidos; sabios para hacer el mal, pero hacer el bien no supieron" (Jer. 4:22).

2. La sabiduría mundana no es la *verdadera sabiduría.* Observe las palabras: "Hágase ignorante, para que llegue a ser sabio". Esto quiere decir que una persona debe hacerse lo que el mundo denomina "*ignorante*" si desea conocer a Dios y la verdad real del mundo de Dios. El mundo oye hablar de la revelación de Dios y la denomina *locura.* Ante los ojos del mundo es una *total locura*:

• Hablar de que Dios realmente exista y ame al mundo, que ame tanto al mundo como para enviar realmente a si Hijo al mundo.

• Hablar del problema básico del mundo que es que el mal y el pecado habitan en el corazón del hombre en lugar de ser la educación y la mejora social.

- Decir que Dios tuvo que ocuparse del problema del mal y permitir que su Hijo muriera en una cruz por los pecados del mundo.

- Hablar acerca del hecho de que el corazón del hombre tiene que cambiar a fin de que se reconcilie con Dios y viva en paz.

- Hablar de ser salvo, de nacer de nuevo, de ser creado como una nueva criatura, de que el Espíritu Santo more dentro de nosotros, y de resucitar algún día.

- Hablar de que Dios creará un nuevo cielo y una nueva tierra.

Todo esto es una total locura para el mundo. Pero note algo: Todo esto es exactamente lo que Jesucristo enseñó. Es la revelación misma de Dios, el mensaje mismo que Dios envió al mundo a través de su Hijo Jesucristo. Jesucristo fue la revelación, el vocero de Dios para con el mundo.

"Porque el que Dios envió, las palabras de Dios habla; pues Dios no da el Espíritu por medida" (Jn. 3:34).

"De cierto, de cierto os digo, que el que guarda mi palabra, nunca verá muerte" (Jn. 8:51).

"El que me rechaza, y no recibe mis palabras, tiene quien le juzgue; la palabra que he hablado, ella le juzgará en el día postrero" (Jn. 12:48).

"Jesús le dijo: Yo soy el camino, y la verdad, y la vida; nadie viene al Padre, sino por mí" (Jn. 14:6).

"El que no me ama, no guarda mis palabras; y la palabra que habéis oído no es mía, sino del Padre que me envió" (Jn. 14:24).

"porque las palabras que me diste, les he dado; y ellos las recibieron, y han conocido verdaderamente que salí de ti, y han creído que tú me enviaste" (Jn. 17:8).

"Porque la palabra de la cruz es locura a los que se pierden; pero a los que se salvan, esto es, a nosotros, es poder de Dios" (1 Co. 1:18).

"Pues ya que en la sabiduría de Dios, el mundo no conoció a Dios mediante la sabiduría, agradó a Dios salvar a los creyentes por la locura de la predicación" (1 Co. 1:21).

"pero nosotros predicamos a Cristo crucificado, para los judíos ciertamente tropezadero, y para los gentiles locura; mas para los llamados, así judíos como griegos, Cristo poder de Dios, y sabiduría de Dios" (1 Co. 1:23, 24).

"Así que, hermanos, cuando fui a vosotros para anunciaros el testimonio de Dios, no fui con excelencia de palabras o de sabiduría. Pues me propuse no saber entre vosotros cosa alguna sino a Jesucristo, y a éste crucificado" (1 Co. 2:1, 2).

3. La sabiduría mundana es insensatez para con Dios (v. 19).

    a. Es insensatez porque el mal, el egoísmo, y el pecado sí existen en el corazón del hombre. No importa quién sea la persona, el corazón de esa persona tiene dentro la semilla del pecado, la corrupción, el envejecimiento, el deterioro, la descomposición, y la muerte. Todos los hombres pecan y mueren. La honestidad, el

raciocinio, la experiencia, la vista, el tacto, y el oído nos cuentan esta terrible verdad.

    b. Es insensatez porque solo hay una forma imaginable en la que una criatura pecadora e imperfecta pueda ser acepta ante un Dios perfecto: El Dios perfecto que tendría que amar tanto a la criatura pecadora como para aceptarla. Pero, aunque amara tanto a la criatura pecadora, se necesitarían dos cosas.

    => Primero, aún así alguien tendría que pagar el castigo por el pecado del hombre. ¿Por qué? Porque Dios es perfecto, recto y justo. Si hiciera a un lado su justicia perfecta y se olvidara de ella, entonces se volvería injusto e imperfecto. Iría en contra de su naturaleza. Por consiguiente, la justicia de Dios tiene que actuar y condenar el pecado del hombre.

    => Segundo, un Ser perfecto tendría que cargar con el pecado del hombre y morir por el hombre. ¿Por qué un Ser perfecto? Porque ninguna criatura pecadora es acepta ante Dios. La única persona acepta ante Dios es la persona perfecta e ideal. Por consiguiente, quienquiera que se sacrificara por el hombre pecador tendría que ser la persona ideal y perfecta.

Claro está, esto quiere decir que solo Dios mismo podría pagar la pena por los pecados del hombre. Y eso es exactamente lo que Él hizo. Dios vino a la tierra en la persona de su Hijo y le reveló la verdad al hombre, y luego murió por el hombre.

Ahora bien, observe la sabiduría de lo que Dios ha hecho: "El amor y la justicia de enviar a su Hijo al mundo a salvar al hombre". Note que esa es la única forma concebible en la que el hombre podría salvarse al lidiar:

- Con Dios que es perfecto y con el hombre que es imperfecto.

- Con el cielo que es el mundo espiritual incorruptible, y la tierra que es el mundo físico corruptible.

- Con cómo *el hombre pecador* se puede acercar a un *Dios perfectamente santo*.

- Con cómo un Dios perfectamente santo podría aceptar a un hombre impío.

- Con cómo un Dios adorable y perfecto podría salvar a un hombre imperfecto y rebelde.

Esta es la razón por la que todos los métodos de acercamiento a Dios que no sean por medio de su Hijo Jesucristo son insensatez para Él. Esta es la razón por la que las Escrituras proclaman que Dios "prende a los sabios en la astucia de ellos", y "el Señor conoce los pensamientos de los sabios, que son vanos [vacíos]". Él conoce los pensamientos de todos los hombres, la total vacuidad del método mundano del hombre para comprender la verdad de Dios y del mundo.

"Porque de tal manera amó Dios al mundo, que ha dado a su Hijo unigénito, para que todo aquel que en él cree, no se pierda, mas tenga vida eterna. Porque no

envió Dios a su Hijo al mundo para condenar al mundo, sino para que el mundo sea salvo por él" (Jn. 3:16, 17).

"Mas Dios muestra su amor para con nosotros, en que siendo aún pecadores, Cristo murió por nosotros" (Ro. 5:8).

"que Dios estaba en Cristo reconciliando consigo al mundo, no tomándoles en cuenta a los hombres sus pecados, y nos encargó a nosotros la palabra de la reconciliación… Al que no conoció pecado, por nosotros lo hizo pecado, para que nosotros fuésemos hechos justicia de Dios en él" (2 Co. 5:19, 21).

"quien llevó él mismo nuestros pecados en su cuerpo sobre el madero, para que nosotros, estando muertos a los pecados, vivamos a la justicia; y por cuya herida fuisteis sanados" (1 P. 2:24).

"Porque también Cristo padeció una sola vez por los pecados, el justo por los injustos, para llevarnos a Dios, siendo a la verdad muerto en la carne, pero vivificado en espíritu" (1 P. 3:18).

"Porque la palabra de la cruz es locura a los que se pierden; pero a los que se salvan, esto es, a nosotros, es poder de Dios. Pues está escrito: Destruiré la sabiduría de los sabios, y desecharé el entendimiento de los entendidos" (1 Co. 1:18, 19).

"Pues ya que en la sabiduría de Dios, el mundo no conoció a Dios mediante la sabiduría, agradó a Dios salvar a los creyentes por la locura de la predicación" (1 Co. 1:21).

"pero nosotros predicamos a Cristo crucificado, para los judíos ciertamente tropezadero, y para los gentiles locura; mas para los llamados, así judíos como griegos, Cristo poder de Dios, y sabiduría de Dios. Porque lo insensato de Dios es más sabio que los hombres, y lo débil de Dios es más fuerte que los hombres" (1 Co. 1:23-25).

"Así que, hermanos, cuando fui a vosotros para anunciaros el testimonio de Dios, no fui con excelencia de palabras o de sabiduría. Pues me propuse no saber entre vosotros cosa alguna sino a Jesucristo, y a éste crucificado" (1Co. 2:1, 2).

"Sin embargo, hablamos sabiduría entre los que han alcanzado madurez; y sabiduría, no de este siglo, ni de los príncipes de este siglo, que perecen. Mas hablamos sabiduría de Dios en misterio, la sabiduría oculta, la cual Dios predestinó antes de los siglos para nuestra gloria" (1 Co. 2:6, 7).

"Antes bien, como está escrito: Cosas que ojo no vio, ni oído oyó, ni han subido en corazón de hombre, son las que Dios ha preparado para los que le aman. Pero Dios nos las reveló a nosotros por el Espíritu; porque el Espíritu todo lo escudriña, aun lo profundo de Dios" (1 Co. 2:9, 10).

3 (3:21-23) *Gloriarse — Herencia — Recompensa:* Renunciar a gloriarse en los hombres. Resulta crucial que los creyentes le presten atención a este punto. Gloriarse en los hombres quiere decir confiar en los hombres, ver a los hombres como la solución y la fuente de vida y bendición.

Sencillamente es demasiada seguridad, demasiada confianza a poner en los hombres. Se debe y se puede confiar en algunos hombres, pero aún así no son la solución ni la fuente

de vida ni de verdadera bendición. No se les debe glorificar. El creyente debe gloriarse solo en Dios. Solo Dios debe ser exaltado, alabado, y adorado.

Sin embargo, hay otras dos razones por la que los creyentes no se deben gloriar en los hombres, dos razones extremadamente importantes:

1. Todas las cosas le pertenecen al creyente. El creyente realmente posee todas las cosas, y gloriarse en cualquier otro hombre es minimizar su propia dignidad y posición exaltada.

    a. Los predicadores, no importa quiénes sean, les pertenecen a los creyentes. Todos los predicadores existen para servir, ministrar y suplir las necesidades del pueblo de Dios. Si una iglesia o creyente aprovecha solo unos predicadores o solo a uno o dos tipos de predicadores, la iglesia y el creyente están limitando sus posibilidades de enriquecerse y recibir bendición. Están limitando su crecimiento.

    b. El mundo, el universo físico, le pertenece a los creyentes. Dios recreará el universo, es decir, los cielos y la tierra; y los creyentes lo heredarán todo, gobernando y administrando todas sus funciones con Cristo Jesús. (Vea la nota, *Recompensa* — 1 Co. 3:13-15 para un análisis. Leer 2 P. 3:3-4, 7-16 para una ilustración descriptiva del suceso del tiempo del fin, un suceso claramente entendible a la luz del átomo y su fuerza explosiva. Mientras lo lean, recuerden después de la ascensión de Jesús.)

    c. La vida les pertenece a los creyentes. Aquí se refiere a la vida real, a la vida abundante, una vida con propósito, significado, e importancia, una vida que triunfa y gana la victoria sobre las pruebas y padecimientos de esta vida.

"El ladrón no viene sino para hurtar y matar y destruir; yo he venido para que tengan vida, y para que la tengan en abundancia" (Jn. 10:10).

"Y poderoso es Dios para hacer que abunde en vosotros toda gracia, a fin de que, teniendo siempre en todas las cosas todo lo suficiente, abundéis para toda buena obra" (2 Co. 9:8).

"Y a Aquel que es poderoso para hacer todas las cosas mucho más abundantemente de lo que pedimos o entendemos, según el poder que actúa en nosotros" (Ef. 3:20).

"Mi Dios, pues, suplirá todo lo que os falta conforme a sus riquezas en gloria en Cristo Jesús" (Fil. 4:19).

    d. La muerte le pertenece a los creyentes. Es decir, la muerte no ejerce dominio alguno sobre los creyentes, por el contrario, el creyente controla la muerte por medio del Señor Jesucristo. Cristo ha vencido a la muerte.

"Porque de tal manera amó Dios al mundo, que ha dado a su Hijo unigénito, para que todo aquel que en él cree, no se pierda, mas tenga *vida eterna*" (Jn. 3:16).

"De cierto, de cierto os digo: El que oye mi palabra, y cree al que me envió, tiene vida eterna; y no vendrá a condenación, mas *ha pasado de muerte a vida*" (Jn. 5:24).

"Le dijo Jesús: Yo soy la resurrección y la vida; el que cree en mí, aunque esté muerto, vivirá. Y todo aquel que vive y cree en mí, no morirá eternamente. ¿Crees esto?" (Jn. 11:25, 26).

"Porque de esta manera os será otorgada amplia y generosa entrada en el reino eterno de nuestro Señor y Salvador Jesucristo" (2 P. 1:11).

e. Las cosas del presente y del futuro pertenecen a los creyentes. El creyente es el heredero del mundo, el heredero del propio Dios.

"Porque no por la ley fue dada a Abraham o a su descendencia la promesa de que sería *heredero del mundo,* sino por la justicia de la fe" (Ro. 4:13).

"El Espíritu mismo da testimonio a nuestro espíritu, de que somos hijos de Dios. Y si hijos, también herederos; herederos de Dios y *coherederos con Cristo,* si es que padecemos juntamente con él, para que juntamente con él seamos glorificados" (Ro. 8:16, 17).

"para que justificados por su gracia, viniésemos a ser herederos conforme a la esperanza de la vida eterna" (Tit. 3:7).

"Bendito el Dios y Padre de nuestro Señor Jesucristo, que según su grande misericordia nos hizo renacer para una esperanza viva, por la resurrección de Jesucristo de los muertos, para una herencia incorruptible, incontaminada e inmarcesible, reservada en los cielos para vosotros" (1 P. 1:3, 4).

2. Los creyentes pertenecen a Cristo, y Cristo pertenece a Dios. Es necesario que se tengan en cuenta tres elementos:

a. Los creyentes poseen todas las cosas *solamente* por Cristo, solamente por lo que Cristo ha hecho por ellos. Sin Cristo no tienen más que lo que el mundo tiene: "Una existencia de presión, tensión, inquisición, cuestionamiento, aprehensión, incertidumbre, e inseguridad sobre el futuro, y una muerte segura".

b. Los creyentes le deben su vida a Cristo, no ningún hombre, aunque sea el predicador y líder más espiritual y más grande que haya sobre la faz de la tierra. Los creyentes no deben llevar una vida carnal, obedeciendo y gloriándose en los hombres, no importa su sabiduría, inteligencia, y capacidad, ni siquiera aunque tengan los dones espirituales más grandes que haya tenido cualquier hombre. "Vosotros de Cristo" es la proclamación a los creyentes.

c. "Cristo es de Dios". Esto no quiere decir que Cristo no sea divino, que Él sea menos que Dios. Se refiere a su función y ministerio como Salvador. Él vino a la tierra para salvar a los hombres en *sujeción* a la voluntad de Dios. Tanto Dios el Hijo como Dios el Padre quisieron que Jesucristo se sujetara Él mismo a Dios el Padre y que viniera a la tierra como Hombre a fin de salvar el mundo. Como el Salvador del mundo, Jesucristo *sirvió* a Dios; por consiguiente, Él también, como nuestro Salvador, fue obediente a Dios. "Cristo es de Dios" en el sentido de que Él obedeció a Dios como nuestro Salvador. Ambos nos aman con un amor supremo y perfecto, un amor inimaginable e inigualable.

=> "Así que, ninguno se gloríe en los hombres" (v. 21).

"¿Cómo podéis vosotros creer, pues recibís gloria los unos de los otros, y no buscáis la gloria que viene del Dios único?" (Jn. 5:44).

"Unánimes entre vosotros; no altivos, sino asociándoos con los humildes. No seáis sabios en vuestra propia opinión" (Ro. 12:16).

"Y si alguno se imagina que sabe algo, aún no sabe nada como debe saberlo" (1 Co. 8:2).

"Y si alguno se imagina que sabe algo, aún no sabe nada como debe saberlo" (1 P. 1:24).

"Porque el malo se jacta del deseo de su alma, bendice al codicioso, y desprecia a Jehová" (Sal. 10:3).

"Mas el hombre no permanecerá en honra; es semejante a las bestias que perecen" (Sal. 49:12).

"Porque cuando muera no llevará nada, ni descenderá tras él su gloria" (Sal. 49:17).

	CAPÍTULO 4	4 Porque aunque de nada tengo mala conciencia, no por eso soy justificado; pero el que me juzga es el Señor.	**3 El juicio de Cristo es todo cuanto importa**
1 Considerar a los ministros por lo que son	**J. Novena solución: Dejar que Dios juzgue a los ministros, 4:1-5**	5 Así que, no juzguéis nada antes de tiempo, hasta que venga el Señor, el cual acla-	a. Solo el Señor tiene el derecho de juzgar a un hombre
a. Ministros de Cristo	1 Así, pues, tengannos los hombres por servidores de Cristo, y administradores de	rará también lo oculto de las tinieblas, y manifestará las intenciones de los corazones;	b. Los creyentes no deben juzgar a nadie
b. Administradores de Dios	los misterios de Dios.	y entonces cada uno recibirá su alabanza de Dios.	1) Ningún creyente puede saberlo todo, las cosas ocultas
c. Se requiere que sean fieles	2 Ahora bien, se requiere de los administradores, que cada uno sea hallado fiel.		
2 El juicio y la aprobación de los hombres importa poco	3 Yo en muy poco tengo el ser juzgado por vosotros, o por tribunal humano; y ni aun yo me juzgo a mí mismo.		2) Ningún creyente puede conocer las intenciones de una persona

DIVISIÓN II

LA DIVISIÓN EN LA IGLESIA, 1:10—4:21

J. Novena solución: Dejar que Dios juzgue a los ministros, 4:1-5

(4:1-5) *Introducción:* Uno de los problemas graves de la iglesia de Corinto estaba relacionado con los ministros. Algunos de los miembros de la iglesia tenían a un ministro en más alta estima que a otros. Estaban juzgando los dones, el ministerio, y la eficacia de sus ministros anteriores; y sucedió lo inevitable:

=> A algunas personas las había ayudado y bendecido Apolos, por lo tanto favorecían a Apolos.

=> A otras los había ayudado y bendecido Cefas, por lo tanto favorecían a Cefas.

=> Incluso a otras las había ayudado y bendecido más Pablo, por lo tanto defendían a Pablo.

La situación se volvió crítica, porque las personas comenzaron a juzgar el estilo de predicación, la capacidad, la elocuencia, el carisma, la inteligencia, los dones, el llamado, y el éxito de los ministros, todo el campo de aplicación de su ministerio. Había pequeños grupos resaltando los méritos de su ministro preferido. Se asentaron resentimientos, y la comunión de la iglesia se vio amenazada.

¿Qué se debía hacer? Pablo proporciona once soluciones para una iglesia dividida. Una solución es el mensaje de este pasaje, y es un mensaje que la iglesia necesitaba desesperadamente: Que Dios juzgue a los ministros.

1. Considerar a los ministros por lo que son (vv. 1-2).
2. El juicio y la aprobación de los hombres importa poco (v. 3).
3. El juicio de Cristo es todo cuanto importa (v. 4-5).

1 (4:1-2) *Ministros:* Primero, considerar a los ministros por lo que son. Siempre se deberán tener en cuenta tres elementos acerca de los ministros:

1. Los ministros son *servidores de Cristo*. La palabra "servidor" (huperetes) significa *sub-remero*. Se refiere a los esclavos que se sentaban en la barriga de los grandes barcos y tiraban de los grandes remos para hacerlos navegar por el mar. Cristo es el capitán del barco y el ministro es *uno de los esclavos de Cristo*. Nota: Él solo es uno de tantos servidores sub-remeros. Recuerden también que los esclavos que estaban en la barriga del barco estaban atados con cadenas. No se les permitía hacer más que servir al capitán del barco. El ministro es un esclavo de Cristo que está atado: Solo existe para remar para el capitán. No puede ni sirve a nadie más.

Pensamiento 1. Ningún ministro debe ser elevado por encima de otros ministros o servidores, ni su elocuencia, capacidad, personalidad, carisma, o cualquier otro rasgo. No importa cuánto haya significado el ministro para la vida de una persona, él solo es un *sub-remero*, un esclavo del capitán del barco; y solo es uno de tantos otros sub-remeros y servidores. Los creyentes no deben juzgar ni elevar más a un ministro que a otro.

2. Los ministros son administradores de Dios. La palabra "administrador" (oikonomos) quiere decir capataz de una propiedad. El administrador siempre era un esclavo, sujeto a un amo, pero *se le ponía a cargo* de los otros esclavos en toda la casa o propiedad del amo. Controlaba al personal y dirigía toda la operación por el amo. Se le ponía por encima de otros, aún así él era seguía siendo un esclavo del amo. Su obra no se le supervisaba detenidamente; por consiguiente, tenía que ser confiable y responsable. Observe de qué cosa al ministro se le hace administrador: "Los misterios de Dios". Un misterio no es algo difícil de entender. Más bien, es algo que se ha ocultado y se ha mantenido en secreto. Es algo que el raciocinio humano no podía descubrir, pero que ahora Dios lo revela. Les queda bien claro a aquellos a quienes se les revela, pero les resulta totalmente extraño a los que no lo reciben. ¿Cuáles son los misterios de Dios? Son las verdades, las verdades gloriosas, de la Palabra de Dios. ¿Quiénes son aquellos

a quienes se les revelan los misterios? Los administradores, los ministros, los servidores de Cristo que creen.

Ya hay varios misterios revelados al creyente. (Vea el *Estudio a fondo 1 — 1 Co. 2:7* para un mayor análisis.)

Pensamiento 1. A todo ministro se le debe tener en muy alta estima por el bien de su obra. Él *solo* es un siervo de Dios, pero es el siervo al que Dios ha hecho administrador de su familia, de su iglesia y de su pueblo. Dios le ha honrado: Se le ha responsabilizado por los misterios imperecederos de Dios, las grandes verdades de la Palabra Santa de Dios. El ministro no lidia con cosas perecederas como el dinero y las posesiones, sino con las cosas eternas del propio Dios, las verdades eternas que Dios quiere proclamarle al mundo.

> "el cual asimismo nos hizo ministros competentes de un nuevo pacto, no de la letra, sino del espíritu; porque la letra mata, mas el espíritu vivifica" (2 Co. 3:6).

> "Por lo cual, teniendo nosotros este ministerio según la misericordia que hemos recibido, no desmayamos" (2 Co. 4:1).

> "Y todo esto proviene de Dios, quien nos reconcilió consigo mismo por Cristo, y nos dio el ministerio de la reconciliación; que Dios estaba en Cristo reconciliando consigo al mundo, no tomándoles en cuenta a los hombres sus pecados, y nos encargó a nosotros la palabra de la reconciliación. Así que, somos embajadores en nombre de Cristo, como si Dios rogase por medio de nosotros; os rogamos en nombre de Cristo: Reconciliaos con Dios. Al que no conoció pecado, por nosotros lo hizo pecado, para que nosotros fuésemos hechos justicia de Dios en él" (2 Co. 5:18-21).

> "del cual yo fui hecho ministro por el don de la gracia de Dios que me ha sido dado según la operación de su poder" (Ef. 3:7).

> "si en verdad permanecéis fundados y firmes en la fe, y sin moveros de la esperanza del evangelio que habéis oído, el cual se predica en toda la creación que está debajo del cielo; del cual yo Pablo fui hecho ministro" (Col. 1:23).

> "quien nos salvó y llamó con llamamiento santo, no conforme a nuestras obras, sino según el propósito suyo y la gracia que nos fue dada en Cristo Jesús antes de los tiempos de los siglos, pero que ahora ha sido manifestada por la aparición de nuestro Salvador Jesucristo, el cual quitó la muerte y sacó a luz la vida y la inmortalidad por el evangelio, del cual yo fui constituido predicador, apóstol y maestro de los gentiles" (2 Ti. 1:9-11).

> "Porque es necesario que el obispo sea irreprensible, como administrador de Dios; no soberbio, no iracundo, no dado al vino, no pendenciero, no codicioso de ganancias deshonestas, sino hospedador, amante de lo bueno, sobrio, justo, santo, dueño de sí mismo, retenedor de la palabra fiel tal como ha sido enseñada, para que también pueda exhortar con sana enseñanza y convencer a los que contradicen" (Tit. 1:7-9).

3. Se requiere que los ministros sean fieles. Este es el requisito esencial del ministro. No hay requisito para él.

    a. No se requiere que el ministro sea elocuente, brillante, inteligente, lleno de capacidad, o una persona de éxito. Se requiere que sea *fiel*.

    b. Dios no exige que el ministro sea administrador, consejero, visitador, de los que saludan a la puerta, ni muy sociable, por importante que sean estos ministerios.

    c. Se requiere que el ministro sea *fiel* al ministrar los misterios de Dios. Es responsable y será juzgado por lo bien que ministre los misterios de Dios:

      => No debe retener ni dejar de transmitir los misterios de Dios.

      => No debe sustituir los misterios de Dios por ningún otro mensaje.

      => No debe mezclar los misterios de Dios con ningún otro mensaje.

El ministro de Dios debe ser fiel a su llamado. Él es el servidor de Cristo y el administrador de los misterios de Dios. Debe, absolutamente, proclamar esos misterios.

> "Por lo cual, si lo hago de buena voluntad, recompensa tendré; pero si de mala voluntad, la comisión me ha sido encomendada" (1 Co. 9:17).

> "Estoy maravillado de que tan pronto os hayáis alejado del que os llamó por la gracia de Cristo, para seguir un evangelio diferente. No que haya otro, sino que hay algunos que os perturban y quieren pervertir el evangelio de Cristo. Mas si aun nosotros, o un ángel del cielo, os anunciare otro evangelio diferente del que os hemos anunciado, sea anatema. Como antes hemos dicho, también ahora lo repito: Si alguno os predica diferente evangelio del que habéis recibido, sea anatema" (Gá. 1:6-9).

> "de la cual yo fui hecho ministro, según la administración de Dios que me fue dada para con vosotros, para que anuncie cumplidamente la palabra de Dios" (Col. 1:25).

> "sino que según fuimos aprobados por Dios para que se nos confiase el evangelio, así hablamos; no como para agradar a los hombres, sino a Dios, que prueba nuestros corazones" (1 Ts. 2:4).

> "según el glorioso evangelio del Dios bendito, que a mí me ha sido encomendado. Doy gracias al que me fortaleció, a Cristo Jesús nuestro Señor, porque me tuvo por fiel, poniéndome en el ministerio" (1 Ti. 1:11, 12).

> "en la esperanza de la vida eterna, la cual Dios, que no miente, prometió desde antes del principio de los siglos, y a su debido tiempo manifestó su palabra por medio de la predicación que me fue encomendada por mandato de Dios nuestro Salvador" (Tit. 1:2, 3).

> "Cada uno según el don que ha recibido, minístrelo a los otros, como buenos administradores de la multiforme gracia de Dios" (1 P. 4:10).

Pensamiento 1. Los creyentes no deben juzgar a los ministros, considerando y hablando de los dones y las capacidades de uno más que de otros. No deben tener en muy alta ni muy baja estima a un ministro. Deben considerar a los ministros justamente por lo que son:

1) Los servidores de Dios.
2) Los administradores de los misterios de Dios.

3) El servidor al que se ha hecho administrador con *solo un propósito*: Ser fiel al amor, el Señor Jesucristo.

2 (4:3) *Ministros — Juzgar a otros — Crítica*: Segundo, el juicio o la aprobación que hacen los hombres de los ministros importa poco. Nota: "La crítica y la desaprobación hieren y laceran el corazón, pero no importan en lo más mínimo en el juicio de Dios". El juicio que hace el hombre del ministro de Dios no ejerce influencia alguna en lo que Dios hará con el ministro. La congregación o alguna camarilla de la iglesia puede desollar vivo al ministro, y puede que desgarren su corazón, pero no tienen nada que ver con el juicio de la fidelidad y la infidelidad del hombre.

Los hombres pueden poner a prueba al ministro de Dios. Puede ser "juzgado" (anakrino), es decir escudriñado, investigado, cuestionado, e interrogado frente a frente o a sus espaldas. Puede que se juzgue su elocuencia, inteligencia, capacidad, o cualquier otra cosa que a alguien pueda o no agradarle. Pero nada de eso le importa a Dios, ni una palabra, ni siquiera una crítica o un pensamiento negativo.

Observe algo más: Pablo no se juzga a sí mismo. Pablo sabía lo que toda persona honesta e inteligente sabe.

=> Ningún ministro puede juzgar honestamente a su propio ministerio: Su verdadero éxito; sus intenciones para cada una de las cosas que ha hecho; cuánto fruto le ha proporcionado a la vida de las personas y cuánto les debía haber proporcionado.

=> Una persona que comienza a juzgar sus propias obras, comienza a valorarse de más o a no valorarse. A ciertos grados se enorgullece o se desalienta.

Desde luego, Pablo no se refiere a un ministro que está evaluando su ministerio con el propósito de fortalecerlo. Se refiere a emitir juicio sobre su ministerio comparándolo con otros ministerios y su fructificación. ¿Su ministerio es tan bueno como el de otro? ¿Es fructífero? ¿Sus intenciones son tan puras como debieran ser en la obra que realiza? ¿Cristo está tan complacido con su ministerio como lo está con el ministerio de otros?

Este es el tipo de cosas que Pablo no juzga, y que los creyentes no deben juzgar. Ningún hombre tiene el derecho de juzgar tales cosas.

> "No juzguéis, para que no seáis juzgados" (Mt. 7:1).

> "Por lo cual eres inexcusable, oh hombre, quienquiera que seas tú que juzgas; pues en lo que juzgas a otro, te condenas a ti mismo; porque tú que juzgas haces lo mismo" (Ro. 2:1).

> "Así que, ya no nos juzguemos más los unos a los otros, sino más bien decidid no poner tropiezo u ocasión de caer al hermano" (Ro. 14:13).

3 (4:4-5) *Ministros — Juzgar a otros*: Tercero, el juicio de Cristo es todo cuanto importa. Note dos elementos:

1. Solo el Señor justifica a un hombre y su ministerio. Este planteamiento de Pablo resulta significativo. No sabe de ningún aspecto en el que él se quede corto en el ministerio.

Según su opinión él es fiel en el ministerio y le agrada al Señor. Pero su juicio no lo aprueba ni lo justifica. Solo el Señor Jesús puede acuñar como aprobado su ministerio. Ningún hombre es capaz o competente de juzgar la fructificación, dedicación y éxito de un ministerio. Solo Cristo puede juzgar a un hombre y la fructificación de su vida y su ministerio.

2. Por consiguiente, los creyentes no deben juzgar nada. No tienen derecho alguno de juzgar.

   a. Ningún creyente puede conocer lo oculto de las tinieblas que hay en un hombre. Solo Jesucristo puede exponer a la luz el secreto y lo oculto.

   b. Ningún hombre conoce las intenciones reales de un hombre. Solo Cristo puede revelar las intenciones y consejos del corazón humano.

> "Porque nada hay encubierto, que no haya de descubrirse; ni oculto, que no haya de saberse" (Lc. 12:2).

> "Así que, no juzguéis nada antes de tiempo, hasta que venga el Señor, el cual aclarará también lo oculto de las tinieblas, y manifestará las intenciones de los corazones; y entonces cada uno recibirá su alabanza de Dios" (1 Co. 4:5).

> "Si pequé, tú me has observado, y no me tendrás por limpio de mi iniquidad" (Job. 10:14).

> "¿Quién podrá entender sus propios errores? Líbrame de los que me son ocultos" (Sal. 19:12).

> "Pusiste nuestras maldades delante de ti, nuestros yerros a la luz de tu rostro" (Sal. 90:8).

> "Porque mis ojos están sobre todos sus caminos, los cuales no se me ocultaron, ni su maldad se esconde de la presencia de mis ojos" (Jer. 16:17).

> "Y no consideran en su corazón que tengo en memoria toda su maldad; ahora les rodearán sus obras; delante de mí están" (Os. 7:2).

No debe haber juicio de ministros ni de nadie hasta que el Señor regrese. Él y solo Él tiene el derecho y es capaz de juzgar a los ministros y a los creyentes. Tanto los ministros como los creyentes recibirán la alabanza de Dios cuando Cristo regrese y juzgue su obra, no antes. No importa cuánto los hombres se puedan juzgar unos a otros en cuanto a su éxito, no importa cuánta alabanza los hombres puedan acumular unos de otros, ninguna persona recibirá la alabanza de Dios hasta que Cristo regrese y juzgue lo oculto del corazón y la vida del hombre. Esta es la razón por la que los hombres no deben juzgar a los ministros y servidores de Dios.

> "¿Tú quién eres, que juzgas al criado ajeno? Para su propio señor está en pie, o cae; pero estará firme, porque poderoso es el Señor para hacerle estar firme" (Ro. 14:4).

> "Uno solo es el dador de la ley, que puede salvar y perder; pero tú, ¿quién eres para que juzgues a otro?" (Stg. 4:12).

> "Engañoso es el corazón más que todas las cosas, y perverso; ¿quién lo conocerá? Yo Jehová, que escudriño la mente, que pruebo el corazón, para dar a cada uno según su camino, según el fruto de sus obras" (Jer. 17:9, 10).

	K. Décima solución: No comparar ni juzgar a los ministros, 4:6-13	los apóstoles como postreros, como a sentenciados a muerte; pues hemos llegado a ser espectáculo al mundo, a los ángeles y a los hombres.	**como postreros**

1 Los ministros, Pablo y Apolos, sirven de ejemplo
  a. Dejar de comparar y juzgar a los hombres: Elevándolos por encima de lo que dicen las Escrituras
  b. Dejar de envanecerse unos contra otros
	6 Pero esto, hermanos, lo he presentado como ejemplo en mí y en Apolos por amor de vosotros, para que en nosotros aprendáis a no pensar más de lo que está escrito, no sea que por causa de uno, os envanezcáis unos contra otros.	10 Nosotros somos insensatos por amor de Cristo, mas vosotros prudentes en Cristo; nosotros débiles, mas vosotros fuertes; vosotros honorables, mas nosotros despreciados.	a. Están sentenciados a muerte y los convierten en espectáculo para el mundo
			b. Se espera que sirvan y se releguen al último lugar

2 Primero, Dios hace las distinciones entre los hombres	7 Porque ¿quién te distingue? ¿o qué tienes que no hayas recibido? Y si lo recibiste, ¿por qué te glorías como si no lo hubieras recibido?	11 Hasta esta hora padecemos hambre, tenemos sed, estamos desnudos, somos abofeteados, y no tenemos morada fija.	**5 Cuarto, los verdaderos ministros sirven, no les importa el costo**
3 Segundo, están mostrando superioridad	8 Ya estáis saciados, ya estáis ricos, sin nosotros reináis. ¡Y ojalá reinaseis, para que nosotros reinásemos también juntamente con vosotros!	12 Nos fatigamos trabajando con nuestras propias manos; nos maldicen, y bendecimos; padecemos persecución, y la soportamos.	
4 Tercero, los verdaderos ministros son exhibidos	9 Porque según pienso, Dios nos ha exhibido a nosotros	13 Nos difaman, y rogamos; hemos venido a ser hasta ahora como la escoria del mundo, el desecho de todos.	

DIVISIÓN II

LA DIVISIÓN EN LA IGLESIA, 1:10—4:21

K. Décima solución: No comparar ni juzgar a los ministros, 4:6-13

(4:6-13) *Introducción — Juzgar a otros — Orgullo:* Los hombres mundanos se miden, se juzgan, se glorían y, se enorgullecen de sus logros y dones superiores. Algunas personas en la iglesia de Corinto habían comenzado a cometer el mismo error. Estaban juzgando los dones de los creyentes y los predicadores; por consiguiente, se volvían culpables de la misma infracción que cometían los hombres mundanos. Estaban usurpando la autoridad de Dios solamente de dotar y juzgar a los hombres (cp. el v. 6). En realidad, no eran más que *bolsas de aire hinchadas.* Y no importa qué iglesia sea, cuando se empieza a escuchar mucha habladuría "vanidosa", se instala el disturbio y la división; la comunión y la vida de la iglesia se ven amenazadas.

Una de las soluciones para la división es aceptar y creer en el hecho de que no debemos comparar a los ministros.

1. Los ministros, Pablo y Apolos, sirven de ejemplo (v. 6).
2. Primero, Dios hace las distinciones entre los hombres (v. 7).
3. Segundo, están mostrando superioridad (v. 8).
4. Tercero, los verdaderos ministros son exhibidos como postreros (vv. 9-10).

5. Cuarto, los verdaderos ministros sirven, no les importa el costo (vv. 11-13).

1 (4:6) *Orgullo — Ministros:* Los ministros, Pablo y Apolos, sirven de ejemplo. De un modo sencillo, lo que Pablo había estado diciendo sobre sí mismo y Apolos era solo un ejemplo para que los creyentes de Corinto se lo aplicaran a sí mismos. Pablo acababa de poner dos ejemplos para demostrar quiénes eran él y Apolos (cp. 1 Co. 4:1-2).

=> Eran *simples servidores* de Cristo. Eran *solamente los sub-remeros,* los esclavos que iban en la barriga del barco que sirven al Señor y Capitán del barco.

=> Eran *simples administradores,* los *esclavos* a quienes se les daba la enorme responsabilidad de supervisar la propiedad del Señor y amo de la propiedad. Y por ser administradores, y porque se les había concedido esta enorme responsabilidad, se esperaba que fueran fieles y eran responsables de su fidelidad.

Sucede lo siguiente: Pablo no escribía para enseñarse a sí mismo ni para enseñarle a Apolos quiénes eran y cuál era su vocación. Él y Apolos sabían quiénes eran ellos, y conocían su vocación. Él escribía para enseñar a los corintios (y a todas las otras iglesias) quiénes eran sus ministros y cómo se les debía tratar. Era necesario que se aprendieran dos lecciones en particular.

1. Los creyentes deben dejar de comparar y juzgar a los ministros y elevarlos por encima de lo que dicen las Escritu-

ras. Algunas personas en la iglesia de Corinto estaban juzgando a algunos ministros como mejores servidores de Dios y más capaces que otros. Estaban juzgando y elevando a ciertos hombres por encima de otros. Se sentían tan espirituales que podían clasificar a los servidores de Dios y juzgar a los maestros y oradores más eficaces.

2. Los creyentes deben dejar de "*envanecerse*" unos contra otros. La razón misma por la que un creyente juzga a un ministro como superior a otro es porque el creyente recibe más de la predicación y la vida de un ministro en particular, más de lo que recibe de cualquier otro. Esto resulta comprensible porque cada ministro significa mucho para los que creen en Cristo por medio de él y que reciben atención especial de él durante las crisis. Sin embargo, ocurre un pecado grave cuando el creyente comienza a pensar que ningún otro ministro puede predicar y ministrar como su ministro preferido. La persona o personas que comienzan a elevar a un ministro por encima de otros se "envanecen".

=> Cree que ha recibido verdades del ministro preferido que otros no han recibido; que si los otros no han recibido tanto como él, se encuentran en un estado de carencia en cuanto a bendiciones y crecimiento.

=> Cree que es más capaz de clasificar a los *servidores de Dios* y de juzgar sus dones como oradores, maestros, y ministros.

Observe la palabra "*envanezcáis*" (phusiousthe). La palabra significa estar inflado. Da la idea de bolsas de aire hinchadas. La idea es que juzgar a los ministros y sentir que uno puede juzgar a los ministros no es más que aire caliente en globos *inflados*. No tiene sentido. No significa nada para Dios. (Cp. "envanecidos" en 1 Co. 4:18-19; 5:2; 8:1; 13:4.)

> "Porque el que se enaltece será humillado, y el que se humilla será enaltecido" (Mt. 23:12).
> "Mejor es confiar en Jehová que confiar en príncipes" (Sal. 118:9).
> "No confiéis en los príncipes, ni en hijo de hombre, porque no hay en él salvación" (Sal. 146:3).
> "Dejaos del hombre, cuyo aliento está en su nariz; porque ¿de qué es él estimado?" (Is. 2:22).
> "Así dijo Jehová: No se alabe el sabio en su sabiduría, ni en su valentía se alabe el valiente, ni el rico se alabe en sus riquezas. Mas alábese en esto el que se hubiere de alabar: en entenderme y conocerme, que yo soy Jehová, que hago misericordia, juicio y justicia en la tierra; porque estas cosas quiero, dice Jehová" (Jer. 9:23, 24).
> "Así ha dicho Jehová: Maldito el varón que confía en el hombre, y pone carne por su brazo, y su corazón se aparta de Jehová" (Jer. 17:5).

2 (4:7) *Darse valor a sí mismo — Vanagloria:* Primero, Dios, no el hombre, hace distinciones entre los hombres. Note las tres preguntas penetrantes de las Escrituras que explican este punto.

1. ¿Quién *te* distingue? ¿Qué te hace pensar que tu juicio es superior al de otros? ¿Qué te hace pensar que tú has recibido suficiente entendimiento y crecimiento espiritual como para juzgar a los ministros de Dios? ¿Qué te da el derecho de creer que tú has recibido más que otros porque gozaste de la guía de cierto ministro? ¿Qué te hace pensar que tú eres más espiritual que otros creyentes? ¿Quién te ha hecho espiritual?

2. ¿Qué tienes que no hayas recibido? ¿Cuál es tu don espiritual? ¿Lo creaste tú o el don te fue dado por Dios? Si eres maduro espiritualmente, ¿te ganaste la madurez o Dios por su gracia te cultivó? Si tienes entendimiento espiritual, ¿proviene de Dios o tú lo obraste? ¿Te salvaste y entraste en la familia de Dios por tu propio esfuerzo o por la gracia de Dios? Cuando los ministros te sirven como guía, ¿tienes conocimiento infinito para alcanzar a ver toda la extensión de la vida y el ministerio de cada uno de ellos? ¿Los escogiste tú o los escogió Dios? ¿Los obraste tú y los dotaste o Dios te dio el privilegio de recibir la guía de ellos y aprender de su don específico? ¿Qué tienes o posees que no hayas recibido? ¿Vida? ¿Un cuerpo? ¿Una mente? ¿Un espíritu? ¿La capacidad de pensar, obrar, jugar y vivir? ¿Aliento? ¿Otro día sin ser raptado y arrebatado? ¿Salvación? ¿El privilegio de conocer a Dios y a su amado Hijo? ¿Madurez y crecimiento espiritual? ¿La Palabra de Dios? ¿Predicación? ¿Enseñanza? ¿La iglesia? ¿Los ministros? ¿Recibiste todo esto como un regalo de Dios? ¿O lo obraste todo tú y lo asumiste para ti?

3. Ahora bien, si lo *recibiste* todo, todas las bendiciones de la vida y de Cristo y de la iglesia, ¿por qué te glorías de ser *súper espiritual*? ¿Por qué te comportas como si fueras superior a otros creyentes? ¿Por qué te haces pasar por *Señor*, como si tuvieras el derecho de ocupar el lugar de Dios y juzgar a sus ministros y a su pueblo? No cabe duda: Tú no *obraste la* vida espiritual con todos sus ministros, creyentes, iglesias, dones, y bendiciones. Tú lo recibiste todo: "El privilegio sencillo de ser miembro de la gran familia de Dios". Ahora bien, tú eres *uno* de los hijos amados de Dios, pero tú eres *solo uno*. ¿Por qué entonces actúas como si fueras el Señor de los hijos e hijas de Dios? ¿Por qué te glorías a ti mismo como la persona con la madurez espiritual para juzgar quién y quién no debiera servir? ¿Quién tiene y quién no tiene los mejores dones? ¿Quién es y quién no es eficaz? ¿Quién cumple y quién no cumple con los propósitos de Dios? ¿Quién debiera y quién no debiera servir aquí y allá? ¿Por qué te haces superior? ¿Dios no es capaz de manejar los dones y los asuntos de sus ministros, de su pueblo y de su iglesia? ¿Por qué te glorías como si fueras el juez que debe aprobar y desaprobar?

> "A unos que confiaban en sí mismos como justos, y menospreciaban a los otros, dijo también esta parábola" (Lc. 18:9).
> "Así que, el que piensa estar firme, mire que no caiga" (1 Co. 10:12).
> "Porque el que se cree ser algo, no siendo nada, a sí mismo se engaña" (Gá. 6:3).
> "Si alguno se cree religioso entre vosotros, y no refrena su lengua, sino que engaña su corazón, la religión del tal es vana" (Stg. 1:26).
> "Pero ahora os jactáis en vuestras soberbias. Toda jactancia semejante es mala" (Stg. 4:16).
> "Como nubes y vientos sin lluvia, así es el hombre que se jacta de falsa liberalidad" (Pr. 25:14).
> "Comer mucha miel no es bueno, ni el buscar la

propia gloria es gloria" (Pr. 25:27).

"El que confía en su propio corazón es necio; mas el que camina en sabiduría será librado" (Pr. 28:26).

"Tú que decías en tu corazón: Subiré al cielo; en lo alto, junto a las estrellas de Dios, levantaré mi trono, y en el monte del testimonio me sentaré, a los lados del norte; sobre las alturas de las nubes subiré, y seré semejante al Altísimo" (Is. 14:13, 14).

"Habéis arado impiedad, y segasteis iniquidad; comeréis fruto de mentira, porque confiaste en tu camino y en la multitud de tus valientes" (Os. 10:13).

3 (4:8) *Orgullo:* Segundo, están mostrando superioridad. Algunos creyentes estaban comportándose como si la vida de cada uno de ellos fuera plena, es decir, completamente llena y saciada. Da la idea de perfeccionada y completa. Actuaban como si fueran perfectos y maduros, y tuvieran el derecho enjuiciar al pueblo de Dios. Creían que no les faltaba nada, don, experiencia, conocimiento, entendimiento espiritual. Actuaban como si estuvieran reinando como reyes en la iglesia de Dios. Actuaban como si Dios ya les hubiera dado su recompensa espiritual y los hubiera exaltado para gobernar a los creyentes de la iglesia.

Pablo dice lo siguiente: Ojalá estuviesen reinando como reyes, porque entonces los ministros de Dios estarían reinando con ellos. Significaría que Dios ya habría creado los nuevos cielos y la nueva tierra y habría recompensado a los creyentes, exaltándolos a su recompensa prometida.

Pensamiento 1. Súper espiritualidad, una persona que crea que es plena y espiritualmente superior, que necesita poco, si es que necesita algo, es un estado extremadamente peligroso.

"¡Ay de vosotros, los que ahora estáis saciados! porque tendréis hambre. ¡Ay de vosotros, los que ahora reís! porque lamentaréis y lloraréis" (Lc. 6:25).

"Porque tú dices: Yo soy rico, y me he enriquecido, y de ninguna cosa tengo necesidad; y no sabes que tú eres un desventurado, miserable, pobre, ciego y desnudo" (Ap. 3:17).

"Envueltos están con su grosura; con su boca hablan arrogantemente" (Sal. 17:10).

4 (4:9-10) *Ministros:* Tercero, los verdaderos ministros son exhibidos como postreros. La palabra "exhibidos" (*apedeixen*) significa más que ser visto o expuesto. Ilustra a los gladiadores condenados cuando se les llevaba a arena. Dios ha exhibido al ministro como a un gladiador condenado a servir al mundo sin tener en cuenta el costo. Observe dos elementos:

1. El ministro está "sentenciado a muerte" (*epithanatious*). Aquí se continúa la ilustración del gladiador condenado. Se obliga a caminar por las calles de la ciudad y ante la multitud de la arena que aclamaba con vítores. Se convierte en un espectáculo ante el mundo y tiene que soportarlo porque no tiene opción.

Pablo ve a los ministros como espectáculos. Se les obliga a caminar por el escenario de la historia del mundo para continuar su batalla según lo ha ordenado el emperador y rey. Son simples espectáculos al mundo, a los ángeles y a los hombres, en el que pocos los entienden y los aceptan plenamente. Y de los pocos que sí lo aceptan, algunos se retiran y les dan la espalda.

Pensamiento 1. Note la comparación que Pablo hace entre la actitud de los corintios, la suya propia y la de los otros ministros de Dios. Los creyentes corintios vivían en plena satisfacción y comodidad mientras que los ministros de Dios padecían como espectáculos al mundo.

2. Se espera que el ministro sirva y se relegue al último lugar. Esto amplía lo que se acaba de decir.

a. Al ministro se le considera insensato por amor de Cristo por su fuerte devoción a Cristo. El mundo y con gran frecuencia los creyentes ven al ministro como un *insensato radical*. Pero no a muchos creyentes se les considera insensatos. La mayoría de los creyentes son aceptados por el mundo y por otros creyentes y son considerados sabios.

b. A los creyentes se les considera fuertes, porque reciben la plenitud de Cristo sin sufrir demasiado ni tener que seguir adelante hora tras hora y día tras día. Pero los ministros no. Son débiles ya que en ocasiones sufren el abandono y la vacilación de las personas para relacionarse con ellos, las miradas, la falta d entendimiento, el maltrato, el rechazo, las habladurías, los rumores, los chismes, la desaprobación y el rechazo, el ridículo y en ocasiones la persecución física y el martirio.

c. A los creyentes se les considera honorables y con frecuencia se les respeta; pero a los ministros con gran frecuencia se les trata como alguna clase diferente de persona, en un tipo de profesión diferente, el tipo de persona y de profesión que otras personas no querrían ni escogerían como el trabajo de su vida. Con gran frecuencia los ministros no tienen honra ante el mundo y, trágicamente, entre los creyentes.

Pensamiento 1. Una vez más, observe el gran contraste que hay entre la actitud de demasiados creyentes y la del verdadero ministro. Este era el problema de los corintios, y es el problema de demasiados creyentes e iglesias.

"Y decía a todos: Si alguno quiere venir en pos de mí, niéguese a sí mismo, tome su cruz cada día, y sígame" (Lc. 9:23).

"Como está escrito: Por causa de ti somos muertos todo el tiempo; somos contados como ovejas de matadero" (Ro. 8:36).

"Porque no nos predicamos a nosotros mismos, sino a Jesucristo como Señor, y a nosotros como vuestros siervos por amor de Jesús" (2 Co. 4:5).

"Porque nosotros que vivimos, siempre estamos entregados a muerte por causa de Jesús, para que también la vida de Jesús se manifieste en nuestra carne mortal" (2 Co. 4:11).

"Con Cristo estoy juntamente crucificado, y ya no vivo yo, mas vive Cristo en mí; y lo que ahora vivo en

la carne, lo vivo en la fe del Hijo de Dios, el cual me amó y se entregó a sí mismo por mí" (Gá. 2:20).

5 (4:11-13) *Ministros:* Tercero, los verdaderos ministros sirven, sin importar el costo. Los verdaderos ministros son los servidores de Cristo, y los administradores del evangelio (misterios) de Dios; por consiguiente, *pagan cualquier precio* por predicar el evangelio y ministrar a las personas. Pablo dice que él y los apóstoles soportaban estos sufrimientos "hasta esta hora".

=> En ocasiones no tenían comida, agua, y ropa (cp. 2 Co. 11:27; Mt. 25:36; Stg. 2:15).

=> Eran abofeteados y golpeados, es decir, les pegaban (cp. 2 Co. 12:7; Hch. 23:2).

=> No tenían casa (cp. Mt. 8:20; 10:23).

=> No eran una carga para la iglesia aunque implicara que tuvieran que trabajar en trabajos seculares a fin de predicar la Palabra y ministrar (cp. Hch. 18:3; 20:34; 1 Ts. 2:9; 2 Ts. 3:8; 1 Co. 9:6; 2 Co. 11:7).

=> Se les recriminaba y vilipendiaba, pero ellos bendecían (cp. 1 P. 2:23; 3:9; 4:14-16).

=> Eran perseguidos, pero lo sufrían (cp. Lc. 6:28).

=> Se les difamaba o calumniaba, pero ellos rogaban o exhortaban y le hacían frente a la conducta calumniadora con bondad.

=> Se les toma por el desecho (el rechazo, el residuo, la basura) y la escoria del mundo.

Pensamiento 1. ¿Qué estamos haciendo hoy por Cristo? ¿Cuánto sufrimos por predicar el evangelio y ministrar a las personas? ¿Cuántos predicadores y cuántos creyentes han dado honestamente todo *cuanto son y tienen* por predicarle el evangelio al mundo? ¿Cuántos han sacrificado y dado tanto que solo pueden comer una o dos comidas al día? ¿Cuántos tienen solo unas pocas ropas colgadas en su armario? ¿Cuántos autos hay en el garaje? ¿Cuánto dinero en el banco? ¿Cuántos de nosotros hemos sacrificado realmente todo *cuanto somos y tenemos* como hicieron los apóstoles?

"Bienaventurados sois cuando por mi causa os vituperen y os persigan, y digan toda clase de mal contra vosotros, mintiendo" (Mt. 5:11).

"El que halla su vida, la perderá; y el que pierde su vida por causa de mí, la hallará" (Mt.10:39).

"Y cualquiera que haya dejado casas, o hermanos, o hermanas, o padre, o madre, o mujer, o hijos, o tierras, por mi nombre, recibirá cien veces más, y heredará la vida eterna" (Mt. 19:29).

"porque yo le mostraré cuánto le es necesario padecer por mi nombre" (Hch. 9:16).

"Porque nosotros que vivimos, siempre estamos entregados a muerte por causa de Jesús, para que también la vida de Jesús se manifieste en nuestra carne mortal" (2 Co. 4:11).

"Por lo cual, por amor a Cristo me gozo en las debilidades, en afrentas, en necesidades, en persecuciones, en angustias; porque cuando soy débil, entonces soy fuerte" (2 Co. 12:10).

"Porque a vosotros os es concedido a causa de Cristo, no sólo que creáis en él, sino también que padezcáis por él" (Fil. 1:29).

"Hermanos míos, tomad como ejemplo de aflicción y de paciencia a los profetas que hablaron en nombre del Señor" (Stg. 5:10).

	L. Undécima solución: Tener en cuenta y comprender el espíritu del ministro de Dios, 4:14-21	el cual os recordará mi proceder en Cristo, de la manera que enseño en todas partes y en todas las iglesias.	
1 El ministro de Dios no avergüenza, sino que amonesta a su pueblo como a sus hijos	14 No escribo esto para avergonzaros, sino para amonestaros como a hijos míos amados.	18 Mas algunos están envanecidos, como si yo nunca hubiese de ir a vosotros.	**5 El ministro de Dios desea estar con su pueblo**
2 El ministro de Dios muestra el espíritu de un padre, no el espíritu de un ayo	15 Porque aunque tengáis diez mil ayos en Cristo, no tendréis muchos padres; pues en Cristo Jesús yo os engendré por medio del evangelio.	19 Pero iré pronto a vosotros, si el Señor quiere, y conoceré, no las palabras, sino el poder de los que andan envanecidos.	a. Anhela ayudarlos b. Él espera ejercer disciplina, manejar a los alborotadores
3 El ministro de Dios da un ejemplo inigualable	16 Por tanto, os ruego que me imitéis.	20 Porque el reino de Dios no consiste en palabras, sino en poder.	c. Ejercerá disciplina porque el reino de Dios lo exige
4 El ministro de Dios le proporciona el crecimiento a su pueblo	17 Por esto mismo os he enviado a Timoteo, que es mi hijo amado y fiel en el Señor,	21 ¿Qué queréis? ¿Iré a vosotros con vara, o con amor y espíritu de mansedumbre?	d. Él apela a la corrección de sí mismo

DIVISIÓN II

LA DIVISIÓN EN LA IGLESIA, 1:10—4:21

L. Undécima solución: Tener en cuenta y comprender el espíritu del ministro de Dios, 4:14-21

(4:14-21) *Introducción:* Este pasaje es la undécima solución a la división dentro de la iglesia. Pablo ha analizado el problema de la división completamente, y su análisis deja a cualquier iglesia sin excusa para permitirse estar dividida. Es necesario predicar y estudiar esta sección de las Escrituras una y otra vez para proteger la comunión y la misión de la iglesia. La undécima solución a la división es la necesidad de tener en cuenta y comprender el espíritu del ministro de Dios.

1. El ministro de Dios no avergüenza, sino que amonesta a su pueblo como a sus hijos (v. 14).
2. El ministro de Dios muestra el espíritu de un padre, no el espíritu de un ayo (v. 15).
3. El ministro de Dios da un ejemplo inigualable (v. 16).
4. El ministro de Dios le proporciona el crecimiento a su pueblo (v. 17).
5. El ministro de Dios desea estar con su pueblo (vv. 18-21).

1 (4:14) *Ministro:* El espíritu del ministro de Dios no avergüenza a las personas, sino que las amonesta. Pablo había sido fuerte con la iglesia de Corinto (cp. los caps. 1-4). Algunas personas estaban a punto de separar y destruir la iglesia; su propia vida y el testimonio de Cristo se veían amenazados. Se hacía necesaria una amonestación fuerte, porque algunos corrían el riesgo de enfrentarse al castigo severo de Dios (1 Co. 3:17). Pero observe lo siguiente: No se le hizo la amonestación para avergonzarlos como culpables, sino para amonestarlos. La amonestación se hizo con el espíritu de un padre, con el mismo espíritu que un padre amonesta a sus hijos de las consecuencias si continúan obrando mal. El padre

se muestra firme y decidido, y él hará exactamente lo que dice, pero aún así ama a sus hijos. Él los amonesta para impedir que destruyan la vida de ellos, no para avergonzarlos y apenarlos.

Pensamiento 1. Todos los ministros y las congregaciones necesitan comprender desesperadamente el verdadero espíritu de un ministro genuino.

1) Ningún ministro genuino dejaría de amonestar a su hijo de las consecuencias de su mala conducta.
2) Ningún hijo sabio (la congregación) rechazaría ni intentaría jamás silenciar la amonestación de un padre amoroso y adorable (ministro).

"**Sobre tus muros, oh Jerusalén, he puesto guardas; todo el día y toda la noche no callarán jamás. Los que os acordáis de Jehová, no reposéis**" (Is. 62:6).

"**Puse también sobre vosotros atalayas, que dijesen: Escuchad al sonido de la trompeta. Y dijeron ellos: No escucharemos**" (Jer. 6:17).

"**Hijo de hombre, yo te he puesto por atalaya a la casa de Israel; oirás, pues, tú la palabra de mi boca, y los amonestarás de mi parte**" (Ez. 3:17).

"**Pero si el atalaya viere venir la espada y no tocare la trompeta, y el pueblo no se apercibiere, y viniendo la espada, hiriere de él a alguno, éste fue tomado por causa de su pecado, pero demandaré su sangre de mano del atalaya**" (Ez. 33:6).

"**a éstos ciertamente olor de muerte para muerte, y a aquéllos olor de vida para vida. Y para estas cosas, ¿quién es suficiente?**" (2 Co. 2:16).

"**Obedeced a vuestros pastores, y sujetaos a ellos; porque ellos velan por vuestras almas, como quienes han de dar cuenta; para que lo hagan con alegría, y no quejándose, porque esto no os es provechoso**" (He. 13:17).

2 (4:15) *Ministro:* El espíritu del ministro de Dios es el de un padre, no el de un ayo. El "ayo" (paidagogous) de la época de Pablo era un esclavo de confianza que se ponía a cargo totalmente del bienestar y el crecimiento de un niño. Hasta estaba encargado de escoltar al niño a la escuela y velar para que nada malo le sucediera. Era responsable del crecimiento y desarrollo del niño hasta que fuera adulto. Pablo dice que la iglesia de Corinto contaba con un número ilimitado de maestros y ayos capaces, pero solo él era su padre espiritual. Él fue quien los trajo donde Cristo Jesús a recibir vida, y dio a luz a la iglesia. Él era a quien Dios había estado usando y aún usaba para supervisar el crecimiento de la iglesia. Pablo hacía énfasis en que él como ministro de la iglesia sentía más preocupación, ternura, y cariño por la iglesia que otros.

Pensamiento 1. La iglesia debe tener muchos ayos, maestros verdaderos que acogen a creyentes nuevos e inmaduros para asegurarse de que crezcan y se desarrollen. Sin embargo, el ministro de Dios debe ser más que un ayo que crea discípulos. Debe ser un ministro con el *espíritu de un padre sabio*, un espíritu que demuestra:

- Amor, pero también justicia.
- Cariño, pero también disciplina.
- Interés, pero también desenvolvimiento.
- Dádiva, pero también exigencia.
- Aceptación, pero también desaprobación.
- Alabanza, pero también amonestación.

> "y os daré pastores según mi corazón, que os apacienten con ciencia y con inteligencia" (Jer. 3:15).
>
> "Y pondré sobre ellas pastores que las apacienten; y no temerán más, ni se amedrentarán, ni serán menoscabadas, dice Jehová" (Jer. 23:4).
>
> "Le dijo la tercera vez: Simón, hijo de Jonás, ¿me amas? Pedro se entristeció de que le dijese la tercera vez: ¿Me amas? y le respondió: Señor, tú lo sabes todo; tú sabes que te amo. Jesús le dijo: Apacienta mis ovejas" (Jn. 21:17).
>
> "Por tanto, mirad por vosotros, y por todo el rebaño en que el Espíritu Santo os ha puesto por obispos, para apacentar la iglesia del Señor, la cual él ganó por su propia sangre" (Hch. 20:28).
>
> "Apacentad la grey de Dios que está entre vosotros, cuidando de ella, no por fuerza, sino voluntariamente; no por ganancia deshonesta, sino con ánimo pronto" (1 P. 5:2).

3 (4:16) *Ministro:* El espíritu del ministro de Dios da un ejemplo inigualable. "Os ruego que me imitéis". El equivalente griego de "imitar" (mimetai) significa *seguidores*. "Os ruego que me *sigan*". Todo padre debiera llevar una vida así como esa de modo que sus hijos le puedan seguir sus pasos. A esto se refería Pablo. Había llevado una vida de dedicación y abnegación por el Señor Jesucristo. Había dado todo cuanto era y tenía a Cristo. Él decía: "¡Síganme, imítenme! Comprometan su vida a Cristo; niéguense ustedes mismos completamente, den todo cuanto son y tienen a Él. Ayúdenme a evangelizar y a suplir las necesidades apremiantes del mundo por Él. El mundo se está muriendo de hambre y del pecado, la hambruna, las enfermedades, el frío, el calor, la soledad, y la falta de propósito; y están condenados a morir

tanto en este mundo como en el próximo. ¡Síganme! Ayúdenme a tenderle la mano a este mundo por Cristo Jesús nuestro Señor".

> "Sed imitadores de mí, así como yo de Cristo" (1 Co. 11:1).
>
> "Hermanos, sed imitadores de mí, y mirad a los que así se conducen según el ejemplo que tenéis en nosotros" (Fil. 3:17).
>
> "Lo que aprendisteis y recibisteis y oísteis y visteis en mí, esto haced; y el Dios de paz estará con vosotros" (Fil. 4:9).
>
> "Y vosotros vinisteis a ser imitadores de nosotros y del Señor, recibiendo la palabra en medio de gran tribulación, con gozo del Espíritu Santo" (1 Ts. 1:6).
>
> "Porque vosotros mismos sabéis de qué manera debéis imitarnos; pues nosotros no anduvimos desordenadamente entre vosotros" (2 Ts. 3:7).
>
> "Retén la forma de las sanas palabras que de mí oíste, en la fe y amor que es en Cristo Jesús" (2 Ti. 1:13).

4 (4:17) *Ministro:* El espíritu del ministro de Dios le proporciona el crecimiento a su pueblo. Note el énfasis de este versículo. Pablo dice: "Timoteo os recordará mi proceder en Cristo". A Pablo lo estaban atacando algunos miembros de la iglesia que representaban tanto a la derecha como a la izquierda. La derecha incluía a aquellos que eran *tradicionalistas y conservadores estrictos*, aquellos que seguían y exaltaban a Pedro como el arquetipo de los predicadores. La izquierda incluía a aquellos que eran más liberales y estaban interesados en la sabiduría del mundo, aquellos que seguían y exaltaban a Apolos como el mejor de los predicadores.

Debe tenerse en cuenta que los predicadores mismos no participaban personalmente de la división. Ninguno de ellos estaba en Corinto cuando comenzaron las discusiones y las divisiones dentro de la iglesia. La controversia los atañía, pero no estaban ni habrían estado involucrados. Se encontraban exactamente donde debían haber estado: En las carreteras y los caminos del mundo dando testimonio de Cristo. (Vea el índice y las notas — 1 Co. 1:10-16 para un mayor análisis.)

Pensamiento 1. ¡Qué contraste entre los predicadores y sus supuestos seguidores! ¡Los supuestos seguidores profesaban los méritos de los predicadores, pero no seguían su ejemplo! ¡Qué fácil es profesar y no practicar!

Arreglar los problemas dentro de la iglesia estaba en manos de Pablo, que era, por así decirlo, su ministro actual. Se encontraba de viaje en una misión en esa etapa en particular, pero él era responsable de la iglesia y de su bienestar. Al no poder abandonar su viaje misionero, aplicó la mejor opción. Se sentó y le escribió a la iglesia, tratando con ellos sus divisiones; y luego envió su epístola con uno de sus asistentes más capaces, Timoteo. *Timoteo debía quedarse en la iglesia* hasta que se eliminara la división y se volviera a entronizar a Cristo devolviéndole su legítimo lugar en el corazón y la vida de cada uno de los creyentes.

Pensamiento 1. Todo ministro del evangelio debe sentirse movido a proveer lo que sea necesario para el crecimiento de su pueblo. Todo creyente verdadero ha sido escogido por Dios para servir a Cristo Jesús el Señor. Por consiguiente, si hay algo en la vida de un creyente que entorpezca su crecimiento y su servicio, es un asunto grave para Dios. Debe manejarse y arreglarse sin importar lo que sea. Pero observe lo siguiente: El deber del ministro no es solamente proveer para el crecimiento del creyente. No puede hacer nada a menos que el creyente reciba su ministerio. El creyente debe ser un seguidor humilde de Dios que ame su ministerio y que esté interesado en servir a su Señor. (Para ser honestos, la profesión de Cristo que haga cualquier persona que no se comprometa ni obedezca a Cristo es sospechosa. La autenticidad de la conversión de la persona divisiva es incluso cuestionable. Dentro de la iglesia, como puede darse el caso entre dos personas, surgen diferencias y problemas; pero aún así los creyentes genuinos creyentes se aman y resuelven los problemas, bastante rápido.)

> **"Cuando hubieron comido, Jesús dijo a Simón Pedro: Simón, hijo de Jonás, ¿me amas más que éstos? Le respondió: Sí, Señor; tú sabes que te amo. El le dijo: Apacienta mis corderos. Volvió a decirle la segunda vez: Simón, hijo de Jonás, ¿me amas? Pedro le respondió: Sí, Señor; tú sabes que te amo. Le dijo: Pastorea mis ovejas. Le dijo la tercera vez: Simón, hijo de Jonás, ¿me amas? Pedro se entristeció de que le dijese la tercera vez: ¿Me amas? y le respondió: Señor, tú lo sabes todo; tú sabes que te amo. Jesús le dijo: Apacienta mis ovejas" (Jn. 21:15-17).**

Pensamiento 2. Observe el tipo de ministro que Pablo le proporcionó a la iglesia de Corinto.

1) Timoteo, un "hijo amado": Un ministro joven que ama y está dispuesto a aprender como lo está el hijo de un padre (un pastor mayor).

2) Timoteo, fiel en el Señor: Un ministro joven que es fiel:
   - En oración (1 Ti. 2:1-2).
   - En el estudio de la Palabra (2 Ti. 2:15; 3:15-17).
   - En el testimonio (2 Ti. 1:7-8).
   - En el servicio y el ministerio (1 Ti. 1:18-19; 4:14-16).

5 (4:18-21) *Ministros — Llamado:* El espíritu del ministro de Dios debe estar con su pueblo. Recuerden la situación que había en la iglesia. La iglesia estaba dividida en cuatro camarillas (vea el índice y las notas — 1 Co. 1:10-16). Era el tipo de situación que muchos desean abandonar, ignorar, o pasar por alto. Tenga en cuenta que al propio Pablo lo estaban atacando (vea la nota, *Pablo, acusaciones contra* — 2 Co. 1:12-22 para un mayor análisis). Tome en cuenta las palabras de este versículo: "Mas algunos están envanecidos, como si yo nunca hubiese de ir a vosotros". Al parecer creían que la crítica y las acusaciones contra Pablo eran justificadas, por lo que él no podía enfrentarlas. Sin embargo note cuatro puntos.

1.   Pablo tenía el deseo de estar con su amada iglesia y ayudarlos en el tiempo de dificultades que estaban atravesando. Él afirmó: "Pero iré pronto a vosotros, si el Señor quiere". Pablo era siervo del Señor, de manera que debía ir donde el Señor lo guiara. Sin embargo, sus oraciones eran plegarias a Dios pidiéndole que le permitiera volver a Corinto para hacer por ellos todo lo que él pudiera.

2.   Pablo esperaba tratar con los alborotadores y si era necesario ejercer disciplina sobre ellos. Acusaciones falsas se formularon contra él y como siempre, los rumores iban de boca en boca (vea la nota, *Pablo, acusaciones contra* — 2 Co. 1:12-22 para una lista completa de las acusaciones y rumores). Pablo dice lo siguiente: Cuando él vaya, no le interesarán las acusaciones de sus acusadores, sino su poder, es decir, aquello que pueden sostener y demostrar con evidencia. Desenmascarará a los acusadores y su carácter mundano y carnal, los pondrá al descubierto tales y como son: "Alborotadores".

3.   Pablo da la razón de por qué disciplinará a los alborotadores: Porque el reino de Dios no consiste en palabras, sino en poder. Es decir, el reino de Dios, el gobierno y reinado de Dios en una vida, no existe en un hombre porque él lo diga. Cuando Dios gobierna una vida, la gobierna con poder. A la vieja vida que hace acusaciones y esparce rumores acerca de las personas se le ha dado muerte. El gobierno de amor de Dios reina en una vida.

El planteamiento es directo: Los acusadores profesaban ser ciudadanos del reino de Dios haber entregado la vida de cada uno de ellos a Cristo, pero su profesión era solo de palabras, solo una profesión falsa. El poder del reino de Dios, de su gobierno en una vida, no se veía en la vida de ellos. No estaban demostrando amor y paz, tampoco estaban edificando la iglesia de Dios y su ministro, sino todo lo contrario. Estaban murmurando, esparciendo rumores, haciendo acusaciones, inquietando a las personas, causando división, y a punto de destruir la iglesia. Por consiguiente, Pablo dice que él no se apartará del problema. Más bien, lo enfrentará. De hecho, el reino de Dios, el bienestar mismo del reino, lo exige. El reino de Dios y su gobierno de amor debe reinar en la iglesia y debe mantenerse tan puro como sea posible.

4.   Pablo apela a la corrección: "¿Qué queréis? ¿Iré a vosotros con vara, o con amor y espíritu de mansedumbre?" La decisión siempre queda en mano de los alborotadores y de la iglesia. Nunca se deberán permitir que las discusiones dentro de la iglesia degeneren y continúen. Siempre se deberán manejar y solucionar, de modo que la iglesia pueda *concentrarse* en su misión de predicarle y ministrarle al mundo que está perdido, muriendo de hambre y de sed tanto espiritual como físicamente. A las personas del mundo se les debe predicar y dar vida tanto en este mundo como en el próximo. Se debe llevar el evangelio glorioso de salvación donde ellos. Por consiguiente, la iglesia debe enmendarse de modo que pueda ocuparse de su misión. Si lo hace, Pablo dice que vendrá donde ellos con amor. Si no lo hace, entonces él vendrá con disciplina.

Pensamiento 1. Pablo amaba al Señor, y amaba a las personas que tenía a su cuidado. Existía solo para servir al Señor y al pueblo del Señor. Por consiguiente, su corazón se inclinaba a ayudar a los creyentes sin importarle su estado ni su situación. Si se regocijaban, él se regocijaba con ellos; si sufrían, él sufría con ellos. No importaba lo que estuvieran experimentado, él estaba sobre esta tierra para ayudar a los creyentes en cualquier situación a la que se enfrentaran: Diferencias, divisiones, inmadurez, debilidad, pobreza, peligro, persecución. Su único propósito de vivir era Cristo y su pueblo: "Servir a Cristo predicándoles y ministrándoles a las personas". Él era el ministro de Dios; por consiguiente, Pablo no huyó de los problemas. Sencillamente alargó e intensificó sus oraciones, y escudriñó las Escrituras y el Espíritu en busca de respuestas. Luego se levantó y salió de su gabinete de estudio y oración para lidiar con los problemas. Salió con la confirmación, confianza, seguridad, y poder del Espíritu Santo. Por consiguiente, él sabía que lo que sucediera estaba bajo el control y voluntad de Dios. Si las personas respondían a la voluntad de Dios, Dios las bendeciría y honraría; si rechazaban la voluntad de Dios, Dios las juzgaría. En cualquiera de los dos casos, Dios se ocuparía de su preciado ministro, porque su ministro había cumplido con su deber.

"No me elegisteis vosotros a mí, sino que yo os elegí a vosotros, y os he puesto para que vayáis y llevéis fruto, y vuestro fruto permanezca; para que todo lo que pidiereis al Padre en mi nombre, él os lo dé" (Jn. 15:16).

"Por lo cual, teniendo nosotros este ministerio según la misericordia que hemos recibido, no des-mayamos. Antes bien renunciamos a lo oculto y vergonzoso, no andando con astucia, ni adulterando la palabra de Dios, sino por la manifestación de la verdad recomendándonos a toda conciencia humana delante de Dios" (2 Co. 4:1, 2).**

"Y todo esto proviene de Dios, quien nos reconcilió consigo mismo por Cristo, y nos dio el ministerio de la reconciliación" (2 Co. 5:18).

"del cual yo fui hecho ministro por el don de la gracia de Dios que me ha sido dado según la operación de su poder" (Ef. 3:7).

"Doy gracias al que me fortaleció, a Cristo Jesús nuestro Señor, porque me tuvo por fiel, poniéndome en el ministerio" (1 Ti. 1:12).

"del cual yo fui constituido predicador, apóstol y maestro de los gentiles" (2 Ti. 1:11).

Pensamiento 2. Observe que el amor de un ministro es exactamente igual al de un padre. El amor verdadero no tiene nada de complacencia y licencia que permita que el egoísmo y el mal, la suciedad y la fealdad, el pecado y la vergüenza campeen por su respeto. El amor verdadero se preocupa por las consecuencias de la conducta de una persona; por consiguiente, el amor verdadero ejerce una corrección firme y una disciplina que ciertamente salvan e impiden que la persona amada se haga daño.

	CAPÍTULO 5	fuese quitado de en medio de vosotros el que cometió tal acción?	
	III. LA RELAJACIÓN MO-RAL EN LA IGLESIA, 5:1—6:20	3 Ciertamente yo, como ausente en cuerpo, pero presente en espíritu, ya como presente he juzgado al que tal cosa ha hecho.	3 Estaba la disciplina del hermano infractor
	A. El caso de inmoralidad en la iglesia (parte 1): Cómo tratar a un hermano pecador en la iglesia, 5:1-5	4 En el nombre de nuestro Señor Jesucristo, reunidos vosotros y mi espíritu, con el poder de nuestro Señor Jesucristo,	a. Ser disciplinado en Cristo
1 Estaba el pecado de la inmoralidad: Un caso de fornicación, de incesto público	1 De cierto se oye que hay entre vosotros fornicación, y tal fornicación cual ni aun se nombra entre los gentiles; tanto que alguno tiene la mujer de su padre.	5 el tal sea entregado a Satanás para destrucción de la carne, a fin de que el espíritu sea salvo en el día del Señor Jesús.	b. Ser disciplinado por la iglesia en una reunión especial
2 Estaba la actitud de la iglesia: Una autocomplacencia exagerada	2 Y vosotros estáis envanecidos. ¿No debierais más bien haberos lamentado, para que		c. Ser disciplinado siendo entregado a Satanás

DIVISIÓN III

LA RELAJACIÓN MORAL EN LA IGLESIA, 5:1—6:20

A. El caso de inmoralidad en la iglesia (parte 1): Cómo tratar a un hermano pecador en la iglesia, 5:1-5

(5:1-6:20) *Panorámica general de la división: Problemas de la iglesia:* Los capítulos 5 y 6 lidian con cuatro problemas morales que había en la iglesia de Corinto. Había una complacencia y relajación graves en la iglesia con respecto a la moralidad.

1. El caso de inmoralidad en la iglesia (parte 1): Cómo tratar a un hermano pecador en la iglesia, 5:1-5.

2. El caso de inmoralidad en la iglesia (parte 2): Lo que la iglesia debe hacer para tratar la inmoralidad dentro de ella, 5:6-13.

3. El caso de litigio, 6:1-8.

4. El caso contra el carácter injusto, 6:9-11.

5. El caso contra la complacencia del cuerpo humano, 6:12-20.

(5:1-5) *Introducción:* Muchas iglesias tienen miembros que caen en el pecado de la inmoralidad. ¿Qué debe hacer la iglesia cuando esto sucede? ¿Ignorarlo? ¿Orar por ello y esperar que Dios se ocupe del asunto? ¿O, tomar medidas y hacer todo lo posible para restaurar al hermano a Cristo?

Este pasaje (5:1-5) y el próximo (5:6-13) manejan el tema sensible de la disciplina de la iglesia, un tema que es extremadamente necesario si la iglesia ha de mantener testimonio fuerte del Señor.

1. Estaba el pecado de la inmoralidad: Un caso de fornicación, de incesto público (v. 1).

2. Estaba la actitud de la iglesia: Una autocomplacencia exagerada (v. 2).

3. Estaba la disciplina del hermano infractor (vv. 3-5).

1 (5:1) *Pecado — Fornicación:* Estaba el pecado de la inmoralidad, un caso de fornicación, de incesto público en la iglesia. Note que no hay palabra ni conjunción que relacione este pasaje con el capítulo cuatro. Pablo se adentra en el tema y de un modo abrupto comienza a manejar este problema de inmoralidad: "De cierto se oye que hay entre vosotros fornicación". La idea es sorprendente, vergonzosa, despreciable, y asquerosa. ¡Imagínese! Un hijo que está viviendo con su madrastra, la esposa de su padre, y es de conocimiento público. Todo el mundo, tanto en la iglesia como en la comunidad, lo sabe.

1. La palabra "tiene" demuestra alguna forma de relación permanente. El hijo se había casado con ella o estaba viviendo con ella.

2. El hijo era miembro de la iglesia. Observe que era un miembro prominente que todos conocían; un miembro que era suficientemente fiel como para conocerse como miembro de la iglesia. Incluso hay cierto indicio de que era líder de la iglesia (vv. 2, 6).

3. Los incrédulos del mundo (los gentiles) no aprueban ni aceptan el incesto. Puede que lleven una vida pura y limpia, pero rechazan completamente el incesto como algo que en nada se acerca a una conducta aceptable. Por consiguiente, el testimonio de la iglesia se estaba arruinando de un modo trágico.

Pensamiento 1. Piense en el incesto y el maltrato infantil que hay en las familias: Padre pecando con hijo e hijo con hijo. ¿Cuántos pertenecen a la iglesia? ¿Para cuántos de los que se sientan entre nosotros semana tras semana es este mensaje?

"y de igual modo también los hombres, dejando el uso natural de la mujer, se encendieron en su lascivia unos con otros, cometiendo hechos vergonzosos hom-

bres con hombres, y recibiendo en sí mismos la retribución debida a su extravío" (Ro. 1:27).

"¿No sabéis que los injustos no heredarán el reino de Dios? No erréis; ni los fornicarios, ni los idólatras, ni los adúlteros, ni los afeminados, ni los que se echan con varones" (1 Co. 6:9).

"Huid de la fornicación. Cualquier otro pecado que el hombre cometa, está fuera del cuerpo; mas el que fornica, contra su propio cuerpo peca" (1 Co. 6:18).

"que cuando vuelva, me humille Dios entre vosotros, y quizá tenga que llorar por muchos de los que antes han pecado, y no se han arrepentido de la inmundicia y fornicación y lascivia que han cometido" (2 Co. 12:21).

"Y manifiestas son las obras de la carne, que son: adulterio, fornicación, inmundicia, lascivia... los que practican tales cosas no heredarán el reino de Dios" (Gá. 5:19, 21).

"los cuales, después que perdieron toda sensibilidad, se entregaron a la lascivia para cometer con avidez toda clase de impureza" (Ef. 4:19).

"Pero fornicación y toda inmundicia, o avaricia, ni aun se nombre entre vosotros, como conviene a santos" (Ef. 5:3).

"Haced morir, pues, lo terrenal en vosotros: fornicación, impureza, pasiones desordenadas, malos deseos y avaricia, que es idolatría" (Col. 3:5).

"pues la voluntad de Dios es vuestra santificación; que os apartéis de fornicación" (1 Ts. 4:3).

"Porque algunos hombres han entrado encubiertamente, los que desde antes habían sido destinados para esta condenación, hombres impíos, que convierten en libertinaje la gracia de nuestro Dios, y niegan a Dios el único soberano, y a nuestro Señor Jesucristo... como Sodoma y Gomorra y las ciudades vecinas, las cuales de la misma manera que aquéllos, habiendo fornicado e ido en pos de vicios contra naturaleza, fueron puestas por ejemplo, sufriendo el castigo del fuego eterno" (Jud. 4, 7).

2 (5:2) *Iglesia, problemas — Disciplina de la iglesia:* Estaba la actitud de la iglesia, una autocomplacencia vergonzosa. Note la palabra "envanecidos". Al parecer la iglesia de Corinto estaba "envanecida" por dos razones.

1. La iglesia se creía una iglesia fuerte y espiritual, la iglesia bendecida grandemente por Dios. Este había sido el pecado mismo que Pablo estaba atacando en los primeros cuatro capítulos. Los creyentes de la iglesia pensaban que ellos eran espirituales; se deleitaban en su engreimiento y orgullo como una iglesia supuestamente fuerte, pero no lo eran. Estaban permitiendo que existiera un pecado inmoral entre ellos. En lugar de estar envanecidos, debían estar lamentándose. La palabra "lamentado" (epenthesate) es la palabra usada para entristecerse y llorar por los muertos. Debían haber estado tan entristecidos que se habrían sentido movidos a una oración intensa. No necesitaban gloriarse en su supuesta espiritualidad y fuerza como iglesia; necesitan llorar por el pecado que había entre ellos, rogándole a Dios que los ayudara y les restaurara al hermano caído o lo retirara a él y al pecado de su fraternidad por medio del amor y la corrección.

2. La iglesia estaba "envanecida" por el hombre que era culpable del pecado de inmoralidad (vea la nota — 1 Co. 5:6 para un análisis).

Pensamiento 1. La iglesia no debe mostrarse indiferente al lidiar con el pecado y el mal. Esta es la idea central de este pasaje y de todas las Escrituras. Ninguna iglesia puede borrar el pecado completamente, porque no hay personas perfectas. Pero se debe manejar y corregir el pecado y el mal evidente y cuestionable. Una actitud indiferente y no muy exigente hacia el pecado destruirá tanto la vida de las personas como a las iglesias. Prácticamente todas las sociedades tienen reglas que rigen a sus miembros, y las sociedades más respetadas y honradas lidian con sus miembros cuando sus reglas de membresía se violan continuamente. La iglesia, por encima de todas las sociedades, no debe ser indiferente ni poco exigente al lidiar con el pecado que daña la iglesia y las vidas, y que resulta claramente evidente para todos. (Vea el índice y las notas — Mt. 18:15-20 para los pasos para corregir a los hermanos infractores. Jesús explicó en detalles lo que se debe hacer exactamente, y claramente se ve la sabiduría de lo que Él enseñó.)

"Por tanto, si tu hermano peca contra ti, ve y repréndele estando tú y él solos; si te oyere, has ganado a tu hermano. Mas si no te oyere, toma aún contigo a uno o dos, para que en boca de dos o tres testigos conste toda palabra. Si no los oyere a ellos, dilo a la iglesia; y si no oyere a la iglesia, tenle por gentil y publicano" (Mt.18:15-17).

"Dijo Jesús a sus discípulos: Imposible es que no vengan tropiezos; mas ¡ay de aquel por quien vienen! Mejor le fuera que se le atase al cuello una piedra de molino y se le arrojase al mar, que hacer tropezar a uno de estos pequeñitos. Mirad por vosotros mismos. Si tu hermano pecare contra ti, repréndele; y si se arrepintiere, perdónale" (Lc.17:1-3).

"A los que persisten en pecar, repréndelos delante de todos, para que los demás también teman" (1 Ti. 5:20).

"que prediques la palabra; que instes a tiempo y fuera de tiempo; redarguye, reprende, exhorta con toda paciencia y doctrina" (2 Ti. 4:2).

"Este testimonio es verdadero; por tanto, *repréndelos duramente,* para que sean sanos en la fe" (Tit. 1:13).

"Esto habla, y exhorta y *reprende* con toda autoridad. Nadie te menosprecie" (Tit. 2:15).

"Al hombre que cause divisiones, después de una y otra amonestación *deséchalo*" (Tit. 3:10).

3 (5:3-5) *Disciplina de la iglesia:* La disciplina del hermano infractor. Pablo estaba de viaje en una misión; por consiguiente, no podía lidiar personalmente con el hermano infractor ni con la iglesia. Sin embargo, su espíritu se desbordaba de amor por la iglesia; era como si estuviera con ellos "en espíritu". Por consiguiente, ya había juzgado el asunto. Él había tomado una decisión con respecto a lo que se debía hacer, y era un asunto demasiado importante para dejarlo colgado hasta que él regresara. Se debían hacer tres cosas:

1. El hermano infractor debía ser disciplinado "en el nombre de *nuestro Señor* Jesucristo".

Note la palabra "nuestro". Jesucristo es nuestro Señor, mi Señor, el Señor de la iglesia, y el Señor del hermano infractor. Pablo dice:

- Es *tu Señor* al que se hiere y lastima; es su nombre el que se está dañando.
- Es por *tu Señor* que se debe llevar a cabo esta disciplina.
- Es *nuestro Señor* solamente el que puede usar la disciplina para mover la conciencia del hermano pecador al arrepentimiento y a buscar reconciliación con Dios.

2. El hermano infractor debe ser disciplinado por la iglesia en una reunión convocada especialmente. Al parecer esto es lo que se quiere decir con las palabras "reunidos vosotros".

=> Nota: Pablo dice que se reuniría con ellos "en espíritu". Su corazón y sus oraciones estarían con ellos cuando manejaran este asunto tan difícil.

=> Observe un elemento crucial. A la iglesia se le mandó a limpiarse antes de disciplinar al hermano infractor. (Vea el índice y las notas — 1 Co. 5:6-13. Según se ha planteado, este es un elemento crítico y debe prestársele atención antes de llevar a cabo la disciplina.)

3. El hermano infractor debía ser disciplinado por medio del poder de nuestro Señor Jesucristo. Debía ser entregado a Satanás:

- Para destrucción de la carne.
- Para que su espíritu pudiera ser salvo en el día de nuestro Señor Jesucristo.

Ahora bien, ¿Qué quiere decir esto? Hay dos interpretaciones principales de la disciplina.

1. La disciplina significa que el hombre debe ser excomulgado de la iglesia (vs. 2, 7, 13). La idea es que fuera de la iglesia, es decir, afuera en el mundo, impera el dominio de Satanás; mientras que dentro de la iglesia impera el dominio de Dios (Jn. 12:31; 16:11; Hch. 26:18; Ef. 2:12; Col. 1:13; 1 Jn. 5:19). El hombre debe ser devuelto al mundo de Satanás al cual pertenece. Quizás una disciplina como esa lo humillaría y lo haría recobrar el juicio. Era una disciplina no solo para castigarlo, sino para traerlo a justicia. Es un juicio que le retira a las personas sus privilegios cristianos con la esperanza de que la disciplina las mueva al arrepentimiento.

2. La disciplina significa algo más que excomulgar a una persona. Es la sujeción milagrosa de la persona al poder de Satanás. La carne debe ser entregada a la enfermedad y, si no hay arrepentimiento como resultado, pues entonces a la muerte. Se ve que las consecuencias físicas son el resultado de los fracasos espirituales (Vea el índice y la nota — 1 Co. 11:27-30). En Hechos 5:1-11, Ananías y Safira constituyen ejemplos extremos. Se argumenta además que la simple acción de excomulgar no surtiría el efecto de destruir la carne.

Debiera tenerse en cuenta que este castigo se ve como rehabilitación. La carne es destruida para que el espíritu pueda ser salvo. No hay dudas de que Pablo se refiere a "salvo" en toda la extensión de la palabra, porque él añade "en el día del Señor". Pablo espera ver al infractor en el día del juicio final. Se usan también las mismas palabras en el caso de Himeneo y Alejandro a quien Pablo entregó a Satanás para que aprendieran a no blasfemar (1 Ti. 1:20).

Es necesario que se estudie este pasaje detenidamente, porque la iglesia necesita desesperadamente ejercer disciplina más de lo que se ejercía en el pasado a fin de fortalecer el testimonio del Señor. Note tres elementos más:

1. La disciplina real del hermano infractor se lleva a cabo en "el poder de nuestro Señor Jesucristo". Es el poder de Cristo el que ejecuta el juicio sobre la carne y sobre el espíritu. Observe lo siguiente, porque resulta extremadamente importante. La iglesia hace todo cuanto puede: Tomen la decisión de que debe lidiarse con el pecado del hermano y luego, con el corazón desgarrado y lleno de amor, hagan el pronunciamiento de que debe abandonar la iglesia. Cualquier castigo físico y espiritual está en manos del Señor, no en las manos de la iglesia.

2. Nuestro Señor mismo explicó en detalles los pasos reales que se deben seguir para lidiar con un hermano infractor, y la sabiduría de su amor se ve claramente en sus instrucciones. Toda iglesia debe hacer exactamente lo que Él dijo, y si el hermano infractor aún se rehúsa a arrepentirse, entonces la iglesia debe tomar medidas. (Vea el índice y las notas — Mt. 18:15-20. Las instrucciones del Señor deben estudiarse detenidamente con este pasaje.)

3. Al comparar los pasajes de las Escrituras, parece que Pablo quiso decir más que excomulgar. Las Escrituras enseñan definitivamente que hay un poder espiritual que inflige castigo sobre el pecado. Sin embargo, esto no debiera sorprendernos en nuestra época, porque la medicina moderna y la psicología nos cuentan que incluso la mala conducta causa el castigo físico, emocional, y mental. (Vea el *Estudio a fondo 1* — 1 Jn. 5:16 para un mayor análisis.)

"Por lo cual hay muchos enfermos y debilitados entre vosotros, y muchos duermen. Si, pues, nos examinásemos a nosotros mismos, no seríamos juzgados; mas siendo juzgados, somos castigados por el Señor, para que no seamos condenados con el mundo" (1 Co. 11:30-32).

"Todo pámpano que en mí no lleva fruto, lo quitará; y todo aquel que lleva fruto, lo limpiará, para que lleve más fruto" (Jn. 15:2).

"Entonces Saulo, que también es Pablo, lleno del Espíritu Santo, fijando en él los ojos, dijo: ¡Oh, lleno de todo engaño y de toda maldad, hijo del diablo, enemigo de toda justicia! ¿No cesarás de trastornar los caminos rectos del Señor? Ahora, pues, he aquí la mano del Señor está contra ti, y serás ciego, y no verás el sol por algún tiempo. E inmediatamente cayeron sobre él oscuridad y tinieblas; y andando alrededor, buscaba quien le condujese de la mano" (Hch. 13:9-11; cp. Hch. 5:1-11).

"de los cuales son Himeneo y Alejandro, a quienes entregué a Satanás para que aprendan a no blasfemar" (1 Ti. 1:20).

"y habéis ya olvidado la exhortación que como a

hijos se os dirige, diciendo: Hijo mío, no menosprecies la disciplina del Señor, ni desmayes cuando eres reprendido por él" (He. 12:5; cp. los vv. 6-11).

"Yo reprendo y castigo a todos los que amo; sé, pues, celoso, y arrepiéntete" (Ap. 3:19).

"Bienaventurado el hombre a quien tú, JAH, corriges, y en tu ley lo instruyes" (Sal. 94:12).

"No menosprecies, hijo mío, el castigo de Jehová, ni te fatigues de su corrección; porque Jehová al que ama castiga, como el padre al hijo a quien quiere" (Pr. 3:11, 12).

"Castígame, oh Jehová, mas con juicio; no con tu furor, para que no me aniquiles" (Jer. 10:24).

	B. El caso de inmoralidad en la iglesia (parte 2): Lo que la iglesia debe hacer para tratar la inmoralidad dentro de ella, 5:6-13	9 Os he escrito por carta, que no os juntéis con los fornicarios;	4 La iglesia debe separarse del mundo, pero no completamente
1 La iglesia debe aprender algo: Un poco de levadura (pecado) leuda toda la masa	6 No es buena vuestra jactancia. ¿No sabéis que un poco de levadura leuda toda la masa?	10 no absolutamente con los fornicarios de este mundo, o con los avaros, o con los ladrones, o con los idólatras; pues en tal caso os sería necesario salir del mundo.	
2 La iglesia debe limpiarse de la levadura (pecado)	7 Limpiaos, pues, de la vieja levadura, para que seáis nueva masa, sin levadura como sois; porque nuestra pascua, que es Cristo, ya fue sacrificada por nosotros.	11 Más bien os escribí que no os juntéis con ninguno que, llamándose hermano, fuere fornicario, o avaro, o idólatra, o maldiciente, o borracho, o ladrón; con el tal ni aun comáis.	5 La iglesia debe separarse de los pecadores que se hacen llamar hermanos
3 La iglesia debe celebrar la fiesta, es decir, debe limpiarse	8 Así que celebremos la fiesta, no con la vieja levadura, ni con la levadura de malicia y de maldad, sino con panes sin levadura, de sinceridad y de verdad.	12 Porque ¿qué razón tendría yo para juzgar a los que están fuera? ¿No juzgáis vosotros a los que están dentro? 13 Porque a los que están fuera, Dios juzgará. Quitad, pues, a ese perverso de entre vosotros.	6 La iglesia debe juzgar solo a aquellos "dentro" de la iglesia; Dios juzga a aquellos "fuera" de la iglesia

DIVISIÓN III

LA RELAJACIÓN MORAL EN LA IGLESIA, 5:1—6:20

B. El caso de inmoralidad en la iglesia (parte 2): Lo que la iglesia debe hacer para tratar la inmoralidad dentro de ella, 5:6-13

(5:6-13) **Introducción:** Este pasaje es una continuación del pasaje anterior (vv. 1-5). El tema es la disciplina de la iglesia, un tema que se hace críticamente necesario si la iglesia ha de ser como debe ser ante el Señor y el mundo. ¿Qué debe hacer la iglesia cuando se halle el pecado de inmoralidad en la vida de un miembro?

1. La iglesia debe aprender algo: Un poco de levadura (pecado) leuda toda la masa (v. 6).
2. La iglesia debe limpiarse de la levadura (pecado) (v. 7).
3. La iglesia debe celebrar la fiesta, es decir, debe limpiarse (v. 8).
4. La iglesia debe separarse del mundo, pero no completamente (vv. 9-10).
5. La iglesia debe separarse de los pecadores que se hacen llamar hermanos (v. 11).
6. La iglesia debe juzgar solo a aquellos "dentro" de la iglesia; Dios juzga a aquellos "fuera" de la iglesia (vv. 12-13).

1 (5:6) *Iglesia, problemas:* La iglesia debe saber algo, un poco de levadura (pecado) leuda toda la masa. La levadura o el pecado de la iglesia de Corinto era su "jactancia". La iglesia se creía una iglesia fuerte y espiritual, una iglesia grande-

mente bendecida y dotada por Dios. Todo don concebible del Espíritu se le había dado a la iglesia, y los miembros se deleitaban y se jactaban de sus dones y bendiciones (vea las notas — 1 Co. 1:5-7; 1:12; 1:26; 2:6-13; 3:18-23; 4:1-5; 4:6; 4:7; 4:8; 5:2. Una ojeada rápida a estas notas proporcionará una panorámica de la jactancia y el orgullo de la iglesia de Corinto y de la jactancia y el orgullo que pueden calar cualquier iglesia.)

Sin embargo, la mayor envergadura del orgullo pecaminoso se alcanza cuando una iglesia comienza a enorgullecerse del hecho de que ciertos líderes pertenecen a su comunión. Este fue al parecer uno de los pecados terribles de la iglesia de Corinto.

La iglesia se estaba "jactando" del hombre que era culpable del pecado de inmoralidad (v. 6). La iglesia, desde luego, no se habría estado jactando del pecado del hombre. Su jactancia era por el hombre como tal: su talla moral, su prestigio, quién era, el dinero que podía dar, el aporte que podía hacer, su liderazgo, y quizá sus riquezas. La palabra "jactarse" (kauchema) lo señala fuertemente. Significa que se estaban jactando, vanagloriando, y enorgulleciéndose del hombre a pesar del conocimiento de su pecado. Quizá fuera un hombre de un liderazgo extraordinario en la comunidad o la ciudad de Corinto. Quizá se había convertido en líder de una de las facciones de la iglesia. Cualquiera que sea el caso, la iglesia pasó por alto este pecado y se enorgulleció del hecho de que un hombre de su talla moral se sumara y formara parte de su fraternidad.

Pensamiento 1. Con gran frecuencia, la iglesia pasa por alto el pecado y el estilo de vida de un hombre porque es líder de la comunidad, el gobierno o una empresa. De hecho, con gran frecuencia una iglesia se jacta del hecho de que un hombre es miembro de su fraternidad. Según declaran las Escrituras: "Hermanos, estas cosas no deben suceder".

Sucede lo siguiente: La iglesia debe despertar y aprender algo. Un poco de levadura (pecado) leuda toda la masa. La levadura es un tipo de pecado en la Biblia. Por consiguiente, si se permite que el hombre y su pecado de inmoralidad permanezcan en la iglesia, el pecado del hombre se esparcirá. Si la iglesia acepta al hombre que está viviendo claramente en pecado, otros comenzarán a creer que ellos, también, pueden ser aceptos aunque pecaran. Si no hay restricción sobre el pecado, entonces el pecado crecerá. Si el pecado se acepta, el pecado, no la justicia, es el que impera. Si la justicia no es el fundamento de la aceptación, entonces la justicia no reina, sino que reina el pecado. Si la iglesia acepta a la persona que vive claramente en pecado, entonces la iglesia está permitiendo que impere el pecado, y el pecado se esparcirá. El hombre que vive *en función del pecado* influye a los otros para que vivan *en función del pecado*.

Observe lo que dicen las Escrituras: Solo hace falta un *poco* de levadura, no mucho, para que el pecado crezca. Aceptar a un hombre que vive *según el mundo y según el pecado* haría que otros comiencen a llevar una vida mundana y pecaminosa.

> **"Pero el que duda sobre lo que come, es condenado, porque no lo hace con fe; y todo lo que no proviene de fe, es pecado" (Ro. 14:15).**

> **"Vosotros corríais bien; ¿quién os estorbó para no obedecer a la verdad? Esta persuasión no procede de aquel que os llama. Un poco de levadura leuda toda la masa" (Gá. 5:7-9).**

> **"Y cualquiera que haga tropezar a alguno de estos pequeños que creen en mí, mejor le fuera que se le colgase al cuello una piedra de molino de asno, y que se le hundiese en lo profundo del mar. ¡Ay del mundo por los tropiezos! porque es necesario que vengan tropiezos, pero ¡ay de aquel hombre por quien viene el tropiezo! Por tanto, si tu mano o tu pie te es ocasión de caer, córtalo y échalo de ti; mejor te es entrar en la vida cojo o manco, que teniendo dos manos o dos pies ser echado en el fuego eterno" (Mt. 18:6-8).**

> **"Las moscas muertas hacen heder y dar mal olor al perfume del perfumista; así una pequeña locura, al que es estimado como sabio y honorable" (Ec. 10:1).**

> **"Cazadnos las zorras, las zorras pequeñas, que echan a perder las viñas; porque nuestras viñas están en cierne" (Cnt. 2:15).**

2 (5:7) *Iglesia, deber:* La iglesia debe limpiarse de la levadura (pecado). Hay dos razones por la que la iglesia y sus creyentes deben limpiarse de todo pecado.

1. Los creyentes son nuevas criaturas. Da la idea de la fiesta de Pascua judía. A la familia judía se le exigía por ley que eliminara toda la levadura de la casa antes de celebrar la Pascua. Se les exigía incuso que encendieran velas y buscaran en toda la casa migajas de levadura que hubieran caído al suelo y debajo de la mesa y otros muebles. La purga de toda la levadura simbolizaba al pueblo purgando la *influencia corruptora* del pecado en la vida de cada uno de ellos.

Note el planteamiento: "sin levadura como sois". Los creyentes de la iglesia ya eran sin levadura; eran nuevas masas, nuevas criaturas; por consiguiente, no debían salir de la familia y entrar al mundo para traer la *vieja levadura* de vuelta a la familia. El creyente se ha convertido en una "nueva criatura" en Cristo. Se han echado de la casa sus *viejos pecados* y su *viejo hombre*; por consiguiente, no debe permitir que los viejos pecados regresen a su vida y tampoco a la familia de Dios, es decir, la iglesia.

> **"De modo que si alguno está en Cristo, nueva criatura es; las cosas viejas pasaron; he aquí todas son hechas nuevas" (2 Co. 5:17).**

> **"Porque en Cristo Jesús ni la circuncisión vale nada, ni la incircuncisión, sino una nueva creación" (Gá. 6:15).**

> **"En cuanto a la pasada manera de vivir, despojaos del viejo hombre, que está viciado conforme a los deseos engañosos, y renovaos en el espíritu de vuestra mente, y vestíos del nuevo hombre, creado según Dios en la justicia y santidad de la verdad" (Ef. 4:22-24).**

> **"No mintáis los unos a los otros, habiéndoos despojado del viejo hombre con sus hechos, y revestido del nuevo, el cual conforme a la imagen del que lo creó se va renovando hasta el conocimiento pleno" (Col. 3:9, 10).**

2. Cristo nuestra Pascua se ha sacrificado por nosotros y por la iglesia. Acá, también, hay una ilustración de la Pascua. En la Pascua judía, cada familia mataba un cordero de Pascua y con su sangre pintaba el dintel de la entrada principal de la casa. Esto simbolizaba que la familia creía en la Palabra de Dios, que Dios salvaría a la familia del juicio cuando Dios viera que la sangre del cordero de Pascua cubría su casa.

Resulta sorprendente: El cordero de Pascua de la fiesta y del Antiguo Testamento simbolizaba el gran Cordero de Pascua de Dios, Jesucristo. Cristo nuestra Pascua se sacrifica por nosotros; por consiguiente, debemos purgar la levadura, el pecado y su influencia corruptora, de nuestra vida. Debemos purgar todo el pecado y tomar la sangre de Jesucristo y cubrirnos nosotros mismos y a nuestra casa si deseamos que el juicio de Dios nos pase por alto.

Ahora bien, note la idea: Si continuamos *practicando y aceptando el pecado*, eso demuestra que no creemos realmente que la sangre de Cristo nos limpia. Aceptar el pecado y vivir en pecado demuestra que no tenemos interés en librarnos del pecado. Aceptar el pecado y vivir en pecado demuestra que amamos el pecado, que nos agrada tanto lo que el pecado nos puede hacer que no estamos dispuestos a purgarlo de nuestra vida y de la iglesia. Si permitimos la vieja levadura, el viejo pecado en nuestra vida y nuestra iglesia, eso demuestra que tenemos poco interés en una vida limpia y pura. Le demuestra a Dios que nos preocupa poco el poder limpiador de la sangre de Cristo nuestra Pascua. El planteamiento es contundente, y constituye una amonestación. Por consiguiente, debemos purgar la vieja levadura, los viejos pecados tanto de nuestra vida como de nuestra iglesia.

"El siguiente día vio Juan a Jesús que venía a él, y dijo: He aquí el Cordero de Dios, que quita el pecado del mundo" (Jn. 1:29).

"Limpiaos, pues, de la vieja levadura, para que seáis nueva masa, sin levadura como sois; porque nuestra pascua, que es Cristo, ya fue sacrificada por nosotros" (1 Co. 5:7).

"el cual se dio a sí mismo por nuestros pecados para librarnos del presente siglo malo, conforme a la voluntad de nuestro Dios y Padre" (Gá. 1:4).

"Y andad en amor, como también Cristo nos amó, y se entregó a sí mismo por nosotros, ofrenda y sacrificio a Dios en olor fragante" (Ef. 5:2).

"quien se dio a sí mismo por nosotros para redimirnos de toda iniquidad y purificar para sí un pueblo propio, celoso de buenas obras" (Tit. 2:14).

"sabiendo que fuisteis rescatados de vuestra vana manera de vivir, la cual recibisteis de vuestros padres, no con cosas corruptibles, como oro o plata, sino con la sangre preciosa de Cristo, como de un cordero sin mancha y sin contaminación" (1 P. 1:18, 19).

"En esto hemos conocido el amor, en que él puso su vida por nosotros; también nosotros debemos poner nuestras vidas por los hermanos" (1 Jn. 3:16).

"y de Jesucristo el testigo fiel, el primogénito de los muertos, y el soberano de los reyes de la tierra. Al que nos amó, y nos lavó de nuestros pecados con su sangre" (Ap. 1:5).

3 (5:8) *Iglesia, deber*: La iglesia debe celebrar la fiesta, es decir, debe limpiarse. Este punto se plantea de la forma más clara posible: "La iglesia debe mantenerse limpia y pura". No debe permitir malicia ni maldad en su fraternidad. Debe llevar una vida de sinceridad y verdad. Observe cinco elementos:

1. La palabra "malicia" señala que al parecer algunas personas en la iglesia se oponían a la presencia inmoral del hombre en la iglesia. Pero los que apoyaban al hombre se mantenían firmes, y la malicia se instaló entre los dos grupos.

2. La palabra "maldad" (ponerias) significa más que solo pecado y carencia. Significa sentir placer en el mal. La iglesia debe purgarse de su orgullo en los hombres prestigiosos que vivían en pecados inmorales. Tal maldad debe purgarse.

3. La palabra "sinceridad" (eilikpinias) significa puro, caro, transparente. Es algo a través de lo cual puede pasar la luz del sol demostrando una pureza impecable.

4. La palabra "verdad" (aletheias) significa no adulterado, conforme a la naturaleza de cualquier cosa que sea cierta. Dios es verdad; por consiguiente, quiere decir ser igual a Dios. Significa vivir y hacer la verdad; por lo tanto, la iglesia debe hacer precisamente lo que es correcto. Debe disciplinarse ella misma y al hombre inmoral. La iglesia debe purgar el pecado dentro de sí misma.

5. La palabra "celebremos" está en el tiempo gramatical presente, lo que significa acción continua. La iglesia *debe continuar celebrando* la fiesta, continuar purgando la vieja levadura del pecado y sus influencias corruptoras. No solo se debe disciplinar ella misma y al hombre que está viviendo en pecado inmoral, debe continuar manteniéndose pura, continuar celebrando la fiesta de pureza ante Dios.

"Porque nuestra gloria es esta: el testimonio de nuestra conciencia, que con sencillez y sinceridad de Dios, no con sabiduría humana, sino con la gracia de Dios, nos hemos conducido en el mundo, y mucho más con vosotros" (2 Co. 1:12).

"Pues no somos como muchos, que medran falsificando la palabra de Dios, sino que con sinceridad, como de parte de Dios, y delante de Dios, hablamos en Cristo" (2 Co. 2:17).

"Y esto pido en oración, que vuestro amor abunde aun más y más en ciencia y en todo conocimiento, para que aprobéis lo mejor, a fin de que seáis sinceros e irreprensibles para el día de Cristo" (Fil. 1:9, 10).

"presentándote tú en todo como ejemplo de buenas obras; en la enseñanza mostrando integridad, seriedad" (Tit. 2:7).

"Hijitos míos, no amemos de palabra ni de lengua, sino de hecho y en verdad" (1 Jn. 3:18).

4 (5:9-10) *Iglesia, deber:* La iglesia debe separarse del mundo, pero no completamente. Al parecer Pablo había escrito una epístola o carta anterior a los corintios. Les había mandado hacer exactamente lo que les decía en ese momento: "No juntarse con aquellos que viven en función del *pecado y de este mundo*". La palabra "juntarse" (sunanamignusthai) significa mezclarse. Pablo había mencionado cuatro tipos de pecados inmorales que debían mantenerse fuera de la iglesia y separados de los creyentes.

1. La iglesia no debía mezclarse con los *fornicarios* de este mundo. La palabra "fornicación" significa todos los tipos de actos sexuales inmorales. Incluye el adulterio, el sexo prematrimonial, la homosexualidad, y todas las formas de desviación sexual. Los que practican la inmoralidad no forman parte de la comunión de la iglesia. Los creyentes no deben mantener una comunión cercana con ellos.

"y de igual modo también los hombres, dejando el uso natural de la mujer, se encendieron en su lascivia unos con otros, cometiendo hechos vergonzosos hombres con hombres, y recibiendo en sí mismos la retribución debida a su extravío" (Ro. 1:27).

"¿No sabéis que los injustos no heredarán el reino de Dios? No erréis; ni los fornicarios, ni los idólatras, ni los adúlteros, ni los afeminados, ni los que se echan con varones" (1 Co. 6:9).

"Y manifiestas son las obras de la carne, que son: adulterio, fornicación, inmundicia, lascivia,... envidias, homicidios, borracheras, orgías, y cosas semejantes a estas; acerca de las cuales os amonesto, como ya os lo he dicho antes, que los que practican tales cosas no heredarán el reino de Dios.2" (Gá. 5:19,21).

"los cuales, después que perdieron toda sensibilidad, se entregaron a la lascivia para cometer con avidez toda clase de impureza" (Ef. 4:19).

"Pero fornicación y toda inmundicia, o avaricia, ni aun se nombre entre vosotros, como conviene a santos" (Ef. 5:3).

"pues la voluntad de Dios es vuestra santificación; que os apartéis de fornicación" (1 Ts. 4:3).

"Porque algunos hombres han entrado encubiertamente, los que desde antes habían sido destinados para esta condenación, hombres impíos, que convierten en libertinaje la gracia de nuestro Dios, y niegan a Dios el único soberano, y a nuestro Señor Jesucristo… como Sodoma y Gomorra y las ciudades vecinas, las cuales de la misma manera que aquéllos, habiendo fornicado e ido en pos de vicios contra naturaleza, fueron puestas por ejemplo, sufriendo el castigo del fuego eterno" (Jud. 4, 7).

2. La iglesia no debía mezclarse con los *avaros* (pleonektais) de este mundo. La palabra significa aquellos que buscan cada vez más mientras millones y millones de personas en el mundo se mueren a consecuencia del pecado, el hambre, las enfermedades, y la pobreza. Este es un pecado que Dios desprecia de un modo particular (vea el índice y las notas — Mt. 19:16-22; 19:23-26; Lc. 16:19-31).

"Y les dijo: Mirad, y guardaos de toda avaricia; porque la vida del hombre no consiste en la abundancia de los bienes que posee" (Lc. 12:15).

"Pero fornicación y toda inmundicia, o avaricia, ni aun se nombre entre vosotros, como conviene a santos" (Ef. 5:3).

"Pero fornicación y toda inmundicia, o avaricia, ni aun se nombre entre vosotros, como conviene a santos" (Col. 3:5).

"Sean vuestras costumbres sin avaricia, contentos con lo que tenéis ahora; porque él dijo: No te desampararé, ni te dejaré" (He. 13:5).

"No codiciarás la casa de tu prójimo, no codiciarás la mujer de tu prójimo, ni su siervo, ni su criada, ni su buey, ni su asno, ni cosa alguna de tu prójimo" (Éx. 20:17).

"Porque el malo se jacta del deseo de su alma, bendice al codicioso, y desprecia a Jehová" (Sal. 10:3).

"Porque desde el más chico de ellos hasta el más grande, cada uno sigue la avaricia; y desde el profeta hasta el sacerdote, todos son engañadores" (Jer. 6:13).

"Y vendrán a ti como viene el pueblo, y estarán delante de ti como pueblo mío, y oirán tus palabras, y no las pondrán por obra; antes hacen halagos con sus bocas, y el corazón de ellos anda en pos de su avaricia" (Ez. 33:31).

"Codician las heredades, y las roban; y casas, y las toman; oprimen al hombre y a su casa, al hombre y a su heredad" (Mi. 2:2).

"¡Ay del que codicia injusta ganancia para su casa, para poner en alto su nido, para escaparse del poder del mal!" (Hab. 2:9).

3. La iglesia no debía mezclarse con los *ladrones* (harpaxin) del mundo. Estos son los que hurtan, los secuestradores, los chanchulleros, y los que se aprovechan de los pobres a fin de conseguir más ganancia para ellos. Una vez más, a estos Dios los desprecia de un modo particular por su visión irreal del mundo, un mundo que lleva a cuesta el peso de tantas personas prisioneras de la pobreza, las enfermedades, el pecado, y la muerte.

"¡Ay de vosotros, escribas y fariseos, hipócritas! porque limpiáis lo de fuera del vaso y del plato, pero por dentro estáis llenos de robo y de injusticia" (Mt. 23:25).

"Él les dijo: No exijáis más de lo que os está ordenado" (Lc. 3:13).

"¿Hasta cuándo juzgaréis injustamente, y aceptaréis las personas de los impíos?" (Sal. 82:2).

"El que oprime al pobre afrenta a su Hacedor; mas el que tiene misericordia del pobre, lo honra" (Pr. 14:31).

"Abominación es a los justos el hombre inicuo; y abominación es al impío el de caminos rectos" (Pr. 29:27).

"¡Ay de los que dictan leyes injustas, y prescriben tiranía, para apartar del juicio a los pobres, y para quitar el derecho a los afligidos de mi pueblo; para despojar a las viudas, y robar a los huérfanos!" (Is. 10:1, 2).

"Precio recibieron en ti para derramar sangre; interés y usura tomaste, y a tus prójimos defraudaste con violencia; te olvidaste de mí, dice Jehová el Señor" (Ez. 22:12).

"Por tanto, puesto que vejáis al pobre y recibís de él carga de trigo, edificasteis casas de piedra labrada, mas no las habitaréis; plantasteis hermosas viñas, mas no beberéis el vino de ellas" (Am. 5:11).

4. La iglesia no debía mezclarse con los *idólatras* (eidololatrais) del mundo. La palabra significa los que adoran falsos dioses o no tienen una relación adecuada con Dios. La idolatría, desde luego, comprende a todos los incrédulos; porque cualquier persona que no adore a Dios verdaderamente está adorando otra cosa, algún ídolo, aunque el ídolo sea el yo y las posesiones de este mundo.

"Hijitos, guardaos de los ídolos. Amén" (1 Jn. 5:21).

"No te harás imagen, ni ninguna semejanza de lo que esté arriba en el cielo, ni abajo en la tierra, ni en las aguas debajo de la tierra" (Éx. 20:4).

"Guardaos, pues, que vuestro corazón no se infatúe, y os apartéis y sirváis a dioses ajenos, y os inclinéis a ellos" (Dt. 11:16).

"No habrá en ti dios ajeno, ni te inclinarás a dios extraño" (Sal. 81:9).

"Yo Jehová; este es mi nombre; y a otro no daré mi gloria, ni mi alabanza a esculturas" (Is. 42:8).

Ahora bien, note la idea. La iglesia y sus creyentes no pueden salirse del mundo; por consiguiente, es necesario algún contacto con los incrédulos del mundo. Esto resulta comprensible para cualquier persona honesta e inteligente. Sin embargo, también resulta comprensible que la iglesia no debe *mezclarse* con los pecadores inmorales del mundo. La iglesia y sus creyentes deben estar separados en su conducta y su comunión. La iglesia y los creyentes deben ser santos, puros y justos ante Dios y sostener el estandarte de la santidad, la pureza y la justicia ante el pueblo del mundo. Los creyentes están *en el mundo*, pero no deben ser *del mundo*.

"Si fuerais del mundo, el mundo amaría lo suyo; pero porque no sois del mundo, antes yo os elegí del mundo, por eso el mundo os aborrece" (Jn. 15:19).

"Y con otras muchas palabras testificaba y les exhortaba, diciendo: Sed salvos de esta perversa generación" (Hch. 2:40).

"Por lo cual, salid de en medio de ellos, y apartaos, dice el Señor, y no toquéis lo inmundo; y yo os recibiré, y seré para vosotros por Padre, y vosotros me seréis hijos e hijas, dice el Señor Todopoderoso" (2 Co. 6:17, 18).

"Y no participéis en las obras infructuosas de las tinieblas, sino más bien reprendedlas" (Ef. 5:11).

"Y no participéis en las obras infructuosas de las tinieblas, sino más bien reprendedlas" (2 Ts. 3:6).

"No améis al mundo, ni las cosas que están en el mundo. Si alguno ama al mundo, el amor del Padre no está en él. Porque todo lo que hay en el mundo, los deseos de la carne, los deseos de los ojos, y la vanagloria de la vida, no proviene del Padre, sino del mundo" (1 Jn. 2:15, 16).

5 (5:11) *Iglesia, deber:* La iglesia debe separarse hasta de los pecadores inmorales que se hacen llamar "hermanos". Observe la diferencia entre este mandato y la orden anterior. El mandato anterior tenía que ver con el pecador del mundo. Este mandato tiene que ver con el pecador de la iglesia. En ocasiones un creyente profeso regresa a los pecados inmorales del mundo se queda allí, rehusándose a arrepentirse. Por supuesto, la iglesia debe tratar de restaurar al hombre; la iglesia debe seguir algunos pasos explicados por Cristo (vea el índice y las notas — Mt. 18:15-20 para una idea más clara de lo que una iglesia debe hacer cuando un hermano peca). Sin embargo, si el hombre se rehúsa a responder y a arrepentirse de los intentos misericordiosos de restauración que se hayan hecho, la iglesia no tiene otra opción que separarse del hombre.

Note que se añaden dos pecados en este versículo.

=> El maldiciente (loidoros) es una persona que despotrica y rezonga; vilipendia y maltrata; usa un lenguaje insolente, abusivo, y calumnioso.

=> El borracho es una persona que se embriaga con brebajes alcohólicos y drogas, una persona que entorpece sus facultades por medio del alcohol y las drogas.

"No todo el que me dice: Señor, Señor, entrará en el reino de los cielos, sino el que hace la voluntad de mi Padre que está en los cielos" (Mt. 7:21).

"Respondiendo él, les dijo: Hipócritas, bien profetizó de vosotros Isaías, como está escrito: Este pueblo de labios me honra, mas su corazón está lejos de mí" (Mr. 7:6).

"Profesan conocer a Dios, pero con los hechos lo niegan, siendo abominables y rebeldes, reprobados en cuanto a toda buena obra" (Tit. 1:16).

"Hijitos míos, no amemos de palabra ni de lengua, sino de hecho y en verdad" (1 Jn. 3:18).

"Y se acordaban de que Dios era su refugio, y el Dios Altísimo su redentor. Pero le lisonjeaban con su boca, y con su lengua le mentían" (Sal. 78:35, 36).

"Como escoria de plata echada sobre el tiesto son los labios lisonjeros y el corazón malo" (Pr. 26:23).

"Y vendrán a ti como viene el pueblo, y estarán delante de ti como pueblo mío, y oirán tus palabras, y no las pondrán por obra; antes hacen halagos con sus bocas, y el corazón de ellos anda en pos de su avaricia. Y he aquí que tú eres a ellos como cantor de amores, hermoso de voz y que canta bien; y oirán tus palabras, pero no las pondrán por obra" (Ez. 33:31, 32).

6 (5:12-13) *Iglesia, deber:* La iglesia debe juzgar solo a aquellos "dentro" de la iglesia. Dios juzga a aquellos que están "afuera", es decir, a los incrédulos. Ningún creyente ni ninguna iglesia deben tratar de ejercer disciplina sobre los incrédulos que están afuera en el mundo. El juicio de los incrédulos está en manos de Dios. Sin embargo, la iglesia debe ejercer disciplina dentro de la iglesia. Por consiguiente, el pecador inmoral que se rehúsa a arrepentirse debe ser destituido de la iglesia. (Vea las notas — Mt. 18:15-20; 1 Co. 5:3-5 para un análisis detallado de lo que la iglesia debe hacer con los creyentes infractores.)

"Por tanto, si tu hermano peca contra ti, ve y repréndele estando tú y él solos; si te oyere, has ganado a tu hermano. Mas si no te oyere, toma aún contigo a uno o dos, para que en boca de dos o tres testigos conste toda palabra. Si no los oyere a ellos, dilo a la iglesia; y si no oyere a la iglesia, tenle por gentil y publicano" (Mt. 18:15-17).

"Dijo Jesús a sus discípulos: Imposible es que no vengan tropiezos; mas ¡ay de aquel por quien vienen! Mejor le fuera que se le atase al cuello una piedra de molino y se le arrojase al mar, que hacer tropezar a uno de estos pequeñitos. Mirad por vosotros mismos. Si tu hermano pecare contra ti, repréndele; y si se arrepintiere, perdónale" (Lc. 17:1-3).

"Y al pasar por las ciudades, les entregaban las ordenanzas que habían acordado los apóstoles y los ancianos que estaban en Jerusalén, para que las guardasen" (Hch. 16:4).

"A los que persisten en pecar, repréndelos delante de todos, para que los demás también teman" (1 Ti. 5:20).

"que prediques la palabra; que instes a tiempo y fuera de tiempo; redarguye, reprende, exhorta con toda paciencia y doctrina" (2 Ti. 4:2).

"Este testimonio es verdadero; por tanto, repréndelos duramente, para que sean sanos en la fe" (Tit. 1:13).

"Esto habla, y exhorta y reprende con toda autoridad. Nadie te menosprecie" (Tit. 2:15).

"Al hombre que cause divisiones, después de una y otra amonestación deséchalo" (Tit. 3:10).

"Obedeced a vuestros pastores, y sujetaos a ellos; porque ellos velan por vuestras almas, como quienes han de dar cuenta; para que lo hagan con alegría, y no quejándose, porque esto no os es provechoso" (He. 13:17).

	CAPÍTULO 6	menor estima en la iglesia?	tienen prestigio alguno en la iglesia?
	C. Un caso de litigio, 6:1-8	5 Para avergonzaros lo digo. ¿Pues qué, no hay entre vosotros sabio, ni aun uno, que pueda juzgar entre sus hermanos,	**4 Pregunta 4: ¿No hay un sabio en la iglesia?**
1 Pregunta 1: ¿Osan ustedes acudir a los injustos del mundo y no a los santos para arreglar asuntos legales entre hermanos cristianos?	1 ¿Osa alguno de vosotros, cuando tiene algo contra otro, ir a juicio delante de los injustos, y no delante de los santos?	6 sino que el hermano con el hermano pleitea en juicio, y esto ante los incrédulos?	
2 Pregunta 2: ¿No conocen su autoridad alta y exaltada? a. Ustedes juzgarán y gobernarán el mundo b. Juzgarán y gobernarán a los ángeles	2 ¿O no sabéis que los santos han de juzgar al mundo? Y si el mundo ha de ser juzgado por vosotros, ¿sois indignos de juzgar cosas muy pequeñas?	7 Así que, por cierto es ya una falta en vosotros que tengáis pleitos entre vosotros mismos. ¿Por qué no sufrís más bien el agravio? ¿Por qué no sufrís más bien el ser defraudados?	**5 Pregunta 5: ¿Por qué no ceder, sufrir ser defraudado en lugar de correr el riesgo de defraudar a un hermano?**
3 Pregunta 3: ¿Escogen ustedes como jueces a los incrédulos que no	3 ¿O no sabéis que hemos de juzgar a los ángeles? ¿Cuánto más las cosas de esta vida? 4 Si, pues, tenéis juicios sobre cosas de esta vida, ¿ponéis para juzgar a los que son de	8 Pero vosotros cometéis el agravio, y defraudáis, y esto a los hermanos.	

DIVISIÓN III

LA RELAJACIÓN MORAL EN LA IGLESIA, 5:1—6:20

C. Un caso de litigio, 6:1-8

(6:1-8) *Otro bosquejo:* Un caso de litigio.
1. El litigio lo deben resolver los santos (v. 1).
2. Los santos tienen la autoridad más alta y exaltada (v. 2).
3. Las normas de los cristianos son diferentes de las normas del mundo (v. 4).
4. El gran principio cristiano: El creyente debe sufrir el agravio en lugar de cometerlo (v. 6).

(6:1-8) *Litigios:* Este pasaje lidia *solo con los conflictos entre hermanos cristianos*. No dice nada sobre ir a juicio contra los incrédulos, los infieles. Note que Pablo usa un argumento progresivo. Él va progresando de pregunta en pregunta, edificando razón sobre razón hasta alcanzar el gran principio cristiano en sí: "El creyente debe sufrir el agravio en lugar de correr el riesgo de cometerlo".
1. Pregunta 1: ¿Osan ustedes acudir a los injustos del mundo y no a los santos para arreglar asuntos legales entre hermanos cristianos? (v. 1).
2. Pregunta 2: ¿No conocen su autoridad alta y exaltada? (vv. 2-3).
3. Pregunta 3: ¿Escogen ustedes como jueces a los incrédulos que no tienen prestigio alguno en la iglesia? (v. 4).
4. Pregunta 4: ¿No hay un sabio en la iglesia? (vv. 5-6).
5. Pregunta 5: ¿Por qué no ceder, sufrir ser defraudado en lugar de correr el riesgo de defraudar a un hermano? (vv. 7-8).

1 (6:1) *Litigios — Juicio — Justicia:* La primera pregunta, ¿Osan ustedes acudir a los injustos del mundo y no a los santos para arreglar asuntos legales entre hermanos cristianos? Este planteamiento en griego es contundente: ¡Cómo se atreven ustedes, ustedes que son los santos de Dios, a ir a juicio delante de los injustos del mundo!

Los creyentes no deben estar disputando ni discutiendo por derechos ni autoridad tampoco por cosas y posesiones de este mundo. Deben estar obrando y usando cuanto ganan en función de Cristo y su causa para ayudar a las masas de la humanidad que se encuentran perdidas y agonizando de hambre, enfermedades, pobreza y pecado.

No obstante, este no era el caso de la iglesia de Corinto. La iglesia estaba dividida, y al parecer había algunos que habían entablado juicio legal contra otros. Si el juicio implicaba derechos dentro de la iglesia o propiedades reales, o una disputa por algún asunto entre dos o más individuos se desconoce. Había sencillamente un problema de litigio, y las partes opuestas habían acudido al juicio secular.

Observe que las dos partes en conflicto eran creyentes; los jueces seculares eran incrédulos. Note también que a los jueces seculares se les llama "los injustos". Esto no quiere decir que los jueces del mundo fueran legalmente injustos, es decir, que los creyentes pudieran no recibir un juicio justo. Solo se refiere a los incrédulos como una clase de personas que son injustos o que no están justificados ante Dios. Está comparando la iglesia con el mundo, el creyente con el incrédulo. Los creyentes deben resolver sus disputas entre ellos dentro de su propia sociedad cristiana y regirse por la vida de Cristo y la ley de Dios. A los ojos de Dios no está bien que los *creyentes* vayan a juicio unos contra otros ante los jueces del mundo. Hay al menos tres razones por las que no está bien:

1. Los creyentes que resuelven sus diferencias ante el mundo reprochan y dañan el nombre de Cristo y el testimonio de la iglesia. No hay discusión acerca de esto. Siempre sucede; no hay escape de la tragedia terrible: "El nombre de Cristo siempre sale lastimado cuando los creyentes *llevan sus diferencias* ante el mundo".

Pensamiento 1. El fruto del Espíritu es amor, gozo, paz, paciencia, benignidad, bondad, fe (confianza), mansedumbre, y templanza; y es el fruto del Espíritu el que el mundo necesita de modo tan desesperado. Pero lo que el mundo recibe de *los cristianos en disputa* es cualquier cosa menos amor y el fruto del Espíritu de Dios. Hay una diferencia abrumadora entre los testimonies de paz y conflicto, gozo y tensión, amor e ira. Imagínese nada más la escena, la atrocidad de la escena tal como Dios la ve: Dos creyentes, dos personas que realmente confían en Dios, *parados delante* de un juez que rechaza a Dios y se rebela contra Dios. Y le están pidiendo que juzgue entre ellos en vez de pedirle a Dios o a algún líder cristiano que los ayude a entender claramente el asunto. ¡Imagínese nada más lo que Dios piensa de los dos hermanos en conflicto!

2. Los creyentes que resuelven sus diferencias delante del mundo le fallan al Señor y le fallan de un modo lamentable. ¿Cómo? No logran regir sus asuntos según la *vida de Cristo y la ley de Dios.* Acuden a los incrédulos que no rigen sus asuntos según la ley de Cristo tampoco según la ley de Dios. Los creyentes deben vivir según Cristo y su Palabra, no según las normas y reglas del mundo. Los creyentes deben sazonar y calar al mundo, no al revés. Los creyentes deben ser la norma para el mundo; no deben aceptar ni vivir según las normas del mundo.

> "Por lo cual, salid de en medio de ellos, y apartaos, dice el Señor, y no toquéis lo inmundo; y yo os recibiré, Y seré para vosotros por Padre, y vosotros me seréis hijos e hijas, dice el Señor Todopoderoso" (2 Co. 6:17, 18).
>
> "Sobrellevad los unos las cargas de los otros, y cumplid así la ley de Cristo" (Gá. 6:2).

3. Los creyentes tienen al Espíritu Santo y líderes en torno a Cristo para que los ayuden a determinar la sabiduría de Dios. En todo creyente genuino mora el Espíritu de Dios, y tiene líderes dentro de su iglesia que le pueden proporcionar consejo espiritual. Dios ha dado su Espíritu a su pueblo con el propósito mismo de guiarlo y enseñarlo. También les ha dado líderes espirituales con el mismo propósito. Es la voluntad de Dios que los creyentes que tienen conflictos busquen la guía de su Espíritu y de su iglesia.

> "Y si alguno de vosotros tiene *falta de sabiduría,* pídala a Dios, el cual da a todos abundantemente y sin reproche, y le será dada" (Stg. 1:5).
>
> "Y yo rogaré al Padre, y os dará otro Consolador, para que esté con vosotros para siempre: el Espíritu de verdad, al cual el mundo no puede recibir, porque no le ve, ni le conoce; pero vosotros le conocéis, porque mora con vosotros, y estará en vosotros" (Jn. 14:16, 17).
>
> "Mas el Consolador, el Espíritu Santo, a quien el Padre enviará en mi nombre, él os enseñará todas las cosas, y os recordará todo lo que yo os he dicho" (Jn. 14:26).
>
> "Mas vosotros no vivís según la carne, sino según el Espíritu, si es que el Espíritu de Dios mora en vosotros. Y si alguno no tiene el Espíritu de Cristo, no es de él. Porque si vivís conforme a la carne, moriréis; mas si por el Espíritu hacéis morir las obras de la carne, viviréis" (Ro. 8:9,13).
>
> "lo cual también hablamos, no con palabras enseñadas por sabiduría humana, sino con las que enseña el Espíritu, acomodando lo espiritual a lo espiritual" (1 Co. 2:13).
>
> "¿O ignoráis que vuestro cuerpo es templo del Espíritu Santo, el cual está en vosotros, el cual tenéis de Dios, y que no sois vuestros? Porque habéis sido comprados por precio; glorificad, pues, a Dios en vuestro cuerpo y en vuestro espíritu, los cuales son de Dios" (1 Co. 6:19, 20).
>
> "Pero la unción que vosotros recibisteis de él permanece en vosotros, y no tenéis necesidad de que nadie os enseñe; así como la unción misma os enseña todas las cosas, y es verdadera, y no es mentira, según ella os ha enseñado, permaneced en él" (1 Jn. 2:27).

Pensamiento 1. La iglesia y sus creyentes deben comenzar a vivir según instruye Dios y su Palabra. Se debe ver un estilo de vida diferente; el estilo de vida de amor y pureza, cariño y preocupación, disciplina y justicia piadosa de un cristiano debe sostenerse bien en alto para que el mundo la vea. Es la única forma concebible en la que el mundo puede ver el amor real y la justicia piadosa y satisfacer sus necesidades apremiantes. En particular los líderes de la iglesia y sus creyentes deben entregar la vida de cada uno de ellos y dar todo cuanto tienen para vivir como Dios manda. Es su responsabilidad particular encargarse de que el amor y la sabiduría de Dios se le ministren a su pueblo.

> "No debáis a nadie nada, sino el amaros unos a otros; porque el que ama al prójimo, ha cumplido la ley. Porque: No adulterarás, no matarás, no hurtarás, no dirás falso testimonio, no codiciarás, y cualquier otro mandamiento, en esta sentencia se resume: Amarás a tu prójimo como a ti mismo. El amor no hace mal al prójimo; así que el cumplimiento de la ley es el amor" (Ro. 13:8-10).

2 (6:2-3) *Recompensa — Creyentes, posición:* La segunda pregunta: ¿No conocen su autoridad alta y exaltada? Estos dos versículos plantean claramente que los creyentes deben juzgar *todas las disputas* entre sí. Deben juzgar "cosas muy pequeñas" (v. 2) y las "cosas de esta vida" (v. 3). Hay una razón suprema por la que los creyentes no deben ir a juicio ante el mundo:

=> Los creyentes deben juzgar y gobernar el mundo. De hecho, hasta deben juzgar y gobernar a los ángeles en el próximo mundo.

Por consiguiente, los creyentes en conflicto se degradan, pierden su dignidad como santos, y pierden su posición exaltada cuando garantizan un veredicto del mundo.

1. La palabra "juzgar" quiere decir el derecho y el

poder de gobernar, administrar asuntos, imperar, tener autoridad, supervisar, inspeccionar, y juzgar. Este derecho y poder gloriosos se les deben dar al creyente cuando Cristo regrese a imperar y gobernar a todo el universo. Pablo les está diciendo a los creyentes que ellos dirigirán y supervisarán al mundo y a los ángeles. Cristo le dijo a los apóstoles que ellos gobernarían y supervisarían a Israel (Mt. 10:28). La tarea de responsabilidad, deber, y trabajo se enseña por todas las Escrituras. Debe haber *juicio*, es decir, gobierno, supervisión, e inspección por toda la eternidad. Toda esta actividad y responsabilidad es, desde luego, por Cristo y según Cristo.

Por alguna razón desconocida con frecuencia nos imaginamos la *vida eterna* como cierto sueño fantasioso, algún tipo de existencia semiconsciente o alguna existencia futura que nos coloca en una nube suave y esponjosa. Con frecuencia la vida eterna se imagina como un flotar en un estado eterno de inactividad. Por qué el hombre no puede aceptar el planteamiento sencillo de Cristo de que la vida debe ser eterna resulta difícil de comprender. La vida eterna es una vida que continúa sin cesar. Sin embargo, hay una diferencia básica: La vida se perfeccionará, se perfeccionará en cuerpo, mente, y espíritu. Es la vida vivida en un nuevo cielo y una nueva tierra (perfeccionados), la vida vivida ante Cristo y responsables ante Cristo en todo cuanto se ha mandado (Jn. 3:16; 5:24; Ro. 8:19-23; 2 P. 3:9-18; 1 Jn. 5:11-13; Ap. 21:1).

2. El gobierno y reinado de los creyentes es una realidad. Es una realidad tan cierta y segura que la Biblia habla de ella en el tiempo presente. Las palabras "el mundo ha de ser juzgado por vosotros" son literalmente "está siendo juzgado". El gobierno y reinado del creyente es una realidad absoluta.

> **"Y Jesús les dijo: De cierto os digo que en la regeneración, cuando el Hijo del Hombre se siente en el trono de su gloria, vosotros que me habéis seguido también os sentaréis sobre doce tronos, para juzgar a las doce tribus de Israel"** (Mt. 19:28. vea la nota—Mt. 19:28).

> **"El les dijo: A la verdad, de mi vaso beberéis, y con el bautismo con que yo soy bautizado, seréis bautizados; pero el sentaros a mi derecha y a mi izquierda, no es mío darlo, sino a aquellos para quienes está preparado por mi Padre"** (Mt. 20:23).

> **"para que comáis y bebáis a mi mesa en mi reino, y os sentéis en tronos juzgando a las doce tribus de Israel"** (Lc. 22:30).

> **"Porque el Padre a nadie juzga, sino que todo el juicio dio al Hijo"** (Jn. 5:22).

> **"Y si hijos, también herederos; herederos de Dios y *coherederos con Cristo*, si es que padecemos juntamente con él, para que juntamente con él seamos glorificados"** (Ro. 8:17).

> **"y juntamente con él nos resucitó, y asimismo nos hizo sentar en los lugares celestiales con Cristo Jesús, para mostrar en los siglos venideros las abundantes riquezas de su gracia en su bondad para con nosotros en Cristo Jesús"** (Ef. 2:6, 7).

> **"Si sufrimos, también reinaremos con él; Si le negáremos, él también nos negará"** (2 Ti. 2:12).

> **"Porque no sujetó a los ángeles el mundo venidero, acerca del cual estamos hablando; pero alguien testi-**

ficó en cierto lugar, diciendo: **¿Qué es el hombre, para que te acuerdes de él, o el hijo del hombre, para que le visites? Le hiciste un poco menor que los ángeles, le coronaste *de gloria y de honra,* y le pusiste sobre las obras de tus manos; Todo lo sujetaste bajo sus pies. Porque en cuanto le sujetó todas las cosas, nada dejó que no sea sujeto a él; pero todavía no vemos que todas las cosas le sean sujetas. Pero vemos a aquel que fue hecho un poco menor que los ángeles, a Jesús, coronado de gloria y de honra, a causa del padecimiento de la muerte, para que por la gracia de Dios gustase la muerte por todos"** (He. 2:5-9).

> **"Al que venciere y guardare mis obras hasta el fin, yo le daré *autoridad* sobre las naciones, y las regirá con vara de hierro, y serán quebradas como vaso de alfarero; como yo también la he recibido de mi Padre"** (Ap. 2:26, 27).

> **"Y vi tronos, y se sentaron sobre ellos los que recibieron facultad de juzgar; y vi las almas de los decapitados por causa del testimonio de Jesús y por la palabra de Dios, los que no habían adorado a la bestia ni a su imagen, y que no recibieron la marca en sus frentes ni en sus manos; y vivieron y reinaron con Cristo mil años"** (Ap. 20:4).

> **"Vi un cielo nuevo y una tierra nueva; porque el primer cielo y la primera tierra pasaron, y el mar ya no existía más"** (Ap. 21:1).

> **"Restauraré tus jueces como al principio, y tus consejeros como eran antes; entonces te llamarán Ciudad de justicia, Ciudad fiel"** (Is. 1:26).

> **"Porque he aquí que yo crearé nuevos cielos y nueva tierra; y de lo primero no habrá memoria, ni más vendrá al pensamiento"** (Is. 65:17).

> **"hasta que vino el Anciano de días, y se dio el juicio a los santos del Altísimo; y llegó el tiempo, y los santos recibieron el reino"** (Dn. 7:22).

3 (6:4) *Iglesia, problemas:* La tercera pregunta: ¿Escogen como jueces a los incrédulos? En griego esta oración es enfática: Los incrédulos…

• son nada en la iglesia.
• no cuentan al juzgar los asuntos en la iglesia.
• no gozan de alta estima dentro de la iglesia.
• no tienen prestigio en la iglesia.

Los incrédulos no viven según la vida de Cristo tampoco según las normas de Dios. ¿Cómo pueden ellos entonces pararse ante los creyentes y juzgar los asuntos en *el espíritu de Cristo y según las normas de Dios*? ¡Imagínese nada más cuánto se habían apartado estos creyentes corintios de su posición exaltada que se les concedió en Cristo! ¡Piensen nada más cuánto se han apartado algunos creyentes e iglesias en la actualidad de su posición exaltada en Cristo Jesús nuestro Señor!

4 (6:5-6) *Iglesia, problemas:* La cuarta pregunta: ¿No hay un sabio en la iglesia? Era necesario avergonzarlos. Cualquiera que se aparte de una posición exaltada y se aleje de la sabiduría de Dios a fin de conseguir consejo de una persona sin prestigio en el gobierno de Dios necesita ser avergonzado. La pregunta es drástica y directa: ¿No hay entre vosotros sabios, ni aun uno? No, ¿ni siquiera uno que pueda arbitrar y emitir un juicio sencillo cuando surjan los conflictos? El planteamiento tiene dos aspectos:

1. No hay excusa para que haya conflicto entre hermanos, para que los creyentes vayan a juicio unos contra otros.

2. No hay excusa fundamentalmente para que los hermanos en conflicto vayan a juicio ante los incrédulos del mundo.

> "porque aún sois carnales; pues habiendo entre vosotros celos, contiendas y disensiones, ¿no sois carnales, y andáis como hombres?" (1 Co. 3:3).
>
> "sino que el hermano con el hermano pleitea en juicio, y esto ante los incrédulos?" (1 Co. 6:6).
>
> "Pero ahora son muchos los miembros, pero el cuerpo es uno solo" (1 Co. 12:20).
>
> "completad mi gozo, sintiendo lo mismo, teniendo el mismo amor, unánimes, sintiendo una misma cosa" (Fil. 4:2).

5 (6:7-8) *Iglesia, problemas:* La quinta pregunta: ¿Por qué no ceder? ¿Por qué no sufrir el agravio y la defraudación en lugar de correr el riesgo de agraviar y defraudar a un hermano? Observe dos elementos:

1. La palabra "falta" quiere decir derrota. El simple hecho de participar en litigios constituye una derrota, una evidencia clara de la herida y el daño. Piense nada más en quién sale herido y dañado cuando los creyentes entran en litigios:

=> Las propias partes sufren dolor, tensión, ira, y una lista interminable de emociones dolorosas.

=> La iglesia sufre la pérdida de su testimonio de Cristo y el dolor de que se le conozca como hipócrita.

=> Los incrédulos sufren al ser desalentados por aquellos que profesan amor, gozo, y paz, y aún aquellos que muestran todo lo contrario. Sufren al ver desaparecer cada vez más su oportunidad de ser salvos. ¿Cuántos incrédulos han quedado condenados por la conducta irresponsable de los creyentes ante el mundo?

=> Cristo sufre porque su pueblo no está sosteniendo en alto el estandarte de su testimonio, sino que más bien lo están volviendo desagradable y maldito.

¡Qué acusación contra cualquier creyente que ocasiona tanto sufrimiento!

> "Al que te hiera en una mejilla, preséntale también la otra; y al que te quite la capa, ni aun la túnica le niegues" (Lc. 6:29).
>
> "No paguéis a nadie mal por mal; procurad lo bueno delante de todos los hombres" (Ro. 12:17).
>
> "Mas el fruto del Espíritu es amor, gozo, paz, paciencia, benignidad, bondad, fe, mansedumbre, templanza; contra tales cosas no hay ley" (Gá. 5:22, 23).
>
> "no devolviendo mal por mal, ni maldición por maldición, sino por el contrario, bendiciendo, sabiendo que fuisteis llamados para que heredaseis bendición" (1 P. 3:9).
>
> "No te vengarás, ni guardarás rencor a los hijos de tu pueblo, sino amarás a tu prójimo como a ti mismo. Yo Jehová" (Lv. 19:18).
>
> "No digas: Yo me vengaré; espera a Jehová, y él te salvará" (Pr. 20:22).
>
> "No digas: Como me hizo, así le haré; daré el pago al hombre según su obra" (Pr. 24:29).

2. Algunos de los creyentes corintios eran culpables (v. 8). Querían sus derechos y más. Querían algunas de las cosas que sus hermanos tenían; por consiguiente, fueron por ellas. Nota: No las robaron abiertamente; las procuraron por medios legales. Usaron el sistema legal del mundo para *defraudar* a sus hermanos. El mundo lo denominaba legal, pero era para Dios era engaño y robo. Era pecado, una injusticia terrible.

> "¡Ay de vosotros, escribas y fariseos, hipócritas! porque limpiáis lo de fuera del vaso y del plato, pero por dentro estáis llenos de robo y de injusticia" (Mt. 23:25).
>
> "Mejor es lo poco con justicia que la muchedumbre de frutos sin derecho" (Pr. 16:8).
>
> "Amontonar tesoros con lengua mentirosa es aliento fugaz de aquellos que buscan la muerte" (Pr. 21:6).
>
> "Como la perdiz que cubre lo que no puso, es el que injustamente amontona riquezas; en la mitad de sus días las dejará, y en su postrimería será insensato" (Jer. 17:11).

	D. Un caso contra el carácter injusto, 6:9-11	10 ni los ladrones, ni los avaros, ni los borrachos, ni los maldicientes, ni los estafadores, heredarán el reino de Dios.	3 Los pecados engañosos que procuran ganancias: Con frecuencia no se consideran fatales

1 Una pregunta espeluznante pero fundamental
2 Los pecados engañosos que estimulan la carne: Con frecuencia no se consideran fatales
	9 ¿No sabéis que los injustos no heredarán el reino de Dios? No erréis; ni los fornicarios, ni los idólatras, ni los adúlteros, ni los afeminados, ni los que se echan con varones,	11 Y esto erais algunos; mas ya habéis sido lavados, ya habéis sido santificados, ya habéis sido justificados en el nombre del Señor Jesús, y por el Espíritu de nuestro Dios.	4 El poder de Cristo
			  a. Una conversión revolucionaria: "esto erais"
			  b. Ahora están lavados
			  c. Ahora están santificados
			  d. Ahora están justificados

DIVISIÓN III

LA RELAJACIÓN MORAL EN LA IGLESIA, 5:1—6:20

D. Un caso contra el carácter injusto, 6:9-11

(6:9-11) *Introducción:* Este es un pasaje espeluznante, porque lidia con pecados que la mayoría de las personas piensan que nunca provocarían que Dios las condenara y las rechazara, pecados que muchas sociedades aceptan y practican en menor grado. Aún así Dios no se anda con miramientos: ni la membresía de una iglesia, ni la religión, ni la profesión, ni las buenas obras, nada puede salvar a una persona si practica estos pecados.

1. Una pregunta espeluznante pero fundamental (v. 9).
2. Los pecados engañosos que estimulan la carne: Con frecuencia no se consideran fatales (v. 9).
3. Los pecados engañosos que procuran ganancias: Con frecuencia no se consideran fatales (v. 10).
4. El poder de Cristo (v. 11).

1 (6:9) **Reino de Dios:** Esta es una pregunta fundamental que se le debe hacer saber a toda persona. "¿No sabéis que los injustos no heredarán el reino de Dios?" Las personas deben conocer los elementos: Si Dios es justo, entonces las personas deben llevar una vida justa a fin de ser aceptados por Él. Sin embargo, las personas ignoran la realidad de la justicia de Dios y su exigencia de justicia. Las personas divorcian su conducta de la religión. Las personas…

• profesan religión
• practican religión
• hablan religión
• defienden sus creencias sobre religión

Sin embargo, continúan viviendo como quieren sin tener en cuenta su religión. Si quieren hacer algo, lo hacen creyendo que Dios los perdonará. Hay pocas personas que piensan que Dios los rechazará. Creen que habrán hecho suficiente bien para ser aceptos ante Dios…

• suficiente bondad
• suficiente religión
• suficientes obras
• suficiente servicio

En el análisis final, la mayoría de las personas piensa que Dios las aceptará. Esta actitud proviene de un concepto falso de Dios, un concepto que ve a Dios como un padre que es indulgente y que les da a sus hijos permiso para hacer *cierto mal.*

Esto es un error fatal. Fue el error que cometieron algunos miembros de la iglesia de Corinto, y es el mismo error que han cometido multitudes ingentes de personas religiosas a través de los siglos.

"¿No sabéis que los injustos no heredarán el reino de Dios?" (v. 9).

Los creyentes heredarán un reino, un nuevo cielo y una nueva tierra donde Dios gobernará y reinará. Se les dará vida eterna y se les dará el privilegio glorioso de ser ciudadanos del mundo y del reino de Dios. Vivirán con Él y le servirán en perfección para toda la eternidad. (Vea la nota, *Recompensa* — 1 Co. 6:2-3; Lc. 16:10-12 para un mayor análisis.) Pero este privilegio glorioso se les debe dar solo a creyentes genuinos, a aquellos hombres y mujeres que verdaderamente han entregado su vida al Señor Jesucristo, han entregado su vida para vivir como Jesucristo dice que se ha de vivir. No importa cuán religiosa sea una persona, no importa con cuánto celo pueda obrar una persona en cumplir con sus rituales religiosos y en asistir a los cultos y en la dádiva de la caridad, si no lleva una vida pura y justa, "no heredará el reino de Dios".

"¿No sabéis que los injustos no heredarán el reino de Dios?" (v. 9).

2 (6:9) *Pecado — Engaño:* Los pecados engañosos que estimulan la carne con frecuencia no se consideran fatales. La razón se ve claramente. Note que todos los pecados que se mencionan en este versículo son pecados que estimulan la carne del hombre. Él encuentra mucho placer en ellos. Es parte de la naturaleza del hombre desear la estimulación de su carne; por consiguiente, el hombre tiende a pensar que suplir las necesidades de su naturaleza no es malo. Tiende a pensar que no se le puede culpar por hacer lo que es natural, aunque quizá sí exagere de vez en cuando. Sucede lo siguiente: Una persona que practique estos pecados es *injusta* a los ojos de Dios. "No heredará el reino de Dios. *No erréis*".

1. *Los fornicarios* "no heredarán el reino de Dios. No erréis". Los *fornicarios* (pornoi) son aquellos que participan de todas las formas de actos inmorales y sexuales. Está comprendido el sexo prematrimonial, el adulterio, el sexo anormal, y todos los otros tipos de vicio sexual.

> **"y de igual modo también los hombres, dejando el uso natural de la mujer, se encendieron en su lascivia unos con otros, cometiendo hechos vergonzosos hombres con hombres, y recibiendo en sí mismos la retribución debida a su extravío" (Ro. 1:27).**

> **"¿No sabéis que los injustos no heredarán el reino de Dios? No erréis; ni los fornicarios, ni los idólatras, ni los adúlteros, ni los afeminados, ni los que se echan con varones" (1 Co. 6:9).**

> **"Y manifiestas son las obras de la carne, que son: adulterio, fornicación, inmundicia, lascivia,... envidias, homicidios, borracheras, orgías, y cosas semejantes a estas; acerca de las cuales os amonesto, como ya os lo he dicho antes, que los que practican tales cosas no heredarán el reino de Dios" (Gá. 5:19, 21).**

> **"los cuales, después que perdieron toda sensibilidad, se entregaron a la lascivia para cometer con avidez toda clase de impureza" (Ef. 4:19).**

> **"Pero fornicación y toda inmundicia, o avaricia, ni aun se nombre entre vosotros, como conviene a santos" (Ef. 5:3).**

> **"pues la voluntad de Dios es vuestra santificación; que os apartéis de fornicación" (1 Ts. 4:3).**

> **"Porque algunos hombres han entrado encubiertamente, los que desde antes habían sido destinados para esta condenación, hombres impíos, que convierten en libertinaje la gracia de nuestro Dios, y niegan a Dios el único soberano, y a nuestro Señor Jesucristo... como Sodoma y Gomorra y las ciudades vecinas, las cuales de la misma manera que aquéllos, habiendo fornicado e ido en pos de vicios contra naturaleza, fueron puestas por ejemplo, sufriendo el castigo del fuego eterno" (Jud. 4, 7).**

2. Los *idólatras* "no heredarán el reino de Dios. No erréis". Los *idólatras* (eidololatrai) no son solo personas que adoran ídolos e imágenes de metal, madera, y piedra. En las Escrituras la idolatría es el pecado de la mente y el cuerpo contra Dios. La idolatría se basa fundamentalmente en dos cosas.

    a. La idolatría consiste en crear conceptos e ideas de Dios que no son ciertos, ideas que no son fieles a la revelación de las Escrituras y de Jesucristo. Los hombres tienen conceptos e ideas de cómo es Dios. Si sus ideas no son lo que las Escrituras y Jesucristo dicen, entonces están adorando a un ídolo de su propia mente. El hombre honesto entiende esto fácilmente. ¿Qué hombre ha visto a Dios? ¿Lo ha visto usted? ¿Lo he visto yo? No, porque Dios es invisible. Él pertenece a otra dimensión de existencia completamente, la dimensión espiritual. Por consiguiente, si se ha de conocer a Dios, Él tiene que amarnos lo suficiente como para revelarse a sí mismo. Y note: Cuando se haya revelado a sí mismo, cualquier idea o concepto que no sea lo que Él ha revelado *se convierte* en un ídolo.

    En esto mismo consiste este planteamiento: Dios ha amado al mundo. Se ha revelado a sí mismo en su Hijo Jesucristo y a través de su Palabra, las Sagradas Escrituras. Por consiguiente, idólatra es cualquier persona que por su propia cuenta obre conceptos e ideas de Dios que van en contra de lo que revelan Jesucristo y las Escrituras.

> **"Ciertamente, en otro tiempo, no conociendo a Dios, servíais a los *que por naturaleza no son dioses*; mas ahora, conociendo a Dios, o más bien, siendo conocidos por Dios, ¿cómo es que os volvéis de nuevo a los débiles y pobres rudimentos, a los cuales os queréis volver a esclavizar?" (Gá. 4:8, 9).**

> **"entre los cuales también todos nosotros vivimos en otro tiempo en los deseos de nuestra carne, haciendo la voluntad de la carne y de los pensamientos, y éramos por naturaleza hijos de ira, lo mismo que los demás" (Ef. 2:3).**

> **"Profesando ser sabios, se hicieron necios, y cambiaron la gloria del Dios incorruptible en semejanza de imagen de hombre corruptible, de aves, de cuadrúpedos y de reptiles" (Ro. 1:22, 25).**

> **"Baste ya el tiempo pasado para haber hecho lo que agrada a los gentiles, andando en lascivias, concupiscencias, embriagueces, orgías, disipación y *abominables idolatrías*" (1 P. 4:3).**

    b. Idolatría es anteponer algo a Dios. Según expresan las Escrituras, la codicia es idolatría. Un idólatra es una persona le entrega su mente y su cuerpo, pegamientos, tiempo, energía, esfuerzos, lealtad, a algo que no sea Dios. La idolatría es el pecado de la mente y el cuerpo contra Dios; es no lograr admirar a Dios y reconocerlo; no entregar nuestra vida a Él conjuntamente con nuestros pensamientos, nuestro tiempo, nuestra energía, y nuestro esfuerzo, nuestra lealtad y adoración. Idolatría es anteponer otras cosas a Dios...

=> dinero	=> poder
=> profesión	=> reconocimiento
=> familia	=> posesiones
=> autos	=> alimento
=> recreación	=> lujo
=> popularidad	=> placer
=> fama	=> posición
=> propiedades	=> estima

> **"Por tanto, amados míos, huid de la idolatría" (1 Co. 10:14).**

> **"Y manifiestas son las obras de la carne, que son: adulterio, fornicación, inmundicia, lascivia, idolatría, hechicerías, enemistades, pleitos, celos, iras, contiendas, disensiones, herejías, envidias, homicidios, borracheras, orgías, y cosas semejantes a estas; acerca de las cuales os amonesto, como ya os lo he dicho antes, que**

los que practican tales cosas no heredarán el reino de Dios" (Gá. 5:19-21).

"Porque sabéis esto, que ningún fornicario, o inmundo, o avaro, que es idólatra, tiene herencia en el reino de Cristo y de Dios" (Ef. 5:5).

"Haced morir, pues, lo terrenal en vosotros: fornicación, impureza, pasiones desordenadas, malos deseos y avaricia, que es idolatría; cosas por las cuales la ira de Dios viene sobre los hijos de desobediencia" (Col. 3:5, 6).

"Pero los cobardes e incrédulos, los abominables y homicidas, los fornicarios y hechiceros, los idólatras y todos los mentirosos tendrán su parte en el lago que arde con fuego y azufre, que es la muerte segunda" (Ap. 21:8).

"Mas los perros estarán fuera, y los hechiceros, los fornicarios, los homicidas, los idólatras, y todo aquel que ama y hace mentira" (Ap. 22:15).

3. Los adúlteros "no heredarán el reino de Dios. No erréis". *Adúlteros* (moichoi) son aquellos:
- Que son sexualmente infieles a su esposa o esposo.
- Que miran a un hombre o a una mujer para desearlos. Mirar y desear al sexo opuesto en persona, en revistas, libros, en las playas o en cualquier lugar es adulterio. Imaginárselo y desearlo en el corazón es lo mismo que cometer el acto.

"Pero yo os digo que cualquiera *que mira a una mujer* para codiciarla, ya adulteró con ella en su corazón" (Mt. 5:28).

"recibiendo el galardón de su injusticia, ya que tienen por delicia el gozar de deleites cada día. Estos son inmundicias y manchas, quienes aun mientras comen con vosotros, se recrean en sus errores. Tienen los ojos llenos de adulterio, no se sacian de pecar, seducen a las almas inconstantes, tienen el corazón habituado a la codicia, y son hijos de maldición" (2 P. 2:13, 14).

"No cometerás adulterio" (Éx. 20:14; cp. Lv. 20:10).

"El ojo del adúltero está aguardando la noche, diciendo: No me verá nadie; y esconde su rostro. En las tinieblas minan las casas que de día para sí señalaron; no conocen la luz. Porque la mañana es para todos ellos como sombra de muerte; si son conocidos, terrores de sombra de muerte los toman. Huyen ligeros como corriente de aguas; su porción es maldita en la tierra; no andarán por el camino de las viñas. La sequía y el calor arrebatan las aguas de la nieve; así también el Seol a los pecadores" (Job 24:15-19).

4. Los afeminados (malakoi, mujeres homosexuales) y los abusadores de sí mismos con la humanidad (arsenokoitai, hombres homosexuales) "no heredarán el reino de Dios. No erréis".

"Por esto Dios los entregó a pasiones vergonzosas; pues aun sus mujeres cambiaron el uso natural por el que es contra naturaleza, y de igual modo también los hombres, dejando el uso natural de la mujer, se encendieron en su lascivia unos con otros, cometiendo hechos vergonzosos hombres con hombres, y recibiendo en sí mismos la retribución debida a su extravío" (Ro. 1:26, 27).

"que cuando vuelva, me humille Dios entre vosotros, y quizá tenga que llorar por muchos de los que antes han pecado, y no se han arrepentido de la inmundicia y fornicación y *lascivia* que han cometido" (2 Co. 12:21).

"los cuales, después que perdieron toda sensibilidad, se entregaron a la *lascivia* para cometer con avidez toda clase de impureza" (Ef. 4:19).

"como Sodoma y Gomorra y las ciudades vecinas, las cuales de la misma manera que aquéllos, habiendo fornicado e ido *en pos de vicios* contra naturaleza, fueron puestas por ejemplo, sufriendo el castigo del fuego eterno" (Jud 7).

3 (6:10) *Pecado — Engaño:* Los pecados engañosos que procuran ganancias con frecuencia no se consideran fatales. Nuevamente, la razón es que son muy comunes en la humanidad. Muchas personas practican estos pecados a varios grados, aceptándolos como conducta común y sobreentendida. De acuerdo, el grado de comisión de estos pecados es menor para la mayoría de las personas; no obstante, aún así son muchos los que ante Dios son culpables, y las Escrituras dicen que "no heredarán el reino de Dios".

1. Los ladrones "no heredarán el reino de Dios. No erréis". El equivalente usado acá para ladrones (kleptai) no se refiere solo al *ladrón profesional* que vive del robo. Se refiere al robo pequeño y a hurtadillas: El ladrón de tiendas, la persona que roba cosas aquí y allá.

"No hurtarás" (Éx. 20:15).

"Cuando entres en la viña de tu prójimo, podrás comer uvas hasta saciarte; mas no pondrás en tu cesto" (Dt. 23:24).

"No debáis a nadie nada, sino el amaros unos a otros; porque el que ama al prójimo, ha cumplido la ley. Porque: No adulterarás, no matarás, no hurtarás, no dirás falso testimonio, no codiciarás, y cualquier otro mandamiento, en esta sentencia se resume: Amarás a tu prójimo como a ti mismo" (Ro. 13:8, 9).

"El que hurtaba, no hurte más, sino trabaje, haciendo con sus manos lo que es bueno, para que tenga qué compartir con el que padece necesidad" (Ef. 4:28).

"no defraudando, sino mostrándose fieles en todo, para que en todo adornen la doctrina de Dios nuestro Salvador" (Tit. 2:10).

"pero ellos darán cuenta al que está preparado para juzgar a los vivos y a los muertos" (1 P. 4:5).

2. Los avaros "no heredarán el reino de Dios. No erréis". Los "avaros" (pleonektai) son aquellos:
- Que siempre quieren cada vez más.
- Que nunca están satisfechos con lo que tienen.
- Que quieren cada vez más para gastar en placeres y lujos.
- Que anhelan las posesiones, el placer, la fama, y el poder.
- Que acumulan, guardan y acaparan, ignorando y descuidando las necesidades apremiantes de los millones de personas que mueren de hambre, enfermedades, pobreza y pecado. (Vea el índice y las notas

— Mt. 19:16-22; 19:23-26; Lc. 16:19-31 para un mayor análisis.)

"Y les dijo: Mirad, y guardaos de toda avaricia; porque la vida del hombre no consiste en la abundancia de los bienes que posee" (Lc. 12:15).

"Pero fornicación y toda inmundicia, o avaricia, ni aun se nombre entre vosotros, como conviene a santos" (Ef. 5:3).

"Haced morir, pues, lo terrenal en vosotros: fornicación, impureza, pasiones desordenadas, malos deseos y avaricia, que es idolatría" (Col. 3:5).

"Sean vuestras costumbres sin avaricia, contentos con lo que tenéis ahora; porque él dijo: No te desampararé, ni te dejaré" (He. 13:5).

"No codiciarás la casa de tu prójimo, no codiciarás la mujer de tu prójimo, ni su siervo, ni su criada, ni su buey, ni su asno, ni cosa alguna de tu prójimo" (Éx. 20:17).

"Porque el malo se jacta del deseo de su alma, bendice al codicioso, y desprecia a Jehová" (Sal. 10:3).

"Porque desde el más chico de ellos hasta el más grande, cada uno sigue la avaricia; y desde el profeta hasta el sacerdote, todos son engañadores" (Jer. 6:13).

"Y vendrán a ti como viene el pueblo, y estarán delante de ti como pueblo mío, y oirán tus palabras, y no las pondrán por obra; antes hacen halagos con sus bocas, y el corazón de ellos anda en pos de su avaricia" (Ez. 33:31).

"Codician las heredades, y las roban; y casas, y las toman; oprimen al hombre y a su casa, al hombre y a su heredad" (Mi. 2:2).

"¡Ay del que codicia injusta ganancia para su casa, para poner en alto su nido, para escaparse del poder del mal!" (Hab. 2:9).

3. Los borrachos "no heredarán el reino de Dios. No erréis". Los "borrachos" (methusoi) son personas que toman bebidas y drogas para afectar sus sentidos por lujuria y por placer; que tratan de ponerse alegres o de embriagarse; que tratan de soltarse de sus restricciones morales en pos del placer corporal.

"Mirad también por vosotros mismos, que vuestros corazones no se carguen de glotonería y embriaguez y de los afanes de esta vida, y venga de repente sobre vosotros aquel día" (Lc. 21:34).

"Andemos como de día, honestamente; no en glotonerías y borracheras, no en lujurias y lascivias, no en contiendas y envidia" (Ro. 13:13).

"ni los ladrones, ni los avaros, ni los borrachos, ni los maldicientes, ni los estafadores, heredarán el reino de Dios" (1 Co. 6:10).

"No os embriaguéis con vino, en lo cual hay disolución; antes bien sed llenos del Espíritu" (Ef. 5:18).

"Pues los que duermen, de noche duermen, y los que se embriagan, de noche se embriagan" (1 Ts. 5:7).

"El vino es escarnecedor, la sidra alborotadora, y cualquiera que por ellos yerra no es sabio" (Pr. 20:1).

"¿Para quién será el ay? ¿Para quién el dolor? ¿Para quién las rencillas? ¿Para quién las quejas? ¿Para quién las heridas en balde? ¿Para quién lo amoratado de los ojos? Para los que se detienen mucho en el vino, para los que van buscando la mistura" (Pr. 23:29, 30).

"¡Ay de los que se levantan de mañana para seguir la embriaguez; que se están hasta la noche, hasta que el vino los enciende!" (Is. 5:11).

"Aunque sean como espinos entretejidos, y estén empapados en su embriaguez, serán consumidos como hojarasca completamente seca" (Nah. 1:10).

4. Los maldicientes "no heredarán el reino de Dios. No erréis". Los maldicientes (loidoroi) son personas que maltratan a otros con regaños, despotriques y reniegos, lenguaje insolente y abusivo, maldiciones y lenguaje calumnioso.

"Como quien hiere mis huesos, mis enemigos me afrentan, diciéndome cada día: ¿Dónde está tu Dios?" (Sal. 42:10).

"Hablaban contra mí los que se sentaban a la puerta, y me zaherían en sus canciones los bebedores" (Sal. 69:12).

"Los soberbios se burlaron mucho de mí, mas no me he apartado de tu ley" (Sal. 119:51).

"Y oían también todas estas cosas los fariseos, que eran avaros, y se burlaban de él" (Lc. 16:14).

"Y el pueblo estaba mirando; y aun los gobernantes se burlaban de él, diciendo: A otros salvó; sálvese a sí mismo, si éste es el Cristo, el escogido de Dios" (Lc. 23:35).

5. Los estafadores "no heredarán el reino de Dios. No erréis". Los estafadores (harpages) son personas que toman dinero y otras cosas de otros ya sea por medio de confabulaciones o por la fuerza. Se aprovechan de los pobres, los ignorantes, los inocentes, los confiados, y en ocasiones hasta de los familiares y amigos. Usan a cualquier persona y cualquier medio que puedan para obtener lo que quieren. Se aprovechan para conseguir cada vez más.

Observe la conclusión de esta lista de pecados: Ninguna de estas personas "heredará el reino de Dios". No importa qué pensemos o digamos. Dios es tan claro como puede ser: Las personas que practican estos pecados "no heredarán el reino de Dios".

4 (6:11) *Conversión — Salvación — Jesucristo, poder:* Está el poder de Cristo. Note cuatro elementos.

1. "Y esto erais algunos" es brusco y contundente. Es un planteamiento revolucionario. Algunos de los corintios habían estado viviendo en los pecados terribles recién mencionados, pero ya no. Jesucristo los había convertido y los había cambiado radicalmente.

2. Observe que la palabra "ya" se repite tres veces en este versículo. Hace énfasis en el cambio revolucionario que el poder de Cristo obra en una vida que verdaderamente se entrega a Cristo.

3. La palabra "lavados" (apelousasthe) quiere decir quitar, limpiar. Quiere decir que una persona viene donde Jesucristo para que lo limpie de sus pecados, y cuando lo hace, Jesús lo limpia realmente de sus pecados. La palabra se encuentra en el tiempo griego aoristo que es el tiempo pasado; es decir, se refiere a su experiencia de conversión. Cuando el creyente es lavado de su pecado se supone que sea

lavado y limpiado. Se supone que el pecado y su profanación se eliminen para siempre. Por el poder de Cristo, el creyente debe mantenerse alejado de la suciedad y la inmundicia del mundo.

"Ya vosotros estáis limpios por la palabra que os he hablado" (Jn. 15:3).

"Ahora, pues, ¿por qué te detienes? Levántate y bautízate, y lava tus pecados, invocando su nombre" (Hch. 22:16).

"Y esto erais algunos; mas ya habéis sido lavados, ya habéis sido santificados, ya habéis sido justificados en el nombre del Señor Jesús, y por el Espíritu de nuestro Dios" (1 Co. 6:11).

"Así que, amados, puesto que tenemos tales promesas, limpiémonos de toda contaminación de carne y de espíritu, perfeccionando la santidad en el temor de Dios" (2 Co. 7:1).

"Maridos, amad a vuestras mujeres, así como Cristo amó a la iglesia, y se entregó a sí mismo por ella, para santificarla, habiéndola purificado en el lavamiento del agua por la palabra" (Ef. 5:25, 26).

"Acercaos a Dios, y él se acercará a vosotros. Pecadores, limpiad las manos; y vosotros los de doble ánimo, purificad vuestros corazones" (Stg. 4:8).

"y de Jesucristo el testigo fiel, el primogénito de los muertos, y el soberano de los reyes de la tierra. Al que nos amó, y nos lavó de nuestros pecados con su sangre" (Ap. 1:5).

"¿cuánto más la sangre de Cristo, el cual mediante el Espíritu eterno se ofreció a sí mismo sin mancha a Dios, limpiará vuestras conciencias de obras muertas para que sirváis al Dios vivo?" (He. 9:14).

"pero si andamos en luz, como él está en luz, tenemos comunión unos con otros, y la sangre de Jesucristo su Hijo nos limpia de todo pecado" (1 Jn. 1:7).

"Lávame más y más de mi maldad, y límpiame de mi pecado" (Sal. 51:2).

"Ayúdanos, oh Dios de nuestra salvación, por la gloria de tu nombre; y líbranos, y perdona nuestros pecados por amor de tu nombre" (Sal. 79:9).

"Lava tu corazón de maldad, oh Jerusalén, para que seas salva. ¿Hasta cuándo permitirás en medio de ti los pensamientos de iniquidad?" (Jer. 4:14).

4. La palabra "santificados" se encuentra también en el tiempo aoristo. También se refiere a la experiencia de salvación del creyente. El Señor Jesucristo apartó al creyente para Dios, y la experiencia debe ser un suceso de una sola vez y por todas. El creyente no debe regresar al mundo ni a sus pecados contaminantes. (Vea el *Estudio a fondo 1, Santificación* — 1 Co. 1:2 para significado y análisis.)

"Santifícalos en tu verdad; tu palabra es verdad" (Jn. 17:17).

"Mas por él estáis vosotros en Cristo Jesús, el cual nos ha sido hecho por Dios sabiduría, justificación, santificación y redención" (1 Co. 1:30).

"Así que, si alguno se limpia de estas cosas, será instrumento para honra, santificado, útil al Señor, y dispuesto para toda buena obra" (2 Ti. 2:21).

"Por lo cual también Jesús, para santificar al pueblo mediante su propia sangre, padeció fuera de la puerta" (He. 13:12).

"elegidos según la presciencia de Dios Padre en santificación del Espíritu, para obedecer y ser rociados con la sangre de Jesucristo: Gracia y paz os sean multiplicadas" (1 P. 1:2).

5. La palabra "justificados" probablemente sea la verdad más gloriosa e increíble que el hombre haya conocido. De la manera más sencilla, esto es lo que quiere decir justificación: Dios toma la fe de una persona en Jesucristo y *considera* su fe como justificación (vea las notas — 2 Co. 5:18-19; 5:21; Ro. 4:1-3; 4:1-2; 5:1 para un análisis detallado). Cuando una persona cree genuinamente en Jesucristo, Dios *acredita* la fe de esa persona *como justificación*. La persona no es justa; sabe que no tiene justificación propia. Sabe que es imperfecta. Sabe que carece de la gloria de Dios como ser humano pecador. Pero cree verdaderamente que Jesucristo murió por sus pecados, y quiere entregarle su vida y su adoración a Jesucristo. Tal creencia honra al Hijo de Dios (a quien Dios ama con un amor eterno), y porque honra al Hijo de Dios, Dios acepta la fe de esa persona como justificación. Por consiguiente, la persona se vuelve acepta ante Dios. (En un análisis de justificación la creencia de una persona, el tipo de creencia adecuado, resulta de importancia fundamental. Vea el *Estudio a fondo 2* — Jn. 2:24; Ro. 10:16-17.)

Observe las palabras "en el nombre del Señor Jesús". Creer "en el nombre del Señor Jesús" quiere decir que la persona se juega su vida por Jesús. Confía en que Jesucristo:

- Se ocupe de su pasado: Sus pecados y su culpa, su rebelión contra Dios y su rechazo de Dios.
- Se ocupe de su presente: Su vida y bienestar mientras esté en esta tierra.
- Se ocupe de su futuro: Su destino eterno y la herencia de la vida eterna y el reino de Dios.

"Y creyó a Jehová, y le fue contado por justicia" (Gn. 15:6).

"y que de todo aquello de que por la ley de Moisés no pudisteis ser justificados, en él es justificado todo aquel que cree" (Hch. 13:39).

"Concluimos, pues, que el hombre es justificado por fe sin las obras de la ley" (Ro. 3:28).

"Justificados, pues, por la fe, tenemos paz para con Dios por medio de nuestro Señor Jesucristo" (Ro. 5:1).

	E. Un caso contra la complacencia del cuerpo humano, 6:12-20		

1 Principios de la libertad cristiana
  a. Hagan solo lo que conviene
  b. No hagan nada que esclavice
2 El cuerpo no está diseñado para los deseos y los impulsos
  a. No para el vientre, es decir, el alimento
  b. No para el sexo, es decir, la gratificación
  c. Sino para el Señor
  d. El destino del cuerpo: Ser resucitado
3 El cuerpo está diseñado para ser un miembro de Cristo
  a. El cuerpo no está diseñado para ser el miembro de una ramera
	12 Todas las cosas me son lícitas, mas no todas convienen; todas las cosas me son lícitas, mas yo no me dejaré dominar de ninguna.
	13 Las viandas para el vientre, y el vientre para las viandas; pero tanto al uno como a las otras destruirá Dios. Pero el cuerpo no es para la fornicación, sino para el Señor, y el Señor para el cuerpo.
	14 Y Dios, que levantó al Señor, también a nosotros nos levantará con su poder.
	15 ¿No sabéis que vuestros cuerpos son miembros de Cristo? ¿Quitaré, pues, los miembros de Cristo y los haré miembros de una ramera? De ningún modo.
	16 ¿O no sabéis que el que se
		une con una ramera, es un cuerpo con ella? Porque dice: Los dos serán una sola carne.
		17 Pero el que se une al Señor, un espíritu es con él.
		18 Huid de la fornicación. Cualquier otro pecado que el hombre cometa, está fuera del cuerpo; mas el que fornica, contra su propio cuerpo peca.
		19 ¿O ignoráis que vuestro cuerpo es templo del Espíritu Santo, el cual está en vosotros, el cual tenéis de Dios, y que no sois vuestros?
		
		20 Porque habéis sido comprados por precio; glorificad, pues, a Dios en vuestro cuerpo y en vuestro espíritu, los cuales son de Dios.
			b. La persona unida a Cristo es un espíritu con Él
			  c. La persona de inmoralidad peca contra su propio cuerpo^{EF1}
			  d. Conclusión: Huid de la fornicación
			4 El cuerpo está diseñado para ser el templo del Espíritu Santo
			  a. Él está dentro del cuerpo
			  b. Él es el don de Dios
			  c. Él reclama el cuerpo^{EF2}
			5 Tanto el cuerpo como el espíritu están diseñados para glorificar a Dios

DIVISIÓN III

LA RELAJACIÓN MORAL EN LA IGLESIA, 5:1—6:20

E. Un caso contra la complacencia del cuerpo humano, 6:12-20

(6:12-20) *Introducción:* El cuerpo humano se maltrata más que cualquier otra cosa sobre la tierra. Los hombres desarrollan y agotan la mayoría de sus recursos en "cosas" y máquinas que dañan y matan el cuerpo humano. En comparación, se gasta poco en salvar y nutrir el cuerpo humano. Si hay alguna cosa que demuestra la depravación total del hombre, es cómo trata su propio cuerpo humano. Este pasaje lidia con este problema. Es el caso de Dios contra la complacencia del cuerpo humano.

1. Principios de la libertad cristiana (v. 12).
2. El cuerpo no está diseñado para los deseos y los impulsos (vv. 13-14).
3. El cuerpo está diseñado para ser un miembro de Cristo (vv. 15-18).
4. El cuerpo está diseñado para ser el templo del Espíritu Santo (v. 19).
5. Tanto el cuerpo como el espíritu están diseñados para glorificar a Dios (v. 20).

1 (6:12) *Libertad, cristiana:* El principio de la libertad cristiana o la noción de que "todas las cosas me son lícitas" es un tema cuyo análisis apremia. Las personas siempre han visto y

siempre verán los deseos e impulsos del cuerpo:
* Como funciones normales.
* Como instintos naturales.
* Como algo que es necesario satisfacer.

Por consiguiente, se dispusieron a satisfacer los deseos de su cuerpo. De hecho, su cuerpo, su belleza, su salud, y su satisfacción, se convierte en el propósito primordial de la vida de ellos. Trabajan, comen, duermen, y se socializan para satisfacer los deseos e impulsos del cuerpo. Lo que su cuerpo desee es lo que ellos procuran, y no ven absolutamente nada malo en satisfacer sus deseos, porque el deseo es una función natural del cuerpo.

Sucede lo siguiente, y les resulta sorprendente a muchos en el mundo: Las Escrituras no solo están de acuerdo con la libertad de una persona, las Escrituras enseñan la libertad personal. La libertad personal es algo que se enseña en toda la Biblia mediante el tema de libertad cristiana.

Observe ahora este planteamiento claro: "Todas las cosas me son lícitas". Dios ha hecho al hombre y su cuerpo, y Él lo ha hecho todo en el mundo, y todo es bueno. Por lo tanto, todas las cosas le son lícitas a una persona. Sin embargo, hay dos restricciones que se ven claramente y que le resultan lógicas a una persona honesta e inteligente.

1. La primera restricción es que no todas las cosas te *convienen* (sumpherei). La palabra significa útil, que vale la pena, aconsejable, y provechoso. Por ejemplo, es útil comer pescado; no es provechoso comer bayas venenosas. Es acon-

sejable mantenerse activo por el bien del cuerpo; es dañino acostarse y permanecer inactivo. Note que hacer cualquiera de estas actividades es lícito, pero dos de ellas no son buenas ni provechosas.

2. La segunda restricción es que todas las cosas no son prudentes: Algunas cosas esclavizan, no edifican la imagen de sí mismo ni el amor propio. Observe el planteamiento contundente de Pablo: "todas las cosas me son lícitas, mas *yo no me dejaré dominar de ninguna*". Ningún hombre debe convertirse en esclavo de nada en esta tierra. Se supone que el hombre controle todas las cosas sobre la tierra y que ninguna lo esclavice: Ni el alimento, ni la bebida, ni las drogas, ni las fortunas, ni el deseo, ni el impulso, ni cualquier otra cosa. Él hombre debe preservar su templanza. Debe controlar las riquezas de esta tierra y no que ellas lo controlen a él. La salud de su cuerpo y sus emociones, de su mente y su inteligencia, de su Espíritu y su destino depende del control de su cuerpo y de no permitir que las cosas de esta tierra lo esclavicen.

Pensamiento 1. Complacer los apetitos del cuerpo es uno de los grandes pecados de los creyentes. No importa lo que la sociedad pueda aceptar y lo que podamos pensar, es un pecado burdo permitir que cualquier riqueza u otra cosa de esta tierra esclavice nuestro cuerpo.

> "No reine, pues, el pecado en vuestro cuerpo mortal, de modo que lo obedezcáis en sus concupiscencias" (Ro. 6:12).
>
> "Todo aquel que lucha, de todo se abstiene; ellos, a la verdad, para recibir una corona corruptible, pero nosotros, una incorruptible" (1 Co. 9:25).
>
> "mansedumbre, templanza; contra tales cosas no hay ley" (Gá. 5:23).
>
> "Que los ancianos sean sobrios, serios, prudentes, sanos en la fe, en el amor, en la paciencia" (Tit. 2:2).
>
> "que sois guardados por el poder de Dios mediante la fe, para alcanzar la salvación que está preparada para ser manifestada en el tiempo postrero. En lo cual vosotros os alegráis, aunque ahora por un poco de tiempo, si es necesario, tengáis que ser afligidos en diversas pruebas" (1 P. 1:5, 6).

2 (6:13-14) *Cuerpo:* El cuerpo no está diseñado para los deseos y los impulsos. En la época de Pablo lo que llamamos fornicación e inmoralidad era una costumbre aceptable dentro de la sociedad, y esta costumbre la llevaron a la iglesia algunos de sus miembros. Al parecer los miembros usaban el argumento de la sociedad de su época. Note que el argumento era el argumento antiquísimo que con tan frecuencia se oye en cada generación. Lean el versículo de nuevo y fíjense en el progreso natural del argumento que con tanta frecuencia escuchamos:

=> De la misma manera que el cuerpo desea el alimento y debe tener alimento para su funcionamiento normal, así el cuerpo desea el sexo y debe tener sexo para su funcionamiento normal.

=> Los deseos del cuerpo son normales y naturales; por lo tanto, satisfacer la función natural no es más que lo natural. No puede ser malo, no importa quién lo diga.

Cada generación tiene su propia forma de expresar el mismo argumento:

=> "Solo estoy haciendo mi voluntad".

=> "Solo estoy haciendo lo natural".

=> "Solo estoy obedeciendo a mis instintos".

Observe lo que las Escrituras dicen acerca de este argumento.

1. El cuerpo no está diseñado para el vientre ni para el alimento. Por el contrario, el vientre y el alimento están diseñados para el cuerpo. Por consiguiente, el cuerpo debe controlar al vientre y al alimento. No debe volverse el esclavo:

• De los impulsos y deseos del vientre.

• De la atracción de las apariencias, el olor, y el sabor del alimento.

El cuerpo se debe alimentar según sea necesario y debe cuidarse. Por lo tanto, el cuerpo debe usar su vientre para cumplir su función como parte del cuerpo, pero no debe volverse el esclavo del vientre y el alimento. No debe perder el control y rendirse a la complacencia. Esto se ve claramente también en otro punto. El vientre y el alimento son solo temporales. Llegará el día en el que se destruya su función, es decir, se vuelva nada y ya no sea necesario. Los hombres serán transformados y el cuerpo humano será perfeccionado. (Cp. Fil. 3:20-21.)

Sucede lo siguiente: El vientre y el alimento tienen su propósito; por consiguiente, deben usarse con ese propósito y solo con ese propósito. Deben alimentar el cuerpo, no controlar el cuerpo. El hombre no debe complacer a su vientre y rendirse a sus impulsos, permitiéndole que lo esclavice.

> "el fin de los cuales será perdición, cuyo dios es el vientre, y cuya gloria es su vergüenza; que sólo piensan en lo terrenal" (Fil. 3:19).
>
> "El alma del que trabaja, trabaja para sí, porque su boca le estimula" (Pr. 16:26).
>
> "Y pon cuchillo a tu garganta, si tienes gran apetito" (Pr. 23:2).
>
> "Todo el trabajo del hombre es para su boca, y con todo eso su deseo no se sacia" (Ec. 6:7).

2. El cuerpo no está diseñado para la fornicación ni la gratificación sexual. El sexo es parte de la vida, y ocupa su lugar en la perpetuación de la raza humana y en la edificación de un fundamento y una unión fuerte e íntima *para la familia*. Pero una vez más, el sexo fue hecho para el cuerpo; el cuerpo no fue creado para el sexo. El sexo le pertenece al cuerpo; el cuerpo no le pertenece al sexo. El cuerpo no se le debe entregar al sexo como un esclavo; el sexo debe servir al cuerpo. El cuerpo debe controlar al sexo, no el sexo al cuerpo.

> "y de igual modo también los hombres, dejando el uso natural de la mujer, se encendieron en su lascivia unos con otros, cometiendo hechos vergonzosos hombres con hombres, y recibiendo en sí mismos la retribución debida a su extravío" (Ro. 1:27).
>
> "¿No sabéis que los injustos no heredarán el reino de Dios? No erréis; ni los fornicarios, ni los idólatras, ni los adúlteros, ni los afeminados, ni los que se echan con varones" (1 Co. 6:9).
>
> "Y manifiestas son las obras de la carne, que son:

adulterio, fornicación, inmundicia, lascivia, idolatría, hechicerías, enemistades, pleitos, celos, iras, contiendas, disensiones, herejías, envidias, homicidios, borracheras, orgías, y cosas semejantes a estas; acerca de las cuales os amonesto, como ya os lo he dicho antes, que los que practican tales cosas no heredarán el reino de Dios" (Gá. 5:19-21).

"los cuales, después que perdieron toda sensibilidad, se entregaron a la lascivia para cometer con avidez toda clase de impureza" (Ef. 4:19).

"Pero fornicación y toda inmundicia, o avaricia, ni aun se nombre entre vosotros, como conviene a santos" (Ef. 5:3).

"pues la voluntad de Dios es vuestra santificación; que os apartéis de fornicación" (1 Ts. 4:3).

3. El cuerpo está diseñado para el Señor y el Señor para el cuerpo. Observe detenidamente dos cosas:

a. Dios creó el cuerpo del hombre para que lo adorara, lo alabara, y le sirviera. Esta es la primera razón por la que existe nuestro cuerpo.

"Entonces Jesús le dijo: Vete, Satanás, porque escrito está: Al Señor tu Dios adorarás, y a él sólo servirás" (Mt. 4:10).

"para mostrar en los siglos venideros las abundantes riquezas de su gracia en su bondad para con nosotros en Cristo Jesús" (Ef. 2:7).

"Dad a Jehová la gloria debida a su nombre; adorad a Jehová en la hermosura de la santidad" (Sal. 29:2).

"Adorad a Jehová en la hermosura de la santidad; temed delante de él, toda la tierra" (Sal. 96:9).

"Exaltad a Jehová nuestro Dios, y postraos ante el estrado de sus pies; El es santo" (Sal. 99:5).

"Vosotros sois mis testigos, dice Jehová, y mi siervo que yo escogí, para que me conozcáis y creáis, y entendáis que yo mismo soy; antes de mí no fue formado dios, ni lo será después de mí" (Is. 43:10).

b. Dios creó el cuerpo del hombre para que el Señor morara en él. Este es el significado de la frase: "el Señor para el cuerpo".

4. El cuerpo está destinado a ser resucitado; no yacerá para siempre en la tumba. De la misma manera que Dios resucitó al Señor Jesucristo de los muertos, así Él resucitará el cuerpo de cada uno de nosotros de los muertos.

"De cierto, de cierto os digo: Viene la hora, y ahora es, cuando los muertos oirán la voz del Hijo de Dios; y los que la oyeren vivirán… No os maravilléis de esto; porque vendrá hora cuando todos los que están en los sepulcros oirán su voz; y los que hicieron lo bueno, saldrán a resurrección de vida; mas los que hicieron lo malo, a resurrección de condenación" (Jn. 5:25, 28, 29).

"Y esta es la voluntad del que me ha enviado: Que todo aquél que ve al Hijo, y cree en él, tenga vida eterna; y yo le resucitaré en el día postrero" (Jn. 6:40).

"Le dijo Jesús: Yo soy la resurrección y la vida; el que cree en mí, aunque esté muerto, vivirá. Y todo aquel que vive y cree en mí, no morirá eternamente. ¿Crees esto?" (Jn. 11:25, 26).

"Mas ahora Cristo ha resucitado de los muertos; primicias de los que durmieron es hecho" (1 Co. 15:20; cp. los vv. 12-56).

"sabiendo que el que resucitó al Señor Jesús, a nosotros también nos resucitará con Jesús, y nos presentará juntamente con vosotros" (2 Co. 4:14).

"el cual transformará el cuerpo de la humillación nuestra, para que sea semejante al cuerpo de la gloria suya, por el poder con el cual puede también sujetar a sí mismo todas las cosas" (Fil. 3:21).

"Porque si creemos que Jesús murió y resucitó, así también traerá Dios con Jesús a los que durmieron en él" (1 Ts. 4:14).

"Bendito el Dios y Padre de nuestro Señor Jesucristo, que según su grande misericordia nos hizo renacer para una esperanza viva, por la resurrección de Jesucristo de los muertos" (1 P. 1:3).

3 (6:15-18) *Cuerpo*: El cuerpo está diseñado para ser un miembro de Cristo. Aquí se hace énfasis: Note las tres preguntas contundentes:

=> "¿No sabéis que vuestros cuerpos son miembros de Cristo?" (v. 15).
=> "¿Quitaré, pues, los miembros de Cristo y los haré miembros de una ramera?" (v. 15).
=> "¿O no sabéis que el que se une con una ramera, es un cuerpo con ella?" (v. 16).

El planteamiento es muy importante, así que piensen: Háganse ustedes mismos estas preguntas. Recuerden, recobren el conocimiento de lo que el Señor enseña. "Vuestros cuerpos son miembros de Cristo". ¿Qué quiere decir esto? Tres cosas:

=> El cuerpo del creyente pertenece a Cristo. Cristo murió por el creyente; Él redimió al creyente, pagando el precio de su cuerpo. Por consiguiente, el creyente le debe su vida y su cuerpo a Cristo (1 Co. 6:20).
=> El creyente realmente recibe la naturaleza divina de Dios cuando se convierte. Se convierte en participante de la propia naturaleza de Dios (2 P. 1:4; compárese 1 P. 1:23).
=> Todos los creyentes forman el cuerpo de Cristo en la tierra hoy día. Están unidos alrededor de Cristo, alrededor de su Espíritu, mente, propósito, causa, objetivo, su vida, todo cuanto Él es.

"En aquel día vosotros conoceréis que yo estoy en mi Padre, y vosotros en mí, y yo en vosotros" (Jn. 14:20).

"Yo en ellos, y tú en mí, para que sean perfectos en unidad, para que el mundo conozca que tú me enviaste, y que los has amado a ellos como también a mí me has amado" (Jn. 17:23).

"Pero si Cristo está en vosotros, el cuerpo en verdad está muerto a causa del pecado, mas el espíritu vive a causa de la justicia" (Ro. 8:10).

"Con Cristo estoy juntamente crucificado, y ya no vivo yo, mas vive Cristo en mí; y lo que ahora vivo en la carne, lo vivo en la fe del Hijo de Dios, el cual me amó y se entregó a sí mismo por mí" (Gá. 2:20).

"a quienes Dios quiso dar a conocer las riquezas de la gloria de este misterio entre los gentiles; que es *Cristo en vosotros,* la esperanza de gloria" (Col. 1:27).

"Y el que guarda sus mandamientos, permanece en Dios, y Dios en él. Y en esto sabemos que él permanece en nosotros, por el Espíritu que nos ha dado" (1 Jn. 3:24).

"He aquí, yo estoy a la puerta y llamo; si alguno oye mi voz y abre la puerta, entraré a él, y cenaré con él, y él conmigo" (Ap. 3:20).

Ahora bien, observe estos conceptos:

1. El cuerpo no está diseñado para ser el miembro de una ramera ni de ningún otro compañero inmoral. El cuerpo fue creado para ser el miembro de Cristo, *lo que significa que* debemos honrarlo con nuestro cuerpo. Debemos tomar la energía y los impulsos sexuales de nuestro cuerpo y usarlos *en su nombre o según Él manda*:

=> O dedicamos nuestra vida únicamente a Él como eunucos.

=> O nos casamos y edificamos una familia con las virtudes dinámicas del amor, el cariño, la confianza, y la lealtad.

Somos miembros de Cristo, representantes de Él en esta tierra. Por lo tanto, no debemos unirnos a una ramera, a ningún compañero ilícito. No debemos convertirnos en una misma carne con nadie excepto con un cónyuge legítimo, porque somos miembros de Cristo y de su causa sobre esta tierra.

2. La persona unida al Señor es un espíritu con Él. Es un planteamiento gráfico: La unión del creyente con Cristo es mucho más fuerte que cualquier relación física. ¿Cómo? Cristo y el creyente se convierten en *un espíritu*, y ese espíritu los mezcla en la unión más grande posible.

=> El creyente recibe la mente de Cristo.

"Porque ¿quién conoció la mente del Señor? ¿Quién le instruirá? Mas nosotros tenemos la mente de Cristo" (1 Co. 2:16).

=> El creyente recibe el Espíritu Santo de Cristo (vea la nota — 1 Co. 6:19 para un análisis y versículos).

3. La conclusión de este punto es imperativa: "Huid de la fornicación" (todas las formas de inmoralidad), porque la persona de inmoralidad peca contra su propio cuerpo. (Vea el *Estudio a fondo 1* — 1 Co. 6:18 para un análisis y versículos.)

ESTUDIO A FONDO 1

(6:18) *Inmoralidad — Cuerpo:* Hay cinco razones por las que la inmoralidad sexual constituye un pecado contra el propio cuerpo de una persona.

1. Degrada a la persona al nivel de un animal. No es más que la visión equívoca de un hombre. Ve al hombre como una bestia, ignorando el espíritu del hombre. Declara que la vida se debe vivir al nivel de la pasión y el instinto, ignorando la vida del espíritu.

2. Solo ve a la otra persona como un instrumento, una herramienta para satisfacer impulsos y pasiones. Ignora la satisfacción y la paz del corazón y la mente.

3. La inmoralidad sexual corrompe el templo de Dios. La Biblia enseña que el hombre es un hijo de Dios por creación. Posee espíritu e impulsos físicos. Y cuando un hombre cree verdaderamente en Cristo, se dice que Cristo mora *dentro* de Él. Esto convierte al cuerpo humano en el templo mismo de la presencia de Cristo, lo que significa que el cuerpo le pertenece a Cristo. En realidad es

el cuerpo de Cristo. Por lo tanto, si un creyente comete inmoralidad, está juntando el propio cuerpo de Cristo con una ramera.

4. Las *verdaderas virtudes* de la naturaleza básica del hombre se afectan profundamente. Por ejemplo, la naturaleza básica del hombre es:

- Amar y ser amado.
- Dar y recibir.
- Vivir y dejar vivir.
- Ser leal y digno de confianza.

La lista podría ser interminable. Pero observe algo: Cuando una persona tiene una relación inmoral, cada una de las virtudes básicas de la naturaleza del hombre se alteran. Todo su cuerpo se afecta. Su amor, su lealtad, y su vida no están centrados en un objetivo; están esparcidas. Todo cuanto es no puede nunca volver a centrarse en una persona. Nadie podrá recibir nunca todo su amor, toda su lealtad o toda su vida. El hombre por naturaleza sabe esto, y provoca reacciones en su cuerpo: Reacciones emocionales, mentales, y físicas, todo a diferentes grados. No obstante, las reacciones existen.

5. Se afecta más el carácter emocional y mental de una persona que por cualquier otro pecado. Cuando una persona comete un acto inmoral, pronto siente y experimenta culpa cuando se encuentra solo pensando en su vida. La persona puede que no lo llame culpa; puede que diga que solo *se siente mal*. Pero el *sentimiento desagradable* o la culpa es un resultado natural de la inmoralidad.

¿Por qué la inmoralidad hace que un hombre sienta culpa? Porque es una violación de la ley de Dios. Dios ha creado al hombre para que se ocupe de su cuerpo, de su familia, de su sociedad, y de proteger los cuerpos y las familias de otros.

Si una persona toma a una virgen o a la esposa de otra persona, pone en peligro a esa persona y a esa familia. Él daña:

- El cuerpo de la persona: Su naturaleza emocional, mental, y física.
- La unidad y cohesión de la familia. Él daña la confianza y la identidad que los cónyuges tienen con cada uno, y daña la seguridad de los hijos.

Se hiende una *espada de división*, y se asientan sentimientos de culpa y perturbación. La lealtad se debilita en la persona, en la familia y en la sociedad.

[4] (6:19) *Cuerpo — Espíritu Santo, templo de:* El cuerpo está diseñado para ser el templo del Espíritu Santo. (Vea la nota, *Iglesia* — 1 Co. 3:16 para un mayor análisis.) Esta es una de las verdades gloriosas tanto de las Escrituras como de la experiencia cristiana. La palabra "cuerpo" es singular: "Todo creyente es un templo del Espíritu de Dios".

1. El Espíritu Santo realmente mora *dentro* del cuerpo del creyente.

"el Espíritu de verdad, al cual el mundo no puede recibir, porque no le ve, ni le conoce; pero vosotros le conocéis, porque mora con vosotros, y estará en vosotros" (Jn. 14:17).

"En aquel día vosotros conoceréis que yo estoy en

mi Padre, y vosotros en mí, y yo en vosotros" (Jn. 14:20).

"Mas vosotros no vivís según la carne, sino según el Espíritu, si es que el Espíritu de Dios mora en vosotros. Y si alguno no tiene el Espíritu de Cristo, no es de él" (Ro. 8:9).

"¿O ignoráis que vuestro cuerpo es templo del Espíritu Santo, el cual está en vosotros, el cual tenéis de Dios, y que no sois vuestros?" (1 Co. 6:19).

"¿Y qué acuerdo hay entre el templo de Dios y los ídolos? Porque vosotros sois el templo del Dios viviente, como Dios dijo: Habitaré y andaré entre ellos, y seré su Dios, y ellos serán mi pueblo" (2 Co. 6:16).

"en quien vosotros también sois juntamente edificados para morada de Dios en el Espíritu" (Ef. 2:22).

"Guarda el buen depósito por el Espíritu Santo que mora en nosotros" (2 Ti. 1:14).

"Pero la unción que vosotros recibisteis de él permanece en vosotros, y no tenéis necesidad de que nadie os enseñe; así como la unción misma os enseña todas las cosas, y es verdadera, y no es mentira, según ella os ha enseñado, permaneced en él" (1 Jn. 2:27).

2.   El Espíritu Santo es el don de Dios. Un hombre no recibe el Espíritu de Dios porque obre en función de Él. Recibe el Espíritu de Dios como un regalo de Dios.

"Pedro les dijo: Arrepentíos, y bautícese cada uno de vosotros en el nombre de Jesucristo para perdón de los pecados; y recibiréis el don del Espíritu Santo" (Hch. 2:38).

"Así que, arrepentíos y convertíos, para que sean borrados vuestros pecados; para que vengan de la presencia del Señor tiempos de refrigerio" (Hch. 3:19).

3.   Dios reivindica el cuerpo. Los creyentes no son dueños de su cuerpo, ya no. Jesucristo compró nuestro cuerpo. Por consiguiente, ahora somos siervos de Dios. (Vea el *Estudio a fondo 2, Precio* — 1 Co. 6:20 para un análisis.)

ESTUDIO A FONDO 2

(6:20) *Precio — Redención:* La palabra "comprados" (egorasthete) quiere decir comprar en el mercado de la esclavitud. La idea es que Jesucristo ha pagado nuestro precio y nos compró librándonos:

• De nuestra esclavitud del pecado.
• De nuestra esclavitud de la muerte.
• De nuestra esclavitud del infierno.

Su muerte cumplió todas las exigencias de la justicia perfecta de Dios. La justicia de Dios se satisfizo completamente con Jesucristo:

• Asumiendo nuestros pecados.
• Muriendo por nosotros.
• Experimentando el sufrimiento o la separación de Dios por nosotros.

Por eso somos libres, hemos sido liberados del pecado, la muerte, y el infierno. Ahora somos libres para vivir justa y eternamente en la presencia de Dios — todo porque Jesucristo pagó nuestro precio. Él es nuestra redención. (Ver nota — 2 Co. 5:21; Ef. 1:7.)

"siendo justificados gratuitamente por su gracia, mediante la redención que es en Cristo Jesús" (Ro. 3:24).

"Cristo nos redimió de la maldición de la ley, hecho por nosotros maldición (porque está escrito: Maldito todo el que es colgado en un madero)" (Gá. 3:13).

"en quien tenemos redención por su sangre, el perdón de pecados según las riquezas de su gracia" (Ef. 1:7).

"en quien tenemos redención por su sangre, el perdón de pecados" (Col. 1:14).

"quien se dio a sí mismo por nosotros para redimirnos de toda iniquidad y purificar para sí un pueblo propio, celoso de buenas obras" (Tit. 2:14).

"y no por sangre de machos cabríos ni de becerros, sino por su propia sangre, entró una vez para siempre en el Lugar Santísimo, habiendo obtenido eterna redención" (He. 9:12).

"sabiendo que fuisteis rescatados de vuestra vana manera de vivir, la cual recibisteis de vuestros padres, no con cosas corruptibles, como oro o plata, sino con la sangre preciosa de Cristo, como de un cordero sin mancha y sin contaminación" (1 P. 1:18, 19).

"y cantaban un nuevo cántico, diciendo: Digno eres de tomar el libro y de abrir sus sellos; porque tú fuiste inmolado, y con tu sangre nos has redimido para Dios, de todo linaje y lengua y pueblo y nación" (Ap. 5:9).

5 (6:20) *Cuerpo:* Tanto el cuerpo como el espíritu están diseñados para glorificar a Dios. Observe que un templo no tiene ninguna otra razón de existencia que para albergar la presencia de Dios. No tiene más que una función, *receptividad*. Note que la función *no es actividad*. Todas las actividades de un templo deben ser solamente prepararse para la recepción de la presencia de Dios. El caso de ocuparse del cuerpo humano se ha planteado de la manera más clara posible. Dios ha creado el cuerpo y el espíritu de un hombre para glorificar a Dios. Ambos pertenecen a Dios por medio de la redención que es en Jesucristo.

"Así alumbre vuestra luz delante de los hombres, para que vean vuestras buenas obras, y glorifiquen a vuestro Padre que está en los cielos" (Mt. 5:16).

"En esto es glorificado mi Padre, en que llevéis mucho fruto, y seáis así mis discípulos" (Jn. 15:8).

"Pero el Dios de la paciencia y de la consolación os dé entre vosotros un mismo sentir según Cristo Jesús, para que unánimes, a una voz, glorifiquéis al Dios y Padre de nuestro Señor Jesucristo" (Ro. 15:5, 6).

"Porque habéis sido comprados por precio; glorificad, pues, a Dios en vuestro cuerpo y en vuestro espíritu, los cuales son de Dios" (1 Co. 6:20).

"Por lo cual asimismo oramos siempre por vosotros, para que nuestro Dios os tenga por dignos de su llamamiento, y cumpla todo propósito de bondad y toda obra de fe con su poder, para que el nombre de nuestro Señor Jesucristo sea glorificado en vosotros, y vosotros en él, por la gracia de nuestro Dios y del Señor Jesucristo" (2 Ts. 1:11, 12).

"vosotros también, como piedras vivas, sed edificados como casa espiritual y sacerdocio santo, para ofrecer sacrificios espirituales aceptables a Dios por medio de Jesucristo" (1 P. 2:5).

	CAPÍTULO 7 IV. LAS PREGUNTAS CON RESPECTO AL MATRIMONIO, 7:1-40 A. La pregunta acerca del celibato y el matrimonio, 7:1-7	sobre su propio cuerpo, sino el marido; ni tampoco tiene el marido potestad sobre su propio cuerpo, sino la mujer. 5 No os neguéis el uno al otro, a no ser por algún tiempo de mutuo consentimiento, para ocuparos sosegadamente en la oración; y volved a juntaros en uno, para que no os tiente Satanás a causa de vuestra incontinencia.	mutua sobre el cuerpo de cada uno a. Cada uno tiene derechos iguales sobre el cuerpo del otro b. Cada uno le pertenece al otro tan plenamente que negarse es un acto de engaño c. Cada uno debe consentir en abstenerse, solo para la oración
1 Hay situaciones especiales para no casarse	1 En cuanto a las cosas de que me escribisteis, bueno le sería al hombre no tocar mujer;	
2 Hay una condición que hace necesario el matrimonio	2 pero a causa de las fornicaciones, cada uno tenga su propia mujer, y cada una tenga su propio marido.	6 Mas esto digo por vía de concesión, no por mandamiento. 7 Quisiera más bien que todos los hombres fuesen como yo; pero cada uno tiene su propio don de Dios, uno a la verdad de un modo, y otro de otro.	5 Existe el don del matrimonio y el don de estar soltero
3 Hay deberes mutuos dentro del matrimonio	3 El marido cumpla con la mujer el deber conyugal, y asimismo la mujer con el marido.		
4 Debe haber propiedad	4 La mujer no tiene potestad		

DIVISIÓN IV

LAS PREGUNTAS CON RESPECTO AL MATRIMONIO, 7:1-40

A. La pregunta acerca del celibato y el matrimonio, 7:1-7

(7:1-40) *Panorámica general de la división: Matrimonio — Celibato — Inmoralidad — Sociedad:* Corinto era una letrina de inmoralidad, una de las ciudades más inmorales del mundo de su época. Todas las formas de desviación sexual campaban por su respeto y se exhibían abiertamente. La vida disoluta era la costumbre del cónyuge y del vecino, del amigo y del extraño. Prácticamente todo el mundo se vestía para llamar la atención, para atraer, y salpicaban sus conversaciones con insinuaciones para hacerle saber al otro que estaba disponible y que lo deseaba. Una persona decente no podía caminar por la calle sin que el tentador o la tentadora la observara y se hiciera ideas. El sexo era el dios de la sociedad de Corinto. Impregnaba al gobierno, el comercio, la recreación y la religión de los corintios. Abundaba por doquier. (Vea la Introducción, *Características especiales* — 1 Corintios.)

Imagínese ahora una iglesia del Señor Jesucristo ubicada en medio de una sociedad tan inmoral como esa. Imagínese a los hombres y a las mujeres que deseaban llevar una vida pura y piadosa para el Señor Jesucristo. Imagínese las tentaciones a que les harían frente, la presión de mirar, tocar, y experimentar; y era de una vida como esa que tantos se habían salvado. Piensen en las tentaciones apetecibles y en la atracción a la que se expondrían para que regresaran al mundo.

Por todo esto, la presión de las tentaciones que abundaban al doblar de cualquier esquina, los creyentes corintios comenzaron a buscar la mejor forma de manejar la situación.

La conclusión de algunos creyentes fue que el celibato era la mejor opción. Creyeron que no tocar nunca a una mujer (o a un hombre) era la vía más segura de mantenerse puros y aunar fuerzas para vencer la tentación. Al controlarse a sí misma, la persona finalmente se volvería tan fuerte que las tentaciones no surtirían efecto alguno sobre ella. La idea tuvo aceptación, y algunos, al parecer un buen número, comenzaron a practicar el celibato. Hay incluso indicios de que algunos hombres y mujeres casados comenzaron a practicar el celibato ya fuera dentro del matrimonio o abandonando a sus cónyuges (cp. los vv. 3-5).

La cuestión de manejar la tentación de la fornicación y del celibato se había convertido en un problema tal que la iglesia necesitaba una guía. Por consiguiente, le escribieron a Pablo y le preguntaron lo que el Señor había enseñado con respecto a la fornicación, al celibato, y al matrimonio. Note las palabras inmediatas de Pablo: "En cuanto a las cosas de que me escribisteis". Aquí en el inicio del Capítulo 7, Pablo da respuesta a preguntas específicas que la iglesia le había escrito y le había hecho.

(7:1-7) *Introducción:* Es necesario que la iglesia se preocupe por el matrimonio. Los creyentes deben comprender el concepto que Dios tiene sobre el matrimonio, porque el matrimonio es institución de Dios. Él creó tanto al hombre como a la mujer y les dio la unión del matrimonio. Aunque la sociedad se vaya abajo en los juicios de divorcio del mundo, y la inmoralidad y la cohabitación campean por su respeto, la iglesia del Señor Jesucristo debe mantener en alto la verdad del lazo y la unión del matrimonio, la verdad tal como la ordena Dios. Este pasaje da respuesta a algunas preguntas muy prácticas que con frecuencia fastidian y causan problemas tanto para el adulto soltero y el casado.

1. Hay situaciones especiales para no casarse (v. 1).
2. Hay una condición que hace necesario el matrimonio (v. 2).
3. Hay deberes mutuos dentro del matrimonio (v. 3).
4. Debe haber propiedad mutua sobre el cuerpo de cada uno (vv. 4-6).
5. Existe el don del matrimonio y el don de estar soltero (v. 7).

ESTUDIO A FONDO 1

(7:1-40) *Las Escrituras, inspiración:* En todo este pasaje Pablo está dando una orden sin citar directamente a Cristo (cp los vv. 6, 10, 12, 25, 40). El Señor no había dicho nada respecto a este asunto. Pablo no está negando la inspiración, sino que está reivindicando la misma autoridad de las propias palabras del Señor. Desde luego, esto no anula la enseñanza apostólica en ningún sentido.

1 (7:1) *Celibato — Matrimonio — Pureza moral:* Hay situaciones especiales para no casarse. Hay situaciones que requieren del celibato. La palabra "bueno" (kalon) quiere decir aconsejable, ventajoso, conveniente, provechoso, sano. Hay ocasiones en las que resulta sabio no casarse y no asumir las responsabilidades del matrimonio. Pablo menciona dos de las situaciones en este capítulo.

1. Primera, resultaba aconsejable por la "necesidad que apremia" que los creyentes solteros no se casaran (v. 26). Cuál era la necesidad se desconoce, pero la aplicación para nosotros nos resulta claramente evidente. Hay ocasiones en las que el matrimonio o es algo sabio por las situaciones que surgen a partir de las persecuciones de los cristianos, las guerras mundiales, la quiebra económica, las revoluciones, la muerte, las obligaciones, las enfermedades, los padecimientos y los accidentes.

2. Segunda, es necesario considerar detenidamente el llamado y voluntad de Dios. Dios llama a algunos hombres y mujeres a permanecer solteros. Según plantea Pablo: "para que sin impedimento os acerquéis al Señor" (v. 35). Observe que el propio Jesucristo enseñó el celibato en obediencia al llamado de Dios:

> **"Pues hay eunucos que nacieron así del vientre de su madre, y hay eunucos que son hechos eunucos por los hombres, y hay eunucos que a sí mismos se hicieron eunucos por causa del reino de los cielos. El que sea capaz de recibir esto, que lo reciba" (Mt. 19:12).**

Ahora bien, note las palabras exactas de Pablo: "bueno [sano, puro] le sería al hombre no tocar mujer". Aquí se refiere a tocar en toda la extensión de la palabra y no solo al celibato. Quiere decir que los hombres y mujeres solteros no deben excederse en los noviazgos ni cohabitar uno con el otro. No debe haber pecado inmoral entre los solteros de la iglesia de Dios.

> **"Pero yo os digo que cualquiera que mira a una mujer para codiciarla, ya adulteró con ella en su corazón" (Mt. 5:28).**

> **"En cuanto a las cosas de que me escribisteis, bueno le sería al hombre no tocar mujer" (1 Co. 7:1).**

> **"pues la voluntad de Dios es vuestra santificación; que os apartéis de fornicación" (1 Ts. 4:3).**

> **"Estos son los que no se contaminaron con mujeres, pues son vírgenes. Estos son los que siguen al Cordero por dondequiera que va. Estos fueron redimidos de entre los hombres como primicias para Dios y para el Cordero" (Ap. 14:4).**

2 (7:2) *Matrimonio — Celibato:* Hay una condición que hace necesario el matrimonio. Observe tres elementos:

1. Este versículo es una orden; debe ser la norma de la iglesia.

2. *Todo* hombre y *toda* mujer deben estar casados; "cada uno tenga su propia mujer, y cada una tenga su propio marido". La razón se plantea claramente: Para evitar la fornicación. El sexo es el regalo de Dios; desde la manera que Dios nos ha creado. Es de la manera que Dios ha ordenado que un hombre y una mujer:

- Propaguen y perpetúen la raza humana.
- Crezcan en intimidad, edificando un fundamento sólido para la familia, la sociedad y la supervivencia humana.

Por consiguiente, a todo creyente se le ordena casarse. Hay solo dos excepciones de la regla, las cuales se dan en el versículo anterior (1 Co. 7:1).

3. Esta enseñanza no constituye una visión baja del matrimonio; es un consejo extremadamente sabio. Note dos elementos.

   a. Pablo no está discutiendo la enseñanza bíblica acerca del matrimonio. Sus criterios y su doctrina sobre el matrimonio son las enseñanzas más altas que se puedan imaginar (vea el índice y las notas — Ef. 5:22-33).

     En este pasaje en particular Pablo está lidiando con problemas específicos acerca de la tentación y la fornicación, y sobre cómo manejar la tentación en una sociedad sumamente vil e inmoral: ¿Constituye el celibato o el matrimonio la mejor solución?

   b. Resulta extremadamente sabio para cualquier hombre y mujer casarse a menos que Dios les haya concedido el control sobre el deseo sexual. En un mundo donde el sexo se adora y se hace alarde, resulta *casi* imposible mantenerse puro sin contar con el poder y la presencia de Dios en nuestra vida, a menos que la persona esté casada y tenga un matrimonio bueno, sano, y en el cual esté satisfecha.

> **"Por tanto, dejará el hombre a su padre y a su madre, y se unirá a su mujer, y serán una sola carne" (Gn. 2:24).**

> **"El que halla esposa halla el bien, y alcanza la benevolencia de Jehová" (Pr. 18:22).**

> **"Casaos, y engendrad hijos e hijas; dad mujeres a vuestros hijos, y dad maridos a vuestras hijas, para que tengan hijos e hijas; y multiplicaos ahí, y no os disminuyáis" (Jer. 29:6).**

> **"Los diáconos sean maridos de una sola mujer, y**

que gobiernen bien sus hijos y sus casas" (1 Ti. 3:12).

"Quiero, pues, que las viudas jóvenes se casen, críen hijos, gobiernen su casa; que no den al adversario ninguna ocasión de maledicencia" (1 Ti. 5:14).

"Honroso sea en todos el matrimonio, y el lecho sin mancilla; pero a los fornicarios y a los adúlteros los juzgará Dios" (He. 13:4).

3 (7:3) *Matrimonio:* Hay deberes mutuos dentro del matrimonio. Observe dos elementos significativos:

1. Las palabras "deber conyugal" (ten opheilen) significan la deuda; cumplir con lo que se debe. El esposo y la esposa se deben mutuamente ciertas cosas.
   => Ambos tienen derechos; cada uno puede esperar recibir ciertas cosas del otro.
   => Ambos tienen la responsabilidad de pagarle a la otra persona exactamente lo que se le debe.

2. La palabra "cumpla" implica acción continua. Los derechos y deberes de cada uno deben cumplirse de modo continuo. (Nota: Este versículo con frecuencia se interpreta como si hiciera referencia a los derechos y deberes sexuales dentro del matrimonio. Sin embargo, ciertamente se aplica a todos los derechos y deberes del esposo y la esposa. La lección es la misma.)

Pensamiento 1. Algunos de los pasajes que hablan sobre los deberes de los esposos son los siguientes:

"Por esto dejará el hombre a su padre y a su madre, y se unirá a su mujer" (Mr. 10:7).

"y si se separa, quédese sin casar, o reconcíliese con su marido; y que el marido no abandone a su mujer" (1 Co. 7:11).

"He aquí, por tercera vez estoy preparado para ir a vosotros; y no os seré gravoso, porque no busco lo vuestro, sino a vosotros, pues no deben atesorar los hijos para los padres, sino los padres para los hijos" (2 Co. 12:14).

"Maridos, amad a vuestras mujeres, así como Cristo amó a la iglesia, y se entregó a sí mismo por ella" (Ef. 5:25).

"Y vosotros, padres, no provoquéis a ira a vuestros hijos, sino criadlos en disciplina y amonestación del Señor" (Ef. 6:4).

"Pero es necesario que el obispo sea irreprensible, marido de una sola mujer, sobrio, prudente, decoroso, hospedador, apto para enseñar" (1 Ti. 3:2).

"que gobierne bien su casa, que tenga a sus hijos en sujeción con toda honestidad" (1 Ti. 3:4).

"Vosotros, maridos, igualmente, vivid con ellas sabiamente, dando honor a la mujer como a vaso más frágil, y como a coherederas de la gracia de la vida, para que vuestras oraciones no tengan estorbo" (1 P. 3:7).

"y las repetirás a tus hijos, y hablarás de ellas estando en tu casa, y andando por el camino, y al acostarte, y cuando te levantes" (Dt. 6:7).

"Cuando alguno fuere recién casado, no saldrá a la guerra, ni en ninguna cosa se le ocupará; libre estará en su casa por un año, para alegrar a la mujer que tomó" (Dt. 24:5).

"Sea bendito tu manantial, y alégrate con la mujer de tu juventud" (Pr. 5:18).

"Instruye al niño en su camino, y aun cuando fuere viejo no se apartará de él" (Pr. 22:6).

"Goza de la vida con la mujer que amas, todos los días de la vida de tu vanidad que te son dados debajo del sol, todos los días de tu vanidad; porque esta es tu parte en la vida, y en tu trabajo con que te afanas debajo del sol" (Ec. 9:9).

Pensamiento 2. Algunos de los pasajes que hablan sobre los deberes de las esposas son los siguientes:

"Pero a los que están unidos en matrimonio, mando, no yo, sino el Señor: Que la mujer no se separe del marido" (1 Co. 7:10).

"Las casadas estén sujetas a sus propios maridos, como al Señor" (Ef. 5:22; cp. Col. 3:18).

"Las mujeres asimismo sean honestas, no calumniadoras, sino sobrias, fieles en todo" (1 Ti. 3:11).

"trayendo a la memoria la fe no fingida que hay en ti, la cual habitó primero en tu abuela Loida, y en tu madre Eunice, y estoy seguro que en ti también" (2 Ti. 1:5).

"que enseñen a las mujeres jóvenes a amar a sus maridos y a sus hijos" (Tit. 2:4).

"Asimismo vosotras, mujeres, estad sujetas a vuestros maridos; para que también los que no creen a la palabra, sean ganados sin palabra por la conducta de sus esposas" (1 P. 3:1).

4 (7:4-6) *Matrimonio:* Debe haber propiedad mutua sobre el cuerpo de cada uno en el matrimonio. Note la claridad y la contundencia de este versículo. La razón es obvia en todas las sociedades. Muchos matrimonios sostienen relaciones sexuales insatisfactorias; por lo tanto, buscar la satisfacción sexual en otra parte se ha vuelto tan común que se ha convertido en una práctica aceptable en algunos círculos y sociedades.

Según se ha planteado, Dios es claro y contundente en sus instrucciones. Y lo que Él tiene que decir en estos pocos versículos podría resolver muchísimos de los problemas que existen en tantos matrimonios.

1. Tanto el esposo como la esposa tienen igualdad de derechos sobre el cuerpo de la otra persona. Ninguno de los cónyuges tiene autoridad plena sobre su cuerpo, no a los ojos de Dios. El cuerpo de cada uno pertenece al otro; cada uno tiene obligaciones con la otra parte. Esto es parte de la unión del matrimonio que Dios ha creado. (Vea el *Estudio a fondo 2, Unión* — Mt. 19:5 para un análisis detallado sobre la importancia crítica de este punto.)

2. Tanto el esposo como la esposa pertenecen a cada uno tan plenamente que negarse constituye un acto de *engaño*, de estafar al otro lo que se le debe. Cada uno le debe su cuerpo a la otra persona.

3. Tanto el esposo como la esposa deben consentir en abstenerse, solo para el ayuno y la oración. Esta es la única excepción en las Escrituras. Siempre que la salud lo permita, la pareja casada debe estar unida, cumpliendo así el propósito de Dios de que crezcan cada vez más en la estructura familiar íntima que tan desesperadamente necesita...

   • la sociedad

- los hijos
- la iglesia
- el gobierno

Sin embargo, note que un esposo y una esposa no deben estar alejados mucho tiempo a causa de la tentación. Resulta crucial tener esto en cuenta, porque Satanás es fuerte en sus tentaciones, fundamentalmente en una sociedad enloquecida por el sexo. Aún así, este es un error cometido en muchos matrimonios.

Pensamiento 1. Cualquier persona honesta e inteligente sabe que mientras mayor sea la unión y el cariño entre el esposo y la esposa, más fuerte será el amor, la lealtad, la seguridad de la familia y su sociedad, su iglesia y su gobierno. Hoy día existe la necesidad apremiante de que los esposos y las esposas enderecen sus matrimonios entregando la vida de cada uno de ellos al Señor Jesucristo y viviendo según Él ha dicho que se ha de vivir. Solo su presencia y poder pueden enderezar un matrimonio.

Observe la importancia suprema de la oración en la vida de una familia. Es la única excepción aceptada por Dios para que una pareja casada se mantenga apartada.

"Así también los maridos deben amar a sus mujeres como a sus mismos cuerpos. El que ama a su mujer, a sí mismo se ama" (Ef. 5:28).

"Por lo demás, cada uno de vosotros ame también a su mujer como a sí mismo; y la mujer respete a su marido" (Ef. 5:33).

"Maridos, amad a vuestras mujeres, y no seáis ásperos con ellas" (Col. 3:19).

"Honroso sea en todos el matrimonio, y el lecho sin mancilla; pero a los fornicarios y a los adúlteros los juzgará Dios" (He. 13:4).

"Y dijo Jehová Dios: No es bueno que el hombre esté solo; le haré ayuda idónea para él" (Gn. 2:18).

"Y la trajo Isaac a la tienda de su madre Sara, y tomó a Rebeca por mujer, y la amó; y se consoló Isaac después de la muerte de su madre" (Gn. 24:67).

"Las muchas aguas no podrán apagar el amor, ni lo ahogarán los ríos. Si diese el hombre todos los bienes de su casa por este amor, de cierto lo menospreciarían" (Cnt. 8:7).

5 (7:7) *Matrimonio:* Existe el don de Dios del matrimonio y el don de Dios de estar soltero. Dios es el que debería determinar si un creyente debe casarse o quedarse soltero. Pablo se había quedado soltero por el don de Dios, y a la luz de la necesidad que apremia (quizá la persecución asomaba en el horizonte), él deseaba que todo el mundo se mantuviera como él, soltero. Sin embargo, todo hombre debe hacer según el don que Dios le concede.

"En cuanto a las cosas de que me escribisteis, bueno le sería al hombre no tocar mujer; pero a causa de las fornicaciones, cada uno tenga su propia mujer, y cada una tenga su propio marido" (1 Co. 7:1, 2).

"Digo, pues, a los solteros y a las viudas, que bueno les fuera quedarse como yo; pero si no tienen don de continencia, cásense, pues mejor es casarse que estarse quemando" (1 Co. 7:8, 9).

"Tengo, pues, esto por bueno a causa de la necesidad que apremia; que hará bien el hombre en quedarse como está. ¿Estás ligado a mujer? No procures soltarte. ¿Estás libre de mujer? No procures casarte. Mas también si te casas, no pecas; y si la doncella se casa, no peca; pero los tales tendrán aflicción de la carne, y yo os la quisiera evitar" (1 Co. 7:26-28).

"Pero el Espíritu dice claramente que en los postreros tiempos algunos apostatarán de la fe, escuchando a espíritus engañadores y a doctrinas de demonios; por la hipocresía de mentirosos que, teniendo cauterizada la conciencia, prohibirán casarse, y mandarán abstenerse de alimentos que Dios creó para que con acción de gracias participasen de ellos los creyentes y los que han conocido la verdad" (1 Ti. 4:1-3).

"Pero el Espíritu dice claramente que en los postreros tiempos algunos apostatarán de la fe, escuchando a espíritus engañadores y a doctrinas de demonios; por la hipocresía de mentirosos que, teniendo cauterizada la conciencia, prohibirán casarse, y mandarán abstenerse de alimentos que Dios creó para que con acción de gracias participasen de ellos los creyentes y los que han conocido la verdad" (Ap. 14:4).

	B. Preguntas específicas acerca del soltero, el divorciado y los matrimonios mixtos, 7:8-16	13 Y si una mujer tiene marido que no sea creyente, y él consiente en vivir con ella, no lo abandone.	
1 Los solteros y las viudas	8 Digo, pues, a los solteros y a las viudas, que bueno les fuera quedarse como yo;	14 Porque el marido incrédulo es santificado en la mujer, y la mujer incrédula en el marido; pues de otra manera vuestros hijos serían inmundos, mientras que ahora son santos.	1) La vida de una persona influye en su cónyuge 2) La vida de una persona influye en los hijos
a. La mejor opción: Quedarse soltero b. El mandato: Casarse antes de quemarse de pasión	9 pero si no tienen don de continencia, cásense, pues mejor es casarse que estarse quemando.		
2 La pareja cristiana casada y el divorcio	10 Pero a los que están unidos en matrimonio, mando, no yo, sino el Señor: Que la mujer no se separe del marido;	15 Pero si el incrédulo se separa, sepárese; pues no está el hermano o la hermana sujeto a servidumbre en semejante caso, sino que a paz nos llamó Dios.	b. Separarse, si el cónyuge incrédulo lo desea
a. El divorcio prohibido para la esposa b. Prohibido volver a casarse: Pero se pueden reconciliar con el cónyuge c. El divorcio prohibido para el esposo	11 y si se separa, quédese sin casar, o reconcíliese con su marido; y que el marido no abandone a su mujer.		1) Uno no está atado si el cónyuge se marcha 2) Uno debiera separarse para mantener la paz
3 El cristiano casado con el cónyuge incrédulo	12 Y a los demás yo digo, no el Señor: Si algún hermano tiene mujer que no sea creyente, y ella consiente en vivir con él, no la abandone.	16 Porque ¿qué sabes tú, oh mujer, si quizá harás salvo a tu marido? ¿O qué sabes tú, oh marido, si quizá harás salva a tu mujer?	c. La razón para cooperar con el cónyuge incrédulo: Su salvación
a. Quedarse juntos, si el cónyuge incrédulo está de acuerdo			

DIVISIÓN IV

LAS PREGUNTAS CON RESPECTO AL MATRIMONIO, 7:1-40

B. Preguntas específicas acerca del soltero, el divorciado y los matrimonios mixtos, 7:8-16

(7:8-16) *Introducción*: Este pasaje lidia con tres preguntas específicas con respecto al matrimonio.

1. Los solteros y las viudas (vv. 8-9).
2. La pareja cristiana casada y el divorcio (vv. 10-11).
3. El cristiano casado con el cónyuge incrédulo (vv. 12-16).

1 (7:8-9) *Matrimonio — Viudas — Solteros — Pablo*: Primero, la pregunta con respecto a los solteros y las viudas. Es muy probable que los solteros se refieran a los hombres viudos y a los hombres y mujeres divorciados de la congregación. El caso de las vírgenes y los hombres solteros se trata en otra parte de este capítulo (vv. 1, 2, 25, 25-38). La iglesia tenía una duda en cuanto a la tentación y a aquellos que habían experimentado relaciones sexuales. ¿Cuál era la mejor opción para estas personas para combatir la tentación en una sociedad enloquecida por el sexo?

1. La mejor opción sería que se quedaran solteros. ¿Por qué?

=> Por la "necesidad que apremia" (v. 26).

=> Porque podrían dedicarle al Señor toda su atención "sin impedimento" (v. 35. Vea la nota — 1 Co. 7:1 para un mayor análisis.)

Nota: Pablo dice que él estaba soltero en el contexto de su análisis, el análisis de los divorciados y los viudos. ¿Quiere decir que él estaba divorciado o viudo? Es muy probable que Pablo fuera miembro del sanedrín, el cuerpo regente de los judíos, y a todos los miembros del sanedrín se les exigía por ley que estuvieran casados (vea la nota — Hch. 26:9-11).

2. Los solteros y las viudas debían casarse si se quemaban de pasión.

a. Este es un mandato; es un deber, una obligación para los cristianos. Si no pueden controlar su pasión, deben casarse.

b. Solo hay una excepción para no casarse: La voluntad de Dios. Dios llama a algunos hombres y mujeres a llevar una vida de soltero y dedicada a su servicio. Pero si Dios llama a una persona a llevar una vida de dedicación, le dará a la persona el poder para controlar su pasión. Nuevamente, si Dios no lo ha llamado y no le ha dado el poder para controlar su pasión, el creyente debe casarse.

"Pues hay eunucos que nacieron así del vientre de su madre, y hay eunucos que son hechos eunucos por los hombres, y hay eunucos que a sí mismos se hicieron eunucos por causa del reino de los cielos. El que sea capaz de recibir esto, que lo reciba" (Mt. 19:12).

Observe las palabras exactas de Pablo: "bueno [sano, puro] le sería al hombre no tocar mujer". Se refiere a tocar en toda la extensión de la palabra y no solo al celibato. Quiere decir que los hombres y las mujeres solteros deben cuidarse de excederse en los noviazgos o de cohabitar uno con otro. No debe haber pecado inmoral entre los solteros de la iglesia de Dios.

> "Pero yo os digo que cualquiera que mira a una mujer para codiciarla, ya adulteró con ella en su corazón" (Mt. 5:28).

> "En cuanto a las cosas de que me escribisteis, bueno le sería al hombre no tocar mujer;" (1 Co. 7:1).

> "pues la voluntad de Dios es vuestra santificación; que os apartéis de fornicación" (1 Ts. 4:3).

> "Estos son los que no se contaminaron con mujeres, pues son vírgenes. Estos son los que siguen al Cordero por dondequiera que va. Estos fueron redimidos de entre los hombres como primicias para Dios y para el Cordero" (Ap. 14:4).

2 (7:10-11) *Matrimonio, de creyentes — Divorcio:* Segundo, la pregunta con respecto a las parejas cristianas casadas y el divorcio. Observe tres mandatos claros. Pablo dice que los mandatos provienen directamente de la enseñanza del Señor mismo (cp. Mt. 5:32; 19:3-9; Mr. 10:2-12; Lc. 16:18).

1. El divorcio está prohibido para la esposa. La esposa cristiana no debe divorciarse de su esposo cristiano. Ambos son creyentes con la misericordia y el poder de Cristo a su disposición. Deben sujetarse a Cristo, y venir delante de Él diariamente:

- Con paciencia.
- Escudriñando las Escrituras en busca de cómo debe ser el matrimonio.
- En arrepentimiento por cualquier pecado y buscando su perdón.
- Confiando que el Señor proporcionará su poder para resolver los problemas.
- Respetando la voluntad de Dios y el compromiso mutuo.

2. Le está prohibido a la esposa cristiana volver a casarse. Las Escrituras reconocen que no todos, incluso los creyentes, buscarán suficientemente del Señor como para resolver sus diferencias. Cuando estos se divorcian, ¿qué deben hacer? ¿Quedarse solteros o volver a casarse? Jesucristo dijo que no deben volver a casarse. Pueden reconciliarse con su esposo o esposa, pero no pueden volver a casarse.

> "Pero a los que están unidos en matrimonio, mando, no yo, sino el Señor: Que la mujer no se separe del marido" (1 Co. 7:10).

> "Las casadas estén sujetas a sus propios maridos, como al Señor" (Ef. 5:22; cp. Col. 3:18).

> "Las mujeres asimismo sean honestas, no calumniadoras, sino sobrias, fieles en todo" (1 Ti. 3:11; cp. Tit. 2:40).

3. El divorcio está prohibido para el esposo cristiano.

Aunque no se dice explícitamente, todo cuanto se ha dicho acerca de la esposa cristiana se aplica al esposo cristiano.

> "Sea bendito tu manantial, y alégrate con la mujer de tu juventud" (Pr. 5:18).

> "Goza de la vida con la mujer que amas, todos los días de la vida de tu vanidad que te son dados debajo del sol, todos los días de tu vanidad; porque esta es tu parte en la vida, y en tu trabajo con que te afanas debajo del sol" (Ec. 9:9).

> "Por esto dejará el hombre a su padre y a su madre, y se unirá a su mujer, y los dos serán una sola carne; así que no son ya más dos, sino uno. Por tanto, lo que Dios juntó, no lo separe el hombre" (Mr. 10:7-9; cp. Gn. 2:23, 24).

> "Maridos, amad a vuestras mujeres, así como Cristo amó a la iglesia, y se entregó a sí mismo por ella" (Ef. 5:25).

> "Vosotros, maridos, igualmente, vivid con ellas sabiamente, dando honor a la mujer como a vaso más frágil, y como a coherederas de la gracia de la vida, para que vuestras oraciones no tengan estorbo" (1 P. 3:7).

3 (7:12-16) *Matrimonio, mixto — Cónyuges incrédulos:* Tercero, la pregunta con respecto a los cristianos que están casados con cónyuges incrédulos. Nota: Pablo dice que el Señor nunca analizó este asunto en particular; por consiguiente, no hay mandamiento directo alguno del Señor que dar. Sin embargo, él dictaría los mandatos, los cuales aclaró él se encontraban bajo la guía del Espíritu Santo (cp. el v. 40. Vea el *Estudio a fondo 1, Las Escrituras, inspiración* — 1 Co. 7:1-40.)

Al parecer había muchos matrimonios mixtos en la iglesia de Corinto. Pero observe lo siguiente: No eran creyentes que se casaban con incrédulos. Eran infieles que se habían convertido en creyentes. Las Escrituras nunca sancionan a un cristiano verdadero que se case con un incrédulo, porque el matrimonio es *sagrado* para Dios (v. 39).

Al parecer algunos en la iglesia decían lo siguiente: Cuando uno le entregaba su vida a Cristo, no debía vivir después con un incrédulo. Decían que como creyente recién convertido debía divorciarse de la esposa o esposo incrédulo.

¿Qué debe hacer un cristiano que está casado con un incrédulo? ¿Quedarse casado o divorciarse? Las Escrituras dan tres instrucciones:

1. Quedarse juntos. El cónyuge creyente no debiera marcharse, pero *solo* si el cónyuge incrédulo está dispuesto. La razón se percibe claramente:

- a. El creyente influirá en su cónyuge en función de Cristo.
  - => La palabra "santificado" no quiere decir que la fe del creyente salve al cónyuge incrédulo. En ninguna parte las Escrituras enseñan que una persona puede creer y confiar en Cristo *por* otra persona. Una persona es salva solo cuando *cree personalmente* en Cristo. Todo hombre o mujer es personalmente ante Dios un ser individual.
  - => La palabra "santificado" quiere decir que el matrimonio es apartado para Dios. Si el

incrédulo está dispuesto a permanecer junto al creyente, el matrimonio no debe disolverse. De un modo sencillo, Dios acepta el matrimonio de una pareja mixta si el cónyuge incrédulo está dispuesto a aceptar el hecho de que su esposa o esposo sea cristiano y *que viva en función del Señor*. El incrédulo debe apoyar a su cónyuge en su lealtad a Cristo y a su iglesia.

b. El creyente influirá en los hijos.

Note lo que dice Pablo: Si Dios no aceptara el matrimonio, entonces los hijos serían ilegítimos a los ojos de Dios. Sin embargo, a partir del momento en que el incrédulo apoya al cónyuge cristiano, Dios acepta su apoyo como "santificación" del matrimonio y la familia. Desde luego, esto incluye a los hijos.

Observe cómo el creyente influye tanto en el cónyuge como en los hijos. La presencia del creyente en la familia hace que Dios influya en toda la familia, siempre que el incrédulo apoye al cristiano. Toda la familia es acepta ante Dios como una familia legítima, una familia apartada para Él y su causa.

2. Separarse si el cónyuge incrédulo lo desea. Si el cónyuge incrédulo abandona al creyente, el creyente debe dejarlo partir. El lazo del matrimonio se ha quebrantado.

"no está el hermano o la hermana sujeto a servidumbre en semejante caso" (v. 15. Note que parece que dice que el creyente es libre de volver a casarse.)

La idea es que Dios nos ha llamado a *paz*. Esto probablemente se refiera a todo cuanto se ha dicho hasta ahora en este capítulo. La paz es ciertamente el propósito de Dios en la vida del creyente: Paz con Dios y paz con cada uno. Si un esposo o esposa no vivirá en paz y apoyará a su cónyuge a llevarle el evangelio de paz al mundo, el cónyuge debe continuar viviendo para Dios aunque esto implique el divorcio. ¡El evangelio glorioso de paz es el mensaje de Dios para el mundo!

3. La razón por la que el creyente debe colaborar con el cónyuge incrédulo está clara: El creyente puede guiar al cónyuge incrédulo donde Cristo.

"**Asimismo vosotras, mujeres, estad sujetas a vuestros maridos; para que también los que no creen a la palabra, sean ganados sin palabra por la conducta de sus esposas**" (1 P. 3:1).

"**Por lo cual, siendo libre de todos, me he hecho siervo de todos para ganar a mayor número**" (1 Co. 9:19).

"**El fruto del justo es árbol de vida; y el que gana almas es sabio**" (Pr. 11:30).

"**Los entendidos resplandecerán como el resplandor del firmamento; y los que enseñan la justicia a la multitud, como las estrellas a perpetua eternidad**" (Dn. 12:3).

1 Elemento 1: Dios llama a todas las personas de todos los estados en la vida, de todas las condiciones y niveles de la sociedad **2 Elemento 2: Las distinciones religiosas no importan** a. Lo que importa: No son los rituales externos b. Lo que importa: El corazón, el cumplimiento de los mandamientos de Dios	**C. La pregunta acerca del cristiano y su estado en la vida, 7:17-24** 17 Pero cada uno como el Señor le repartió, y como Dios llamó a cada uno, así haga; esto ordeno en todas las iglesias. 18 ¿Fue llamado alguno siendo circunciso? Quédese circunciso. ¿Fue llamado alguno siendo incircunciso? No se circuncide. 19 La circuncisión nada es, y la incircuncisión nada es, sino el guardar los mandamientos de Dios.	20 Cada uno en el estado en que fue llamado, en él se quede. 21 ¿Fuiste llamado siendo esclavo? No te dé cuidado; pero también, si puedes hacerte libre, procúralo más. 22 Porque el que en el Señor fue llamado siendo esclavo, liberto es del Señor; asimismo el que fue llamado siendo libre, esclavo es de Cristo. 23 Por precio fuisteis comprados; no os hagáis esclavos de los hombres. 24 Cada uno, hermanos, en el estado en que fue llamado, así permanezca para con Dios"	**3 Elemento 3: Las vocaciones y las condiciones sociales no importan** a. Incluso la condición más horrible, la esclavitud b. La exaltación alta del creyente 1) Esclavizado a Cristo 2) Comprado por Cristo **4 Elemento 4: Ser fiel en su estado**

DIVISIÓN IV

LAS PREGUNTAS CON RESPECTO AL MATRIMONIO, 7:1-40

C. La pregunta acerca del cristiano y su estado en la vida, 7:17-24

(7:17-24) *Introducción*: El mensaje del evangelio es el mensaje más glorioso que se pueda imaginar. El evangelio proclama:

- Que los verdaderos creyentes son liberados por Cristo, liberados de pecado, muerte, y condenación.
- Que los verdaderos creyentes pueden gozar de abundancia de vida ahora y por toda la vida.
- Que los verdaderos creyentes heredarán la vida eterna.
- Que los verdaderos creyentes tendrán el privilegio de gobernar y reinar con Cristo para siempre.
- Que el Señor Jesucristo regresará.
- Que Dios no hace distinción de personas; ante Él todos los hombres son iguales.
- Que el pecado y la corrupción de este mundo se eliminarán, y Dios creará un nuevo cielo y una nueva tierra.

El evangelio es revolucionario. Cambia por completo el estado de la vida de los creyentes tanto ahora como para siempre, porque a los hombres se les da la esperanza de todo con la que los hombres sueñan. Fue la naturaleza revolucionaria del evangelio la que provocó que algunos creyentes en Corinto comenzaran a...

- romper sus lazos sociales.
- cambiar sus profesiones.
- romper sus lazos religiosos.

- librarse de sus obligaciones familiares y públicas.

Desde luego, este tipo de conducta quebrantaba la vida de todos los que rodeaban a los creyentes corintios. Algunos de los creyentes corintios sencillamente estaban librándose de todo. Por ejemplo, algunos creyentes razonaban de la siguiente manera: Si este mundo es pecaminoso y corrupto, entonces un creyente no debe tener nada que ver con el mundo, tampoco con los que viven en este mundo. Por lo tanto, algunos creyentes rompieron sus lazos sociales.

Otros razonaban de esta manera: Si los creyentes no deben unirse en yugo desigual con los incrédulos, entonces debieran separarse de sus cónyuges incrédulos. Esta pregunta se trata en el pasaje anterior (1 Co. 7:12-16).

Aún así otros pensaban así: Les era necesario acabar con los rituales y deberes de la religión porque ellos eran salvos por fe y no por una religión.

Creyente tras creyente se cuestionaba su estado en la vida y quedaba insatisfecho, sintiendo que le había tocado un estado terrible en la vida. Por consiguiente, tenía que cambiar su vida, no importaba si afectaba o hería a alguien. Algunos creyentes estaban cambiando de trabajo, religión, amigos y algunos hasta estaban rompiendo su familia a fin de cambiar su estado en la vida.

Este pasaje lidia con el estado del creyente en la vida: Su posición, condición, circunstancias y relaciones en la sociedad. Es un mensaje muy necesario.

1. Elemento 1: Dios llama a todas las personas de todos los estados en la vida, de todas las condiciones y niveles de la sociedad (v. 17).
2. Elemento 2: Las distinciones religiosas no importan (vv. 18-19).

3.   Elemento 3: Las vocaciones y las condiciones sociales no importan (vv. 20-23).
4.   Elemento 4: Ser fiel en su estado (v. 24).

1 (7:17) *Vida, estado en la — Circunstancias — Creyentes, vida-andar-conducta:* Primero, Dios llama a todas las personas de todos los estados en la vida, de todas las condiciones y niveles de la sociedad. Note que tanto Dios como Cristo tienen que ver con el estado de los creyentes en el mundo.

=> Dios mismo ha *distribuido* dones y habilidades a todos los hombres.
=> El Señor Jesucristo ha *llamado* a todo creyente a servirle a Él y a su causa sobre la tierra sin importar donde esté.

Por consiguiente, que todo el mundo ande donde esté usando sus dones y habilidades en función de Cristo y su causa. Cristo llama a la persona a ser un testimonio de Él justo desde donde la persona vive y trabaja, a menos que la persona participe en alguna actividad que sea pecaminosa e ilegítima. El estado de una persona en la vida, sus circunstancias, posición, prestigio social, empleo, estado civil, no importa para nada para que Cristo lo salve. Por lo tanto, el estado de una persona en la vida no debe tener importancia en si una persona anda o no en Cristo. El creyente debe andar en Cristo sin importar su estado. No son las condiciones ni las circunstancias las que deben determinar el andar y la vida del creyente; por el contrario, al creyente se le da el poder de Cristo para atravesar las circunstancias sin tener en cuenta cuán severas y difíciles puedan ser. Esto no quiere decir que el creyente no deba mejorar él ni mejorar su condición en la vida, tampoco que el creyente necesariamente deba quedarse en su estado. Sencillamente quiere decir que el creyente debe servir a Cristo sin tener en cuenta su estado en la vida.

> **"Porque somos sepultados juntamente con él para muerte por el bautismo, a fin de que como Cristo resucitó de los muertos por la gloria del Padre, así también nosotros andemos en vida nueva" (Ro. 6:4).**
> **"(porque por fe andamos, no por vista)" (2 Co. 5:7).**
> **"Mirad, pues, con diligencia cómo andéis, no como necios sino como sabios" (Ef. 5:15).**

2 (7:18-19) *Religión — Rituales:* Segundo, las distinciones religiosas no importan. Había conversos tanto gentiles como judíos en la iglesia de Corinto. Como siempre, algunos de los conversos judíos querían continuar la práctica de algunas leyes ceremoniales de su religión anterior. Otros creían que la forma y los rituales no servían de nada, y no querían tener nada que ver con ellos. Desde luego, los conversos gentiles ciertamente no querían tener nada que ver con el judaísmo, porque era la religión de un pueblo despreciado, y el evangelio daba los rituales por innecesarios. Al parecer el problema se había convertido en un asunto grave en la iglesia. La solución al problema es directa y clara. La forma y los rituales externos en la religión no importan. No salvan a una persona ni tampoco los hace aceptos o no aceptos ante Dios. Lo que importa realmente es el corazón: El cumplimiento de los mandamientos de Dios. El creyente que agrada a Dios es el creyente que ama y confía tanto en el Señor que obedece a Dios. Confía en Dios a tal extremo que sabe que lo que Dios dice es lo mejor. Ama tanto al Señor que anhela agradar al Señor haciendo exactamente lo que el Señor dice.

> **"No todo el que me dice: Señor, Señor, entrará en el reino de los cielos, sino el que hace la voluntad de mi Padre que está en los cielos" (Mt. 7:21).**
> **"El que tiene mis mandamientos, y los guarda, ése es el que me ama; y el que me ama, será amado por mi Padre, y yo le amaré, y me manifestaré a él" (Jn. 14:21).**
> **"porque en Cristo Jesús ni la circuncisión vale algo, ni la incircuncisión, sino la fe que obra por el amor" (Gá. 5:6).**
> **"Pues en verdad la circuncisión aprovecha, si guardas la ley; pero si eres transgresor de la ley, tu circuncisión viene a ser incircuncisión" (Ro. 2:25).**
> **"sino que es judío el que lo es en lo interior, y la circuncisión es la del corazón, en espíritu, no en letra; la alabanza del cual no viene de los hombres, sino de Dios" (Ro. 2:29).**
> **"He aquí, yo Pablo os digo que si os circuncidáis, de nada os aprovechará Cristo" (Gá. 5:2).**
> **"Y Samuel dijo: ¿Se complace Jehová tanto en los holocaustos y víctimas, como en que se obedezca a las palabras de Jehová? Ciertamente el obedecer es mejor que los sacrificios, y el prestar atención que la grosura de los carneros" (1 S. 15:22).**
> **"Porque no quieres sacrificio, que yo lo daría; no quieres holocausto. Los sacrificios de Dios son el espíritu quebrantado; al corazón contrito y humillado no despreciarás tú, oh Dios" (Sal. 51:16, 17).**
> **"Porque misericordia quiero, y no sacrificio, y conocimiento de Dios más que holocaustos" (Os. 6:6).**

3 (7:20-23) *Empleo — Empleado:* Las vocaciones y las condiciones sociales no importan. Nuevamente se hace énfasis en la importancia de este pasaje.

> **"Cada uno en el estado en que fue llamado, en él se quede" (v. 20).**

Nota: Un creyente cristiano debe saber que puede vivir para Cristo *incluso* en las condiciones más horribles, las de esclavitud. Este asunto suponía un problema crítico en el cristianismo primitivo, porque había muchísimos conversos que eran esclavos. Su tiempo le pertenecía a su amo, con frecuencia no podían asistir a los servicios y no podían servir a Cristo tanto como querían.

Las Escrituras lo explican: Sirvan a Cristo desde donde están. Como esclavo, si puedes conseguir tu libertad, consíguela y luego sirve a Cristo cabalmente. Pero mientras tanto, sirve a Cristo desde donde estés. Hay dos razones por las que el esclavo puede servir desde donde esté:

=> Él es *liberto* del Señor.
=> El creyente que es libre y es llamado o salvo es el esclavo de Cristo.

Por lo tanto, el esclavo es igual a todos los hombres a los ojos del Señor. Y recibirá igual recompensa si es *fiel* donde esté como esclavo. Puede que no sea libre de asistir a la iglesia y participar en actividades religiosas tanto como otros creyentes. Pero si es fiel a Cristo haciendo las cosas lo mejor que puede y dando el mejor testimonio posible, entonces es tan acepto ante Dios como el miembro más activo de la iglesia. Dios mide la fidelidad de los creyentes hacia Cristo, no hacia ciertos tipos de actividades. Dondequiera que el creyente esté, su estado en la vida, su vocación y condición social en la vida no importan.

Observe por qué. Los creyentes son comprados con un precio: La sangre del Señor Jesucristo. Por lo tanto, son sus esclavos y sus testigos por todo este mundo. Dondequiera que estén los creyentes, están dando testimonio y predicándole a cada segmento y nivel social de la sociedad. La parte más recóndita de la tierra, no importa cuán esclavizada y empobrecida, se le debe tender la mano y debe tener sus creyentes que puedan dar testimonio de Cristo. Esa es la única manera en que las personas de todo el mundo sabrán de los nuevos cielos y la nueva tierra a donde los creyentes serán exaltados para gobernar y reinar con Jesucristo. Por consiguiente, debe vivir y servir a Cristo en todos los requisitos y deberes que les han sido impuestos por otros mientras sea esclavo en esta tierra. Su día de redención y exaltación se acerca. (Vea la nota, *Recompensa* — 1 Co. 3:13-15 para un mayor análisis.)

Pensamiento 1. El planteamiento va dirigido a todas las profesiones. Si un esclavo debe servir a Cristo fielmente desde donde esté, otros creyentes deben servir a Cristo fielmente, no importa cuál sea su profesión.

> **"Siervos, obedeced a vuestros amos terrenales con temor y temblor, con sencillez de vuestro corazón, como a Cristo; no sirviendo al ojo, como los que quieren agradar a los hombres, sino como siervos de Cristo, de corazón haciendo la voluntad de Dios; sirviendo de buena voluntad, como al Señor y no a los hombres" (Ef. 6:5-7).**

> **"Siervos, obedeced en todo a vuestros amos terrenales, no sirviendo al ojo, como los que quieren agradar a los hombres, sino con corazón sincero, temiendo a Dios. Y todo lo que hagáis, hacedlo de corazón, como para el Señor y no para los hombres; sabiendo que del Señor recibiréis la recompensa de la herencia, porque a Cristo el Señor servís" (Col. 3:22-24).**

4 (7:24) *Fidelidad:* Cuarto, ser fiel en su estado en esta tierra. Esta es la tercera vez que se hace la exhortación en este pasaje (vv. 17, 20, 24). No se puede hacer demasiado énfasis en ella. Esto no quiere decir que un creyente no deba mejorar su estado en la vida. Quiere decir que un creyente debe servir a Cristo fielmente desde donde esté sin quejarse ni rezongar por su estado en la vida.

Note el énfasis: Que el creyente "permanezca para con Dios". Un hombre debe andar y permanecer en conciencia de Dios todo el día y todos los días, no importa dónde esté ni cuál sea su situación. Lo han salvado para tener comunión con Dios y para servir al Señor Jesucristo como testigo para todos los hombres.

> **"Yo soy la vid, vosotros los pámpanos; el que permanece en mí, y yo en él, éste lleva mucho fruto; porque separados de mí nada podéis hacer" (Jn. 15:5).**

> **"Si permanecéis en mí, y mis palabras permanecen en vosotros, pedid todo lo que queráis, y os será hecho" (Jn. 15:7).**

> **"Digo, pues: Andad en el Espíritu, y no satisfagáis los deseos de la carne" (Gá. 5:16).**

> **"Por tanto, de la manera que habéis recibido al Señor Jesucristo, andad en él" (Col. 2:6).**

> **"pero si andamos en luz, como él está en luz, tenemos comunión unos con otros, y la sangre de Jesucristo su Hijo nos limpia de todo pecado" (1 Jn. 1:7).**

> **"El que dice que permanece en él, debe andar como él anduvo" (1 Jn. 2:6).**

1 **Este pasaje es un juicio de Pablo, no un mandamiento directo del Señor**

2 **Preocupación 1: Considerar la "necesidad que apremia" del mundo**
   a. El juicio de Pablo: Quedarse en su estado civil actual
      1) Permanecer casado
      2) Permanecer soltero
   b. Criterio de Pablo: El matrimonio es normal; no es pecado
      1) Las condiciones del mundo lo afectan
      2) Sí añade responsabilidad

3 **Preocupación 2: Saber que el tiempo es corto**
   a. Librarse de las circunstancias terrenales

   b. No estar absorto en el mundo, este se pasa

4 **Preocupación 3: Estar sin cuidado ni congoja**
   a. Es más probable que el hombre soltero tenga cuidado de las cosas del Señor

D. La pregunta con respecto al matrimonio: ¿Debieran casarse las vírgenes y las viudas cristianas?, 7:25-40

25 En cuanto a las vírgenes no tengo mandamiento del Señor; mas doy mi parecer, como quien ha alcanzado misericordia del Señor para ser fiel.
26 Tengo, pues, esto por bueno a causa de la necesidad que apremia; que hará bien el hombre en quedarse como está.
27 ¿Estás ligado a mujer? No procures soltarte. ¿Estás libre de mujer? No procures casarte.
28 Mas también si te casas, no pecas; y si la doncella se casa, no peca; pero los tales tendrán aflicción de la carne, y yo os la quisiera evitar.

29 Pero esto digo, hermanos: que el tiempo es corto; resta, pues, que los que tienen esposa sean como si no la tuviesen;
30 y los que lloran, como si no llorasen; y los que se alegran, como si no se alegrasen; y los que compran, como si no poseyesen;
31 y los que disfrutan de este mundo, como si no lo disfrutasen; porque la apariencia de este mundo se pasa.
32 Quisiera, pues, que estuvieseis sin congoja. El soltero tiene cuidado de las cosas del Señor, de cómo agradar al Señor;

33 pero el casado tiene cuidado de las cosas del mundo, de cómo agradar a su mujer.

34 Hay asimismo diferencia entre la casada y la doncella. La doncella tiene cuidado de las cosas del Señor, para ser santa así en cuerpo como en espíritu; pero la casada tiene cuidado de las cosas del mundo, de cómo agradar a su marido.
35 Esto lo digo para vuestro provecho; no para tenderos lazo, sino para lo honesto y decente, y para que sin impedimento os acerquéis al Señor.

36 Pero si alguno piensa que es impropio para su hija virgen que pase ya de edad, y es necesario que así sea, haga lo que quiera, no peca; que se case.

37 Pero el que está firme en su corazón, sin tener necesidad, sino que es dueño de su propia voluntad, y ha resuelto en su corazón guardar a su hija virgen, bien hace.
38 De manera que el que la da en casamiento hace bien, y el que no la da en casamiento hace mejor.
39 La mujer casada está ligada por la ley mientras su marido vive; pero si su marido muriere, libre es para casarse con quien quiera, con tal que sea en el Señor.
40 Pero a mi juicio, más dichosa será si se quedare así; y pienso que también yo tengo el Espíritu de Dios.

   b. Es más probable que el hombre casado tenga cuidado de las cosas de su cónyuge
   c. Es más probable que la virgen tenga cuidado de las cosas del Señor
   d. Es más probable que la esposa tenga cuidado de las cosas de su cónyuge

5 **Preocupación 4: Acercarse al Señor sin impedimento**
   a. No tiene intención de restringir la libertad
   b. Demostrar cuál es la mejor opción en la necesidad que apremia

6 **Conclusión: En vista de la necesidad que apremia son aconsejables varias instrucciones**
   a. El creyente debe casarse, si fuera necesario
   b. El creyente no debiera casarse, si se puede controlar

   c. El creyente debe saber que no casarse es mejor

   d. El contrato del matrimonio es para toda la vida
   e. La viuda o el viudo cristiano...
      1) Solo debe casarse con un cristiano
      2) Es más bendición quedarse soltero

DIVISIÓN IV

LAS PREGUNTAS CON RESPECTO AL MATRIMONIO, 7:1-40

D. La pregunta con respecto al matrimonio: ¿Debieran casarse las vírgenes y las viudas cristianas?, 7:25-40

(7:25-40) Introducción: Enamorarse y amar son experiencias naturales de la vida humana. Es normal que los hombres y las mujeres deseen pasar sus vidas juntos. Sin embargo, hay ocasiones en las que una pareja no debiera casarse, y hay una mejor alternativa para algunas personas. Este pasaje analiza el asunto de las viudas y los solteros cristianos: ¿Debieran casarse? La iglesia de Corinto le había escrito a Pablo y le había preguntado acerca de este asunto.

1. Este pasaje es un juicio de Pablo, no un mandamiento directo del Señor (v. 25).
2. Preocupación 1: Considerar la "necesidad que apremia" del mundo (vv. 26-28).
3. Preocupación 2: Saber que el tiempo es corto (vv. 29-31).
4. Preocupación 3: Estar sin cuidado ni congoja (vv. 32-34).
5. Preocupación 4: Acercarse al Señor sin impedimento (v. 35).
6. Conclusión: En vista de la necesidad que apremia son aconsejables varias instrucciones (vv. 36-40).

1 (7:25) *Virgen — Las Escrituras, inspiración*: Este pasaje es un juicio de Pablo, no un mandamiento del Señor. Resulta esencial tener esto en cuenta, porque Pablo dice claramente que el Señor no dio mandamiento directo que rigiera este asunto. Sin embargo él, Pablo, emitiría su juicio:

- Porque había obtenido la misericordia del Señor. El Señor estaba con él, y él conocía la intimidad y la presencia del Señor y de su voluntad.
- Porque él fue llamado a ser fiel al Señor, y le sería fiel dando su juicio y sus instrucciones.

Observe otro elemento. La palabra "virgen" por lo general se refiere solo a mujeres; sin embargo, la palabra en ocasiones se usa para referirse tanto a mujeres como a hombres (cp. Ap. 14:4). Al parecer Pablo usa la palabra para hacer referencia a ambos sexos en este pasaje.

2 (7:26-28) *Solteros, los — Vírgenes — Matrimonio:* La primera preocupación es la "necesidad que apremia" del mundo. Los corintios se enfrentaban a alguna necesidad terrible y que ponía sobre ellos presión. ¿Cuál era? No sabemos, pero probablemente fuera la amenaza y el antagonismo de la persecución severa de un mundo hostil. O las persecuciones ya existían o de lo contrario Pablo las presentía como cercanas.

Cualquiera que fuera la necesidad, era una carga pesada sobre los creyentes. La palabra "necesidad" (anagke) es una palabra fuerte que se refiere a calamidades. Es la palabra que se usa para describir las tribulaciones que aparejan el regreso del Señor Jesús. Es también la misma palabra que Pablo usó para describir sus propias persecuciones (1 Ts. 3:7; 2 Co.

6:4; 12:10). En vista de la necesidad que apremia, Pablo dice dos cosas.

1. Primera, su juicio es que los creyentes se queden en su estado civil actual. Si un creyente está soltero, quédese soltero. Si un creyente está casado, desde luego, sea fiel a su lazo matrimonial. No huya ni abandone a su familia, salvando su propia vida y abandonándolos para sufrir solos la necesidad (vv. 26-27).

2. Segunda, el matrimonio es normal; no es pecado que la pareja se case. Pero note estos elementos si hay necesidad en el mundo.

La pareja casada tendrá más problemas que enfrentar. El matrimonio añade responsabilidad y cuidado adicional. Supone otra vida a considerar al tomar decisiones críticas, y las decisiones críticas siempre surgen en situaciones de necesidad.

Pensamiento 1. No ha habido muchos lugares en este mundo donde los cristianos profesos puedan adorar al Señor Jesucristo sin sufrir reacciones y amenazas de un mundo hostil. Incluso en la actualidad, prácticamente todos los lugares de la tierra experimentan la persecución de los creyentes genuinos. Con frecuencia se les ridiculiza, se les hace burlas, se les maldice, se les maltrata, y en ocasiones se les amenaza con violencia y muerte por su testimonio. Pocos lugares, de haber alguno, están completamente libres de persecución.

Por consiguiente, si un creyente genuino está considerando el matrimonio, él o ella debe considerar el compromiso con Cristo del ser amado. ¿El ser querido adoptará una postura a favor de Cristo y dará testimonio a un mundo hostil, un mundo que no quiere restricciones en su conducta, no quiere mensajes que proclamen justicia y piedad, santidad y pureza, honestidad y compromiso, sobriedad y moralidad? El creyente genuino siempre deberá considerar también otras calamidades: La guerra, las enfermedades, las incapacidades físicas, las penurias económicas, y un sinnúmero de otras posibles dificultades. El creyente debe asegurarse completamente de que él y su cónyuge deseen sufrir juntos cualquier necesidad que exista o que los amenace. También deben asegurarse de que estén dispuestos a sufrir juntos *en Cristo*, no a debilitarse y a abandonar tanto a Cristo como a cada uno de ellos.

> **"Por tanto, dejará el hombre a su padre y a su madre, y se unirá a su mujer, y serán una sola carne" (Gn. 2:24).**
>
> **"Pero a los que están unidos en matrimonio, mando, no yo, sino el Señor: Que la mujer no se separe del marido" (1 Co. 7:10).**
>
> **"Las casadas estén sujetas a sus propios maridos, como al Señor" (Ef. 5:22).**
>
> **"Vosotros, maridos, igualmente, vivid con ellas sabiamente, dando honor a la mujer como a vaso más frágil, y como a coherederas de la gracia de la vida, para que vuestras oraciones no tengan estorbo" (1 P. 3:7).**

3 (7:29-31) *Tiempo, corto — Matrimonio:* La segunda preocupación es saber que el tiempo es corto. Esto es una referencia tanto a la brevedad de la vida como al regreso del

Señor. Ningún creyente sabe cuándo será llamado a enfrentar al Señor ya sea a través de la muerte o por medio del regreso del Señor. Cualquiera de nosotros puede ser arrebatado hoy por un accidente o por cualquier enfermedad desconocida, y el Señor podría ciertamente decidir regresar hoy. Por consiguiente, nos resulta sabio adoptar dos actitudes.

1.   La actitud de librarse de las circunstancias terrenales.

=> Si tenemos un cónyuge, necesitamos vivir como si no lo tuviéramos, porque puede que no lo tengamos para el anochecer.

=> Si lloramos, necesitamos vivir como si se terminara la experiencia de lloro, porque puede que para el anochecer se haya terminado.

=> Si nos regocijamos, necesitamos vivir como si terminara la experiencia de gozo, porque puede que para el anochecer se haya terminado.

=> Si compramos algún artículo hoy, necesitamos vivir como si no lo poseyéramos, porque puede que no lo poseamos para el anochecer.

"Y esto, conociendo el tiempo, que es ya hora de levantarnos del sueño; porque ahora está más cerca de nosotros nuestra salvación que cuando creímos. La noche está avanzada, y se acerca el día. Desechemos, pues, las obras de las tinieblas, y vistámonos las armas de la luz" (Ro. 13:11, 12).

"Pero esto digo, hermanos: que el tiempo es corto; resta, pues, que los que tienen esposa sean como si no la tuviesen" (1 Co. 7:29).

"aprovechando bien el tiempo, porque los días son malos" (Ef. 5:16).

"Andad sabiamente para con los de afuera, redimiendo el tiempo" (Col. 4:5).

"pero el que es rico, en su humillación; porque él pasará como la flor de la hierba" (Stg. 1:10).

"cuando no sabéis lo que será mañana. Porque ¿qué es vuestra vida? Ciertamente es neblina que se aparece por un poco de tiempo, y luego se desvanece" (Stg. 4:14).

"Porque: Toda carne es como hierba, y toda la gloria del hombre como flor de la hierba. La hierba se seca, y la flor se cae" (1 P. 1:24).

"Porque nosotros, extranjeros y advenedizos somos delante de ti, como todos nuestros padres; y nuestros días sobre la tierra, cual sombra que no dura" (1 Cr. 29:15).

"Y mis días fueron más veloces que la lanzadera del tejedor, y fenecieron sin esperanza" (Job. 7:6).

"He aquí, diste a mis días término corto, y mi edad es como nada delante de ti; ciertamente es completa vanidad todo hombre que vive" (Sal. 39:5).

"Mas el hombre no permanecerá en honra; es semejante a las bestias que perecen" (Sal. 49:12).

"Se acordó de que eran carne, soplo que va y no vuelve" (Sal. 78:39).

"Porque él conoce nuestra condición; se acuerda de que somos polvo. El hombre, como la hierba son sus días; Florece como la flor del campo. Que pasó el viento por ella, y pereció, y su lugar no la conocerá más" (Sal. 103:14-16).

"Yo, yo soy vuestro consolador. ¿Quién eres tú para que tengas temor del hombre, que es mortal, y del hijo de hombre, que es como heno?" (Is. 51:12).

2.   La actitud de no abusar del mundo, tampoco de estar absorto en el mundo, porque este se pasa. No se puede plantear de una manera más clara o contundente: El mundo se está pasando. Note que se usa la palabra apariencia (shema); esta una palabra tomada del teatro. El mundo no es más que las escenas de una película que están pasando y que pronto terminará. El mundo está destinado a terminar en su forma o apariencia actual. El estado actual de las cosas cesará de la misma manera que cesan las escenas de una película. El creyente debe tener esto en cuenta; no debe vivir en función de la apariencia que pasa de este mundo. Debe vivir para la eternidad, teniendo siempre presente que el tiempo es corto, muy corto.

"No os conforméis a este siglo, sino transformaos por medio de la renovación de vuestro entendimiento, para que comprobéis cuál sea la buena voluntad de Dios, agradable y perfecta" (Ro. 12:2).

"Por lo cual, salid de en medio de ellos, y apartaos, dice el Señor, y no toquéis lo inmundo; y yo os recibiré, y seré para vosotros por Padre, y vosotros me seréis hijos e hijas, dice el Señor Todopoderoso" (2 Co. 6:17, 18).

"Pero lejos esté de mí gloriarme, sino en la cruz de nuestro Señor Jesucristo, por quien el mundo me es crucificado a mí, y yo al mundo" (Gá. 6:14).

"Tú, pues, sufre penalidades como buen soldado de Jesucristo. Ninguno que milita se enreda en los negocios de la vida, a fin de agradar a aquel que lo tomó por soldado" (2 Ti. 2:3, 4).

"No améis al mundo, ni las cosas que están en el mundo. Si alguno ama al mundo, el amor del Padre no está en él. Porque todo lo que hay en el mundo, los deseos de la carne, los deseos de los ojos, y la vanagloria de la vida, no proviene del Padre, sino del mundo" (1 Jn. 2:15, 16).

4 (7:32-34) *Cuidado — Matrimonio:* La tercera preocupación es estar sin cuidado ni congoja. Recuerden que Pablo le habla a creyentes genuinos, creyentes que aman honestamente al Señor y que diligentemente le sirven. De un modo muy sencillo:

• Es más probable que el cristiano soltero tenga cuidado de las cosas del Señor, de cómo puede agradar al Señor; mientras que es más probable que el hombre casado tenga cuidado de las cosas de su esposa, de cómo agradarle a ella.

• Es más probable que la mujer soltera tenga cuidado de las cosas del Señor, de cómo pueda ser santa tanto en cuerpo y espíritu; mientras que la mujer casada tiene cuidado de las cosas de su esposo, de cómo ella pueda agradarle a él.

Este es un resultado natural y comprensible del matrimonio que la pareja cristiana debe considerar cuando deseen casarse. Están renunciando a sus derechos de llevar una vida de solteros, el privilegio de solo tener que protegerse ellos mimos y cuidar de sí mismos. Cuando se casan, son responsables del cuidado de su cónyuge. Deben pensar en función de la otra persona y agradarle verdaderamente.

"Pero Marta se preocupaba con muchos quehaceres, y acercándose, dijo: Señor, ¿no te da cuidado que mi hermana me deje servir sola? Dile, pues, que me ayude" (Lc. 10:40).

"pero el casado tiene cuidado de las cosas del mundo, de cómo agradar a su mujer" (1 Co. 7:33).

"porque si alguno no provee para los suyos, y mayormente para los de su casa, ha negado la fe, y es peor que un incrédulo" (1 Ti. 5:8).

5 (7:35) *Mente — Devoción — Matrimonio:* La cuarta preocupación es acercarse al Señor sin impedimento. Nota: Pablo vuelve a hacer énfasis en que él habla para "provecho" de los creyentes, es decir, por su bienestar y para ventaja suya. Él no está tratando de tenderles lazo ni restricciones indebidas. Él no tiene razón alguna para restringirles su libertad de casarse. Podían casarse si querían, él solo estaba interesado en decirles lo que es "honesto y decente", es decir, apropiado y ordenado. Necesitan saber qué les proporcionará el mejor orden en la vida de cada uno de ellos. Lo único que necesitaban era guardarse de entrar al matrimonio sin estar preparados, sin saber y sin haber considerado lo que implica el matrimonio.

Hay otra razón para quedarse soltero, una razón que es muy ventajosa, una razón suprema que todo creyente debe considerar: El creyente soltero puede "acercarse al Señor sin impedimento". Puede dedicar su vida al Señor sin la atención dividida que una esposa y familia exigen.

"Así que, hermanos, os ruego por las misericordias de Dios, que presentéis vuestros cuerpos en sacrificio vivo, santo, agradable a Dios, que es vuestro culto racional. No os conforméis a este siglo, sino transformaos por medio de la renovación de vuestro entendimiento, para que comprobéis cuál sea la buena voluntad de Dios, agradable y perfecta" (Ro. 12:1, 2).

"derribando argumentos y toda altivez que se levanta contra el conocimiento de Dios, y llevando cautivo todo pensamiento a la obediencia a Cristo" (2 Co. 10:5).

"Pero cuantas cosas eran para mí ganancia, las he estimado como pérdida por amor de Cristo. Y ciertamente, aun estimo todas las cosas como pérdida por la excelencia del conocimiento de Cristo Jesús, mi Señor, por amor del cual lo he perdido todo, y lo tengo por basura, para ganar a Cristo" (Fil. 3:7, 8).

"Por lo demás, hermanos, todo lo que es verdadero, todo lo honesto, todo lo justo, todo lo puro, todo lo amable, todo lo que es de buen nombre; si hay virtud alguna, si algo digno de alabanza, en esto pensad" (Fil. 4:8).

"Y el mismo Dios de paz os santifique por completo; y todo vuestro ser, espíritu, alma y cuerpo, sea guardado irreprensible para la venida de nuestro Señor Jesucristo" (1 Ts. 5:23).

Pensamiento 1. Un creyente debe tener presente que el celibato es un don de Dios. (Vea las notas — 1 Co. 7:1; 7:7.)

6 (7:36-40) *Matrimonio, instrucciones:* Las conclusiones con respecto a las preguntas acerca del matrimonio se exponen claramente.

1. Los cristianos vírgenes (tanto hombres como mujeres) están libres de casarse si fuera necesario, es decir, si no son llamados por Dios a quedarse solteros. Observe que en la época de Pablo el padre era el responsable del matrimonio del hijo. Por consiguiente, la referencia al "hombre" es este versículo es al padre. Él y su esposa, los padres del joven o la joven que deseaba casarse, estaban vitalmente involucrados en el matrimonio. (¡Qué falta hace esto en la actualidad! ¿Cuán pocos serían los divorcios si una familia se encargara del asunto del noviazgo, el compromiso, y el matrimonio conjuntamente ante Cristo?)

2. El cristiano que es llamado por Dios y al que se le ha dado la disciplina de controlar su pasión debe quedarse soltero, dedicando su vida únicamente al Señor.

3. El padre cristiano que da su hija en matrimonio hace bien, pero el padre cristiano que alienta a su hija (o hijo) virgen *llamada(o) por Dios* a dedicar toda su vida al Señor hace mejor.

Pensamiento 1. Ningún padre debe hacer esto ni fomentarlo a menos que él sepa sin dudas que el hijo es llamado por Dios. Solo fomenta problemas para su hijo a menos que su hijo sea llamado verdaderamente por Dios. Por esta razón tanto el padre como el hijo deben estar absolutamente seguros del llamado de Dios.

4. El contrato del matrimonio es para toda la vida. No debe haber excepciones (cp. Ro. 7:1-3).

5. El viudo o la viuda cristiana debe considerar dos cosas cuando piense en el matrimonio.

    a. Solo debe casarse con un cristiano.

    b. Es más bendición quedarse soltero. Probablemente sea más feliz quedándose soltero.

CAPÍTULO 8

V. LAS PREGUNTAS CON RESPECTO A LA LIBERTAD CRISTIANA Y LOS DERECHOS PERSONALES, 8:1—11:1

A. Los placeres cuestionables y las reuniones sociales, 8:1-13

1 **Juzgar las cosas por amor, no por el conocimiento**

   a. El conocimiento envanece; el amor edifica

   b. El conocimiento es parcial

   c. El amor une a la persona a Dios

2 **Saber que el alimento no hace a una persona espiritual (cp. el v. 8)**

   a. El problema corintio: Comer vianda sacrificada a los ídolos

      1) Un ídolo no es nada

      2) No hay más que un Dios: Del cual proceden todas las cosas

      3) No hay más que un Cristo: Por medio del cual son todas las cosas 1 Corintios

1 En cuanto a lo sacrificado a los ídolos, sabemos que todos tenemos conocimiento. El conocimiento envanece, pero el amor edifica.

2 Y si alguno se imagina que sabe algo, aún no sabe nada como debe saberlo. 3 Pero si alguno ama a Dios, es conocido por él. 4 Acerca, pues, de las viandas que se sacrifican a los ídolos, sabemos que un ídolo nada es en el mundo, y que no hay más que un Dios. 5 Pues aunque haya algunos que se llamen dioses, sea en el cielo, o en la tierra (como hay muchos dioses y muchos señores), 6 para nosotros, sin embargo, sólo hay un Dios, el Padre, del cual proceden todas las cosas, y nosotros somos para él; y un Señor, Jesucristo, por medio del cual son todas las cosas, y nosotros por medio de él.

7 Pero no en todos hay este conocimiento; porque algunos, habituados hasta aquí a los ídolos, comen como sacrificado a ídolos, y su conciencia, siendo débil, se contamina.

8 Si bien la vianda no nos hace más aceptos ante Dios; pues ni porque comamos, seremos más, ni porque no comamos, seremos menos. 9 Pero mirad que esta libertad vuestra no venga a ser tropezadero para los débiles. 10 Porque si alguno te ve a ti, que tienes conocimiento, sentado a la mesa en un lugar de ídolos, la conciencia de aquel que es débil, ¿no será estimulada a comer de lo sacrificado a los ídolos? 11 Y por el conocimiento tuyo, se perderá el hermano débil por quien Cristo murió. 12 De esta manera, pues, pecando contra los hermanos e hiriendo su débil conciencia, contra Cristo pecáis. 13 Por lo cual, si la comida le es a mi hermano ocasión de caer, no comeré carne jamás, para no poner tropiezo a mi hermano.

   b. Algunos creyentes eran inmaduros: Tenían un conocimiento inmaduro

   c. La realidad: El alimento es irrelevante para Dios; no nos hace espirituales ni no espirituales

3 **Prestar atención, no ser tropiezo**

   a. Siéndole ocasión de caer a un hermano

   b. Destruyendo al débil

4 **No herir la conciencia de un hermano: Esto es pecado contra Cristo**

5 **Profesar el gran principio cristiano: No hacer nada que le sea ocasión de caer a un hermano**

DIVISIÓN V

LAS PREGUNTAS CON RESPECTO A LA LIBERTAD CRISTIANA Y LOS DERECHOS PERSONALES, 8:1—11:1

A. Los placeres cuestionables y las reuniones sociales, 8:1-13

(8:1-13) *La libertad cristiana — Libertinaje — Reuniones sociales — Placeres, cuestionables:* En el mundo antiguo cuando una persona aceptaba a Jesucristo como su Salvador personal, se enfrentaba a un problema crítico. ¿Qué debía hacer con respecto a su círculo de amistades y sus reuniones sociales? Era un problema crítico por tres razones:

1. En prácticamente toda reunión social se servía vianda que se le había ofrecido a los ídolos, y cuando se efectuaba una reunión social significativa, como por ejemplo, un matrimonio o una reunión importante de negocios, en ocasiones se efectuaba en el templo. Sin embargo, no importaba dónde se efectuara, siempre se hacía una ofrenda al dios ídolo de la familia. ¿Qué debía hacer un cristiano? ¿Podía asistir a tales reuniones? Si se negaba, ¿cómo afectaría a sus amigos? ¿Su trabajo? ¿Sus contactos de negocio?

2. Prácticamente todas las familias poseían un dios

ídolo ubicado en un lugar importante de la casa. A la hora de la cena la familia ofrendaba un pequeño sacrificio a su dios a fin de asegurar su bendición. ¿Qué debía hacer un cristiano con respecto a la comunión con sus vecinos? ¿Debía romper con todo contacto social con ellos?

3. El mercado por lo general se encontraba lleno de la vianda recién ofrecida a los ídolos. Parte de los animales usados en el sacrificio siempre se les daba a los sacerdotes para su manutención. Los sacerdotes por lo general vendían cualquier excedente a los mercados locales, y los mercados a su vez vendían la vianda al público. Algunos creyentes creían que no estaba bien comparar lo que se había usado en la adoración de los ídolos, y casi nunca podían determinar si era carne pura o no. Esta fue la razón por la que muchos cristianos en el mundo antiguo se volvieron vegetarianos. ¿Estaban equivocados en su convicción? O, ¿no había problemas con comer de lo que se había usado en la adoración de los ídolos?

Los creyentes corintios necesitaban ayuda; necesitaban respuestas a estas preguntas, algunas directrices que los ayudaran ya que vivían en un mundo pecaminoso y enloquecido por los placeres. Por consiguiente, le escribieron a Pablo y le preguntaron acerca de lo sacrificado a los ídolos, acerca de los placeres cuestionables y las reuniones sociales de la vida cotidiana. Pablo lidia directamente con el problema de los corintios, pero también aprovecha el problema para extenderse hasta el tema de la libertad cristiana y los derechos personales. Por ejemplo, ¿puede un cristiano hacer lo que le plazca? ¿Un cristiano es honestamente *libre en Cristo*? De ser así, ¿puede el cristiano hacer cuanto quiere y cuando quiere hacerlo? De no ser así, ¿qué restricciones hay sobre su libertad? ¿Qué debe controlar su conducta? ¿Cuál es la diferencia entre la conducta del cristiano y la conducta del mundo?

1. Juzgar las cosas por amor, no por el conocimiento (vv. 1-3).
2. Saber que el alimento no hace a una persona espiritual (vv. 4-8).
3. Prestar atención, no ser tropiezo (vv. 9-11).
4. No herir la conciencia de un hermano: Esto es pecado contra Cristo (v. 12).
5. Profesar el gran principio cristiano: No hacer nada que le sea ocasión de caer a un hermano (v. 13).

1 (8:1-3) *Amor — La libertad cristiana*: Primero, juzgar las cosas por amor, no por el conocimiento. Observe que Pablo dice: "todos tenemos conocimiento". Él se identifica con los creyentes corintios. Al parecer, algunos de los creyentes enfatizaban la importancia de entender las reuniones sociales. Hacían énfasis en la importancia del intelecto y el conocimiento al determinar el bien del mal. Hacían énfasis en el hecho de que:

• Un ídolo no es nada en sí (v. 4).
• La vianda (el alimento) no es nada; resulta indiferente al lidiar con asuntos espirituales. No nos hace más ni menos aceptos ante Dios (v. 8).

Note tres elementos:
1. El conocimiento envanece; el amor edifica. Pablo

dice que él sabe que un ídolo nada es; y la comida también nada es. El análisis del problema lo demuestra claramente. Sin embargo:

• Poder entender esto y verlo claramente no es razón para envanecerse con otros creyentes.
• Sostener la postura de la libertad cristiana, que una persona es libre de participar en reuniones sociales, no es razón para envanecerse con otros creyentes.

La regla del cristiano es el *amor*, no el conocimiento. Es el amor el que edifica y cultiva a las personas, no el conocimiento. El creyente cristiano no debe estar haciendo énfasis en su conocimiento y razonamiento superior porque pueda ver algo con más claridad que otros creyentes. El creyente cristiano debe amar y controlar su vida por medio del principio del amor.

Pensamiento 1. ¿Cuántos menosprecian a otros porque otros no pueden participar con buena conciencia en ciertas reuniones sociales y prácticas sociales? ¿Cuántos se sienten superiores y están envanecidos porque se sienten con mayor libertad que otros de participar en ciertas funciones?

> **"Unánimes entre vosotros; no altivos, sino asociándoos con los humildes. No seáis sabios en vuestra propia opinión" (Ro. 12:16).**
>
> **"Porque el que se cree ser algo, no siendo nada, a sí mismo se engaña" (Gá. 6:3).**
>
> **"No seas sabio en tu propia opinión; teme a Jehová, y apártate del mal" (Pr. 3:7).**
>
> **"¡Ay de los sabios en sus propios ojos, y de los que son prudentes delante de sí mismos!" (Is. 5:21).**

2. El conocimiento es solo parcial. No importa lo que una persona crea que sabe, es incompleto. El hombre es totalmente incapaz de saber cualquier cosa en su plenitud y totalidad. Aquellos que practican la libertad pueden estar equivocados. Puede que haya algún error acerca de su lógica humana al analizar el problema de un placer o función social en particular.

Por consiguiente, enorgullecerse de una posición racional es un error. Las posiciones racionales son muy débiles, fundamentalmente cuando se comparan con las posiciones basadas en el *amor*.

3. El amor une a una persona a Dios. Si un hombre ama a Dios, es conocido y aceptado por Dios. No es aceptado por Dios por el conocimiento y las posiciones racionales. El hombre es aceptado porque él ama a Dios y ama a las personas. Por consiguiente, una persona que basa su vida en el amor y no en el conocimiento es la persona que es conocida y aceptada por Dios.

> **"Pero si alguno ama a Dios, es conocido por él" (1 Co. 8:3).**
>
> **"mas ahora, conociendo a Dios, o más bien, siendo conocidos por Dios, ¿cómo es que os volvéis de nuevo a los débiles y pobres rudimentos, a los cuales os queréis volver a esclavizar?" (Gá. 4:9).**
>
> **"Pero el fundamento de Dios está firme, teniendo este sello: Conoce el Señor a los que son suyos; y:**

Apártese de iniquidad todo aquel que invoca el nombre de Cristo" (2 Ti. 2:19).

"Porque Dios no es injusto para olvidar vuestra obra y el trabajo de amor que habéis mostrado hacia su nombre, habiendo servido a los santos y sirviéndoles aún" (He. 6:10).

"Y nosotros hemos conocido y creído el amor que Dios tiene para con nosotros. Dios es amor; y el que permanece en amor, permanece en Dios, y Dios en él" (1 Jn. 4:16).

"Si alguno dice: Yo amo a Dios, y aborrece a su hermano, es mentiroso. Pues el que no ama a su hermano a quien ha visto, ¿cómo puede amar a Dios a quien no ha visto?" (1 Jn. 4:20).

"conservaos en el amor de Dios, esperando la misericordia de nuestro Señor Jesucristo para vida eterna" (Jud. 21).

2 (8:4-8) *La libertad cristiana — Libertinaje:* Segundo, saber que el alimento no hace a una persona espiritual.

1. El problema corintio era un problema crítico según ya se ha analizado (vea la nota introductoria — 1 Co. 8:1-13). Pablo estaba de acuerdo con aquellos que sabían que "un ídolo nada es en el mundo". Los ídolos no son dioses, no importa lo que puedan pensar sus adoradores. No hay más Dios que uno. Es cierto que las personas invocan dioses, pero:

• Son dioses de su propia mente e imaginaciones, ideas y conceptos.
• Son dioses de madera y piedra.
• Son dioses y señores de su propia creación.

Sin embargo, en comparación con los dioses de los hombres, observe la verdad.

a. Hay solo un Dios, solo uno que es el ser majestuoso y supremo del universo.
=> Es el Padre del Señor Jesucristo y de todos los creyentes. (Se hace énfasis acá en que Él nos cuida como un padre cuida a sus propios hijos.)
=> Es aquel "del cual proceden todas las cosas". Él es la Fuente de toda creación. (Esto contrasta con los incrédulos que tienen sus propios dioses y permiten y dicen que todos los dioses son igualmente verdaderos.)
=> Nosotros estamos en Él. Él es nuestra vida, la fuente de todo bien y dádiva perfecta (Stg. 1:17).

b. No hay más que un Señor Jesucristo, solo un Señor y administrador que media supremamente entre Dios y el hombre.
=> Por medio de Él son todas las cosas. Él fue el Agente, la Persona que creó todas las cosas para el Padre (Jn. 1:1-3; Col. 1:15-17).
=> Nosotros somos por medio de Él: Él nos salvó y nos redimió. Solo Él es el Salvador del mundo.

2. Sucede lo siguiente: Algunos de los creyentes corintios eran inmaduros; tenían un conocimiento inmaduro y era probable que regresaran al pecado y profanaran la conciencia de cada uno de ellos (v. 7).

No habían crecido lo suficiente espiritualmente como para deshacerse del mundo y de sus falsas creencias. Por consiguiente, si participaban de los placeres cuestionables y las reuniones sociales, profanarían sus conciencias. No eran suficientemente fuertes en el plano espiritual como para controlar la mente y las creencias de ellos, todavía no, no del todo.

3. La realidad es que el alimento es irrelevante para Dios. No nos hace más ni menos espirituales. La palabra "vianda" quiere decir alimento. Comer o abstenernos no nos hace aceptos ante Dios, ninguna de las dos opciones nos hace mejor (sobresalir, tener ventaja) ni peor (carecer o fracasar).

"Y por esto procuro tener siempre una conciencia sin ofensa ante Dios y ante los hombres" (Hch. 24:16).

"Por lo cual es necesario estarle sujetos, no solamente por razón del castigo, sino también por causa de la conciencia" (Ro. 13:5).

"Porque nuestra gloria es esta: el testimonio de nuestra conciencia, que con sencillez y sinceridad de Dios, no con sabiduría humana, sino con la gracia de Dios, nos hemos conducido en el mundo, y mucho más con vosotros" (2 Co. 1:12).

"Pues el propósito de este mandamiento es el amor nacido de corazón limpio, y de buena conciencia, y de fe no fingida" (1 Ti. 1:5).

"manteniendo la fe y buena conciencia, desechando la cual naufragaron en cuanto a la fe algunos" (1 Ti. 1:19).

"que guarden el misterio de la fe con limpia conciencia" (1 Ti. 3:9).

"Orad por nosotros; pues confiamos en que tenemos buena conciencia, deseando conducirnos bien en todo" (He. 13:18).

"teniendo buena conciencia, para que en lo que murmuran de vosotros como de malhechores, sean avergonzados los que calumnian vuestra buena conducta en Cristo" (1 P. 3:16).

3 (8:9-11) *Hermandad — Separación — Tropezadero — Libertad cristiana:* Tercero, prestar atención, no ser tropezadero. La palabra "tropezadero" (proskomma) quiere decir piedra, obstáculo, ocasión, ofensa, es algo que hace que una persona caiga.

La libertad de un creyente puede provocar que un creyente débil caiga en pecado. En el caso de los corintios, algunos creyentes participaban de las reuniones sociales donde la vianda se le había ofrecido a los ídolos. Algunos asistían a las reuniones en el templo del ídolo (v. 10). Al parecer, esto provocaba que algunos creyentes más débiles hicieran lo mismo. Pero no podían manejar la situación.
=> Algunos tenían su conciencia llena de remordimientos, y se sentían pecadores e indignos de ser del Señor. Les costaba trabajo manejar el asunto tal como a cualquier creyente cuando sabe que ha pecado. Le cuesta trabajo aceptar el perdón de Dios. Tiene que luchar hasta para perdonarse a sí mismo.

=> Otros corrían el riesgo de regresar a la idolatría y perderse. La palabra perderse (apollutai) es fuerte. Quiere decir destruir, arruinar, destruir por completo y perecer.

La exhortación es fuerte. Observe las palabras *"venga a ser"*: "Pero mirad que esta libertad vuestra no *venga a ser* tropezadero". Ningún creyente debe participar en ninguna reunión que le pueda ser tropiezo a otro creyente no sea que lo destruya. Hay una razón suprema: Cristo murió por él. Cristo pagó el precio máximo y lo sacrificó todo para salvar al hermano. ¿Cuánto más debiéramos nosotros hacer lo mismo?

Pensamiento 1. Cualquier hombre, no solo el hermano débil, puede extraviarse. La razón es que al creyente maduro se le ve como que "tiene conocimiento", que conoce lo bueno y lo malo. Si alguien lo ve haciendo algo cuestionable, en ocasiones otro recibe influencia o de lo contrario puede asumir un espíritu reaccionario. Desde luego, si el creyente maduro participa en placeres cuestionables y reuniones sociales, siempre existe la posibilidad de que él también pueda caer.

> "Cualquiera que haga tropezar a uno de estos pequeñitos que creen en mí, mejor le fuera si se le atase una piedra de molino al cuello, y se le arrojase en el mar" (Mr. 9:42).
> "Así que, ya no nos juzguemos más los unos a los otros, sino más bien decidid no poner tropiezo u ocasión de caer al hermano" (Ro. 14:13).
> "Bueno es no comer carne, ni beber vino, ni nada en que tu hermano tropiece, o se ofenda, o se debilite" (Ro. 14:21).
> "No seáis tropiezo ni a judíos, ni a gentiles, ni a la iglesia de Dios" (1 Co. 10:32).
> "No damos a nadie ninguna ocasión de tropiezo, para que nuestro ministerio no sea vituperado" (2 Co. 6:3).
> "El que ama a su hermano, permanece en la luz, y en él no hay tropiezo" (1 Jn. 2:10).

4 (8:12) *La libertad cristiana — Creyente, deber:* Cuarto, no herir la conciencia de un hermano. Herir su conciencia es pecar contra el propio Cristo. Esto se ve en dos puntos:

1.   No hay mayor pecado que dañar el espíritu y la conciencia de una persona. ¿Por qué? Porque un espíritu o conciencia herida hace que la persona se sienta inútil e indefensa. Destruye todo el ímpetu y la iniciativa, la voluntad y la ambición. Un espíritu herido hace que una persona se rinda, se quede inactiva, no haga nada, y ande con un espíritu derrotista. Una conciencia o espíritu que se hayan herido profundamente destruirá a una persona. Recuerden: Cristo ama tanto a la persona débil que murió por ella. Él dio su vida por esa persona. Por consiguiente, cualquiera que peque contra un hermano débil siéndole ocasión de caer peca contra Cristo.

2.   Jesucristo se identifica con los creyentes. Él vive dentro del creyente, incluso dentro del creyente débil. Por consiguiente, dañar a un creyente es dañar a Cristo.

> "Y cualquiera que haga tropezar a alguno de estos pequeños que creen en mí, mejor le fuera que se le colgase al cuello una piedra de molino de asno, y que se le hundiese en lo profundo del mar. ¡Ay del mundo por los tropiezos! porque es necesario que vengan tropiezos, pero ¡ay de aquel hombre por quien viene el tropiezo!" (Mt. 18:6, 7).
> "Entonces les responderá diciendo: De cierto os digo que en cuanto no lo hicisteis a uno de estos más pequeños, tampoco a mí lo hicisteis" (Mt. 25:45).
> "y cayendo en tierra, oyó una voz que le decía: Saulo, Saulo, ¿por qué me persigues?" (Hch. 9:4).

5 (8:13) *La libertad cristiana:* Quinto, profesar el gran principio cristiano: No hacer nada que le sea ocasión de caer a un hermano. El equivalente de "vianda" quiere decir alimento. ¡Imagínese! Pablo dice que si algún alimento le es ocasión de caer a un hermano, no comerá ese alimento. La idea resulta sorprendente: Pablo no hará nada, absolutamente nada, que le sea ocasión de caer a su hermano. No importa cuán agradable, cuán satisfactorio, cuán placentero, renunciará a todo para evitar destruir a aquellos más jóvenes y más inmaduros en la fe.

> "En todo os he enseñado que, trabajando así, se debe ayudar a los necesitados, y recordar las palabras del Señor Jesús, que dijo: Más bienaventurado es dar que recibir" (Hch. 20:35).
> "Recibid al débil en la fe, pero no para contender sobre opiniones" (Ro. 14:1).
> "Así que, ya no nos juzguemos más los unos a los otros, sino más bien decidid no poner tropiezo u ocasión de caer al hermano" (Ro. 14:13).
> "Bueno es no comer carne, ni beber vino, ni nada en que tu hermano tropiece, o se ofenda, o se debilite" (Ro. 14:21).
> "Así que, los que somos fuertes debemos soportar las flaquezas de los débiles, y no agradarnos a nosotros mismos" (Ro. 15:1).
> "Por lo cual, si la comida le es a mi hermano ocasión de caer, no comeré carne jamás, para no poner tropiezo a mi hermano" (1 Co. 8:13).
> "Me he hecho débil a los débiles, para ganar a los débiles; a todos me he hecho de todo, para que de todos modos salve a algunos" (1 Co. 9:22).
> "Ninguno busque su propio bien, sino el del otro" (1 Co. 10:24).
> "También os rogamos, hermanos, que amonestéis a los ociosos, que alentéis a los de poco ánimo, que sostengáis a los débiles, que seáis pacientes para con todos" (1 Ts. 5:14).
> "Habiendo purificado vuestras almas por la obediencia a la verdad, mediante el Espíritu, para el amor fraternal no fingido, amaos unos a otros entrañablemente, de corazón puro" (1 P. 1:22).

CAPÍTULO 9

B. Los derechos de un ministro, 9:1-15

1 El derecho de ser aceptado como ministro
- a. Él posee la vocación
- b. Él ha producido el fruto del ministerio

2 El derecho de recibir sustento
- a. De ser alimentado
- b. De recibir sustento para viajar
- c. De recibir ingresos suficientes para que pueda ministrar a tiempo completo
- d. Argumentos que lo apoyan
  - 1) El derecho del soldado
  - 2) El derecho del agricultor
  - 3) El derecho del que apacienta
  - 4) La ley dice que este derecho le pertenece al ministro

1 ¿No soy apóstol? ¿No soy libre? ¿No he visto a Jesús el Señor nuestro? ¿No sois vosotros mi obra en el Señor? 2 Si para otros no soy apóstol, para vosotros ciertamente lo soy; porque el sello de mi apostolado sois vosotros en el Señor. 3 Contra los que me acusan, esta es mi defensa: 4 ¿Acaso no tenemos derecho de comer y beber? 5 ¿No tenemos derecho de traer con nosotros una hermana por mujer como también los otros apóstoles, y los hermanos del Señor, y Cefas? 6 ¿O sólo yo y Bernabé no tenemos derecho de no trabajar? 7 ¿Quién fue jamás soldado a sus propias expensas? ¿Quién planta viña y no come de su fruto? ¿O quién apacienta el rebaño y no toma de la leche del rebaño? 8 ¿Digo esto sólo como hombre? ¿No dice esto también la ley? 9 Porque en la ley de Moisés

está escrito: No pondrás bozal al buey que trilla. ¿Tiene Dios cuidado de los bueyes, 10 o lo dice enteramente por nosotros? Pues por nosotros se escribió; porque con esperanza debe arar el que ara, y el que trilla, con esperanza de recibir del fruto. 11 Si nosotros sembramos entre vosotros lo espiritual, ¿es gran cosa si segáremos de vosotros lo material?

12 Si otros participan de este derecho sobre vosotros, ¿cuánto más nosotros? Pero no hemos usado de este derecho, sino que lo soportamos todo, por no poner ningún obstáculo al evangelio de Cristo. 13 ¿No sabéis que los que trabajan en las cosas sagradas, comen del templo, y que los que sirven al altar, del altar participan? 14 Así también ordenó el Señor a los que anuncian el evangelio, que vivan del evangelio. 15 Pero yo de nada de esto me he aprovechado, ni tampoco he escrito esto para que se haga así conmigo; porque prefiero morir, antes que nadie desvanezca esta mi gloria.

  - 5) La conclusión: Se dicen estas cosas por el pueblo de Dios y por el ministro de Dios
- e. La interrogante principal: ¿El trabajo espiritual (el mayor) merece los beneficios materiales (el menor)?

3 El derecho de ser la primera persona sustentada por la iglesia
- a. Ni el ministro ni la iglesia deben abusar del mismo
- b. El ministro debe participar del altar: Una práctica histórica
- c. El mandamiento del Señor: El ministro debe vivir del evangelio

4 El derecho de decidir sí recibe salario o no

DIVISIÓN V

LAS PREGUNTAS CON RESPECTO A LA LIBERTAD CRISTIANA Y LOS DERECHOS PERSONALES, 8:1—11:1

B. Los derechos de un ministro, 9:1-15

(9:1-15) *Introducción:* Con frecuencia los derechos de un ministro constituyen el tema de las iglesias, fundamentalmente en el aspecto del sustento y el apoyo financiero. Con gran frecuencia, las iglesias tienen la culpa del descuido de sus ministros y de permitir que el sustento pastoral se convierta en un problema de división. De acuerdo con este pasaje y su extensión el problema constituye claramente un tema que significa mucho para Dios. (Vea el índice y las notas — Mt.

10:9-10; Lc. 10:7; Fil. 4:10-14; 1 Ti. 5:17-18.)

1. El derecho de ser aceptado como ministro (vv. 1-3).
2. El derecho de recibir sustento (vv. 4-11).
3. El derecho de ser la primera persona sustentada por la iglesia (vv. 12-14).
4. El derecho de decidir sí recibe salario o no (v. 15).

1 (9:1-3) **Ministro, derechos:** El ministro tiene el derecho de ser aceptado como ministro. Pablo era un verdadero ministro de Dios. De hecho, era apóstol, uno de los pocos que habían visto verdaderamente al Señor Jesucristo. Sin embargo, había algunas personas en la iglesia de Corinto a quienes les disgustaba Pablo. Les disgustaban cosas como por ejemplo...

- sus mensajes
- su carisma

- su estilo de predicación
- su estilo de vida
- su doctrina
- su condición autoritaria
- su apariencia

Por consiguiente, se dispusieron a deshacerse de Pablo y a destruir su ministerio. Intentaron llevarlo a cabo volviendo a toda la iglesia de Corinto contra él. (Vea la nota, *Pablo, Acusaciones contra* — 2 Co. 1:12-22 para un mayor análisis.)

Esto es lo que yace detrás del pasaje actual. Pablo declara su derecho de ser aceptado como ministro, y extiende su declaración a la inclusión de todo ministro del evangelio. Todo ministro tiene el derecho de ser aceptado como ministro.

1. Pablo tiene la vocación de ministro. Su vocación específica era ser apóstol. Note cómo sus preguntas le atravesarían el corazón de cualquiera que conociera de él y de su ministerio.

=> *¿No soy* apóstol? ¿Ustedes están diciendo que no tengo el llamado de Dios? ¿Que Dios no me ha llamado a serle servidor y ministro? ¿Que no debo predicar y dar testimonio de Cristo?

=> *¿No soy* libre en Cristo? ¿Libre para hacer su voluntad, para ministrar y servir entre el pueblo de Dios como los otros ministros de Dios? ¿No soy libre de servirle al Señor según su voluntad?

=> *¿No he* visto a Jesucristo nuestro Señor? ¿No se me ha revelado a mí y me ha llamado? ¿Están diciendo que yo no sé de qué estoy hablando? ¿Que no he visto a Cristo? ¿Que no conozco a Cristo? ¿Que no ando en Cristo ni sirvo a Cristo?

La palabra "no" (ouchi) es mucho más enérgica en la última pregunta. Pablo está haciendo énfasis en el hecho de que él definitivamente había visto al Señor. Este era uno de los requisitos fundamentales de los primeros apóstoles (Hch. 9:17, 27; 18:9-10; 22:14, 17s; 2 Co. 12:1s).

=> ¿No son ustedes parte de mi obra en el Señor? ¿No me ha usado el Señor en las vidas de los creyentes? ¿En el ministerio de la iglesia?

2. Pablo había producido fruto como ministro lo que evidenciaba su llamado. Observe el contraste: Otros pueden preguntarse el llamado de Dios a Pablo, pero *con toda certeza no los corintios*. A muchos de ellos Pablo los había llevado al Señor. El hecho mismo de que algunos de ellos fueran salvos bajo su ministerio evidenciaba su llamado. Cualquiera que quisiera poner a prueba su llamado podía fijarse en los creyentes de Corinto. La salvación de algunos y el crecimiento de otros constituyen su respuesta para aquellos que ponen a prueba las credenciales de su llamado y ministerio.

Pensamiento 1. Con gran frecuencia un ministro del evangelio sufre rechazo y oposición solo porque a alguien le desagrada algo de él. En tales casos el ministro tiene dos respuestas:

1) El llamado del Señor y el conocimiento del ministro de su llamado.
2) El fruto que el ministro ha producido en la salvación y crecimiento de las personas.

"¿Tú quién eres, que juzgas al criado ajeno? Para su propio señor está en pie, o cae; pero estará firme, porque *poderoso es el Señor* para hacerle estar firme" (Ro. 14:4).

"El que come, no menosprecie al que no come, y el que no come, no juzgue al que come; porque Dios le ha recibido" (Ro. 14:13).

"Así que, no juzguéis nada antes de tiempo, hasta que venga el Señor, el cual aclarará también lo oculto de las tinieblas, y manifestará las intenciones de los corazones; y entonces cada uno recibirá su alabanza de Dios" (1 Co. 4:5).

"Nada hagáis por contienda o por vanagloria; antes bien con humildad, estimando cada uno a los demás como superiores a él mismo; no mirando cada uno por lo suyo propio, sino cada cual también por lo de los otros" (Fil. 2:3, 4).

"Uno solo es el dador de la ley, que puede salvar y perder; pero tú, ¿quién eres para que juzgues a otro?" (Stg. 4:12).

2 (9:4-11) *Ministro, derechos:* El ministro tiene el derecho de recibir sustento. Pablo reafirma tres derechos que lidian con el sustento financiero de la iglesia al ministro, luego proporciona cinco argumentos de apoyo. La palabra "derecho" (exoosia) significa autoridad o facultad en todo este pasaje.

1. El derecho de ser alimentado. El ministro y su familia tienen que comer; por consiguiente, es deber de la iglesia proveer alimentos para sus ministros.

2. El derecho de recibir sustento para viajar. Los ministros de la época de Pablo siempre estaban viajando de un lado a otro ministrando a un número de iglesias. Los ministros de todas las generaciones han recibido sustento para gastos de viajes; por consiguiente, es responsabilidad de las iglesias proveer para los gastos de viaje. Observe dos elementos.

a. Los apóstoles y otros ministros llevaban a sus familias con ellos en sus viajes ministeriales. Al parecer esto señala que la mayoría estaban casados.

b. La referencia a los "hermanos del Señor" constituye un testimonio fuerte a la deidad de Cristo. Sus propios medios hermanos que habían vivido con él día tras día se convirtieron en sus seguidores y ministros después de su resurrección (cp. Mt. 13:55-56).

3. El derecho de recibir ingresos suficientes para que pueda ministrar a tiempo completo (v. 6). Pablo dice que él y Bernabé trabajaban y se ganaban la vida mientras ministraban en Corinto. Pero tenían el derecho de recibir sustento de la iglesia.

4. Los argumentos de apoyo. Note cuán claramente se ilustra y se ve este problema en estos argumentos. La iglesia sin duda alguna es responsable del sustento de sus ministros.

a. El derecho del soldado: ¿Qué soldado va a la guerra a sus propias expensas? El ministro es un soldado de Cristo. Él guía al pueblo de Dios en su lucha espiritual. Por consiguiente, deben sustentarlo aquellos a quienes él dirige en la batalla.

b. El derecho del agricultor: ¿Qué agricultor planta viña y no come del fruto? El ministro es un agricultor que siembra la semilla de la Palabra de Dios. Él planta y cosecha el fruto para el Señor y para la iglesia. Por consiguiente, la iglesia debe ver que él recoge la cosecha y come del fruto.

c. El derecho del que apacienta: ¿Qué pastor apacienta al rebaño y no toma de la leche del rebaño? El ministro es quien apacienta el rebaño de Dios y quien alimenta el rebaño de Dios; por consiguiente, debe ser alimentado y sustentado por el rebaño.

d. La ley o la Palabra de Dios dice que este derecho le pertenece al ministro. Pablo dice que él no tiene que hablar como un hombre usando ilustraciones humanas para demostrar su tesis. La Palabra de Dios dice lo mismo:

"Porque en la ley de Moisés está escrito: No pondrás bozal al buey que trilla. ¿Tiene Dios cuidado de los bueyes?" (v. 9; cp. Dt. 25:4).

Observe la pregunta: "¿Tiene Dios cuidado de los bueyes?" Sí, Él ha provisto en su Palabra para los bueyes. Los hombres deben alimentar a los bueyes, porque los bueyes sirven a los hombres. Si Dios espera que los hombres se ocupen de las bestias que los sirven, ¿cuánto más espera Él que los hombres se ocupen de los ministros que obran por su bienestar espiritual?

e. La conclusión es contundente: Estas cosas están escritas por el bien del pueblo de Dios. El griego es fuerte en su énfasis: Estas cosas se dicen enteramente, con toda certeza, y sin la menor duda por nuestro bien. Por consiguiente, el ministro o predicador del evangelio debe *obrar y obrar diligentemente* con esperanza, porque Dios recompensará su esperanza. Dios se encargará de que el ministro sea partícipe de su esperanza. Dios se encargará de que el ministro tenga todas las necesidades de la vida cubiertas. (Cp. Mt. 6:24-34.)

5. La pregunta fundamental es directa: ¿El trabajo espiritual merece el salario material? ¿Merece pago ministrarles a las personas las cualidades más altas de la vida? Cualidades como proclamar, enseñar, y alentar…

• salvación y redención
• vida, tanto abundante como eterna
• amor, gozo, paz paciencia
• benignidad, bondad
• fe, mansedumbre, templanza

La respuesta es obvia. No cabe duda, porque no hay mayor necesidad que la de ministrarles a las personas en la proclamación y enseñanza de las grandes cualidades que todos los hombres anhelan.

"No os proveáis de oro, ni plata, ni cobre en vuestros cintos; ni de alforja para el camino, ni de dos túni-

cas, ni de calzado, ni de bordón; porque el obrero es digno de su alimento" (Mt. 10:9, 10).

"Así también ordenó el Señor a los que anuncian el evangelio, que vivan del evangelio." (1 Co. 9:14).

"El que es enseñado en la palabra, haga partícipe de toda cosa buena al que lo instruye" (Gá. 6:6).

"Sin embargo, bien hicisteis en participar conmigo en mi tribulación" (Fil. 4:14).

"Pues la Escritura dice: No pondrás bozal al buey que trilla; y: Digno es el obrero de su salario" (1 Ti. 5:18).

3 (9:12-14) *Ministro, derechos:* El ministro tiene el derecho de ser la primera persona sustentada por la iglesia. El asunto es comprometedor: Si otros tienen el derecho de recibir sustento de la iglesia, ¿no tiene el ministro primeramente el derecho de sustento? La iglesia de Corinto había reconocido los derechos de otros de recibir sustento, pero trágicamente no habían reconocido ese derecho en Pablo. ¡Imagínese una iglesia descuidándose en sustentar adecuadamente a Pablo! Todo cuanto tenga que decir es una crítica contra la iglesia de Corinto y contra cualquier otra iglesia que no cumpla esta obligación dada por Dios.

1. Ni la iglesia ni el ministro deben abusar de ese sustento (v. 12). Pablo no exigió sustento cuando estuvo en Corinto (inicialmente un ministerio de tres años). Observe que él dice que lo soporta todo; es decir, él soportó hambre y todo tipo de penurias, y la idea es que las sufrió en silencio. No se lo dijo a nadie. ¿Por qué? Porque había algunas personas que se oponían a su ministerio, y lo habrían acusado de preocuparse por asuntos mundanos, o de estar en el ministerio solo por dinero, o de tener motivaciones incorrectas o de un sinnúmero de otras acusaciones falsas. Pablo sencillamente no quería obstaculizar el evangelio de ninguna manera. Sin embargo, la iglesia le falló a Pablo y le falló de un modo lamentable. No se ocupó ni cuidó de él como debió haberlo hecho. ¡Imagínese su sufrimiento por falta de alimentación, ropa apropiada y adecuada, y una vivienda adecuada!

"Jesús le dijo: Las zorras tienen guaridas, y las aves del cielo nidos; mas el Hijo del Hombre no tiene dónde recostar su cabeza" (Mt. 8:20).

2. La práctica histórica de sustentar a los ministros se debe cumplir rigurosamente: Los ministros siempre han participado del altar. Los ministros que han ministrado cosas sagradas a las personas siempre han vivido del altar o templo, es decir, han recibido sustento porque han proclamado a Dios desde el altar.

3. El Señor mismo ha ordenado que los ministros vivan del evangelio. Esta es la autoridad suprema, el Señor mismo. El Señor exige: Si un hombre predica el evangelio, debe vivir del evangelio.

"No os proveáis de oro, ni plata, ni cobre en vuestros cintos; ni de alforja para el camino, ni de dos túnicas, ni de calzado, ni de bordón; porque el obrero es digno de su alimento" (Mt. 10:9, 10).

"Y posad en aquella misma casa, comiendo y bebiendo lo que os den; porque el obrero es digno de su salario. No os paséis de casa en casa. En cualquier ciu-

dad donde entréis, y os reciban, comed lo que os pongan delante" (Lc. 10:7, 8).

4 (9:15) *Ministro, derechos:* El ministro tiene el derecho de decidir si recibe salario o no. Pablo tomó la decisión de recibir salario de los corintios. Sencillamente esa fue su estrategia con los corintios. Eso le permitió hacerles frente a sus enemigos y refutar cualquier acusación de predicar por dinero. Él no recibió sustento en otras situaciones (Fil. 4:10s). Note dos elementos:

1. Pablo dice claramente que él no ha escrito para avergonzar a los corintios y que lo sustenten. Su propósito ha sido enseñarlos a cómo tratar a sus ministros.

2. Pablo dice que él no quiere que la iglesia comience a sustentarlo, porque él puede gloriarse en su obra por Cristo y por la iglesia. Lo que él quiere decir es que pudo hacerles frente a sus enemigos con confianza porque llevó una vida de abnegación.

Pensamiento 1. La ley de Cristo es que los ministros sean sustentados por el pueblo de Dios. Sin embargo, en ocasiones las circunstancias exigen que los ministros trabajen en trabajos seculares, y es necesario que se reconozcan estas circunstancias cuando se les eleve al Señor en oración y se les juzgue por sus propios méritos.

"Los ancianos que gobiernan bien, sean tenidos por dignos de doble honor, mayormente los que trabajan en predicar y enseñar" (1 Ti. 5:17).

"Acordaos de vuestros pastores, que os hablaron la palabra de Dios; considerad cuál haya sido el resultado de su conducta, e imitad su fe" (He. 13:7).

"Porque todo el que quiera salvar su vida, la perderá; y todo el que pierda su vida por causa de mí, la hallará" (Mt. 16:25).

	C. La mirada al interior de un ministro (parte 1): Una obligación a predicar y ministrar, 9:16-23	todos para ganar a mayor número.	
1 Su obligación: Predicar el evangelio	16 Pues si anuncio el evangelio, no tengo por qué gloriarme; porque me es impuesta necesidad; y ¡ay de mí si no anunciare el evangelio!	20 Me he hecho a los judíos como judío, para ganar a los judíos; a los que están sujetos a la ley (aunque yo no esté sujeto a la ley) como sujeto a la ley, para ganar a los que están sujetos a la ley;	a. Se hizo a los judíos como judío (los sujetos a la ley)
2 Su responsabilidad: Juicio y tribulación si no predica a. Si predica de buena voluntad, recibirá recompensa b. Si predica de mala voluntad, aún así es responsable	17 Por lo cual, si lo hago de buena voluntad, recompensa tendré; pero si de mala voluntad, la comisión me ha sido encomendada.	21 a los que están sin ley, como si yo estuviera sin ley (no estando yo sin ley de Dios, sino bajo la ley de Cristo), para ganar a los que están sin ley.	b. Se hizo a los impíos como uno sin ley
3 Su recompensa: Recibir la satisfacción de predicar el evangelio gratuitamente	18 ¿Cuál, pues, es mi galardón? Que predicando el evangelio, presente gratuitamente el evangelio de Cristo, para no abusar de mi derecho en el evangelio.	22 Me he hecho débil a los débiles, para ganar a los débiles; a todos me he hecho de todo, para que de todos modos salve a algunos.	c. Se hizo débil al cristiano débil d. Su propósito: Para salvar a algunos y para participar del evangelio personalmente
4 Su método: A todos se hizo de todo	19 Por lo cual, siendo libre de todos, me he hecho siervo de	23 Y esto hago por causa del evangelio, para hacerme copartícipe de él.	

DIVISIÓN V

LAS PREGUNTAS CON RESPECTO A LA LIBERTAD CRISTIANA Y LOS DERECHOS PERSONALES, 8:1—11:1

C. La mirada al interior de un ministro (parte 1): Una obligación a predicar y ministrar, 9:16-23

(9:16-23) *Introducción*: Este pasaje proporciona un análisis excelente al ministro y a lo que lo obliga a ministrar.

1. Su obligación: Predicar el evangelio (v. 16).
2. Su responsabilidad: Juicio y tribulación si no predica (vv. 16-17).
3. Su recompensa: Recibir la satisfacción de predicar el evangelio gratuitamente (v. 18).
4. Su método: A todos se hizo de todo (vv. 19-23).

1 (9:16) *Predicación — Evangelio — Ministros*: La obligación del ministro: Debe predicar el evangelio. Pablo no se gloriaba porque fuera llamado a ser ministro. En ser predicador del evangelio no había mayor razón para gloriarse que en ser comerciante o profesional. Él dice de un modo muy claro: "Pues si anuncio el evangelio, no tengo por qué gloriarme".

Le es "impuesta" (epikeitai) necesidad. La palabra quiere decir que predicar el evangelio le es presionado, obligado, constreñido, exigido, comprometido por el deber. Dios había llamado a Pablo a predicar el evangelio; por consiguiente, era su responsabilidad, su trabajo, su negocio, su llamado en la vida. No podía hacer otra cosa: "Estaba obligado a predicar". Su predicación no era una cuestión opcional; él no había elegido ser predicador. Su predicación era cuestión de deber.

Si no predicaba, estaría desobedeciendo a Dios e incumpliría el propósito mismo de su vida en la tierra.

"Y les dijo: Id por todo el mundo y predicad el evangelio a toda criatura" (Mr. 16:15).

"porque no podemos dejar de decir lo que hemos visto y oído" (Hch. 4:20).

"Pero levántate, y ponte sobre tus pies; porque para esto he aparecido a ti, para ponerte por ministro y testigo de las cosas que has visto, y de aquellas en que me apareceré a ti" (Hch. 26:16).

"Pues si anuncio el evangelio, no tengo por qué gloriarme; porque me es impuesta necesidad; y ¡ay de mí si no anunciare el evangelio!" (1 Co. 9:16).

"que prediques la palabra; que instes a tiempo y fuera de tiempo; redarguye, reprende, exhorta con toda paciencia y doctrina" (2 Ti. 4:2).

"Después oí la voz del Señor, que decía: ¿A quién enviaré, y quién irá por nosotros? Entonces respondí yo: Heme aquí, envíame a mí" (Is. 6:8).

"Sobre tus muros, oh Jerusalén, he puesto guardas; todo el día y toda la noche no callarán jamás. Los que os acordáis de Jehová, no reposéis" (Is.62:6).

"Y dije: No me acordaré más de él, ni hablaré más en su nombre; no obstante, había en mi corazón como un fuego ardiente metido en mis huesos; traté de sufrirlo, y no pude" (Jer. 20:9; cp. Gn. 12:1; Éx. 3:10; Jue. 6:14; 1 R. 19:19).

2 (9:16-17) *Predicación — Ministro*: La responsabilidad del ministro: Se enfrenta a juicio y tribulación si no predica. Esto explica la necesidad y obligación de predicar. Una de las razones principales por las que Pablo estaba movido a predicar el evangelio era el juicio terrible al que se enfrentaría si no lo hacía. La palabra "tribulación" quiere decir que cuando se parara delante de Dios, tendría que enfrentar *algún (alguna) terrible*…

- pesar
- angustia
- desastre
- denuncia
- dolor

Ninguna persona que haya sido llamada por Dios está exenta de este juicio venidero. Esto se aclara en lo que se dice ahora (v. 17).

Si Pablo predicaba el evangelio de buena voluntad, recibía recompensa. Pero si predicaba de mala voluntad, "la comisión [aún así] me ha sido encomendada". Esto quiere decir sencillamente que *aún era responsable* de predicar el evangelio aunque lo hiciera de mala voluntad o se negara a hacerlo. La palabra "comisión" (oikonomia) quiere decir una administración, un fideicomiso. El mayordomo era el administrador de una gran casa o propiedad. El ministro de Dios es el administrador de la casa y propiedad (iglesia) de Dios.

Desde que Dios llamó a Pablo a predicar, la administración y fideicomiso de la predicación le pertenecía a él. Que obedeciera y predicara no importaba; aún así él era responsable de la predicación. No había forma alguna de liberarse de tal llamado y deber. Sería responsable de predicar el evangelio o sería responsable de no predicar el evangelio.

Pensamiento 1. El llamado a predicar el evangelio constituye una responsabilidad imponente. Dios coloca la administración del evangelio en las manos de la persona que Él llama. Piensen en ello: Lo que el ministro haga con el evangelio es todo cuanto se hará con el evangelio, ni más, ni menos. Dios ha puesto su evangelio, la administración del mismo, en las manos de las personas que Él llama. Solo cuanto esas personas hagan con el evangelio es todo cuanto se hará. ¡Qué responsabilidad tan imponente!

> **"de la cual fui hecho ministro, según la administración de Dios que me fue dada para con vosotros, para que anuncie cumplidamente la palabra de Dios" (Col. 1:25).**
>
> **"sino que según fuimos aprobados por Dios para que se nos confiase el evangelio, así hablamos; no como para agradar a los hombres, sino a Dios, que prueba nuestros corazones" (1 Ts. 2:4).**
>
> **"según el glorioso evangelio del Dios bendito, que a mí me ha sido encomendado" (1 Ti. 1:11).**
>
> **"y a su debido tiempo manifestó su palabra por medio de la predicación que me fue encomendada por mandato de Dios nuestro Salvador" (Tit. 1:3).**

3 (9:18) *Predicación — Ministro*: La recompensa del ministro es recibir la satisfacción de predicar el evangelio gratuitamente. Pablo tenía la facultad, es decir, el *derecho*, de recibir salario de la iglesia de Corinto; pero él no recibió salario alguno. ¿Por qué? Porque él quería la recompensa de predicar el evangelio gratuitamente. ¿Cuál era la recompensa?

=> El privilegio de ver a las personas salvas gratuitamente.

=> La confianza de las personas en él, de que no tuvo avaricia.

=> La eliminación de cualquier acusación de que estuviera en el ministerio por comodidad y dinero.

Pensamiento 1. Esto no quiere decir que un ministro deba trabajar por nada, tampoco que una iglesia no deba pagarle a su ministro y pagarle bien (vea el índice y las notas — 1 Co. 9:1-15). Sencillamente esa fue la estrategia de Pablo para evitar que aquellos que se oponían tanto a él pudieran acusarlo de predicar por comodidad y dinero.

La lección nos queda clara: Debemos predicar por necesidad y no por dinero. Debemos predicar con el propósito de ayudar a las personas y no de obtener ganancia. Debemos servir a las personas y usar a las personas.

Pensamiento 2. Pablo en ocasiones sí se sustentó del ministerio.

> **"y como era del mismo oficio, se quedó con ellos, y trabajaban juntos, pues el oficio de ellos era hacer tiendas" (Hch. 18:3).**
>
> **"Antes vosotros sabéis que para lo que me ha sido necesario a mí y a los que están conmigo, estas manos me han servido" (Hch. 20:34).**
>
> **"Y Pablo permaneció dos años enteros en una casa alquilada, y recibía a todos los que a él venían" (Hch. 28:30).**
>
> **"Pero yo de nada de esto me he aprovechado, ni tampoco he escrito esto para que se haga así conmigo; porque prefiero morir, antes que nadie desvanezca esta mi gloria" (1 Co. 9:15).**
>
> **"Porque os acordáis, hermanos, de nuestro trabajo y fatiga; cómo trabajando de noche y de día, para no ser gravosos a ninguno de vosotros, os predicamos el evangelio de Dios" (1 Ts. 2:9).**
>
> **"ni comimos de balde el pan de nadie, sino que trabajamos con afán y fatiga día y noche, para no ser gravosos a ninguno de vosotros" (2 Ts. 3:8).**

Pensamiento 3. El ministro del evangelio debe escudriñar su corazón constantemente y asegurarse de que su corazón esté puro y limpio de motivaciones erróneas.

> **"Por tanto, mirad por vosotros, y por todo el rebaño en que el Espíritu Santo os ha puesto por obispos, para apacentar la iglesia del Señor, la cual él ganó por su propia sangre" (Hch. 20:28).**
>
> **"Apacentad la grey de Dios que está entre vosotros, cuidando de ella, no por fuerza, sino voluntariamente; *no por ganancia deshonesta*, sino con ánimo pronto; no como teniendo señorío sobre los que están a vuestro cuidado, sino siendo ejemplos de la grey" (1 P. 5:2, 3).**

4 (9:19-23) *Predicación — Ministro*: El método del ministro es hacerse a todos de todo. Pablo dice que él era "libre de todos"; es decir, que él no estaba obligado a ajustarse a ninguna de las ideas u opiniones del hombre. Había sido liberado en Cristo y estaba obligado solo a ajustarse a Cristo. Pero Pablo se entregó a sí mismo, en realidad se hizo siervo de todos los hombres. ¿Por qué? Para poder ganar a más hombres para Cristo.

Nota: Que Pablo se ajustara a las opiniones y costumbres de otros no quiere decir que estuviera comprometiendo sus convicciones ni que fuera falso. Quiere decir que se acercaba a los hombres, ganaba su confianza para que les prestaran atención a su testimonio de Cristo.

1. Pablo se hizo como judío a los judíos, es decir, a aquellos que están sujetos a la ley. Cuando Pablo estaba ministrando a los judíos, él se ajustaba a sus costumbres y leyes siempre que nada violara su andar en Cristo. Observe que Pablo no estaba sujeto a la ley.

> **"porque el fin de la ley es Cristo, para justicia a todo aquel que cree" (Ro. 10:4).**

La norma de Pablo era Cristo, no la ley. Pero él se sujetó a la ley cuando ministraba a los judíos a fin de acercarse a ellos y ganar su confianza para poder testificarles. Nota: Pablo se comprometía con los judíos y con todos los otros siempre que no estuviera implícito un principio. Hechos 21:18-27 constituye un buen ejemplo de cuánto haría él por concederle entrada al evangelio. Sin embargo, cuando había un principio en juego, no cedía un ápice (cp. Gá. 2:3-5).

2. Pablo se hizo como uno sin ley a aquellos que estaban sin ley. Pero note un elemento importante: "No quiere decir que se volvió inmoral y sin ley". Él seguía obedeciendo la ley de Dios; es decir, siempre estuvo *bajo la ley de Cristo.* Aún así obedecía la voluntad de Cristo la cual comprende los mandamientos de Dios y más. Pero Pablo se ajustó a las costumbres y estilo de vida de los impíos siempre que no constituyeran una violación de la ley de Cristo. Vivía como un gentil cuando se encontraba entre ellos a fin de acercarse a ellos y ganarlos para Cristo.

3. Pablo se hizo como débil a los cristianos débiles. Es decir, se ajustó a sus pequeñas reglas y regulaciones. Se abstuvo de hacer algunas cosas que eran perfectamente legales. Se ajustó a sus ideas y opiniones solo para contar con una puerta abierta para ayudarlos a crecer en Cristo. Puso a un lado su libertad y derechos personales a fin de ayudar a los cristianos recién convertidos y débiles. No se atrevería a serles tropezadero, tampoco haría que lo sacaran de la vida de ellos por haberlos ofendido y así perder su oportunidad de ayudarlos. Se hizo como uno de ellos a fin de ganarlos.

4. Pablo plantea claramente su propósito de ajustarse a las costumbres y opiniones de los hombres:

> **"a todos me he hecho de todo, para que de todos modos salve a algunos" (v. 22).**

Pablo declara que él fue a los extremos cuando fue necesario a fin de ganar a las personas para Cristo. Note la palabra "esto" (v. 23); generalmente se traduce como "todas las cosas". Pablo declara que él hizo "todas las cosas" por el bien del evangelio. Lo que importaba en la vida no era él ni sus derechos, sino el evangelio. El evangelio era la *pasión devoradora* de su vida. ¿Para qué? Para que pudiera ser copartícipe del evangelio con otros creyentes. Al serle fiel al evangelio participaría de la redención del evangelio con otros creyentes.

> **"Y les dijo: Venid en pos de mí, y os haré pescadores de hombres" (Mt. 4:19).**
>
> **"Pero no será así entre vosotros, sino que el que quiera hacerse grande entre vosotros será vuestro servidor, y el que de vosotros quiera ser el primero, será siervo de todos" (Mr. 10:43, 44).**
>
> **"Bueno es no comer carne, ni beber vino, ni nada en que tu hermano tropiece, o se ofenda, o se debilite" (Ro. 14:21).**
>
> **"Ninguno busque su propio bien, sino el del otro" (1 Co. 10:24).**
>
> **"Sobrellevad los unos las cargas de los otros, y cumplid así la ley de Cristo" (Gá. 6:2).**
>
> **"Así que, según tengamos oportunidad, hagamos bien a todos, y mayormente a los de la familia de la fe" (Gá. 6:10).**
>
> **"no mirando cada uno por lo suyo propio, sino cada cual también por lo de los otros" (Fil. 2:4).**
>
> **"El fruto del justo es árbol de vida; y el que gana almas es sabio" (Pr. 11:30).**
>
> **"Los entendidos resplandecerán como el resplandor del firmamento; y los que enseñan la justicia a la multitud, como las estrellas a perpetua eternidad" (Dn. 12:3).**

	D. La mirada al interior de un ministro (parte 2): Una gran disciplina requerida, 9:24-27	verdad, para recibir una corona corruptible, pero nosotros, una incorruptible.	disciplina y control
1 Él participa en la carrera para correr y ganar	24 ¿No sabéis que los que corren en el estadio, todos a la verdad corren, pero uno solo se lleva el premio? Corred de tal manera que lo obtengáis.	26 Así que, yo de esta manera corro, no como a la ventura; de esta manera peleo, no como quien golpea el aire,	3 Él corre para recibir una corona incorruptible 4 Él corre y pelea con certeza y sin distracción
2 Enérgicamente ejerce sobre sí	25 Todo aquel que lucha, de todo se abstiene; ellos, a la	27 sino que golpeo mi cuerpo, y lo pongo en servidumbre, no sea que habiendo sido heraldo para otros, yo mismo venga a ser eliminado.	5 Él domina su propio cuerpo 6 Se cuida de la descalificación

DIVISIÓN V

LAS PREGUNTAS CON RESPECTO A LA LIBERTAD CRISTIANA Y LOS DERECHOS PERSONALES, 8:1—11:1

D. La mirada al interior de un ministro (parte 2): Una gran disciplina requerida, 9:24-27

(9:24-27) *Introducción*: Este pasaje constituye uno de los grandes retos de las Escrituras, un reto que todo ministro y creyente debiera memorizar y tener siempre presente. Pablo sigue proporcionando una mirada al interior de su corazón y de su, cómo veía la vida y el ministerio cristianos. Pero este pasaje es *único* en su descripción, porque describe los sentimientos de Pablo sobre la vida cristiana en términos deportivos, el corredor y el boxeador. Ningún verdadero ministro o creyente cristiano puede hacerle frente a la vida cristiana con una actitud endeble. Ningún cristiano genuino puede consentir su cuerpo ni sus lujurias y esperar ganar la corona incorruptible de la vida cristiana.

A Corinto se le conocía por los Juegos Ístmicos los cuales eran los segundos juegos más importantes después de los Juegos Olímpicos del mundo griego y romano. Por consiguiente, todos en la iglesia de Corinto sabían a que se refería Pablo.

De un modo dramático, Pablo dice que el ministro y el creyente cristianos se pueden comparar con atletas. *Increíblemente*, él dice que un ministro y un creyente verdaderos del Señor deben llevar una vida tan disciplinada como la de un atleta olímpico. En realidad dice que debemos mantener *nuestro cuerpo* bajo control tanto como el atleta. Observe detenidamente estos puntos.

1. Él participa en la carrera para correr y ganar (v. 24).
2. Enérgicamente ejerce sobre sí disciplina y control (v. 25).
3. Él corre para recibir una corona incorruptible (v. 25).
4. Él corre y pelea con certeza y sin distracción (v. 26).
5. Él domina su propio cuerpo (v. 27).
6. Se cuida de la descalificación (v. 27).

1 (9:24) *Carrera cristiana — Ministro:* El ministro o creyente participa en la carrera cristiana y participa para ganar. En la competencia deportiva todos los corredores participan en la carrera con un solo propósito: "Ganar". Sin embargo, solo uno recibe el premio; hay solo un ganador. El creyente participa en la carrera cristiana con un solo propósito: "Ganar". Por consiguiente, se esfuerza en la carrera por recibir el premio. No se acepta nada más que correr y correr con fuerza:

=> Caminar rápidamente es inaceptable.
=> Trotar es inaceptable.
=> Rezagarse es inaceptable.
=> Mostrar poco interés por la meta es inaceptable.

Sucede lo siguiente: Tanto el ministro como el laico deben correr *con tanta diligencia* como el corredor en los Juegos Olímpicos. El creyente debe hacer el *mismo esfuerzo vigoroso* a fin de llegar a la meta. Debe ser vigoroso y diligente; debe persistir en la carrera cristiana.

"¿No sabéis que los que corren en el estadio, todos a la verdad corren, pero uno solo se lleva el premio? Corred de tal manera que lo obtengáis" (1 Co. 9:24).

"Vosotros corríais bien; ¿quién os estorbó para no obedecer a la verdad?" (Gá. 5:7).

"asidos de la palabra de vida, para que en el día de Cristo yo pueda gloriarme de que no he corrido en vano, ni en vano he trabajado" (Fil. 2:16).

"prosigo a la meta, al premio del supremo llamamiento de Dios en Cristo Jesús" (Fil. 3:14).

"Por tanto, nosotros también, teniendo en derredor nuestro tan grande nube de testigos, despojémonos de todo peso y del pecado que nos asedia, y corramos con paciencia la carrera que tenemos por delante" (He. 12:1).

"He peleado la buena batalla, he acabado la carrera, he guardado la fe. Por lo demás, me está guardada la corona de justicia, la cual me dará el Señor, juez justo, en aquel día; y no sólo a mí, sino también a todos los que aman su venida" (2 Ti. 4:7, 8).

2 (9:25) *Carrera cristiana — Disciplina — Cuerpo:* El ministro (creyente) enérgicamente ejerce sobre sí disciplina y control. Todo corredor y boxeador está muy disciplinado en cuerpo, mente, pensamiento, espíritu, ejercicio, entrenamiento, y competencias. Está disciplinado:

• En cuerpo: Lo que come y cuánto come.

- En mente y pensamiento: Su concentración en la meta y cómo orientar mejor su cuerpo, espíritu, y mente hacia esa meta.
- En espíritu: Mantener su Espíritu fuerte y motivado para el esfuerzo requerido por el ejercicio diario y poder alcanzar la meta.

El ministro o creyente no debe hacer menos. Debe ser tan disciplinado como el atleta. La palabra "lucha" (agonizomai) significa agonía. Se disciplina a sí mismo al punto del dolor. Y observe: La disciplina comprende "todas las cosas". Comprende su cuerpo, mente, y espíritu, el lugar donde mora realmente la presencia de Dios. Por consiguiente, no permite que nada que sea corrupto, impuro, contaminado o que provoque un deterioro más rápido del templo *entre* o *toque* su cuerpo.

1.   El ministro o creyente controla su cuerpo. Su cuerpo es realmente el templo del Espíritu Santo.

> "Así que, hermanos, os ruego por las misericordias de Dios, que presentéis vuestros cuerpos en sacrificio vivo, santo, agradable a Dios, que es vuestro culto racional. No os conforméis a este siglo, sino transformaos por medio de la renovación de vuestro entendimiento, para que comprobéis cuál sea la buena voluntad de Dios, agradable y perfecta" (Ro. 12:1, 2).

> "¿O ignoráis que vuestro cuerpo es templo del Espíritu Santo, el cual está en vosotros, el cual tenéis de Dios, y que no sois vuestros? Porque habéis sido comprados por precio; glorificad, pues, a Dios en vuestro cuerpo y en vuestro espíritu, los cuales son de Dios" (1 Co. 6:19, 20).

> "Y pon cuchillo a tu garganta, si tienes gran apetito" (Pr. 23:2).

> "¿Hallaste miel? Come lo que te basta, no sea que hastiado de ella la vomites" (Pr. 25:16).

2.   El ministro o creyente controla su mente y sus pensamientos.

> "Porque los que son de la carne piensan en las cosas de la carne; pero los que son del Espíritu, en las cosas del Espíritu. Porque el ocuparse de la carne es muerte, pero el ocuparse del Espíritu es vida y paz. Por cuanto los designios de la carne son enemistad contra Dios; porque no se sujetan a la ley de Dios, ni tampoco pueden" (Ro. 8:5-7).

> "Pues aunque andamos en la carne, no militamos según la carne; porque las armas de nuestra milicia no son carnales, sino poderosas en Dios para la destrucción de fortalezas, derribando argumentos y toda altivez que se levanta contra el conocimiento de Dios, y llevando cautivo todo pensamiento a la obediencia a Cristo," (2 Co. 10:3-5).

> "Pero yo os digo que cualquiera que mira a una mujer para codiciarla, ya adulteró con ella en su corazón" (Mt. 5:28).

3.   El ministro o creyente controla su Espíritu.

> "Mas el fruto del Espíritu es amor, gozo, paz, paciencia, benignidad, bondad, fe, mansedumbre, templanza; contra tales cosas no hay ley" (Gá. 5:22, 23).

4.   El ministro o creyente entrena consecuentemente en el ministerio y servicio de otros.

> "Así que, hermanos míos amados, estad firmes y constantes, creciendo en la obra del Señor siempre, sabiendo que vuestro trabajo en el Señor no es en vano" (1 Co. 15:58).

> "Sobrellevad los unos las cargas de los otros, y cumplid así la ley de Cristo" (Gá. 6:2).

> "Así que, según tengamos oportunidad, hagamos bien a todos, y mayormente a los de la familia de la fe" (Gá. 6:10).

> "sirviendo de buena voluntad, como al Señor y no a los hombres" (Ef. 6:7).

> "Así que, recibiendo nosotros un reino inconmovible, tengamos gratitud, y mediante ella sirvamos a Dios agradándole con temor y reverencia" (He. 12:28).

> "Servid a Jehová con temor, y alegraos con temblor" (Sal. 2:11).

3 (9:25) *Carrera cristiana — Ministro:* El ministro o creyente corre para recibir una *corona incorruptible*. Los corredores en una competencia deportiva corren para recibir una fama pasajera y una corona o trofeo corruptibles. Los atletas de la época de Pablo corrían por una corona de olivo u hojas de pino. Con su fama y corona sucedía lo mismo que con la de nuestros atletas: "Ambas eran tan fugaces". Sin embargo, la corona y la fama del corredor cristiano genuino nunca desaparecerán. Su corona y fama son incorruptibles. Vivirá y será recompensado con una fama eterna y con la corona más real y que se pueda imaginar.

> "Todo aquel que lucha, de todo se abstiene; ellos, a la verdad, para recibir una corona corruptible, pero nosotros, una incorruptible" (1 Co. 9:25).

> "Por lo demás, me está guardada la corona de justicia, la cual me dará el Señor, juez justo, en aquel día; y no sólo a mí, sino también a todos los que aman su venida" (2 Ti. 4:8).

> "Bienaventurado el varón que soporta la tentación; porque cuando haya resistido la prueba, recibirá la corona de vida, que Dios ha prometido a los que le aman" (Stg. 1:12).

> "Y cuando aparezca el Príncipe de los pastores, vosotros recibiréis la corona incorruptible de gloria" (1 P. 5:4; cp. 1 P. 1:3, 4).

> "He aquí, yo vengo pronto; retén lo que tienes, para que ninguno tome tu corona" (Ap. 3:11).

> "los veinticuatro ancianos se postran delante del que está sentado en el trono, y adoran al que vive por los siglos de los siglos, y echan sus coronas delante del trono, diciendo" (Ap. 4:10).

4 (9:26) *Carrera cristiana — Ministro:* El ministro o creyente corre y pelea con certeza y sin distracción. El esfuerzo es necesario, el esfuerzo que se sacrifique y luche al punto del dolor. Pero observe lo siguiente: Él es igual al corredor. Corre con certeza y sin distracción. Sabe dónde está la pista; él sabe dónde están los bordes de la pista, y dónde está la meta. Él no se siente inseguro:

=> En ocasiones muy consciente de la carrera, en otras no tan seguro.

=> En ocasiones activo, en otras inactivo.

=> En ocasiones practicando, en otras quedándose inconsciente.

=> En ocasiones con control, en otras con complacencia.

=> En ocasiones manteniéndose a raya, en otras saliéndose de la misma.

=> En ocasiones fijando su objetivo en la meta, en otras distrayéndose.

Note el segundo ejemplo. Él simula un boxeador. Sabe dónde está el cuadrilátero, y conoce a su contrincante. Por consiguiente, él no golpea al aire como un boxeador que equivoca su golpe. No está tirando golpes a lo loco, con la esperanza de que alguno golpee el blanco. Él no sale del cuadrilátero en medio de la pelea; se queda dentro y pelea. Tampoco se distrae; mantiene la vista fija en el blanco. Él conoce el blanco y el objetivo, así que sus golpes son planificados, deliberados, controlados, y certero. El cristiano (ministro y laico) sabe que se encuentra en una guerra espiritual; por consiguiente, está luchando para vencer y recibir el premio incorruptible.

"porque las armas de nuestra milicia no son carnales, sino poderosas en Dios para la destrucción de fortalezas" (2 Co. 10:4).

"Porque no tenemos lucha contra sangre y carne, sino contra principados, contra potestades, contra los gobernadores de las tinieblas de este siglo, contra huestes espirituales de maldad en las regiones celestes" (Ef. 6:12).

"Este mandamiento, hijo Timoteo, te encargo, para que conforme a las profecías que se hicieron antes en cuanto a ti, milites por ellas la buena milicia" (1 Ti. 1:18).

"Pelea la buena batalla de la fe, echa mano de la vida eterna, a la cual asimismo fuiste llamado, habiendo hecho la buena profesión delante de muchos testigos" (1 Ti. 6:12).

"Ninguno que milita se enreda en los negocios de la vida, a fin de agradar a aquel que lo tomó por soldado" (2 Ti. 2:4).

"¡Horrenda cosa es caer en manos del Dios vivo! Pero traed a la memoria los días pasados, en los cuales, después de haber sido iluminados, sostuvisteis gran combate de padecimientos" (He. 10:31, 32).

5 (9:27) *Carrera cristiana — Ministro:* El ministro o creyente cristiano no debe ser controlado por su cuerpo; él debe controlar su cuerpo. ¿Cómo? No rindiéndose a él, negándole al cuerpo lo que le pida. Al principio es difícil pero una persona puede lograrlo no rindiéndose aunque eso le cueste mucho. Una persona puede lograrlo negándose a la rendición, no haciéndolo sin tener en cuenta cuanto duela, haciendo lo que hace el atleta. Y con el paso de unos pocos días o semanas sucede la cosa más gloriosa: Se ha vencido al cuerpo, se le ha puesto control. Los atletas y todas las personas del mundo que hacen ejercicios lo saben.

El ministro o creyente domina su propio cuerpo. La palabra "golpeo" quiere decir golpear hasta sacar moretones, defenderse. Pablo dice que literalmente él se defiende de su cuerpo y de sus anhelos y lo golpea a fin de ponerlo en servidumbre. La palabra servidumbre (doulagogo) quiere decir esclavizar, dirigir como a un esclavo.

Pensamiento 1. ¡Qué disciplina tan maravillosa, una disciplina anhelada con tanta frecuencia! ¡Con cuánta desesperación necesitamos aprender de Pablo!

"Y decía a todos: Si alguno quiere venir en pos de mí, niéguese a sí mismo, tome su cruz cada día, y sígame" (Lc. 9:23).

"Mirad también por vosotros mismos, que vuestros corazones no se carguen de glotonería y embriaguez y de los afanes de esta vida, y venga de repente sobre vosotros aquel día" (Lc. 21:34).

"No reine, pues, el pecado en vuestro cuerpo mortal, de modo que lo obedezcáis en sus concupiscencias" (Ro. 6:12).

"sino vestíos del Señor Jesucristo, y no proveáis para los deseos de la carne" (Ro. 13:14).

"Todas las cosas me son lícitas, mas no todas convienen; todas las cosas me son lícitas, mas yo no me dejaré dominar de ninguna" (1 Co. 6:12).

"sino que golpeo mi cuerpo, y lo pongo en servidumbre, no sea que habiendo sido heraldo para otros, yo mismo venga a ser eliminado" (1 Co. 9:27).

"Digo, pues: Andad en el Espíritu, y no satisfagáis los deseos de la carne" (Gá. 5:16).

"Pero los que son de Cristo han crucificado la carne con sus pasiones y deseos" (Gá. 5:24).

"Porque todos ofendemos muchas veces. Si alguno no ofende en palabra, éste es varón perfecto, capaz también de refrenar todo el cuerpo" (Stg. 3:2).

"vosotros también, poniendo toda diligencia por esto mismo, añadid a vuestra fe virtud; a la virtud, conocimiento; al conocimiento, dominio propio; al dominio propio, paciencia; a la paciencia, piedad; a la piedad, afecto fraternal; y al afecto fraternal, amor" (2 P. 1:5-7).

6 (9:27) *Eliminado — Carrera cristiana — Ministro:* El ministro o creyente se cuida de la descalificación. Observe dos elementos.

1. A Pablo le preocupaba que su vida no estuviera a la altura de su predicación. Temía que no pudiera llevar a la práctica lo que predicaba. A esto se refiere con ser descalificado. Note *exactamente* lo que él dice:

"no sea que *habiendo sido heraldo para otros*, yo mismo venga a ser eliminado".

Pablo sabía de la *necesidad inmensa* de llevar a la práctica lo que predicaba. Él sabía que el Señor no toleraría la hipocresía, ni en el púlpito, ni en el ministerio del evangelio, ni en las personas a las que Él había escogido para que fueran los ministros de su pueblo. Predicaban justicia, y debían vivir justamente, llevar a la práctica exactamente lo que predicaban.

Pablo sabía que el Señor no les permitiría a sus ministros una profesión falsa, no por mucho tiempo, no sin que viniera un castigo y juicio severos sobre el siervo que llevaba una vida hipócrita.

"Tú, pues, que enseñas a otro, ¿no te enseñas a ti mismo? Tú que predicas que no se ha de hurtar, ¿hurtas? Tú que dices que no se ha de adulterar, ¿adulteras? Tú que abominas de los ídolos, ¿cometes sacrilegio? Tú que te jactas de la ley, ¿con infracción de la ley deshonras a Dios? Porque como está escrito, el nombre de Dios es blasfemado entre los gentiles por causa de vosotros" (Ro. 2:21-24).

"No todo el que me dice: Señor, Señor, entrará en el reino de los cielos, sino el que hace la voluntad de mi Padre que está en los cielos" (Mt. 7:21).

"Respondiendo él, les dijo: Hipócritas, bien profetizó de vosotros Isaías, como está escrito: Este pueblo de labios me honra, mas su corazón está lejos de mí" (Mr. 7:6).

"Profesan conocer a Dios, pero con los hechos lo niegan, siendo abominables y rebeldes, reprobados en cuanto a toda buena obra" (Tit. 1:16).

"Y se acordaban de que Dios era su refugio, y el Dios Altísimo su redentor. Pero le lisonjeaban con su boca, y con su lengua le mentían" (Sal. 78:35, 36).

2. El juicio o castigo al que Pablo le temía era a ser eliminado. La palabra "eliminado" (adokimos) significa disoluto, rechazado, descalificado, desaprobado, inepto, incapaz de soportar la prueba. ¿Qué quiere decir Pablo?

La mayoría de los escritores creen que Pablo se refiere a la salvación, que cuando llegue al final de la carrera, él ve la posibilidad de que lo rechacen, si no ha *llevado a la práctica* lo que le ha predicado a otros. El propio hecho de que la mayoría de los escritores entiendan que Pablo se refiera a la salvación les dice algo alta y claramente a todos los ministros del evangelio: Debemos prestarle atención a las Escrituras.

"enseñándonos que, renunciando a la impiedad y a los deseos mundanos, vivamos en este siglo sobria, justa y piadosamente, aguardando la esperanza bienaventurada y la manifestación gloriosa de nuestro gran Dios y Salvador Jesucristo" (Tit. 2:12, 13).

Ahora bien, ¿qué quiere decir Pablo? En cuanto a las enseñanzas de Pablo en las Escrituras se tiene certeza de cinco elementos.

Primero, Pablo definitivamente se imaginó a sí mismo en una larga lucha por su salvación que le tomaría toda su vida. El gran erudito griego A. T. Robertson dice que solo Pablo usa la palabra griega *adokimos* en un sentido moral en el Nuevo Testamento, y Pablo definitivamente dice que él pone su cuerpo en servidumbre y lo mantiene bajo control por temor a que sea *eliminado*. Analicen el uso que Pablo hace de la palabra. Representa una amonestación beneficiosa para todos nosotros, llevar a la práctica lo que predicamos, y profesar y practicarlo con la mayor diligencia y el mayor esfuerzo (*Metáforas del Nuevo Testamento*, Vol. 4. Nashville, TN: Broadman Press, 1931, p. 150).

"Y como ellos no aprobaron tener en cuenta a Dios, Dios los entregó a una mente reprobada, para hacer cosas que no convienen" (Ro. 1:28).

"sino que golpeo mi cuerpo, y lo pongo en servidumbre, no sea que habiendo sido heraldo para otros, yo mismo venga a ser *eliminado*" (1 Co. 9:27).

"Examinaos a vosotros mismos si estáis en la fe; probaos a vosotros mismos. ¿O no os conocéis a vosotros mismos, que Jesucristo está en vosotros, a menos que estéis *reprobados*? Mas espero que conoceréis que nosotros no estamos reprobados. Y oramos a Dios que ninguna cosa mala hagáis; no para que nosotros aparezcamos aprobados, sino para que vosotros hagáis lo bueno, aunque nosotros seamos como reprobados" (2 Co. 13:5-7).

"Y de la manera que Janes y Jambres resistieron a Moisés, así también éstos resisten a la verdad; hombres corruptos de entendimiento, *réprobos* en cuanto a la fe" (2 Ti. 3:8).

"Profesan conocer a Dios, pero con los hechos lo niegan, siendo abominables y rebeldes, *reprobados* en cuanto a toda buena obra" (Tit. 1:16).

Segundo, Pablo definitivamente se imaginó a sí mismo como si tuviera que luchar contra el pecado a través de toda su vida, y él luchaba contra el pecado por dos razones:

=> Para lograr la resurrección de los muertos.

"Y ciertamente, aun estimo todas las cosas como pérdida por la excelencia del conocimiento de Cristo Jesús, mi Señor, por amor del cual lo he perdido todo, y lo tengo por basura, para ganar a Cristo" (Fil. 3:8, 11; cp. V.7-15).

=> Para vencer a la carne.

"Digo, pues: Andad en el Espíritu, y no satisfagáis los deseos de la carne. Porque el deseo de la carne es contra el Espíritu, y el del Espíritu es contra la carne; y éstos se oponen entre sí, para que no hagáis lo que quisiereis. Pero si sois guiados por el Espíritu, no estáis bajo la ley. Y manifiestas son las obras de la carne, que son: adulterio, fornicación, inmundicia, lascivia, idolatría, hechicerías, enemistades, pleitos, celos, iras, contiendas, disensiones, herejías, envidias, homicidios, borracheras, orgías, y cosas semejantes a estas; acerca de las cuales os amonesto, como ya os lo he dicho antes, que los que practican tales cosas no heredarán el reino de Dios. Mas el fruto del Espíritu es amor, gozo, paz, paciencia, benignidad, bondad, fe, mansedumbre, templanza; contra tales cosas no hay ley. Pero los que son de Cristo han crucificado la carne con sus pasiones y deseos" (Gá. 5:16-24).

Tercero, Pablo estaba perfectamente seguro de su salvación; él estaba perfectamente seguro de que él correría la carrera y la correría bien. Él estaba convencido de dos cosas:

=> De que nada en el cielo o en la tierra, de hecho, nada de la actualidad o del futuro lo podría separar jamás del amor de Dios.

"¿Quién nos separará del amor de Cristo? ¿Tribulación, o angustia, o persecución, o hambre, o desnudez, o peligro, o espada?... Por lo cual estoy seguro de que ni la muerte, ni la vida, ni ángeles, ni principados, ni potestades, ni lo presente, ni lo por venir, ni lo alto, ni lo profundo, ni ninguna otra cosa creada nos podrá separar del amor de Dios, que es en Cristo Jesús Señor nuestro" (Ro. 8:35, 38-39).

=> De que el Señor podía *guardarlo* hasta el día de la redención.

"Por lo cual asimismo padezco esto; pero no me avergüenzo, porque yo sé a quién he creído, y estoy seguro que es poderoso para guardar mi depósito para aquel día" (2 Ti. 1:12).

"Porque a los que antes conoció, también los predestinó para que fuesen hechos conformes a la imagen de su Hijo, para que él sea el primogénito entre muchos hermanos" (Ro. 8:29).

"Pero fiel es el Señor, que os afirmará y guardará del mal" (2 Ts. 3:3; cp. 1 P. 1:5; Jud24; Ap. 3:10).

Cuarto, Pablo estaba convencido de que solo aquellos que andaban en el Espíritu y estaban comprometidos en una lucha mortal contra el pecado eran salvos y se les había concedido la seguridad absoluta de su salvación. (Vea el índice y las notas — Ro. 8:1-17.)

Quinto, Pablo no era perfecto, y él lo confesó, confesó que distaba mucho de ser perfecto. Por consiguiente, hasta que fuera perfeccionado, iba a luchar, obedecer, afanarse, y esforzarse por la perfección; es decir, conformarse a la imagen de Cristo.

"No que lo haya alcanzado ya, ni que ya sea perfecto; sino que prosigo, por ver si logro asir aquello para lo cual fui también asido por Cristo Jesús. Hermanos, yo mismo no pretendo haberlo ya alcanzado; pero una cosa hago: olvidando ciertamente lo que queda atrás, y extendiéndome a lo que está delante, prosigo a la meta, al premio del supremo llamamiento de Dios en Cristo Jesús" (Fil. 3:12-14).

Ahora bien, luego de haber estudiado todo esto, es necesario analizar una cosa sobre lo que Pablo ha dicho:

=> Pablo estaba perfectamente seguro de su salvación y del poder de Dios para mantenerlo a salvo hasta el día de la redención.

=> Pero al mismo tiempo Pablo estaba muy consciente de una lucha letal contra el pecado.

El mensaje de Pablo se ve clara y fácilmente: Es el ministro o creyente laico que es carnal, hipócrita, displicente, compasivo, sujeto a la carne, mundano, y orgulloso quien tiene dudas y quien tiene que reprimir e ignorar sus dudas. El creyente que está seguro de su salvación está constantemente consciente de que la prueba de su salvación es el fruto o las buenas obras. Él sabe que si su vida no es genuina, pues entonces sabe que no solo *puede ser*, sino también que *será* descalificado, considerado inútil, será echado a un lado, y eliminado. Por consiguiente, corre y corre la carrera de la vida cristiana, y corre para ganar. Mantiene su cuerpo bajo control. (Vea el *Estudio a fondo 1* — 1 Jn. 5:16 para un mayor análisis.)

"Por sus frutos los conoceréis. ¿Acaso se recogen uvas de los espinos, o higos de los abrojos? Así, todo buen árbol da buenos frutos, pero el árbol malo da frutos malos" (Mt. 7:16, 17).

"Pero parte cayó en buena tierra, y dio fruto, cuál a ciento, cuál a sesenta, y cuál a treinta por uno" (Mt. 13:8).

"Todo pámpano que en mí no lleva fruto, lo quitará; y todo aquel que lleva fruto, lo limpiará, para que lleve más fruto" (Jn. 15:2).

"Yo soy la vid, vosotros los pámpanos; el que permanece en mí, y yo en él, éste lleva mucho fruto; porque separados de mí nada podéis hacer" (Jn. 15:5).

"Así también la fe, si no tiene obras, es muerta en sí misma… ¿Mas quieres saber, hombre vano, que la fe sin obras es muerta?" (Stg. 2:17, 20).

"Vosotros veis, pues, que el hombre es justificado por las obras, y no solamente por la fe" (Stg. 2:24).

	CAPÍTULO 10	8 Ni forniquemos, como algunos de ellos fornicaron, y cayeron en un día veintitrés mil.	c. No cometer inmoralidad, como algunos de ellos la cometieron

1 El ejemplo de Israel: Todos recibieron las bendiciones de Dios
  a. Las bendiciones
    1) Nube (guía)
    2) Mar (liberación)
    3) El bautismo en Moisés (liderazgo)
    4) Alimento y agua (alimento espiritual)
    5) La presencia de Cristo

  b. El desagrado de Dios: Algunos quedaron postrados, perdieron la corona

2 La amonestación
  a. No codiciar, como codiciaron ellos

  b. No ser idólatras, como lo fueron algunos de ellos

E. El ejemplo de amonestación de Israel, 10:1-13

1 Porque no quiero, hermanos, que ignoréis que nuestros padres todos estuvieron bajo la nube, y todos pasaron el mar;

2 y todos en Moisés fueron bautizados en la nube y en el mar,
3 y todos comieron el mismo alimento espiritual,
4 y todos bebieron la misma bebida espiritual; porque bebían de la roca espiritual que los seguía, y la roca era Cristo.
5 Pero de los más de ellos no se agradó Dios; por lo cual quedaron postrados en el desierto.
6 Mas estas cosas sucedieron como ejemplos para nosotros, para que no codiciemos cosas malas, como ellos codiciaron.
7 Ni seáis idólatras, como algunos de ellos, según está escrito: Se sentó el pueblo a comer y a beber, y se levantó a jugar.

9 Ni tentemos al Señor, como también algunos de ellos le tentaron, y perecieron por las serpientes.
10 Ni murmuréis, como algunos de ellos murmuraron, y perecieron por el destructor.
11 Y estas cosas les acontecieron como ejemplo, y están escritas para amonestarnos a nosotros, a quienes han alcanzado los fines de los siglos.
12 Así que, el que piensa estar firme, mire que no caiga.

13 No os ha sobrevenido ninguna tentación que no sea humana; pero fiel es Dios, que no os dejará ser tentados más de lo que podéis resistir, sino que dará también juntamente con la tentación la salida, para que podáis soportar.

  d. No poner a prueba la paciencia del Señor, como algunos la pusieron a prueba
  e. No quejarse, como algunos de ellos se quejaron

3 El objetivo: Recibir la amonestación
  a. Ha llegado el clímax de los siglos

  b. Teme, si piensas que estás firme, no sea que caigas
  c. Conocer la forma de salir de la tentación
    1) Ninguna tentación es única; toda tentación es común para todos los hombres
    2) Dios limita la tentación
    3) Dios provee una salida

DIVISIÓN V

LAS PREGUNTAS CON RESPECTO A LA LIBERTAD CRISTIANA Y LOS DERECHOS PERSONALES, 8:1— 11:1

E. El ejemplo de amonestación de Israel, 10:1-13

(10:1-13) *Introducción:* La seguridad del creyente es una de las grandes doctrinas de las Escrituras. Lamentablemente y con gran frecuencia, se ha predicado y enseñado la doctrina con *una comprensión inadecuada de la doctrina y con descuido de las amonestaciones de las Escrituras.*

El resultado ha sido trágico, porque ha atraído a multitudes a la iglesia que no se han convertido a Cristo de un modo genuino, y les ha proporcionado una sensación de *exceso de confianza* y *seguridad falsas.* Multitudes de personas piensan que son cristianas y seguidoras de Cristo, pero la vida de esas personas no concuerda con su profesión.

Dos de los mayores problemas que enfrenta la iglesia hoy día son los del exceso de confianza y seguridad falsas. Pero las Escrituras son claras:

• Una persona puede pensar y decir que es salva, pero puede estar equivocada. Decir y pensar no salvan ni aseguran a una persona en Cristo. Decir y pensar no son la realidad ni la evidencia de la salvación.
• Una persona puede ser bautizada y pertenecer a la iglesia, pero la membresía y el bautismo en una iglesia no salvan ni aseguran a una persona en Cristo.
• Una persona puede participar del sacramento o Cena del Señor y pensar que por ende es salva y está segura en Cristo, pero participar del pan y el vino no salvan ni aseguran a una persona en Cristo.
• Una persona puede sentir la presencia de un *ser sobrenatural,* o estar grandemente dotada y estar muy activa en la iglesia, pero no son estas cosas las que salvan y aseguran a una persona en Cristo.

Este era el problema de los creyentes corintios. Todas estas cosas eran ciertas acerca de ellos, y se sentían seguros y a salvo en Cristo. Pero se equivocaron, y necesitaban que se les amonestara fuertemente no fuera que cayeran en condenación.

El pasaje anterior había dejado en claro este elemento. El creyente cristiano se encuentra en una carrera por la corona incorruptible (1 Co. 9:24-27). La corona de la vida no se le entrega a una persona en *bandeja de plata*. Una persona debe *correr* para ganar la carrera: Correr con disciplina, negándose a sí misma y esforzándose por controlar su vida para Cristo. Si no corre así, será eliminada (cp. 1 Co. 9:27).

Este pasaje refuerza este elemento. Pablo usa la nación de Israel como un excelente ejemplo. Dios había privilegiado grandemente a Israel, de todas las formas imaginables, y si alguna vez algún pueblo se sintió salvo y seguro, ese fue Israel. Aún así, las personas perecieron en el desierto fuera de la Tierra Prometida (el cielo). Los creyentes que se sienten salvos y seguros son amonestados con el ejemplo de Israel.

1. El ejemplo de Israel: Todos recibieron las bendiciones de Dios (vv. 1-5).
2. La amonestación (vv. 6-10).
3. El objetivo: Recibir la amonestación (vv. 11-13).

1 (10:1-5) *Israel — Fidelidad:* El ejemplo de Israel. *Todo Israel* recibió las bendiciones y privilegios de Dios. Se hace énfasis en la palabra "todo". *Todos* abandonaron Egipto (un tipo del mundo) y comenzaron el viaje hacia la tierra prometida (un tipo del cielo). *Todos* comenzaron a andar por el desierto del mundo con aquellos que verdaderamente creyeron y confiaron en Dios; pero, como se hizo evidente, todos no eran genuinos. Ellos no creían ni confiaban genuinamente. Se sentían salvos y seguros porque viajaban con aquellos que se dirigían a la Tierra Prometida. Pero aún se encontraban en el desierto, no en la Tierra Prometida. Y el desierto incluía todo tipo de peligros a los que había que hacerle frente y vencer o de lo contrario serían destruidos por el desierto.

Israel contó con cinco bendiciones y privilegios extraordinarios a medida que se dirigía a la Tierra Prometida. Dios se encargó de que los creyentes tuvieran todo cuanto era necesario para viajar por el desierto de la vida.

1. Israel contó con la nube de la presencia de Dios. Esto se refiere a la presencia y guía de Dios.

> **"Y Jehová iba delante de ellos de día en una columna de nube para guiarlos por el camino, y de noche en una columna de fuego para alumbrarles, a fin de que anduviesen de día y de noche" (Éx. 13:21, 22; cp. Éx. 14:19; 24:15; 34:5).**

2. Israel atravesó el Mar Rojo. Esto se refiere a la gran liberación que Dios le proporcionó de la opresión y esclavitud de Egipto que constituían un símbolo del mundo (cp. Éx. 14:13-31).

3. Israel fue bautizado en Moisés y su liderazgo. Moisés era un tipo de Cristo. Dios le dio a Israel el líder que ellos necesitaban para llegar a la Tierra Prometida. Por consiguiente, cualquier persona que siguiera a Moisés por el Mar Rojo y bajo la nube era bautizada, sumergida, y entregada a Moisés y a su misión. La persona estaba proclamando que era una seguidora de Moisés y su misión para llegar a la Tierra Prometida.

4. Israel participó del alimento y el agua de la provisión de Dios. La palabra "espiritual" sencillamente significa que el alimento y el agua provenían de Dios. Dios proveyó para sus necesidades; se hizo cargo de sus necesidades diarias (Éx. 16:4-8, 11-15; Éx. 17:6; Nm. 20:1s).

5. Israel contó con la presencia de Cristo. Note cómo se dice que Cristo ha estado presente con Israel. Se ha dicho que la roca que proveía agua para Israel era Cristo. Jesucristo era la Fuente, la energía, el poder, la Persona que:

- Hizo que saliera agua.
- Hizo que se abriera el Mar Rojo.
- Hizo que la nube guiara a Israel y lloviera maná o pan.
- Les dio a Moisés y la promesa de la Tierra Prometida a las personas.

Observe cómo Pablo está proclamando que Jesucristo es el Jehová del Antiguo Testamento, a quien se le llama "la Roca" (Dt. 32:4; 18:30-31; 2 S. 22:2; Sal. 18:2; 92:15; y más). Era Él, nuestro Señor y Salvador, el que guiaba y proveía para Israel en su viaje por el desierto hacia la Tierra Prometida.

Sin embargo, lo que le sucedió a la mayoría de los creyentes de Israel resulta trágico. Había aproximadamente seiscientos mil hombres solamente que fueron liberados de la esclavitud de Egipto y comenzaron el viaje a la Tierra Prometida. Esto quiere decir que incluyendo a las mujeres y a los niños sobrepasaba los dos millones de personas que se dispusieron a seguir a Dios a la Tierra Prometida (cp. Éx. 12:37; Nm. 1:46). Pero la pregunta importante es la siguiente:

=> ¿Cuántos permanecieron fieles a Dios en su viaje por el desierto? ¿Cuántos realmente le dieron la espalda a los deseos carnales que despertaban los manjares y bebidas deliciosas, y las estimulaciones corporales de Egipto y del mundo? ¿Cuántos realmente disciplinaron su cuerpo, pusieron en servidumbre sus deseos, y mantuvieron sus ojos y su corazón en la Tierra Prometida? ¿Cuántos fueron fieles y firmes, infranqueables y siempre abundando en las obras del Señor hasta que llegaron a la Tierra Prometida? Recuerden que más de dos millones de personas comenzaron el viaje: ¿Cuántas personas entraron en la Tierra Prometida? *¡Solo dos! Caleb y Josué.* Caleb y Josué solamente permanecieron fieles a Dios. Solo dos no pecaron ni desagradaron a Dios. El resto, aproximadamente de dos a tres millones de personas, perecieron en el desierto. Quedaron postradas (katastronnumi), es decir, regadas como cadáveres por todo el desierto. ¿Por qué? Porque no agradaron a Dios.

> **"Se enojó Jehová en gran manera contra vuestros padres. Diles, pues: Así ha dicho Jehová de los ejércitos: Volveos a mí, dice Jehová de los ejércitos, y yo me volveré a vosotros, ha dicho Jehová de los ejércitos" (Zac. 1:2, 3).**

"Y estoy muy airado contra las naciones que están reposadas; porque cuando yo estaba enojado un poco, ellos agravaron el mal" (Zac. 1:15).

2 (10:6-10) *Amonestación:* La amonestación a la iglesia y a sus creyentes. Las Escrituras dicen de un modo explícito que lo que le sucedió a Israel es una amonestación, un ejemplo para nosotros. Nos enfrentamos a un peligro, un gran peligro: Lo que le sucedió a los creyentes de Israel nos puede suceder a nosotros. Si eso sucede, entonces la condenación que cayó sobre los creyentes de Israel caerá sobre nosotros. Por consiguiente, resulta crucial saber que provocó que los creyentes de Israel fueran destruidos y que impidió que entraran en la Tierra Prometida.

1. Estaba el pecado de la codicia. No debemos codiciar cosas malas como las codiciaron ellos. Codiciaron y anhelaron los deliciosos manjares de Egipto (Nm. 11:4s). Como resultado de la codicia, se esparció una plaga entre las personas y mató a muchos de ellas. De hecho, tanto murieron que el lugar recibió el nombre de "Tumbas de los codiciosos" (Nm. 11:34).

La codicia de los creyentes es una fuerte amonestación para nosotros: No debemos "codiciar cosas malas [placeres mundanos]" (v. 6).

"pero los afanes de este siglo, y el engaño de las riquezas, y las codicias de otras cosas, entran y ahogan la palabra, y se hace infructuosa" (Mr. 4:19).

"entre los cuales también todos nosotros vivimos en otro tiempo en los deseos de nuestra carne, haciendo la voluntad de la carne y de los pensamientos, y éramos por naturaleza hijos de ira, lo mismo que los demás" (Ef. 2:3).

"que cada uno de vosotros sepa tener su propia esposa en santidad y honor; no en pasión de concupiscencia, como los gentiles que no conocen a Dios" (1 Ts. 4:4, 5).

"Huye también de las pasiones juveniles, y sigue la justicia, la fe, el amor y la paz, con los que de corazón limpio invocan al Señor" (2 Ti. 2:22).

"Entonces la concupiscencia, después que ha concebido, da a luz el pecado; y el pecado, siendo consumado, da a luz la muerte" (Stg. 1:15).

"Codiciáis, y no tenéis; matáis y ardéis de envidia, y no podéis alcanzar; combatís y lucháis, pero no tenéis lo que deseáis, porque no pedís" (Stg. 4:2).

"Amados, yo os ruego como a extranjeros y peregrinos, que os abstengáis de los deseos carnales que batallan contra el alma" (1 P. 2:11).

"No améis al mundo, ni las cosas que están en el mundo. Si alguno ama al mundo, el amor del Padre no está en él. Porque todo lo que hay en el mundo, los deseos de la carne, los deseos de los ojos, y la vanagloria de la vida, no proviene del Padre, sino del mundo" (1 Jn. 2:15, 16).

2. Estaba el pecado de la idolatría. Cuando Moisés se encontraba en el Monte Sinaí recibiendo la ley, el pueblo se inquietó esperando la Palabra de Dios. Por consiguiente, decidieron crear su propia forma de adoración (cp. Éx. 32:1s). Debiera tenerse en cuenta que el pueblo estaba realmente dedicando su adoración al propio Dios.

"Y viendo esto Aarón, edificó un altar delante del becerro; y pregonó Aarón, y dijo: Mañana será *fiesta para Jehová*" (Éx. 32:5).

Debe tenerse en cuenta lo siguiente: La imagen del becerro de oro era solo para ayudarlos a imaginarse a Dios. Sintieron la necesidad de alguna imagen que los ayudara en su adoración de Jehová. Note la referencia a comer, beber, y regocijarse (juegos inmorales). Una conducta como esa con frecuencia viene acompañada la idolatría, la adoración de un dios hecho por uno mismo y creado por la propia mente de la persona.

Este era el peligro al que se enfrentaban los creyentes corintios. Si participaban en las reuniones sociales de los incrédulos, podían caer en pecado. Si la reunión se celebraba en el templo o en las casas de los incrédulos, era probable que cayeran en la misma conducta idólatra de los incrédulos. (Vea las notas — 1 Co. 5:9-10; 6:9 para un mayor análisis.)

"Hijitos, guardaos de los ídolos. Amén" (1 Jn. 5:21).

"Guardaos, pues, que vuestro corazón no se infatúe, y os apartéis y sirváis a dioses ajenos, y os inclinéis a ellos" (Dt. 11:16).

"Yo Jehová; este es mi nombre; y a otro no daré mi gloria, ni mi alabanza a esculturas" (Is. 42:8).

3. Estaba el pecado de la fornicación o inmoralidad. Este era un pecado burdo de algunos de los creyentes de Israel. Alrededor de veinte mil de ellos cometieron fornicación con sus prójimos y en consecuencia fueron juzgados y condenados a destrucción, les prohibieron la entrada a la Tierra Prometida (cp. Nm. 25:1-9). (Vea las notas — 1 Co. 5:9-10; 6:9 para un análisis.)

"y de igual modo también los hombres, dejando el uso natural de la mujer, se encendieron en su lascivia unos con otros, cometiendo hechos vergonzosos hombres con hombres, y recibiendo en sí mismos la retribución debida a su extravío" (Ro. 1:27).

"¿No sabéis que los injustos no heredarán el reino de Dios? No erréis; ni los fornicarios, ni los idólatras, ni los adúlteros, ni los afeminados, ni los que se echan con varones" (1 Co. 6:9).

"Y manifiestas son las obras de la carne, que son: adulterio, fornicación, inmundicia, lascivia,… envidias, homicidios, borracheras, orgías, y cosas semejantes a estas; acerca de las cuales os amonesto, como ya os lo he dicho antes, que los que practican tales cosas no heredarán el reino de Dios" (Gá. 5:19, 21).

"los cuales, después que perdieron toda sensibilidad, se entregaron a la lascivia para cometer con avidez toda clase de impureza" (Ef. 4:19).

"Pero fornicación y toda inmundicia, o avaricia, ni aun se nombre entre vosotros, como conviene a santos" (Ef. 5:3).

"pues la voluntad de Dios es vuestra santificación; que os apartéis de fornicación" (1 Ts. 4:3).

"Porque algunos hombres han entrado encubiertamente, los que desde antes habían sido destinados para esta condenación, hombres impíos, que convierten en libertinaje la gracia de nuestro Dios, y niegan a Dios el único soberano, y a nuestro Señor

Jesucristo… como Sodoma y Gomorra y las ciudades vecinas, las cuales de la misma manera que aquéllos, habiendo fornicado e ido en pos de vicios contra naturaleza, fueron puestas por ejemplo, sufriendo el castigo del fuego eterno" (Jud. 4, 7).

4.   Estaba el pecado de tentar a Cristo. La palabra "tentar" (peirazo) quiere decir poner a prueba la paciencia del Señor; ver hasta dónde puede llegar una persona; probar la paciencia de Cristo. Los creyentes de Israel:

* Con frecuencia creían que Dios y su líder Moisés *demandaban y pedían* demasiado.
* Con frecuencia anhelaban cosas de la carne que habían conocido anteriormente en Egipto (el mundo).

Estaban descontentos con las cosas que Dios proveyó, y anhelaban regresar a Egipto (el mundo). Por consiguiente, muchos de ellos perecieron en el desierto y no se les permitió entrar a la Tierra Prometida.

Pensamiento 1. A menudo los creyentes creen que Dios pide demasiado de ellos, que se están perdiendo algo en el mundo. Con frecuencia creen que Dios los perdonará…

* aunque sí miren
* aunque sí prueben
* aunque sí toquen
* aunque sí recaigan un poquito
* aunque sí se contengan un poquito

> "¡Vamos ahora! los que decís: Hoy y mañana iremos a tal ciudad, y estaremos allá un año, y traficaremos, y ganaremos" (Stg. 4:13)
>
> "No tentaréis a Jehová vuestro Dios, como lo tentasteis en Masah" (Dt. 6:16).

5.   Estaba el pecado de murmurar, quejarse, y rezongar. Algunos de los creyentes de Israel siempre se estaban quejando y murmurando contra Dios y Moisés (compárese Nm. 14:2, 36; 16:11, 41). El resultado fue juicio y castigo por el destructor, es decir, un ángel enviado por Dios para ejecutar juicio. Perecieron en el desierto y nunca vieron la tierra prometida. (Cp. Éx. 14:11; 15:24; 16:2; 17:3; Nm. 11:1; 14:27; 20:3; 21:5.)

Pensamiento 1. ¿Cuántos creyentes rezongan y se quejan? ¿Cuántos quedan insatisfechos…

* con la dirección que Dios les da por medio de sus líderes?
* con el alimento que Dios les da por medio de sus líderes?
* con la forma en la que Dios los guía por medio de sus líderes?
* con las palabras que Dios les da a sus líderes?

¿Cuántos les cuentan sus quejas a otros? La amonestación es clara para los creyentes de la iglesia de Dios.

> "Os ruego, pues, hermanos, por el nombre de nuestro Señor Jesucristo, que habléis todos una misma cosa, y que no haya entre vosotros divisiones, sino que estéis perfectamente unidos en una misma mente y en un mismo parecer" (1 Co. 1:10).

> "Haced todo sin murmuraciones y contiendas" (Fil. 2:14).
>
> "Estos son murmuradores, querellosos, que andan según sus propios deseos, cuya boca habla cosas infladas, adulando a las personas para sacar provecho" (Jud. 16).
>
> "Entonces el pueblo murmuró contra Moisés, y dijo: ¿Qué hemos de beber?" (Éx. 15:24).
>
> "Me acordaba de Dios, y me conmovía; me quejaba, y desmayaba mi espíritu" (Sal. 77:3).
>
> "La insensatez del hombre tuerce su camino, y luego contra Jehová se irrita su corazón" (Pr. 19:3).
>
> "¿Por qué se lamenta el hombre viviente? Laméntese el hombre en su pecado" (Lm. 3:39).

3 (10:11-13) *Tentación:* No hay forma de que este elemento sea equívoco, debemos recibir la amonestación. Las cosas que les sucedieron a los creyentes de Israel constituyen ejemplos y amonestaciones para nosotros. Debemos prestarles atención por tres razones:

1.   El fin o clímax del mundo (de los siglos) ha venido sobre nosotros. Desde Cristo, los creyentes están viviendo en la última era o período de la historia de la humanidad. Esto sencillamente quiere decir que Jesucristo es la revelación final de Dios, de la única manera que Dios volverá a lidiar con los hombres. Ahora los hombres deben acercarse a Dios por fe en Cristo.

Esta era es lo que se conoce como la era de gracia, donde la gracia es la forma en la que ahora Dios lidia con los hombres. La era de Cristo o de gracia es la última era de la historia de la humanidad. Por consiguiente, como estamos viviendo en la última era, debemos prestarle atención al ejemplo de amonestación de Israel.

2.   Una persona puede caer, fundamentalmente si *comienza a pensar* que está firme, es decir, si *comienza a sentirse* salva y segura. Observe este versículo, porque constituye una amonestación directa que por lo general se descuida o ignora: "Así que, el que piensa estar firme [es salvo y está seguro], mire que no caiga".

> "A unos que confiaban en sí mismos como justos, y menospreciaban a los otros, dijo también esta parábola" (Lc. 18:9).
>
> "Y si alguno se imagina que sabe algo, aún no sabe nada como debe saberlo" (1 Co. 8:2).
>
> "Así que, el que piensa estar firme, mire que no caiga" (1 Co. 10:12).
>
> "Porque el que se cree ser algo, no siendo nada, a sí mismo se engaña" (Gá. 6:3).
>
> "Muchos hombres proclaman cada uno su propia bondad, pero hombre de verdad, ¿quién lo hallará?" (Pr. 20:6).
>
> "El que confía en su propio corazón es necio; mas el que camina en sabiduría será librado" (Pr. 28:26).
>
> "Oye, pues, ahora esto, mujer voluptuosa, tú que estás sentada confiadamente, tú que dices en tu corazón: Yo soy, y fuera de mí no hay más; no quedaré viuda, ni conoceré orfandad… Porque te confiaste en tu maldad, diciendo: Nadie me ve. Tu sabiduría y tu misma ciencia te engañaron, y dijiste en tu corazón: Yo, y nadie más" (Is. 47:8, 10).

3.   Hay una forma de salir de la tentación, pero para salir de la tentación el creyente debe saber tres grandes verdades:

a.   Toda tentación es común para el hombre (anthropinos). La palabra significa *una* tentación *humana* que azota el estado del hombre. Esto es una promesa sorprendente. Analícelo. Ninguna tentación…

* es sobrehumana
* es única
* está más allá de la capacidad del hombre para manejarla
* es aterradora en ningún sentido de la palabra

Toda tentación que ataca al creyente es *común para todos los hombres. Todos los hombres* se enfrentan a la misma tentación. Esto significa algo maravilloso: "Algunos hombres ya lo han superado". Sí, muchos cayeron, cedieron ante la tentación; pero algunos demostraron la voluntad y la energía para superarlo.

b.   Dios es fiel: Él pone límite a la tentación. Él no permite que un creyente le haga frente a una tentación que…

* sea demasiado seductora
* sea demasiado fuerte
* sea demasiado agradable
* que recompense demasiado el ego
* sea demasiado atrayente
* que proporcione demasiada satisfacción
* sea demasiado exaltadora
* sea demasiado estimulante
* sea demasiado atractiva
* recompense demasiado
* sea demasiado prometedora
* sea demasiado excitante

Dios sabe *lo que* nosotros podemos soportar y *cuánto* podemos soportar; por consiguiente, Él le pone límite a cada una de las tentaciones dentro de nuestros límites para superarlas. Dios es fiel.

"Fiel es Dios, por el cual fuisteis llamados a la comunión con su Hijo Jesucristo nuestro Señor" (1 Co. 1:9).

"Conoce, pues, que Jehová tu Dios es Dios, Dios fiel, que guarda el pacto y la misericordia a los que le aman y guardan sus mandamientos, hasta mil generaciones" (Dt. 7:9).

"Porque los ojos de Jehová contemplan toda la tierra, para mostrar su poder a favor de los que tienen corazón perfecto para con él. Locamente has hecho en esto; porque de aquí en adelante habrá más guerra contra ti" (2 Cr. 16:9).

"Jehová, hasta los cielos llega tu misericordia, y tu fidelidad alcanza hasta las nubes" (Sal. 36:5).

"*Las* misericordias de Jehová cantaré perpetuamente; de generación en generación haré notoria tu fidelidad con mi boca" (Sal. 89:1).

"Con sus plumas te cubrirá, y debajo de sus alas estarás seguro; escudo y adarga es su verdad" (Sal. 91:4).

c.   Dios provee una salida. Él siempre deja una salida, una forma de salir de la tentación. Él siempre nos da la fuerza y la energía para atravesar y salir de la tentación o de lo contrario para volverle la espalda y huir de ella.

"He aquí os doy potestad de hollar serpientes y escorpiones, y sobre toda fuerza del enemigo, y nada os dañará" (Lc. 10:19).

"Y el Dios de paz aplastará en breve a Satanás bajo vuestros pies. La gracia de nuestro Señor Jesucristo sea con vosotros" (Ro. 16:20).

"No os ha sobrevenido ninguna tentación que no sea humana; pero fiel es Dios, que no os dejará ser tentados más de lo que podéis resistir, sino que dará también juntamente con la tentación la salida, para que podáis soportar" (1 Co. 10:13).

"Pues en cuanto él mismo padeció siendo tentado, es poderoso para socorrer a los que son tentados" (He. 2:18).

"Someteos, pues, a Dios; resistid al diablo, y huirá de vosotros" (Stg. 4:7).

"Al que venciere, le daré que se siente conmigo en mi trono, así como yo he vencido, y me he sentado con mi Padre en su trono" (Ap. 3:21).

"El camino del perezoso es como seto de espinos; mas la vereda de los rectos, como una calzada" (Pr. 15:19).

"Entonces tus oídos oirán a tus espaldas palabra que diga: Este es el camino, andad por él; y no echéis a la mano derecha, ni tampoco torzáis a la mano izquierda" (Is. 30:21).

"Y guiaré a los ciegos por camino que no sabían, les haré andar por sendas que no habían conocido; delante de ellos cambiaré las tinieblas en luz, y lo escabroso en llanura. Estas cosas les haré, y no los desampararé" (Is. 42:16).

"Así dice Jehová, el que abre camino en el mar, y senda en las aguas impetuosas" (Is. 43:16).

	F. Los límites de los creyentes y la libertad cristiana, 10:14—11:1		
1 Huyan de la idolatría	14 Por tanto, amados míos, huid de la idolatría.	24 Ninguno busque su propio bien, sino el del otro.	b. Prueba 2: ¿Busca el bien de otros?
2 Juzguen si nuestra participación en una reunión identifica a quién adoramos	15 Como a sensatos os hablo; juzgad vosotros lo que digo.	25 De todo lo que se vende en la carnicería, comed, sin preguntar nada por motivos de conciencia;	c. Prueba 3: ¿Viola la conciencia de una persona?
a. La participación en la Cena del Señor nos identifica como adoradores del Señor	16 La copa de bendición que bendecimos, ¿no es la comunión de la sangre de Cristo? El pan que partimos, ¿no es la comunión del cuerpo de Cristo?	26 porque del Señor es la tierra y su plenitud.	
b. La participación con otros nos identifica con su reunión y estilo de vida	17 Siendo uno solo el pan, nosotros, con ser muchos, somos un cuerpo; pues todos participamos de aquel mismo pan.	27 Si algún incrédulo os invita, y queréis ir, de todo lo que se os ponga delante comed, sin preguntar nada por motivos de conciencia.	d. Prueba 4: ¿Es cortés y amable?
c. La participación de Israel en la adoración los identificó como adoradores de Dios	18 Mirad a Israel según la carne; los que comen de los sacrificios, ¿no son partícipes del altar?	28 Mas si alguien os dijere: Esto fue sacrificado a los ídolos; no lo comáis, por causa de aquel que lo declaró, y por motivos de conciencia; porque del Señor es la tierra y su plenitud.	e. Prueba 5: ¿Hiere la conciencia de otra persona?
d. La participación en la idolatría es una adoración sin sentido	19 ¿Qué digo, pues? ¿Que el ídolo es algo, o que sea algo lo que se sacrifica a los ídolos?	29 La conciencia, digo, no la tuya, sino la del otro. Pues ¿por qué se ha de juzgar mi libertad por la conciencia de otro?	**4 Juzguen si la conciencia de otra persona debe determinar nuestra conducta y libertad**
e. La participación en la idolatría es confraternizar con los demonios	20 Antes digo que lo que los gentiles sacrifican, a los demonios lo sacrifican, y no a Dios; y no quiero que vosotros os hagáis partícipes con los demonios.	30 Y si yo con agradecimiento participo, ¿por qué he de ser censurado por aquello de que doy gracias?	
	21 No podéis beber la copa del Señor, y la copa de los demonios; no podéis participar de la mesa del Señor, y de la mesa de los demonios.	31 Si, pues, coméis o bebéis, o hacéis otra cosa, hacedlo todo para la gloria de Dios.	a. Porque una persona debe hacerlo todo por la gloria de Dios
f. La participación en la idolatría condena a la persona: Impide que uno participe en la Cena del Señor	22 ¿O provocaremos a celos al Señor? ¿Somos más fuertes que él?	32 No seáis tropiezo ni a judíos, ni a gentiles, ni a la iglesia de Dios;	b. Porque una persona nunca debe ser tropezadero
g. La participación en la idolatría provoca a Dios		33 como también yo en todas las cosas agrado a todos, no procurando mi propio beneficio, sino el de muchos, para que sean salvos.	c. Porque una persona debe complacer a todos los hombres
3 Juzguen si los actos lícitos son siempre permisibles	23 Todo me es lícito, pero no todo conviene; todo me es lícito, pero no todo edifica.	**CAPÍTULO 11**	1) La encomienda de Pablo
a. Prueba 1: ¿Nos conviene, nos edifica?		1 Sed imitadores de mí, así como yo de Cristo.	2) El ejemplo de Pablo

DIVISIÓN V

LAS PREGUNTAS CON RESPECTO A LA LIBERTAD CRISTIANA Y LOS DERECHOS PERSONALES, 8:1—11:1

F. Los límites de los creyentes y la libertad cristiana, 10:14—11:1

(10:14—11:1) *Introducción:* ¿Hasta dónde puede llegar un cristiano participando en las actividades del mundo, fundamentalmente en las reuniones sociales? Esta pregunta constituye un problema constante que atañe tanto a los creyentes como a los incrédulos. La libertad cristiana contra el libertinaje, lo que un creyente es libre de hacer y lo que no es libre de hacer, es el tema de este pasaje importante.

1. Huyan de la idolatría (v. 14).

2. Juzguen si nuestra participación en una reunión identifica a quién adoramos (vv. 15-22).

3. Juzguen si los actos lícitos son siempre permisibles (vv. 23-28).

4. Juzguen si la conciencia de otra persona debe determinar nuestra conducta y libertad (vv. 29—11:1).

1 (10:14) *Idolatría:* Huyan de la idolatría (vea la nota — 1 Co. 8:1-13 como antecedente para este pasaje). Se da la orden por una razón muy real: "La mayoría de las personas están adorando a algún Dios que no es el Señor Dios mismo". La palabra idolatría (eidololatrias) quiere decir tanto la idolatría de falsos dioses como el fracaso de llevar una relación adecuada con Dios. Cualquier persona que no adore a Dios está adorando a algún ídolo, y casi todo en la tierra puede convertirse en un ídolo y consumir el corazón y la pasión del hombre…

- el yo
- el negocio
- el sexo
- la familia
- los deportes
- el conocimiento
- las posesiones
- la religión
- el poder

Desde el punto de vista práctico, un ídolo es cualquier cosa que consuma la mente, el corazón, el alma y el cuerpo de una persona. Un ídolo es aquello a lo que una persona se entrega.

=> Algunas personas se entregan a algún propósito o posesión en la tierra o son consumidas por estas.

=> Otras personas se entregan a sí mismas y oran a su propia idea de Dios; es decir, al *Dios* que ellas se imaginan en su propia mente. (Esta es realmente la adoración de muchas personas en sociedades industrializadas.) Tienen un concepto de Dios y adoran ese concepto. Escogen su propio concepto de Dios y no el del Dios vivo y verdadero que se reveló a sí mismo en Cristo y en las Sagradas Escrituras.

=> Aún así otras personas se entregan y le oran a algún ídolo, foto o imagen que ellas han creado o comprado. (El ídolo puede representar a algún dios o ser considerado Dios mismo.)

A partir de esto, se ve claramente que la mayoría de los hombres son idólatras, porque la mayoría de los hombres son consumidos por algo que no es el propio Dios. Rechazan al Dios vivo y verdadero, Jehová, que se ha revelado a sí mismo en Jesucristo y en las Sagradas Escrituras.

La iglesia de Corinto enfrentaba el problema de la idolatría dentro de ella. Algunos de sus miembros estaban realmente asistiendo a reuniones sociales celebradas en salones de banquetes de templos idólatras y en las casas donde las imágenes de los ídolos estaban colocadas en un prominente lugar para cuidar de la familia. Tales reuniones comprendían matrimonios, asuntos de negocio e incluso comidas y fraternidad diarias en la casa del prójimo.

¿Tenían razón los miembros de la iglesia al asistir a estas reuniones o estaban siendo un poco flexibles con su libertad cristiana? ¿Cuál debía ser la actitud y posición de la iglesia? Pablo ya había lidiado con este asunto con detenimiento. Sin embargo, tenía tanta importancia que necesitaba que se reforzara para que el asunto quedara solucionado inequívoca-

mente (vea la nota, *La libertad cristiana* — 1 Co. 8:13 para un mayor análisis y antecedentes).

La orden es fuerte: Huyan de la idolatría. Vuélvanle la espalda y huyan de ella. No le den la espalda lentamente y se alejen de ella, sino que sean rápidos en volverle la espalda y sean rápidos en alejarse de ella.

Pensamiento 1. Piensen un momento. Si debemos huir de los ídolos, ¿hacia quién corremos? Hacia Dios, por supuesto. Esta realidad enfatiza un elemento crucial. La única manera de huir de la idolatría es quedarse cerca de Dios. Nuestro corazón es consumido igualmente por Dios o por alguien o algo. Alguien o algo cuenta con nuestra atención y lealtad: ya sea Dios o alguna otra persona o cosa.

Se hace la exhortación a que huyan de la idolatría. Sean hombres sabios; juzguen la fuerza del siguiente argumento (v. 15).

2 (10:15-22) *Idolatría:* Primero, ¿nuestra participación en reuniones sociales identifica a quién adoramos? Observe seis elementos.

1. La participación en la Cena del Señor nos identifica como adoradores del Señor (v. 16). Cuando participamos de la copa y el pan, declaramos que adoramos al Señor:

- Que gozamos de fraternidad y comunión con Él.
- Que estamos atados a Cristo por su cuerpo y su sangre.
- Que le hemos entregado a Él nuestra vida.
- Que estamos comprometidos con su muerte y con su propósito.

2. La participación con otras personas nos identifica con su reunión o actividad (v. 17). Los creyentes que se juntan para participar de la Cena del Señor están identificados como adoradores del Señor. Su propósito para congregarse es participar del pan como una comunión de creyentes. Por consiguiente, es natural que se les mire e identifique como adoradores del Señor. Sucede lo siguiente: A los creyentes que se juntan con los incrédulos en sus reuniones se les identifica con la reunión de los incrédulos.

3. La participación de Israel los identificó como adoradores de Dios (v. 18). Cuando se ofrendaba un animal en sacrificio a Dios, solo una parte del animal se consumía realmente en el altar. El resto de la carne siempre se guardaba y la comían tanto el que hacía la ofrenda como el sacerdote. El hecho mismo de que el adorador judío participara de la misma carne ofrendada en sacrificio lo identificaba como un adorador de Dios. El Dios a quien él le ofrendaba sacrificios lo identificaba en fraternidad y comunión con Dios; lo identificaba como un adorador de Dios.

4. La participación en la idolatría es una adoración sin sentido (v. 19). El ídolo, cualquiera que sea, no es nada. No tiene existencia, no tiene alma, no tiene espíritu, no tiene poder, no tiene existencia objetiva. Un ídolo no es más que la imaginación y la idea en la mente de un hombre. No es más que un producto de la imaginación del hombre.

5.   La participación en la idolatría es confraternizar con los demonios (v. 20). El diablo y sus ángeles o demonios están detrás de toda idolatría, ya sea la idolatría de una sociedad infiel o de una sociedad educada. Las Escrituras declaran definitivamente:

> "Porque no tenemos lucha contra sangre y carne, sino contra principados, contra potestades, contra los gobernadores de las tinieblas de este siglo, contra huestes *espirituales de maldad* en las regiones celestes" (Ef. 6:12).

> "Y no es maravilla, porque el mismo Satanás se disfraza como ángel de luz. Así que, no es extraño si también sus ministros se disfrazan como ministros de justicia; cuyo fin será conforme a sus obras" (2 Co. 11:14, 15).

Satanás quiere herir a Dios y destruir el propósito de Dios de salvar al hombre. Satanás lo hace alejando a los hombres del Señor Jesucristo, engatusando a los hombres para que le entreguen la vida de cada uno de ellos a las cosas y dioses de este mundo. Cuando una persona es consumida por algo en esta tierra, ha hecho la voluntad de Satanás: Esa persona se ha vuelto hacia otra cosa que no es Dios.

Observe lo que dicen las Escrituras: Cuando las personas hacen sacrificios (ya sean de animales o de sí mismas) a otra cosa que no sea Dios, están haciéndole sacrificios al diablo. Hay algo que es cierto: El ofrecimiento de lealtad y compromiso no es a Dios. Y no es a alguna cosa o ídolo hecho por el hombre, porque los ídolos y las cosas nada son. No tienen sentido como objetos de adoración. ¿A quién entonces la persona ofrece su lealtad? Dicen las Escrituras que a los demonios. Note el planteamiento claro: "[no] os hagáis partícipes con los demonios". En otras palabras, "Huid de la idolatría".

6.   La participación en la idolatría condena a una persona (v. 21). Resulta completamente imposible participar en una verdadera adoración de Dios y en la adoración de los demonios.

> "No podéis beber la copa del Señor, y la copa de los demonios; no podéis participar de la mesa del Señor, y de la mesa de los demonios" (v. 21).

Una persona no puede ser invitada del Señor en su mesa e invitada a la mesa de los demonios idólatras. Dios no lo permitirá. Tal hipocresía provoca al Señor. Y no somos más fuertes que Él. No podemos escapar de su juicio si practicamos la idolatría.

> "Pues habiendo conocido a Dios, no le glorificaron como a Dios, ni le dieron gracias, sino que se envanecieron en sus razonamientos, y su necio corazón fue entenebrecido... Profesando ser sabios, se hicieron necios, ya que cambiaron la verdad de Dios por la mentira, honrando y dando culto a las criaturas antes que al Creador, el cual es bendito por los siglos. Amén" (Ro. 1:21-22, 25).

> "Hijitos, guardaos de los ídolos. Amén" (1 Jn. 5:21).

> "No te harás imagen, ni ninguna semejanza de lo que esté arriba en el cielo, ni abajo en la tierra, ni en las aguas debajo de la tierra" (Éx. 20:4; cp. Lv. 26:1).

> "Guardaos, pues, que vuestro corazón no se infa-

túe, y os apartéis y sirváis a dioses ajenos, y os inclinéis a ellos" (Dt. 11:16).

> "ni te levantarás estatua, lo cual aborrece Jehová tu Dios" (Dt. 16:22).

> "No habrá en ti dios ajeno, ni te inclinarás a dios extraño" (Sal. 81:9).

> "Yo Jehová; este es mi nombre; y a otro no daré mi gloria, ni mi alabanza a esculturas" (Is. 42:8).

3 (10:23-28) *La libertad cristiana — Tropezadero:* Segundo, ¿los actos lícitos son siempre permisibles? Recuerden el tema de este pasaje: Los límites de la libertad cristiana. El problema particular de la iglesia de Corinto estaba relacionado con las reuniones sociales y de fraternidad con sus vecinos y colegas (vea las notas — 1 Co. 8:1-13; 10:14-15 para un análisis). Se ha planteado que cuando una persona participa en una reunión se identifica con esa reunión. A la luz de esto, ¿quiere decir esto que un creyente no debe asistir nunca a una reunión social o de fraternidad celebrada por un incrédulo? Y qué hay de la pregunta más específica: ¿Qué puede comprar, comer, y beber un creyente (v. 31; cp. 1 Co. 8:8; Ro. 14:21)? Las Escrituras proporcionan cinco pruebas en estos versículos.

1.   Prueba 1: ¿Nos conviene y nos edifica el acto (v. 23)? Puede ser lícito, legal, y estar permitido:

• ¿Pero nos conviene: Es beneficioso, práctico, útil?

• ¿Pero nos edifica: Proporciona crecimiento, construcción, madurez?

2.   Prueba 2: ¿Busca el bienestar de otros (v. 24)? No debemos actuar para nosotros mismos, sino para otros.

3.   Prueba 3: ¿El acto viola nuestra conciencia (vv. 25-26)? El versículo lidia específicamente con el problema de los corintios. Era una práctica común que los sacerdotes del templo tomaran la carne de los sacrificios animales y se la vendieran a los mercados al por mayor. Algunos creyentes se molestaban por el hecho de que pudieran estar comprando carne sacrificada a los ídolos. De un modo sencillo, Pablo dice que se compre la carne y que no se hagan preguntas acerca de su proveniencia, porque la tierra con todas sus criaturas y provisiones son del Señor. El animal fue creado por Dios para alimentarnos; por lo tanto, si hay un error, lo cometieron los adoradores de los ídolos, no el creyente que usa el animal con el propósito que Dios le dio. Sucede lo siguiente: "El creyente no debe hacer nada que viole su conciencia". No debe estar haciendo preguntas ni creando un problema de asuntos pequeños y minúsculos (escrúpulos). A las opiniones personales, los escrúpulos, las reglas y regulaciones que perturban la conciencia no se les debe *forzar ni convertir en un problema*.

4.   Prueba 4: ¿Es cortés y amable (v. 27)? Si un incrédulo nos invita a una reunión social y tenemos deseos de ir, entonces debemos ir por cortesía y amabilidad. Sin embargo, luego de llegar allí no debemos hacer preguntas que nos perturben nuestra conciencia. Una conciencia clara ante Dios es mucho más importante que una reunión social. (Nota: Esto se aplica a las actividades específicas de las reuniones sociales también. Ningún creyente debe participar en una actividad:

• Que viole su conciencia (vv. 25, 27, 28).

• Que lo identifique como una persona mundana (vv. 16-18).

5. Prueba 5: ¿Hiere la conciencia de otra persona? El mensaje del versículo es claro: si participar de cualquier carne o bebida o si participar en cualquier reunión o actividad ofende a un hermano, entonces no debemos participar. Su conciencia y su vida son mucho más importantes que cualquier comida o bebida o cualquier reunión o actividad social. Esta es la prueba que controla a todas las otras. Aunque nuestra conciencia no se perturbe, debemos actuar por el bien de otros. No debemos hacer las cosas si ofenden a otros, no importan cuán lícitas, legales, y aceptables sean.

> **"Así que, ya no nos juzguemos más los unos a los otros, sino más bien decidid no poner tropiezo u ocasión de caer al hermano" (Ro. 14:13).**
>
> **"Pero si por causa de la comida tu hermano es contristado, ya no andas conforme al amor. No hagas que por la comida tuya se pierda aquel por quien Cristo murió. No sea, pues, vituperado vuestro bien; porque el reino de Dios no es comida ni bebida, sino justicia, paz y gozo en el Espíritu Santo" (Ro. 14:15-17).**
>
> **"Bueno es no comer carne, ni beber vino, ni nada en que tu hermano tropiece, o se ofenda, o se debilite" (Ro. 14:21).**
>
> **"Así que, los que somos fuertes debemos soportar las flaquezas de los débiles, y no agradarnos a nosotros mismos" (Ro. 15:1).**
>
> **"Pero mirad que esta libertad vuestra no venga a ser tropezadero para los débiles" (1 Co. 8:9).**
>
> **"De esta manera, pues, pecando contra los hermanos e hiriendo su débil conciencia, contra Cristo pecáis. Por lo cual, si la comida le es a mi hermano ocasión de caer, no comeré carne jamás, para no poner tropiezo a mi hermano" (1 Co. 8:12, 13).**
>
> **"Me he hecho débil a los débiles, para ganar a los débiles; a todos me he hecho de todo, para que de todos modos salve a algunos" (1 Co. 9:22).**

4 (10:29—11:1) *Libertad cristiana:* Tercero, ¿la conciencia de otra persona debe determinar nuestra conducta y libertad? Pablo hace dos preguntas claras que resultan relevantes para toda generación de creyentes.

=> ¿Por qué mi libertad debe ser juzgada (controlada) por la conciencia de otros?

=> Si puedo hacer algo por la gracia de Dios y dar gracias por ello, ¿por qué me permitiría que me criticaran por ello? La idea es que no valdría la pena. La actividad no vale la pena soportar la crítica, fundamentalmente si nuestro propósito es vivir para Cristo y su gloria. Hay tres razones por las que el creyente debe controlar su conducta según la conciencia de otros.

> **"porque el reino de Dios no es comida ni bebida, sino justicia, paz y gozo en el Espíritu Santo" (Ro. 14:17).**

1. El creyente debe hacer todo por la gloria de Dios. Su preocupación no es sus propios derechos, sino la gloria de Dios. Lo que más glorifique a Dios debe ser lo que creyente haga. Comer, beber, y socializar, todo debe hacerse para la gloria de Dios.

> **"Así alumbre vuestra luz delante de los hombres, para que vean vuestras buenas obras, y glorifiquen a vuestro Padre que está en los cielos" (Mt. 5:16).**
>
> **"En esto es glorificado mi Padre, en que llevéis mucho fruto, y seáis así mis discípulos" (Jn. 15:8).**
>
> **"para que unánimes, a una voz, glorifiquéis al Dios y Padre de nuestro Señor Jesucristo" (Ro. 15:6).**
>
> **"Porque habéis sido comprados por precio; glorificad, pues, a Dios en vuestro cuerpo y en vuestro espíritu, los cuales son de Dios" (1 Co. 6:20).**

2. El creyente nunca debe serle tropezadero:
• A los judíos.
• A los incrédulos (gentiles).
• A los creyentes de la iglesia de Dios.

El creyente no debe hacer absolutamente nada que ofenda a otra persona o la haga tropezar. Debe amar y vivir preocupado por todo.

> **"Cualquiera que haga tropezar a uno de estos pequeñitos que creen en mí, mejor le fuera si se le atase una piedra de molino al cuello, y se le arrojase en el mar" (Mr. 9:42).**
>
> **"Dijo Jesús a sus discípulos: Imposible es que no vengan tropiezos; mas ¡ay de aquel por quien vienen! Mejor le fuera que se le atase al cuello una piedra de molino y se le arrojase al mar, que hacer tropezar a uno de estos pequeñitos" (Lc. 17:1, 2).**
>
> **"No seáis tropiezo ni a judíos, ni a gentiles, ni a la iglesia de Dios" (1 Co. 10:32).**
>
> **"No damos a nadie ninguna ocasión de tropiezo, para que nuestro ministerio no sea vituperado" (2 Co. 6:3).**
>
> **"El que ama a su hermano, permanece en la luz, y en él no hay tropiezo" (1 Jn. 2:10).**

3. El creyente debe agradar a todos los hombres *en todo*. No debe buscar su propio beneficio, es decir, su propia voluntad, ventaja, y beneficio. El creyente debe buscar la ventaja y el beneficio de otros. ¿Por qué? La razón es poderosa, y note: Es la razón misma por la que Dios actuó por nosotros; por consiguiente, es la razón por la que debemos actuar por los hombres: *Para que puedan ser salvos.*

Nota: Ha habido dos hombres que vivieron en la tierra de esta manera. Pablo dice eso. ¿Quiénes eran? Pablo y Cristo: "Sed imitadores de mí, así como yo de Cristo" (1 Co. 11:1).

> **"Entonces Jesús dijo a sus discípulos: Si alguno quiere venir en pos de mí, niéguese a sí mismo, y tome su cruz, y sígame" (Mt. 16:24).**
>
> **"porque si vivís conforme a la carne, moriréis; mas si por el Espíritu hacéis morir las obras de la carne, viviréis" (Ro. 8:13).**
>
> **"Bueno es no comer carne, ni beber vino, ni nada en que tu hermano tropiece, o se ofenda, o se debilite" (Ro. 14:21).**
>
> **"Ninguno busque su propio bien, sino el del otro" (1 Co. 10:24).**
>
> **"Y poderoso es Dios para hacer que abunde en vosotros toda gracia, a fin de que, teniendo siempre en**

todas las cosas todo lo suficiente, abundéis para toda buena obra" (2 Co. 9:8).

"Pero los que son de Cristo han crucificado la carne con sus pasiones y deseos" (Gá. 5:24).

"no mirando cada uno por lo suyo propio, sino cada cual también por lo de los otros" (Fil. 2:4).

"Y ciertamente, aun estimo todas las cosas como pérdida por la excelencia del conocimiento de Cristo Jesús, mi Señor, por amor del cual lo he perdido todo, y lo tengo por basura, para ganar a Cristo" (Fil. 3:8).

	VI. LAS PREGUNTAS CON RESPECTO A LA ADORACIÓN PÚBLICA, 11:2-34	mujer del varón,	1) Creada de la costilla del hombre

VI. LAS PREGUNTAS CON RESPECTO A LA ADORACIÓN PÚBLICA, 11:2-34

A. Las costumbres de la adoración del cristiano y de la iglesia, 11:2-16

9 y tampoco el varón fue creado por causa de la mujer, sino la mujer por causa del varón.

1) Creada de la costilla del hombre
2) Creada como compañía para el hombre

c. La mujer debe honrar la autoridad del hombre

1 La iglesia recordaba las instrucciones que Pablo le había dado acerca del orden de la iglesia

2 Principio 1: Hay una relación y orden en el universo

10 Por lo cual la mujer debe tener señal de autoridad sobre su cabeza, por causa de los ángeles.

2 Os alabo, hermanos, porque en todo os acordáis de mí, y retenéis las instrucciones tal como os las entregué.

11 Pero en el Señor, ni el varón es sin la mujer, ni la mujer sin el varón;

5 Principio 4: Reconocer la relación esencial
a. Ninguno es independiente
b. Cada uno le pertenece al otro
c. Todas las cosas le pertenecen a Dios

3 Pero quiero que sepáis que Cristo es la cabeza de todo varón, y el varón es la cabeza de la mujer, y Dios la cabeza de Cristo.

12 porque así como la mujer procede del varón, también el varón nace de la mujer; pero todo procede de Dios.

3 Principio 2: No avergonzar ni deshonrar a nadie
a. Un hombre puede deshonrar a Dios
b. Una mujer puede deshonrar a su esposo

4 Todo varón que ora o profetiza con la cabeza cubierta, afrenta su cabeza.

13 Juzgad vosotros mismos: ¿Es propio que la mujer ore a Dios sin cubrirse la cabeza?

6 Principio 5: Usar el buen sentido común
a. Pensar en la relación
b. Pensar en la naturaleza de las personas, de la manera en que las personas son creadas

5 Pero toda mujer que ora o profetiza con la cabeza descubierta, afrenta su cabeza; porque lo mismo es que si se hubiese rapado.

14 La naturaleza misma ¿no os enseña que al varón le es deshonroso dejarse crecer el cabello?

15 Por el contrario, a la mujer dejarse crecer el cabello le es honroso; porque en lugar de velo le es dado el cabello.

6 Porque si la mujer no se cubre, que se corte también el cabello; y si le es vergonzoso a la mujer cortarse el cabello o raparse, que se cubra.

16 Con todo eso, si alguno quiere ser contencioso, nosotros no tenemos tal costumbre, ni las iglesias de Dios.

7 Principio 6: No contender ni discutir por costumbres

4 Principio 3: No violar el orden de la creación
a. El hombre es la imagen de Dios
b. La mujer es la gloria del hombre

7 Porque el varón no debe cubrirse la cabeza, pues él es imagen y gloria de Dios; pero la mujer es gloria del varón.

8 Porque el varón no procede de la mujer, sino la

DIVISIÓN VI

LAS PREGUNTAS CON RESPECTO A LA ADORACIÓN PÚBLICA, 11:2-34

A. Las costumbres de la adoración del cristiano y de la iglesia, 11:2-16

(11:2-34) *Panorámica general de la división: Adoración, pública:* Recuerden, los líderes de la iglesia de Corinto les habían escrito una carta a Pablo pidiéndole instrucciones para ciertos problemas que habían surgido en la iglesia (vea la nota — 1 Co. 7:1-40). Este capítulo lidia con dos problemas con respecto a la adoración pública. El primer problema lidia con las costumbres de los creyentes y de la adoración de la iglesia, en particular con la relación y el orden existentes entre los hombres y las mujeres en la iglesia y en la sociedad en general (1 Co. 11:2-16). El segundo problema lidia con la Cena del Señor (1 Co. 11:17-34).

(11:2-16) *Introducción:* La costumbre y la tradición con frecuencia constituyen temas polémicos tanto en la sociedad como en la iglesia. Hay quienes sostienen que la costumbre y la tradición ayudan a mantener los valores y el orden; otros sostienen que impiden el cambio, el cambio que resulta esencial para el progreso. Este pasaje lidia con esos problemas de un modo sorprendente.

1. La iglesia recordaba las instrucciones que Pablo le había dado acerca del orden de la iglesia (v. 2).
2. Principio 1: Hay una relación y orden en el universo (v. 3).
3. Principio 2: No avergonzar ni deshonrar a nadie (vv. 4-6).
4. Principio 3: No violar el orden de la creación (vv. 7-10).
5. Principio 4: Reconocer la relación esencial (vv. 11-12).

6. Principio 5: Usar el buen sentido común (vv. 13-15).
7. Principio 6: No contender ni discutir por costumbres (v. 16).

1 (11:2) *Iglesia — Organización:* La iglesia recordaba las instrucciones que Pablo le había enseñado acerca de *la adoración y el orden en la iglesia* cuando él estuvo con ellos. Pero algunos estaban cayendo en algunas prácticas y costumbres que eran cuestionables, y los líderes de la iglesia necesitaban instrucciones claras para guiar estas costumbres.

Nota: Pablo elogia a la iglesia por recordar sus instrucciones, es decir, por querer obedecer la voluntad de Dios hasta en las costumbres de conducta y de la adoración y el orden de la iglesia. La palabra "instrucciones" (paradoseis) quiere decir tradiciones o enseñanzas que se transmiten de modo oral de generación en generación. Resulta importante entender esto, porque este pasaje lidia…

- con las tradiciones
- con las leyes no escritas de la conducta
- con las costumbres
- con la práctica local
- con las preferencias de un pueblo o cuerpo en particular
- con los patrones bien establecidos de un pueblo o grupo

Lo que se dice en este pasaje tiene relación con la situación específica de Corinto. Guarda relación con la adoración y las costumbres de la iglesia de Corinto y de la sociedad de su época. No es la ley de Dios para los creyentes en cada sociedad y situación. Sin embargo, los *principios* dados para Corinto son aplicables a la vida en sí. Por esta razón, el pasaje está desarrollado en forma de principios y no de puntos que planteen el problema de Corinto. El problema de Corinto se reconoce fácilmente en los principios planteados, porque los principios hablan acerca de la conducta y las costumbres de los creyentes de cada generación.

2 (11:3) *Costumbres — Mujeres, sujetas a los hombres:* El primer principio es básico. Hay una relación y orden en el universo. Note el énfasis en que se sepa este principio: "Quiero que sepáis". Los creyentes deben comprender y asimilar este principio.

1. La cabeza de todo hombre es Cristo. La palabra "cabeza" en las Escrituras se refiere a autoridad. Cristo tiene autoridad sobre el hombre:

- Por naturaleza: Cristo es más fuerte que el hombre.
- Por posición: Dios ha ordenado que Cristo sea la cabeza y que el hombre se subordine a Él.

2. La cabeza de la mujer es el hombre. Este es un tema sensible en la sociedad moderna; pero es un tema que se debe tratar con amor, humildad, y honestidad. Antes de proseguir, una observación detenida ayudará a una persona a comprender la posición de Dios en la relación entre los hombres y las mujeres. Este pasaje lo plantea claramente:

a. Ni el hombre ni la mujer es superior al otro en existencia. El hombre y la mujer son iguales ante los ojos de Dios. Ante los ojos de Dios hay una relación esencial entre el hombre y la mujer. Ninguno es independiente del otro. Ambos le pertenecen al otro, y la relación que existe entre ellos proviene de Dios.

> **"Pero en el Señor, ni el varón es sin la mujer, ni la mujer sin el varón; porque así como la mujer procede del varón, también el varón nace de la mujer; pero todo procede de Dios" (1 Co. 11:11, 12).**

b. Ante los ojos de Dios no hay masculino ni femenino. Él ve tanto al hombre como a la mujer como una misma cosa, cada uno es tan significativo como el otro.

> **"Ya no hay judío ni griego; no hay esclavo ni libre; no hay varón ni mujer; porque todos vosotros sois uno en Cristo Jesús" (Gá. 3:28).**

Cuando Dios habla de que el hombre es la cabeza de la mujer, Él no se refiere a capacidad o valía, competencia o valor, brillantez o ventaja. Dios se refiere a *función y orden* dentro de la organización. Toda organización tiene que tener una cabeza para que opere de un modo eficaz y ordenado. No hay mayor organización que el universo de Dios, su iglesia, y su familia cristiana. Hay una relación dentro del orden de las cosas de Dios, pero toda relación debe tener una cabeza, y Dios ha ordenado que el hombre sea la cabeza de la relación.

3. La cabeza de Cristo es Dios. Esto sencillamente quiere decir que cuando Cristo vino a la tierra, Él se sujetó a Dios el Padre. Dios el Padre era la cabeza bajo la cual Cristo operaba y funcionaba.

> **"el cual, siendo en forma de Dios, no estimó el ser igual a Dios como cosa a que aferrarse, sino que se despojó a sí mismo, tomando forma de siervo, hecho semejante a los hombres" (Fil. 2:6, 7).**

3 (11:4-6) *Vestiduras — Costumbres:* El segundo principio es importante, muy importante. No debemos avergonzar ni deshonrar a nadie. Este versículo comienza realmente a centrarse en el problema específico al que se enfrenta la iglesia de Corinto. Incluía la forma de vestirse. De la manera que algunos hombres se estaban vistiendo estaban deshonrando a Dios, y de la manera que algunas de las mujeres se estaban vistiendo estaban deshonrando tanto a Dios como al esposo de cada una de ellas.

1. Un hombre puede deshonrar a Dios por la forma en que se vista. Algunos hombres de la iglesia de Corinto estaban adorando con la cabeza cubierta. La costumbre de que un hombre adorara con su cabeza descubierta era importante en la iglesia primitiva. Los judíos adoraban con la cabeza cubierta, imitando a Moisés que se cubrió la cabeza luego de haber estado en la presencia de Dios (2 Co. 3:13-18). La iglesia deseaba demostrar que el hombre había *recobrado la imagen de Dios.* Ahora el hombre podía tener una comunicación directa con Dios por medio de Cristo, su mediador. La cabeza descubierta era el símbolo de su comunión frente a frente con Dios. La cabeza descubierta era la marca distintiva de un seguidor de Cristo. Debe recordarse que estas costumbres eran extremadamente importantes para la iglesia primitiva,

tan importantes como son nuestras costumbres hoy día.

Los hombres se cubrían la cabeza en un espíritu de rebeldía y de inconformidad. Desde luego, un espíritu como ese es pecado. Un espíritu de rebeldía y de inconformidad perturba tanto el espíritu de la persona que se rebela como a aquellos contra los que se rebela. La comunión con Dios y la verdadera adoración con otros creyentes resultan imposibles en una atmósfera de rebeldía e inconformidad.

Pensamiento 1. Un creyente verdadero no debe permitir nunca que un espíritu de rebeldía e inconformidad se afiance en su vida. Dios no ha salvado al creyente para que cambie las costumbres; Dios lo ha salvado para esparcir el mensaje de amor y cariño, ministerio y salvación entre los hombres.

2.   Una mujer puede deshonrar tanto a Dios como a su esposo con la manera en que se viste. Era una costumbre estricta en el Oriente que las mujeres usaran un velo en la época de la iglesia primitiva. Incluso en la actualidad, aún existe la costumbre en algunos países del Oriente. William Ramsey da una descripción excelente sobre la importancia del velo para las mujeres:

> *"En países orientales el velo es el poder, honra y dignidad de la mujer. Con el velo en su cabeza ella puede ir a cualquier lugar con seguridad y profundo respeto. No se le ve; es una señal de mala educación mirar en la calle a una mujer que lleve velo. Ella está sola. El resto de las personas que la rodean para ella no existen, como ella tampoco existe para ellos. Ella es suprema en la multitud. ... pero sin el velo la mujer es igual a cero, alguien a quien cualquiera puede insultar... La dignidad y autoridad de una mujer desaparece con el velo encubridor del que ella se deshace".* (Citado por William Barclay, *Las epístolas a los corintios*, p. 109.)

Recuerden, el velo exponía la frente y los ojos y llegaba desde la cabeza hasta los tobillos. La mujer, desde luego, llevaba ropas debajo del velo; pero ante los ojos de la sociedad, una mujer sin velo era señal de una mujer libertina. Estaba mostrando demasiado de su cuerpo, resuelta a llamar la atención. Desde luego, el vestir indecente y poco recatado deshonraba a su esposo, a Dios, a la iglesia, y a sus hermanos creyentes. Note que Pablo dice que bien se puede quitar toda cobertura (cabeza rapada) como si estuviera sin velo o expuesta lo suficiente como para llamar la atención y provocar pensamientos libertinos.

Pensamiento 1. Las mujeres cristianas no deben seguir las costumbres del mundo al vestirse. No deben vestirse poco recatadas:

- Para llamar la atención.
- Para mostrar el cuerpo.
- Para buscar popularidad.
- Para ganar aceptación.
- Para estar a la moda.

> **"Saludad a Rufo, escogido en el Señor, y a su madre y mía" (Ro. 16:13).**

> **"Asimismo que las mujeres se atavíen de ropa decorosa, con pudor y modestia; no con peinado ostentoso, ni oro, ni perlas, ni vestidos costosos, sino con bue-** nas obras, como corresponde a mujeres que profesan piedad" (1 Ti. 2:9, 10).

> **"Vuestro atavío no sea el externo de peinados ostentosos, de adornos de oro o de vestidos lujosos, sino el interno, el del corazón, en el incorruptible ornato de un espíritu afable y apacible, que es de grande estima delante de Dios. Porque así también se ataviaban en otro tiempo aquellas santas mujeres que esperaban en Dios, estando sujetas a sus maridos" (1 P. 3:3-5).**

4 (11:7-10) *Costumbres — Relación, hombre y mujer:* El tercer principio es directo y sencillo. No debemos violar el orden de la creación. Estos versículos aún lidian con la ropa como un problema básico. Estos puntos se pueden ver clara y brevemente:

1.   El hombre fue creado a imagen y semejanza de Dios (Gn. 1:26-27); por lo tanto, si perturba el espíritu de los creyentes por medio de la rebeldía y la inconformidad, deshonra a Dios (v. 7). Cuando Dios creó al hombre, Dios le dio autoridad sobre la tierra. Por consiguiente, el hombre siempre deberá comportarse de una manera que demuestre su autoridad y no deshonre a Dios.

2.   La mujer es la gloria del hombre. Ella tiene su lugar propio en la creación de Dios, pero su lugar no es el del hombre. Su lugar es al lado del hombre, muy exaltada como su reina. Ella reina en majestuosidad al lado del hombre como su gloria. En el orden y organización de las cosas de Dios, el hombre es el soberano y la mujer es la reina gobernante a su lado. Dios lo demostró con dos cosas cuando creó al hombre y a la mujer:

=> Dios creó a la mujer de una costilla del hombre (Gn. 2:21s).

=> Dios creó a la mujer como compañía para el hombre (Gn. 2:18).

3.   Por lo tanto, la mujer debe honrar la autoridad del hombre. Ella no debe rebelarse contra su autoridad ni avergonzar ni deshonrar a su esposo. En Corinto debía cubrirse la cabeza y usar el velo que simbolizaba la autoridad del hombre. Debía hacerlo porque los ángeles estaban presentes. Debía respetar su presencia tanto como la autoridad de su esposo.

La aplicación es la siguiente: Las mujeres cristianas deben vestirse recatadamente, no para llamar la atención. Una mujer cristiana no debe vestirse para mostrar su cuerpo, lo que sugiere una moralidad libertina. Debe vestirse para honrar a su esposo. Ella debe respetar y reconocer su autoridad y derecho dentro del orden de la creación. Ella no debe causarle dolor con la forma en que ella se vista o haga cualquier cosa. (Tengan presente que el hombre también debe amar, honrar, y respetar a su esposa.)

Pensamiento 1. ¿Cuántos hogares se encuentran en un caos total porque no hay reconocimiento ni disposición de aceptar la autoridad? ¿Cuántos hombres y mujeres han deshonrado a Dios y a cada uno de ellos porque se han vestido con rebeldía o para llamar la atención? ¿Cuántos han caído en pecado e inmoralidad por la forma en la que se visten y se exponen?

La única respuesta es el amor y el orden de autoridad de Dios en su creación. Sin amor y autoridad el caos es el resultado inevitable.

> **"Maridos, amad a vuestras mujeres, así como Cristo amó a la iglesia, y se entregó a sí mismo por ella" (Ef. 5:25).**

> **"Asimismo vosotras, mujeres, estad sujetas a vuestros maridos; para que también los que no creen a la palabra, sean ganados sin palabra por la conducta de sus esposas, considerando vuestra conducta casta y respetuosa" (1 P. 3:1, 2).**

5 (11:11-12) *Relación, hombre y mujer — Familia:* El cuarto principio es reconocer la relación esencial entre el hombre y la mujer. Este elemento se plantea sencilla y claramente:

=> Ni el hombre ni la mujer son independientes uno del otro. Dependen mutuamente el uno del otro. El Señor lo ha ordenado.

=> La mujer le pertenece al hombre, creada de su costilla; y el hombre le pertenece a la mujer, nacido de ella.

=> Todas las cosas son de Dios: Tanto el hombre como la mujer.

Sucede lo siguiente: No importa quién le pertenezca a quién, ya sea el hombre a la mujer o la mujer al hombre. Ambos le pertenecen a Dios, y ambos tienen su lugar y función, llamado y propósito en el universo. Por consiguiente, ambos le deben su lealtad a Dios. Ambos deben serle fieles a Dios en su lugar y responsabilidad.

> **"Las casadas estén sujetas a sus propios maridos, como al Señor; porque el marido es cabeza de la mujer, así como Cristo es cabeza de la iglesia, la cual es su cuerpo, y él es su Salvador. Así que, como la iglesia está sujeta a Cristo, así también las casadas lo estén a sus maridos en todo. Maridos, amad a vuestras mujeres, así como Cristo amó a la iglesia, y se entregó a sí mismo por ella" (Ef. 5:22-25).**

> **"Por lo demás, cada uno de vosotros ame también a su mujer como a sí mismo; y la mujer respete a su marido" (Ef. 5:33).**

6 (11:13-15) *Costumbre — Sabiduría:* El quinto principio es usar el buen sentido común. Por lo general una persona puede analizar una situación y decidir qué hacer, si es *inteligente y honesta.* Pero es necesario que sea *inteligente y honesta.* La gran tragedia es que no muchas personas *piensan inteligentemente* en los problemas de la vida e incluso son *menos* honestas cuando piensan verdaderamente. Pablo apela a los corintios a juzgar la situación ellos mismos, a pensar en el asunto honesta e inteligentemente.

1. Una mujer debe pensar en la relación entre ella, su esposo, y Dios. Ella no debe orar en la iglesia cuando esté vestida indebidamente, exponiéndose. Debe llevar el velo, vestida apropiadamente tanto en la adoración como en la vida social.

2. Un hombre debe pensar en la naturaleza y la creación. Dios lo creó para tener autoridad y someter al mundo y a la naturaleza con sus desastres catastróficos (cp. Gn. 1:28). Por consiguiente, no debe estar en rebeldía ni inconforme con las costumbres, ni siquiera en un asunto tan sencillo como el largo del cabello. Él no debe consumirse con asuntos tan triviales. Su tiempo y energía deben estar puestos en la autoridad y obra que Dios le ha otorgado.

> **"Y los bendijo Dios, y les dijo: Fructificad y multiplicaos; llenad la tierra, y sojuzgadla" (Gn. 1:28).**

7 (11:16) *Costumbres:* El sexto principio es directo y exigente. No debemos contender ni discutir por las costumbres. Los creyentes deben conformarse a las costumbres *esperadas* de la conducta cristiana y del orden de la iglesia y no discutirlas ni rebelarse contra ellas. La implicación es la siguiente: "No estamos en la tierra para discutir y pelear por asuntos triviales, sino para perpetuar el ministerio de la iglesia de Dios". Hay demasiadas personas desesperadas en el mundo que mueren de hambre, sed, pobreza, enfermedad, y pecado, demasiadas personas que necesitan nuestra ayuda, para que nosotros nos enfrasquemos en discutir por los derechos personales y las costumbres.

> **"Por lo cual, siendo libre de todos, me he hecho siervo de todos para ganar a mayor número. Me he hecho a los judíos como judío, para ganar a los judíos; a los que están sujetos a la ley (aunque yo no esté sujeto a la ley) como sujeto a la ley, para ganar a los que están sujetos a la ley; a los que están sin ley, como si yo estuviera sin ley (no estando yo sin ley de Dios, sino bajo la ley de Cristo), para ganar a los que están sin ley. Me he hecho débil a los débiles, para ganar a los débiles; a todos me he hecho de todo, para que de todos modos salve a algunos" (1 Co. 9:19-22).**

> **"Ninguno busque su propio bien, sino el del otro" (1 Co. 10:24).**

	B. La Cena del Señor, 11:17-34	25 Asimismo tomó también la copa, después de haber cenado, diciendo: Esta copa es el nuevo pacto en mi sangre; haced esto todas las veces que la bebiereis, en memoria de mí.	b. El significado de la copa
1 Pablo reprendió a los corintios por la forma en la que estaban celebrando la Cena del Señor	17 Pero al anunciaros esto que sigue, no os alabo; porque no os congregáis para lo mejor, sino para lo peor.	26 Así, pues, todas las veces que comiereis este pan, y bebiereis esta copa, la muerte del Señor anunciáis hasta que él venga.	c. La razón para celebrar la Cena del Señor
2 La corrupción de la Cena del Señor a. Las divisiones y las camarillas, las facciones y los partidos corrompen	18 Pues en primer lugar, cuando os reunís como iglesia, oigo que hay entre vosotros divisiones; y en parte lo creo. 19 Porque es preciso que entre vosotros haya disensiones, para que se hagan manifiestos entre vosotros los que son aprobados.	27 De manera que cualquiera que comiere este pan o bebiere esta copa del Señor indignamente, será culpado del cuerpo y de la sangre del Señor.	**4 Las consecuencias severas de participar indignamente de la Cena del Señor** a. Una persona se vuelve culpable de (profana) la muerte del Señor
b. El engaño de sí mismo corrompe c. El egoísmo, la displicencia y el descuido de los pobres corrompe	20 Cuando, pues, os reunís vosotros, esto no es comer la cena del Señor. 21 Porque al comer, cada uno se adelanta a tomar su propia cena; y uno tiene hambre, y otro se embriaga.	28 Por tanto, pruébese cada uno a sí mismo, y coma así del pan, y beba de la copa. 29 Porque el que come y bebe indignamente, sin discernir el cuerpo del Señor, juicio come y bebe para sí.	b. Una persona se condena a sí misma si no examina su corazón en busca de pecados no confesados c. Una persona es disciplinada, aleccionada por el Señor
d. Abusar de la santidad de la iglesia y avergonzar a los pobres corrompe	22 Pues qué, ¿no tenéis casas en que comáis y bebáis? ¿O menospreciáis la iglesia de Dios, y avergonzáis a los que no tienen nada? ¿Qué os diré? ¿Os alabaré? En esto no os alabo.	30 Por lo cual hay muchos enfermos y debilitados entre vosotros, y muchos duermen. 31 Si, pues, nos examinásemos a nosotros mismos, no seríamos juzgados;	**5 El procedimiento correcto de la Cena del Señor** a. Juzgar, examinarse uno mismo
3 El significado real de la Cena del Señor a. El significado del pan	23 Porque yo recibí del Señor lo que también os he enseñado: Que el Señor Jesús, la noche que fue entregado, tomó pan; 24 y habiendo dado gracias, lo partió, y dijo: Tomad, comed; esto es mi cuerpo que por vosotros es partido; haced esto en memoria de mí.	32 mas siendo juzgados, somos castigados por el Señor, para que no seamos condenados con el mundo. 33 Así que, hermanos míos, cuando os reunís a comer, esperaos unos a otros. 34 Si alguno tuviere hambre, coma en su casa, para que no os reunáis para juicio. Las demás cosas las pondré en orden cuando yo fuere.	b. Aceptar el castigo del Señor c. Servirse mutuamente d. No traer condenación sobre ustedes mismos

DIVISIÓN VI

LAS PREGUNTAS CON RESPECTO A LA ADORACIÓN PÚBLICA, 11:2-34

B. La Cena del Señor, 11:17-34

(11:17-34) *Introducción:* La Cena del Señor es una de las instrucciones de la iglesia. Resulta crucial para los creyentes comprender cómo se debe celebrar la cena y cómo no celebrarla. Este pasaje constituye un estudio completo del tema:

1. Pablo reprendió a los corintios por la forma en la que estaban celebrando la Cena del Señor (v. 17).

2. La corrupción de la Cena del Señor (vv. 18-22).
3. El significado real de la Cena del Señor (vv. 23-26).
4. Las consecuencias severas de participar indignamente de la Cena del Señor (vv. 27-30).
5. El procedimiento correcto de la Cena del Señor (vv. 31-34).

1 (11:17) *Cena del Señor:* Pablo reprendió a los corintios por la forma en la que estaban celebrando la Cena del Señor. Él los había alabado por su diligencia en mantener las tradiciones y las costumbres de la iglesia (v. 2). Pero al lidiar con la Cena del Señor, anunció con términos para nada inciertos: "No os alabo". La palabra "anunciar" (parangello) quiere decir ordenar. Note cuán fuerte es Pablo: "Pero al *ordenaros* esto que sigue [la Cena del Señor], no os alabo". Su contundencia enfatiza la grandísima importancia de la Cena del Señor y la necesidad absoluta de celebrarla como se debe celebrar.

Pablo plantea bruscamente: "No se congregan para celebrar la Cena del Señor para lo mejor, no para edificarse ustedes mismos recordando la muerte del Señor; sino que se congregan para lo peor, para destruirse ustedes mismos".

2 (11:18-22) *Cena del Señor:* La corrupción de la Cena del Señor. Los corintios estaban abusando trágicamente de la Cena del Señor. Los abusos pueden parecerle extraños a algunas iglesias de la actualidad porque sencillamente participan de una migaja de pan y una pequeña copita de vino o jugo de uva para celebrar la Cena del Señor. Sin embargo, según se ha planteado en la nota introductoria, los corintios celebraban la Cena del Señor con una comida con todas las de la ley o un *Banquete de Amor [Ágape]*. Había *cuatro abusos*, algunos de los cuales se aplican muy bien y hablan directamente a las iglesias de todas las generaciones.

1. Había divisiones y camarillas dentro de la iglesia que corrompían la Cena del Señor (vv. 18-19). Cuando existen divisiones, camarillas, facciones, y partidos, el espíritu de la iglesia se encuentra en desorden. La mente y el corazón de cada uno de sus miembros no están puestos en el Señor ni están en paz con el Señor no con el pueblo del Señor. La perturbación, el dolor, la ira, la murmuración, el chisme, el orgullo, el egoísmo, el malentendido y la tergiversación siempre predominan cuando hay divisiones y camarillas dentro de una iglesia.

Nota: Pablo dijo que él solo creía parte de lo que había escuchado. Él sabía muy bien cómo los problemas comienzan a crecer y rodearse de rumores, insinuaciones y exageraciones. De todas formas había parte de verdad en lo que había escuchado, y él lo sabía, y la iglesia debía corregirlo.

Observe otro asunto que es de importancia crucial para los creyentes genuinos de la iglesia. Las divisiones y las camarillas en la iglesia no toman a Dios ni desprevenido ni por sorpresa. Por el contrario, Dios permite las divisiones y las camarillas por una razón muy especial: "La división hace que el creyente genuino se diferencie mucho más". Las personas que son divisivas y propensas a formar camarillas hacen que el amor y la verdad de los creyentes genuinos resplandezcan con mucho más brillo. En las propias palabras de las Escrituras:

> **"Porque es preciso que entre vosotros haya disensiones, para que se hagan manifiestos entre vosotros los que son aprobados".**

Pensamiento 1. Este planteamiento alienta en gran manera al ministro de Dios y a los creyentes genuinos en la medida en que se enfrentan a la división, las camarillas, y la oposición de los carnales y los no salvos en la iglesia.

Note también la amonestación en este elemento.

Cualquier persona que se encuentre dentro de un grupo que sea divisivo o propenso a formar camarillas corre un peligro terrible. La división y la propensión a la formación de camarillas constituyen pruebas de que una persona no es genuina. Debe arrepentirse y encomendar su vida al amor y la misión del Señor (cp. 1 Co. 15:33).

> **"Os ruego, pues, hermanos, por el nombre de nuestro Señor Jesucristo, que habléis todos una misma cosa, y que no haya entre vosotros divisiones, sino que estéis perfectamente unidos en una misma mente y en un mismo parecer" (1 Co. 1:10).**

> **"porque aún sois carnales; pues habiendo entre vosotros celos, contiendas y disensiones, ¿no sois carnales, y andáis como hombres?" (1 Co. 3:3).**

> **"solícitos en guardar la unidad del Espíritu en el vínculo de la paz" (Ef. 4:3).**

> **"Solamente que os comportéis como es digno del evangelio de Cristo, para que o sea que vaya a veros, o que esté ausente, oiga de vosotros que estáis firmes en un mismo espíritu, combatiendo unánimes por la fe del evangelio" (Fil. 1:27).**

> **"Finalmente, sed todos de un mismo sentir, compasivos, amándoos fraternalmente, misericordiosos, amigables" (1 P. 3:8).**

2. Había engaño de sí mismo que corrompía la Cena del Señor (v. 20). De un modo sencillo, los corintios solo se estaban engañando a sí mismos al congregarse y participar de la copa y el pan. Puede que hayan pensado que estaban celebrando la Cena del Señor, pero no era así; estaban completamente engañados. Lo que estaban haciendo *no era recordar y honrar* al Señor. Resultaba completamente imposible tener un espíritu divisivo y propenso a la formación de camarillas y honrar al Señor. Su congregación le resultaba completamente sin sentido e inútil al Señor.

> **"Porque el que se cree ser algo, no siendo nada, a sí mismo se engaña" (Gá. 6:3).**

> **"No os engañéis; Dios no puede ser burlado: pues todo lo que el hombre sembrare, eso también segará" (Gá. 6:7).**

> **"Pero sed hacedores de la palabra, y no tan solamente oidores, engañándoos a vosotros mismos" (Stg. 1:22).**

> **"Si alguno se cree religioso entre vosotros, y no refrena su lengua, sino que engaña su corazón, la religión del tal es vana" (Stg. 1:26).**

> **"Hijitos, nadie os engañe; el que hace justicia es justo, como él es justo" (1 Jn. 3:7).**

> **"Pero por cuanto eres tibio, y no frío ni caliente, te vomitaré de mi boca. Porque tú dices: Yo soy rico, y me he enriquecido, y de ninguna cosa tengo necesidad; y no sabes que tú eres un desventurado, miserable, pobre, ciego y desnudo" (Ap. 3:16, 17).**

> **"Se lisonjea, por tanto, en sus propios ojos, de que su iniquidad no será hallada y aborrecida" (Sal. 36:2).**

3. Estaba el egoísmo y el descuido de otros que corrompían la Cena del Señor (v. 21). Cuando la iglesia primitiva se congregaba para el *Banquete de amor [Ágape]*, todo el mundo traía toda la comida que podía. Esto permitía que hubiera bastante para todo el mundo, incluso para los pobres

y lo esclavos que no podrían traer mucho. La idea era tener una cena común donde todo el mundo compartiera…

- el rico y el pobre
- el libre y el esclavo
- el judío y el gentil
- el letrado y el analfabeto
- la clase alta y la baja
- el hombre y la mujer
- el adulto y el niño

Sin embargo, la iglesia de Corinto había comenzado a abusar de la Cena del Señor. En lugar de compartir, todo el mundo se sentaba separado en su propio grupo de amigos y compartían su comida solo entre ellos. El resultado era trágico:

=> Algunos eran descuidados, y tenían poco que comer, de tener algo. Esto sucedía en particular con los esclavos.

=> Algunos se complacían a sí mismos y actuaban como glotones.

=> Algunos trataban el asunto como si fuera una reunión social, bebiendo hasta emborracharse.

No se experimentaba amor ni fraternidad cristiana reales de ningún tipo. Y aunque la iglesia participaba del pan y de la copa, no estaba celebrando la Cena del Señor. Lo que estaban haciendo era totalmente sin sentido e inútil. Lo que estaban celebrando era un banquete al espíritu maligno del egoísmo y la complacencia, no al Señor.

4. Estaba el abuso de la santidad de la iglesia y la vergüenza del pobre que corrompía la Cena del Señor. Note que este versículo es una serie de preguntas que se responden solas y debieran despertar condenación en el corazón de los culpables.

=> ¿No tienen casas donde comer y beber? La iglesia no es el lugar donde debemos comer y beber. Es el lugar de adoración.

=> ¿No están abusando de la iglesia y avergonzando a los pobres por medio de la división, las camarillas, el egoísmo, la complacencia, y el acaparamiento? ¡Por supuesto que sí!

=> "¿Qué os diré? ¿Os alabaré? ¡En esto no os alabo!"

3 (11:23-26) *Cena del Señor:* El significado real de la Cena del Señor. Pablo dijo claramente que Cristo discutió la Cena del Señor con él en una revelación especial. Lo que él recibió del Señor es lo que ahora les transmite. (Cp. Hch. 18:9; 22:18; 23:11; 27:23-25; Gá. 1:12; 2:2; 2 Co. 12:7 para referencias a las revelaciones especiales que Pablo recibió del Señor.) Observe que Jesús instituyó la Cena del Señor la misma noche en la que fue traicionado.

1. El significado del pan: Note las palabras exactas de Cristo.

a. "Tomad, comed: esto es mi cuerpo". Desde luego, hay varias interpretaciones de este planteamiento. Algunos dicen que el pan realmente se convierte en la sustancia del cuerpo del Señor cuando una persona come el pan y bebe de la copa. Otros sostienen creencias que varían desde que los elementos son la sustancia real hasta que sea simplemente un recordatorio del Señor. Pero observe la palabra "es". La palabra

tiene el significado de representar o identificarse como sustancia. Por ejemplo:

- "Él es [representa] imagen y gloria de Dios" (1 Co. 11:7).
- "La roca era [representa a] Cristo" (1 Co. 10:4). (Otras referencias serían Jn. 8:12; 10:9.)

Note otro elemento. Cuando Jesús le dijo a sus discípulos "tomad, comed", Él estaba allí presente. Incluso Él mismo participó del pan. Ciertamente en ese instante el pan solo representaba o simbolizaba su cuerpo.

Note también otro elemento. Al pasar la copa, Jesús no dijo: "Esto es mi sangre". Él dijo: "Esta copa es el Nuevo Testamento [pacto] en mi sangre". Claro está, la copa no era literalmente el nuevo pacto; solo era un símbolo del nuevo pacto. Tampoco era literalmente la sangre de Cristo; solo representaba la sangre de Cristo.

b. Observe las palabras: "que por vosotros es partido". Esto se refiere a la muerte, el dolor, y el sufrimiento de Cristo. Note las palabras "por vosotros". La palabra "por" (huper) señala la naturaleza sustituidora de la muerte de Jesús. Él murió por nosotros, como nuestro sustituto.

"Cristo nos redimió de la maldición de la ley, hecho por nosotros maldición (porque está escrito: Maldito todo el que es colgado en un madero)" (Gá. 3:13).

"Pero vemos a aquel que fue hecho un poco menor que los ángeles, a Jesús, coronado de gloria y de honra, a causa del padecimiento de la muerte, para que por la gracia de Dios gustase la muerte por todos" (He. 2:9).

"así también Cristo fue ofrecido *una sola vez para llevar los pecados de muchos;* y aparecerá por segunda vez, sin relación con el pecado, para salvar a los que le esperan" (He. 9:28).

"quien llevó él mismo *nuestros pecados en su cuerpo* sobre el madero, para que nosotros, estando muertos a los pecados, vivamos a la justicia; y por cuya herida fuisteis sanados" (1 P. 2:24).

"Porque también Cristo padeció una sola vez *por los pecados,* el justo por los injustos, para llevarnos a Dios, siendo a la verdad muerto en la carne, pero vivificado en espíritu" (1 P. 3:18).

c. "Haced esto en memoria de mí". Esto quiere decir mucho más que solo recordar la muerte de Cristo. Significa recordar de un modo activo y meditar acerca de la persona de Jesucristo. Cristo dice que lo recuerden a Él, no solo un aspecto de su Persona y su obra. El creyente debe *meditar de modo activo* sobre Cristo.

2. El significado de la copa: Nuevamente, note las palabras exactas del Señor:

a. "Esta copa es el Nuevo Testamento [diatheke, pacto] en mi sangre". La idea es que el viejo pacto del Antiguo Testamento se está poniendo a un lado y Dios está estableciendo un nuevo pacto con su pueblo. El *fundamento* del nuevo pacto es *la sangre de Jesucristo,* no la sangre de los toros y las cabras.

> "Porque si la sangre de los toros y de los machos cabríos, y las cenizas de la becerra rociadas a los inmundos, santifican para la purificación de la carne, ¿cuánto más la sangre de Cristo, el cual mediante el Espíritu eterno se ofreció a sí mismo sin mancha a Dios, limpiará vuestras conciencias de obras muertas para que sirváis al Dios vivo? Así que, por eso es mediador de un nuevo pacto, para que interviniendo muerte para la remisión de las transgresiones que había bajo el primer pacto, los llamados reciban la promesa de la herencia eterna" (He. 9:13-15).

b. "Haced esto todas las veces que la bebiereis". Cristo, de un modo sencillo, le dijo a sus seguidores que hicieran lo que Él estaba haciendo al celebrar su cena: Dedicar un tiempo, tomar la copa, bendecirla, y beber de ella.

c. "En memoria de mí". Esto se repite para enfatizar que la Cena del Señor tienen un propósito y solo un propósito: Centrar su atención en el Señor. El pueblo del Señor debe centrar su mente en Él y solo en Él. La celebración de la Cena del Señor no debe ser un tiempo para la fraternidad y el festín.

3. La razón para celebrar la Cena del Señor: Note la palabra "anunciáis" (katangello). Quiere decir proclamar, predicar, declarar, anunciar. La Cena del Señor constituye una ilustración y un sermón que proclama...

* la muerte del Señor
* el regreso del Señor

Sucede lo siguiente: Cristo murió por nosotros para que pudiéramos vivir eternamente con Él. Por lo tanto, su muerte ilustra tanto lo que Él ha hecho por nosotros como lo que Él va a hacer por nosotros cuando regrese. Su muerte es una ilustración de nuestra redención pasada y presente y también de nuestra redención futura cuando nos conformaremos a su imagen de perfección.

> "Pues mucho más, estando ya justificados en su sangre, por él seremos salvos de la ira" (Ro. 5:9).
>
> "sabiendo que fuisteis rescatados de vuestra vana manera de vivir, la cual recibisteis de vuestros padres, no con cosas corruptibles, como oro o plata" (1 P. 1:18).
>
> "pero si andamos en luz, como él está en luz, tenemos comunión unos con otros, y la sangre de Jesucristo su Hijo nos limpia de todo pecado" (1 Jn. 1:7).
>
> "y de Jesucristo el testigo fiel, el primogénito de los muertos, y el soberano de los reyes de la tierra. Al que nos amó, y nos lavó de nuestros pecados con su sangre" (Ap. 1:5).
>
> "Mas nuestra ciudadanía está en los cielos, de donde también esperamos al Salvador, al Señor Jesucristo; el cual transformará el cuerpo de la humillación nuestra, para que sea semejante al cuerpo de la gloria suya, por el poder con el cual puede también sujetar a sí mismo todas las cosas" (Fil. 3:20, 21).
>
> "Porque el Señor mismo con voz de mando, con voz de arcángel, y con trompeta de Dios, descenderá del cielo; y los muertos en Cristo resucitarán primero. Luego nosotros los que vivimos, los que hayamos quedado, seremos arrebatados juntamente con ellos en las nubes para recibir al Señor en el aire, y así estaremos siempre con el Señor. Por tanto, *alentaos los unos a los otros* con estas palabras" (1 Ts. 4:16-18).
>
> "aguardando la esperanza bienaventurada y la manifestación gloriosa de nuestro gran Dios y Salvador Jesucristo" (Tit. 2:13).

4 (11:27-30) *Juicio — Cena del Señor:* Las consecuencias severas o el castigo para los que participan de la Cena del Señor indignamente. ¿Qué quiere decir participar de la cena indignamente? Pablo le habla directamente a los corintios; por lo tanto, cualesquiera que hayan sido sus pecados estaban destinados a ser a lo que Pablo se refiere con indignamente. Los corintios eran culpables de participar de la Cena del Señor con...

* un espíritu de división (v. 18).
* un espíritu de herejía (facciones, partidos, camarillas, v. 19).
* un espíritu de engaño (v. 20).
* un espíritu de egoísmo y complacencia (v. 21).
* un espíritu de borrachera (v. 21).
* un espíritu de abandono al pobre (v. 21).
* un espíritu de irreverencia y descuido al proteger la santidad de la iglesia (v. 22).
* un espíritu de desconsideración y descuido al acercarse a la Cena del Señor.

Con toda franqueza, la lista anterior parece indicar que el pecado en nuestro corazón y nuestra vida es a lo que se refiere participar indignamente. Ciertamente, si comemos el pan y bebemos de la copa con *pecados no confesado*s en nuestro corazón y nuestra vida, ¿cómo nos pueden considerar dignos? Nuestra única dignidad es Jesucristo, y cuando único Él nos considera dignos es cuando andamos:

* En constante confesión.
* En constante arrepentimiento hacia Él.
* En constante alabanza de su misericordia, gracia, persona, y obra.

No tenemos justificación propia, por lo tanto, cuando único podemos ser considerados dignos sería cuando andamos en constante comunión con Él. Y comunión constante significa pensar activamente en Él y hablar con Él por medio de la confesión, el arrepentimiento, la alabanza, y la petición.

Hay tres consecuencias de participar indignamente de la Cena del Señor, es decir, con pecados no confesados en el corazón y la vida de una persona.

1. Una persona se vuelve culpable de la muerte del Señor (v. 27). La idea es que la persona tendrá que dar cuentas, porque es culpable de pecado contra el Señor mismo. La persona...

* insulta a Cristo
* ofende a Cristo
* pisotea a Cristo
* tiene la muerte de Cristo como algo sin sentido
* despecha a Cristo

"¿Cuánto mayor castigo pensáis que merecerá el que pisoteare al Hijo de Dios, y tuviere por inmunda la sangre del pacto en la cual fue santificado, e hiciere afrenta al Espíritu de gracia?" (He. 10:29).

2.   Una persona se condena a sí misma si no examina su corazón en busca de pecados no confesados (vv. 28-29). La severidad de la consecuencia es tan grande que una persona debe examinarse a sí misma antes de participar de la Cena del Señor. Necesita estar segura de que tiene un corazón limpio confesándose y arrepintiéndose de cualquier pecado conocido (v. 28).

La palabra "juicio" (krima) significa juzgar, condenar. No significa maldecir ni condenar a maldición en el castigo y el infierno eterno. A la persona se le asume como un creyente real que es culpable de pecado, no un incrédulo que deber ser condenado a infierno. El juicio real sobre el creyente que vive en pecado se trata en el próximo punto.

La palabra "discernir" (diakrino) significa discriminar, distinguir. La persona que come el pan y bebe de la copa indignamente sencillamente no logra pensar acerca de lo que está haciendo. No logra discriminar ni discernir la seriedad de su acto. Si pensara en el asunto, no participaría de la Cena del Señor con pecados no confesados en su vida, porque una irreverencia tal del cuerpo y la sangre del Señor despierta el juicio de Dios.

"Escudriñemos nuestros caminos, y busquemos, y volvámonos a Jehová" (Lm. 3:40).

"Examinaos a vosotros mismos si estáis en la fe; probaos a vosotros mismos. ¿O no os conocéis a vosotros mismos, que Jesucristo está en vosotros, a menos que estéis reprobados?" (2 Co. 13:5).

"Así que, cada uno someta a prueba su propia obra, y entonces tendrá motivo de gloriarse sólo respecto de sí mismo, y no en otro" (Gá. 6:4).

3.   Una persona es disciplinada y aleccionada por el Señor (v. 30). Los corintios eran tan flagrantes en su abuso de la Cena del Señor que Dios tuvo que actuar con disciplina severa. Su disciplina comprendía tanto enfermedad como muerte. Esto se plantea de un modo tan sencillo y directo que tiene que tomarse tal y como se dice a menos que se hayan de tergiversar las Escrituras. No hay nada en contexto que tan siquiera sugiera que la muerte del débil y el enfermo sea simbólica. Cuando se trata el tema de la disciplina o el castigo de Dios para su pueblo, se deben en cuenta tener tres aspectos:

=> Dios sí disciplina a su hijo. Él disciplina a su hijo porque lo ama (He. 12:5-13).

=> Dios disciplina a su hijo para evitar que el hijo se destruya a sí mismo y hiera y dañe a otros por medio de un pecado grave (vv. 29, 31).

=> Dios sabe exactamente qué tipo de disciplina con mayor probabilidad hará que su hijo se despierte y sea movido al arrepentimiento y la confesión.

=> Dios sabe cuándo a un creyente se le debe llevar al cielo. Solo Dios sabe cuando un *creyente pecador se ha excedido lo suficiente en su pecado* de modo que nunca se va arrepentir. En ese momento, se acaba la misión del creyente en la tierra; nunca más tendrá

testimonio de Cristo en la tierra, y tampoco le será de valor real alguno a nadie. Como se ha planteado, solo Dios sabe cuándo un creyente que vive en pecado llega a un límite como ese. Cuando sucede, está listo para ser llevado a casa. Su daño a Cristo, a los seres queridos y al mundo ya ha llegado demasiado lejos.

Al parecer, algunos de los creyentes corintios habían llegado al punto de no retorno, así que Dios se los llevó a casa con Él. (Vea el *Estudio a fondo 1, Juicio* — 1 Jn. 5:16. También vea las notas — 1 Co. 3:13-15; 3:17; 5:3-5.)

"Todo pámpano que en mí no lleva fruto, *lo quitará;* y todo aquel que lleva fruto, lo limpiará, para que lleve más fruto" (Jn. 15:2).

"mas siendo juzgados, somos castigados por el Señor, para que no seamos condenados con el mundo" (1 Co. 11:32).

"y habéis ya olvidado la exhortación que como a hijos se os dirige, diciendo: Hijo mío, no menosprecies la disciplina del Señor, ni desmayes cuando eres reprendido por él; porque el Señor al que ama, disciplina, y azota a todo el que recibe por hijo. Si soportáis la disciplina, Dios os trata como a hijos; porque ¿qué hijo es aquel a quien el padre no disciplina? Pero si se os deja sin disciplina, de la cual todos han sido participantes, entonces sois bastardos, y no hijos" (He. 12:5-8).

"Yo reprendo y castigo a todos los que amo; sé, pues, celoso, y arrepiéntete" (Ap. 3:19).

"Reconoce asimismo en tu corazón, que como castiga el hombre a su hijo, así Jehová tu Dios te castiga" (Dt. 8:5).

"También sobre su cama es castigado con dolor fuerte en todos sus huesos" (Job. 33:19).

"Bienaventurado el hombre a quien tú, JAH, corriges, y en tu ley lo instruyes" (Sal. 94:12).

"No menosprecies, hijo mío, el castigo de Jehová, ni te fatigues de su corrección" (Pr. 3:11).

"Castígame, oh Jehová, mas con juicio; no con tu furor, para que no me aniquiles" (Jer. 10:24).

5 (11:31-34) *Cena del Señor:* El procedimiento correcto de la Cena del Señor. Observe cuatro elementos:

1.   Proceder en la Cena del Señor juzgándose uno mismo, es decir, examinándose uno mismo. Debemos examinarnos y asegurarnos de que no estamos viviendo en pecado ni que llevamos ningún pecado conocido y no confesado en nuestro corazón. Ciertamente no debemos participar de la Cena del Señor si vivimos en un pecado conocido.

2.   Aceptar el castigo del Señor. Confesarse y arrepentirse, alejarse de la vida de pecado, sabiendo que Dios nos está castigando por amor. Nos está castigando para evitar que seamos condenados con el mundo. Al parecer esto se refiere al juicio final. La persona que continuamente vive en el pecado conocido al parecer corre el riesgo de ser juzgada con los incrédulos del mundo.

3.   Servirse mutuamente. Dejen de actuar egoístamente y dejen de consentirse ustedes mismos. Transmite y demuestra amor al poner primero a los otros.

4.   No traigan condenación sobre ustedes mismos. Enderecen su vida; no pequen más. Dejen de hacer lo que han estado haciendo. Coman en casa, y congréguense para la Cena del Señor. Háganlo todo decentemente y con orden.

> **"Porque esta leve tribulación momentánea produce en nosotros un cada vez más excelente y eterno peso de gloria"** (2 Co. 4:17).

> **"Es verdad que ninguna disciplina al presente parece ser causa de gozo, sino de tristeza; pero después da fruto apacible de justicia a los que en ella han sido ejercitados"** (He. 12:11).

> **"He aquí, bienaventurado es el hombre a quien Dios castiga; por tanto, no menosprecies la corrección del Todopoderoso"** (Job. 5:17).

> **"Mas él conoce mi camino; me probará, y saldré como oro"** (Job.23:10).

> **"De seguro conviene que se diga a Dios: He llevado ya castigo, no ofenderé ya más"** (Job. 34:31).

> **"Antes que fuera yo humillado, descarriado andaba; mas ahora guardo tu palabra"** (Sal. 119:67).

> **"y dijo: Invoqué en mi angustia a Jehová, y él me oyó; desde el seno del Seol clamé, y mi voz oíste"** (Jon. 2:2).

	CAPÍTULO 12 VII. LAS PREGUNTAS CON RESPECTO A LOS DONES ESPIRITUALES, 12:1—14:46. A. Los peligros potenciales que rodean los dones espirituales, 12:1-3	vándoos, como se os llevaba, a los ídolos mudos. 3 Por tanto, os hago saber que nadie que hable por el Espíritu de Dios llama anatema a Jesús; y nadie puede llamar a Jesús Señor, sino por el Espíritu Santo.	adoración falsa 3 Existe el peligro de hablar falsos mensajes 4 Existe el peligro de hablar la verdad aparte del Espíritu
1 Existe el peligro de ignorar acerca de los dones 2 Existe el peligro de dejarse llevar hacia la	1 No quiero, hermanos, que ignoréis acerca de los dones espirituales. 2 Sabéis que cuando erais gentiles, se os extraviaba lle-		

DIVISIÓN VII

LAS PREGUNTAS CON RESPECTO A LOS DONES ESPIRITUALES, 12:1—14:40

A. Los peligros potenciales que rodean los dones espirituales, 12:1-3

(12:1—14:40) *Panorámica general de la división: Dones, espirituales:* La iglesia de Corinto se enfrentaba a ciertos problemas que estaban a punto de destrozar la iglesia. Uno de los problemas más graves era el problema de los dones espirituales. No debiera abusarse nunca de ningún don, habilidad o dote que Dios haya dado, tampoco crear una polémica al respecto. Pero los creyentes corintios abusaban de tal forma de los dones del Espíritu de Dios que la iglesia estaba a punto de ser destrozada. Note cuán crítico era el asunto: Pablo dedica tres capítulos completos al tema de los dones espirituales.

Una ojeada a la historia de los dones espirituales ayudará a la comprensión de este pasaje.

1. El Antiguo Testamento había predicho que Dios enviaría su Espíritu a la tierra y dotaría a las personas de una manera especial.

> "Y después de esto derramaré mi Espíritu sobre toda carne, y profetizarán vuestros hijos y vuestras hijas; vuestros ancianos soñarán sueños, y vuestros jóvenes verán visiones. Y también sobre los siervos y sobre las siervas derramaré mi Espíritu en aquellos días" (Jl. 2:28, 29; cp. 2:17, 18).

2. Jesucristo les había prometido el Espíritu Santo y los había analizado con sus seguidores con gran detenimiento:
=> La Persona del Espíritu Santo o quién es el Espíritu Santo (vea el índice y las notas — Jn. 14:15-26).
=> La obra del Espíritu Santo (vea el índice y las notas — Jn. 16:7-15).
=> La protección y las señales muy especiales que el Espíritu Santo les proporcionará.

> "Y estas señales seguirán a los que creen: En mi nombre echarán fuera demonios; hablarán nuevas lenguas; tomarán en las manos serpientes, y si bebieren cosa mortífera, no les hará daño; sobre los enfermos pondrán sus manos, y sanarán" (Mr. 16:17, 18).

=> La promesa del *bautismo permanente* del Espíritu y la dote de poder.

> "Porque Juan ciertamente bautizó con agua, mas vosotros seréis bautizados con el Espíritu Santo dentro de no muchos días.... pero recibiréis poder, cuando haya venido sobre vosotros el Espíritu Santo, y me seréis testigos en Jerusalén, en toda Judea, en Samaria, y hasta lo último de la tierra" (Hch. 1:5, 8).

3. La venida del Espíritu Santo el día de Pentecostés fue una experiencia tan fenomenal que en realidad lanzó el movimiento más grande que el mundo haya conocido, el cristianismo en sí. Todas las promesas hechas por Dios en el Antiguo Testamento y por Jesucristo con respecto al Espíritu Santo y sus dones especiales de ministerio se experimentaron por primera vez el día de Pentecostés.

4. Antes de Cristo, cuando Dios llamaba a una persona para hacer un trabajo en particular, Dios siempre proporcionaba los dones y habilidades necesarias para hacer la obra. Dios siempre ha preparado a su pueblo para hacer la obra del ministerio. Sin embargo, desde que vino Cristo y el día de Pentecostés, hay una diferencia grande y extraordinaria: *todo creyente es llamado y dotado por Dios para el ministerio.* En eso consistía Pentecostés. Dios quiere que todo creyente sea testigo de la salvación de su Hijo, el Señor Jesucristo. Ser testigo es una de las razones primordiales por las que Dios le da el Espíritu Santo a cada creyente, y esa es con toda certeza la razón por la que Él provee los dones espirituales. Los dones y habilidades se dan para que sean usados, usados en la predicación de Cristo y en el ministerio de las necesidades apremiantes de las masas que viven en pobreza y sufrimiento de este mundo perdido y agonizante.

5. Pablo analiza el tema del Espíritu Santo y sus dones especiales para el ministerio con detenimiento:
=> El poder y obra del Espíritu Santo (vea el índice y las notas — Ro. 8:1-17).
=> La lucha del Espíritu Santo contra la carne (vea el

índice y las notas — Gá. 5:16-21).

=> El fruto del Espíritu Santo (vea el índice y las notas — Gá. 5:22-26).

=> Los dones espirituales del Espíritu Santo (vea el índice y las notas — Ro. 12:6-8; 1 Co. 12:1-11; Ef. 4:7-16).

=> Las preguntas o problemas que rodean los dones espirituales (vea el índice y las notas — 1 Co. 12:1-14:40).

En conclusión las Escrituras afirman con toda certeza que existen los dones espirituales, habilidades y dones especiales dados por el Espíritu Santo para que se usen en la iglesia y en el ministerio para salvar al mundo para Cristo. Sin embargo, como sucede en el mundo secular, cuando un hombre recibe un don, no siempre usa su don sabiamente, tampoco de la manera en la que debiera usarse; igual sucede en la iglesia. Los creyentes cristianos no siempre usan sus dones espirituales sabiamente, tampoco como Dios quiere que ellos los usen. Esto fue lo que le sucedió a los creyentes de la iglesia de Corinto, y lamentablemente, les sucede a multitudes de creyentes e iglesias alrededor del mundo de todas las generaciones. La mala utilización y el abuso de los dones de Dios son las razones mismas por las que no se ha salvado al mundo para Jesucristo. Esta realidad solamente enfatiza la necesidad apremiante de un estudio de estos capítulos.

(12:1-3) *Introducción — Dones, espirituales*: La iglesia de Corinto estaba a punto de ser destrozada por la polémica de los dones espirituales, y lamentablemente, las iglesias a través de los siglos se han dejado arrastrar hacia la misma polémica. Resulta lamentable porque el poder de Dios o los dones especiales deben descansar sobre los creyentes si han de salvar para Cristo a las masas del mundo que viven en sufrimiento. Existen cuatro peligros que rodean los dones espirituales o los dones del Espíritu Santo:

1. Existe el peligro de ignorar acerca de los dones (v. 1).
2. Existe el peligro de dejarse llevar hacia la adoración falsa (v. 2).
3. Existe el peligro de hablar falsos mensajes (v. 3).
4. Existe el peligro de hablar la verdad aparte del Espíritu (v. 3).

1 (12:1) *Dones, espirituales:* Existe el peligro de ignorar acerca de los dones espirituales. Observe dos elementos significativos:

1. Note las palabras "dones espirituales". Definitivamente existen los dones espirituales, dones y habilidades muy especiales de Dios dadas a una persona cuando se convierte en seguidora de Jesucristo. Note que son *dones espirituales*, no las habilidades naturales que una persona haya desarrollado desde su nacimiento. Son dones especiales dados por el Espíritu Santo que le permiten al creyente servirle a Jesucristo en la iglesia y en el mundo, dones espirituales que le permiten al creyente ayudar a ministrar a las personas y a guiarlas a Cristo.

> "A uno dio cinco talentos, y a otro dos, y a otro uno, a cada uno conforme a su capacidad; y luego se fue lejos" (Mt. 25:15).

> "De manera que, teniendo diferentes dones, según la gracia que nos es dada, si el de profecía, úsese conforme a la medida de la fe; o si de servicio, en servir; o el que enseña, en la enseñanza; el que exhorta, en la exhortación; el que reparte, con liberalidad; el que preside, con solicitud; el que hace misericordia, con alegría" (Ro. 12:6-8).

> "Ahora bien, hay diversidad de dones, pero el Espíritu es el mismo. Y hay diversidad de ministerios, pero el Señor es el mismo. Y hay diversidad de operaciones, pero Dios, que hace todas las cosas en todos, es el mismo. Pero a cada uno le es dada la manifestación del Espíritu para provecho. Porque a éste es dada por el Espíritu palabra de sabiduría; a otro, palabra de ciencia según el mismo Espíritu; y a otro, fe por el mismo Espíritu; y a otro, dones de sanidades por el mismo Espíritu. A otro, el hacer milagros; a otro, profecía; a otro, discernimiento de espíritus; a otro, diversos géneros de lenguas; y a otro, interpretación de lenguas" (1 Co. 12:4-10).

> "Pero a *cada uno de nosotros* fue dada la gracia conforme a la medida del don de Cristo… Y él mismo constituyó a unos, apóstoles; a otros, profetas; a otros, evangelistas; a otros, pastores y maestros,3" (Ef. 4:7, 11).

2. Observe las palabras exactas de Pablo: "No quiero… que ignoréis acerca de los dones espirituales". Hay tres formas en las que una persona puede ignorar acerca de los dones espirituales.

     a. Una persona puede ignorar que existe algo como los dones espirituales. Puede no saber que Dios dota al creyente genuino con dones muy especiales que lo facultan para servir y vivir en función de Cristo.

     b. Una persona puede saber que Dios dota a su pueblo, pero puede que no sepa qué dones especiales Dios le ha dado. El creyente puede no saber lo que Dios quiere que él haga por Cristo y por la iglesia.

     c. Una persona puede saber cuáles sus dones, pero puede no saber cómo usarlos apropiadamente. Era en ese punto que la iglesia de Corinto tenía tanto problema. Muchos de los creyentes conocían sus dones espirituales, pero los utilizaban incorrectamente, no los usaban como Dios quería que lo hicieran.

Pensamiento 1. Solo hay una solución para la ignorancia: "Estudiar". Los creyentes deben estudiar la Palabra de Dios y buscar la guía del Espíritu Santo:

* Aprender acerca de los dones espirituales.
* Aprender cuáles son sus dones y su llamado en particular.

> "Procura con diligencia presentarte a Dios aprobado, como obrero que no tiene de qué avergonzarse, que usa bien la palabra de verdad" (2 Ti. 2:15).

> "Toda la Escritura es inspirada por Dios, y útil para enseñar, para redargüir, para corregir, para instruir en justicia" (2 Ti. 3:16).

> "Y éstos eran más nobles que los que estaban en Tesalónica, pues recibieron la palabra con toda solici-

tud, escudriñando cada día las Escrituras para ver si estas cosas eran así" (Hch. 17:11).

"Porque las cosas que se escribieron antes, para nuestra enseñanza se escribieron, a fin de que por la paciencia y la consolación de las Escrituras, tengamos esperanza" (Ro. 15:4).

"La palabra de Cristo more en abundancia en vosotros, enseñándoos y exhortándoos unos a otros en toda sabiduría, cantando con gracia en vuestros corazones al Señor con salmos e himnos y cánticos espirituales" (Col. 3:16).

"desead, como niños recién nacidos, la leche espiritual no adulterada, para que por ella crezcáis para salvación" (1 P. 2:2).

2 (12:2) *Dones, espirituales:* Existe el peligro de dejarse llevar hacia la adoración falsa. A muchos de los creyentes de Corinto se les había salvado de las religiones paganas de aquella época. Observe el énfasis de Pablo:

=> Habían sido "gentiles"; ahora eran cristianos, seguidores de Cristo, el propio Mesías.

=> Habían sido adoradores de ídolos que eran mudos, incapaces de comunicarse y relacionarse. Pero ahora eran adoradores del único Dios vivo y verdadero que se podía comunicar y relacionar con ellos.

=> Se habían "extraviado" y los habían "llevado" alguna fuerza, energía o poder espiritual a servirles a los ídolos mudos. Pero ahora se encontraban bajo el poder del Espíritu de Dios; por lo tanto, debían ser guiados por Él.

Sucede lo siguiente. Las religiones de aquella época practicaban ampliamente los dones especiales que al parecer provenían de fuerzas espirituales, dones como trances, lenguas, palabras de euforia, y profecías del futuro. Tales dones campeaban por su respeto. Muchos de los creyentes de Corinto eran conversos del paganismo; por consiguiente, se habrían familiarizado con los dones falsos. Algunos de ellos habrían practicado estos dones en su religión anterior antes de su conversión. Al parecer alguno de ellos:

• Habían usado un don falso para imitar el don real.

• Habían usado incorrectamente el don y habían terminado no adorando realmente a Dios, sino que adoraban de una forma sin sentido.

• Habían comenzado a sentir y actuar de un modo espiritual, agorando el don y a sí mismo en lugar de centrar su atención en Dios.

Pensamiento 1. Piensen con qué frecuencia vemos los dones espirituales falsificados y usados incorrectamente, por ejemplo el don de profecía. ¿Con qué frecuencia vemos a una persona predicar o profetizar y se evidencia claramente que solo está falsificando el don y que no ha sido llamado realmente por Dios? Y el don de lenguas y milagros: ¿Con qué frecuencia vemos a los creyentes falsificar o usar los dones milagrosos y de éxtasis de una manera que no nos lleva a una verdadera adoración de Dios?

"Dios es Espíritu; y los que le adoran, en espíritu y en verdad es necesario que adoren" (Jn. 4:24).

"diciendo a gran voz: *Temed a Dios, y dadle gloria,*

porque la hora de su juicio ha llegado; y adorad a aquel que hizo el cielo y la tierra, el mar y las fuentes de las aguas" (Ap. 14:7).

"Adorad a Jehová en la hermosura de la santidad; temed delante de él, toda la tierra" (Sal. 96:9).

"Exaltad a Jehová nuestro Dios, y postraos ante el estrado de sus pies; el es santo" (Sal. 99:5).

3 (12:3) *Dones, espirituales:* Existe el peligro de hablar falsos mensajes (v. 3). Alguna persona de la iglesia de Corinto al parecer habló en lenguas y tergiversó la gran verdad de que "Jesús es el Señor". A partir de todos los indicios, la persona tomó la verdad que Pablo había predicado, que Cristo fue "hecho por nosotros maldición" (Gá. 3:13), y dijo algo al efecto de que "Jesús es anatema". Pablo proclama la verdad en términos para nada inciertos: Ese no es el Espíritu de Dios.

El planteamiento es contundente: Todo creyente debe tener cuidado de no hablar o proclamar un mensaje falso. Lo que el creyente proclame debe ser de Dios; debe ser la verdad de Dios. El mundo ya tiene suficientes mensajes falsos. No necesita más mensajes falsos ni tergiversaciones, mensajes que dejen a los hombres sin esperanzas después de la tumba. El mundo necesita la verdad de Dios, el mensaje del evangelio glorioso: "De que Él ha enviado a su Hijo al mundo a salvar eternamente a todos los hombres en todas partes". Es hora de que los falsos mensajes y las incertidumbres cesen de los labios de las personas que falsifican los dones del Espíritu de Dios.

Pensamiento 1. El creyente debe cuidarse de dos engaños al lidiar con los dones espirituales y la verdad.

1) Plantear o proclamar un mensaje que no sea la verdad de Dios y su Palabra.

"y conoceréis la verdad, y la verdad os hará libres" (Jn. 8:32).

"Sin embargo, si quisiera gloriarme, no sería insensato, porque diría la verdad; pero lo dejo, para que nadie piense de mí más de lo que en mí ve, u oye de mí" (2 Co. 12:6).

"Por lo cual, desechando la mentira, hablad verdad cada uno con su prójimo; porque somos miembros los unos de los otros" (Ef. 4:25).

"El labio veraz permanecerá para siempre; mas la lengua mentirosa sólo por un momento" (Pr. 12:19).

"Estas son las cosas que habéis de hacer: Hablad verdad cada cual con su prójimo; juzgad según la verdad y lo conducente a la paz en vuestras puertas" (Zac. 8:16).

"La ley de verdad estuvo en su boca, e iniquidad no fue hallada en sus labios; en paz y en justicia anduvo conmigo, y a muchos hizo apartar de la iniquidad" (Mal. 2:6).

2) Convertirse o sujetarse a una persona que falsifique los dones del Espíritu de Dios, ya sea un ministro proclamado o un líder laico de la iglesia.

"Amados, no creáis a todo espíritu, sino probad los espíritus si son de Dios; porque muchos falsos profetas han salido por el mundo. En esto conoced el Espíritu de Dios: Todo espíritu que confiesa que Jesucristo ha venido en carne, es de Dios; y todo espíritu que no confiesa que Jesucristo ha venido en carne, no es de Dios; y este es el espíritu del anticristo, el cual vosotros habéis oído que viene, y que ahora ya está en el mundo" (1 Jn. 4:1-3).

"Pero teniendo el mismo espíritu de fe, conforme a lo que está escrito: Creí, por lo cual hablé, nosotros también creemos, por lo cual también hablamos, sabiendo que el que resucitó al Señor Jesús, a nosotros también nos resucitará con Jesús, y nos presentará juntamente con vosotros. Porque todas estas cosas padecemos por amor a vosotros, para que abundando la gracia por medio de muchos, la acción de gracias sobreabunde para gloria de Dios" (2 Co. 4:13-15).

"Pero el Espíritu dice claramente que en los postreros tiempos algunos apostatarán de la fe, escuchando a espíritus engañadores y a doctrinas de demonios; por la hipocresía de mentirosos que, teniendo cauterizada la conciencia,4" (1 Ti. 4:1, 2).

"También debes saber esto: que en los postreros días vendrán tiempos peligrosos… Porque habrá hombres amadores de sí mismos, avaros, vanagloriosos, soberbios, blasfemos, desobedientes a los padres, ingratos, impíos, que tendrán apariencia de piedad, pero negarán la eficacia de ella; a éstos evita" (2 Ti. 3:1-2, 5).

"Porque muchos engañadores han salido por el mundo, que no confiesan que Jesucristo ha venido en carne. Quien esto hace es el engañador y el anticristo" (2 Jn. 1:7).

"Pero hubo también falsos profetas entre el pueblo, como habrá entre vosotros falsos maestros, que introducirán encubiertamente herejías destructoras, y aun negarán al Señor que los rescató, atrayendo sobre sí mismos destrucción repentina" (2 P. 2:1).

☐4 (12:3) *Dones, espirituales — Profesión falsa:* Existe el peligro de hablar la verdad aparte del Espíritu Santo (v. 3). Note la palabra "Señor" (kurios). Se refiere al propio Dios, es decir, al Jehová que se proclama por todas las Escrituras como el Señor soberano del universo. Llamar "Señor" a Jesús es reconocer su deidad, que Él es el propio Dios. Sucede lo siguiente: Ningún hombre puede agradar a Dios llamándole Señor a Jesús aparte del Espíritu Santo. Cualquier persona puede mencionar las palabras "Jesús es el Señor", pero para que una persona agrade a Dios, debe *reconocer* en su corazón y en su vida que Jesús es el Señor. La palabra *reconocer* es la clave: Significa entregarle su corazón a Jesús *como el Señor de su vida*. Y nadie va a hacer esto, no verdaderamente, a menos que sea movido a hacerlo por el Espíritu de Dios. Sin embargo, cuando una persona es movida por el Espíritu a decir que Jesús es el Señor, la persona sí entrega todo cuanto es y tiene para servir a Jesús. Para resumir de un modo sencillo, decir que Jesús es el Señor no quiere decir solamente pronunciar las palabras; significa estar motivado en el corazón por el Espíritu de Dios a *confesar* que nuestra vida le pertenece a Jesús *como Señor*. Significa dar todo cuanto una persona es y tiene a Cristo, reconociéndole como la Majestad soberana del universo, el propio Hijo de Dios mismo.

Al parecer algunas personas en la iglesia de Corinto decían que Jesús es el Señor, pero no estaban verdaderamente convertidas. Profesaban la verdad, pero no habían comprometido su vida realmente con la verdad. Trágicamente, desde

los inicios de la historia de la iglesia, las iglesias se han desbordado de profesiones falsas e hipócritas.

Pensamiento 1. ¿Cuántos fingen los dones del Espíritu de Dios y profesan conocer y proclamar la verdad, y aún así no son guiados realmente por el Espíritu de Dios? ¿Cuántos predican, enseñan, y hablan en lenguas; y aún así solo están pronunciando la verdad, no proclamando la verdad por medio del Espíritu de Dios? No hay verdad espiritual que Dios pueda usar de un modo eficaz aparte del liderazgo de su Espíritu.

"Mas el Consolador, el Espíritu Santo, a quien el Padre enviará en mi nombre, él os enseñará todas las cosas, y os recordará todo lo que yo os he dicho" (Jn. 14:26).

"Pero cuando venga el Espíritu de verdad, él os guiará a toda la verdad; porque no hablará por su propia cuenta, sino que hablará todo lo que oyere, y os hará saber las cosas que habrán de venir" (Jn. 16:13).

"Y nosotros no hemos recibido el espíritu del mundo, sino el Espíritu que proviene de Dios, para que sepamos lo que Dios nos ha concedido, lo cual también hablamos, no con palabras enseñadas por sabiduría humana, sino con las que enseña el Espíritu, acomodando lo espiritual a lo espiritual" (1 Co. 2:12,13).

"Pero la unción que vosotros recibisteis de él permanece en vosotros, y no tenéis necesidad de que nadie os enseñe; así como la unción misma os enseña todas las cosas, y es verdadera, y no es mentira, según ella os ha enseñado, permaneced en él" (1 Jn. 2:27).

Pensamiento 2. Con gran frecuencia la envidia y el celo por los dones de otros hacen que una persona:
• Finja un don.
• Proclame una verdad en la carne que no es guiada por el Espíritu.

Pensamiento 3. Trágicamente, desde los comienzos de la historia de la iglesia, las iglesias se han desbordado de profesiones falsas e hipócritas.

"No todo el que me dice: Señor, Señor, entrará en el reino de los cielos, sino el que hace la voluntad de mi Padre que está en los cielos" (Mt. 7:21).

"Así también vosotros por fuera, a la verdad, os mostráis justos a los hombres, pero por dentro estáis llenos de hipocresía e iniquidad" (Mt. 23:28).

"Respondiendo él, les dijo: Hipócritas, bien profetizó de vosotros Isaías, como está escrito: Este pueblo de labios me honra, mas su corazón está lejos de mí" (Mr. 7:6).

"Profesan conocer a Dios, pero con los hechos lo niegan, siendo abominables y rebeldes, reprobados en cuanto a toda buena obra" (Tit. 1:16).

"Y se acordaban de que Dios era su refugio, y el Dios Altísimo su redentor. Pero le lisonjeaban con su boca, y con su lengua le mentían" (Sal. 78:35, 36).

"Y vendrán a ti como viene el pueblo, y estarán delante de ti como pueblo mío, y oirán tus palabras, y no las pondrán por obra; antes hacen halagos con sus bocas, y el corazón de ellos anda en pos de su avaricia. Y he aquí que tú eres a ellos como cantor de amores, hermoso de voz y que canta bien; y oirán tus palabras, pero no las pondrán por obra" (Ez. 33:31, 32).

	B. Los dones espirituales, 12:4-11	a otro, palabra de ciencia según el mismo Espíritu;	a. Sabiduría
1 La unidad de los dones	4 Ahora bien, hay diversidad de dones, pero el Espíritu es el mismo.	9 a otro, fe por el mismo Espíritu; y a otro, dones de sanidades por el mismo Espíritu.	b. Ciencia
a. Hay diferentes dones, pero el espíritu es el mismo			c. Fe
b. Hay diferentes ministerios, pero el Señor es el mismo	5 Y hay diversidad de ministerios, pero el Señor es el mismo.		d. Dones de sanidad
c. Hay diferentes operaciones, pero el Dios es el mismo	6 Y hay diversidad de operaciones, pero Dios, que hace todas las cosas en todos, es el mismo.	10 A otro, el hacer milagros; a otro, profecía; a otro, discernimiento de espíritus; a otro, diversos géneros de lenguas; y a otro, interpretación de lenguas.	e. Hacer milagros
			f. Profecía, vea 14:3
			g. Discernimiento de espíritus
2 El propósito de los dones espirituales	7 Pero a cada uno le es dada la manifestación del Espíritu para provecho.		h. Lenguas
			i. Interpretación de lenguas
3 La lista de los diferentes dones	8 Porque a éste es dada por el Espíritu palabra de sabiduría;	11 Pero todas estas cosas las hace uno y el mismo Espíritu, repartiendo a cada uno en particular como él quiere.	**4 Se vuelve a hacer énfasis en la unidad de los dones**

DIVISIÓN VII

LAS PREGUNTAS CON RESPECTO A LOS DONES ESPIRITUALES, 12:1—14:40

B. Los dones espirituales, 12:4-11

(12:4-11) *Introducción — Dones, espirituales:* En la iglesia de Corinto se producía una terrible polémica acerca de los dones espirituales. Se estaban haciendo todo tipo de preguntas:

=> ¿Cuáles eran los dones esenciales?
=> ¿Cuáles eran los dones más válidos y verdaderos?
=> ¿Cuáles eran los dones más importantes?
=> ¿Cuáles eran los dones más útiles y necesarios?
=> ¿Qué dones tenían prioridad?
=> ¿Cuáles eran los dones que se debían desear y codiciar?
=> ¿Cuáles eran los dones más honorables?
=> ¿Cuáles eran los dones más aceptables?

Dios había bendecido a los creyentes corintios con una abundancia de dones espirituales para que pudieran ministrar eficazmente a los ciudadanos del Corinto pagano. Sin embargo, los creyentes nunca se acercaron a lanzar el ministerio que Dios había planificado para la iglesia. ¿Por qué? Porque muchos de los creyentes habían interpretado incorrectamente, estaban abusando y utilizando incorrectamente los dones espirituales que Dios les había dado.

=> Algunas personas comenzaron a creer que sus dones eran más importantes que los dones de otros, que estaban más bendecidos que otros creyentes. Por consiguiente, todos los tipos de pecados comenzaron a crecer en el corazón de estas personas: Una sensación de orgullo, arrogancia, espiritualidad, y de autosuficiencia.

=> Otras personas comenzaron a creer que tenían que tener los mismos dones de las otras personas, y se volvieron envidiosas, y comenzaron a buscar sus

dones. El resultado fue un abuso terrible de los dones. Algunas personas comenzaron a fingir algunos de los dones, y su abuso le trajo desorden y separación a la iglesia.

Había discusión y debate, contención y debate por los dones espirituales de Dios. Dios había provisto dones espirituales para preparar a su pueblo para el ministerio; pero en lugar de usar los dones para el ministerio, discutían por los dones que eran esenciales, válidos, importantes, necesarios, honorables, y atractivos.

El pasaje actual lidia con estos problemas, y al corazón honesto y abierto le da respuesta muchas de las preguntas sobre los dones espirituales.

1. La unidad de los dones (vv. 4-6).
2. El propósito de los dones espirituales (v. 7).
3. La lista de los diferentes dones (vv. 8-10).
4. Se vuelve a hacer énfasis en la unidad de los dones (v. 11).

1 (12:4-6) *Dones, espirituales:* La unidad de los dones espirituales. Pablo dice deliberadamente que no debe haber orgullo, polémica, ni división por los dones espirituales. Hay tres razones sencillas pero profundas que lo demuestran:

1. Hay diferentes dones, pero todos provienen del mismo Espíritu. El Espíritu determina qué don le da al creyente. El que decide enteramente es el Espíritu Santo; no lo decide el creyente. Ningún hombre se gana, merece, ni merita un don espiritual. El don lo da el Espíritu gratuitamente como Él quiere. Él y solo Él es la Fuente del don. Por lo tanto, no hay nada en un don por lo que un hombre se pueda sentir orgulloso e importante. Él no se lo ganó, y con toda certeza no lo merece.

Note otro elemento también, un asunto que es necesario que los creyentes genuinos lo recuerden siempre: "No hay nada polémico acerca de los dones espirituales". *Todos son, cada uno de ellos, dones del Espíritu.* Él le puede dar cualquier don y gracia espiritual a quién Él quiera. Aunque Él necesitara y quisiera darle una nueva gracia o don a una persona para que supla una necesidad especial en la iglesia o en el mundo. ¿Qué pudiera decir cualquiera al respecto? Si Él lo quiso así, Él podía hacerlo. Él es el Espíritu de Dios. ¿Qué hay que discutir al respecto?

Pensamiento 1. A los creyentes les es necesario hacer lo que Pablo les dice prontamente, amen, porque el amor es uno de los dones más grandes, y ocúpense de la tarea de salvar para Cristo a nuestro mundo perdido.

2. Hay diferentes ministerios o formas de servicio (administraciones), pero todas se hacen por la autoridad del mismo Señor. Es el Señor Jesús el que le da al creyente el derecho y la autoridad para ministrar *en su nombre*. Ningún creyente se gana, merita o merece el derecho de ser considerado por el Señor, mucho menos de representar al Señor. Por consiguiente, cuando el Señor le da al creyente el derecho de ministrar en su nombre, es una ocasión para la humildad y el servicio agradecido, no para la presunción, la súper espiritualidad, y el servicio arrogante.

3. Hay diferentes actividades y operaciones al llevar a cabo los diferentes ministerios, pero es el mismo Dios el que obra y da poder para hacerlo todo. Nadie tiene un Dios más grande ni mayor derecho o Dios que cualquier otro. Es el mismo Dios el que prepara y faculta a cada creyente para realizar las actividades diarias de su ministerio.

Por consiguiente, nadie tiene mayor derecho presumir o creerse más espiritual que otros creyentes. Y no hay nada de polémico al respecto. Dios puede hacer lo que Él quiera, como le plazca, porque es *Dios el que obra todas las cosas en todos los creyentes*. Por lo tanto, es necesario que los creyentes le agradezcan humildemente a Dios su presencia y poder y que sean fieles a las actividades diarias que les exige su ministerio. Ciertamente no hay razón para sentirse superior ni autosuficiente; tampoco tienen el derecho de oponerse a otros creyentes porque Dios está *obrando cosas diferentes en ellos*.

Pensamiento 1. Tanto la iglesia como los creyentes deben recordar siempre que *hay diferencias* entre los creyentes. Y es Dios el que ha creado las diferencias. Analicen lo que dicen las Escrituras: Hay...

* *diferentes* dones • ...*dados* por el mismo Espíritu (v. 4)
* *diferentes* ministerios • ...*dados* por el mismo Señor (v. 5)
* *diferentes* actividades • ...*dados* por el mismo Dios (v. 6)

El planteamiento es contundente: No importan los dones, ministerios, y actividades, todos son *dados,* dados por el Espíritu, el Señor, y Dios. Los dones no son ni pueden ser obrados por los creyentes, al menos no los dones genuinos. Tampoco se ganan, se ameritan o se merecen. Por lo tanto, se deben despojar de todo sentimiento de presunción y de toda polémica, y se debe buscar el rostro de Dios en arrepentimiento. Porque Dios es el que ha dado y distribuido según su voluntad. Solo Él sabe cuál es la mejor manera de salvar a las personas de este mundo desesperado y agonizante. Por

consiguiente, solo Él sabe cuáles son los dones y gracias que necesitan...

* las generaciones y las épocas
* las razas y los países del mundo
* la mente y las emociones de todas las personas
* la conversión y el crecimiento de todas las personas

> "Digo, pues, por la gracia que me es dada, a cada cual que está entre vosotros, que no tenga más alto concepto de sí que el que debe tener, sino que piense de sí con cordura, conforme a la medida de fe que Dios repartió a cada uno" (Ro. 12:3).
> "De manera que, teniendo *diferentes* dones, según la gracia *que nos es dada*" (Ro. 12:6).
> "Nada hagáis por contienda o por vanagloria; antes bien con humildad, estimando cada uno a los demás como superiores a él mismo; no mirando cada uno por lo suyo propio, sino cada cual también por lo de los otros" (Fil. 2:3, 4).
> "Porque ¿quién te distingue? ¿o qué tienes que no hayas recibido? Y si lo recibiste, ¿por qué te glorías como si no lo hubieras recibido?" (1 Co. 4:7).

2 (12:7) *Dones, espirituales:* El propósito de los dones espirituales es *permitirle* a los creyentes hacer el ministerio, la obra para la que Dios los ha llamado. La palabra "provecho" (sumpheron) significa edificación, ventaja, beneficio. Los creyentes están equipados con dones espirituales fundamentalmente para el *beneficio y edificación de otros*, no para ellos mismos. Los dones no se les dan a los creyentes para su propia gratificación ni para deleitarse con la presunción y la súper espiritualidad. Claro está, el creyente sí recibe provecho y beneficio del don que se le ha dado, pero fundamentalmente se le dota para que edifique y ayude a otros. Esto se ve en la palabra "manifestación". Quiere decir que se ve abierta y públicamente. Los dones del Espíritu se deben usar abierta y públicamente; se les deben:

* Manifestar a la iglesia, es decir, se deben usar para edificar la iglesia.
* Manifestar al mundo, es decir, se deben usar para beneficiar al mundo (salvando a los perdidos).

Observe un elemento crucial que no siempre se entiende. Los dones del Espíritu son "repartidos a cada hombre". No se les dan solamente a los educados y extraordinarios. El Espíritu de Dios le da algún don espiritual a cada creyente, y se lo da porque es necesario dentro de la iglesia y el mundo, necesario para ayudar a ministrar a las personas y para salvar para Cristo a los perdidos del mundo.

> "No me elegisteis vosotros a mí, sino que yo os elegí a vosotros, y os he puesto para que vayáis y llevéis fruto, y vuestro fruto permanezca; para que todo lo que pidiereis al Padre en mi nombre, él os lo dé" (Jn. 15:16).
> "Y él mismo constituyó a unos, apóstoles; a otros, profetas; a otros, evangelistas; a otros, pastores y maestros, a fin de perfeccionar a los santos para la obra del ministerio, para la edificación del cuerpo de Cristo" (Ef. 4:11, 12).

3 (12:8-10) *Dones, espirituales:* Se proporciona la lista de los diferentes dones para mostrar cuán diversos son realmente los dones del Espíritu. Él puede dotar a una persona según su voluntad, y sus dones son numerosos y variados. Esta lista es solamente parcial; se mencionan otros dones en otros pasajes (vea el índice y las notas — Ro. 12:6-8; Ef. 4:11).

1.   Existe el don de la palabra de *sabiduría* (sophia). Sabiduría significa la sabiduría de Dios; esto se aclara en 1 Co. 2:7. La sabiduría de Dios es la verdad que ahora Dios le ha revelado al hombre; es todo el sistema de verdad revelado por Dios, la verdad acerca de Dios, el hombre y el mundo. Por consiguiente, la palabra de sabiduría es el don de transmitirles a los hombres la sabiduría y la verdad de Dios, transmitir la verdad en un lenguaje sencillo y comprensible.

> **"¡Oh profundidad de las riquezas de la sabiduría y de la ciencia de Dios! ¡Cuán insondables son sus juicios, e inescrutables sus caminos!" (Ro. 11:33).**

> **"Pero la sabiduría que es de lo alto es primeramente pura, después pacífica, amable, benigna, llena de misericordia y de buenos frutos, sin incertidumbre ni hipocresía" (Stg. 3:17).**

> **"Y Daniel habló y dijo: Sea bendito el nombre de Dios de siglos en siglos, porque suyos son el poder y la sabiduría" (Dn. 2:20).**

2.   Existe el don de la palabra de *ciencia* (gnosis). Esto se refiere a conocimiento práctico. Consiste en saber qué hacer en situaciones cotidianas que se presentan. Es saber cómo se aplica la sabiduría que uno tiene a la vida diaria. Consiste en aplicar la verdad a la vida de un modo práctico. No hace bien alguno conocer la verdad a menos que una persona sepa cómo usar la verdad.

La palabra de *ciencia* es el don de transmitirle a otros cómo deben vivir; la habilidad de aplicar la verdad a la vida de cada uno de ellos en el quehacer cotidiano; la habilidad de aplicar la verdad a la vida de un modo práctico.

> **"Jesús les respondió y dijo: Mi doctrina no es mía, sino de aquel que me envió. El que quiera hacer la voluntad de Dios, conocerá si la doctrina es de Dios, o si yo hablo por mi propia cuenta" (Jn. 7:16, 17).**

> **"Dijo entonces Jesús a los judíos que habían creído en él: Si vosotros permaneciereis en mi palabra, seréis verdaderamente mis discípulos; y conoceréis la verdad, y la verdad os hará libres" (Jn. 8:31, 32).**

> **"Si clamares a la inteligencia, y a la prudencia dieres tu voz; si como a la plata la buscares, y la escudriñares como a tesoros, entonces entenderás el temor de Jehová, y hallarás el conocimiento de Dios" (Pr. 2:3-5).**

> **"Bienaventurado el hombre que halla la sabiduría, y que obtiene la inteligencia" (Pr. 3:13).**

3.   Existe el don de *la fe*. Esta no es la fe usual a la que nos referimos cuando hablamos de la fe salvadora. Es un don de fe muy especial: Una fe como un grano de mostaza, una fe fuerte, una fe poderosa, una fe que obra milagros, un don especial de fe que le permite al creyente hacer grandes cosas por Dios y por su pueblo.

> **"Jesús les dijo: Por vuestra poca fe; porque de cierto os digo, que si tuviereis fe como un grano de mostaza, diréis a este monte: Pásate de aquí allá, y se pasará; y nada os será imposible" (Mt. 17:20).**

> **"Jesús le dijo: Si puedes creer, al que cree todo le es posible" (Mr. 9:23).**

> **"Dijeron los apóstoles al Señor: Auméntanos la fe" (Lc. 17:5).**

> **"De cierto, de cierto os digo: El que en mí cree, las obras que yo hago, él las hará también; y aun mayores hará, porque yo voy al Padre" (Jn. 14:12).**

4.   Existe el don de *sanidad*. Este es un don que se ha minimizado y se le ha restado énfasis de generación en generación por los charlatanes y los abusos que con gran frecuencia lo han acompañado. Se sostenían todo tipo de teorías y posiciones doctrinales que planteaban que el don era solo para la iglesia primitiva. Sin embargo, según ha planteado William Barclay tan abiertamente, es un don que la iglesia está redescubriendo. Es un don que se ha experimentado y demostrado definitivamente en la vida de multitudes de personas de todo el mundo en la actualidad (*Las epístolas a los corintios*, p. 122s).

> **"Entonces llamando a sus doce discípulos, les dio autoridad sobre los espíritus inmundos, para que los echasen fuera, y para sanar toda enfermedad y toda dolencia" (Mt. 10:1).**

> **"Y estableció a doce, para que estuviesen con él, y para enviarlos a predicar, y que tuviesen autoridad para sanar enfermedades y para echar fuera demonios" (Mr. 3:14, 15).**

> **"Y estas señales seguirán a los que creen: En mi nombre echarán fuera demonios; hablarán nuevas lenguas; tomarán en las manos serpientes, y si bebieren cosa mortífera, no les hará daño; sobre los enfermos pondrán sus manos, y sanarán" (Mr. 16:17, 18).**

> **"a otro, fe por el mismo Espíritu; y a otro, dones de sanidades por el mismo Espíritu" (1 Co. 12:9).**

5.   Existe el don de *obrar milagros*. Esto se referiría a otros milagros a excepción del de la sanidad que se acabó de analizar. Hay ocasiones en las que surgen circunstancias y situaciones, y los creyentes necesitan una liberación milagrosa de alguna clase. Al parecer, en esto consiste el don. Cuando es la voluntad de Dios que cese una tormenta, que un enemigo quede cegado temporalmente, que se sofoque un incendio o que se alteren un sinnúmero de amenazas contra el creyente, Dios levanta a algún creyente y lo dota para obrar el milagro necesario. Ejemplos de este don serían Cristo calmando la tormenta; Pablo castigando a Elimas con la ceguera (Hch. 13:11); y Pablo al ser librado de la mordida de una serpiente venenosa (Hch. 28:5).

6.   Existe el don de *profecía*. Este es el don de hablar bajo la inspiración del Espíritu de Dios. Incluye tanto la predicción como la proclamación, y tampoco debiera minimizarse a pesar del abuso del don.

No cabe duda, se ha abusado del don de predecir sucesos al punto de la ridiculez. Sin embargo, el abuso de un don no elimina la realidad de que el Espíritu de Dios en ocasiones le da a los creyentes un adelanto de los sucesos venideros a fin de prepararlos y fortalecerlos para enfrentar los sucesos.

Sin embargo, las Escrituras plantean claramente cuál es la función principal de la profecía, y todos los creyentes debieran aprenderlo:

7. Existe el don de *discernimiento de espíritus*. Este es un don que los creyentes de todas las generaciones necesitan desesperadamente, porque siempre hay falsos profetas y maestros a su alrededor. En realidad, todo creyente necesita el don en alguna medida a fin de evitar que se extravíe.

> "Amados, no creáis a todo espíritu, sino probad los espíritus si son de Dios; porque muchos falsos profetas han salido por el mundo" (1 Jn. 4:1).
>
> "Porque éstos son falsos apóstoles, obreros fraudulentos, que se disfrazan como apóstoles de Cristo. Y no es maravilla, porque el mismo Satanás se disfraza como ángel de luz. Así que, no es extraño si también sus ministros se disfrazan como ministros de justicia; cuyo fin será conforme a sus obras" (2 Co. 11:13-15).
>
> "No menospreciéis las profecías. Examinadlo todo; retened lo bueno" (1 Ts. 5:20, 21).
>
> "Pero el Espíritu dice claramente que en los postreros tiempos algunos apostatarán de la fe, escuchando a espíritus engañadores y a doctrinas de demonios; por la hipocresía de mentirosos que, teniendo cauterizada la conciencia" (1 Ti. 4:1, 2).
>
> "que tendrán apariencia de piedad, pero negarán la eficacia de ella; a éstos evita" (2 Ti. 3:5).

8. Existe el don de lenguas. Este es el don de un discurso extático o profundamente emocional. Las personas que conocen del don siempre lo han codiciado grandemente porque le proporciona a la persona un sentido profundo de la presencia de Dios. ¿En qué lengua se habla?

=> Algunos dicen que es una lengua desconocida.

=> Otros dicen que es una lengua extranjera desconocida para el que habla.

=> Aún así otros dicen que es una lengua celestial.

Esta es una ilustración de cómo el Espíritu Santo dota a las personas de formas diferentes a fin de suplir las necesidades de la persona y la situación local.

Una vez más, este es un don del que se ha abusado de un modo tan drástico y trágico que una gran parte de la cristiandad se ha alejado del don. Sin embargo, el don está arrasando el mundo tan dramáticamente como el don de sanidad. Debe tenerse en cuenta que ese es el don del que se estaba abusando tanto y que estaba provocando tanta confusión en la iglesia de Corinto. (El don de lenguas se aborda en detalles en el Capítulo 14. Vea el índice y las notas — 1 Co. 14:1-40 para un mayor análisis.)

9. Existe el don de la *interpretación de lenguas*. Esto es sencillamente lo que plantea: "El Espíritu de Dios dota a algunos creyentes para que interpreten la lengua".

4 (12:11) *Dones, espirituales:* Se vuelve a hacer énfasis en la unidad de los dones. Resulta muy importante que la iglesia aprenda y practique este punto; por consiguiente, se repite.

1. Todos los dones que se han abordado son dados por el mismo Espíritu. Los dones de Dios no provienen de ninguna otra fuente. Los hombres no pueden ganarse, merecer ni obrar los verdaderos dones espirituales. Ningún hombre merece el don de la gracia de Dios. Por lo tanto, no hay cabida para la presunción y la súper espiritualidad, tampoco para la polémica. Un creyente tiene un don y otro creyente tiene otro don, pero ambos provienen del Espíritu de Dios.

2. El Espíritu de Dios le da los dones a cada hombre exactamente lo que Él desea. Él sabe cuáles dones son necesarios y dónde se necesitan en todo el mundo. Él sabe cuáles dones edificarán más a la iglesia y cuáles dones pueden ser más eficaces para salvar al mundo y para ministrar las necesidades apremiantes de toda la humanidad. Por ende, Él suple las necesidades de todos los creyentes en sus respectivos llamados y localidades.

1 El cuerpo humano es una ilustración de Cristo y de su iglesia

   a. El Espíritu nos bautiza en un mismo cuerpo, el propio Cristo

   b. El Espíritu nos da a beber de Él mismo

2 Punto 1: Algunos menos dotados se sienten menos importantes para el cuerpo

   a. Cada miembro es necesario

   b. Cada miembro tiene una función esencial

   c. Cada miembro está colocado en el cuerpo como Dios quiso

   d. Cada miembro es único, pero juntos hay solo un cuerpo

3 Punto 2: Algunos más dotados se sienten más importantes para el cuerpo

   a. Los miembros más débiles (los menos dotados) son realmente más necesarios

C. La iglesia, el Cuerpo de Cristo y los dones, 12:12-31

12 Porque así como el cuerpo es uno, y tiene muchos miembros, pero todos los miembros del cuerpo, siendo muchos, son un solo cuerpo, así también Cristo.

13 Porque por un solo Espíritu fuimos todos bautizados en un cuerpo, sean judíos o griegos, sean esclavos o libres; y a todos se nos dio a beber de un mismo Espíritu.

14 Además, el cuerpo no es un solo miembro, sino muchos.

15 Si dijere el pie: Porque no soy mano, no soy del cuerpo, ¿por eso no será del cuerpo?

16 Y si dijere la oreja: Porque no soy ojo, no soy del cuerpo, ¿por eso no será del cuerpo?

17 Si todo el cuerpo fuese ojo, ¿dónde estaría el oído? Si todo fuese oído, ¿dónde estaría el olfato?

18 Mas ahora Dios ha colocado los miembros cada uno de ellos en el cuerpo, como él quiso.

19 Porque si todos fueran un solo miembro, ¿dónde estaría el cuerpo?

20 Pero ahora son muchos los miembros, pero el cuerpo es uno solo.

21 Ni el ojo puede decir a la mano: No te necesito, ni tampoco la cabeza a los pies: No tengo necesidad de vosotros.

22 Antes bien los miembros del cuerpo que parecen más débiles, son los más necesarios;

23 y a aquellos del cuerpo que nos parecen menos dignos, a éstos vestimos más dignamente; y los que en nosotros son menos decorosos, se tratan con más decoro.

24 Porque los que en nosotros son más decorosos, no tienen necesidad; pero Dios ordenó el cuerpo, dando más abundante honor al que le faltaba,

25 para que no haya desavenencia en el cuerpo, sino que los miembros todos se preocupen los unos por los otros.

26 De manera que si un miembro padece, todos los miembros se duelen con él, y si un miembro recibe honra, todos los miembros con él se gozan.

27 Vosotros, pues, sois el cuerpo de Cristo, y miembros cada uno en particular.

28 Y a unos puso Dios en la iglesia, primeramente apóstoles, luego profetas, lo tercero maestros, luego los que hacen milagros, después los que sanan, los que ayudan, los que administran, los que tienen don de lenguas.

29 ¿Son todos apóstoles? ¿son todos profetas? ¿todos maestros? ¿hacen todos milagros?

30 ¿Tienen todos dones de sanidad? ¿hablan todos lenguas? ¿interpretan todos?

31 Procurad, pues, los dones mejores. Mas yo os muestro un camino aun más excelente.

   b. Las partes impresentables se tratan con mayor honor

4 Punto 3: Dios ha puesto tanto al presentable como al impresentable en un mismo cuerpo

   a. Para evitar que los miembros entren en conflicto

   b. Para crear una preocupación natural por cada uno

5 Punto 4: Cada uno es miembro del Cuerpo de Cristo y ocupa su propio lugar

   a. Dios pone y dota a cada miembro en la iglesia[EF1]

   b. Todos no tienen el mismo don

6 Punto 5: Cada uno debe codiciar los dones mejores

DIVISIÓN VII

LAS PREGUNTAS CON RESPECTO A LOS DONES ESPIRITUALES, 12:1—14:40

C. La iglesia, el Cuerpo de Cristo y los dones, 12:12-31

(12:12-31) *Introducción:* Este pasaje nos proporciona una de las descripciones más significativas de la iglesia en toda la extensión de las Escrituras. Es también uno de los mensajes más significativos de la iglesia que se pueden predicar. El propósito del pasaje es hacer énfasis en *la unidad de la iglesia.* Se dice que la iglesia es un cuerpo, un cuerpo de muchas partes o miembros. Se compara con el cuerpo humano en todo el pasaje.

   1. El cuerpo humano es una ilustración de Cristo y de su iglesia (vv. 12-13).

2. Punto 1: Algunos menos dotados se sienten menos importantes para el cuerpo (vv. 14-20).

3. Punto 2: Algunos más dotados se sienten más importantes para el cuerpo (vv. 21-23).

4. Punto 3: Dios ha puesto tanto al presentable como al impresentable en un mismo cuerpo (vv. 24-26).

5. Punto 4: Cada uno es miembro del Cuerpo de Cristo y ocupa su propio lugar (vv. 27-30).

6. Punto 5: Cada uno debe codiciar los dones mejores (v. 31).

1 (12:12-13) *Iglesia — Cuerpo, el:* El cuerpo humano es una ilustración de Cristo y de su iglesia. La ilustración es práctica y descriptiva: El cuerpo humano es un organismo, una persona, un ser, una vida; aún así tiene muchos miembros o partes que lo conforman. Sin embargo, a pesar de sus muchas partes, el cuerpo constituye un todo orgánico. Todas las partes del cuerpo están aún *en el cuerpo* y forman realmente el cuerpo, permitiéndole que funcione.

"Así también Cristo". Cristo es un organismo, una persona, un ser, una vida; aún así Él también tiene muchos miembros o partes en su cuerpo. Sin embargo, a pesar de las muchas partes de su cuerpo, su cuerpo es aún un todo orgánico. En realidad todas las partes de su cuerpo le dan forma y le permiten que funcione. La idea es que el cuerpo humano y el cuerpo de Cristo ilustran lo que hace el Espíritu Santo.

1. El Espíritu Santo bautiza a los creyentes en un cuerpo, es decir, en el propio Cristo. Cuando creemos realmente *en Cristo* (note la frase significativa "en Cristo" que con tanta frecuencia aparece en las Escrituras. Vea la nota, *Creyente, posición en Cristo* — Ro. 6:3-5; y el *Estudio a fondo 1* — 8:1.)

- El Espíritu Santo nos sumerge en la muerte de Jesucristo. Dios realmente nos considera como si estuviéramos "*en Cristo*", como si estuviéramos "en el cuerpo de Cristo". Dios nos ve como si ya hubiéramos muerto *en el cuerpo de Cristo*. Por consiguiente, al haber muerto *en Cristo*, no necesitamos morir nunca (vea el *Estudio a fondo 1, Justificación* — Ro. 4:22; nota — 5:1).

- El Espíritu Santo nos sumerge en la resurrección de Cristo. Dios nos considera y nos ve como si ya hubiéramos resucitado de los muertos *en el cuerpo de Cristo*. Por consiguiente, ya tenemos la nueva vida de Cristo, la vida abundante y eterna.

- El Espíritu Santo nos sumerge en el propósito de Jesucristo. Dios nos considera y nos ve como si estuviéramos *en el cuerpo de Cristo* obrando y llevando a cabo el mismo propósito que su Hijo, el Señor Jesucristo.

El planteamiento es contundente: Nosotros, todos los creyentes genuinos, debemos nuestra propia existencia al bautismo del Espíritu Santo. Todo cuanto hemos recibido de Dios se debe a una cosa y solo a una cosa: El bautismo del Espíritu Santo en el propio cuerpo del Señor Jesucristo mismo. Dios nos reconoce:

- Solo si hemos "*creído en*" el Señor Jesucristo.

- Solo si hemos sido "*bautizado en*" el cuerpo del Señor Jesucristo.

Dios tiene que vernos "*en Cristo*", "*en el cuerpo de Cristo*" a fin de aceptarnos y aprobarnos. Imagínese la escena: Está el cuerpo de Cristo, *allá fuera*. Cuando Dios mira el cuerpo de Cristo, Él nos ve *en Cristo*; luego Dios nos acepta y nos aprueba, no importa quiénes seamos. Puede que seamos judíos o griegos, esclavos o libres, eso no importa. Si creemos en el Señor Jesucristo, el Espíritu Santo nos toma y nos bautiza en el cuerpo de Cristo. Dios nos ve y nos acepta, nos considera y nos acredita como si estuviéramos *en Cristo*, como si estuviéramos *en el cuerpo de Cristo*.

Pensamiento 1. Note un elemento significativo. Pablo no ha mencionado la iglesia. De hecho, él no menciona la iglesia hasta el versículo 28 donde comienza a mencionar los dones espirituales. ¿Por qué? Él no lo dice, pero la idea central es el cuerpo universal de Cristo: Todo creyente alrededor del mundo, no importa quién sea ni dónde esté, es un miembro del Cuerpo de Cristo. Y el creyente es esencial para la salud de todo el Cuerpo. El creyente es sumamente necesario para la salud del Cuerpo de Cristo.

"Y creyó a Jehová, y le fue contado por justicia" (Gn. 15:6).

"y que de todo aquello de que por la ley de Moisés no pudisteis ser justificados, en él es justificado todo aquel que cree" (Hch. 13:39).

"Justificados, pues, por la fe, tenemos paz para con Dios por medio de nuestro Señor Jesucristo" (Ro. 5:1).

2. En este versículo también hay otro elemento significativo. A nosotros "todos se nos dio a beber de un mismo Espíritu"; es decir, el Espíritu ha entrado en nuestro cuerpo. Él mora en el corazón y la vida de todos los creyentes.

=> El Espíritu Santo no solo sumerge a los creyentes "*en el Cuerpo* de Cristo"…

=> Sino que el Espíritu Santo es sumergido o colocado en la vida y el cuerpo de cada uno de los creyentes.

"Y yo rogaré al Padre, y os dará otro Consolador, para que esté con vosotros para siempre: el Espíritu de verdad, al cual el mundo no puede recibir, porque no le ve, ni le conoce; pero vosotros le conocéis, porque mora con vosotros, y estará en vosotros" (Jn. 14:16, 17).

"Mas vosotros no vivís según la carne, sino según el Espíritu, si es que el Espíritu de Dios mora en vosotros. Y si alguno no tiene el Espíritu de Cristo, no es de él" (Ro. 8:9).

"¿No sabéis que sois templo de Dios, y que el Espíritu de Dios mora en vosotros?" (1 Co. 3:16).

"¿O ignoráis que vuestro cuerpo es templo del Espíritu Santo, el cual está en vosotros, el cual tenéis de Dios, y que no sois vuestros?" (1 Co. 6:19).

2 (12:14-20) *Iglesia:* Algunos que son *menos dotados* sienten que no son importantes para el Cuerpo de Cristo. Algunos miembros de la iglesia de Corinto estaban experimentando lo que experimentan tantos creyentes, una sensación de ser…

- menos dotados
- menos capaces
- menos competentes
- insignificantes
- no importantes
- insuficientes

- menos dignos   • no dotados

Sin embargo, tales sentimientos y pensamientos son falsos, totalmente inciertos. "El cuerpo no es un solo miembro [significativo], sino muchos [miembros]". Toda persona que pertenece verdaderamente al Cuerpo de Cristo (la iglesia) es significativo e importante para Dios y tiene un don y una función en el Cuerpo. Note cuatro elementos significativos sobre la iglesia, el Cuerpo de Cristo.

1. Cada miembro es necesario. Puede que el pie no esté tan dotado como la mano para manejar las cosas, pero el pie aún es parte del cuerpo. Puede que el oído no pueda ver cosas como puede verlas el ojo, pero el oído aún forma parte del cuerpo.

2. Cada miembro tiene una función esencial. El ojo, el oído, y la nariz, todos tienen su función.

=> Ninguno puede desempeñar la función del otro. Cada miembro tiene su función, y ningún otro miembro puede desempeñar la función del otro miembro.

=> Si todo el cuerpo fuera solo un ojo, sería un fenómeno: No operativo, no funcional, e inútil. Sería una atrocidad.

Pensamiento 1. Observe tres aplicaciones significativas:
1) El Cuerpo de Cristo, la iglesia, puede operar solo si un número suficiente de los miembros desempeñan la función para la que fueron dotados.
2) El cuerpo, la iglesia, se vuelve incapaz si algunos miembros no funcionan y no hacen el trabajo para el que se les dotó.
3) La habilidad del Cuerpo de Cristo para operar está determinada por el número y la eficacia de sus miembros. Mientras más funcionen y funcionen eficazmente los miembros del cuerpo (iglesia), más puede hacer el cuerpo (iglesia).

3. Cada miembro está colocado "en el cuerpo" como Dios quiso. El ojo ve porque Dios le dio la capacidad de ver. El oído oye porque Dios le dio la capacidad de oír. Sucede lo mismo en la iglesia. Note las palabras "cada uno de ellos", cada miembro ha sido colocado en la iglesia por Dios y ha sido dotado por Dios. Dios no ha colocado a los miembros más prominentes en la iglesia. Dios nos ha colocado a "cada uno" de nosotros en la iglesia, y Él nos ha dotado para una función esencial. Y note: Lo que se nos llama a hacer y se nos dota para hacer es la *voluntad* de Dios. Somos lo que somos y tenemos los dones que tenemos porque Dios quiso que fuéramos como somos.

Pensamiento 1. Las implicaciones de este punto son contundentes. Cada creyente:
- Necesita agradecer a Dios por quién es y por su don.
- Necesita usar sus dones con toda diligencia y fervor.

4. Cada miembro es único, pero *juntos* hay solo un cuerpo. ¿Si solo existiera un miembro, dónde estaría el cuerpo? Por supuesto, no habría cuerpo. Sucede lo mismo con la iglesia. Si hay solo un miembro en la iglesia, sería significativo, la persona más importante. ¿Pero dónde estaría la iglesia? Está claro: La iglesia no la conforma una persona importante y significativa. La iglesia la conforman muchos miembros, todos importantes y significativos. Pero observe lo siguiente: "A pesar de la diversidad, la iglesia es aún un cuerpo".

"De manera que, teniendo diferentes dones, según la gracia que nos es dada, si el de profecía, úsese conforme a la medida de la fe; o si de servicio, en servir; o el que enseña, en la enseñanza; el que exhorta, en la exhortación; el que reparte, con liberalidad; el que preside, con solicitud; el que hace misericordia, con alegría" (Ro. 12:6-8)

"Ahora bien, hay diversidad de dones, pero el Espíritu es el mismo. Y hay diversidad de ministerios, pero el Señor es el mismo. Y hay diversidad de operaciones, pero Dios, que hace todas las cosas en todos, es el mismo. Pero a cada uno le es dada la manifestación del Espíritu para provecho" (1 Co. 12:4-7).

3 (12:21-23) *Iglesia:* Algunos que son *más dotados* sienten que son más importantes para el cuerpo. Este punto consiste en una reprensión directa a aquellos que tratan de dominar o imponer su voluntad en una iglesia. La voluntad y los deseos propios de una persona nunca se deben imponer ni forzar en la iglesia. Cada miembro es importante y significativo y debe considerársele. Con gran frecuencia, hay quienes sienten que son más importantes que otros en la iglesia. Sienten que sus dones y contribuciones son más significativos que los de otros. La idea central de este punto es que tales sentimientos y pensamientos son erróneos, totalmente erróneos. Hasta el miembro más pequeño y menos dotado (que usa su don) es tan importante para la función de la iglesia como el ministro o la persona más dotada. "Ni el ojo puede decir a la mano: No te necesito". "Ni tampoco la cabeza a los pies: No tengo necesidad de vosotros". Todos son importantes para Dios. De hecho, note lo que dicen las Escrituras; ambos puntos son verdaderamente reveladores, una sorpresa para lo que piensan la mayoría de las personas:

1. Los miembros más débiles (los menos dotados) son realmente más necesarios. La palabra "débil" (asthenes) quiere decir enfermo, enfermizo. Demuestra que en apariencia algunos miembros pueden parecer menos importantes, pero no es así; son esenciales. De hecho, en realidad son más necesarios. El laico promedio que sirve como un obrero personal, aunque la multitud no lo vea nunca, es mucho más importante para las decisiones en función de Cristo que el evangelista que se encuentra en el centro de la escena. El santo que se haya convertido en un *guerrero de la oración* es mucho más importante para la fortaleza de la iglesia que el predicador más elocuente que haya ocupado el púlpito.

2. Las partes impresentables del cuerpo se tratan con mayor honor. Se hace referencia a la ropa. Nos esforzamos más vistiendo las partes impresentables de nuestro cuerpo, proporcionándoles una nobleza especial.

Así debiera suceder en la iglesia. Al menos dotado se le debiera reconocer y tratar con una nobleza muy especial, porque realmente son más necesarios.

Pensamiento 1. Se aborda bien el objetivo: Ningún creyente o grupo de creyentes deben menospreciar, rechazar, ni esquivar a los menos dotados en la iglesia. Todos son importantes; de hecho, los menos dotados que están usando sus dones en función de Cristo son realmente más necesarios. Ellos están "en contacto directo con la obra"; por lo tanto, se les debe tratar con mayor honor.

> "mas no así vosotros, sino sea el mayor entre vosotros como el más joven, y el que dirige, como el que sirve" (Lc. 22:26).

> "Digo, pues, por la gracia que me es dada, a cada cual que está entre vosotros, que no tenga más alto concepto de sí que el que debe tener, sino que piense de sí con cordura, conforme a la medida de fe que Dios repartió a cada uno" (Ro. 12:3).

> "sino que lo necio del mundo escogió Dios, para avergonzar a los sabios; y lo débil del mundo escogió Dios, para avergonzar a lo fuerte; y lo vil del mundo y lo menospreciado escogió Dios, y lo que no es, para deshacer lo que es, a fin de que nadie se jacte en su presencia" (1 Co. 1:27-29).

> "Porque ¿quién te distingue? ¿o qué tienes que no hayas recibido? Y si lo recibiste, ¿por qué te glorías como si no lo hubieras recibido?" (1 Co. 4:7).

> "Igualmente, jóvenes, estad sujetos a los ancianos; y todos, sumisos unos a otros, revestíos de humildad; porque: Dios resiste a los soberbios, y da gracia a los humildes" (1 P. 5:5).

4 (12:24-26) *Iglesia:* Dios ha puesto tanto al presentable como al impresentable en un mismo cuerpo. Las partes presentables de nuestro cuerpo no tienen necesidad de ropa; por consiguiente, no las vestimos (por ejemplo, el rostro y las manos). Dios ha hecho lo mismo con la iglesia. Dios ordenó el cuerpo en unidad. La palabra "ordenó" (sunekerasen) quiere decir mezclar, combinar, y unir. Dios ha ordenado la iglesia como es: Los dotados y los menos dotados mezclados, combinado, y juntados. Y lo ha hecho de tal manera que pertenece mayor honor a aquellos que están tan dotados. El guerrero de oración es mucho más importante que el solista que le da el frente a las personas. El testigo laico de Cristo es más necesario que el predicador que ocupa el púlpito. La persona que ministra al enfermo y al anciano es más honorable que el presidente del consejo que guía a toda la congregación en asuntos administrativos.

Todos son importantes, pero los más honorables no son necesariamente los que se paran delante de la iglesia. En ocasiones los más honorables son los que nunca se ven, los que hacen su ministerio por el Señor, desempeñando sus dones y funcionamiento dentro de la iglesia según Él ha ordenado.

1. Dios ha ordenado o unido a los miembros para evitar que entren en conflicto. No debe haber celo, orgullo, ni división dentro de la iglesia; porque Dios ha dotado a cada creyente para que complemente a los otros. Dios los ha dotado a todos para que funcionen en armonía.

> "Os ruego, pues, hermanos, por el nombre de nuestro Señor Jesucristo, que habléis todos una misma cosa, y que no haya entre vosotros divisiones, sino que estéis perfectamente unidos en una misma mente y en un mismo parecer" (1 Co. 1:10).

> "Por lo demás, hermanos, tened gozo, perfeccionaos, consolaos, sed de un mismo sentir, y vivid en paz; y el Dios de paz y de amor estará con vosotros" (2 Co. 13:11).

> "solícitos en guardar la unidad del Espíritu en el vínculo de la paz" (Ef. 4:3).

> "Solamente que os comportéis como es digno del evangelio de Cristo, para que o sea que vaya a veros, o que esté ausente, oiga de vosotros que estáis firmes en un mismo espíritu, combatiendo unánimes por la fe del evangelio" (Fil. 1:27).

> "Finalmente, sed todos de un mismo sentir, compasivos, amándoos fraternalmente, misericordiosos, amigables" (1 P. 3:8).

2. Dios ha ordenado o unido a los miembros para crear una preocupación natural de uno por otros. Observe las palabras "todos se preocupen los unos por los otros". Esa misma preocupación de unos por otros debiera mostrársele a un miembro de la misma manera que a otro miembro.

Un miembro de la iglesia no es más importante que otro miembro, no para Dios, y tampoco debiera serlo para nosotros. No debiera haber favoritismo o ni parcialidad para con nadie. Cuando un miembro del cuerpo humano se duele, se duele todo el cuerpo. Cuando un miembro (por ejemplo, los pies en una carrera) es honrado, todo el cuerpo se regocija con los pies. Así debe ser en la iglesia. La iglesia es un cuerpo; por consiguiente, debe dolerse y regocijarse juntamente. El cuerpo debe atravesar junto la experiencia de la vida, doliéndose y regocijándose con cada miembro, cuidando y preocupándose por cada miembro.

> "Porque tuve hambre, y me disteis de comer; tuve sed, y me disteis de beber; fui forastero, y me recogisteis; estuve desnudo, y me cubristeis; enfermo, y me visitasteis; en la cárcel, y vinisteis a mí" (Mt. 25:35, 36).

> "En todo os he enseñado que, trabajando así, se debe ayudar a los necesitados, y recordar las palabras del Señor Jesús, que dijo: Más bienaventurado es dar que recibir" (Hch. 20:35).

> "Así que, los que somos fuertes debemos soportar las flaquezas de los débiles, y no agradarnos a nosotros mismos" (Ro. 15:1).

> "Me he hecho débil a los débiles, para ganar a los débiles; a todos me he hecho de todo, para que de todos modos salve a algunos" (1 Co. 9:22).

> "También os rogamos, hermanos, que amonestéis a los ociosos, que alentéis a los de poco ánimo, que sostengáis a los débiles, que seáis pacientes para con todos" (1 Ts. 5:14).

5 (12:27-30) *Iglesia:* Cada creyente es un miembro del Cuerpo de Cristo y ocupa su propio lugar en él. Este punto es contundente y enfático.

=> "Vosotros sois el cuerpo de Cristo": De un modo colectivo, contamos con el privilegio supremo. Somos los miembros de Cristo, de su cuerpo, del cuerpo del propio Hijo de Dios.

=> "Miembros cada uno en particular": De un modo individual, cada uno de nosotros es un miembro del Cuerpo de Cristo. No hay un solo creyente que esté excluido, y nadie tiene más condición de miembro que ningún otro creyente.

Pablo ilustra el punto enumerando algunos de los dones. Él dice dos cosas significativas:

1.   Dios ha colocado y ha dotado a cada miembro de la iglesia. Por ejemplo, considérense estos ocho dones:

    a.   Primero, Dios ha puesto apóstoles en la iglesia (vea el *Estudio a fondo 1, Apóstol* — 1 Co. 12:28 para un análisis).

    b.   Segundo, Dios ha puesto profetas en la iglesia (vea la nota, *Dones* — 1 Co. 12:8-10 para un análisis).

    c.   Tercero, Dios ha puesto maestros en la iglesia. El don de la enseñanza es el don de instruir a los creyentes en la verdad de Dios y su Palabra. Es el don de proporcionarles a las personas un cimiento y un fundamento en la doctrina, reprobación, corrección, y justificación.

    d.   También estaba el don de milagros (vea la nota — 1 Co. 12:8-10 para un análisis).

    e.   Estaba el don de sanidad (vea la nota — 1 Co. 12:8-10 para un análisis).

    f.   Estaba el don de ayudar. Este es el don que hace exactamente lo que expresa: Ayuda a las personas. Todos conocemos a algunas personas que siempre están dispuestas a ayudar a las demás personas, siempre están disponibles y preparadas para brindar una mano. Estos personas están particularmente dirigidas a ayudar a los necesitados, por ejemplo, a las viudas o los viudos, a los huérfanos, a los incapacitados físicamente, a los confinados, y a los pobres.

    g.   Estaba el don de gobernación o administración. La palabra griega es descriptiva (kuberneseis). Se refiere al práctico de un barco, la persona que conduce el barco en los canales peligrosos de los océanos. La iglesia, desde luego, necesita a tales personas que le puedan dar dirección en su trayectoria para llegar al destino que Dios le ha señalado.

    h.   Estaba el don de diferentes lenguas (vea la nota — 1 Co. 12:8-10 para un análisis).

2.   Debe tenerse en cuenta que todos los miembros no tienen el mismo don.

    => ¿Son todos apóstoles?
    => ¿Son todos profetas?
    => ¿Son todos maestros?
    => ¿Hacen todos milagros?
    => ¿Tienen todos los dones de sanidad?
    => ¿Hablan todos lenguas?
    => ¿Interpretan todos lenguas?

La respuesta es obvia. ¡No! Dios no ha dotado a todos los creyentes con el mismo don.

> **"A uno dio cinco talentos, y a otro dos, y a otro uno, a cada uno conforme a su capacidad; y luego se fue lejos" (Mt. 25:15).**

> **"Pero todas estas cosas las hace uno y el mismo Espíritu, repartiendo a cada uno en particular como él quiere" (1 Co. 12:11).**

> **"a fin de perfeccionar a los santos para la obra del ministerio, para la edificación del cuerpo de Cristo" (Ef. 4:12).**

ESTUDIO A FONDO 1

(12:28) *Apóstol:* Enviar. Un apóstol es un representante, un embajador, una persona que es enviada a un país a representar a otro país. Hay tres verdades acerca de los apóstoles.

    => Él le pertenece a al que lo ha enviado.
    => Su misión es ser enviado.
    => Él posee toda la autoridad y poder del que lo envía.

La palabra "apóstol" tiene un uso restringido y amplio en el Nuevo Testamento.

1.   El sentido restringido. Se refiere a los doce apóstoles y a Pablo como apóstol (Hch. 1:21-22; 1 Co. 9:1). En este sentido restringido había al menos dos requisitos básicos.

    a.   El apóstol era un hombre elegido directamente por el propio Señor o por el Espíritu Santo (cp. Mt. 10:1-2; Mr. 3:13-14; Lc. 6:13; Hch. 9:6, 15; 13:2; 22:10, 14-15; Ro. 1:1). Él era un hombre que había visto o acompañado al Señor Jesús.

    b.   El apóstol era un hombre que había sido testigo ocular del Señor resucitado (Hch. 1:21-22; 1 Co. 9:1).

2.   El sentido amplio. La palabra "apóstol" se refiere a otros hombres que predicaban el evangelio. El término se usa con dos misioneros, Bernabé (Hch. 14:4, 14, 17) y Silas (1 Ts. 2:6); y dos mensajeros, Tito (2 Co. 8:23) y Epafrodito (Fil. 2:25). Solo existe una posibilidad de que Jacobo, el hermano del Señor (Gá. 1:19), Andrónico y Junias (Ro. 16:7) se les haga referencia como apóstoles.

En el sentido restringido, el don de apóstol estaba destinado a desaparecer por los requisitos únicos para recibir el don. Pero históricamente, en el sentido amplio, haya quizás un sentido en el que los requisitos y el don como tal aún son dados y usados por el Señor. El siervo del Señor de cualquier generación debe *ver* al Señor y conocerlo íntimamente. Asimismo el siervo debe *ver y experimentar* personalmente el poder de la resurrección. Ciertamente hay algunas personas en las diferentes generaciones que han *visto* al Señor Jesús y que *conocen y experimentan* el poder de la resurrección del Señor. Quizás el Señor Jesús los dote con el don muy especial de apóstol para que los usen en su bien preciado dominio, la iglesia.

---

6 **(12:31)** *Dones:* Cada creyente debe codiciar los dones mejores. Note que hay una codicia permitida. El creyente debe codiciar los "dones mejores" de modo que pueda servir de un modo más eficaz a su Señor. Sin embargo, hay un camino más excelente aparte de los dones, algo muy superior, una cualidad que sobrepasa todos los dones juntos. Y todo creyente puede poseerlo, no importa quién sea. ¿Cuál es la cualidad? ¿Qué es eso que es aún más grande y más supremo que la mayor unidad posible de los dones? Ese es el tema del próximo capítulo.

		guarda rencor;	
	CAPÍTULO 13	6 no se goza de la injusticia, mas se goza de la verdad.	
		7 Todo lo sufre, todo lo cree, todo lo espera, todo lo soporta.	
1 La gran importancia del amor	**D. La cualidad más excelente de la vida: El amor, no los dones, 13:1-13**		
a. Veredicto 1: Las lenguas sin amor nada son	1 Si yo hablase lenguas humanas y angélicas, y no tengo amor, vengo a ser como metal que resuena, o címbalo que retiñe.	8 El amor nunca deja de ser; pero las profecías se acabarán, y cesarán las lenguas, y la ciencia acabará.	**3 La gran permanencia del amor**
b. Veredicto 2: Los dones sin amor nada son			a. Nunca falla, nunca cesa, nunca se desaparece
1) La profecía nada es	2 Y si tuviese profecía, y entendiese todos los misterios y toda ciencia, y si tuviese toda la fe, de tal manera que trasladase los montes, y no tengo amor, nada soy.		b. Es perfecto y completo
2) El entendimiento de todo misterio y ciencia nada es		9 Porque en parte conocemos, y en parte profetizamos;	
3) La fe nada es	3 Y si repartiese todos mis bienes para dar de comer a los pobres, y si entregase mi cuerpo para ser quemado, y no tengo amor, de nada me sirve.	10 mas cuando venga lo perfecto, entonces lo que es en parte se acabará.	c. Es madurez, conducta madura
c. Veredicto 3: Dar sin amor de nada sirve		11 Cuando yo era niño, hablaba como niño, pensaba como niño, juzgaba como niño; mas cuando ya fui hombre, dejé lo que era de niño.	
1) Repartir los bienes de uno			
2) Dar la vida de uno: Martirio		12 Ahora vemos por espejo, oscuramente; mas entonces veremos cara a cara. Ahora conozco en parte; pero entonces conoceré como fui conocido.	d. Es estar frente a frente con Dios, conciencia y conocimiento perfectos
2 Los grandes actos de amor	4 El amor es sufrido, es benigno; el amor no tiene envidia, el amor no es jactancioso, no se envanece;		
	5 no hace nada indebido, no busca lo suyo, no se irrita, no	13 Y ahora permanecen la fe, la esperanza y el amor, estos tres; pero el mayor de ellos es el amor.	**4 La gran supremacía del amor**

DIVISIÓN VII

LAS PREGUNTAS CON RESPECTO A LOS DONES ESPIRITUALES, 12:1—14:40

D. La cualidad más excelente de la vida: El amor, no los dones, 13:1-13

(13:1-13) *Introducción:* No cabe duda, lo que el mundo necesita más que nada es amor. Si las personas se amaran, se amaran realmente, se acabaría la guerra, el crimen, el abuso, la injusticia, la pobreza, el hambre, el desamparo, la privación y la inmoralidad. El amor es el único ingrediente que podría revolucionar la sociedad. El amor es la mayor cualidad de la vida humana. El amor es la cualidad suprema, el camino más excelente que el hombre debe seguir en su vida.

1. La gran importancia del amor (vv. 1-3).
2. Los grandes actos de amor (vv. 4-7).
3. La gran permanencia del amor (vv. 8-12).
4. La gran supremacía del amor (v. 13).

ESTUDIO A FONDO 1

(13:1-13) *Amor:* A lo largo de este pasaje, el equivalente de amor o caridad es el gran término *ágape*. (Vea el

Estudio a fondo 4, Amor — Jn. 21:15-17 para un mayor análisis.) El significado de *amor ágape* se ve más claramente al compararlo con varios tipos de amor. En esencia hay cuatro tipos de amor. Mientras que el español solo cuenta con la palabra *amor* para describir todas las experiencias afectivas de los hombres, el griego contaba con una palabra diferente para describir cada tipo de amor.

1. Existe *el amor apasionado* o *amor eros*. Este es el amor físico entre sexos; el amor patriótico de una persona por su nación; la ambición de una persona por poder, riquezas o fama. En breve, *el amor eros* es el amor innoble de un hombre que surge de su propia pasión interna. En ocasiones *el amor eros* se centra en el bien y en otras se centra en el mal. Debiera tenerse en cuenta que el *amor eros* no se usa nunca en el Nuevo Testamento.

2. Existe el *amor afectivo* o *amor storge*. Este es el amor que existe entre padre e hijo y entre ciudadanos leales y un gobernador fidedigno. El *amor storge* tampoco se usa en el Nuevo Testamento.

3. Existe un *amor atractivo*, el amor que aprecia. Este es el *amor phileo*, el amor de un esposo y una esposa por cada uno, de un hermano por otro hermano, de un amigo

por los amigos más queridos. Es el amor que valora, que hace que algo o alguien signifique mucho para alguien.

4. Existe un *amor desinteresado y expiatorio* o *amor ágape.* El amor ágape es el amor de la mente, de la razón, de la voluntad. Es el amor que hasta:

- Ama a una persona aunque esa persona no merezca ser amada.
- Que realmente ama a la persona que es completamente indigna de ser amada.

Note cuatro elementos significativos acerca del amor ágape.

a. El amor desinteresado o ágape es el amor de Dios, el propio amor que Dios mismo poseía. Es el amor demostrado en la cruz de Cristo.

=> Es el amor de Dios por los *impíos.*

"Porque Cristo, cuando aún éramos débiles, a su tiempo murió por los impíos" (Ro. 5:6).

=> Es el amor de Dios por *los pecadores indignos.*

"Mas Dios muestra su amor para con nosotros, en que siendo aún pecadores, Cristo murió por nosotros" (Ro. 5:8).

=> Es el amor de Dios por los *enemigos poco meritorios.*

"Porque si siendo enemigos, fuimos reconciliados con Dios por la muerte de su Hijo, mucho más, estando reconciliados, seremos salvos por su vida" (Ro. 5:10).

b. El amor desinteresado o ágape es un don de Dios. Solo se puede experimentar si una persona conoce a Dios *personalmente,* solo si una persona ha recibido el amor de Dios en su vida y en su corazón. El amor ágape tiene que ser derramado (vertido, desbordado, esparcido) por el Espíritu de Dios dentro del corazón de una persona.

"y la esperanza no avergüenza; porque el amor de Dios ha sido derramado en nuestros corazones por el Espíritu Santo que nos fue dado" (Ro. 5:5).

c. El amor desinteresado o ágape es lo más grande en toda la vida de acuerdo con el Señor Jesucristo.

"Jesús le respondió: *El primer mandamiento de* ***todos es: Oye, Israel; el Señor nuestro Dios, el Señor uno es. Y amarás al Señor tu Dios con todo tu corazón, y con toda tu alma, y con toda tu mente y con todas tus fuerzas.*** *Este es el principal mandamiento.* **Y el segundo es semejante: Amarás a tu prójimo como a ti mismo.** *No hay otro mandamiento* **mayor que éstos" (Mr. 12:29-31).**

d. El amor desinteresado o ágape es la posesión y don más grandes de la vida humana de acuerdo con las Escrituras (1 Co. 13:1-13).

"Y ahora permanecen la fe, la esperanza y el amor, estos tres; pero el mayor de ellos es el amor" (1 Co. 13:13).

1 (13:1-3) *Amor:* La gran importancia del amor. Sin lugar a dudas, se pronuncia el decreto, se da el juicio, se declara el veredicto:

> => La cualidad superior de la vida es el amor; no son los dones.
> => El camino más excelente para vivir y servir es tener y dar amor; no son los dones.

El contraste entre el amor y los dones es vívido. Se declaran tres *veredictos* y los veredictos enfatizan con una fuerza rotunda la gran superioridad del amor.

1. Primer veredicto: Las lenguas sin amor nada son.
   => Las "lenguas humanas" probablemente se refiera a todas las lenguas de los hombres (cp. Hch. 2:4-13).
   => Las "lenguas angélicas" probablemente se refiera a la lengua celestial o al don espiritual de una palabra extática dada por el Espíritu Santo de Dios.
   => "Metal que resuena o címbalo que retiñe" no se refiere al sonido de instrumentos musicales, sino al retiñir de címbalos pequeños o al sonar de grandes címbalos en manos de personas inexpertas.

Una persona puede poseer el don y la habilidad de hablar y predicar a Cristo en todas las lenguas del mundo, pero si no tiene amor, solo *viene a ser* como un ruido que suena y retiñe. Su discurso nada es.

Una persona puede poseer el don espiritual de lenguas, es decir, hablar en lenguas celestiales de ángeles; pero si no tiene amor, solo *viene a ser* un ruido que resuena y retiñe. Sus lenguas celestiales, y angélicas nada son.

Note la frase "*viene a ser*". Este es un punto crucial: No solo el discurso de la persona dotada nada es, la propia persona *viene a ser nada.* Se vuelve inútil en su vida y en el ministerio de Cristo. El amor es muy superior al don de lenguas.

2. Segundo veredicto: Los dones sin amor nada son. Se comparan tres dones en particular con el amor.

a. Existe el don de profecía (vea la nota, *Profecía — 1 Co. 12:8-10*). Una persona puede tener el don de hablar bajo la inspiración del Espíritu de Dios, prediciendo el futuro y proclamando la verdad de la Palabra de Dios. Puede tener todo el carisma, la talla, la elocuencia, y la lengua descriptiva del mundo; pero si no tiene amor, nada es. No solo su don de profecía nada es, sino que esa persona nada es también.

Pensamiento 1. Siempre existe el peligro de que alguien se sienta superior y actúe de modo superior por su elocuencia y su don profético. Es posible anhelar almas y predicar las glorias del cielo y la tragedia del infierno con una actitud y un tono de modo que uno sea mejor que otros.

b. Existe el don de entender "todos los misterios y toda ciencia", la suma total de todo cuanto Dios haya revelado y de todo cuanto el hombre haya aprendido, descubierto y desarrollado. ¡Imagínese nada más! ¡Una persona que posea todo el conocimiento del mundo! ¡Aún así, si no tiene amor, nada sería! No solo su entendimiento y conocimiento nada serían, él nada sería tampoco.

Pensamiento 1. El peligro de menospreciar a otros, de creer que uno conoce más que otro o que está mejor preparado que otros. Con frecuencia a tal persona la caracteriza una frescura, distancia o indiferencia.

    c. Existe el don de la fe, es decir, el don muy especial de la fe que da el Espíritu Santo para mover montañas y hacer grandes cosas y milagros por Dios (vea la nota, *Fe* — 1 Co. 12:8-10). Note la palabra "*toda*". Imagínese a una persona que posea "toda la fe"; aún así, si esa persona no posee amor, *nada sería*.

Pensamiento 1. El peligro es la superioridad espiritual, una sensación rimbombante de importancia. Una persona con el don de fe puede herir fácilmente a otros hablando abiertamente de su *gran fe*. Con facilidad pueden hacer que otros se sientan inferiores y de menor importancia para Dios.

3. Tercer veredicto: Dar sin amor de nada sirve. Se proporcionan dos ilustraciones fenomenales:

    a. Está la ilustración de vender y repartir todo cuanto una persona tiene. Imagínese repartirlo todo, "repartiese *todos* mis bienes para dar de comer a los pobres", aún así, si no tengo amor, de nada me sirve.

Pensamiento 1. Hay varios peligros en dar. Están los peligros de:

    => Dar por deber.

    => Dar con desprecio porque uno está forzado a dar.

    => Dar con un aire de superioridad porque uno tiene y los necesitados no tienen.

    => Dar con una reprimenda porque uno cree que los necesitados sencillamente están siendo irresponsables y deben vivir por su cuenta.

    => Dar de un modo no expiatorio.

    b. Está la ilustración del martirio, el martirio más terrible de todos, de ser quemado vivo en la hoguera. Aún así, si una persona no tiene amor, su martirio de nada le sirve. Muere en vano.

Pensamiento 1. Siempre existe el peligro de considerar el martirio como algo digno de gloria y orgullo, como algo para mostrar el compromiso de una persona con una causa. Si un creyente estuviera llamado a morir como mártir, debe morir solo por amor a Cristo y a su prójimo.

2 (13:4-7) *Amor:* Los grandes actos de amor. Lo que se da en estos cuatro versículos no es una definición metódica, tediosa e insípida del amor. Por el contrario, se dan los actos mismos de amor, la conducta misma de una persona, la manera misma en la que una persona debe vivir entre las personas y con otras personas. Al vivir y conducirse entre otras personas en el mundo, una persona debe amar, y en esto es en lo que consiste amar a otros.

1. El amor es sufrido (makrothumei): Es paciente con las personas. La palabra siempre se refiere a ser paciente con las personas, no con las circunstancias (William Barclay. *Las epístolas a los corintios*, p. 133).

El amor es sufrido, muy sufrido:

• No importa la herida o el mal causados por una persona.

• No importa el descuido o la ignorancia del ser amado.

El amor es sufrido, muy sufrido sin resentimiento, ira, ni en busca de venganza. El amor se controla a sí mismo a fin de ganar a una persona y ayudarlo a vivir, obrar, y servir como debiera.

> **"Mas el fruto del Espíritu es amor, gozo, paz, paciencia, benignidad, bondad, fe" (Gá. 5:22).**
> **"fortalecidos con todo poder, conforme a la potencia de su gloria, para toda paciencia y longanimidad" (Col. 1:11).**
> **"que prediques la palabra; que instes a tiempo y fuera de tiempo; redarguye, reprende, exhorta con toda paciencia y doctrina" (2 Ti. 4:2).**

2. El amor es benigno (chresteuetai): Cortés, bueno, servicial, útil, desprendido, da y hace favores. Al amor no le molesta el mal; no se deleita con la herida y el descuido. El amor salva con benignidad: Con servicio, con desprendimiento, y con bondades para la persona que nos descuida o nos hiere a nosotros mismos.

> **"Amaos los unos a los otros con amor fraternal; en cuanto a honra, prefiriéndoos los unos a los otros" (Ro. 12:10).**
> **"Antes sed benignos unos con otros, misericordiosos, perdonándoos unos a otros, como Dios también os perdonó a vosotros en Cristo" (Ef. 4:32).**

3. El amor no tiene envidia (zeloi): No es celoso; no guarda rencores contra otros por lo que ellos tengan, como por ejemplo dones, posición, amigos, reconocimiento, posesiones, popularidad, habilidades. El amor no envidia, ataca, ni minimiza las habilidades o éxito de otros. El amor comparte, se goza y se regocija en la experiencia y el bien de otros.

> **"No nos hagamos vanagloriosos, irritándonos unos a otros, envidiándonos unos a otros." (Gá. 5:26).**
> **"No te impacientes a causa de los malignos, ni tengas envidia de los que hacen iniquidad" (Sal. 37:1).**
> **"No envidies al hombre injusto, ni escojas ninguno de sus caminos" (Pr. 3:31).**
> **"El corazón apacible es vida de la carne; mas la envidia es carcoma de los huesos" (Pr. 14:30).**
> **"No tenga tu corazón envidia de los pecadores, antes persevera en el temor de Jehová todo el tiempo" (Pr. 23:17).**

4. El amor no es jactancioso (peopereuetai): No es alardoso; no presume ni busca el reconocimiento, la honra, ni el elogio de otros. Por el contrario, el amor trata de dar: De reconocer, de honra, de elogiar a la otra persona.

"Digo, pues, por la gracia que me es dada, a cada cual que está entre vosotros, que no tenga más alto concepto de sí que el que debe tener, sino que piense de sí con cordura, conforme a la medida de fe que Dios repartió a cada uno" (Ro. 12:3).

"Amaos los unos a los otros con amor fraternal; en cuanto a honra, prefiriéndoos los unos a los otros" (Ro. 12:10).

"Nada hagáis por contienda o por vanagloria; antes bien con humildad, estimando cada uno a los demás como superiores a él mismo" (Fil. 2:3).

5. El amor no se envanece (phusioutai): Orgulloso, arrogante, presuntuoso; no piensa ni actúa como si uno fuera mejor que otros. El amor es modesto y humilde y reconoce y honra a otros.

"Así que, cualquiera que se humille como este niño, ése es el mayor en el reino de los cielos" (Mt. 18:4).

"Mas cuando fueres convidado, ve y siéntate en el último lugar, para que cuando venga el que te convidó, te diga: Amigo, sube más arriba; entonces tendrás gloria delante de los que se sientan contigo a la mesa" (Lc. 14:10).

"mas no así vosotros, sino sea el mayor entre vosotros como el más joven, y el que dirige, como el que sirve" (Lc. 22:26).

"Igualmente, jóvenes, estad sujetos a los ancianos; y todos, sumisos unos a otros, revestíos de humildad; porque: Dios resiste a los soberbios, y da gracia a los humildes" (1 p. 5:5).

6. El amor no hace nada indebido (aschemonei): indecoroso, grosero, indecente, descortés, vergonzoso. El amor no hace nada para avergonzarse. El amor es disciplinado y controlado; y se comporta y trata a todas las personas con respeto, honrando y respetando quienes son.

"para que aprobéis lo mejor, a fin de que seáis sinceros e irreprensibles para el día de Cristo" (Fil. 1:10).

"Porque vosotros mismos sabéis de qué manera debéis imitarnos; pues nosotros no anduvimos desordenadamente entre vosotros" (2 Ts. 3:7).

7. El amor no busca lo suyo: No es egoísta; no insiste en sus propios derechos (Williams). El amor no se centra en lo que una persona es ni lo que hace. El amor trata de servir, no trata de que lo sirvan. Amor es reconocer a otros, sin insistir en que otros lo reconozcan a él; es dar a otros sin insistir en que le den a él.

"Ninguno busque su propio bien, sino el del otro" (1 Co. 10:24).

"no mirando cada uno por lo suyo propio, sino cada cual también por lo de los otros" (Fil. 2:4).

8. El amor no se irrita (paroxunetai): No se llena de ira con facilidad; no se ofende rápidamente; no se malhumora rápidamente; no es "susceptible" (Phillips, según lo ha citado Leon Morris). No se le enoja fácilmente; no se "exaspera" (Barclay). El amor controla las emociones, y nunca se llena de ira sin causa (Ro. 12:18).

"Pero ahora dejad también vosotros todas estas

cosas: ira, enojo, malicia, blasfemia, palabras deshonestas de vuestra boca" (Col. 3:8).

"Por esto, mis amados hermanos, todo hombre sea pronto para oír, tardo para hablar, tardo para airarse" (Stg. 1:19).

"Deja la ira, y desecha el enojo; no te excites en manera alguna a hacer lo malo" (Sal. 37:8).

"Mejor es el que tarda en airarse que el fuerte; y el que se enseñorea de su espíritu, que el que toma una ciudad" (Pr. 16:32).

"La cordura del hombre detiene su furor, y su honra es pasar por alto la ofensa" (Pr. 19:11).

"No te apresures en tu espíritu a enojarte; porque el enojo reposa en el seno de los necios" (Ec. 7:9).

9. El amor no guarda rencor (logizetai to kakon): No tiene en cuenta el mal sufrido; no guarda resentimientos; no guarda rencor por el mal hecho. El amor sufre el mal ocasionado y lo olvida.

"Pero yo os digo: No resistáis al que es malo; antes, a cualquiera que te hiera en la mejilla derecha, vuélvele también la otra" (Mt. 5:39).

"No paguéis a nadie mal por mal; procurad lo bueno delante de todos los hombres" (Ro. 12:17).

"Mirad que ninguno pague a otro mal por mal; antes seguid siempre lo bueno unos para con otros, y para con todos" (1 Ts. 5:15).

"no devolviendo mal por mal, ni maldición por maldición, sino por el contrario, bendiciendo, sabiendo que fuisteis llamados para que heredaseis bendición" (1 P. 3:9).

10. El amor no se goza de la injusticia (adikia): Iniquidad, mal, fechoría. El amor no encuentra placer en la injusticia y el pecado de otros. No se alimenta del pecado y el mal, tampoco cuenta las historias de pecado y error. La naturaleza del hombre con gran frecuencia se alimenta de la tragedia del mal, ya sea el pecado personal o el desastre natural (cp. los noticieros diarios y la mayoría de los temas de conversación que sostienen la mayoría de las personas).

"¿Y por qué miras la paja que está en el ojo de tu hermano, y no echas de ver la viga que está en tu propio ojo?" (Mt. 7:3).

"Así que, los que somos fuertes debemos soportar las flaquezas de los débiles, y no agradarnos a nosotros mismos" (Ro. 15:1).

"Hermanos, si alguno fuere sorprendido en alguna falta, vosotros que sois espirituales, restauradle con espíritu de mansedumbre, considerándote a ti mismo, no sea que tú también seas tentado" (Gá. 6:1).

"Y ante todo, tened entre vosotros ferviente amor; porque el amor cubrirá multitud de pecados" (1 P. 4:8).

11. El amor se goza de la verdad: Se regocija cuando se conoce la verdad y cuando predomina; se regocija cuando se reconoce y se promueve a otras personas por quienes son y por lo que han contribuido. El amor se regocija cuando la verdad encuentra fundamento y cimiento en una persona y entre las personas del mundo. Note que el amor nunca encubre ni esconde la verdad; el amor es valiente ya que enfrenta la verdad.

"Por lo cual, desechando la mentira, hablad verdad cada uno con su prójimo; porque somos miembros los unos de los otros" (Ef. 4:25).

"Estad, pues, firmes, ceñidos vuestros lomos con la verdad, y vestidos con la coraza de justicia" (Ef. 6:14).

"Estas son las cosas que habéis de hacer: Hablad verdad cada cual con su prójimo; juzgad según la verdad y lo conducente a la paz en vuestras puertas" (Zac. 8:16).

"La ley de verdad estuvo en su boca, e iniquidad no fue hallada en sus labios; en paz y en justicia anduvo conmigo, y a muchos hizo apartar de la iniquidad" (Mal. 2:6).

12. El amor todo lo sufre: La palabra sufre (stegei) significa cubrir todas las cosas y soportar todas las cosas. El amor hace ambas cosas: Soporta el peso y ataque de todas las cosas y cubre las faltas de otros. No siente placer en desenmascarar el error y la debilidad de otros. El amor sufre el descuido, el abuso, y el ridículo, cualquier cosa que se le presente.

"con toda humildad y mansedumbre, soportándoos con paciencia los unos a los otros en amor, solícitos en guardar la unidad del Espíritu en el vínculo de la paz" (Ef. 4:2, 3).

"Y vosotros, amos, haced con ellos lo mismo, dejando las amenazas, sabiendo que el Señor de ellos y vuestro está en los cielos, y que para él no hay acepción de personas" (Ef. 6:9).

"soportándoos unos a otros, y perdonándoos unos a otros si alguno tuviere queja contra otro. De la manera que Cristo os perdonó, así también hacedlo vosotros" (Col. 3:13).

13. El amor todo lo cree: Es "completamente confiado" (Barclay); "siempre deseoso de creer lo mejor" (Moffatt, según lo ha citado Leon Morris); está "siempre listo para creer lo mejor" dice otra versión. El amor ve y entiende las circunstancias y acepta, perdona, y cree lo mejor de una persona.

"Y si siete veces al día pecare contra ti, y siete veces al día volviere a ti, diciendo: Me arrepiento; perdónale" (Lc. 17:4).

"Antes sed benignos unos con otros, misericordiosos, perdonándoos unos a otros, como Dios también os perdonó a vosotros en Cristo" (Ef. 4:32).

"soportándoos unos a otros, y perdonándoos unos a otros si alguno tuviere queja contra otro. De la manera que Cristo os perdonó, así también hacedlo vosotros" (Col. 3:13).

14. El amor todo lo espera: "Nunca deja de esperar" (Barclay); espera que el bien finalmente triunfe y obtenga la victoria; se niega a aceptar el fracaso; siempre espera lo mejor y el triunfo final del bien, no importa cómo haya caído, cuán trágica sea la caída, ni cuán difícil parezca la victoria.

"Porque en esperanza fuimos salvos; pero la esperanza que se ve, no es esperanza; porque lo que alguno ve, ¿a qué esperarlo?" (Ro. 8:24).

"Porque las cosas que se escribieron antes, para nuestra enseñanza se escribieron, a fin de que por la paciencia y la consolación de las Escrituras, tengamos esperanza" (Ro. 15:4).

"Y el mismo Jesucristo Señor nuestro, y Dios nuestro Padre, el cual nos amó y nos dio consolación eterna y buena esperanza por gracia, conforte vuestros corazones, y os confirme en toda buena palabra y obra" (2 Ts.2:16, 17)

"Y todo aquel que tiene esta esperanza en él, se purifica a sí mismo, así como él es puro" (1 Jn. 3:3).

15. El amor todo lo soporta: La palabra soporta (huopmenei) es un término militar que significa arrostrar el ataque de un enemigo. El amor pelea activamente y soporta todos los ataques. El amor es fuerte, está lleno de fortaleza y combatividad, y lucha contra cualquier ataque que pretenda doblegarlo a la falta de amor. El amor vence y triunfa, siempre, porque todo lo soporta. No importa lo que ataque al amor, esté identificado o no, él soporta el ataque y sigue amando.

"Y seréis aborrecidos de todos por causa de mi nombre; mas el que persevere hasta el fin, éste será salvo" (Mt. 10:22).

"Así que, hermanos míos amados, estad firmes y constantes, creciendo en la obra del Señor siempre, sabiendo que vuestro trabajo en el Señor no es en vano" (1 Co. 15:58).

"No nos cansemos, pues, de hacer bien; porque a su tiempo segaremos, si no desmayamos" (Gá. 6:9).

"Bienaventurado el varón que soporta la tentación; porque cuando haya resistido la prueba, recibirá la corona de vida, que Dios ha prometido a los que le aman" (Stg. 1:12).

"He aquí, tenemos por bienaventurados a los que sufren. Habéis oído de la paciencia de Job, y habéis visto el fin del Señor, que el Señor es muy misericordioso y compasivo" (Stg. 5:11).

"He aquí, yo vengo pronto; retén lo que tienes, para que ninguno tome tu corona" (Ap. 3:11).

3 (13:8-12) *Amor:* La gran permanencia del amor. El amor es muy superior a los dones espirituales. La gran permanencia del amor demuestra claramente su superioridad.

1. El amor nunca falla, nunca cesa, y nunca desaparece. El amor dura y perdura para siempre. Pero no sucede lo mismo con los dones espirituales: Los dones espirituales cesarán su existencia y desaparecerán. ¿Cuando? Cuando estemos en la eternidad ante Dios. Los dones espirituales son solo temporales; no son permanentes; por consiguiente, son muy inferiores al amor. Los dones espirituales son solo herramientas temporales para que las usemos en la salvación y al ministrar al mundo necesitado y perdido.

Pensamiento 1. Note cómo los creyentes son culpables de las mismas cosas de las que ellos acusan al mundo: Centrándose en lo temporal en lugar de lo eterno. Demasiados creyentes se glorían de sus dones y habilidades terrenales en lugar de servir y ministrar con amor.

2. El amor es perfecto y completo. No conocemos nada perfectamente, y podemos proclamar y predecir la verdad solo con una certeza parcial. Nadie conoce toda la verdad. Sin

embargo, se acerca un día de perfección, y cuando llegue, solo lo que es perfecto permanecerá y perdurará.

Sucede lo siguiente: El amor es perfecto, el amor perdurará y será el rasgo primordial entre los creyentes en la eternidad. Por lo tanto, el amor es superior a los dones.

3. El amor es maduro, madurez de conducta. Mientras está en la tierra, todo cuanto el hombre es y posee, sus habilidades, conocimiento, y existencia, son todas como niño. El hombre es inmaduro e imperfecto, no importa qué área de su vida se analice. Sin embargo, se acerca el día de la madurez, el día en que se pondrá a un lado todo el entendimiento y todos los pensamientos de la niñez y se convertirá en un hombre maduro, un hombre perfeccionado. ¿Cuándo llegará ese día? Llegará cuando el amor se perfeccione entre Dios y los hombres y entre el hombre y el hombre. El amor es el gran don y la gran cualidad que existe hoy día en la tierra que perdurará en la eternidad. Por consiguiente, el amor es muy superior a los dones y habilidades de los hombres.

4. Amor es estar frente a frente con Dios, una conciencia y conocimiento perfectos de Dios. Nuestra relación actual con el Señor se puede comparar con el reflejo que recibimos en un espejo oscuro. Podemos divisar la imagen vagamente, pero no está clara ni se distingue completamente. Por consiguiente, solo vemos a Dios y la verdad en parte y solo conocemos a Dios y la verdad en parte. Sin embargo, se acerca el día en que conoceremos a Dios tal como Él nos conoce a nosotros, perfectamente.

=> ¿Cuándo llegará ese día? El día que se perfeccione el amor entre Dios y el hombre.

=> ¿Qué hará que llegue ese día? El amor, el amor perfecto de Dios por el hombre.

Es el amor el que se perfeccionará y el que hará que se haga realidad para el hombre el día de la perfección. Es el amor el que nos proporcionará una relación personal con Dios y un conocimiento perfecto de la verdad. Por consiguiente, el amor es muy superior a los dones espirituales.

4 (13:13) *Amor:* La gran supremacía del amor. Tanto la fe como la esperanza son grandes cualidades y dones, pero el amor es muy superior. ¿Cómo? Recuerden que Pablo está comparando el amor con los dones espirituales y está lidiando con la tendencia de las personas de centrar su atención en los dones y los logros. El amor es muy superior a la fe y a la esperanza por al menos seis razones:

1. La fe se centra en la revelación de Dios, mientras que el amor se centra en *Dios mismo*. Solo sabemos de Dios por la revelación de Dios por medio de Jesucristo, la Palabra,

la naturaleza, y el testimonio interno de pensamientos y de conciencia (cp. Ro. 1:18-20; 2:14-15). Un hombre cree en Dios centrándose en una o más de las revelaciones de Dios. Pero el amor es diferente, completamente diferente. El amor se centra y se concentra en el propio Dios y despierta una relación de adoración y culto. Desde luego que la fe puede despertar la misma adoración y culto; pero la fe también puede existir sin la adoración y el culto. Una persona puede creer en alguien y no amarla.

2. La esperanza se centra en estar eternamente con Dios en un mundo perfecto, pero nuevamente, el amor es superior porque se centra en el propio Dios. Una persona puede tener esperanzas en alguien sin amarla, pero una persona que ama a alguien siempre tiene esperanzas en ese alguien.

3. El amor, el amor verdadero (amor ágape), no se origina en la naturaleza del hombre, sino en la naturaleza Dios. Dios es amor, el amor es el rasgo básico de su naturaleza. La existencia misma del hombre se debe al hecho de que Dios es amor, no al hecho de que Dios creyó ni tampoco que tuvo esperanzas en el hombre. Por ende el amor, que es el rasgo básico de la naturaleza de Dios, es muy superior a la fe y la esperanza.

4. El amor verdadero es un don de Dios. Un hombre puede conocer el amor verdadero solo si llega a conocer el amor de Dios. La fe surge del corazón del hombre, pero el amor lo deposita o lo da Dios al hombre. Es Dios quien lo derrama en el corazón del hombre. Aparte de Dios, el hombre solo ama a aquellos que lo aman. Se opone o se aleja de aquellos que lo odian. Un hombre solo puede amar (amor ágape) a sus enemigos con el amor de Dios. Por lo tanto el amor, al ser un don muy especial de Dios, es muy superior a la fe y la esperanza.

5. La experiencia y la naturaleza como tal demuestran que la fe y la esperanza salvan y hacen crecer a las personas, pero el amor salva y hace crecer a las personas mucho más que cualquier otro don o cualidad.

6. Una persona puede creer en Dios, y aún así creer que es superior a otros. Puede actuar con orgullo, arrogancia, y súper espiritualidad. Puede tener esperanza en estar una eternidad con Dios y con otros creyentes, aún así puede ser fría y distante. Pero el amor, el amor verdadero, no tiene debilidades ni peligros. El amor nunca falla, nunca carece. Pero recuerden: "El amor no es indulgencia y libertinaje". El amor implica control, y disciplina así como amor y desprendimiento, desinterés y sacrificio.

CAPÍTULO 14

E. El don de lenguas comparado con el don de profecía, 14:1-25

1 Seguid el amor; y procurad los dones espirituales, pero sobre todo que profeticéis.

2 Porque el que habla en lenguas no habla a los hombres, sino a Dios; pues nadie le entiende, aunque por el Espíritu habla misterios.

3 Pero el que profetiza habla a los hombres para edificación, exhortación y consolación.

4 El que habla en lengua extraña, a sí mismo se edifica; pero el que profetiza, edifica a la iglesia.

5 Así que, quisiera que todos vosotros hablaseis en lenguas, pero más que profetizaseis; porque mayor es el que profetiza que el que habla en lenguas, a no ser que las interprete para que la iglesia reciba edificación.

6 Ahora pues, hermanos, si yo voy a vosotros hablando en lenguas, ¿qué os aprovechará, si no os hablare con revelación, o con ciencia, o con profecía, o con doctrina?

7 Ciertamente las cosas inanimadas que producen sonidos, como la flauta o la cítara, si no dieren distinción de voces, ¿cómo se sabrá lo que se toca con la flauta o con la cítara?

8 Y si la trompeta diere sonido incierto, ¿quién se preparará para la batalla?

9 Así también vosotros, si por la lengua no diereis palabra bien comprensible, ¿cómo se entenderá lo que decís? Porque hablaréis al aire.

10 Tantas clases de idiomas hay, seguramente, en el mundo, y ninguno de ellos carece de significado.

11 Pero si yo ignoro el valor de las palabras, seré como extranjero para el que habla, y el que habla será como extranjero para mí.

12 Así también vosotros; pues que anheláis dones espirituales, procurad abundar en ellos para edificación de la iglesia.

13 Por lo cual, el que habla en lengua extraña, pida en oración poder interpretarla.

14 Porque si yo oro en lengua desconocida, mi espíritu ora, pero mi entendimiento queda sin fruto.

15 ¿Qué, pues? Oraré con el espíritu, pero oraré también con el entendimiento; cantaré con el espíritu, pero cantaré también con el entendimiento.

16 Porque si bendices sólo con el espíritu, el que ocupa lugar de simple oyente, ¿cómo dirá el Amén a tu acción de gracias? pues no sabe lo que has dicho.

17 Porque tú, a la verdad, bien das gracias; pero el otro no es edificado.

18 Doy gracias a Dios que hablo en lenguas más que todos vosotros;

19 pero en la iglesia prefiero hablar cinco palabras con mi entendimiento, para enseñar también a otros, que diez mil palabras en lengua desconocida.

20 Hermanos, no seáis niños en el modo de pensar, sino sed niños en la malicia, pero maduros en el modo de pensar.

21 En la ley está escrito: En otras lenguas y con otros labios hablaré a este pueblo; y ni aun así me oirán, dice el Señor.

---

1 **Deben procurarse los dones, fundamentalmente la profecía**

2 **La diferencia entre las lenguas y la profecía**

  a. Las lenguas están dirigidas a Dios; la profecía está dirigida a los hombres[EF1]

  b. Las lenguas edifican a uno mismo; la profecía edifica la iglesia

  c. Las lenguas son encomiables; pero la profecía es más encomiable

3 **El problema de las lenguas**

  a. Las lenguas no comunican en la iglesia, aparte de algún otro don

    1) Si Pablo fuera a visitar la iglesia, no hablaría en lenguas

    2) Instrumentos musicales: Si no comunican, se desconoce la música

    3) Una trompeta militar: Si no comunica, el ejército no se prepara

    4) Su propio discurso: Si no comunica nada es sin significado

    5) Diferentes lenguas foráneas: Si no comunican, los que hablan son extranjeros para el otro

    6) El objetivo: Buscar los dones que comunican, que edifican a la iglesia

  b. Las lenguas no comunican ni siquiera en las oraciones, aparte de cualquier otro don (interpretación)

    1) Debe interpretarse

    2) De lo contrario es infructífero

4 **El don de lenguas y la adoración personal de Pablo**

  a. Pablo ora y canta tanto con el Espíritu como con el entendimiento

    1) De modo que los otros puedan entender y confirmar lo que se ora y se canta

    2) De modo que otros se puedan edificar

  b. Pablo habla en lenguas a menudo; pero en la iglesia él siempre usa otro don

  c. Pablo insta a una cosa: Al entendimiento y a la educación

5 **El propósito de las lenguas y la profecía**

  a. Las lenguas son una señal para advertir a los incrédulos; la pro-

fecía es un don para edificar a los creyentes	22 Así que, las lenguas son por señal, no a los creyentes, sino a los incrédulos; pero la profecía, no a los incrédulos, sino a los creyentes.	24 Pero si todos profetizan, y entra algún incrédulo o indocto, por todos es convencido, por todos es juzgado;	c. La profecía dentro de la iglesia convence a los incrédulos
b. Las lenguas dentro de la iglesia confunden y endurecen a los incrédulos	23 Si, pues, toda la iglesia se reúne en un solo lugar, y todos hablan en lenguas, y entran indoctos o incrédulos, ¿no dirán que estáis locos?	25 lo oculto de su corazón se hace manifiesto; y así, postrándose sobre el rostro, adorará a Dios, declarando que verdaderamente Dios está entre vosotros.	1) Lo convence del pecado 2) Lo llama a juicio 3) Revela los secretos de su corazón 4) Lo hace postrarse

DIVISIÓN VII

LAS PREGUNTAS CON RESPECTO A LOS DONES ESPIRITUALES, 12:1—14:40

E. El don de lenguas comparado con el don de profecía, 14:1-25

(14:1-25) *Introducción:* Recuerden que los capítulos del doce al catorce lidian con los dones espirituales que Dios le da a sus seguidores para la obra del ministerio. Los creyentes están dotados para ministrar y ayudar a las personas en su necesidad apremiante de vida, tanto de vida abundante como de vida eterna. Sin embargo, cuando los hombres se centran en sus dones y habilidades, siempre surgen los problemas de orgullo, arrogancia, superioridad, y súper espiritualidad. Siempre hay personas que creen que sus dones y habilidades las hacen mejores, las favorecen y las privilegian más que a otras personas. Esto es exactamente lo que le sucedió a la iglesia de Corinto, y es lo que le ha sucedido a multitudes de creyentes desde aquella época. El don de lenguas está sujeto fundamentalmente al orgullo y la súper espiritualidad porque usa una palabra extática y celestial a diferencia de un lenguaje humano y común.

Sucede lo siguiente: El don de lenguas (y todos los otros dones) es tan solo uno de muchos dones. Cada don ocupa su lugar en el cumplimiento de la misión del Señor y cada uno debe usarse eficazmente en salvar al mundo para Cristo y al ministrar las necesidades de las personas. El pasaje actual es una comparación del don de lenguas con la profecía.

1. Deben procurarse los dones, fundamentalmente la profecía (v. 1).
2. La diferencia entre las lenguas y la profecía (vv. 2-5).
3. El problema de las lenguas (vv. 6-14).
4. El don de lenguas y la adoración personal de Pablo (vv. 15-20).
5. El propósito de las lenguas y la profecía (vv. 21-25).

1 (14:1) *Dones, espirituales — Profecía:* Se deben procurar los dones, fundamentalmente la profecía. Note dos puntos:

1. El amor debe perseguirse por encima de todo en la vida. Los dones, las habilidades, y el servicio son importantes; pero se vuelven insignificantes al compararlos con el amor. El amor es la necesidad más grande y la solución suprema de todas las necesidades de los hombres. Cuando amamos a una persona es que suplimos las necesidades de una persona. De hecho, si amamos a una persona verdaderamente, haremos todo cuanto podamos para satisfacer todas las necesidades de esa persona.

=> La palabra "seguid" (diokete) significa perseguir, persistir, continuar, sin rendirse nunca hasta que se tenga amor.

2. Se deben procurar los dones espirituales. Debemos perseguir primero el amor, pero esto no quiere decir que no debamos buscar los dones espirituales de Dios. Por el contrario, mientras amamos a Dios y a los hombres, más procuramos los dones de Dios para poder ministrar y ayudar al mundo de los hombres con mayor eficacia.

=> La palabra "procurar" (zeloute) quiere decir codiciar seriamente, tener celo y ambición por.

2 (14:2-5) *Lenguas, don de — Profecía:* La diferencia entre las lenguas y la profecía. Recuerden que el don de lenguas es el don que está tan sujeta al orgullo y la súper espiritualidad por su naturaleza celestial y poco terrenal. Sin embargo, se demuestra su importancia comparándolo con el don de la profecía. Se dice inmediatamente que hay tres diferencias entre las lenguas y la profecía:

1. Las lenguas están dirigidas a Dios, mientras que la profecía está dirigida a los hombres (v. 2-3). De un modo sencillo, las Escrituras declaran que las lenguas no edifican ni benefician a los hombres tanto como la profecía. Hay razones para esto:

a. Las lenguas están dirigidas hacia Dios; son para Dios, para tener comunión con Él, para conocer los misterios (las cosas secretas) de Dios con Dios.

b. Los hombres no entienden las lenguas. Las Escrituras son claras: "Nadie le entiende", es decir, oye, entiende el sentido, asimila el significado de lo que se dice.

c. El creyente que profetiza edifica, exhorta, y consuela a los hombres (vea el *Estudio a fondo 1, Profecía* — 1 Co. 14:3).

Pensamiento 1. Note la importancia que se le da a proclamar el mensaje del evangelio en términos entendibles. Se puede salvar y ayudar a los hombres solo si ellos pueden entender el mensaje de los creyentes. El planteamiento es claro: El mensaje primordial que debemos transmitir debe ser el evangelio, y todos los hombres deben entenderlo.

2. Las lenguas edifican a uno mismo, mientras que la profecía edifica a la iglesia (v. 4). El planteamiento es claro: Las lenguas son útiles, edifican a uno mismo. Pero la profecía es de mucho más beneficio. El creyente que profetiza edifica a *toda* la iglesia, edifica a muchas más personas. Observe algo más también: El don de lenguas se centra en la edificación de uno mismo, pero el don de la profecía se centra en el ministerio, en la edificación de otros. El educarnos a nosotros mismos es importante, desde luego, pero el ministerio de edificar a otros es mucho más importante.

3. Las lenguas son encomiables, pero la profecía es más encomiable. A este versículo le deben prestar atención aquellos que enfatizan y aquellos que minimizan y niegan las lenguas.

=> Pablo quisiera que todos hablaran en lenguas.

=> Pero es más importante para todos profetizar y proclamar el evangelio.

=> El profeta es mucho más importante que el hombre que habla en lenguas a menos que se interpreten las lenguas.

Nuevamente, note el énfasis en la edificación. El propósito de que el creyente hable en la adoración debe ser edificar a la iglesia. (Vea el *Estudio a fondo 1, Profecía* — 1 Co. 14:3 para versículos acerca de la edificación.)

ESTUDIO A FONDO 1

(14:3) *Profecía:* Este es el don de hablar bajo la inspiración del Espíritu de Dios. En la Biblia este incluye tanto la *predicción* como la *proclamación*, y tampoco debe minimizarse a pesar del abuso del don. No cabe duda:

- De que se ha abusado el don de predecir sucesos al punto de la ridiculez. Sin embargo, el abuso del don no elimina el hecho de que el Espíritu de Dios en ocasiones sí le da a los creyentes un adelanto a los sucesos venideros a fin de prepararlos y fortalecerlos para enfrentar los sucesos.

- Se ha abusado del don de proclamar el evangelio a tal extremo que el entendimiento que la mayoría de las personas tienen del evangelio se ve trágicamente frustrado. Sin embargo, el abuso del evangelio y los profetas falsos e inmaduros (ministros) no elimina el hecho de que Dios sí llama a algunos hombres a proclamar su Palabra.

El Nuevo Testamento plantea claramente el propósito de la profecía en este versículo: "el que profetiza habla a los hombres para edificación, exhortación y consolación" (1 Co. 14:3).

1. *Edificación* (oikodomen) significa construir. Es un término de construcción que se refiere a construir alguna edificación. El primer propósito de la profecía es edificar a las personas.

> "Así que, sigamos lo que contribuye a la paz y a la mutua edificación" (Ro. 14:19).

> "Cada uno de nosotros agrade a su prójimo en lo que es bueno, para edificación" (Ro. 15:2).

> "En cuanto a lo sacrificado a los ídolos, sabe-

mos que todos tenemos conocimiento. El conocimiento envanece, pero el amor edifica" (1 Co. 8:1).

> "¿Qué hay, pues, hermanos? Cuando os reunís, cada uno de vosotros tiene salmo, tiene doctrina, tiene lengua, tiene revelación, tiene interpretación. Hágase todo para edificación" (1 Co. 14:26).

> "¿Pensáis aún que nos disculpamos con vosotros? Delante de Dios en Cristo hablamos; y todo, muy amados, para vuestra edificación" (2 Co. 12:19).

> "Y él mismo constituyó a unos, apóstoles; a otros, profetas; a otros, evangelistas; a otros, pastores y maestros, a fin de perfeccionar a los santos para la obra del ministerio, para la edificación del cuerpo de Cristo" (Ef. 4:11, 12).

> "Ninguna palabra corrompida salga de vuestra boca, sino la que sea buena para la necesaria edificación, a fin de dar gracia a los oyentes" (Ef. 4:29).

2. *Exhortación* (parakiesin) significa fortalecer, alentar, llamar al lado de. El segundo propósito de la profecía es fortalecer y alentar a las personas llamándolas al lado de Dios.

> "Con estas y otras muchas exhortaciones anunciaba las buenas nuevas al pueblo" (Lc. 3:18).

> "Y con otras muchas palabras testificaba y les exhortaba, diciendo: Sed salvos de esta perversa generación" (Hch. 2:40).

> "Este, cuando llegó, y vio la gracia de Dios, se regocijó, y exhortó a todos a que con propósito de corazón permaneciesen fieles al Señor" (Hch. 11:23).

> "confirmando los ánimos de los discípulos, exhortándoles a que permaneciesen en la fe, y diciéndoles: Es necesario que a través de muchas tribulaciones entremos en el reino de Dios" (Hch. 14:22).

> "Y Judas y Silas, como ellos también eran profetas, consolaron y confirmaron a los hermanos con abundancia de palabras" (Hch. 15:32).

> "También os rogamos, hermanos, que amonestéis a los ociosos, que alentéis a los de poco ánimo, que sostengáis a los débiles, que seáis pacientes para con todos" (1 Ts. 5:14).

> "A los tales mandamos y exhortamos por nuestro Señor Jesucristo, que trabajando sosegadamente, coman su propio pan" (2 Ts. 3:12).

> "Exhorto ante todo, a que se hagan rogativas, oraciones, peticiones y acciones de gracias, por todos los hombres" (1 Ti. 2:1).

> "Entre tanto que voy, ocúpate en la lectura, la exhortación y la enseñanza" (1 Ti. 4:13).

> "que prediques la palabra; que instes a tiempo y fuera de tiempo; redarguye, reprende, exhorta con toda paciencia y doctrina" (2 Ti. 4:2).

> "retenedor de la palabra fiel tal como ha sido enseñada, para que también pueda exhortar con sana enseñanza y convencer a los que contradicen" (Tit. 1:9).

> "Esto habla, y exhorta y reprende con toda autoridad. Nadie te menosprecie" (Tit. 2:15).

> "antes exhortaos los unos a los otros cada día, entre tanto que se dice: Hoy; para que ninguno de

vosotros se endurezca por el engaño del pecado" (He. 3:13).

"no dejando de congregarnos, como algunos tienen por costumbre, sino exhortándonos; y tanto más, cuanto veis que aquel día se acerca" (He. 10:25).

"Os ruego, hermanos, que soportéis la palabra de exhortación, pues os he escrito brevemente" (He. 13:22).

"Ruego a los ancianos que están entre vosotros, yo anciano también con ellos, y testigo de los padecimientos de Cristo, que soy también participante de la gloria que será revelada" (1 P. 5:1).

3. *Consolación* (paramuthian) significa dar fuerzas y esperanzas a, aliviarle la pena o el problema a alguien. Da la idea de consolar en las experiencias más severas de la vida, por ejemplo, en la muerte (cp. Jn. 11:19, 31). El tercer propósito de la profecía es consolar a las personas en su andar por la vida.

"así que, al contrario, vosotros más bien debéis perdonarle y consolarle, para que no sea consumido de demasiada tristeza" (2 Co. 2:7).

"Por lo cual, animaos unos a otros, y edificaos unos a otros, así como lo hacéis" (1 Ts. 5:11).

"También os rogamos, hermanos, que amonestéis a los ociosos, que alentéis a los de poco ánimo, que sostengáis a los débiles, que seáis pacientes para con todos" (1 Ts. 5:14).

"Consolaos, consolaos, pueblo mío, dice vuestro Dios" (Is. 40:1).

3 (14:6-14) *Lenguas, don de:* El problema de las lenguas. Hay dos problemas específicos con las lenguas que se analizan en estos nueve versículos:

1. El primer problema: Las lenguas no comunican en la iglesia, no aparte de algún otro don (la interpretación, v. 13). Pablo ilustró esto con varias ilustraciones.

    a. El propio Pablo, si fuera a visitar la iglesia, no hablaría en lenguas. ¿Por qué? Porque su hablar en lenguas no nos beneficiaría. No podríamos entender lo que se dice. Su visita y proclamación no nos haría ningún bien. De la única manera que su visita y sus palabras nos ayudarían sería si él nos hablara con…

- alguna revelación
- alguna profecía
- alguna ciencia
- alguna doctrina

    b. También lo ilustra con los instrumentos musicales. Las flautas (griego, aulos, instrumentos de viento) y las cítaras (griego, kithara, instrumentos de cuerda) deben dar distinción de voces o de lo contrario no tendrían sentido, se confundirían, y serían absurdas, sencillamente no se entenderían. Los instrumentos musicales deben comunicar o de lo contrario se desconoce la música y no logra inspirar a los oyentes.

    c. Lo ilustra con una trompeta militar. Cuando un soldado sopla la trompeta, debe comunicar o de lo contrario el ejército no se prepara para la batalla.

    d. El propio discurso de una persona es la cuarta ilustración. Una persona debe hablar palabras que se entiendan o de lo contrario los oyentes no saben lo que él está diciendo. No hace más que hablarle al aire.

    e. La quinta ilustración son diferentes lenguas extranjeras. De un modo sencillo, hay muchas voces diferentes (idiomas) en el mundo, y cada idioma tiene su propio hablar distintivo. Si un extranjero me habla y yo no entiendo lo que él dice:

- Soy como extranjero, es decir, soy para él un hombre tonto y sin sentido.
- Él es como extranjero, es decir, es para mí un hombre tonto y sin sentido.

A mí no me sirve de nada, no para predicar y comunicar el evangelio. Lo que él dice no tiene sentido, es ininteligible, infructífero, y carece de valor. No me salva ni me edifica, no me fortalece ni me consuela.

    f. El planteamiento es sorprendente: El creyente que es celoso de los dones espirituales debe buscar los dones que edifican la iglesia. Nota: El celo de un creyente no se debe apagar aunque lo hayan mal informado y haga énfasis en el don equivocado. Él debe corregir aquello en lo que equivocó su énfasis, mantener su celo, y dirigir su energía a la edificación de la iglesia. Los dones importantes son aquellos que edifican a las personas para Cristo.

"¿No sabéis que los que corren en el estadio, todos a la verdad corren, pero uno solo se lleva el premio? Corred de tal manera que lo obtengáis" (1 Co. 9:24).

"Procurad, pues, los dones mejores. Mas yo os muestro un camino aun más excelente" (1 Co. 12:31).

"Seguid el amor; y procurad los dones espirituales, pero sobre todo que profeticéis" (1 Co. 14:1).

"Así también vosotros; pues que anheláis dones espirituales, procurad abundar en ellos para edificación de la iglesia" (1 Co. 14:12).

"Hermanos, yo mismo no pretendo haberlo ya alcanzado; pero una cosa hago: olvidando ciertamente lo que queda atrás, y extendiéndome a lo que está delante, prosigo a la meta, al premio del supremo llamamiento de Dios en Cristo Jesús" (Fil. 3:13, 14).

"Por lo cual te aconsejo que avives el fuego del don de Dios que está en ti por la imposición de mis manos" (2 Ti. 1:6).

"Yo reprendo y castigo a todos los que amo; sé, pues, celoso, y arrepiéntete" (Ap. 3:19).

2. El segundo problema: Las lenguas no comunican ni siquiera en la oración, no aparte de algún otro don (la interpretación). Pablo plantea que uno definitivamente puede orar en lengua. Al parecer da la idea de una lengua de "éxtasis" (v. 2, Williams) o de alguna "lengua extraña" (v. 2, Beck).

Al parecer, el hablar en lenguas de Hechos parece ser el hablar en lenguas extranjeras. Pero el hablar en lenguas de 1 Corintios 14 es una palabra extática. Un estudio objetivo y completo de 1 Corintios 12-14 lo demuestra. Algunos de los pasajes hay que forzarlos verdaderamente para que se apliquen a las lenguas extranjeras (o a un reflejo condicionado y aprendido como plantean algunos intérpretes). A continuación se dan varios ejemplos:

"Porque el que habla en lenguas no habla a los hombres, sino a Dios; pues nadie le entiende, aunque por el Espíritu habla misterios" (1 Co. 14:2).

"El que habla en lengua extraña, a sí mismo se edifica; pero el que profetiza, edifica a la iglesia" (1 Co. 14:4).

"Porque si yo oro en lengua desconocida, mi espíritu ora, pero mi entendimiento queda sin fruto" (1 Co. 14:14).

"Doy gracias a Dios que hablo en lenguas más que todos vosotros; pero en la iglesia prefiero hablar cinco palabras con mi entendimiento, para enseñar también a otros, que diez mil palabras en lengua desconocida" (1 Co. 14:18, 19).

El planteamiento es revelador: Aunque un creyente ore en una lengua desconocida, es infructífero a menos que tenga el don de la interpretación. No tiene idea de lo que está orando a menos que exista el don de interpretación. Su oración es infructífera y sin sentido.

4 (14:15-20) *Lenguas, don de — Pablo:* En estos seis versículos se analiza la adoración personal del propio Pablo y el uso de las lenguas. Él dice tres cosas diferentes:

1. Pablo adora orando y cantando tanto con el espíritu como con el entendimiento (vv. 15-17). Note un elemento crucial en todo este pasaje: Pablo no está negando ni prohibiendo el ejercicio del don de lenguas. Él *insiste* en el uso apropiado de los dones. Él dice que él mismo lo hará "también con el entendimiento".

Se hace énfasis en que él no ora ni canta sin entender lo que él ora y canta. Él da dos razones para esto:

    a. Él desea que otros entiendan y confirmen lo que él ora y canta (v. 16). La ilustración es directa. Si usted bendice a Dios con el espíritu (es decir, con una lengua), ¿cómo el indocto (aquellos que no entienden las lenguas) dirán "Amén", es decir, confirmará lo que usted dice? Estar de acuerdo y participar en su oración y alabanza es imposible, porque nadie entiende lo que usted dice.

    b. Él desea que otros se edifiquen (v. 17). La acción de gracias y la oración no están equivocados; de hecho, son buenos. Pero si se hacen en una lengua, otros no se edifican.

2. Pablo a menudo habla en lenguas, pero en la iglesia él siempre usa otro don (vv. 18-19). No hay otro versículo que pueda ser más claro sobre la práctica de las lenguas de Pablo que este:

    => Pablo tenía el don de lenguas y usaba el don más que "todos vosotros".

    => Sin embargo, en la iglesia, él prefiere hablar cinco palabras claramente entendibles que diez mil palabras en una lengua. Al lector honesto y abierto, el plan-

teamiento de Pablo queda claro: En la iglesia, él usaba otros dones para adorar y proclamar el evangelio. Él usaba su don de lenguas en la adoración privada.

3. Pablo insta a una cosa: Al entendimiento y la edificación. Esto es un imperativo fuerte, un planteamiento contundente: "no seáis niños en el modo de pensar, sino sed niños en la malicia, pero maduros en el modo de pensar". Parece que las "lenguas" habían dividido tanto la iglesia de Corinto que la amargura y la malicia se habían convertido en un problema entre algunos. Algunos de los creyentes sencillamente no entendían los dones, su importancia y propósito. Por consiguiente, actuaban como niños, golpeados por la experiencia espectacular, emocional y diferente. Necesitaban entender los dones desesperadamente y su lugar apropiado en la vida del creyente. Algo era cierto: No debía haber cabida para la división por los dones. Solo debía haber amor y entendimiento maduro. Los creyentes deben ser como hombres y mujeres maduros, no como hijos.

"De manera que yo, hermanos, no pude hablaros como a espirituales, sino como a carnales, como a niños en Cristo. Os di a beber leche, y no vianda; porque aún no erais capaces, ni sois capaces todavía" (1 Co. 3:1, 2).

"Cuando yo era niño, hablaba como niño, pensaba como niño, juzgaba como niño; mas cuando ya fui hombre, dejé lo que era de niño" (1 Co. 13:11).

"Hermanos, no seáis niños en el modo de pensar, sino sed niños en la malicia, pero maduros en el modo de pensar" (1 Co. 14:20).

"hasta que todos lleguemos a la unidad de la fe y del conocimiento del Hijo de Dios, a un varón perfecto, a la medida de la estatura de la plenitud de Cristo; para que ya no seamos niños fluctuantes, llevados por doquiera de todo viento de doctrina, por estratagema de hombres que para engañar emplean con astucia las artimañas del error," (Ef. 4:13, 14).

"Porque debiendo ser ya maestros, después de tanto tiempo, tenéis necesidad de que se os vuelva a enseñar cuáles son los primeros rudimentos de las palabras de Dios; y habéis llegado a ser tales que tenéis necesidad de leche, y no de alimento sólido... pero el alimento sólido es para los que han alcanzado madurez, para los que por el uso tienen los sentidos ejercitados en el discernimiento del bien y del mal" (He. 5:12, 14).

"desead, como niños recién nacidos, la leche espiritual no adulterada, para que por ella crezcáis para salvación" (1 P. 2:2).

"Os he escrito a vosotros, padres, porque habéis conocido al que es desde el principio. Os he escrito a vosotros, jóvenes, porque sois fuertes, y la palabra de Dios permanece en vosotros, y habéis vencido al maligno" (1 Jn. 2:14).

5 (14:21-25) *Lenguas, don de — Profecía:* El propósito de las lenguas y la profecía. Se analizan tres elementos:

1. Las lenguas son una señal para advertir a los incrédulos; la profecía es un don para edificar a los creyentes. El pasaje citado del Antiguo Testamento es 28:11-12. Al parecer el significado es una promesa que Dios le dará testimonio al

incrédulo de Israel por medio de muchas lenguas (idiomas), aún así no lo oirán.

Al parecer Pablo dice varias cosas:

a. Las lenguas son lenguas extranjeras, aunque con frecuencia se experimentan en un momento extático y puede que no las entienda el que está hablando.

b. Las lenguas son una señal para advertir a los incrédulos. ¿Cómo puede este versículo tener consonancia con que se diga que las lenguas deben ser primordialmente para la edificación personal (vv. 2, 4, 17) y que se diga que la profecía debe ser para el testimonio y la edificación pública (vv. 24-25)? Probablemente la respuesta tenga dos aspectos:

=> Los incrédulos ven claramente la mano de Dios cuando a un creyente extranjero repentina y milagrosamente se le da la habilidad de testificarles en su propia lengua nativa. Definitivamente ese fue el caso de Pentecostés (cp. Hch. 2:6-13).

=> El creyente que habla en lenguas tiene una experiencia excitante y estimulante mientras se encuentra en su gabinete de oración. Este tipo de experiencia le permite convertirse en el tipo de testigo que debe ser para el Señor Jesucristo. Su don de lenguas lo edifica personalmente, y se siente movido con un nuevo fervor a advertir al incrédulo del juicio pendiente. Los versículos 21, 23, y todo el contexto apuntan hacia este significado. Algo es cierto: Dios sabe lo que cada uno de sus hijos necesita para convertir a ese hijo en el testigo que debe ser. Él sabe qué experiencia y qué dones son nece-

sarios, y Él siempre proporciona estas experiencias y dones.

La profecía es primordialmente para los creyentes, para su edificación, su fortalecimiento, y consuelo (vea el *Estudio a fondo 1, Profecía* — 1 Co. 14:3 para un mayor análisis).

2. Las lenguas dentro de la iglesia confunden y endurecen a los incrédulos. Esto se ve claramente: Las lenguas sin interpretación hacen que una persona parezca loca. El que habla en lenguas parece estar parloteando como un loco. Las lenguas (el don extático) no se deben usar para llegar a las personas dentro de la iglesia.

3. La profecía dentro de la iglesia convence a los incrédulos. Este es un gran pasaje sobre el efecto de la predicación en los incrédulos. Note que aunque la profecía sea primordialmente para los creyentes y su edificación, Dios también lo usa para salvar a los perdidos. (Vea el *Estudio a fondo 1, Profecía* — 1 Co. 14:3 para un análisis.)

"Al oír esto, se compungieron de corazón, y dijeron a Pedro y a los otros apóstoles: Varones hermanos, ¿qué haremos?" (Hch. 2:37).

"Pero al disertar Pablo acerca de la justicia, del dominio propio y del juicio venidero, Félix se espantó, y dijo: Ahora vete; pero cuando tenga oportunidad te llamaré" (Hch. 24:25).

"Mi mano hizo todas estas cosas, y así todas estas cosas fueron, dice Jehová; pero miraré a aquel que es pobre y humilde de espíritu, y que tiembla a mi palabra" (Is. 66:2).

"Porque nada hay encubierto, que no haya de descubrirse; ni oculto, que no haya de saberse" (Lc. 12:2).

"Porque Dios traerá toda obra a juicio, juntamente con toda cosa encubierta, sea buena o sea mala." (Ec. 12:14).

	F. El lugar de las lenguas y la profecía en la iglesia, 14:26-40	33 pues Dios no es Dios de confusión, sino de paz. Como en todas las iglesias de los santos,	

1 Regla 1: El principio rector, los dones se deben usar en la iglesia solo para edificar a las personas
  a. En la iglesia de Corinto predominaba la confusión
  b. El principio rector: Todas las cosas deben edificar
2 Regla 2: Las lenguas se deben limitar e interpretar
3 Regla 3: La profecía se debe limitar y discernir
	26 ¿Qué hay, pues, hermanos? Cuando os reunís, cada uno de vosotros tiene salmo, tiene doctrina, tiene lengua, tiene revelación, tiene interpretación. Hágase todo para edificación.
	27 Si habla alguno en lengua extraña, sea esto por dos, o a lo más tres, y por turno; y uno interprete.
	28 Y si no hay intérprete, calle en la iglesia, y hable para sí mismo y para Dios.
	29 Asimismo, los profetas hablen dos o tres, y los demás juzguen.
	30 Y si algo le fuere revelado a otro que estuviere sentado, calle el primero.
	31 Porque podéis profetizar todos uno por uno, para que todos aprendan, y todos sean exhortados.
	32 Y los espíritus de los profetas están sujetos a los profetas;
		34 vuestras mujeres callen en las congregaciones; porque no les es permitido hablar, sino que estén sujetas, como también la ley lo dice.
		35 Y si quieren aprender algo, pregunten en casa a sus maridos; porque es indecoroso que una mujer hable en la congregación.
		36 ¿Acaso ha salido de vosotros la palabra de Dios, o sólo a vosotros ha llegado?
		37 Si alguno se cree profeta, o espiritual, reconozca que lo que os escribo son mandamientos del Señor.
		38 Mas el que ignora, ignore.
		
		39 Así que, hermanos, procurad profetizar, y no impidáis el hablar lenguas;
		40 pero hágase todo decentemente y con orden.
			4 Regla 4: Las mujeres deben callar en la iglesia, no deben ejercer el don de lenguas en la iglesia
			
			5 Regla 5: Cuidarse de los abusos potenciales de los dones
			  a. Creerse que usted es el único maestro
			  b. Creer que Dios le habla solo a usted
			  c. Creer que usted es más espiritual que otros
			6 Conclusión: La orden y la regla final
			  a. Procurar los dones mejores
			  b. No impedir las lenguas
			  c. Hacerlo todo con orden, en la adoración

DIVISIÓN VII

LAS PREGUNTAS CON RESPECTO A LOS DONES ESPIRITUALES, 12:1—14:40

F. El lugar de las lenguas y la profecía en la iglesia, 14:26-40

(14:26-40) *Introducción:* Este pasaje ilumina mucho los cultos de adoración de la iglesia primitiva. Observe dos cosas en particular. Primero, Pablo hace énfasis en la flexibilidad, pero con orden y dignidad. Segundo, el propósito fundamental de la adoración es la edificación. El tema es el lugar de las lenguas y la profecía en la iglesia. Se dan cinco reglas para controlar los cultos de adoración:

1. Regla 1: El principio rector, los dones se deben usar en la iglesia solo para edificar a las personas (v. 26).
2. Regla 2: Las lenguas se deben limitar e interpretar (vv. 27-28).
3. Regla 3: La profecía se debe limitar y discernir (vv. 29-33).
4. Regla 4: Las mujeres deben callar en la iglesia, no deben ejercer el don de lenguas en la iglesia (vv. 34-35).
5. Regla 5: Cuidarse de los abusos potenciales de los dones (vv. 36-38).
6. Conclusión: La orden y la regla final (vv. 39-40).

1 (14:26) *Iglesia —Adoración:* La primera regla es el principio rector, los dones se deben usar en la iglesia para edificar a las personas. Los cultos de adoración en la iglesia de Corinto se habían vuelto muy desordenados, predominaba la confusión. Muchos hablaban en lenguas, hablaban, oraban y cantaban sus propias canciones, todos al mismo tiempo. Cada persona luchaba por el derecho de mostrar su última inspiración y comprensión espiritual. Note exactamente lo que se dice y el desorden se ve claramente: "¿Qué hay, pues, hermanos? Cuando os reunís, cada uno de vosotros...

- tiene salmo [canción, griego],
- tiene doctrina [alguna enseñanza],
- tiene lengua,
- tiene revelación [alguna comprensión espiritual],
- tiene interpretación

Los cultos de adoración se habían degenerado en un completo desorden y una confusión masiva. A los ojos del visitante, los cultos no eran más que un *alboroto,* una confusión total. Cada uno hablaba y hacía lo que le parecía, todos simultáneamente. El orgullo, el envanecimiento, el egocentrismo, la súper espiritualidad, y la división predominaban en el lugar del amor, el respeto, la humildad, la unidad, y la edificación. La decencia y el orden brillaban por su ausencia.

> **"Si, pues, toda la iglesia se reúne en un solo lugar, y todos hablan en lenguas, y entran indoctos o incrédulos, ¿no dirán que estáis locos?" (1 Co. 14:23).**

Tenía que arreglarse la situación o de lo contrario la iglesia nunca sería eficaz en su testimonio del Señor. La solución primordial para enderezar el desorden radicaba en que los creyentes aprendieran el propósito de sus dones: "Edificar y construir la iglesia". Observe con qué frecuencia este capítulo hace énfasis en la edificación:

> **"Pero el que profetiza habla a los hombres para edificación, exhortación y consolación" (1 Co. 14:3).**
> **"...pero el que profetiza, edifica a la iglesia" (1 Co. 14:4).**
> **"...para que la iglesia reciba edificación" (1 Co. 14:5).**
> **"...procurad abundar en ellos para edificación de la iglesia" (1 Co. 14:12).**
> **"Porque tú, a la verdad, bien das gracias; pero el otro no es edificado" (1 Co. 14:17).**
> **"pero en la iglesia prefiero hablar cinco palabras con mi entendimiento, para enseñar también a otros, que diez mil palabras en lengua desconocida" (1 Co. 14:19).**

2 (14:27-28) *Lenguas — Iglesia — Adoración:* La segunda regla es que las lenguas se deben limitar e interpretar in iglesia. Observe varios elementos.

1.   Solo a dos personas, a lo sumo a tres, se les permitía hablar en lenguas durante un culto.

2.   "Por turno" quiere decir ya sea uno tras otro o un mismo período de tiempo. Debía haber una sola persona a la vez hablando en lenguas. No debía haber desorden ni confusión.

3.   Siempre debía haber un intérprete. Si no había un intérprete presente, entonces el que hablaba en lenguas debía callar y hablar solamente para sí mismo y para Dios.

4.   La persona que habla en lenguas tiene control sobre su don. El don no es lo que comúnmente se cree: Un impulso espiritual del Espíritu Santo que la persona no puede resistir. No solo *puede* controlar su hablar en lenguas, él *debe* controlarlo.

5.   Debe tener algún sentido la idea de que la mejor opción fuera que las lenguas no se usaran públicamente, pero Pablo no podía arriesgarse a impedirle a los corintios que usaran el don de lenguas en la adoración. Era un problema demasiado arraigado y demasiado violento. Haber insistido en su desaparición pública habría distanciado inmediatamente a demasiadas personas de su influencia, y quizá hasta habría provocado que la iglesia rechazara su ministerio completamente. Imagínese a Pablo en una ciudad lejana. Recuerden cómo la iglesia lo estaba atacando a él y a su ministerio, haciendo acusación tras acusación contra él (vea la nota — 2 Co. 1:12). ¿Sería incluso posible corregir el abuso? ¿Era posible que él pudiera corregirlo sin distanciar a muchos buenos creyentes pero mal orientados? De ser así, ¿cómo debía hacerlo? ¿Qué método debía usar? ¿Debía sugerir que interrumpieran la

práctica completamente en la adoración pública o debía permitir su ejercicio con *moderación*?

Todo el tono del pasaje parece apuntar a la segunda idea.

=> Se dice que las lenguas edifican a uno mismo mientras que la profecía edifica la iglesia (cp. los vv. 1-25).

=> Se dice que las lenguas son un don extremadamente sensible con la potencialidad de ocasionar problemas severos (1 Co. 12:1-3; 14:6-14, 36-40).

=> La práctica de las lenguas que hacía el propio Pablo era solo en privado (1 Co. 14:15-20).

=> El planteamiento de Pablo es sin duda alguna claro: Él preferiría hablar cinco palabras que se entendieran que hablar diez mil en una lengua (1 Co. 14:19).

En todo este pasaje se ve algo claramente: Hay una mayor tendencia a la idea de que las lenguas se usan mejor en privado y no en público. Sin embargo, si una iglesia o un grupo de personas insiste en el uso de las lenguas en los cultos de la iglesia, solo dos, y a lo sumo tres personas deben ejercer sus dones. E incluso deben callar a menos que un intérprete esté presente.

3 (14:29-33) *Profecía — Iglesia — Adoración:* La tercera regla es que la profecía se debe limitar y discernir. Observe varios elementos:

1.   Solo dos o tres profetas deben hablar en un culto.

2.   Las palabras "los demás" implica plural en el griego. Los demás probablemente sean las mismas personas que se mencionaron anteriormente, aquellas que son suficientemente maduras y están dotadas con la habilidad de discernir lo que se proclama.

3.   Si otra persona que escucha recibe alguna comprensión especial acerca de lo que proclama el que habla en lenguas, el que habla debe permitir que la persona hable acerca de su comprensión.

4.   A todos los profetas en una iglesia se les debía permitir hablar. Sin embargo, no debían hablar todos en el mismo culto. Ya se había implantado la regla de que solo dos o tres pudieran hablar en un culto.

5.   Todo verdadero profeta tiene un mensaje significativo que dar y una contribución importante que hacer a la iglesia. Esto se ve en las palabras "uno por uno". Todos los profetas eran necesarios "para que todos aprendan, y todos sean exhortados" (v. 31).

6.   Los espíritus de los que hablan en lenguas deben ser controlados por el que habla. Una vez más, a los creyentes dotados, no importa el don, no los domina un impulso irresistible del Espíritu, no al punto de que no se puedan controlar. Dos personas que hablan en lenguas no deben intentar hablar al mismo tiempo. Se da la razón más sencilla: "Dios no es Dios de confusión, sino de paz".

7.   El planteamiento es contundente: "Dios no es Dios de confusión, sino de paz" (v. 33). Todas las iglesias que permiten la confusión y el desorden quedan reprendidas por este planteamiento. Sus cultos desordenados son para sí, no para Dios.

4 (14:34-35) *Mujeres — Iglesia — Adoración:* La cuarta regla es que las mujeres deben callar en la iglesia, no deben ejercer el don de lenguas en la iglesia. Observe dos elementos:

1. Una interpretación de estos versículos debe recordar el contexto del capítulo 14. Sacar estos versículos de contexto violenta las Escrituras y la alta estima en la que Cristo y el Nuevo Testamento tienen a las mujeres. Pablo menciona este asunto porque probablemente fueran las mujeres las que más abusaran del don de lenguas y del elemento para predecir de la profecía. La orden de Pablo es que las mujeres se calmen y hagan silencio, para poner orden. El pasaje está dirigido tanto al problema local de los corintios como a cualquier otra iglesia donde las mujeres abusaban de los dones de lenguas y el elemento para predecir de la profecía.

2. La mayoría de los comentaristas interpretan este pasaje diciendo que se debe entender en el contexto de su época. El comentario de Barclay acerca de estos versículos constituye un ejemplo: "Existen todas las probabilidades de que lo que más le preocupaba era la relajación moral de Corinto y que no se debe hacer nada, absolutamente nada que le proporcione a la iglesia joven la menor sospecha de inmodestia. Ciertamente sería un tremendo error sacar estas palabras de Pablo fuera del contexto para el que se escribieron y convertirlas en una regla universal para la iglesia".

3. Este pasaje no está prohibiendo que las mujeres participen y den a conocer sus *dones* en la iglesia. Otros pasajes son claros al respecto:

> **"Y en los postreros días, dice Dios, derramaré de mi Espíritu sobre toda carne, y vuestros hijos y vuestras *hijas* profetizarán; vuestros jóvenes verán visiones, y vuestros ancianos soñarán sueños" (Hch. 2:17).**
> **"Este tenía *cuatro hijas doncellas que profetizaban*" (Hch. 21:9).**

Pablo lo reconoció claramente: "Pero toda *mujer* que ora y profetiza" (1 Co. 11:5).

5 (14:36-38) *Dones, espirituales:* La quinta regla es cuidarse de tres abusos potenciales de los dones.

1. Abuso 1: Pensar que usted es el único maestro; es decir, que usted tiene algo que nadie más tiene...
   => una verdad
   => una comprensión
   => una revelación
   => un entendimiento

Una actitud como esa no está solo llena de orgullo y envanecimiento, se atribuye la condición de origen y fuente de verdad, de ser como el propio Dios.

Pensamiento 1. Muchísimas personas e iglesias actúan como si fueran los que originaron y crearon de la Palabra de Dios.

2. Abuso 2: Creer que Dios solo le habla a usted. Muchísimos creyentes e iglesias creen que ellos son especiales para Dios, y que Dios les da la verdad y comprensión que nadie más recibe. El resultado es la presunción, la arrogancia, la crítica, el juicio, la censura, y la división.

3. Abuso 3: Creer que usted es más espiritual que otros. Las reglas impuestas por Pablo eran mandamientos del Señor. Todo profeta y todo espiritual deben reconocer y obedecer las reglas. Sin embargo, había algunas personas en Corinto que habían rechazado a Pablo y las reglas que Dios le había dado. Ellos creían que sus dones de profecía y espiritualidad los eximían de las reglas y les daban el derecho de ejercer sus dones según ellos decidieran.

¡Pablo niega eso! "Reconozca [todo el mundo] que lo que os escribo son mandamientos del Señor". Si alguien se niega a aceptar y obedecer las reglas, entonces déjenlo en su ignorancia. Nota: Hay una sugerencia de juicio en este planteamiento. Dios finalmente se ocupará de aquel que se rebele y continúe actuando egoístamente con ignorancia.

6 (14:39-40) *Dones, espirituales — Iglesia — Adoración:* La conclusión es una orden y una regla final.

1. Procurar el mejor don, que es la profecía (cp. 1 Co. 14:1-5).

2. No impedir el hablar en lenguas. Sin embargo, recuerden que siempre debe haber un intérprete presente.

3. Hacer todas las cosas decente y ordenadamente en la adoración. Sin embargo, observe algo crucial: Esto no quiere decir que un culto deba ser tan formal que sea frío y almidonado. La ilustración que Pablo ha hecho en todo este pasaje es el orden en la participación de la congregación, y la participación no se limitaba a cantar y ofrendar. A los individuos de la congregación se les permitía hablar de las comprensiones espirituales que Dios les daba, incluso durante la proclamación profética principal (el sermón). Los cultos no eran aburridos y restrictivos. Eran ordenados, pero también eran suficientemente flexibles como para permitir que participaran dos o tres laicos, en el mismo momento.

> **"Pero cada uno como el Señor le repartió, y como Dios llamó a cada uno, así haga; esto ordeno en todas las iglesias" (1 Co. 7:17).**
> **"Si, pues, toda la iglesia se reúne en un solo lugar, y todos hablan en lenguas, y entran indoctos o incrédulos, ¿no dirán que estáis locos?... pero hágase todo decentemente y con orden" (1 Co. 14:23, 40).**
> **"Por esta causa te dejé en Creta, para que corrigieses lo deficiente, y establecieses ancianos en cada ciudad, así como yo te mandé" (Tit. 1:5).**

	CAPÍTULO 15	6 Después apareció a más de quinientos hermanos a la vez, de los cuales muchos viven aún, y otros ya duermen.	a. Pedro lo vio
			b. Los doce lo vieron
	VIII. LAS PREGUNTAS CON RESPECTO A LA RESURRECCIÓN DE LOS MUERTOS, 15:1-58		c. Quinientas personas lo vieron
		7 Después apareció a Jacobo; después a todos los após-toles;	d. Jacobo lo vio
			e. Los apóstoles lo vieron de nuevo
1 La importancia del evangelio	**A. Primer argumento: Los elementos primarios del evangelio, 15:1-11**	8 y al último de todos, como a un abortivo, me apareció a mí.	**5 Elemento 4: Hubo un testigo presencial fide-digno, el propio Pablo**
a. Ustedes lo han recibido		9 Porque yo soy el más pe-queño de los apóstoles, que no soy digno de ser llamado apóstol, porque perseguí a la iglesia de Dios.	a. Él vio a Cristo después de su ascenso
b. Ustedes perseveran en él	1 Además os declaro, her-manos, el evangelio que os he predicado, el cual también recibisteis, en el cual también perseveráis;		b. Cambió radicalmente en contra de todas las probabilidades
c. Son salvos por él			c. Se sintió movido a obrar por Cristo con urgencia
1) Si la retienen con firmeza	2 por el cual asimismo, si retenéis la palabra que os he predicado, sois salvos, si no creísteis en vano.	10 Pero por la gracia de Dios soy lo que soy; y su gracia no ha sido en vano para conmigo, antes he trabajado más que todos ellos; pero no yo, sino la gracia de Dios conmigo.	
2) Si su creencia no es en vano			
2 Elemento 1: Cristo murió por nuestros pecados, conforme a las Escrituras[EF2]	3 Porque primeramente os he enseñado lo que asimismo recibí: Que Cristo murió por nuestros pecados, conforme a las Escrituras;	11 Porque o sea yo o sean ellos, así predicamos, y así habéis creído.	**6 Elemento 5: Solo hay un evangelio que se predica y en el que se tiene que creer**
3 Elemento 2: Cristo fue sepultado y resucitó, conforme a las Escrituras	4 y que fue sepultado, y que resucitó al tercer día, con-forme a las Escrituras;		
4 Elemento 3: Hubo testi-gos presenciales	5 y que apareció a Cefas, y después a los doce.		

DIVISIÓN VIII

LAS PREGUNTAS CON RESPECTO A LA RESU-RRECCIÓN DE LOS MUERTOS, 15:1-58

A. Primer argumento: Los elementos primarios del evan-gelio, 15:1-11

(15:1-58) *Panorámica general de la división: Resurrección, la:* La iglesia de Corinto estaba confundida con la resurrec-ción del creyente. Por consiguiente, en la carta que la iglesia le había escrito a Pablo, una de las preguntas tenía que ver con la resurrección del cuerpo del creyente (vea la nota — 1 Co. 7:1-40). Algunas personas en la iglesia estaban negando rotundamente la resurrección (v. 12). Al parecer algunas per-sonas obedecían a la falsa doctrina de otros:

=> Espiritualizando la resurrección, diciendo que ya había pasado o que ya se había efectuado en la muerte (cp. 2 Ti. 2:17-18).

=> Rebelándose contra una idea como esa, asegurando que era científicamente imposible que los cuerpos deshechos, diseminados, y descompuestos resurjan en un acto de recreación.

Pablo argumenta su respuesta sencillamente: La resu-rrección de Jesucristo demuestra la resurrección del cuerpo humano. De hecho, Jesucristo resucitó para que todos los hombres en persona plena y completa, tanto cuerpos como espíritus, pudieran vivir para siempre. La resurrección de Jesucristo le da total certeza a la resurrección de los hombres.

Después de establecer esto, Pablo lidia con algunas obje-ciones comunes a la verdad gloriosa.

ESTUDIO A FONDO 1

(15:1-11) *Evangelio:* Significa "Buenas nuevas". Solo hay un evangelio, pero se describe de diferentes maneras. Se le llama el "evangelio del reino de Dios" (Mt. 4:23; Mr. 1:14); el "evangelio de la gracia de Dios" (Hch. 20:24); el "evangelio de Dios" (Ro. 1:1); el "evangelio de Cristo" (Mr. 1:1; Ro. 1:16; 2 Co. 4:4; 10:14); el "evangelio glo-rioso" (2 Co. 4:4; 1 Ti. 1:11); y el "Evangelio Eterno" (Ap. 14:6).

(15:1-11) *Introducción:* El primer argumento para la resu-rrección del cuerpo humano es el propio evangelio. Los ele-mentos primarios del evangelio demuestran que Dios puede resucitar corporalmente a una persona de los muertos. Él resucitó al Señor Jesucristo de los muertos, perfeccionando el cuerpo mismo que Él había poseído mientras estuvo en la tierra. En esto consiste todo el capítulo: Los muertos resucitarán en su mismo cuerpo, y su cuerpo ya no será físico e imperfecto, sino espiritual y perfeccionado. No obstante, a pesar del cambio de naturaleza y composición, el cuerpo de los muertos será el mismo cuerpo. Hay cinco elementos del evangelio que demuestran la resurrección del creyente.

1. La importancia del evangelio (vv. 1-2).
2. Elemento 1: Cristo murió por nuestros pecados, conforme a las Escrituras (v. 3).
3. Elemento 2: Cristo fue sepultado y resucitó, conforme a las Escrituras (v. 4).
4. Elemento 3: Hubo testigos presenciales (vv. 5-7).
5. Elemento 4: Hubo un testigo presencial fidedigno, el propio Pablo (vv. 8-10).
6. Elemento 5: Solo hay un evangelio que se predica y en el que se tiene que creer (v. 11).

1 (15:1-2) *Evangelio:* La importancia del evangelio. Pablo dice que él le declara el evangelio a la iglesia de Corinto, el *mismísimo evangelio* que *ya* les había predicado. Esto es importante. De hecho, la palabra "declarar" (gnorizo) significa *dar a conocer.* Pablo no está recordándole el evangelio a los corintios, él está nuevamente:

• Declarándolo como si nunca lo hubieran escuchado.
• Proclamándolo como si nunca lo hubieran recibido.
• Dándolo a conocer como si nunca lo hubieran conocido.

Algunas personas en la iglesia corrían el peligro de no seguir en su fe; estaban negando la esperanza misma de vivir *personalmente* en la presencia de Dios (v. 12). Necesitaban desesperadamente que se les proclamara nuevamente la importancia del evangelio. Observe lo que dice Pablo acerca de los creyentes de la iglesia.

1. Habían recibido el evangelio, es decir, lo habían adoptado realmente como verdaderos creyentes.
2. Perseveraban en el evangelio. La idea es que se ajustaban a él firmemente, profesando y anunciando las verdades del evangelio. Esto señala que algunos aún eran fieles a la verdad de la resurrección a pesar del error que otros habían enseñado (v. 12).
3. Eran salvos por el evangelio. La palabra "salvos" es una acción presente o continua, "están siendo salvos". Las Escrituras enseñan tres tiempos o etapas de salvación: El pasado, el presente, y el futuro (vea el *Estudio a fondo 1, Salvación* — 1 Co. 1:18 para un análisis). En este versículo las Escrituras se refieren a la etapa presente o progresiva de salvación. La salvación es una *experiencia continua* que es condicional.

=> Deben "retener" el evangelio. Las palabras griegas (ei katechete) quieren decir *si se mantienen firmes.* A fin de ser salva, claro está, una persona debe mantenerse firme en el evangelio. Nadie podría negar el evangelio y esperar ser salvo.

=> No deben creer en vano. La idea es que algunos podrían creer, pero creer en lo equivocado, creer en algo que es vano, vacío, inútil, y sin valor.

Pensamiento 1. Una persona debe mantenerse firme, para ser salva debe continuar creyendo.

"**... mas el que persevere hasta el fin, éste será salvo**" (Mt. 10:22).

"**Mantengamos firme, sin fluctuar, la profesión de nuestra esperanza, porque fiel es el que prometió**" (He. 10:23).

"**Bienaventurado el varón que soporta la tentación; porque cuando haya resistido la prueba, recibirá la corona de vida, que Dios ha prometido a los que le aman**" (Stg. 1:12).

"**He aquí, tenemos por bienaventurados a los que sufren. Habéis oído de la paciencia de Job, y habéis visto el fin del Señor, que el Señor es muy misericordioso y compasivo**" (Stg. 5:11).

2 (15:3) *Jesucristo, muerte:* El primer elemento del evangelio es que Jesucristo murió por nuestros pecados, conforme a las Escrituras. Note cuatro elementos:

1. La palabra "primeramente" quiere decir lo primero que Pablo le predicó a los corintios fue la muerte de Jesucristo. La muerte de Cristo es tan importante que debe ser lo primero que se predique. Es el fundamento mismo de la salvación de una persona. Aparte de la muerte de Jesucristo no hay salvación; por lo tanto, la muerte de Cristo debe ser el primer tema proclamado.

2. El primer elemento que el propio Pablo recibió fue la muerte de Cristo. Según plantea Leon Morris, Pablo *no está interrumpiendo* el mensaje que él había recibido; nos está transmitiendo el *mensaje exacto* que él había recibido (*La primera epístola de Pablo a los corintios.* "Comentarios bíblicos de Tyndale", p. 205). Este es un elemento crucial, porque Pablo se había convencido con una aparición directa del propio Cristo. Esto quiere decir que las primeras palabras que Cristo le habló a Pablo tenían que ver con la muerte del Señor. Esto solamente enfatiza la gran importancia de la muerte del Señor (Gá. 1:11-12; cp. 1 Co. 11:23).

3. "Cristo murió *por nuestros pecados*". La palabra "por" (huper) quiere decir por nuestro beneficio, por nuestro bien, en nuestro nombre, por nosotros, como sustituto nuestro. (Vea el *Estudio a fondo 4* — Mr. 10:45.) Esto significa al menos tres cosas:

a. Cristo murió como nuestro sacrificio.

"**...nuestra pascua, que es Cristo, ya fue sacrificada por nosotros**" (1 Co. 5:7).

"**y por todos murió, para que los que viven, ya no vivan para sí, sino para aquel que murió y resucitó por ellos**" (2 Co. 5:15).

"**Al que no conoció pecado, por nosotros lo hizo pecado, para que nosotros fuésemos hechos justicia de Dios en él**" (2 Co. 5:21).

"**Y andad en amor, como también Cristo nos amó, y se entregó a sí mismo por nosotros, ofrenda y sacrificio a Dios en olor fragante**" (Ef. 5:2).

"**Porque tal sumo sacerdote nos convenía: santo, inocente, sin mancha, apartado de los pecadores, y hecho más sublime que los cielos; que no tiene necesi-**

dad cada día, como aquellos sumos sacerdotes, de ofrecer primero sacrificios por sus propios pecados, y luego por los del pueblo; porque esto lo hizo una vez para siempre, ofreciéndose a sí mismo" (He. 7:26, 27).

"Porque si la sangre de los toros y de los machos cabríos, y las cenizas de la becerra rociadas a los inmundos, santifican para la purificación de la carne, ¿cuánto más la sangre de Cristo, el cual mediante el Espíritu eterno se ofreció a sí mismo sin mancha a Dios, limpiará vuestras conciencias de obras muertas para que sirváis al Dios vivo?" (He. 9:13, 14).

"y no para ofrecerse muchas veces, como entra el sumo sacerdote en el Lugar Santísimo cada año con sangre ajena. De otra manera le hubiera sido necesario padecer muchas veces desde el principio del mundo; pero ahora, en la consumación de los siglos, se presentó una vez para siempre por el sacrificio de sí mismo para quitar de en medio el pecado." (He. 9:25, 26).

"En esa voluntad somos santificados mediante la ofrenda del cuerpo de Jesucristo hecha una vez para siempre" (He. 10:10).

"pero Cristo, habiendo ofrecido una vez para siempre un solo sacrificio por los pecados, se ha sentado a la diestra de Dios, porque con una sola ofrenda hizo perfectos para siempre a los santificados" (He. 10:12, 14).

"quien llevó él mismo nuestros pecados en su cuerpo sobre el madero, para que nosotros, estando muertos a los pecados, vivamos a la justicia; y por cuya herida fuisteis sanados" (1 P. 2:24).

b.   Cristo murió como nuestro rescate (vea el *Estudio a fondo 2* — Ro. 3:24; y la nota — Gá. 3:13).

"siendo justificados gratuitamente por su gracia, mediante la redención que es en Cristo Jesús" (Ro. 3:24).

"en quien tenemos redención por su sangre, el perdón de pecados" (Col. 1:14).

"quien se dio a sí mismo por nosotros para redimirnos de toda iniquidad y purificar para sí un pueblo propio, celoso de buenas obras" (Tit. 2:14).

"y no por sangre de machos cabríos ni de becerros, sino por su propia sangre, entró una vez para siempre en el Lugar Santísimo, habiendo obtenido eterna redención" (He. 9:12).

"sabiendo que fuisteis rescatados de vuestra vana manera de vivir, la cual recibisteis de vuestros padres, no con cosas corruptibles, como oro o plata, sino con la sangre preciosa de Cristo, como de un cordero sin mancha y sin contaminación" (1 P. 1:18, 19).

"y cantaban un nuevo cántico, diciendo: Digno eres de tomar el libro y de abrir sus sellos; porque tú fuiste inmolado, y con tu sangre nos has redimido para Dios, de todo linaje y lengua y pueblo y nación" (Ap. 5:9).

c.   Cristo murió como nuestra propiciación (vea la nota — Ro. 3:25. Cp. 1 Jn. 2:1-2.)

"a quien Dios puso como propiciación por medio de la fe en su sangre, para manifestar su justicia, a causa de haber pasado por alto, en su paciencia, los pecados pasados" (Ro. 3:25).

"Y él es la propiciación por nuestros pecados; y no solamente por los nuestros, sino también por los de todo el mundo" (1 Jn. 2:2).

"En esto consiste el amor: no en que nosotros hayamos amado a Dios, sino en que él nos amó a nosotros, y envió a su Hijo en propiciación por nuestros pecados" (1 Jn. 4:10).

4.   "Cristo murió… conforme a las Escrituras" (vea el *Estudio a fondo 3, Jesucristo, Muerte* — 1 Co. 15:3 para un análisis).

ESTUDIO A FONDO 2

(15:3) *Jesucristo, muerte:* Los pasajes del Antiguo Testamento tenían predicciones fidedignas con respecto a la muerte del Mesías de Dios.

=> Cristo reprendió a sus discípulos por no creer todo lo que los profetas habían hablado de su muerte (Lc. 24:25-26).

=> El método mismo de la predicación de Pablo era convencer a las personas de que Jesucristo era el Mesías del que se había dado predicción en las Escrituras (el Antiguo Testamento).

"Y Pablo, como acostumbraba, fue a ellos, y por tres días de reposo discutió con ellos, declarando y exponiendo por medio de las Escrituras, que era necesario que el Cristo padeciese, y resucitase de los muertos; y que Jesús, a quien yo os anuncio, decía él, es el Cristo" (Hch. 17:2, 3).

"Pero habiendo obtenido auxilio de Dios, persevero hasta el día de hoy, dando testimonio a pequeños y a grandes, no diciendo nada fuera de las cosas que los profetas y Moisés dijeron que habían de suceder: Que el Cristo había de padecer, y ser el primero de la resurrección de los muertos, para anunciar luz al pueblo y a los gentiles" (Hch. 26:22, 23).

=> Pablo dijo claramente que él estaba determinado a predicar nada más que a Jesucristo y a éste crucificado, y que el evangelio ya lo habían prometido antes los profetas en las Sagradas Escrituras.

"Pues me propuse no saber entre vosotros cosa alguna sino a Jesucristo, y a éste crucificado" (1 Co. 2:2).

"Pablo, siervo de Jesucristo, llamado a ser apóstol, apartado para el evangelio de Dios, que él había prometido antes por sus profetas en las santas Escrituras" (Ro. 1:1, 2).

"Pero ahora, aparte de la ley, se ha manifestado la justicia de Dios, *testificada* por la ley y por los profetas; la justicia de Dios por medio de la fe en Jesucristo, para todos los que creen en él. Porque no hay diferencia" (Ro. 3:21, 22).

=> Una gran parte de la epístola a los hebreos es una exposición sobre cómo la muerte de Cristo se cumple en el Antiguo Testamento.

Algunas de las profecías principales del Antiguo Testamento se dan con las referencias a su cumplimiento en el Nuevo Testamento. (Vea el *Estudio a fondo 3, Cumplimiento de las Escrituras* — Jn. 1:45 para muchas de las profecías del Antiguo Testamento sobre Jesucristo y su cumplimiento.)

> "Y pondré enemistad entre ti y la mujer, y entre tu simiente y la simiente suya; ésta te herirá en la cabeza, y tú le herirás en el calcañar" (Gn. 3:15; cp. He. 2:14).

> "Dios mío, Dios mío, ¿por qué me has desamparado? ¿Por qué estás tan lejos de mi salvación, y de las palabras de mi clamor?" (Sal. 22:1; cp. Mt. 27:46).

> "Abrieron sobre mí su boca como león rapaz y rugiente… Porque perros me han rodeado; me ha cercado cuadrilla de malignos; horadaron mis manos y mis pies. …Repartieron entre sí mis vestidos, y sobre mi ropa echaron suertes" (Sal. 22:13, 16, 18; cp. Lc. 23:34; Jn. 19:23, 24).

> "El guarda todos sus huesos; ni uno de ellos será quebrantado" (Sal. 34:20; cp. Jn. 19:36).

> "Me pusieron además hiel por comida, y en mi sed me dieron a beber vinagre" (Sal. 69:21; cp. Mt. 27:34; Mr. 15:23; Jn. 19:28-30).

> "Porque persiguieron al que tú heriste, y cuentan del dolor de los que tú llagaste" (Sal. 69:26; cp. Mt. 27:34; Mr. 15:23; Jn. 19:29).

> "Yo he sido para ellos objeto de oprobio; me miraban, y burlándose meneaban su cabeza" (Sal. 109:25; cp. Mt. 27:39).

> "Di mi cuerpo a los heridores, y mis mejillas a los que me mesaban la barba; no escondí mi rostro de injurias y de esputos" (Is. 50:6).

> "Como se asombraron de ti muchos, de tal manera fue desfigurado de los hombres su parecer, y su hermosura más que la de los hijos de los hombres" (Is. 52:14).

> "Despreciado y desechado entre los hombres, varón de dolores, experimentado en quebranto; y como que escondimos de él el rostro, fue menospreciado, y no lo estimamos. Ciertamente llevó él nuestras enfermedades, y sufrió nuestros dolores; y nosotros le tuvimos por azotado, por herido de Dios y abatido. Mas él herido fue por nuestras rebeliones, molido por nuestros pecados; el castigo de nuestra paz fue sobre él, y por su llaga fuimos nosotros curados. Todos nosotros nos descarriamos como ovejas, cada cual se apartó por su camino; mas Jehová cargó en él el pecado de todos nosotros. Angustiado él, y afligido, no abrió su boca; como cordero fue llevado al matadero; y como oveja delante de sus trasquiladores, enmudeció, y no abrió su boca. Por cárcel y por juicio fue quitado; y su generación, ¿quién la contará? Porque fue cortado de la tierra de los vivientes, y por la rebelión de mi pueblo fue herido. Y se dispuso con los impíos su sepultura, mas con los ricos fue en su muerte; aunque nunca hizo maldad, ni hubo engaño en su boca. Con todo eso, Jehová quiso quebrantarlo, sujetándole a padecimiento. Cuando haya puesto su vida en expiación por el pecado, verá linaje, vivirá por largos días, y la voluntad de Jehová será en su mano prosperada. Verá el fruto de la aflicción de su alma, y quedará satisfecho; por su conocimiento justificará mi siervo justo a muchos, y llevará las iniquidades de ellos. Por tanto, yo le daré parte con los grandes, y con los fuertes repartirá despojos; por cuanto derramó su vida hasta la muerte, y fue contado con los pecadores, habiendo él llevado el pecado de muchos, y orado por los transgresores" (Is. 53:3-12).

> "Y después de las sesenta y dos semanas se quitará la vida al Mesías, mas no por sí; y el pueblo de un príncipe que ha de venir destruirá la ciudad y el santuario; y su fin será con inundación, y hasta el fin de la guerra durarán las devastaciones" (Dn. 9:26).

> "Y tú también por la sangre de tu pacto serás salva; yo he sacado tus presos de la cisterna en que no hay agua" (Zac. 9:11).

> "Y derramaré sobre la casa de David, y sobre los moradores de Jerusalén, espíritu de gracia y de oración; y mirarán a mí, a quien traspasaron, y llorarán como se llora por hijo unigénito, afligiéndose por él como quien se aflige por el primogénito" (Zac. 12:10).

> "Y le preguntarán: ¿Qué heridas son estas en tus manos? Y él responderá: Con ellas fui herido en casa de mis amigos. Levántate, oh espada, contra el pastor, y contra el hombre compañero mío, dice Jehová de los ejércitos. Hiere al pastor, y serán dispersadas las ovejas; y haré volver mi mano contra los pequeñitos." (Zac. 13:6, 7).

3 (15:4) *Jesucristo, resurrección:* El segundo elemento del evangelio es que Jesucristo fue sepultado y resucitó de los muertos conforme a las Escrituras. (Vea la nota, *Jesucristo, Resurrección* — Mt. 17:23 para versículos del Nuevo Testamento.) Note tres elementos.

1. La sepultura de Jesucristo es importante, porque demuestra dos elementos significativos:

=> Demuestra que Jesucristo murió. A nadie se le sepulta a menos que esté muerto.

=> Demuestra la resurrección. La tumba vacía es una evidencia de que Cristo resucitó de los muertos.

2. Jesucristo resucitó de los muertos. La resurrección de Jesucristo le afirma al creyente que él también será resucitado de los muertos.

a. La resurrección de Cristo demuestra que *Dios es:* Que Él sí existe y se preocupa por la tierra. No hay poder en la tierra que pueda resucitar a un hombre de los muertos. Solo una persona y poder eterno y supremo puede hacer eso. Solo Dios puede darle vida a la materia muerta y al polvo de la tierra. El hecho de que Jesucristo fue resucitado de los muertos demuestra que Dios existe y se preocupa por esta tierra.

b. La resurrección de Cristo demuestra que Jesucristo es quien Él aseguró ser, el Hijo del propio Dios. Demuestra que Jesucristo fue enviado a la tierra para garantizar la justificación ideal para el hombre y para morir y resucitar de los muertos por el hombre. (Vea la nota, *Justificación* — Ro. 5:1 para un mayor análisis.)

"que fue declarado Hijo de Dios con poder, según el Espíritu de santidad, por la resurrección de entre los muertos" (Ro. 1:4).

"la cual operó en Cristo, resucitándole de los muertos y sentándole a su diestra en los lugares celestiales" (Ef. 1:20).

c. La resurrección de Cristo demuestra que Jesucristo es el Salvador del mundo. Demuestra que Cristo es a quien Dios envió a la tierra para salvar a los hombres de la muerte y darles vida. (Vea la nota, pto. 2 — Ro. 6:3-5 para un análisis.)

"el cual fue entregado por nuestras transgresiones, y resucitado para nuestra justificación" (Ro. 4:25).

"que si confesares con tu boca que Jesús es el Señor, y creyeres en tu corazón que Dios le levantó de los muertos, serás salvo" (Ro. 10:9).

"por el cual asimismo, si retenéis la palabra que os he predicado, sois salvos, si no creísteis en vano. Porque primeramente os he enseñado lo que asimismo recibí: Que Cristo murió por nuestros pecados, conforme a las Escrituras; y que fue sepultado, y que resucitó al tercer día, conforme a las Escrituras" (1 Co. 15:2-4).

d. La resurrección de Cristo demuestra que Él es "el Espíritu de la vida". Demuestra que Cristo es la energía y fuerza misma de la vida, el poder y existencia misma de la vida, y que Él puede darles el mismo "Espíritu de la vida" a los hombres. Él puede resucitar a los hombres de los muertos, de la misma manera que Él resucitó de los muertos. (Vea la nota — Ro. 8:2-4 para un mayor análisis. Vea también el índice y las notas — 1 Co. 15:12-19; 15:20-23.)

"Y si el Espíritu de aquel que levantó de los muertos a Jesús mora en vosotros, el que levantó de los muertos a Cristo Jesús vivificará también vuestros cuerpos mortales por su Espíritu que mora en vosotros" (Ro. 8:11).

"Porque si creemos que Jesús murió y resucitó, así también traerá Dios con Jesús a los que durmieron en él" (1 Ts. 4:14).

"Bendito el Dios y Padre de nuestro Señor Jesucristo, que según su grande misericordia nos hizo renacer para una esperanza viva, por la resurrección de Jesucristo de los muertos, para una herencia incorruptible, incontaminada e inmarcesible, reservada en los cielos para vosotros" (1 P. 1:3, 4).

"Porque también Cristo padeció una sola vez por los pecados, el justo por los injustos, para llevarnos a Dios, siendo a la verdad muerto en la carne, pero vivificado en espíritu" (1 P. 3:18).

3. Jesucristo "resucitó… conforme a las Escrituras".

=> Jesucristo dijo que Jonás era un tipo de su resurrección.

"Porque como estuvo Jonás en el vientre del gran pez tres días y tres noches, así estará el Hijo del Hombre en el corazón de la tierra tres días y tres noches" (Mt.12:40).

=> El evangelio de Juan dice que la resurrección se predijo en el Antiguo Testamento. Jesucristo reprendió a los discípulos por no creer en las predicciones de su muerte y su regreso a la gloria (resurrección).

"Entonces él les dijo: ¡Oh insensatos, y tardos de corazón para creer todo lo que los profetas han dicho! ¿No era necesario que el Cristo padeciera estas cosas, y que entrara en su gloria? Y comenzando desde Moisés, y siguiendo por todos los profetas, les declaraba en todas las Escrituras lo que de él decían" (Lc. 24:25-27).

"Porque aún no habían entendido la Escritura, que era necesario que él resucitase de los muertos" (Jn. 20:9).

=> Pablo proclamó las predicciones del Antiguo Testamento con respecto a la resurrección de Cristo.

"Pero habiendo obtenido auxilio de Dios, persevero hasta el día de hoy, dando testimonio a pequeños y a grandes, no diciendo nada fuera de las cosas que los profetas y Moisés dijeron que habían de suceder: Que el Cristo había de padecer, y ser el primero de la resurrección de los muertos, para anunciar luz al pueblo y a los gentiles" (Hch. 26:22, 23).

=> Pedro proclamó las profecías del Antiguo Testamento que predecían la resurrección del Señor.

"Por eso dice también en otro salmo: No permitirás que tu Santo vea corrupción. Porque a la verdad David, habiendo servido a su propia generación según la voluntad de Dios, durmió, y fue reunido con sus padres, y vio corrupción. Mas aquel a quien Dios levantó, no vio corrupción" (Hch. 13:35-37).

=> El Salmo 16:10 es una predicción clara de las resurrección del Señor.

"Porque no dejarás mi alma en el Seol, ni permitirás que tu santo vea corrupción" (Sal. 16:10).

=> Todas las predicciones del Antiguo Testamento del reino eterno del Mesías son profecías de su resurrección. Esto está claro, porque Él podía reinar eternamente solo si Él era resucitado de los muertos. (Vea la nota, *Jesucristo, Heredero davídico* — Lc. 3:24-31 para los versículos y su cumplimiento.)

Pensamiento 1. Note la implicación de esto para todos los creyentes. Nadie puede vivir para siempre a menos que sea resucitado de los muertos, porque todos los hombres están condenados a morir. Por consiguiente, todas las profecías con relación a la vida eterna de los creyentes se pueden cumplir solo si son resucitados de los muertos.

4 (15:5-7) *Jesucristo, resurrección:* El tercer elemento del evangelio es que hubo testigos presénciales de la resurrección de Jesucristo. Debe tenerse en cuenta que Pablo no proporciona todas las apariciones de la resurrección de Cristo; él enumera las que él cree que son más que suficientes para dar evidencias conclusivas. (Vea el *Estudio a fondo 1, Jesucristo, Resurrección* — Mr. 16:1-13 para una lista completa.)

1. Estaba la aparición de su resurrección a Cefas o a Pedro. Pedro le había fallado grandemente al Señor, al haberlo negado tres veces. Las negaciones y el fracaso miserable de Pedro tuvo lugar en la hora más crítica del Señor, la hora en que el Señor necesitaba más que nunca la lealtad de Pedro. Como Pedro le había fallado de un modo tan terrible al Señor, Pedro necesitaba desesperadamente una entrevista privada con el Señor; y como el Señor se le había aparecido a Pedro, Pedro era un testigo fidedigno del amor de Dios por el hombre. Él podía fácilmente testificar que Dios ama tanto al hombre que había enviado a su Hijo al mundo para librar al hombre de su pecado y su terrible fracaso. Fácilmente podía testificar que Dios perdona y salva al hombre y le da vida eterna por medio de la resurrección del Señor Jesucristo. El testimonio de Pedro era contundente, porque él había experimentado personalmente el perdón, la liberación, la salvación, y la promesa de vida eterna de labios del propio Señor resucitado.

> **"Pero id, decid a sus discípulos, y a Pedro, que él va delante de vosotros a Galilea; allí le veréis, como os dijo" (Mr. 16:7).**
> **"que decían: Ha resucitado el Señor verdaderamente, y ha aparecido a Simón" (Lc. 24:34).**

2. Estaba la aparición de la resurrección a los doce apóstoles. El término "doce" era un término general o común aplicado a los apóstoles de Cristo. Judas estaba muerto, se había suicidado. Jesús se les apareció varias veces a los apóstoles, y pudo haber hecho otras apariciones que no están registradas (Lc. 24:33-36; Jn. 20:19s).

Los apóstoles habían abandonado al Señor en su hora de prueba, fallándole miserablemente. Por eso ellos, al igual que Pedro, eran testigos fidedignos del amor de Dios por el hombre: "De que Dios había enviado a su Hijo al mundo para morir y resucitar para que los hombres pudieran vivir eternamente con Él".

3. Estaba la aparición de la resurrección a quinientos creyentes a la vez. Cuándo sucedió esta aparición se desconoce. Quizá fue en Galilea, lo que parece haber sido una reunión organizada por el Señor: "después que haya resucitado, iré delante de vosotros a Galilea" (Mt. 26:32). Después de que había resucitado, Él le dijo a las mujeres a quienes Él le apareció: "No temáis; id, dad las nuevas a mis hermanos, para que vayan a Galilea, y allí me verán" (Mt. 28:10); "mis hermanos" probablemente signifique todos los discípulos. Además, como se esparció la noticia de que Él había resucitado y quería reunirse con sus discípulos en Galilea, era de dudar que un creyente verdadero no asistiera a la reunión.

Sucede lo siguiente: Quinientos creyentes podían testificar del amor de Dios para los hombres. Dios había enviado a su Hijo al mundo y vencido la muerte resucitándolo de los muertos. Podían dar testimonio sin lugar a dudas de que la forma en la que Dios salvaría al hombre era por medio de la muerte y la resurrección de su Hijo, Jesucristo, y por medio de la promesa de ser resucitado personalmente de los muertos algún día en el futuro.

4. Estaba la aparición de la resurrección a Jacobo. Es muy probable que sea Jacobo, el hermano del Señor. Jesús tenía varios hermanos y hermanas, y ellos se sentían terriblemente avergonzados por Él porque:

- Aseguraba ser el Hijo de Dios.
- Había rumores de locura y posesión demoníaca.
- Había una oposición severa por parte de los líderes y de otras personas.

La familia de Jesús no comprendía ni creía en sus afirmaciones; por consiguiente, ellos también le habían hecho oposición. Al aparecérsele a Jacobo, Jesús pudo demostrar sin lugar a dudas que sus afirmaciones eran ciertas. Consiguientemente, Jacobo se convirtió en un testimonio significativo del Señor. Jesús era definitivamente el Hijo de Dios enviado por Dios para demostrar su amor por el hombre. Los hombres, incluso aquellos que han negado y se han mostrado hostiles al Señor, pueden ser salvos por la resurrección del Señor Jesucristo.

Observe un elemento sorprendente: Jacobo incluso llamó a Jesús "el Señor de gloria". Piensen nada más: Jacobo se crió con Jesús desde los primeros años de niñez hasta adentrado en la adultez. Si alguien tuvo la oportunidad de ver y observar a Jesús, fue Jacobo. Él tuvo todas las oportunidades de ver algún acto de desobediencia, algún pecado, algo opuesto a la naturaleza de Dios. Sin embargo, el testimonio de Jacobo es: "Nuestro Señor Jesucristo, *el Señor de gloria*", aquel en quien moraba la presencia misma de Dios entre nosotros (Stg. 2:1).

5. Estaba la aparición de la resurrección a todos los apóstoles. ¿A qué aparición se refiere esto? Se desconoce la respuesta, pero se podría referir la aparición en el Aposento Alto (Jn. 20:26) o en la ascensión (cp. Hch. 1:1s). Nuevamente, la idea es que los apóstoles podían dar una evidencia indiscutible del amor de Dios: Dios ha vencido la muerte por medio de la resurrección del Señor Jesucristo por medio de la cual Él le da seguridad de vivir eternamente con Él.

5 (15:8-10) *Jesucristo, resurrección:* El cuarto elemento del evangelio es que hubo un testigo presencial fidedigno, el propio Pablo. Note tres elementos:

1. Pablo vio a Cristo después de la ascensión del Señor. La frase "como a un abortivo" (to ektromati) quiere decir un aborto, un parto malogrado, un nacimiento no natural, un niño nacido fuera de tiempo. Pablo está diciendo sencillamente que él no conocía ni seguía al Señor cuando el Señor anduvo en la tierra, pero él vio al Señor después que Él había abandonado la tierra y ascendido al cielo. Desde luego, Pablo se refiere a la experiencia en el camino de Damasco (Hch. 9:1s), y quizás a las visiones que le concedieron (2 Co. 12:1s).

2. Pablo se convirtió y cambió en contra de todos los pronósticos. Pablo tenía una profunda sensación de indignidad. Note exactamente lo que él dice, su percepción de sí mimo:

=> "Soy el más *pequeño* de los apóstoles".
=> "[Yo] no soy digno [apto] de ser llamado apóstol".
=> "porque perseguí a la iglesia de Dios".

Antes de su conversión él había perseguido y matado a muchos creyentes de la iglesia primitiva (Hch. 7:58; 9:1s). Él también tenía un orgullo acérrimo en quien él era y lo que había logrado en su posición y justicia y moralidad personal (2 Co. 11:22; Fil. 3:4-6). Los pecados de asesinato y orgullo le daban a Pablo una sensación inmensa de sentirse el jefe de los pecadores (1 Ti. 1:15). Nada excepto haber visto a Cristo realmente cara a cara podría cambiar a un hombre de un modo tan radical. Nada excepto haber visto a Cristo realmente cara a cara podría hacer que un hombre entregara tanto y pagara un precio tan alto por la predicación del evangelio (2 Co. 6:4s; 11:22s; Fil. 3:4s).

3. Pablo se sintió movido urgentemente a obrar por Cristo. Para Pablo lo mayor del mundo era la gracia de Dios, el hecho de que Dios lo amaba tanto:

- Que Dios perdonó sus pecados terribles.
- Que Dios le permitió seguir y servir a su propio Hijo.
- Que Dios le permitió proclamar la cura gloriosa para el cáncer del pecado y la muerte, incluso la muerte y la resurrección del Señor Jesucristo.

Todo cuanto Pablo era y todo cuanto Pablo hizo fue por la gracia, el favor inmerecido de Dios. Como declaró él mismo: "Por la gracia de Dios soy lo que soy".

Como Dios había hecho tanto por él, Pablo trabajaba de modo tan diligente por Dios. La palabra "trabajado" (kopiao) significa trabajar hasta el punto de estar cansado y exhausto. Observe su planteamiento: él trabajó más que todos los otros que sirvieron a Cristo. ¿Por qué? Porque se lo debía a Cristo: Él había pecado de modo tan terrible contra el Señor. Note que hasta le da crédito por su trabajo a la gracia de Dios.

6 (15:11) *Jesucristo, resurrección:* El quinto elemento del evangelio el mundo lo necesita desesperadamente: Solo hay un evangelio que se ha predicado y en el que se tiene que creer. Los hechos del evangelio son los mismos hechos:

- Predicados por todos lo verdaderos predicadores.
- Que creyeron todos los verdaderos creyentes.

No hay otro evangelio que el evangelio de la muerte y resurrección del Señor Jesucristo. Su muerte y resurrección es el único evangelio que verdaderamente le ofrece vida eterna a los hombres. El hecho de la resurrección del Señor es la única verdad que le proporciona a los hombres la victoria sobre la muerte. El hecho de la muerte y resurrección del Señor le garantiza al hombre que Dios lo ama y lo resucitará para que viva eternamente con Él.

		él resucitó a Cristo, al cual no resucitó, si en verdad los muertos no resucitan.	
	CAPÍTULO 15	16 Porque si los muertos no resucitan, tampoco Cristo resucitó;	**3 El segundo grupo de consecuencias**
	B. Segundo argumento: Las consecuencias de la negación de la resurrección, 15:12-19	17 y si Cristo no resucitó, vuestra fe es vana; aún estáis en vuestros pecados.	a. Cristo no resucitó
1 Algunas personas niegan la resurrección	12 Pero si se predica de Cristo que resucitó de los muertos, ¿cómo dicen algunos entre vosotros que no hay resurrección de muertos?	18 Entonces también los que durmieron en Cristo perecieron.	b. Nuestra fe es vana: Aún estamos en nuestros pecados
		19 Si en esta vida solamente esperamos en Cristo, somos los más dignos de conmiseración de todos los hombres.	c. Los creyentes muertos han perecido
2 El primer grupo de consecuencias	13 Porque si no hay resurrección de muertos, tampoco Cristo resucitó.		d. Debemos recibir más conmiseración que todos los hombres
a. Cristo no resucitó	14 Y si Cristo no resucitó, vana es entonces nuestra predicación, vana es también vuestra fe.		
b. Nuestra predicación es vana			
c. Nuestra fe es vana	15 Y somos hallados falsos testigos de Dios; porque hemos testificado de Dios que		
d. Mentimos sobre Dios al testificar en contra de Dios			

DIVISIÓN VIII

LAS PREGUNTAS CON RESPECTO A LA RESURRECCIÓN DE LOS MUERTOS, 15:1-58

B. Segundo argumento: Las consecuencias de la negación de la resurrección, 15:12-19

(15:12-19) *Introducción:* Las consecuencias de la negación de la resurrección de los muertos son terribles, tan terribles que Pablo repite algunas consecuencias para hacer entender esta horrible tragedia (v. 13 cp. el v. 16; v. 14 cp. el v. 19).

1. Algunas personas niegan la resurrección (v. 12).
2. El primer grupo de consecuencias (vv. 13-15).
3. El segundo grupo de consecuencias (vv. 16-19).

[1] (15:12) *Resurrección:* Algunas personas niegan la resurrección del cuerpo humano. Es algo perfectamente natural cómo el hombre natural puede cuestionar la resurrección. (En el análisis de este capítulo se dan las respuestas a estos objetivos.)

=> Algunas personas han perdido brazos, piernas, y otras partes del cuerpo en guerras y accidentes; y sus partes del cuerpo han permanecido en otras partes del mundo. Por esa razón, la resurrección les resulta absurda a algunas mentes naturales. ¿Cómo su cuerpo podría ser resucitado como un todo?

=> Otras personas creen que el alma del hombre es inmortal, pero que el cuerpo es solo para esta tierra: Es la fuente de enfermedad y aflicción, pesar y dolor, pecado y mal, muerte y corrupción. Por consiguiente, resulta imposible que *el mismo cuerpo* sea resucitado. Una idea como esa es absurda.

=> Aún así otros espiritualizan la resurrección diciendo cosas como que sucede al morir, o que sucedió en la resurrección de Jesús, o que solo implica el carácter o personalidad de una persona.

No entender y negar la resurrección del cuerpo humano constituía un problema para algunas personas en la época de Pablo, y la mala interpretación y la incredulidad hasta habían calado la iglesia de Corinto. Lamentablemente se puede decir lo mismo sobre algunas personas en la iglesia incluso en la actualidad. Hay creyentes profesos que sencillamente no entienden ni creen en la resurrección del cuerpo humano.

Sucede lo siguiente: Si negamos la resurrección del cuerpo del creyente, se dan algunos resultados significativos. Eso afecta algunas cosas que hacemos. Hay algunas consecuencias severas que afectan toda la fe cristiana y todo en lo que creemos.

[2] (15:13-15) *Resurrección, la — Jesucristo, resurrección:* El primer grupo de consecuencias. Si negamos la resurrección, inmediatamente se dan cuatro consecuencias severas:

1. Negar la resurrección sería como decir que Jesucristo no resucitó. Sucede lo siguiente: Resulta absurdo discutir que Dios no pueda resucitar un cuerpo muerto; ya Él lo ha hecho. Ya Él ha resucitado a un Hombre, el Hombre Cristo Jesús. Pablo le anuncia alta y claramente a cada persona que se cuestiona y no cree en la resurrección del cuerpo humano: "Supongamos que no puede existir la resurrección de los cuerpos muertos. ¿Sabe usted lo que esto significa? Si no puede existir una resurrección, si Dios no puede resucitar los cuerpos muertos, entonces quiere decir que nunca sucedió la resurrección de Cristo. ¡Qué terrible consecuencia!"

Esto se plantea claramente: Como ha sucedido una resurrección, la resurrección del Hombre Cristo Jesús, puede suceder una resurrección futura. Dios puede resucitar cuerpos en el futuro de la misma manera que Él resucitó el cuerpo de Jesucristo.

2.   Negar la resurrección (ya sea de Cristo o de nosotros) quiere decir que nuestra predicación es vana. La palabra "vana" (kenon) significa vacía, infundada, desprovista de toda verdad y significado. ¿Cómo la negación de la resurrección del cuerpo puede hacer que nuestra predicación no tenga sentido? Hay dos formas:

a.   El mensaje que predicamos es el evangelio (*buena nueva*) del Señor resucitado a quien se ha resucitado para darnos el privilegio glorioso:
   => De vivir para siempre en la presencia de Dios.
   => De tener una relación personal e íntima con Dios.
   => De ser perfeccionado y servir a Dios frente a frente en un nuevo cielo y una nueva tierra.

No hay manera en que *los espíritus incorpóreos* puedan servir a Dios. ¿A propósito qué es un espíritu incorpóreo? Hace falta un *cuerpo*, una persona íntegra y real para servir a Dios. Si no vamos a ser personas íntegras y reales entonces no podemos estar vivos y servir a Dios. De la única manera que podemos vivir con Dios eternamente es que Dios resucite nuestro cuerpo y lo perfeccione cambiando su naturaleza corruptible por una naturaleza incorruptible.

Por consiguiente, negar la resurrección de Cristo o de los creyentes es negar lo que predicamos. Nuestra predicación del Señor resucitado y demuestra vida eterna es vana y carente de sentido. Puede que también estemos haciendo otra cosa; no hay necesidad de predicar una esperanza falsa.

b.   El mensaje que predicamos es que Jesucristo es el Hijo de Dios que murió por nuestros pecados y resucitó nuevamente venciendo la muerte por nosotros. El hecho de que Dios lo resucitó de los muertos es la prueba gloriosa de que Él es el Hijo de Dios, la prueba de que Dios aceptó su sacrificio por nuestros pecados (Ro. 1:4). Si Cristo no resucitara, entonces quiere decir que Dios lo dejó en la tumba, que Él no es muy diferente de los otros hombres, un hombre condenado a morir y a permanecer en la tumba para siempre con todos los otros hombres. Pero si Dios sí resucitó a Cristo de la tumba, entonces quiere decir que se venció a la muerte y que Él nos resucitará para que vivamos eternamente con Él.

Sucede lo siguiente: Si no existe resurrección, ni resurrección de Cristo ni de nosotros, entonces la consecuencia es terrible. Jesucristo no es el Hijo de Dios. Lo que estamos predi-

cando es vano y carece de sentido. Bien podemos callar.

3.   Negar la resurrección de Cristo quiere decir que nuestra fe es vana, que es vacía, infundada, e insensata. Si Cristo está en la tumba, entonces nuestra fe está puesta en un hombre muerto, y ningún muerto puede salvar a un vivo. Estamos perdidos, porque estamos siguiendo a un simple hombre, un hombre que aún está muerto y que yace en una tumba. Nuestra fe es vacía, infundada, e insensata.

4.   Negar la resurrección de Cristo quiere decir que estamos dando un testimonio falso, que estamos mintiendo deliberadamente. De un modo sencillo, los apóstoles dieron un testimonio fidedigno de que Jesucristo había resucitado de los muertos. Si Él no resucitó, entonces somos mentirosos. Estaban mintiendo o sencillamente estaban dando testimonio de algo que no habían visto.

Ahora bien, observe la idea, la última parte del versículo: Si los muertos no resucitan, tampoco Cristo resucitó. Esto se ve claramente. Jesucristo murió; Él estaba muerto y enterrado en una tumba:
   => Si se puede resucitar a los muertos, entonces Cristo resucitó.
   => Si no se puede resucitar a los muertos, entonces Cristo no resucitó.

Si Dios puede resucitar a los muertos, entonces la primera persona que Él resucitaría naturalmente sería su propio Hijo querido. Y si Él resucitó a su propio Hijo, entonces él nos va a resucitar a nosotros ya que su Hijo murió para liberarnos de la muerte.

"a éste, entregado por el determinado consejo y anticipado conocimiento de Dios, prendisteis y matasteis por manos de inicuos, crucificándole; al cual Dios levantó, sueltos los dolores de la muerte, por cuanto era imposible que fuese retenido por ella" (Hch. 2:23, 24).

"Mas vosotros negasteis al Santo y al Justo, y pedisteis que se os diese un homicida, y matasteis al Autor de la vida, a quien Dios ha resucitado de los muertos, de lo cual nosotros somos testigos" (Hch. 3:14, 15).

"Y con gran poder los apóstoles daban testimonio de la resurrección del Señor Jesús, y abundante gracia era sobre todos ellos" (Hch. 4:33).

"Y nosotros somos testigos de todas las cosas que Jesús hizo en la tierra de Judea y en Jerusalén; a quien mataron colgándole en un madero. A éste levantó Dios al tercer día, e hizo que se manifestase; no a todo el pueblo, sino a los testigos que Dios había ordenado de antemano, a nosotros que comimos y bebimos con él después que resucitó de los muertos" (Hch. 10:39-41).

"Y Pablo, como acostumbraba, fue a ellos, y por tres días de reposo discutió con ellos, declarando y exponiendo por medio de las Escrituras, que era necesario que el Cristo padeciese, y resucitase de los muertos; y que Jesús, a quien yo os anuncio, decía él, es el Cristo" (Hch. 17:2, 3).

"que fue declarado Hijo de Dios con poder, según el Espíritu de santidad, por la resurrección de entre los muertos" (Ro. 1:4).

"el cual fue entregado por nuestras transgresiones, y resucitado para nuestra justificación" (Ro. 4:25).

"que si confesares con tu boca que Jesús es el Señor, y creyeres en tu corazón que Dios le levantó de los muertos, serás salvo" (Ro.10:9).

"y que fue sepultado, y que resucitó al tercer día, conforme a las Escrituras" (1 Co. 15:4).

"la cual operó en Cristo, resucitándole de los muertos y sentándole a su diestra en los lugares celestiales" (Ef. 1:20).

"que cada uno de vosotros sepa tener su propia esposa en santidad y honor" (1 Ts. 4:4).

"Bendito el Dios y Padre de nuestro Señor Jesucristo, que según su grande misericordia nos hizo renacer para una esperanza viva, por la resurrección de Jesucristo de los muertos" (1 P. 1:3).

"Porque también Cristo padeció una sola vez por los pecados, el justo por los injustos, para llevarnos a Dios, siendo a la verdad muerto en la carne, pero vivificado en espíritu" (1 P. 3:18).

3 (15:16-19) *Resurrección, la — Jesucristo, resurrección:* El segundo grupo de consecuencias. En este grupo particular de consecuencias se dice que suceden cuatro cosas severas si negamos la resurrección de los muertos.

1. Negar la resurrección sería decir que Cristo no resucitó. Si Cristo resucitó, entonces nosotros también resucitaremos tal como Él resucitó; si Cristo no resucitó, entonces no resucitaremos.

Pablo dice sencillamente que lo que le sucedió a Cristo nos sucederá a nosotros. Si Él resucitó, entonces nuestra resurrección es posible. Él es nuestro Salvador; por consiguiente, nosotros también resucitaremos. Si Él no resucitó, entonces no es posible ser resucitado; Él no es nuestro Salvador. Por consiguiente, no resucitaremos. La resurrección de Jesucristo va de la mano con nuestra resurrección. Él resucitó para vencer la muerte y para iluminarnos el camino, para que todo nuestro ser, cuerpo y espíritu, sean resucitados y vivan para siempre con Dios.

"Acuérdate de Jesucristo, del linaje de David, resucitado de los muertos conforme a mi evangelio" (2 Ti. 2:8).

2. Negar la resurrección (ya se de Cristo o de nosotros) quiere decir que nuestra fe es vana (mataia). La palabra significa infructífero o fútil; es decir, aún estamos en nuestros pecados. Si Jesucristo no ha resucitado de los muertos, entonces Él aún está muerto, aún está en la tumba; por consiguiente, no hay redención, ni perdón de pecados.

"en quien tenemos redención por su sangre, el perdón de pecados según las riquezas de su gracia" (Ef. 1:7).

"Hijitos míos, estas cosas os escribo para que no pequéis; y si alguno hubiere pecado, abogado tenemos para con el Padre, a Jesucristo el justo. Y él es la propiciación por nuestros pecados; y no solamente por los nuestros, sino también por los de todo el mundo" (1 Jn. 2:1, 2).

3. Si Jesucristo no resucitó de los muertos, entonces los creyentes muertos han perecido. Si los creyentes no serán resucitados, Jesús no sería más que cualquier otro ser *humano*. No tendría poder para penetrar en el otro mundo, la dimensión espiritual de la existencia. No conocería ninguna otra vida más allá de la vida de este mundo. Él, tal como siempre le sucede a todos los otros hombres sin importar cuán grande sea su filosofía, habría perecido en la tierra. Por consiguiente, todos nuestros seres amados que nos han antecedido han perecido. No son más que carne y huesos descompuestos que yacen en un cementerio. Han dejado de existir, porque si no hay resurrección, entonces Jesucristo no ha resucitado. ¡Qué consecuencia tan horrible!

Observe que los creyentes fallecidos "duermen en Cristo". Esto no quiere decir *sueño del alma*, sino sencillamente que descansan en Jesús, descansando de todo el dolor y sufrimiento, problema y corrupción de este mundo.

4. Si no hay resurrección, entonces se nos debe tener más conmiseración que a nadie. ¿Por qué?

=> Porque los creyentes esperan en una creencia y una filosofía falsas. Creen en una mentira, y experimentarán gran decepción.

=> Porque los creyentes esperan que el poder súper espiritual de Dios los ayuden en las pruebas de esta vida, y si no hay resurrección, entonces Dios no nos ama, y su poder es una farsa y una mentira. No ayudará al creyente en la vida.

=> Porque la justificación, fuerza y estilos de vida piadosos de los creyentes reciben mala interpretación y oposición; por consiguiente, el creyente verdadero sufre por Cristo en toda su vida.

=> Si no hay resurrección, ni esperanza de salvación y vida eterna, entonces el creyente está sufriendo por nada.

=> Porque el creyente verdadero se niega a sí mismo, entregando y sacrificando *todo cuanto es y tiene* a fin de salvar y ministrar a un mundo que sufre necesidad y muerte. Si no hay resurrección, entonces el creyente está desperdiciando su vida y su dinero.

"Y ellos salieron de la presencia del concilio, gozosos de haber sido tenidos por dignos de padecer afrenta por causa del Nombre" (Hch. 5:41).

"El Espíritu mismo da testimonio a nuestro espíritu, de que somos hijos de Dios. Y si hijos, también herederos; herederos de Dios y coherederos con Cristo, si es que padecemos juntamente con él, para que juntamente con él seamos glorificados" (Ro. 8:16, 17).

"Y nuestra esperanza respecto de vosotros es firme, pues sabemos que así como sois compañeros en las aflicciones, también lo sois en la consolación" (2 Co. 1:7).

"Si sufrimos, también reinaremos con él; si le negáremos, él también nos negará" (2 Ti. 2:12).

"Por la fe Moisés, hecho ya grande, rehusó llamarse hijo de la hija de Faraón, escogiendo antes ser maltratado con el pueblo de Dios, que gozar de los deleites temporales del pecado, teniendo por mayores riquezas el vituperio de Cristo que los tesoros de los egipcios; porque tenía puesta la mirada en el galardón" (He. 11:24-26).

"Amados, no os sorprendáis del fuego de prueba que os ha sobrevenido, como si alguna cosa extraña os aconteciese, sino gozaos por cuanto sois participantes de los padecimientos de Cristo, para que también en la revelación de su gloria os gocéis con gran alegría" (1 P. 4:12, 13).

"Mas el Dios de toda gracia, que nos llamó a su gloria eterna en Jesucristo, después que hayáis padecido un poco de tiempo, él mismo os perfeccione, afirme, fortalezca y establezca" (1 P. 5:10).

	C. Tercer argumento: Las consecuencias de la resurrección de Cristo, 15:20-28	y potencia.	a. Su supresión de toda potencia y enemigos malignos
1 Cristo asegura la vida, garantiza la resurrección	20 Mas ahora Cristo ha resucitado de los muertos; primicias de los que durmieron es hecho.	25 Porque preciso es que él reine hasta que haya puesto a todos sus enemigos debajo de sus pies.	
a. Él ha resucitado de los muertos: Se convirtió en primicia de los muertos	21 Porque por cuanto la muerte entró por un hombre, también por un hombre la resurrección de los muertos.	26 Y el postrer enemigo que será destruido es la muerte.	b. Su supresión de ese gran enemigo: La muerte
b. Él contraatacó lo que hizo Adán: Revertió el pecado y la muerte	22 Porque así como en Adán todos mueren, también en Cristo todos serán vivificados.	27 Porque todas las cosas las sujetó debajo de sus pies. Y cuando dice que todas las cosas han sido sujetadas a él, claramente se exceptúa aquel que sujetó a él todas las cosas.	c. Su supresión de todas las cosas excepto el propio Dios
c. Él ha cumplido su propósito: Ha sido el primero en resucitar	23 Pero cada uno en su debido orden: Cristo, las primicias; luego los que son de Cristo, en su venida.	28 Pero luego que todas las cosas le estén sujetas, entonces también el Hijo mismo se sujetará al que le sujetó a él todas las cosas, para que Dios sea todo en todos.	d. Su sujeción personal a Dios
2 Cristo asegura el gobierno venidero del reino de Dios: El fin de todo mal	24 Luego el fin, cuando entregue el reino al Dios y Padre, cuando haya suprimido todo dominio, toda autoridad		

DIVISIÓN VIII

LAS PREGUNTAS CON RESPECTO A LA RESURRECCIÓN DE LOS MUERTOS, 15:1-58

C. Tercer argumento: Las consecuencias de la resurrección de Cristo, 15:20-28

(15:20-28) *Introducción:* ¿Cuál es la mejor manera en la que Dios puede mostrar que Él puede resucitar a los muertos? La respuesta es obvia. No hay mejor manera en la que Dios pueda demostrar que Él puede resucitar a los muertos que resucitar realmente a un muerto. Él lo demostró cuando resucitó al Hombre Cristo Jesús. Las consecuencias de la resurrección del Señor son fenomenales y gloriosas. Como Él resucitó, también nosotros resucitaremos. Como Cristo ha resucitado, sabemos que Dios tiene el poder para resucitar a los muertos. Su resurrección es la garantía de nuestra resurrección. Nadie podría querer mayor esperanza ni mayor promesa.

1. Cristo asegura la vida, garantiza la resurrección (vv. 20-23).
2. Cristo asegura el gobierno venidero del reino de Dios: El fin de todo mal (vv. 24-28).

1 (15:20-23) *Resurrección, la — Jesucristo, resurrección:* Cristo asegura la vida, garantiza la resurrección. Él ha hecho tres obras maravillosas para garantizarlo:

1. Cristo ha resucitado de los muertos. Se ha convertido en la primicia de todos los que dormían. El término "primicia" se refiere a los primeros frutos de la cosecha de un agricultor. El agricultor judío debía tomar parte de su *primi-* *cia* y dársela a Dios como ofrenda. Note dos puntos:

=> La palabra "primicia" quiere decir el primero en orden de tiempo: El primer fruto que se debe recoger.

=> La ofrenda de la primicia a Dios garantiza la bendición de Dios sobre el resto de la cosecha: La dedicación de la primicia garantizaba y aseguraba la bendición de Dios sobre *todo el fruto* que se recogería.

Sucede lo siguiente: La resurrección de Jesucristo es la primicia de la cosecha, la primera resurrección de un Hombre que nunca volvería a morir. El propio Jesús había resucitado a otros de los muertos, pero todos volverían a morir. Pero Cristo no. Cristo fue resucitado de los muertos para vivir para siempre, y su resurrección fue la garantía de que nosotros, también, seremos resucitados de los muertos.

> **"Y si el Espíritu de aquel que levantó de los muertos a Jesús mora en vosotros, el que levantó de los muertos a Cristo Jesús vivificará también vuestros cuerpos mortales por su Espíritu que mora en vosotros" (Ro. 8:11).**

Nótense las palabras, "Mas ahora". Las palabras relacionan este pasaje con los versículos anteriores donde algunas personas argumentaban que Cristo no resucitó de los muertos. Si Cristo no resucitó de los muertos, entonces las consecuencias son terribles, porque quiere decir que:

- Nuestra predicación carece de sentido.
- Nuestra fe es fútil.
- Somos mentirosos y falsos testigos.
- Aún estamos en nuestros pecados.

- Nuestros seres queridos que ya han muerto han perecido.
- Somos, de todos los hombres, los más dignos de conmiseración.

"Mas ahora Cristo ha resucitado". Él no está muerto; Él no yace en la tumba como un cuerpo descompuesto. No vivimos en un sufrimiento sin esperanzas. De hecho, todo lo contrario es cierto. Tenemos la esperanza más grande del mundo, la esperanza de ser resucitado de los muertos. Y la gran garantía de nuestra resurrección es la resurrección del propio Jesucristo. Él ha resucitado; por lo tanto, nosotros resucitaremos. Él es la *primicia,* la garantía, el sello, la seguridad de nuestra resurrección.

> **"y no sólo ella, sino que también nosotros mismos, que tenemos las primicias del Espíritu, nosotros también gemimos dentro de nosotros mismos, esperando la adopción, la redención de nuestro cuerpo" (Ro.8:23).**

> **"y él es la cabeza del cuerpo que es la iglesia, él que es el principio, el primogénito de entre los muertos, para que en todo tenga la preeminencia" (Col. 1:18).**

> **"Porque si creemos que Jesús murió y resucitó, así también traerá Dios con Jesús a los que durmieron en él" (1 Ts. 4:14).**

> **"Bendito el Dios y Padre de nuestro Señor Jesucristo, que según su grande misericordia nos hizo renacer para una esperanza viva, por la resurrección de Jesucristo de los muertos, para una herencia incorruptible, incontaminada e inmarcesible, reservada en los cielos para vosotros" (1 P. 1:3, 4).**

> **"y de Jesucristo el testigo fiel, el primogénito de los muertos, y el soberano de los reyes de la tierra. Al que nos amó, y nos lavó de nuestros pecados con su sangre" (Ap. 1:5).**

2. Cristo ha contraatacado lo que hizo adán: Revertió el pecado y la muerte de Adán. Él hizo esto a través de su propia resurrección y vida. Se ilustran a Adán y a Cristo como los dos puntos de principales de la historia de la humanidad. Adán representa la cabeza de la raza humana, el primero en traerle muerte al hombre. Cristo representa la cabeza de la raza humana, el primero en intervenir en el proceso de muerte y resucitar de los muertos. El lugar de Adán y de Cristo como cabezas representativas de la raza humana se analiza en detalles en la epístola a los romanos (vea el índice y las notas — Ro. 5:12-21). De un modo sencillo, el pecado de Adán le trajo muerte al mundo, pero el Hombre Jesucristo le trajo la resurrección de la vida al mundo. ¿Cómo es esto posible? Observe dos elementos:

a. Note las palabras "en Adán todos mueren". La palabra *"en"* quiere decir estar en el interior, dentro, incluido, unido, conectado; estar vitalmente relacionado; estar en la posición, operación, y poder de algo. Toda persona nacida del mundo hereda la naturaleza de su padre y de su madre, que es una naturaleza corruptible y agonizante. Adán fue el primero en tener una naturaleza corruptible y agonizante; por consiguiente toda persona nacida en la raza de Adán hereda la misma naturaleza corruptible y agonizante.

> **"Por tanto, como el pecado entró en el mundo por un hombre, y por el pecado la muerte, así la muerte pasó a todos los hombres, por cuanto todos pecaron" (Ro. 5:12; cp. Gn. 2:15-17; 3:6f).**

> **"Porque por cuanto la muerte entró por un hombre, también por un hombre la resurrección de los muertos" (1 Co. 15:21).**

> **"Tu primer padre pecó, y tus enseñadores prevaricaron contra mí" (Is. 43:27).**

b. Note las palabras "en Cristo todos serán vivificados". La palabra "en" nos relaciona con Cristo de la misma manera que Adán. Estamos vitalmente relacionados y unidos a Cristo. De la misma manera que participamos de la naturaleza de Adán, de nuestra madre y de nuestro padre, así participamos de la naturaleza de Cristo. ¿Cuál es la naturaleza de Cristo?

=> La naturaleza de Cristo es una naturaleza divina e impecable.

> **"Al que no conoció pecado, por nosotros lo hizo pecado, para que nosotros fuésemos hechos justicia de Dios en él" (2 Co. 5:21).**

> **"Porque no tenemos un sumo sacerdote que no pueda compadecerse de nuestras debilidades, sino uno que fue tentado en todo según nuestra semejanza, pero sin pecado" (He. 4:15).**

> **"Porque tal sumo sacerdote nos convenía: santo, inocente, sin mancha, apartado de los pecadores, y hecho más sublime que los cielos" (He. 7:26).**

> **"el cual no hizo pecado, ni se halló engaño en su boca" (1 P. 2:22).**

> **"por medio de las cuales nos ha dado preciosas y grandísimas promesas, para que por ellas llegaseis a ser participantes de la naturaleza divina, habiendo huido de la corrupción que hay en el mundo a causa de la concupiscencia" (2 P. 1:4).**

=> La naturaleza de Cristo es una naturaleza resucitada.

> **"que fue declarado Hijo de Dios con poder, según el Espíritu de santidad, por la resurrección de entre los muertos" (Ro. 1:4).**

> **"el cual fue entregado por nuestras transgresiones, y resucitado para nuestra justificación" (Ro. 4:25).**

> **"la cual operó en Cristo, resucitándole de los muertos y sentándole a su diestra en los lugares celestiales" (Ef. 1:20).**

> **"Mas nuestra ciudadanía está en los cielos, de donde también esperamos al Salvador, al Señor Jesucristo; el cual transformará el cuerpo de la humillación nuestra, para que sea semejante al cuerpo de la gloria suya, por el poder con el cual puede también sujetar a sí mismo todas las cosas" (Fil. 3:20, 21).**

> Observe la palabra "todos": No quiere decir que todo ser humano será vivificado. Quiere decir que todos los que estén *"en Cristo* serán vivificados". Todas las personas no están *"en* Cristo"; es decir, todas no creen ni confían la vida de cada una de ellas "en Cristo" (Jn. 3:16; Ro. 10:9).

3. Cristo ha cumplido y completado su propósito: Él

fue el primero en resucitar. ¿Por qué era necesario que Él fuera el primero en resucitar? Porque Él tenía que completar la obra de salvación del hombre *para que* el hombre pudiera salvarse y resucitar de los muertos. Él tenía que resucitar primero; luego el hombre podía resucitar.

=> Ningún hombre puede salvarse; nadie puede resucitar de los muertos. Si un hombre va a resucitar, *alguien* con el poder para vencer la muerte debe resucitar primero que todos. Y luego por su resurrección, ese alguien debe prometer y garantizar que Él usará el mismo poder para resucitar al hombre.

Ese alguien es Jesucristo. Jesucristo es la primicia, el primer Hombre en resucitar, y Él nos asegura y nos garantiza que Él nos resucitará de los muertos. Jesucristo ha completado y cumplido su propósito en la tierra. Él ha sido el primero en resucitar, y en algún momento en el futuro, Él también nos resucitará.

> **"De cierto, de cierto os digo: Viene la hora, y ahora es, cuando los muertos oirán la voz del Hijo de Dios; y los que la oyeren vivirán" (Jn. 5:25).**

> **"No os maravilléis de esto; porque vendrá hora cuando todos los que están en los sepulcros oirán su voz; y los que hicieron lo bueno, saldrán a resurrección de vida; mas los que hicieron lo malo, a resurrección de condenación" (Jn. 5:28, 29).**

> **"Y esta es la voluntad del que me ha enviado: Que todo aquél que ve al Hijo, y cree en él, tenga vida eterna; y yo le resucitaré en el día postrero" (Jn. 6:40).**

> **"Le dijo Jesús: Yo soy la resurrección y la vida; el que cree en mí, aunque esté muerto, vivirá" (Jn. 11:25).**

> **"teniendo esperanza en Dios, la cual ellos también abrigan, de que ha de haber resurrección de los muertos, así de justos como de injustos" (Hch. 24:15).**

> **"sabiendo que el que resucitó al Señor Jesús, a nosotros también nos resucitará con Jesús, y nos presentará juntamente con vosotros" (2 Co. 4:14).**

> **"para que sean afirmados vuestros corazones, irreprensibles en santidad delante de Dios nuestro Padre, en la venida de nuestro Señor Jesucristo con todos sus santos" (1 Ts. 3:13).**

> **"Tampoco queremos, hermanos, que ignoréis acerca de los que duermen, para que no os entristezcáis como los otros que no tienen esperanza. Porque si creemos que Jesús murió y resucitó, así también traerá Dios con Jesús a los que durmieron en él. Por lo cual os decimos esto en palabra del Señor: que nosotros que vivimos, que habremos quedado hasta la venida del Señor, no precederemos a los que durmieron. Porque el Señor mismo con voz de mando, con voz de arcángel, y con trompeta de Dios, descenderá del cielo; y los muertos en Cristo resucitarán primero. Luego nosotros los que vivimos, los que hayamos quedado, seremos arrebatados juntamente con ellos en las nubes para recibir al Señor en el aire, y así estaremos siempre con el Señor. Por tanto, alentaos los unos a los otros con estas palabras" (1 Ts. 4:13-18).**

2 (15:24-28) *Resurrección, la — Reino de Dios:* Cristo asegura el gobierno venidero del reino de Dios, el fin de todo mal. (Vea el *Estudio a fondo 3, Reino de Dios* — Mt. 19:23-24 para un mayor análisis.) Después de que Cristo haya resucitado a los creyentes, después se moverá a entregarle el reino a Dios. Esto señala claramente al fin del tiempo, el clímax y la consumación de la historia humana. La palabra griega (telos) quiere decir el fin planificado, la meta determinada, el clímax destinado, la consumación perseguida. Note tres elementos significativos:

=> El período de tiempo entre la resurrección de Cristo y la de los creyentes (v. 23) ya ha pasado de los 1900 años.

=> No se da el período de tiempo entre la resurrección de los creyentes y la entrega que Cristo le hace a Dios del reino.

=> Ambas palabras "luego" (eita) y "cuando" (hotan) indican períodos de tiempo indefinidos, largos intervalos de tiempo.

Estos hechos demuestran claramente que pueden ocurrir grandes sucesos y pueden transcurrir generaciones de tiempo entre la resurrección de los creyentes y el fin del mundo, por ejemplo, el reino milenario de Cristo. ¿Cuándo Cristo le entregará el reino a Dios? Después que hayan sucedido cuatro cosas:

1. Cristo debe suprimir primero toda potencia y enemigos malignos bajo su reinado de justicia y amor (vv. 24-25). Esto se refiere tanto a los enemigos humanos como los espirituales, al mal de los hombres y de Satanás. Cuando Cristo regrese en la gloria para gobernar y reinar en majestad, someterá a todos los enemigos de Dios y le entregará el reino a Dios.

Pensamiento 1. En la actualidad, el pecado y el mal campean por su respeto en el mundo. Cualquier puesto de periódicos lo demuestra claramente con los informes de las luchas y la guerra, la inmoralidad y el crimen, el egoísmo y la avaricia, la corrupción y la muerte. Las noticias fácilmente pueden volverse desalentadoras y pueden hacer que una persona se pregunte cuál será finalmente el destino de la sociedad y el hombre. Pero eso no es así con el verdadero creyente cristiano. Se acerca el día en que el propio Jesucristo "pondrá a todos sus enemigos debajo de sus pies", todo el pecado y la vergüenza, el engaño y la mentira, la violencia y el abuso, el dolor y el asesinato, el crimen y la injusticia, todos los enemigos se sujetarán a Jesucristo. El reino de amor y justicia será entregado a Dios y el amor y la justicia reinarán para siempre y por toda la eternidad.

> **"y a vosotros que sois atribulados, daros reposo con nosotros, cuando se manifieste el Señor Jesús desde el cielo con los ángeles de su poder, en llama de fuego, para dar retribución a los que no conocieron a Dios, ni obedecen al evangelio de nuestro Señor Jesucristo; los cuales sufrirán pena de eterna perdición, excluidos de la presencia del Señor y de la gloria de su poder, cuando venga en aquel día para ser glorificado en sus santos y ser admirado en todos los que creyeron (por cuanto nuestro testimonio ha sido creído entre vosotros)" (2 Ts. 1:7-10).**

> **"Jehová dijo a mi Señor: Siéntate a mi diestra, hasta que ponga a tus enemigos por estrado de tus pies.**

Jehová enviará desde Sion la vara de tu poder; domina en medio de tus enemigos. Tu pueblo se te ofrecerá voluntariamente en el día de tu poder, en la hermosura de la santidad. Desde el seno de la aurora tienes tú el rocío de tu juventud" (Sal. 110:1-3).

"Porque un niño nos es nacido, hijo nos es dado, y el principado sobre su hombro; y se llamará su nombre Admirable, Consejero, Dios Fuerte, Padre Eterno, Príncipe de Paz. Lo dilatado de su imperio y la paz no tendrán límite, sobre el trono de David y sobre su reino, disponiéndolo y confirmándolo en juicio y en justicia desde ahora y para siempre. El celo de Jehová de los ejércitos hará esto" (Is. 9:6, 7).

"Y le fue dado dominio, gloria y reino, para que todos los pueblos, naciones y lenguas le sirvieran; su dominio es dominio eterno, que nunca pasará, y su reino uno que no será destruido" (Dn. 7:14).

2.   Cristo debe suprimir al gran enemigo del hombre: La muerte. Note que la muerte es el último enemigo que será destruido.

=>   La muerte tiene un fin; la muerte dejará de existir; se detendrá el reino de la muerte.

=>   El hombre *será* librado de una vez por todas de la muerte. La muerte *será* consumida por la victoria.

"Destruirá a la muerte para siempre; y enjugará Jehová el Señor toda lágrima de todos los rostros; y quitará la afrenta de su pueblo de toda la tierra; porque Jehová lo ha dicho" (Is. 25:8).

"De la mano del Seol los redimiré, los libraré de la muerte. Oh muerte, yo seré tu muerte; y seré tu destrucción, oh Seol; la compasión será escondida de mi vista" (Os. 13:14).

"Y cuando esto corruptible se haya vestido de incorrupción, y esto mortal se haya vestido de inmortalidad, entonces se cumplirá la palabra que está escrita: Sorbida es la muerte en victoria" (1 Co. 15:54).

"pero que ahora ha sido manifestada por la aparición de nuestro Salvador Jesucristo, el cual quitó la muerte y sacó a luz la vida y la inmortalidad por el evangelio" (2 Ti. 1:10).

"Y la muerte y el Hades fueron lanzados al lago de fuego. Esta es la muerte segunda" (Ap. 20:14).

"Enjugará Dios toda lágrima de los ojos de ellos; y ya no habrá muerte, ni habrá más llanto, ni clamor, ni dolor; porque las primeras cosas pasaron" (Ap. 21:4).

3.   Cristo debe someter todas las cosas a Él y a su reino, todas las cosas excepto Dios el Padre. El verbo "haya puesto debajo" es el tiempo aoristo que apunta a la finalidad, al hecho que sucede de una vez por todas. No solo los enemigos de Cristo estarán sujetos a Cristo, pero *todas las cosas* estarán sujetas…

=> todos los hombres   =>todos los ángeles
=> todos los seres   =>toda la naturaleza
=> toda la tierra   =>todos los cielos
=> todo el universo, visible e invisible

Todo cuanto haya existido o vaya a existir, tanto visible como invisible, estará bajo el gobierno y el reinado de Cristo, bajo el gobierno y el reinado de su amor y justicia. Nada estará exento de su autoridad, *excepto el propio Dios.*

"Y el Señor, después que les habló, fue recibido arriba en el cielo, y se sentó a la diestra de Dios" (Mr. 16:19).

"Pero desde ahora el Hijo del Hombre se sentará a la diestra del poder de Dios" (Lc. 22:69).

"Porque David no subió a los cielos; pero él mismo dice: Dijo el Señor a mi Señor: Siéntate a mi diestra, hasta que ponga a tus enemigos por estrado de tus pies. Sepa, pues, ciertísimamente toda la casa de Israel, que a este Jesús a quien vosotros crucificasteis, Dios le ha hecho Señor y Cristo" (Hch. 2:34-36).

"la cual operó en Cristo, resucitándole de los muertos y sentándole a su diestra en los lugares celestiales, sobre todo principado y autoridad y poder y señorío, y sobre todo nombre que se nombra, no sólo en este siglo, sino también en el venidero; y sometió todas las cosas bajo sus pies, y lo dio por cabeza sobre todas las cosas a la iglesia, la cual es su cuerpo, la plenitud de Aquel que todo lo llena en todo" (Ef. 1:20-23).

"Mas del Hijo dice: Tu trono, oh Dios, por el siglo del siglo; cetro de equidad es el cetro de tu reino. Has amado la justicia, y aborrecido la maldad, por lo cual te ungió Dios, el Dios tuyo, con óleo de alegría más que a tus compañeros" (He. 1:8, 9).

"Pero vemos a aquel que fue hecho un poco menor que los ángeles, a Jesús, coronado de gloria y de honra, a causa del padecimiento de la muerte, para que por la gracia de Dios gustase la muerte por todos Porque convenía a aquel por cuya causa son todas las cosas, y por quien todas las cosas subsisten, que habiendo de llevar muchos hijos a la gloria, perfeccionase por aflicciones al autor de la salvación de ellos" (He. 2:9, 10).

"quien habiendo subido al cielo está a la diestra de Dios; y a él están sujetos ángeles, autoridades y potestades" (1 P. 3:22).

"que decían a gran voz: El Cordero que fue inmolado es digno de tomar el poder, las riquezas, la sabiduría, la fortaleza, la honra, la gloria y la alabanza" (Ap. 5:12).

4.   Cristo debe sujetarse a Dios. Esto se refiere al ministerio y función salvadoras de Cristo, no a su persona y ser eterno. Esto no quiere decir que Cristo debe volverse inferior a Dios ni menor que Dios. Tal inferioridad es imposible, porque tanto el Hijo como el Padre tienen la naturaleza de Dios. Son uno en su ser, persona, y naturaleza piadosa. Sencillamente quiere decir que Dios envió a Cristo en la gran misión de vencer a todos los enemigos de Dios. Por consiguiente, cuando Cristo haya completado su misión, Él regresará a Dios el Padre y le entregará todo a Dios. Cuando Cristo lo entregue todo, Él se entregará a sí mismo a su Padre como el grande y glorioso vencedor. Barclay lo expresa muy bien:

"No es un caso donde el Hijo se sujeta al Padre como un esclavo o incluso un siervo se sujeta a su amo. Es el caso de alguien que ha cumplido la obra que se le encomendó, y que regresa con la gloria de la obediencia completa como corona. Como Dios envió a su Hijo a redimir al mundo, al final Dios recibirá un mundo redimido, y luego no habrá nada en el cielo ni en la tierra fuera del amor y el poder de Dios" (*Las epístolas a los corintios,* p. 169).

"Exaltado seas sobre los cielos, oh Dios; sobre toda la tierra sea tu gloria" (Sal. 57:11).

"Y diréis en aquel día: Cantad a Jehová, aclamad su nombre, haced célebres en los pueblos sus obras, recordad que su nombre es engrandecido" (Is. 12:4).

"Será exaltado Jehová, el cual mora en las alturas; llenó a Sion de juicio y de justicia" (Is. 33:5).

	D. Cuarto argumento: Las prácticas religiosas y el sacrificio personal, 15:29-34	32 Si como hombre batallé en Efeso contra fieras, ¿qué me aprovecha? Si los muertos no resucitan, comamos y bebamos, porque mañana moriremos.	b. ¿Si no hay resurrección, por qué sufrir las amenazas salvajes y el maltrato?
1 Piensen y pregúntense ustedes mismos: ¿Si no hay resurrección, entonces por qué realizar rituales y prácticas religiosas?	29 De otro modo, ¿qué harán los que se bautizan por los muertos, si en ninguna manera los muertos resucitan? ¿Por qué, pues, se bautizan por los muertos?		c. ¿Si no hay resurrección, por qué no llevar una vida de placeres?
2 Piensen y pregúntense ustedes mismos: ¿Por qué ponernos nosotros mismos en peligro?	30 ¿Y por qué nosotros peligramos a toda hora?	33 No erréis; las malas conversaciones corrompen las buenas costumbres.	**3 Tengan cuidado de no errar: Las malas conversaciones corrompen las buenas costumbres**
a. ¿Si no hay resurrección, por qué exponerse al peligro por dar testimonio?	31 Os aseguro, hermanos, por la gloria que de vosotros tengo en nuestro Señor Jesucristo, que cada día muero.	34 Velad debidamente, y no pequéis; porque algunos no conocen a Dios; para vergüenza vuestra lo digo.	**4 Velen, sienten cabeza, no pequen: Algunos no conocen a Dios**

DIVISIÓN VIII

LAS PREGUNTAS CON RESPECTO A LA RESURRECCIÓN DE LOS MUERTOS, 15:1-58

D. Cuarto argumento: Las prácticas religiosas y el sacrificio personal, 15:29-34

(15:29-34) *Introducción:* El cuarto argumento para la resurrección de los muertos consiste en las prácticas religiosas y el sacrificio personal. Si no habrá resurrección, entonces no habrá necesidad alguna en lo absoluto de llevar una vida religiosa ni tampoco de negarse expiatoriamente uno mismo por Cristo. Si no habrá resurrección, entonces nuestra adoración religiosa y sacrificio personal son vanos e insensatos.

1. Piensen y pregúntense ustedes mismos: ¿Si no hay resurrección, entonces por qué realizar rituales y prácticas religiosas? (v. 29).
2. Piensen y pregúntense ustedes mismos: ¿Por qué ponernos nosotros mismos en peligro? (vv. 30-32).
3. Tengan cuidado de no errar: Las malas conversaciones corrompen las buenas costumbres (v. 33).
4. Velen, sienten cabeza, no pequen: Algunos no conocen a Dios (v. 34).

1 (15:29) *Resurrección, creyentes:* Piensen y pregúntense ustedes mismos, si no hay resurrección, ¿por qué realizar rituales y prácticas religiosas? El ritual específico mencionado aquí es el bautismo, pero la pregunta se aplica a todos los rituales y prácticas religiosas. ¿Por qué adorar, por qué ser bautizado, por qué celebrar la Cena del Señor, por qué orar, por qué leer la Biblia si no hay resurrección de los muertos? Todos los rituales y adoración religiosas son vanas; no tienen sentido y de nada aprovechan si no hay resurrección. A esto se refiere este punto en particular y se entiende fácilmente. Sin embargo, la práctica específica o forma de bautismo a la que Pablo se refiere no se entiende fácilmente. ¿A qué se refiere él con la frase, se "bautizan por los muertos"? ¿Quién se bautiza, y quién está muerto? Alguien se está bautizando por alguien que está muerto. ¿Quiénes son las personas bautizadas, y quién es la persona o personas muertas? ¿La iglesia ha practicado el bautismo por los muertos, es decir, ha permitido que un creyente vivo sea bautizado por un ser querido que murió antes de que este pudiera ser bautizado? La práctica sí tuvo lugar en el siglo II, pero como señala Leon Morris al parecer era por herejes (Leon Morris. *La primera epístola de Pablo a los corintios.* "Comentarios bíblicos de Tyndale". Grand Rapids, MI: Eerdmans Publishing Company, p. 219). ¿Es posible que la práctica haya comenzado juntamente con el surgimiento de la iglesia primitiva y haya calado la iglesia de Corinto? Algunos creen que sí, y otros creen que esta es la única explicación posible de las palabras. Otros argumentan que este no podría ser el significado:

- Porque es supersticioso y es una mala interpretación del bautismo.
- Porque no hay otro registro de la práctica hasta el siglo II y luego al parecer solo la realizaban grupos de herejes.
- Porque siempre se ha condenado como herejía por el cuerpo principal de creyentes.
- Porque Pablo nunca se referiría a la práctica sin condenarla.

(Para un análisis más detallado de esta posición y argumentos en su contra, vea Charles Hodge, *Una exposición de la segunda epístola a los corintios,* Grand Rapids, MI: Eerdmans Publishing Company, 1973, p. 337.)

Sin embargo, aquellos que sostienen que la práctica había calado la iglesia primitiva argumentan lo siguiente:

=> Pablo sí se separa de la práctica. Note el versículo: Pablo dice "harán", no "haremos". Él se separa.
=> Pablo en ocasiones sí difiere con una práctica, y aún así usa la práctica en un argumento. (Por ejemplo, él analiza la práctica de asistir a una reunión social en el templo de un ídolo. Él usó la práctica para argu-

mentar su posición sin denunciarla, pero creía que era errónea, 1 Co. 8:10.)

Lo que Pablo quiere decir se desconoce, y resulta extremadamente difícil saberlo, porque hay más de treinta posiciones diferentes (A. T. Robertson. *Metáforas del Nuevo Testamento*, Vol. 4. Nashville, TN: Broadman Press, 1930, p. 192).

Observe cuáles podrían ser dos elementos significativos:
=> Al leer el versículo 29 y el versículo 30 juntos, sí parece haber un gran contraste entre "harán [ellos]" (v. 29) y "nosotros" (v. 30). Pablo sí parece estar diciendo "ellos": Los que se me oponen; los que niegan la resurrección; los que están equivocados.
=> Al comparar los versículos 30-34 con el versículo 29, sí parece haber un gran contraste. El versículo 29 usa la palabra "ellos"; el versículo 30 "nosotros"; y los versículos 31, 33-34 "vosotros" y "vuestra". Esto sugiere de un modo contundente que "ellos" se oponen a Pablo y a los creyentes principales de la iglesia.

A la luz de los detalles de las propias Escrituras, parece mejor decir que "ellos" son:
• Las personas que se oponían a Pablo con tanta fuerza.
• Los falsos maestros y las personas que negaban la resurrección.
• Los falsos maestros y las personas que le permitían a sus seguidores que se bautizaran por sus seres queridos que no habían logrado bautizarse antes de que murieran.

Siguiendo esta interpretación, Pablo dice: si están de acuerdo con que los muertos no resucitan, entonces:
• ¿Qué harán los que se bautizan por sus muertos?
• ¿Por qué se bautizan por los muertos? Lo que ellos hacen es inútil, vano, fútil, insensato. Si no creen en la resurrección de los muertos, están practicando un ritual que no les hará absolutamente ningún bien.

2 (15:30-32) *Resurrección, creyentes*: Piensen y pregúntense ustedes mismos, si no hay resurrección, ¿por qué ponernos a nosotros mismos en peligro a toda hora? Está claro: El creyente será perseguido por el mundo. El creyente verdadero:
• Se separa y lleva un estilo de vida diferente al del mundo, y da testimonio del Señor Jesucristo y su exigencia de justicia y piedad.

La vida y el testimonio del creyente verdadero se opone al mundo, y condena al mundo; por consiguiente, el mundo se opone, ridiculiza, abusa, y trata de silenciar y eliminar al creyente, tanto como permita la ley, el vecindario, y el centro de trabajo.

¿Por qué un creyente se pondría en peligro él mismo, su vida, trabajo, posición, amigos, aceptación, si no hay resurrección?

Pablo usa su propia experiencia para hacer entender este punto.
1.   Si no hay resurrección, ¿por qué exponerse al peli-

gro por dar testimonio, por gozarse, y por regocijarse por la conversión de las personas? ¿Por qué trataría él de salvar a las personas para Cristo y trataría de despertar gozo y regocijo en ellos si no hay resurrección? El precio, arriesgar su vida y exponerse a la persecución, no vale la pena si no hay resurrección. Pablo dice: "No pondría mi vida en peligro si no hubiera resurrección de los muertos".

2.   Si no hay resurrección, ¿por qué sufrir amenazas, abuso, y maltrato? Éste es el mismo argumento, a excepción de que Pablo se refiere realmente a alguna amenaza salvaje que él experimentó.

3.   Si no hay resurrección, ¿por qué no habría él de comer, beber, y vivir por placer? Bien puede hacerlo, porque no habría nada después de la muerte. Esta vida se volvería todo humo.

> "y he aquí gozo y alegría, matando vacas y degollando ovejas, comiendo carne y bebiendo vino, diciendo: Comamos y bebamos, porque mañana moriremos" (Is.22:13).
>
> "y diré a mi alma: Alma, muchos bienes tienes guardados para muchos años; repósate, come, bebe, regocíjate. Pero Dios le dijo: Necio, esta noche vienen a pedirte tu alma; y lo que has provisto, ¿de quién será? Así es el que hace para sí tesoro, y no es rico para con Dios" (Lc. 12:19-21).
>
> "Pero la que se entrega a los placeres, viviendo está muerta" (1 Ti. 5:6).
>
> "recibiendo el galardón de su injusticia, ya que tienen por delicia el gozar de deleites cada día. Estos son inmundicias y manchas, quienes aun mientras comen con vosotros, se recrean en sus errores. Tienen los ojos llenos de adulterio, no se sacian de pecar, seducen a las almas inconstantes, tienen el corazón habituado a la codicia, y son hijos de maldición" (2 P. 2:13, 14).

3 (15:33) *Engaño — Mundanalidad:* Tengan cuidado de no errar, las malas conversaciones corrompen las buenas costumbres.

1.   La frase "no erréis" (me planasthe) significa no dejarse pervertir, dejarse descarriar en el error de una falsa doctrina. Habrá una resurrección de los muertos. "Ellos", los que niegan la resurrección, están equivocados. No se dejen engañar por su error. Es una doctrina completamente falsa y corrompe.

2.   La palabra "conversaciones" sí significa conversar, pero también significa la comunión entre las compañías y los colegas.

Sucede lo siguiente: No debemos reunirnos con aquellos que sostienen doctrina falsa y errores. Si nos reunimos con ellos, los aceptamos como amigos y acompañantes, influirán en nosotros y corromperán nuestra conducta, nos llevarán al pecado y al error.

Pensamiento 1. Nuestras compañías sí nos influyen. Si no creen en la resurrección de los muertos, en la vida gloriosa venidera, entonces sus creencias, ideas, principios morales, discursos, y conducta…
• nos influirán   • nos contaminarán

- nos relajarán   • nos extraviarán
- nos debilitarán

> **"Os he escrito por carta, que no os juntéis con los fornicarios" (1 Co. 5:9).**
>
> **"Más bien os escribí que no os juntéis con ninguno que, llamándose hermano, fuere fornicario, o avaro, o idólatra, o maldiciente, o borracho, o ladrón; con el tal ni aun comáis" (1 Co. 5:11).**
>
> **"No os unáis en yugo desigual con los incrédulos; porque ¿qué compañerismo tiene la justicia con la injusticia? ¿Y qué comunión la luz con las tinieblas?" (2 Co. 6:14).**
>
> **"Por lo cual, salid de en medio de ellos, y apartaos, dice el Señor, y no toquéis lo inmundo; y yo os recibiré, Y seré para vosotros por Padre, y vosotros me seréis hijos e hijas, dice el Señor Todopoderoso" (2 Co. 6:17, 18).**
>
> **"mas los malos hombres y los engañadores irán de mal en peor, engañando y siendo engañados" (2 Ti. 3:13).**
>
> **"Si alguno viene a vosotros, y no trae esta doctrina, no lo recibáis en casa, ni le digáis: ¡Bienvenido!" (2 Jn. 10).**
>
> **"No seguirás a los muchos para hacer mal, ni responderás en litigio inclinándote a los más para hacer agravios" (Éx. 23:2).**
>
> **"Bienaventurado el varón que no anduvo en consejo de malos, ni estuvo en camino de pecadores, ni en silla de escarnecedores se ha sentado" (Sal. 1:1).**
>
> **"No entres por la vereda de los impíos, ni vayas por el camino de los malos" (Pr. 4:14).**
>
> **"No tengas envidia de los hombres malos, ni desees estar con ellos" (Pr. 24:1).**

4 (15:34) *Velar — Resurrección:* Velen, sienten cabeza, no pequen; porque algunos no conocen a Dios. Observe tres elementos:

1. La palabra "velar" (eknepsate) significa ponerse sobrio; despertar de un estado de borrachera o somnolencia. Algunas personas en la iglesia de Corinto seguían a los falsos maestros como si estuvieran borrachas o inconscientes, como si estuvieran en un estado de estupidez, o de estupor. Necesitan desesperadamente que se les abrieran los ojos sobre la justicia, para que no pecaran. La negación de una resurrección es totalmente errónea; es pecado. Habrá una resurrección de los muertos. Negarlo es entrar en un estado de borrachera, inconsciencia, e irreflexión.

2. La frase "algunos no conocen a Dios" se refiere a aquellos que están equivocados, las personas que no creen en la resurrección de los muertos.

3. Las palabras, "para vergüenza vuestra lo digo" quiere decir que la iglesia debe estar avergonzada por permitir el error dentro de ella. El simple hecho de que la iglesia aceptara hombres que niegan una de las doctrinas fundamentales constituye una vergüenza. La iglesia debe estar avergonzada, porque una persona que no crea en la resurrección de los muertos (una doctrina fundamental) *no* "conoce a Dios".

> **"Velad debidamente, y no pequéis; porque algunos no conocen a Dios; para vergüenza vuestra lo digo" (1 Co. 15:34).**
>
> **"Por lo cual dice: Despiértate, tú que duermes, y levántate de los muertos, y te alumbrará Cristo" (Ef. 5:14).**
>
> **"Hijitos míos, estas cosas os escribo para que no pequéis; y si alguno hubiere pecado, abogado tenemos para con el Padre, a Jesucristo el justo" (1 Jn. 2:1).**
>
> **"Lavaos y limpiaos; quitad la iniquidad de vuestras obras de delante de mis ojos; dejad de hacer lo malo" (Is. 1:16).**

	E. Quinto argumento: El tipo de cuerpo, 15:35-49	42 Así también es la resurrección de los muertos. Se siembra en corrupción, resucitará en incorrupción.	**3 El cuerpo contrastante de la resurrección**
1 Dos preguntas por el objetor intelectual	35 Pero dirá alguno: ¿Cómo resucitarán los muertos? ¿Con qué cuerpo vendrán?	43 Se siembra en deshonra, resucitará en gloria; se siembra en debilidad, resucitará en poder.	a. Corrupto contra incorrupto
	36 Necio, lo que tú siembras no se vivifica, si no muere antes.		b. Deshonra contra gloria
2 Las ilustraciones que demuestran la resurrección	37 Y lo que siembras no es el cuerpo que ha de salir, sino el grano desnudo, ya sea de trigo o de otro grano;	44 Se siembra cuerpo animal, resucitará cuerpo espiritual. Hay cuerpo animal, y hay cuerpo espiritual.	c. Debilidad contra poder d. Natural contra espiritual
a. Ilustración 1: La semilla, muere, después resucita		45 Así también está escrito: Fue hecho el primer hombre Adán alma viviente; el postrer Adán, espíritu vivificante.	
1) Tiene un cuerpo diferente después de resucitar	38 pero Dios le da el cuerpo como él quiso, y a cada semilla su propio cuerpo.	46 Mas lo espiritual no es primero, sino lo animal; luego lo espiritual.	**4 El elemento contundente: Hay un cuerpo natural y un cuerpo espiritual**
2) Tiene un cuerpo dado por Dios	39 No toda carne es la misma carne, sino que una carne es la de los hombres, otra carne la de las bestias, otra la de los peces, y otra la de las aves.		a. La evidencia bíblica: El primero y el segundo Adán
b. Ilustración 2: Cuerpos animales, difieren	40 Y hay cuerpos celestiales, y cuerpos terrenales; pero una es la gloria de los celestiales, y otra la de los terrenales.	47 El primer hombre es de la tierra, terrenal; el segundo hombre, que es el Señor, es del cielo.	1) Su naturaleza: Un alma contra un espíritu 2) Su orden: Natural contra espiritual
c. Ilustración 3: Cuerpos terrenales y cuerpos celestiales, la gloria de su cuerpo difiere	41 Una es la gloria del sol, otra la gloria de la luna, y otra la gloria de las estrellas, pues una estrella es diferente de otra en gloria.	48 Cual el terrenal, tales también los terrenales; y cual el celestial, tales también los celestiales.	3) Su origen: Tierra contra cielo
		49 Y así como hemos traído la imagen del terrenal, traeremos también la imagen del celestial.	b. La naturaleza de los hombres y su destino: Siguen el patrón de Adán o de Cristo

DIVISIÓN VIII

LAS PREGUNTAS CON RESPECTO A LA RESURRECCIÓN DE LOS MUERTOS, 15:1-58

E. Quinto argumento: El tipo de cuerpo, 15:35-49

(15:35-49) *Introducción:* ¿Cómo será el cuerpo resucitado? El tipo de cuerpo que tendremos para toda la eternidad siempre ha intrigado a los hombres. La propia ilustración de un cuerpo algo parecido a nuestro cuerpo actual hasta ha ocasionado que algunas personas se burlen y ridiculicen la idea de la resurrección. Este pasaje analiza el tipo de cuerpo que los creyentes recibirán en la resurrección.

1. Dos preguntas por el objetor intelectual (v. 35).
2. Las ilustraciones que demuestran la resurrección (vv. 36-41).
3. El cuerpo contrastante de la resurrección (vv. 42-44).
4. El elemento contundente: Hay un cuerpo natural y un cuerpo espiritual (vv. 44-49).

1 (15:35) *Resurrección, cuerpo de:* Algunos objetores realizan dos preguntas.

1. ¿Cómo se resucitan los muertos? ¿Cómo puede resucitar un cuerpo podrido y descompuesto? ¿Cómo es posible que la vida regrese a un cuerpo, fundamentalmente después de estar descompuesto, y en algunos casos después de estar esparcidos por la tierra?

2. ¿Qué tipo de cuerpo tendría una persona resucitada? ¿Qué tipo de cuerpo sería si estaba descompuesto y podrido?

Toda generación tiene sus escépticos que se cuestionan y en ocasiones se burlan de la idea de la resurrección y de un mundo espiritual donde aquellos que siguen a Cristo vivirán realmente con Dios para siempre. De hecho, el propio Cristo se enfrentó al mismo escepticismo al que Pablo se enfrenta aquí (vea el índice y las notas — Mt. 22:23-33). La mayoría de los escépticos cometen un gran error: Cuando piensan en la resurrección, piensan en una persona resucitada con el mismo cuerpo que tenía mientras estaba en la tierra. Cristo y Pablo demuestran que este no es el caso. El cuerpo resucitado no será como nuestro cuerpo actual. Nuestro cuerpo futuro al parecer lucirá como nuestro cuerpo actual, pero su material y naturaleza serán completamente diferentes. (Vea el índice y el *Estudio a fondo 1* — Jn. 21:1; Mt. 22:23-33 para un mayor análisis.)

2 (15:36-41) *Resurrección, cuerpo de:* Las ilustraciones que demuestran la resurrección. La naturaleza está llena de *ejemplos* y *similitudes* que demuestran claramente la posibilidad de la resurrección. El hombre sencillamente está tan familiarizado con los ejemplos que no logra verlos como *ejemplos y similitudes*. Observe con qué fuerza Pablo presenta este planteamiento: Él se dirige al escéptico, "Necio". Pablo no le habla al escéptico con desdén ni amargura, pero él está molesto por la falta de razonamiento sobre el asunto y por la falta total de fe en Dios y en su poder omnipotente. Aunque no hubiera similitudes en la naturaleza, debemos creer en Dios. Por consiguiente, Pablo exclama: "Necio, piensa, piensa en lo que tú mismo haces. Tú trabajas y vives entre las mismas cosas que se asemejan y proporcionan ejemplo tras ejemplo de la resurrección del cuerpo".

1.   Está la ilustración de la semilla y el grano. Se plantean varios elementos:

   a.   Una semilla no vivifica, no puede vivir a menos que primero muera. Una semilla tiene la potencialidad de una nueva vida y un nuevo cuerpo en ella, pero no produce el cuerpo y la nueva vida hasta que muere. De hecho, la semilla no puede producirlo a menos que muera.

   b.   La semilla que se siembra es solo una semilla; no es toda la planta como tal. La semilla difiere radicalmente de la nueva vida y el cuerpo de la planta. Lo que sale de la tierra es radicalmente diferente de lo que se siembra en la tierra.

      => Note cómo la naturaleza nos demuestra claramente que el cuerpo resucitado tendrá una naturaleza diferente de la de nuestro cuerpo actual.

   c.   Dios es quien le da a cada semilla su propio cuerpo. Dios es quien rige todo el proceso, quien rige la semilla y la planta. Dios es quien hace que la planta resucite de la muerte de la semilla. Es su voluntad, su poder, su proceso, lo que Él puso en movimiento en la creación.

Pensamiento 1. Aquellos que son escépticos y cuestionan la resurrección cometen dos errores crasos, así dijo Jesús.

   "Porque Dios no es Dios de muertos, sino de vivos, pues para él todos viven" (Lc. 20:38).

   "Pues si vivimos, para el Señor vivimos; y si morimos, para el Señor morimos. Así pues, sea que vivamos, o que muramos, del Señor somos" (Ro. 14:8).

2.   Está la ilustración de los animales; todos difieren. Existen tantos cuerpos diferentes de animales, su organización, figura, formas, naturalezas, ¿por qué a un hombre no se le puede dar un cuerpo diferente del que ahora tiene? ¿Por qué no se puede reorganizar y cambiar el cuerpo de un hombre?

3.   Está la ilustración de los cuerpos terrenales y celestiales (vv. 40-41). Los cuerpos en la tierra difieren de los cuerpos en los cielos. Cada uno tiene su propia gloria y cada uno difiere del otro, incluso el sol, la luna, y las estrellas.

Esto consiste sencillamente en lo siguiente: A dondequiera que miramos vemos:

*   Un número ilimitado de cuerpos diferentes, diferentes organizaciones, formas, figuras, disposiciones, variedades.
*   Que el universo de Dios fluye con siembra y crecimiento, vida y cambio, organización y reorganización, desintegración y renacimiento.

Pensamiento 1. Hay dos puntos principales:

1)   Las cosas vivas tienen la naturaleza y el poder para reproducirse en una forma o cuerpo diferente. Por lo tanto, no debiera sorprendernos que nosotros tengamos la naturaleza y poder para ser resucitados con una naturaleza y un cuerpo diferentes.

2)   Todas las cosas tienen cuerpos diferentes y una gloria que difiere de todas las otras cosas. Por consiguiente, nosotros también tendremos un cuerpo resucitado con su propia gloria. La gloria de nuestro cuerpo resucitado diferirá de la gloria de nuestro cuerpo terrenal.

3 (15:42-44) *Resurrección, cuerpo de:* El cuerpo contrastante de la resurrección. Hay cuatro diferencias significativas entre nuestro cuerpo ahora y el cuerpo que se nos dará en la resurrección.

1.   Nuestro cuerpo terrenal es corruptible, nuestro cuerpo resucitado será incorruptible. Corruptible quiere decir que envejece, se deteriora, muere, se pudre y se descompone. Pero nuestro cuerpo celestial diferirá radicalmente. Será incorruptible: Nunca envejecerá, nunca se deteriorará, nunca morirá, nunca se pudrirá, y nunca se descompondrá. Será transformado y nunca perecerá. Estará completamente limpio de profanación y depravación, de muerte y descomposición.

   "Pero esto digo, hermanos: que la carne y la sangre no pueden heredar el reino de Dios, ni la corrupción hereda la incorrupción" (1 Co. 15:50).

   "Dijo Jesús: Quitad la piedra. Marta, la hermana del que había muerto, le dijo: Señor, hiede ya, porque es de cuatro días" (Jn. 11:39).

   "Porque a la verdad David, habiendo servido a su propia generación según la voluntad de Dios, durmió, y fue reunido con sus padres, y vio corrupción. Mas aquel a quien Dios levantó, no vio corrupción" (Hch. 13:36, 37).

   "Todo va a un mismo lugar; todo es hecho del polvo, y todo volverá al mismo polvo" (Ec. 3:20).

   "Así también es la resurrección de los muertos. Se siembra en corrupción, resucitará en incorrupción" (1 Co. 15:42).

   "Porque sabemos que si nuestra morada terrestre, este tabernáculo, se deshiciere, tenemos de Dios un edificio, una casa no hecha de manos, eterna, en los cielos. Y por esto también gemimos, deseando ser revestidos de aquella nuestra habitación celestial" (2 Co. 5:1, 2).

2. Nuestro cuerpo terrenal se entierra en deshonra; nuestro cuerpo resucitado resucitará en gloria. Nuestro cuerpo es deshonroso, y nada demuestra más su deshonra que su muerte y sepultura. Todo cuerpo humano finalmente es avergonzado, deshonrado, degradado y privado de todo cuanto tiene. Todo cuerpo humano está condenado a convertirse en nada más que un puñado de polvo. Piensen en eso. Nada podría ser más deshonroso que tomar la belleza y el maravilloso mecanismo del cuerpo de un hombre y verlo convertirse en nada más que polvo. Aún así, eso es exactamente lo que sucede.

Pero no con el cuerpo resucitado: El cuerpo humano será transformado en un cuerpo de gloria. Gloria significa poseer y estar lleno de *luz perfecta*; morar en la luz, brillantez, esplendor, brillo, lustre, magnificencia, dignidad, majestad y gracia perfectas del propio Dios.

> "Entonces los justos resplandecerán como el sol en el reino de su Padre. El que tiene oídos para oír, oiga" (Mt. 13:43).

> "Y si hijos, también herederos; herederos de Dios y coherederos con Cristo, si es que padecemos juntamente con él, para que juntamente con él seamos glorificados" (Ro. 8:17).

> "el cual transformará el cuerpo de la humillación nuestra, para que sea semejante al cuerpo de la gloria suya, por el poder con el cual puede también sujetar a sí mismo todas las cosas" (Fil. 3:21).

> "Cuando Cristo, vuestra vida, se manifieste, entonces vosotros también seréis manifestados con él en gloria" (Col. 3:4).

> "Después de esto miré, y he aquí una gran multitud, la cual nadie podía contar, de todas naciones y tribus y pueblos y lenguas, que estaban delante del trono y en la presencia del Cordero, vestidos de ropas blancas, y con palmas en las manos" (Ap. 7:9).

> "Me has guiado según tu consejo, y después me recibirás en gloria" (Sal. 73:24).

> "Pues tengo por cierto que las aflicciones del tiempo presente no son comparables con la gloria venidera que en nosotros ha de manifestarse" (Ro. 8:18).

> "Porque esta leve tribulación momentánea produce en nosotros un cada vez más excelente y eterno peso de gloria" (2 Co. 4:17).

> "Por tanto, todo lo soporto por amor de los escogidos, para que ellos también obtengan la salvación que es en Cristo Jesús con gloria eterna" (2 Ti. 2:10).

> "Ruego a los ancianos que están entre vosotros, yo anciano también con ellos, y testigo de los padecimientos de Cristo, que soy también participante de la gloria que será revelada" (1 P. 5:1).

3. Nuestro cuerpo terrenal se entierra en debilidad; nuestro cuerpo resucitado se resucita en poder. Mientras estamos en la tierra nuestro cuerpo es tan débil: Sujeto a enfermedades, padecimientos, y un sinnúmero de otras dolencias y limitaciones. Finalmente se debilita tanto que muere. En la muerte el cuerpo humano es totalmente impotente: Indefenso, carente de fuerza y capacidad. En la muerte el cuerpo humano es tan impotente, que es incapaz de mover un dedo. No puede hacer nada, absolutamente nada.

Sin embargo, el cuerpo resucitado se resucita en poder. Tendrá una mente y un cuerpo lleno de fuerza, poder, salud, autoridad, y control. Será un cuerpo perfecto, nunca sujeto a enfermedad, accidente o sufrimiento. Será un cuerpo tan poderoso que podrá controlar sus actos y las circunstancias que lo rodean, todo para siempre.

4. Nuestro cuerpo terrenal se entierra como un cuerpo natural; nuestro cuerpo resucitado se resucita como un cuerpo espiritual. Note lo que se dice exactamente:

> "…Hay cuerpo animal [soma psuchikon], y hay cuerpo espiritual [soma pneumatikon]" (1 Co. 15:44).

Nótese que el cuerpo espiritual (*soma*) es aún un cuerpo igual al cuerpo terrenal (*soma*). El cuerpo espiritual aún retiene las cualidades del cuerpo terrenal. La diferencia radica en lo siguiente: Ya no será un cuerpo natural (con alma). Será espiritual. ¿Qué quiere decir esto? En esencia, el cuerpo tendrá una composición diferente: Será hecho para un mundo diferente, una dimensión diferente. El cuerpo será perfeccionado y glorificado: Ya no estará sujeto al envejecimiento, al deterioro, la muerte, la descomposición, el dolor, las lágrimas, el pesar o el lloro (Ap. 14:4).

> "Al que no conoció pecado, por nosotros lo hizo pecado, para que nosotros fuésemos hechos justicia de Dios en él" (2 Co. 5:21).

> "el cual transformará el cuerpo de la humillación nuestra, para que sea semejante al cuerpo de la gloria suya, por el poder con el cual puede también sujetar a sí mismo todas las cosas" (Fil. 3:21). (Vea *Estudio a fondo 1, Cuerpo, resucitado* — Jn. 21:1).

> "Amados, ahora somos hijos de Dios, y aún no se ha manifestado lo que hemos de ser; pero sabemos que cuando él se manifieste, seremos semejantes a él, porque le veremos tal como él es" (1 Jn. 3:2).

4 (15:44-49) *Resurrección, cuerpo de:* El elemento contundente, hay un cuerpo natural y un cuerpo espiritual. Además de lo que ya se ha proporcionado, hay tres evidencias contundentes de que hay un cuerpo natural y un cuerpo espiritual.

1. Está la evidencia de las Escrituras: La evidencia del primer Adán y del segundo Adán, que es Cristo.

   a. Sus naturalezas diferían. El primer Adán fue hecho un alma viviente. Esto sencillamente quiere decir que a Adán se le dio una "vida física o humana" para que la viviera en esta tierra (vea el *Estudio a fondo 5, Alma* — Mt. 22:37). Por consiguiente, él solo podía transmitirles a sus hijos o familia la vida física o humana. Pero no fue así con Cristo: Cristo fue un Espíritu vivificante, es decir, un Espíritu que daba vida. Por consiguiente, Él le puede dar un *nuevo tipo de vida* a su familia.

   b. Su orden se colocó apropiadamente. Adán, el natural y físico, vino primero; luego vino el espiritual que es eterno. Por consiguiente, a aquellos que pertenecen a Cristo se les puede dar un cuerpo espiritual y vivir para siempre.

c.   Su origen difiere. El primer Adán provino de la tierra: Nació de la tierra. Pero Cristo es el Señor del cielo. Él es, por consiguiente, capaz de transformar a aquellos que son suyos para que vivan con Él en el cielo.

"Nadie subió al cielo, sino el que descendió del cielo; el Hijo del Hombre, que está en el cielo" (Jn. 3:13).

"Porque el pan de Dios es aquel que descendió del cielo y da vida al mundo... Porque he descendido del cielo, no para hacer mi voluntad, sino la voluntad del que me envió" (Jn. 6:33, 38).

"Murmuraban entonces de él los judíos, porque había dicho: Yo soy el pan que descendió del cielo. Y decían: ¿No es éste Jesús, el hijo de José, cuyo padre y madre nosotros conocemos? ¿Cómo, pues, dice éste: Del cielo he descendido?" (Jn. 6:41, 42).

"Este es el pan que desciende del cielo, para que el que de él come, no muera. Yo soy el pan vivo que descendió del cielo; si alguno comiere de este pan, vivirá para siempre; y el pan que yo daré es mi carne, la cual yo daré por la vida del mundo" (Jn. 6:50, 51).

"Este es el pan que descendió del cielo; no como vuestros padres comieron el maná, y murieron; el que come de este pan, vivirá eternamente" (Jn. 6:58).

"¿Pues qué, si viereis al Hijo del Hombre subir adonde estaba primero?" (Jn. 6:62).

"Y les dijo: Vosotros sois de abajo, yo soy de arriba; vosotros sois de este mundo, yo no soy de este mundo" (Jn. 8:23).

"Jesús entonces les dijo: Si vuestro padre fuese Dios, ciertamente me amaríais; porque yo de Dios he salido, y he venido; pues no he venido de mí mismo, sino que él me envió" (Jn. 8:42).

"sabiendo Jesús que el Padre le había dado todas las cosas en las manos, y que había salido de Dios, y a Dios iba" (Jn. 13:3).

"Ahora entendemos que sabes todas las cosas, y no necesitas que nadie te pregunte; por esto creemos que has salido de Dios" (Jn. 16:30).

"Ahora pues, Padre, glorifícame tú al lado tuyo, con aquella gloria que tuve contigo antes que el mundo fuese" (Jn. 17:5).

"El primer hombre es de la tierra, terrenal; el segundo hombre, que es el Señor, es del cielo" (1 Co. 15:47).

2.   Está la evidencia de la naturaleza del hombre y su destino. Los hombres le dan a su vida el patrón de Adán o de Cristo, ya sea el del mundo o el del cielo. Aquellos que viven *en función de* la tierra y su mundanalidad son los que viven *solamente* según el patrón del primer Adán; por lo tanto, el único cuerpo que tendrán será un cuerpo de muerte; es decir, un cuerpo que estará separado de Dios.

Sin embargo, a las personas que le dan a su vida el patrón del Cristo celestial, se les dará un cuerpo como el de Cristo, un cuerpo celestial perfecto. Todas las personas que se apartan de la imagen de lo terrenal para acercarse a la de lo celestial (Cristo) llevarán la imagen de lo celestial.

"Se siembra cuerpo animal, resucitará cuerpo espiritual. Hay cuerpo animal, y hay cuerpo espiritual" (1 Co. 15:44).

"Y así como hemos traído la imagen del terrenal, traeremos también la imagen del celestial" (1 Co. 15:49).

"Y por esto también gemimos, deseando ser revestidos de aquella nuestra habitación celestial" (2 Co. 5:2).

"el cual transformará el cuerpo de la humillación nuestra, para que sea semejante al cuerpo de la gloria suya, por el poder con el cual puede también sujetar a sí mismo todas las cosas" (Fil. 3:21).

"Amados, ahora somos hijos de Dios, y aún no se ha manifestado lo que hemos de ser; pero sabemos que cuando él se manifieste, seremos semejantes a él, porque le veremos tal como él es" (1 Jn. 3:2).

	F. Sexto argumento: El cambio radical del cuerpo, 15:50-58	vestido de inmortalidad, entonces se cumplirá la palabra que está escrita: Sorbida es la muerte en victoria.	a. Dios prometió la victoria hace mucho tiempo
1 El cambio es necesario a. Porque el hombre es solo carne y sangre b. Porque el hombre es corruptible	50 Pero esto digo, hermanos: que la carne y la sangre no pueden heredar el reino de Dios, ni la corrupción hereda la incorrupción.	55 ¿Dónde está, oh muerte, tu aguijón? ¿Dónde, oh sepulcro, tu victoria? 56 ya que el aguijón de la muerte es el pecado, y el poder del pecado, la ley.	b. La victoria sobre el aguijón de la muerte c. La victoria sobre el poder del pecado
2 El cambio es una revelación totalmente nueva a. Supone tanto a los muertos como a los vivos b. Será un cambio rápido y repentino c. Sucederá en el fin del tiempo, en el fin del mundo d. Es una garantía	51 He aquí, os digo un misterio: No todos dormiremos; pero todos seremos transformados, 52 en un momento, en un abrir y cerrar de ojos, a la final trompeta; porque se tocará la trompeta, y los muertos serán resucitados incorruptibles, y nosotros seremos transformados.	57 Mas gracias sean dadas a Dios, que nos da la victoria por medio de nuestro Señor Jesucristo. 58 Así que, hermanos míos amados, estad firmes y constantes, creciendo en la obra del Señor siempre, sabiendo que vuestro trabajo en el Señor no es en vano.	**5 El que obrará el cambio será nuestro Señor Jesucristo** **6 El cambio exige un trabajo incondicional** a. Trabajo imperecedero b. Trabajo rebosante c. La razón: Será recompensado
3 El cambio será la infusión de una naturaleza totalmente nueva **4 El cambio sorberá a la muerte; traerá victoria sobre la tumba**	53 Porque es necesario que esto corruptible se vista de incorrupción, y esto mortal se vista de inmortalidad. 54 Y cuando esto corruptible se haya vestido de incorrupción, y esto mortal se haya		

DIVISIÓN VIII

LAS PREGUNTAS CON RESPECTO A LA RESURRECCIÓN DE LOS MUERTOS, 15:1-58

F. Sexto argumento: El cambio radical del cuerpo, 15:50-58

(15:50-58) *Introducción:* Si una persona va a vivir eternamente, si es posible que una persona viva en la presencia de Dios, entonces el cuerpo humano primeramente debe sufrir un cambio radical. El cuerpo humano se debe recrear completamente. Este pasaje analiza el cambio que ha de suceder.

1. El cambio es necesario (v. 50).
2. El cambio es una revelación totalmente nueva (vv. 51-52).
3. El cambio será la infusión de una naturaleza totalmente nueva (v. 53).
4. El cambio sorberá a la muerte; traerá victoria sobre la tumba (vv. 54-56).
5. El que obrará el cambio será nuestro Señor Jesucristo (v. 57).
6. El cambio exige un trabajo incondicional (v. 58).

1 (15:50) *Cuerpo, resurrección de:* Existen dos razones claramente comprensibles de por qué el cambio es necesario.

1. El cuerpo humano es carne y sangre. Es físico, no espiritual. Está hecho de sustancia y materia física, no de sustancia y materia espiritual. Proviene de la tierra, no del cielo; y los que provienen de la tierra son físicos y terrenales, no espirituales y celestiales.

El cuerpo del hombre en su estado actual está creado:
- Para vivir en la dimensión y mundo físicos, no en la dimensión y mundo espirituales.
- Para supervisar los reinos de este mundo, no para heredar el reino de Dios.

2. El cuerpo humano es corruptible, no incorruptible. Esto se ve claramente en las experiencias diarias. El cuerpo humano tiene un fin: Se envejece, muere, se descompone, se deteriora, y se degrada a nada más que tierra y polvo. Lleva dentro de su propia naturaleza la semilla de la corrupción (vea el *Estudio a fondo 1* — 2 P. 1:4. Cp. 1 P. 1:23.)

La idea es que se deberá cambiar completamente el cuerpo humano si ha de volverse incorruptible y si ha de recibir el privilegio de vivir en el reino de Dios. Se debe cambiar y recrear el cuerpo humano, se debe reconstruir totalmente.

2 (15:51-52) *Cuerpo, resurrección de:* El cambio es una revelación totalmente nueva. La palabra "misterio" quiere decir revelación, un hecho que jamás se conocería a menos que Dios lo revelara. El hombre nunca podría saber de la resurrección sin que Dios se lo dijera. El hombre sabe de la resurrección y el cambio radical del cuerpo del hombre porque Dios se lo dijo. El hombre no tiene otra manera de averiguarlo. Ese es uno de los misterios, una de las revelaciones que Dios ha escogido para hacérsela saber al hombre. Y ¡qué esperanza tan gloriosa! Note cuatro elementos breves sobre el cambio radical del cuerpo.

1.   La resurrección supone tanto a los vivos como a los muertos. La palabra "dormir" se refiere a aquellos que han pasado a la presencia del Señor y ahora están *descansando* de su trabajo y sufrimiento en este mundo (cp. el v. 18).

Observe las palabras "no todos dormiremos". Pablo no está diciendo que él y algunos otros estarán vivos cuando suceda la resurrección. Él está revelándoles un misterio a todos los creyentes: Cuando Cristo regrese naturalmente habrá algunos creyentes aún vivos y otros que ya habrán muerto. El objetivo es que tanto los vivos como los muertos recibirán un cuerpo recreado, un cuerpo nuevo, un cuerpo cambiado completa y radicalmente.

2.   La resurrección será un cambio rápido y repentino. El equivalente de "momento" (atomos) significa indivisible, que no se puede separar. Es la palabra de la cual obtenemos la palabra *átomo*. La idea es que la resurrección sucederá tan rápidamente:

• Que no podría dividir el tiempo en dos momentos.
• Que no podría pestañar.

3.   La resurrección sucederá en el fin del tiempo, en el fin del mundo. A esto se refiere primeramente la *final trompeta*. Será la última trompeta que suene. Sin embargo, será la trompeta la que anunciará el fin de nuestro cuerpo que yace en la tumba y que vive en este mundo corruptible. Será la trompeta la que anunciará el fin del mundo que ahora conocemos. (Cp. 1 Ts. 4:16.)

4.   La resurrección y el cambio del cuerpo constituyen una garantía absoluta. Note las fuertes afirmaciones de este versículo "se tocará, serán, seremos":

> "*se tocará* la trompeta".
> "los muertos *serán* resucitados incorruptibles".
> "nosotros *seremos* transformados".

No cabe duda de que sucederá. Dios ha revelado una realidad gloriosa: Él mismo resucitará a los muertos y cambiará el cuerpo de cada uno de nosotros.

> **"De cierto, de cierto os digo: Viene la hora, y ahora es, cuando los muertos oirán la voz del Hijo de Dios; y los que la oyeren vivirán… No os maravilléis de esto; porque vendrá hora cuando todos los que están en los sepulcros oirán su voz; y los que hicieron lo bueno, saldrán a resurrección de vida; mas los que hicieron lo malo, a resurrección de condenación" (Jn. 5:25, 28-29).**
>
> **"Y esta es la voluntad del que me ha enviado: Que todo aquél que ve al Hijo, y cree en él, tenga vida eterna; y yo le resucitaré en el día postrero" (Jn. 6:40).**
>
> **"Le dijo Jesús: Yo soy la resurrección y la vida; el que cree en mí, aunque esté muerto, vivirá" (Jn. 11:25).**
>
> **"Porque así como en Adán todos mueren, también en Cristo todos serán vivificados" (1 Co. 15:22).**
>
> **"sabiendo que el que resucitó al Señor Jesús, a nosotros también nos resucitará con Jesús, y nos presentará juntamente con vosotros" (2 Co. 4:14).**
>
> **"Porque el Señor mismo con voz de mando, con voz de arcángel, y con trompeta de Dios, descenderá**

> **del cielo; y los muertos en Cristo resucitarán primero" (1 Ts. 4:16).**

3 (15:53) *Cuerpo, resurrección de:* El cambio será la infusión de una naturaleza totalmente nueva. Observe dos elementos significativos:

1.   La naturaleza del cuerpo actual del creyente es corruptible y mortal; la naturaleza de su nuevo cuerpo será incorruptible e inmortal.

=>   La naturaleza "corruptible" y "mortal" quiere decir que los hombres son terrenales; que ellos envejecen, se deterioran, mueren, se pudren, y se descomponen. Todo hombre, no importa quién sea, es terrenal y regresará a la tierra cuando muera a menos que Jesús regrese mientras él aún viva en la tierra.

=>   La naturaleza "incorruptible" e "inmortal" significa lo siguiente: Los creyentes serán hechos celestiales; serán transformados y recibirán una *naturaleza perfecta* que nunca envejecerá, se deteriorará, morirá, se pudrirá, o se descompondrá. Estarán completamente limpios de profanación y depravación. Recibirán un cuerpo que es perfecto, un cuerpo que se opone diametralmente a su cuerpo actual, un cuerpo perfeccionado para siempre para vivir con Dios en el nuevo cielo y tierra. (Vea el *Estudio a fondo 1* — Jn. 21:1; y la nota — 1 Co. 15:42-44.)

2.   La palabra "necesario" demuestra la necesidad absoluta del cambio del cuerpo del hombre. Si el hombre va a vivir con Dios, su cuerpo debe ser cambiado. Es algo esencial, un deber, una necesidad absoluta si el hombre ha de vivir para siempre.

> **"Porque no pueden ya más morir, pues son iguales a los ángeles, y son hijos de Dios, al ser hijos de la resurrección" (Lc. 20:36).**
>
> **"De cierto, de cierto os digo, que el que guarda mi palabra, nunca verá muerte" (Jn. 8:51).**
>
> **"Y todo aquel que vive y cree en mí, no morirá eternamente. ¿Crees esto?" (Jn. 11:26).**
>
> **"vida eterna a los que, perseverando en bien hacer, buscan gloria y honra e inmortalidad" (Ro. 2:7).**
>
> **"Porque es necesario que esto corruptible se vista de incorrupción, y esto mortal se vista de inmortalidad" (1 Co. 15:53).**
>
> **"Porque sabemos que si nuestra morada terrestre, este tabernáculo, se deshiciere, tenemos de Dios un edificio, una casa no hecha de manos, eterna, en los cielos" (2 Co. 5:1).**
>
> **"Luego nosotros los que vivimos, los que hayamos quedado, seremos arrebatados juntamente con ellos en las nubes para recibir al Señor en el aire, y así estaremos siempre con el Señor" (1 Ts. 4:17).**
>
> **"pero que ahora ha sido manifestada por la aparición de nuestro Salvador Jesucristo, el cual quitó la muerte y sacó a luz la vida y la inmortalidad por el evangelio" (2 Ti. 1:10).**

4 (15:54-56) *Cuerpo, resurrección de:* El cambio sorberá a la muerte; traerá victoria sobre la tumba. Pablo ilustra al creyente en el futuro, como si ya estuviera delante del Señor en el reino de Dios. Él ve al creyente ya como incorruptible e inmortal. Cuando llegue ese día, entonces se podrá gritar que "Sorbida es la muerte en victoria". Note lo que se dice sobre este día glorioso de victoria.

1. Dios prometió la victoria hace mucho, mucho tiempo.

> **"Destruirá a la muerte para siempre; y enjugará Jehová el Señor toda lágrima de todos los rostros; y quitará la afrenta de su pueblo de toda la tierra; porque Jehová lo ha dicho" (Is. 25:8).**

2. La victoria venció el "aguijón" de la muerte. El "aguijón" de la muerte es el pecado (v. 56). Hay dos razones por las que desaparecerá para siempre el aguijón de la muerte.

   a. El pecado a la muerte su poder. Los hombres mueren por el pecado (Ro. 5:12). Cuando Dios le dé al hombre un cuerpo perfecto, entonces se eliminará el aguijón. La muerte dejará de existir.

   b. El pecado rodea a la muerte con todos sus temores. Si los hombres son perfeccionados, entonces el pecado desaparece de la situación, y no hay muerte ni temores circundantes. La muerte se vuelve impotente.

3. La victoria será sobre el poder del pecado. ¿Qué es lo que le da poder al pecado, lo que le da al pecado control sobre los hombres? Es la ley de Dios. Cuando los creyentes estén perfeccionados delante de Dios, desaparecerá la ley que se cierne sobre la cabeza de cada uno de los hombres. Hay dos razones de por qué desaparecerá para siempre el poder del pecado.

   a. La ley le da al pecado su poder. La ley y sus normas le muestran al hombre sus defectos. Si los hombres son perfeccionados, entonces no hay necesidad de la ley porque no hay pecado (Ro. 4:15)

   b. Si los hombres son perfeccionados y no hay ley, entonces no hay condenación (Ro. 5:13).

> **"Y el postrer enemigo que será destruido es la muerte" (1 Co. 15:26).**
>
> **"Y cuando esto corruptible se haya vestido de incorrupción, y esto mortal se haya vestido de inmortalidad, entonces se cumplirá la palabra que está escrita: Sorbida es la muerte en victoria" (1 Co. 15:54).**
>
> **"pero que ahora ha sido manifestada por la aparición de nuestro Salvador Jesucristo, el cual quitó la muerte y sacó a luz la vida y la inmortalidad por el evangelio" (2 Ti. 1:10).**
>
> **"Enjugará Dios toda lágrima de los ojos de ellos; y ya no habrá muerte, ni habrá más llanto, ni clamor, ni dolor; porque las primeras cosas pasaron" (Ap. 21:4).**

5 (15:57) *Cuerpo, resurrección de:* La victoria gloriosa sobre la muerte se ha obrado por medio del Señor Jesucristo. Es por medio de Él y solo de Él que el hombre puede ser resucitado de los muertos y recibir un cuerpo incorruptible e inmortal. ¿Cómo es posible que el hombre viva para siempre por medio del Señor Jesucristo? De un modo sencillo, porque Él cumplió la ley de Dios. Esto quiere decir al menos dos

cosas. (Vea la nota — Mt. 5:17-18; y el *Estudio a fondo 2* — Ro. 8:3 para un análisis más detallado.)

1. Cristo cumplió la ley de Dios al no pecar nunca. Él nunca violó la ley de Dios, ni siquiera una vez. Por consiguiente, Él garantizó una justificación perfecta; y como su justificación es perfecta e ideal, se convierte en el modelo y patrón de todos los hombres. Representa y cubre la injusticia de todos los hombres. Su justificación perfecta supera al pecado y su pena, condena al pecado. Debe tenerse en cuenta que Él condenó al pecado "en la carne" (Ro. 8:3).

2. Cristo cumplió la ley ya que Él soportó la condenación y el castigo de la ley por el hombre. Como el Hombre perfecto e ideal, Jesucristo podía soportar todas las violaciones y el castigo de la ley por el hombre. Jesucristo como el Hombre ideal podía morir *por todos los hombres.*

Cuando una persona cree en Jesucristo, cree verdaderamente en Él, Dios considera la fe de esa persona como justificación. La persona no es justa, pero Dios ama tanto a su Hijo que Él honra a cualquier persona que honre a su Hijo. Él toma la *honra* de esa persona *por su Hijo,* la fe de la persona, y la considera como justificación, como el derecho de vivir en su presencia. Es la persona de fe, la persona que cree en el Señor Jesucristo la que será resucitada y recibirá un cuerpo que es incorruptible e inmortal. La victoria sobre la muerte es por medio del Señor Jesucristo.

> **"Justificados, pues, por la fe, tenemos paz para con Dios por medio de nuestro Señor Jesucristo" (Ro. 5:1).**
>
> **"Ahora, pues, ninguna condenación hay para los que están en Cristo Jesús, los que no andan conforme a la carne, sino conforme al Espíritu…. Porque lo que era imposible para la ley, por cuanto era débil por la carne, Dios, enviando a su Hijo en semejanza de carne de pecado y a causa del pecado, condenó al pecado en la carne" (Ro. 8:1, 3).**
>
> **"Así que, por cuanto los hijos participaron de carne y sangre, él también participó de lo mismo, para destruir por medio de la muerte al que tenía el imperio de la muerte, esto es, al diablo, y librar a todos los que por el temor de la muerte estaban durante toda la vida sujetos a servidumbre" (He. 2:14, 15).**
>
> **"Porque todo lo que es nacido de Dios vence al mundo; y esta es la victoria que ha vencido al mundo, nuestra fe" (1 Jn. 5:4).**

6 (15:58) *Cuerpo, resurrección de:* El cambio exige un trabajo incondicional. Note cuatro elementos:

1. El mandato va dirigido a los creyentes, a los creyentes genuinos: "hermanos míos amados". La promesa de un cuerpo resucitado y cambiado no se les hace a los incrédulos.

2. El creyente debe ser firme y constante. ¿Por qué? Porque tiene una esperanza tan gloriosa: La esperanza de ser resucitado y recibir un cuerpo incorruptible e inmortal. La esperanza de esta realidad gloriosa debe motivar al creyente a ser firme y constante en el servicio al Señor Jesucristo.

   => La palabra firme (hedraioi) significa estar fuerte, fijo, determinado, planificado, fiel. El creyente debe mantenerse firme y fijo en su creencia y obra por el Señor, determinado a vivir por el Señor y a llevar a cabo su propósito por el Señor. El creyente debe ser fiel hasta el fin.

=> La palabra "constante" (ametakinetoi) significa ser inflexible, invariable, imperturbable. El creyente no debe ser inconstante en su servicio por el Señor. Debe mantenerse tan firme como una roca en sus creencias y en el servicio al Señor.

3. El creyente debe crecer en la obra del Señor. Note dos elementos significativos:

=> La palabra "obra" (kopos) significa esforzarse y trabajar duramente al punto del cansancio y la fatiga, al punto del desmayo.

=> La palabra siempre significa nunca cesar, nunca detenerse, nunca aflojarse, nunca cejar, nunca retirarse.

4. El creyente será recompensado. ¡Qué reto para el creyente! Aún así, ¿cómo se puede esperar menos cuando se le ha dado a una persona la promesa de ser resucitado y de recibir un cuerpo nuevo? La obra del creyente no será en vano, es decir, no es falta de fundamento o razón, ni falta de recompensa. El creyente que…

- es firme,
- es constante,
- está siempre creciendo y trabajando en la obra del Señor,
- será recompensado: Será resucitado y recibirá un cuerpo nuevo.

"Como el Padre me ha amado, así también yo os he amado; permaneced en mi amor" (Jn. 15:9).

"No nos cansemos, pues, de hacer bien; porque a su tiempo segaremos, si no desmayamos" (Gá. 6:9).

"Pero tú sé sobrio en todo, soporta las aflicciones, haz obra de evangelista, cumple tu ministerio" (2 Ti. 4:5).

"Por tanto, nosotros también, teniendo en derredor nuestro tan grande nube de testigos, despojémonos de todo peso y del pecado que nos asedia, y corramos con paciencia la carrera que tenemos por delante" (He. 12:1).

"Por tanto, ceñid los lomos de vuestro entendimiento, sed sobrios, y esperad por completo en la gracia que se os traerá cuando Jesucristo sea manifestado" (1 P. 1:13).

"He aquí, yo vengo pronto; retén lo que tienes, para que ninguno tome tu corona" (Ap. 3:11).

"No obstante, proseguirá el justo su camino, y el limpio de manos aumentará la fuerza" (Job. 17:9).

	CAPÍTULO 16	ponga aparte algo, según haya prosperado, guardándolo, para que cuando yo llegue no se recojan entonces ofrendas.	a. Cuándo: El primer día
	IX. LOS PENSAMIENTOS FINALES, 16:1-24		b. Quién: Cada uno de ustedes
			c. Cómo: "Guardándolo"
	A. Algunas instrucciones acerca de las ofrendas, 16:1-4		d. Por qué: Dios ha prosperado
		3 Y cuando haya llegado, a quienes hubiereis designado por carta, a éstos enviaré para que lleven vuestro donativo a Jerusalén.	e. Cuándo: Servicios habituales
1 Primero, las instrucciones son para todas las iglesias	1 En cuanto a la ofrenda para los santos, haced vosotros también de la manera que ordené en las iglesias de Galacia.		f. Dar, pero seleccionar cuidadosamente quiénes manejen la ofrenda
2 Segundo, las instrucciones	2 Cada primer día de la semana cada uno de vosotros	4 Y si fuere propio que yo también vaya, irán conmigo.	

DIVISIÓN IX

IX. LOS PENSAMIENTOS FINALES, 16:1-24

A. Algunas instrucciones acerca de las ofrendas, 16:1-4

(16:1-4) *Introducción:* Este pasaje explica algunas instrucciones sabias sobre las ofrendas y colectas en la iglesia. Con gran frecuencia se han ignorado las instrucciones; y el resultado ha sido escándalo, rumor, y destrucción de la causa de Cristo. (Vea el índice y las notas — Hch. 20:4-6; 2 Co. 8:16-24 para un mayor análisis.)

1. Primero, las instrucciones son para todas las iglesias (v. 1).
2. Segundo, las instrucciones (vv. 2-4).

1 (16:1) *Administración:* Primero, las instrucciones sobre la dádiva son para todas las iglesias. Observe que Pablo les había dado las mismas instrucciones a las varias iglesias de Galacia. Lo que Pablo enseñaba aquí, al parecer lo enseñaba en todas partes. Este parece ser el orden establecido en el que se deben manejar las ofrendas y las colectas en las iglesias.

> "*haced vosotros* también de la manera que ordené en las iglesias de Galacia".

A la colecta que se hace referencia era una ofrenda especial que se hacía para los creyentes pobres de Jerusalén (cp. Ro. 15:26; 1 Co. 16:1, 3; 2 Co. 8:1s; 9:1s; Hch. 24:17). Por alguna razón los creyentes de Jerusalén tenían una pobreza muy grande. Algunos comentaristas han especulado que el sufrimiento se debía:

- A las persecuciones severas de los judíos (cp. 1 Ts. 2:14-16).
- Al fracaso de la propiedad común que practicaba la iglesia primitiva, esperando el regreso inmediato del Señor (cp. Hch. 4:32-37).

Ya habían pasado cerca de treinta años desde que la iglesia primitiva había comenzado a practicar la propiedad común de los bienes. Algunos opinan que el sistema había fracasado y había provocado una pobreza generalizada entre los creyentes de Jerusalén.

Cualquiera que haya sido la causa inmediata de la pobreza, los creyentes de Jerusalén se encontraban en una necesidad apremiante. Su necesidad era tan apremiante que se necesitaba una ofrenda mundial de todas las iglesias cristianas para suplir la crisis.

Pensamiento 1. La enseñanza es evidente. La iglesia debe suplir las necesidades apremiantes de los hombres: Las necesidades de los pobres, los hambrientos, los enfermos, los desamparados, los perdidos, y las multitudes de personas que tienen poco, si es que tienen, en este mundo incluso salud y esperanza. Los creyentes deben dar, y dar expiatoriamente. Los creyentes deben hacer todo cuanto puedan. Las instrucciones de este pasaje están dirigidas a todas las iglesias del mundo.

> "Al que te pida, dale; y al que quiera tomar de ti prestado, no se lo rehúses" (Mt. 5:42).
>
> "Y respondiendo, les dijo: El que tiene dos túnicas, dé al que no tiene; y el que tiene qué comer, haga lo mismo" (Lc. 3:11).
>
> "Vended lo que poseéis, y dad limosna; haceos bolsas que no se envejezcan, tesoro en los cielos que no se agote, donde ladrón no llega, ni polilla destruye" (Lc. 12:33).
>
> "En todo os he enseñado que, trabajando así, se debe ayudar a los necesitados, y recordar las palabras del Señor Jesús, que dijo: Más bienaventurado es dar que recibir" (Hch. 20:35).
>
> "compartiendo para las necesidades de los santos; practicando la hospitalidad" (Ro. 12:13).
>
> "Así que, según tengamos oportunidad, hagamos bien a todos, y mayormente a los de la familia de la fe" (Gá. 6:10).

2 (16:2-4) *Administración — Ofrendas:* Segundo, las instrucciones. Note seis elementos significativos:

1. ¿Cuándo se debe recibir la ofrenda? "Cada primer día de la semana", que es el domingo. Según el calendario

judío, el primer día de la semana era el domingo. Desde luego, los judíos adoraban el sábado, pero los creyentes de la iglesia primitiva comenzaron a adorar el primer día de la semana. Su razón primaria para cambiar el día de adoración era conmemorar la resurrección del Señor. De hecho, hasta comenzaron a llamar el primer día de la semana *El día del Señor* (cp. Jn. 20:19; Hch. 20:7; Ap. 1:10).

Nota: Los creyentes no debían hacer solamente ofrendas ocasionales, debían dar sistemáticamente, todos los días del Señor: "Cada *primer* día de *la semana*".

"Cada primer día de la semana cada uno de vosotros ponga aparte algo, según haya prosperado, guardándolo, para que cuando yo llegue no se recojan entonces ofrendas" (1 Co. 16:2).

2.   ¿Quién debe dar? "Cada uno de vosotros". La instrucción se da claramente. ¿Pero por qué Dios querría que el pobre diera al igual que el de la clase media y el rico? Pablo lidia con esta misma ofrenda en otro pasaje y proporciona dos razones fuertes de por qué todos deben participar en la satisfacción de las necesidades del mundo (2 Co. 9:12-14).

    a.   Dar motiva a las personas a alabar a Dios. Alabar a Dios…
       • *excita* y motiva a las personas
       • agrada a Dios
    b.   Dar edifica una comunión fuerte entre los creyentes (2 Co. 9:14).

"Pero esto digo: El que siembra escasamente, también segará escasamente; y el que siembra generosamente, generosamente también segará" (2 Co. 9:6).

"Porque la ministración de este servicio no solamente suple lo que a los santos falta, sino que también abunda en muchas acciones de gracias a Dios; pues por la experiencia de esta ministración glorifican a Dios por la obediencia que profesáis al evangelio de Cristo, y por la liberalidad de vuestra contribución para ellos y para todos; asimismo en la oración de ellos por vosotros, a quienes aman a causa de la superabundante gracia de Dios en vosotros" (2 Co. 9:12-14).

"Y de hacer bien y de la ayuda mutua no os olvidéis; porque de tales sacrificios se agrada Dios" (He. 13:16; cp. Pr. 11:25; 22:9; Is. 58:10; Lc. 6:38).

3.   ¿Cómo se debe hacer la ofrenda? "Guardándolo", es decir, apartando nuestra ofrenda. Esto no podría significar que una persona tener guardar su ofrenda "guardada" o apartada por largos períodos de tiempo antes de darla. Pablo dice categóricamente que se le debe dar a la iglesia cada semana *de modo que no haya necesidad de una ofrenda especial* cuando él venga a la iglesia. Por consiguiente, "guardándolo" debe significar:
    • Poner la ofrenda en el *almacén*, es decir, el tesoro de la iglesia.
    • Apartar dinero en la casa durante la semana de modo que la persona no gaste la ofrenda.

Pensamiento 1. Nunca se podrá exagerar en el énfasis de la importancia de este punto. ¿Con qué frecuencia los creyentes gastan el dinero del Señor sencillamente porque no pudieron apartarlo?

"Honra a Jehová con tus bienes, y con las primicias de todos tus frutos" (Pr. 3:9).

"Traed todos los diezmos al alfolí y haya alimento en mi casa; y probadme ahora en esto, dice Jehová de los ejércitos, si no os abriré las ventanas de los cielos, y derramaré sobre vosotros bendición hasta que sobreabunde" (Mal. 3:10).

4.   ¿Por qué los creyentes deben dar? Porque Dios los ha prosperado. Dios cuida de su pueblo; Él los bendice. El Señor Jesús enseñó claramente que a su pueblo se le darían las cosas indispensables para la vida. Por consiguiente, Dios espera que los creyentes den según Él los haya prosperado. Note el principio detenidamente: Un creyente debe dar sobre la base de su prosperidad. Esto definitivamente quiere decir que el rico debe dar con generosidad, con mucha generosidad. (Vea el índice y las notas — Mt. 19:16-22; 19:23-26; 19:27-30 para un mayor análisis.)

"Entonces los discípulos, cada uno conforme a lo que tenía, determinaron enviar socorro a los hermanos que habitaban en Judea" (Hch. 11:29).

"Porque si primero hay la voluntad dispuesta, será acepta según lo que uno tiene, no según lo que no tiene" (2 Co. 8:12).

"Cada uno dé como propuso en su corazón: no con tristeza, ni por necesidad, porque Dios ama al dador alegre" (2 Co. 9:7).

"A los ricos de este siglo manda que no sean altivos, ni pongan la esperanza en las riquezas, las cuales son inciertas, sino en el Dios vivo, que nos da todas las cosas en abundancia para que las disfrutemos. Que hagan bien, que sean ricos en buenas obras, dadivosos, generosos; atesorando para sí buen fundamento para lo por venir, que echen mano de la vida eterna" (1 Ti. 6:17-19).

"cada uno con la ofrenda de su mano, conforme a la bendición que Jehová tu Dios te hubiere dado" (Dt. 16:17).

5.   ¿Dónde deben dar las ofrendas los creyentes? En los cultos habituales de su iglesia. Pablo se explica muy bien: No debe haber necesidad de una ofrenda especial cuando él regrese a la iglesia. La ofrenda se debe recoger semanalmente cada vez que se reúnan para la adoración.

"Cada primer día de la semana cada uno de vosotros ponga aparte algo, según haya prosperado, guardándolo, para que cuando yo llegue no se recojan entonces ofrendas" (1 Co. 16:2).

"Traed todos los diezmos al alfolí y haya alimento en mi casa; y probadme ahora en esto, dice Jehová de los ejércitos, si no os abriré las ventanas de los cielos, y derramaré sobre vosotros bendición hasta que sobreabunde" (Mal. 3:10).

6.   Para recibir la ofrenda había que manejar cuidadosamente una función administrativa. Los hombres que debían manejar la ofrenda debían seleccionarse cuidadosamente. Note que debían ser hombres de reputación:
    => Hombres a quienes la iglesia pudiera "designar" y en quienes pudiera confiar para manejar el dinero.
    => Hombres a quien Pablo pudiera recomendar por me-

dio de cartas de recomendación. Él tendría que escribir las cartas a nombre de ellos para la iglesia de Jerusalén.

Observe también que el propio Pablo no tocaría el dinero. De ese modo se mantendría siempre exento de reproches. El versículo cuatro hace énfasis verdaderamente en el objetivo: Si su agenda le permite hacer el viaje a Jerusalén, aún así los hombres les entregarían el dinero personalmente a los creyentes de Jerusalén.

Pensamiento 1. Esta es una enseñanza a la que es necesario que todos los predicadores presten atención, ya sean pastores, evangelistas, o maestros.

1 Preocupación 1: Ayudar y nutrir a todos a. "Pasar por" Macedonia b. "Pasar el invierno" en Corinto	B. Algunas preocupaciones personales de Pablo, 16:5-24 5 Iré a vosotros, cuando haya pasado por Macedonia, pues por Macedonia tengo que pasar.	14 Todas vuestras cosas sean hechas con amor. 15 Hermanos, ya sabéis que la familia de Estéfanas es las primicias de Acaya, y que ellos se han dedicado al servicio de los santos.	5 Preocupación 5: Los magníficos ejemplos de Pablo a. La familia de Estéfanas 1) Los primeros creyentes
	6 Y podrá ser que me quede con vosotros, o aun pase el invierno, para que vosotros me encaminéis a donde haya de ir.	16 Os ruego que os sujetéis a personas como ellos, y a todos los que ayudan y trabajan.	2) Dedicados al ministerio 3) Sujetarse a ministros como ellos 4) Sujetarse a todos los que ayudan y trabajan
	7 Porque no quiero veros ahora de paso, pues espero estar con vosotros algún tiempo, si el Señor lo permite.		
c. "Estar" en Éfeso	8 Pero estaré en Efeso hasta Pentecostés;	17 Me regocijo con la venida de Estéfanas, de Fortunato y de Acaico, pues ellos han suplido vuestra ausencia.	b. Fortunato y Acaico 1) Mensajeros de la iglesia
	9 porque se me ha abierto puerta grande y eficaz, y muchos son los adversarios.	18 Porque confortaron mi espíritu y el vuestro; reconoced, pues, a tales personas.	2) Confortaron personalmente el espíritu de Pablo 3) Reconocerlos
2 Preocupación 2: El bienestar de un discípulo (de Timoteo) a. Recibirlo b. Apoyarlo, compárese 6-7	10 Y si llega Timoteo, mirad que esté con vosotros con tranquilidad, porque él hace la obra del Señor así como yo.	19 Las iglesias de Asia os saludan. Aquila y Priscila, con la iglesia que está en su casa, os saludan mucho en el Señor.	6 Preocupación 6: Hacer énfasis en el amor y no en la división a. En las salutaciones finales
	11 Por tanto, nadie le tenga en poco, sino encaminadle en paz, para que venga a mí, porque le espero con los hermanos.	20 Os saludan todos los hermanos. Saludaos los unos a los otros con ósculo santo.	
3 Preocupación 3: Un hermano que hace la voluntad del Señor (Apolos)	12 Acerca del hermano Apolos, mucho le rogué que fuese a vosotros con los hermanos, mas de ninguna manera tuvo voluntad de ir por ahora; pero irá cuando tenga oportunidad.	21 Yo, Pablo, os escribo esta salutación de mi propia mano. 22 El que no amare al Señor Jesucristo, sea anatema. El Señor viene. 23 La gracia del Señor Jesucristo esté con vosotros.	b. La importancia aterradora del amor por Cristo
4 Preocupación 4: Exhortar a los creyentes inmaduros	13 Velad, estad firmes en la fe; portaos varonilmente, y esforzaos.	24 Mi amor en Cristo Jesús esté con todos vosotros. Amén.	c. El amor de Pablo por todos

DIVISIÓN IX

LOS PENSAMIENTOS FINALES, 16:1-24

B. Algunas preocupaciones personales de Pablo, 16:5-24

(16:5-24) *Introducción:* El corazón de Pablo ardía con pasión por salvar, hacer crecer, y ayudar a las personas por Cristo. Esto era tan cierto que en su dedicatoria final a una iglesia se ven claramente su pasión y preocupación por ayudar.

1. Preocupación 1: Ayudar y nutrir a todos (vv. 5-9).
2. Preocupación 2: El bienestar de un discípulo (de Timoteo) (vv. 10-11).
3. Preocupación 3: Un hermano que hace la voluntad del Señor (Apolos) (v. 12).
4. Preocupación 4: Exhortar a los creyentes inmaduros (vv. 13-14).
5. Preocupación 5: Los magníficos ejemplos de Pablo (vv. 15-18).
6. Preocupación 6: Hacer énfasis en el amor y no en la división (vv. 19-24).

[1] (16:5-9) *Pablo, ministerio:* La primera preocupación de Pablo era ayudar y alimentar a todo el que pudiera. Note las

ideas del subíndice, y se verán claramente las intenciones de Pablo.

1.   Pablo tenía planes de "pasar por" Macedonia, es decir, realizar visitas rápidas a las iglesias de Macedonia.

Pensamiento 1. Siempre hay necesidad de mantenerse en contacto con el pueblo de Dios, fortaleciéndolos y edificándolos. Estas eran constantemente las intenciones de Pablo.

> "Por tanto, velad, acordándoos que por tres años, de noche y de día, no he cesado de amonestar con lágrimas a cada uno" (Hch. 20:31).
>
> "y además de otras cosas, lo que sobre mí se agolpa cada día, la preocupación por todas las iglesias" (2 Co. 11:28).
>
> "orando de noche y de día con gran insistencia, para que veamos vuestro rostro, y completemos lo que falte a vuestra fe?" (1 Ts. 3:10).

2.   Pablo quería pasar el invierno con la iglesia de Corinto. Note la práctica y la expectativa de Pablo de que las iglesias apoyaran el ministerio de los predicadores (cp. el v. 11).

3.   Sin embargo, Pablo tenía que permanecer en Éfeso hasta Pentecostés. Observe las dos razones para quedarse en Éfeso:

=> La oportunidad de salvar e instruir a las personas era grande: Había una "puerta grande" abierta para Pablo.

> "porque se me ha abierto puerta grande y eficaz, y muchos son los adversarios" (1 Co. 16:9).
>
> "Cuando llegué a Troas para predicar el evangelio de Cristo, aunque se me abrió puerta en el Señor" (2 Co. 2:12).
>
> "Yo conozco tus obras; he aquí, he puesto delante de ti una puerta abierta, la cual nadie puede cerrar; porque aunque tienes poca fuerza, has guardado mi palabra, y no has negado mi nombre" (Ap. 3:8).

=> Los adversarios del evangelio eran muchos (cp. Hch. 19 para una ilustración de los adversarios). Por consiguiente, la iglesia joven necesitaba su ayuda para atravesar la prueba de la oposición.

> "Y seréis aborrecidos de todos por causa de mi nombre; mas el que persevere hasta el fin, éste será salvo" (Mt. 10:22).
>
> "Y también todos los que quieren vivir piadosamente en Cristo Jesús padecerán persecución" (2 Ti. 3:12).

Nota: Pablo podía llevar a cabo sus planes (Hch. 20:2-3).

2 (16:10-11) *Pablo, ministerio:* La segunda preocupación de Pablo era por el bienestar de un discípulo, el bienestar de Timoteo. El plan de Pablo para Timoteo era que visitara Corinto (1 Co. 4:17), y el libro de los Hechos nos cuenta que él ciertamente visitó Corinto justo después de esto. Timoteo era el discípulo mismo de Pablo. Él era joven; por lo tanto, aún le faltaba mucho por crecer y necesitaba mucho aliento (cp. 2 Ti. 1:6s). Pablo temía que la iglesia de Corinto podía vacilar un tanto en aceptarlo. Note cuatro lecciones poderosas:

1.   La frase "tener en poco" es una frase fuerte que significa tratar como a nada, como si no valiera, como a un don nadie. Quiere decir tratar con desdén; menospreciar. El uso de esta frase demuestra la gran preocupación que Pablo tenía por el bienestar de este discípulo.

2.   Las iglesias deben ser muy receptivas hacia los miembros jóvenes.

3.   A pesar de su juventud, Timoteo era un ministro que hacía la obra del Señor al igual que Pablo (v. 10).

4.   Las iglesias deben apoyar a los ministros jóvenes en su servicio al Señor (v. 11).

> "Entonces dijo a sus discípulos: A la verdad la mies es mucha, mas los obreros pocos. Rogad, pues, al Señor de la mies, que envíe obreros a su mies" (Mt. 9:37, 38).

3 (16:12) *Pablo, ministerio:* La tercera preocupación de Pablo era asegurarse de que un hermano hiciera la voluntad del Señor. Como dice el versículo, el hermano era Apolos. Recuerden que la división dentro de la iglesia era causada en parte por aquellos que favorecían más la predicación de Apolos que la de Pablo. La rivalidad entre Pablo y Apolos existía solamente en la mente y las acciones de cada uno de los corintios. No existía tal rivalidad en lo que a Pablo y a Apolos les concernía. Eran "hermanos" y consiervos del Señor Jesucristo. Cada uno estaba dotado y era llamado según el Señor quiso. Nota: Consultaron uno con otro acerca de la posibilidad de que Apolos hiciera un viaje a Corinto.

4 (16:13-14) *Pablo, ministerio:* La cuarta preocupación de Pablo era exhortar a los creyentes inmaduros. Hay cinco órdenes en esta exhortación, y las cinco se encuentran en el tiempo presente; es decir, esta es la manera en que los creyentes deben vivir. Estas cosas se deben hacer continuamente:

1.   "Velad" (gregoreite): Estar despiertos, alertas, y constantemente en guardia. Nunca estar con los ojos cerrados ni aletargados, nunca bajar la guardia.

> "Velad y orad, para que no entréis en tentación; el espíritu a la verdad está dispuesto, pero la carne es débil" (Mt. 26:41).
>
> "Así que, el que piensa estar firme, mire que no caiga" (1 Co. 10:12).
>
> "Perseverad en la oración, velando en ella con acción de gracias" (Col. 4:2).
>
> "Porque todos vosotros sois hijos de luz e hijos del día; no somos de la noche ni de las tinieblas. Por tanto, no durmamos como los demás, sino velemos y seamos sobrios" (1 Ts. 5:5, 6).

2.   "Estad firmes en la fe": No escuchar ni prestar atención a falsos maestros ni a las falsas doctrinas. No cuestionar la palabra ni la verdad de Cristo. Hacerle frente a aquellos que abusan y no manejan bien la Palabra de Dios.

> "Así que, hermanos míos amados, estad firmes y constantes, creciendo en la obra del Señor siempre, sabiendo que vuestro trabajo en el Señor no es en vano" (1 Co. 15:58).
>
> "Por lo cual, teniendo nosotros este ministerio según la misericordia que hemos recibido, no desmayamos. Antes bien renunciamos a lo oculto y vergonzoso,

no andando con astucia, ni adulterando la palabra de Dios, sino por la manifestación de la verdad recomendándonos a toda conciencia humana delante de Dios" (2 Co. 4:1, 2).

"Solamente que os comportéis como es digno del evangelio de Cristo, para que o sea que vaya a veros, o que esté ausente, oiga de vosotros que estáis firmes en un mismo espíritu, combatiendo unánimes por la fe del evangelio" (Fil. 1:27).

"Sed sobrios, y velad; porque vuestro adversario el diablo, como león rugiente, anda alrededor buscando a quien devorar" (1 P. 5:8).

"Así que vosotros, oh amados, sabiéndolo de antemano, guardaos, no sea que arrastrados por el error de los inicuos, caigáis de vuestra firmeza" (2 P. 3:17).

"He aquí, yo vengo pronto; retén lo que tienes, para que ninguno tome tu corona" (Ap. 3:11).

3. "Portaos varonilmente" quiere decir ser valientes como hombres reales o dejar de vivir como hombres inmaduros. Quiere decir vivir como hombres valientes de Dios.

"Por lo cual, salid de en medio de ellos, y apartaos, dice el Señor, y no toquéis lo inmundo; y yo os recibiré, y seré para vosotros por Padre, y vosotros me seréis hijos e hijas, dice el Señor Todopoderoso" (2 Co. 6:17, 18).

"No améis al mundo, ni las cosas que están en el mundo. Si alguno ama al mundo, el amor del Padre no está en él. Porque todo lo que hay en el mundo, los deseos de la carne, los deseos de los ojos, y la vanagloria de la vida, no proviene del Padre, sino del mundo" (1 Jn. 2:15, 16).

"Yo sigo el camino de todos en la tierra; esfuérzate, y sé hombre" (1 R. 2:2).

"Cíñete ahora como varón tus lomos; yo te preguntaré, y tú me responderás" (Job. 40:7).

"Acordaos de esto, y tened vergüenza; volved en vosotros, prevaricadores" (Is. 46:8).

"Y busqué entre ellos hombre que hiciese vallado y que se pusiese en la brecha delante de mí, a favor de la tierra, para que yo no la destruyese; y no lo hallé" (Ez. 22:30).

4. "Esforzaos": Crecer en verdad, ser hombres de fuerza real, hacerle frente al mundo y a sus incentivos.

"Por lo demás, hermanos míos, fortaleceos en el Señor, y en el poder de su fuerza" (Ef. 6:10).

"Tú, pues, hijo mío, esfuérzate en la gracia que es en Cristo Jesús" (2 Ti. 2:1).

5. Hacerlo todo con amor: La palabra "con" debe traducirse como "en". El creyente debe vivir "en" amor y hacer todas las cosas "en" amor. Recuerden el capítulo del amor, 1 Corintios 13. L solución más grande a la división y a otros problemas dentro de la iglesia era el amor. El amor debe predominar en el corazón y la conducta de cada uno de los creyentes y de su iglesia.

"Porque vosotros, hermanos, a libertad fuisteis llamados; solamente que no uséis la libertad como ocasión para la carne, sino servíos por amor los unos a los otros" (Gá. 5:13).

"Y ante todo, tened entre vosotros ferviente amor; porque el amor cubrirá multitud de pecados" (1 P. 4:8).

"El que ama a su hermano, permanece en la luz, y en él no hay tropiezo" (1 Jn. 2:10).

"Y nosotros tenemos este mandamiento de él: El que ama a Dios, ame también a su hermano" (1 Jn. 4:21).

5 (16:15-18) **Pablo, ministerio:** La quinta preocupación de Pablo era exponer magníficos ejemplos para que la iglesia los siguiera.

1. Estaba el ejemplo de Estéfanas y su familia. Note lo que se dice acerca de este siervo laico y su familia.

=> Eran los primeros conversos de Acaya, la cual era la provincia grande de la que Corinto formaba parte. Imagínese la valentía que se necesitaba para ser el primero en dar el paso al frente por Cristo, fundamentalmente en una sociedad que se había convertido en una letrina de inmoralidad, injusticia, y mundanalidad.

=> No solo les ministraban a otros, estaban dedicados a satisfacer las necesidades de los creyentes. La palabra "dedicado" (etaxan) significa ser devoto, se entregaban con diligencia a suplir las necesidades diarias de los creyentes.

Pablo dice que se debe seguir un ejemplo dinámico como ese. De hecho, debe seguirse a cualquier persona que sea tan devota al ministerio del Señor.

Pensamiento 1. Aquellos que dedican su vida a servir al Señor y son fieles en su ministerio se les debe tener en alta estima y se les debe seguir como a líderes.

"Os ruego que os sujetéis a personas como ellos, y a todos los que ayudan y trabajan" (1 Co. 16:16).

"Obedeced a vuestros pastores, y sujetaos a ellos; porque ellos velan por vuestras almas, como quienes han de dar cuenta; para que lo hagan con alegría, y no quejándose, porque esto no os es provechoso" (He. 13:17).

2. Estaba el ejemplo de Estéfanas, Fortunato, y Acaico. Ahora se mencionan dos hombres con Estéfanas. Estos tres hombres eran los mensajeros enviados a Pablo por la iglesia de Corinto. Pablo dice tres cosas sencillas sobre ellos:

=> Ellos habían sido fieles en el deber para el que los había designado la iglesia, y en realidad habían hecho mucho más, había dado mucho más de sí.

=> Ellos habían confortado su Espíritu tal como confortarían el espíritu de los corintios siendo fiel a su mandato.

=> Sirven como magníficos ejemplos de cómo deben ser los creyentes. Se les debe hacer un reconocimiento a creyentes tan fieles.

6 (16:19-24) **Pablo, ministerio:** La sexta preocupación de Pablo era hacer énfasis en el amor y no en la división. Estos versículos son la dedicatoria final de la primera epístola de Pablo a la iglesia de Corinto. Note cómo él hace énfasis en su amor y hermandad.

1. Estaban las salutaciones finales. Se dan cuatro salu-

taciones y cada una hace énfasis en el lazo de amor y la unidad que hay en Cristo.

     a. Estaban las salutaciones de todas las iglesias de Asia. Los creyentes corintios no eran la *única* iglesia del globo: No era superior, no era mejor, no era súper espiritual. La iglesia formaba parte de un todo, una unidad entre muchas, y ahora los otros enviaban sus saludos. Ellos todos eran seguidores del Señor Jesús, y ellos pertenecían al cuerpo del Señor de la misma manera que la iglesia de Corinto.

     b. Estaban las salutaciones de Aquila y Priscila, dos ex líderes de la iglesia de Corinto (Vea la Introducción, Características especiales, la iglesia de Corinto).

     c. Estaban las salutaciones de todos los hermanos que estaban con Pablo. Note el énfasis en los "hermanos" y el ósculo santo, un término y acto de unidad y amor fraternal.

     "Así que ya no sois extranjeros ni advenedizos, sino conciudadanos de los santos, y miembros de la familia de Dios" (Ef. 2:19).

     "Porque el que santifica y los que son santificados, de uno son todos; por lo cual no se avergüenza de llamarlos hermanos" (He. 2:11).

     "Por lo demás, hermanos, tened gozo, perfeccionaos, consolaos, sed de un mismo sentir, y vivid en paz; y el Dios de paz y de amor estará con vosotros" (2 Co. 13:11).

     "Finalmente, sed todos de un mismo sentir, compasivos, amándoos fraternalmente, misericordiosos, amigables" (1 P. 3:8).

     "Solamente que os comportéis como es digno del evangelio de Cristo, para que o sea que vaya a veros, o que esté ausente, oiga de vosotros que estáis firmes en un mismo espíritu, combatiendo unánimes por la fe del evangelio" (Fil. 1:27).

     "solícitos en guardar la unidad del Espíritu en el vínculo de la paz" (Ef. 4:3).

     d. Estaban las salutaciones de Pablo. La firma de Pablo era la señal de autenticidad de sus epístolas (Col. 4:18; 2 Ts. 3:17).

2. Estaba la importancia aterradora del amor por Cristo. La palabra "anatema" quiere decir maldito, prohibido, eliminado. Es algo condenado a una total destrucción. Pablo usa la palabra cuatro veces (Ro. 9:3; 1 Co. 12:3; 16:22; Gá. 1:8; cp. Hch. 23:14). La palabra "maranatha" quiere decir ¡el Señor viene! La idea es que cualquier hombre que no ame al Señor Jesucristo será maldecido. Y el Señor viene: Serán maldecidos.

3. Estaba el amor de Pablo por todos. Esto se ve claramente en la bendición de la gracia y la expresión de amor por los creyentes y su iglesia.

     "Mas el fruto del Espíritu es amor, gozo, paz, paciencia, benignidad, bondad, fe" (Gá. 5:22).

     "Y sobre todas estas cosas vestíos de amor, que es el vínculo perfecto" (Col. 3:14).

     "Y nosotros hemos conocido y creído el amor que Dios tiene para con nosotros. Dios es amor; y el que permanece en amor, permanece en Dios, y Dios en él" (1 Jn. 4:16).

ÍNDICE DE BOSQUEJOS Y TEMAS
PRIMERA CORINTIOS

RECUERDE: Cuando busca un tema o una referencia de las Escrituras, usted no solo tendrá el texto bíblico, sino también un bosquejo y una discusión (comentario) del pasaje de la Biblia y del tema.

Este es uno de los grandes valores de *La Biblia de bosquejos y sermones*. Cuando posea todos los tomos, no solo tendrá todo lo que los otros índices bíblicos le ofrecen; es decir, un listado de todos los temas y sus referencias bíblicas, SINO que también tendrá:

- un bosquejo de *cada* texto y tema de la Biblia.
- una discusión (comentario) de cada texto y tema.
- cada tema respaldado por otros textos de la Biblia o referencias cruzadas.

Descubra el gran valor usted mismo. Dé una mirada rápida al primer tema de este índice.

ABNEGACIÓN
Deber.
    Sacrificarlo todo por el bien de otros. 10:23-28
    Sacrificar las reuniones sociales cuestionables por otros. 10:23-28

Busque las referencias. Después los textos bíblicos y el bosquejo de las Escrituras. Luego lea el comentario. De inmediato verá el gran valor de este índice de *La Biblia de bosquejos y sermones*.

Significado 14:3
P. y lenguas.
    Contra lenguas. 14:1-5
    Efecto sobre incrédulos. 14:21-25
    Propósito de las lenguas y la p. 14:21-25
    Lugar de la *p.* en la iglesia. 14:26-40
    El lugar de las lenguas en la iglesia.
    14:26-40
Propósito. 14:1-5, 21-25

PROFESIÓN, FALSA
Disciplina de. Por la iglesia. 5:11
Error, concepción errónea. Algunos aseguran
    conocer a Dios, pero no es así. 5:11
Versículos. Lista de. 5:11

PROVOCADO
Significado. 13:4-7

PURO, PUREZA
De moralidad. *(Vea MORALIDAD)*

QUEJA
Amonestación contra. 10:6-10

QUEJA
Amonestación contra. Consideración del tema.
    10:6-10

RECOMPENSAS
Descrito.
    Juzgar al mundo y ángeles. 6:2-3
    Poseer todas las cosas. 3:21-23
    Gobernar y reinar. 6:2-3
Consideración del tema. Versículos. Lista de.
    3:13-15
Cómo asegurar. Trabajo incondicional. 15:58

RECREACIÓN *(Vea REUNIONES*
SOCIALES)
r. Cuestionable. Consideración del tema. 8:9-11;
    10:14—11:1

REDENCIÓN
Consideración del tema. 6:20
Versículos. Lista de. 6:20

REINO DE DIOS
Clímax, Consumación de. Consideración del
    tema. 15:24-28
Recibir, Heredar. No los miembros de la iglesia,
    aquellos que practican el pecado. 6:9-11

RELACIÓN, RELACIÓN
Hombre y mujer. Consideración del tema. 11:2-
    16

RELIGIÓN
Problemas de. Debe un creyente quedarse en una
    iglesia con *p.* 7:18-19

RESISTIR, RESISTENCIA
Significado. 13:4-7

RESURRECCIÓN
Cuerpo de. Cambio en *c.* necesario. 15:50-58
Negación de.
    Consecuencia. 15:12-19
    Consideración del tema. 15:12-19
Consideración del tema. 13:4-7; 15:1-58; 15:29-
    34; 15:35-49; 15:50-58
    Tipo de cuerpo que los creyentes
    recibirán. 15:35-49; 15:50-58
Efectos de. El cuerpo será cambiado. 15:35-58
Prueba. Consideración del tema. 15:1-58
Preguntas sobre. 15:1-58
Seguridad de.
    Cristo asegura. 15:20-28
    El evangelio exige. 15:1-11
    Versículos. Lista de. 6:13-14

REVELADO, REVELACIÓN
De Cristo. Como vocero, *R.* de Dios. 3:18-20
De Dios. Por Cristo. *R.* verdad de Dios y Palabra
    al hombre. 3:18-20
De la sabiduría de Dios. Consideración del tema.
    2:6-13

REZONGAR
Amonestación contra. 10:6-10

RITUAL
Problema de.
    Los rituales no le importan a Dios. 7:18-
    19
    Debe un creyente quedarse en su iglesia
    antigua después de su conversión.
    7:18-19

ROBAR, ROBO
Significado. 6:10

ROBO, LADRONES
Significado. 6:9-10

RUDO, RUDEZA
Significado. 13:4-7

SABIDURÍA
De Dios.
    Consideración del tema. 2:6-13
    Contra sabiduría del mundo. 1:17-25, 26-
    31; 2:6-13
De los hombres.
    Destruida por Dios y la cruz. Tres mane-
    ras. 1:19-20
    Consideración del tema. 2:6-13; 3:18-20
    Deber. Renunciar. 3:18-20
    Error, Debilidad de. Considera a la cruz
    locura. 1:17-25
    Contra sabiduría de Dios y la cruz. 1:17-
    25
Del mundo. Consideración del tema. 2:6-13

SABIDURÍA, PALABRA DE
Don de. Consideración del tema. 12:8-10

SALVACIÓN, SALVO
Consideración del tema. Etapas de. 1:18
Fuente, Cómo uno es *s.*
    Por la cruz. 1:17-25
    A Quién Dios llama. 1:26-31
Etapas de. Consideración del tema. 1:18
Quién es *s.* Ningún miembro de la iglesia que
    practica pecado. 6:9-11

SANIDAD
Don de *s.* Consideración del tema. 12:8-10

SANTIFICAR, SANTIFICACIÓN
Consideración del tema. 1:2
Deber.
    Cuidarse de las malas conversaciones que
    corrompen. 15:33
    Llevar una vida limpia. 6:11
Significado. 1:2

SANTOS
Consideración del tema. 1:2
Significado. 1:2

SEGURIDAD
Proviene de, Fuente.
    Fidelidad de Dios. 1:9
    Jesucristo. 1:8
Del creyente.
    Peligro de enseñar con un entendimiento
    insuficiente. 10:1-13
    Amonestación contra la falsa seguridad y
    el exceso de confianza. 10:1-13

Propósito. Presentar al creyente impecable. 1:8

SEGURIDAD
Viene de, Fuente.
    Fidelidad de Dios. 1:9
    Jesucristo. 1:8
Propósito. Presentar al creyente impecable. 1:8

SEPARACIÓN
Consideración del tema. 5:9-10; 5:11
    Reuniones sociales. 6:12; 8:1-13; 10:14—
    11:1
    Para qué está diseñado el cuerpo. 6:12-20
Esencial. Regir conducta con amor. 8:1-13
Principios que rigen. Límites de la libertad.
    10:14—11:1
Versículos. Lista de. 5:9-10

SEXO *(Vea ADULTERIO;*
FORNICACIÓN; INMORALIDAD)
Consideración del tema. 6:12-20

SOLTERO
Consideración del tema. 7:8-9; 7:25-40

SOLTEROS, SOLTEROS *(Vea EDAD;*
VIUDAS; SOLTEROS)
Consideración del tema. 7:8-9

SOPORTAR LAS PRUEBAS
Significado. 13:4-7

SUFRIMIENTO, SUFRIMIENTOS
Del ministro. Consideración del tema. 4:9-10;
    4:11-13

SÚPER ESPIRITUALIDAD
Consideración del tema. 1:12; 4:7; 4:8

TEMPLANZA
Consideración del tema. 6:12
Deber.
    Controlarse uno mismo. 9:25
    Pelear con determinación. 9:26
    Cuidarse de la descalificación. 9:27
    Correr, esforzarse por el premio. 9:24
    Correr con certeza. 9:26
    Esforzarse por el dominio. 9:25
    Poner al cuerpo en servidumbre. 9:27
Esencial.
    Para los creyentes. Gran *t.* requerida.
    9:23-27
    Para ministros. Gran *t.* requerida. 9:23-27
Versículos. Lista de. 6:12

TEMPLANZA
Consideración del tema. 6:12
Versículos. Lista de. 6:12

TEMPLO, EL *(Vea IGLESIA)*
Cuidado, Tratamiento. Amonestación a aquellos
    que abusan. 3:16-17; compárese 10-17
Nombres, Títulos.
    Al cuerpo del creyente se le llama el tem-
    plo. 6:19-20
    A la iglesia se le llama el templo. 3:16-17

TEMPLO, ESPIRITUAL
Identificado. Como el cuerpo del creyente. 3:16-
    17; 6:19-20

TENTACIÓN
Vencer, Liberación. Consideración del tema.
    10:13

TESTIMONIO
Deber. Velar las actividades sociales. 10:14-11:1

TIEMPO
Deber. Saber que el *t.* es corto. 7:29-31

SEGUNDA EPÍSTOLA DEL APÓSTOL PABLO A LOS CORINTIOS

SEGUNDA EPÍSTOLA DEL APÓSTOL PABLO A LOS CORINTIOS

INTRODUCCIÓN

AUTOR: Pablo, el apóstol.

El estilo de redacción es el de Pablo, y la descripción de Corinto y de su pueblo, coinciden con la época de Pablo. En el año 96 d.C. Clemente de Roma se refirió a la epístola de los corintios en una carta que él mismo escribió: "Hagan suya la Epístola del santo Pablo, el Apóstol". Con frecuencia Ignacio y Policarpo tomaban citas de la epístola (cerca del 155 d.C.). Aparece listada en el Fragmento Muratorio, y este fragmento consiste en una lista de libros que datan de alrededor de mediados del siglo II.

FECHA: 56-57 d.C.

Hay un indicio de que la epístola se escribió casi inmediatamente después de escuchar del arrepentimiento de la iglesia. (2 Co. 2: 13; 7:2-16). Probablemente la epístola se escribió desde la provincia de Macedonia, con mayor exactitud desde la ciudad de Filipos.

A QUIÉN SE ESCRIBIÓ: "a la iglesia de Dios que está en Corinto, con todos los santos que están en toda Acaya" (2 Co. 1:1).

PROPÓSITO: Pablo escribe por tres razones.

1. Para reivindicar la pureza de su vida y la autoridad de su ministerio.

2. Para acabar con las acusaciones falsas que se hacían contra él con un último golpe, y para solidificar la iglesia con mayor firmeza en el evangelio.

3. Para alentar a la iglesia a terminar el proyecto de su misión especial para con los pobres santos de Jerusalén y de Judea.

CARACTERÍSTICAS ESPECIALES:

1. La ciudad de Corinto (Vea Primera Corintios, Notas introductorias, Características especiales, pto. 1).

2. La iglesia de Corinto (Vea Primera Corintios, Notas introductorias, Características especiales, pto. 2).

3. Segunda Corintios es "La epístola que combate las acusaciones severas contra Pablo". Hubo cierta persona en la iglesia de Corinto que le ocasionó un gran dolor a Pablo. Esta persona evidentemente estuvo frente a frente con Pablo cuando Pablo realizó una visita apresurada y dolorosa a Corinto. Esta persona divisiva calumnió a Pablo y su carácter más de lo que se puede imaginar. La iglesia de Corinto quedó afectada completamente, lo que representa una tragedia (2 Co. 2:5-6), de tal manera que se formaron varias camarillas contra Pablo. Era al propio Pablo a quien se atacaba, tanto a su carácter como a su derecho y autoridad como ministro del evangelio.

Las acusaciones y ataques eran tan severos que Pablo esclareció que su relación con la iglesia debía permanecer en un punto muerto hasta que ellos lidiaran con el ofensor (2 Co. 2:1-4). A partir de un estudio de Segunda Corintios se puede deducir una idea de la severidad de las acusaciones y exactamente cuáles eran (vea las notas, 2 Co. 1:12-22; 3:1). La gravedad de la situación se percibe cuando se tratan de imaginar los planteamientos contra Pablo: "Algunos... nos tienen como si anduviésemos según la carne" (2 Co. 10:2); y "el testimonio de nuestra conciencia, que con sencillez y sinceridad de Dios, no con sabiduría humana... nos hemos conducido en el mundo" (2 Co. 1:12).

Fueron acusaciones como estas las que le hicieron directamente a Pablo cuando visitó Corinto con premura. Esta es la razón por la que los comentaristas denominan esta visita la "visita dolorosa". Las acusaciones y su gravedad y severidad constituían una amenaza al ministerio de Pablo. Por eso Pablo se vio obligado a redactar su "epístola severa" a la iglesia de Corinto (Vea Primera Corintios, Notas introductorias, Características especiales, pto. 3).

A partir de lo expuesto con anterioridad y de un estudio de la epístola se puede percibir la aflicción personal de toda la situación. De hecho, una revisión rápida de pasajes extensos como 2 Co. 1:3-2:17 demostrará claramente la aflicción de Pablo: "Dios... el cual nos consuela en todas nuestras tribulaciones" (2 Co. 1:4); "abundan en nosotros las aflicciones de Cristo" (2 Co. 1:5); "sois compañeros en las aflicciones" (2 Co. 1:7; cp. 2:5-6); "nuestra tribulación que nos sobrevino en Asia...". (2 Co. 1:8-9). Esto ciertamente se refiere a las tribulaciones ocasionadas por la iglesia de Corinto, así como el disturbio de Éfeso registrado en Hechos. "el testimonio de nuestra conciencia, que con sencillez [santidad] y sinceridad de Dios [pureza, pureza moral], no con sabiduría humana... espero que hasta el fin las entenderéis" (2 Co. 1:12-13).

Lo que todo esto demuestra es que Pablo sufrió tanto dolor y aflicción por las acusaciones y tribulaciones de la iglesia casi lo destruyen. Fue casi fatal. En realidad él se enfrentó a la muerte (2 Co. 1:8-10). Añade él, "ningún reposo tuvo nuestro cuerpo, sino que en todo fuimos atribulados; de fuera, conflictos; de dentro, temores" (2 Co. 7:5).

Vea Primera Corintios para una lista completa de estos sucesos (Notas introductorias, Características especiales, pto. 3).

4. Segunda Corintios es "la más personal de las epístolas de Pablo". Abre su vida al conocimiento público. Demuestra que él era humano, tal como los otros hombres; él experimentó gozo y dolor, victorias y reveces.

5. Segunda Corintios es "la epístola del ministro y el ministerio". Una ojeada al Índice general lo demostrará. Un estudio de la epístola alienta el corazón del ministro a resistir y proclamar a Cristo más que nunca.

BOSQUEJO DE SEGUNDA CORINTIOS

I. EL DIOS DE PABLO, 1:1-11
   A. Dios y su pueblo, 1:1-2
   B. Dios y las tribulaciones, 1:3-11

II. LA DEFENSA PERSONAL DE PABLO, 1:12—2:11
   A. Pablo responde a acusaciones contra él mismo: La respuesta de un ministro a sus atacantes, 1:12-22

	CAPÍTULO 1	hermano Timoteo, a la iglesia de Dios que está en Corinto, con todos los santos que están en toda Acaya:	**2** Dios es la fuente de la hermandad entre los creyentes
	I. EL DIOS DE PABLO, 1:1-11		**3** Dios es la fuente de la iglesia y de todos los santos
	A. Dios y su pueblo, 1:1-2		**4** Dios es la fuente de gracia y paz
1 Dios es la fuente del llamado del creyente	1 Pablo, apóstol de Jesucristo por la voluntad de Dios, y el	2 Gracia y paz a vosotros, de Dios nuestro Padre y del Señor Jesucristo.	

DIVISIÓN I

EL DIOS DE PABLO, 1:1-11

A. Dios y su pueblo, 1:1-2

(1:1-2) *Introducción:* Esta es la introducción de La Segunda Epístola de Pablo a los CORINTIOS, pero note un elemento sorprendente. Note cómo se hace énfasis en Dios y en su pueblo. Dios es la *fuente* de todo lo que concierne a su pueblo.

1. Dios es la fuente del llamado del creyente (v. 1).
2. Dios es la fuente de la hermandad entre los creyentes (v. 1).
3. Dios es la fuente de la iglesia y de todos los santos (v. 1).
4. Dios es la fuente de gracia y paz (v. 2).

1 (1:1) *Ministros, Llamado de los:* Dios es la *Fuente* del llamado del creyente. Pablo dice que él es "apóstol… por la *voluntad de Dios*". Con "apóstol" quiere decir que ha sido llamado a ser mensajero, embajador, testigo, maestro, misionero, ministro por Dios. Pablo dice que ha sido llamado por Dios para servir a Dios. Ha sido nombrado por Dios para ser el mensajero de Dios. Ha sido elegido por Dios para obrar para Dios. Dios es la Fuente de su llamado y nombramiento. La obra y empleo de Pablo se deben a Dios. Lo que él hace en la vida, su obra y ministerio, lo hace porque Dios lo escogió para ello. La obra de su vida no se debe a los hombres; ni siquiera se debe a su propia elección. Se debe a Dios y solo a Dios.

Note que lo primero en lo que Pablo hace énfasis es en su apostolado. Algunos de los creyentes corintios estaban cuestionando y negando el llamado de Dios a Pablo (2 Co. 1:21; 3:1, 5-6; 10:10; cp. 1 Co. 9:1-2).

Pensamiento 1. Un creyente no sirve a Dios porque él decida servir a Dios, tampoco porque otros hombres lo elijan para servir a Dios. Una persona no predica y enseña ni ministra y pastorea porque piense que el ministerio sea una buena profesión. Una persona sirve a Dios porque Dios la escoge y la dota para servir. Dios debe ser la fuente del llamado del creyente, no los hombres.

"No me elegisteis vosotros a mí, sino que yo os elegí a vosotros, y os he puesto para que vayáis y llevéis fruto, y vuestro fruto permanezca; para que todo lo que pidiereis al Padre en mi nombre, él os lo dé" (Jn. 15:16).

"Así que, somos embajadores en nombre de Cristo, como si Dios rogase por medio de nosotros; os rogamos en nombre de Cristo: Reconciliaos con Dios" (2 Co. 5:20).

"Pablo, apóstol (no de hombres ni por hombre, sino por Jesucristo y por Dios el Padre que lo resucitó de los muertos)" (Gá. 1:1).

"Mas os hago saber, hermanos, que el evangelio anunciado por mí, no es según hombre; pues yo ni lo recibí ni lo aprendí de hombre alguno, sino por revelación de Jesucristo" (Gá. 1:11, 12).

"El hacer tu voluntad, Dios mío, me ha agradado, y tu ley está en medio de mi corazón" (Sal. 40:8).

"Después oí la voz del Señor, que decía: ¿A quién enviaré, y quién irá por nosotros? Entonces respondí yo: Heme aquí, envíame a mí" (Is. 6:8).

2 (1:1) *Hermandad:* Dios es la Fuente de la hermandad entre los creyentes. Pablo llama a Timoteo "el hermano", lo que significa que él era un hermano en Cristo. Timoteo era un hombre joven que había sido guiado al Señor en una edad muy temprana. Pablo había sentido el llamado de Dios en la vida de Timoteo, de modo que Pablo lo alentó a entregar su vida al ministerio. Timoteo accedió, y sirvió y ministró con Pablo por todo el mundo romano (vea el *Estudio a fondo 1, Timoteo,* Hch. 16:1-3 para un mayor análisis). Note que Timoteo se encuentra con Pablo en el distrito de Macedonia (probablemente en la ciudad de Filipos) mientras Pablo está escribiéndoles esta epístola a los corintios. Al parecer Timoteo acaba de regresar del viaje misionero que Pablo había mencionado en su primera epístola a los corintios. Pablo había dicho que Timoteo estaba en un viaje misionero cerca de Corinto (1 Co. 4:17), pero él también dijo que había una posibilidad de que Timoteo no pudiera extender su viaje misionero hasta Corinto (1 Co. 16:10). No sabemos si Timoteo llegó a Corinto o no.

Sucede lo siguiente: El mensajero de Dios, no importa cuán grande sea su llamado o ministerio, no es mejor ni superior a otros creyentes. Nada más piensen en Pablo, quién era y qué ministerio tan grande tenía. Se debía respetar su llamado y ministerio, pero su gran llamado y ministerio no lo convertían en una persona superior. Él le sirvió a Dios no porque él fuera una persona mejor, sino porque Dios tenía una obra que hacer y por su soberana misericordia Dios llamó a Pablo para que lo hiciera.

Pensamiento 1. El mensajero de Dios no es superior a *otros siervos*; él es un *hermano* para todos los otros siervos. Sin tener en cuenta su llamado y su ministerio, él es uno más entre todos los hermanos que sirven *bajo la voluntad de Dios*.

> "Digo, pues, por la gracia que me es dada, a cada cual que está entre vosotros, que no tenga más alto concepto de sí que el que debe tener, sino que piense de sí con cordura, conforme a la medida de fe que Dios repartió a cada uno" (Ro. 12:3).

> "Nada hagáis por contienda o por vanagloria; antes bien con humildad, estimando cada uno a los demás como superiores a él mismo; no mirando cada uno por lo suyo propio, sino cada cual también por lo de los otros" (Fil. 2:3, 4).

3 (1:1) ***Iglesia:*** Dios es la fuente de la iglesia y de todos los santos o creyentes (vea la nota, *Iglesia* — 1 Co. 1:2-3; el *Estudio a fondo 1, 2* — 1:2 para un análisis).

Note que Pablo no le está escribiendo solamente a la iglesia de Corinto, sino a todas las otras iglesias de Acaya. Él sabia que escribirles ayudaría a todas las iglesias, por ende él quería que la carta circulara entre todas ellas.

4 (1:2) ***Gracia — Paz:*** Dios es la Fuente de gracia y paz (vea la nota, pto. 4 — 1 Co. 1:2-3; vea el *Estudio a fondo 1, Gracia* — 1 Co. 1:4 para un análisis).

	B. Dios y las tribulaciones, 1:3-11		
1 Dios es el Padre de misericordias y el Dios de toda consolación	3 Bendito sea el Dios y Padre de nuestro Señor Jesucristo, Padre de misericordias y Dios de toda consolación,	sabemos que así como sois compañeros en las aflicciones, también lo sois en la consolación.	**5 Dios usa la tribulación para enseñar confianza**
2 Dios consuela al atribulado para que pueda ser un testimonio para otros atribulados	4 el cual nos consuela en todas nuestras tribulaciones, para que podamos también nosotros consolar a los que están en cualquier tribulación, por medio de la consolación con que nosotros somos consolados por Dios.	8 Porque hermanos, no queremos que ignoréis acerca de nuestra tribulación que nos sobrevino en Asia; pues fuimos abrumados sobremanera más allá de nuestras fuerzas, de tal modo que aun perdimos la esperanza de conservar la vida.	a. Dios permite gran tribulación[EFI]
3 Dios proporciona el consuelo para que iguale las tribulaciones	5 Porque de la manera que abundan en nosotros las aflicciones de Cristo, así abunda también por el mismo Cristo nuestra consolación.	9 Pero tuvimos en nosotros mismos sentencia de muerte, para que no confiásemos en nosotros mismos, sino en Dios que resucita a los muertos;	b. Para enseñar confianza en Dios, no en uno mismo

4 Dios usa la tribulación para estimular a otros creyentes
  a. Al aliento
  b. A la salvación
  c. A resistir pacientemente
  d. A ser compañeros
	6 Pero si somos atribulados, es para vuestra consolación y salvación; o si somos consolados, es para vuestra consolación y salvación, la cual se opera en el sufrir las mismas aflicciones que nosotros también padecemos.
	7 Y nuestra esperanza respecto de vosotros es firme, pues
		10 el cual nos libró, y nos libra, y en quien esperamos que aún nos librará, de tan gran muerte;
		11 cooperando también vosotros a favor nuestro con la oración, para que por muchas personas sean dadas gracias a favor nuestro por el don concedido a nosotros por medio de muchos.
			c. Para enseñar una confianza diaria en la liberación
			
			6 Dios usa la tribulación para enseñar la oración y la acción de gracias

DIVISIÓN I

EL DIOS DE PABLO, 1:1-11

B. Dios y las tribulaciones, 1:3-11

(1:3-11) *Introducción:* La tribulación siempre ha presupuesto un problema para el hombre. Puede ser una enfermedad, un accidente, una prueba, una tentación, un maltrato, la muerte, no importa cuál sea la tribulación, toda persona atribulada se pregunta: "¿Por qué yo? ¿Por qué tengo que sufrir esta aflicción?" La tribulación es el gran análisis de este pasaje: "Dios y las tribulaciones".

1. Dios es el Padre de misericordias y el Dios de toda consolación (v. 3).
2. Dios consuela al atribulado, para que pueda ser un testimonio para otros atribulados (v. 4).
3. Dios proporciona el consuelo para que iguale las tribulaciones (v. 5).
4. Dios usa la tribulación para estimular a otros creyentes (vv. 6-7).
5. Dios usa la tribulación para enseñar confianza (vv. 8-10).
6. Dios usa la tribulación para enseñar la oración y la acción de gracias (v. 11).

1 (1:3) *Tribulación — Misericordia — Consolación — Dios, naturaleza:* Dios es el Padre de misericordias y el Dios de toda consolación.

1. La palabra "misericordias" (oiktirmon) quiere decir compasión, piedad, y clemencia. Quiere decir mirar a las personas necesitadas y tener compasión y misericordia de ellas.

=> Note que Dios no es el Dios de misericordias, sino el *Padre* de misericordias. su naturaleza y conducta hacia nosotros es la de un Padre, no la de un Dios. Él es nuestro Padre, un Padre que es misericordioso y compasivo, y que derrama sus misericordias y compasiones sobre nosotros.

=> Note que la palabra *misericordias* es plural. Dios no muestra misericordia solo una vez, no aquí y allá. Dios derrama sus misericordias sobre nosotros constantemente (cp. Ro. 12:1; Fil. 2:1; Col. 3:12; He. 10:28).

2. La palabra "consolación" (parakleseos) quiere decir estar al lado de otro; aliviar y apoyar; dar solaz, consuelo, y aliento. Pero siempre hay un significado subyacente en la palabra. Está la idea de la fuerza, una habilitación, una confianza. Consuela y alivia a una persona, pero al mismo tiempo la for-

talece. Le ordena a una persona salir y hacerle frente al mundo. Note que la palabra se usa diez veces en 2 Co. 1:3-7.

=> Note que la palabra *consolación* (parakleseos) es la misma palabra que se usa cuando se habla del Espíritu Santo (paraklete). Al Espíritu Santo Cristo le da el título de *El Consolador*.

> "Si me amáis, guardad mis mandamientos. Y yo rogaré al Padre, y os dará otro Consolador, para que esté con vosotros para siempre: el Espíritu de verdad, al cual el mundo no puede recibir, porque no le ve, ni le conoce; pero vosotros le conocéis, porque mora con vosotros, y estará en vosotros. No os dejaré huérfanos; vendré a vosotros" (Jn. 14:15-18).

3. ¿Cómo sabemos que Dios es así? ¿Cómo sabemos que Dios es "el Padre de misericordias" y el "Dios de toda consolación"? *Por Jesucristo*. Dios es "el Padre de nuestro Señor Jesucristo". Fue Dios…

- Quien "de tal manera amó al mundo, que ha dado a su Hijo unigénito, para que todo aquel que en él cree, no se pierda, mas tenga vida eterna" (Jn. 3:16).
- Quien demostró "su amor para con nosotros, en que siendo aún pecadores, Cristo murió por nosotros" (Ro. 5:8).

Un padre no podría mostrar mayor misericordia que dar la vida de su hijo para salvar a otros. Esto es exactamente lo que hizo Dios: Él dio a Cristo para que muriera por sus enemigos, por aquellos que se encontraban en rebeldía contra Él. Dios ha tenido misericordia de nosotros, y Él sigue teniendo misericordia de nosotros. Él sigue derramando su misericordia y consolación sobre los hombres. ¿Por qué? Por su naturaleza: Su propia naturaleza es la de un Padre, un Padre de misericordias y un Dios de toda consolación.

> "Pero Dios, que es rico en misericordia, por su gran amor con que nos amó, aun estando nosotros muertos en pecados, nos dio vida juntamente con Cristo (por gracia sois salvos), y juntamente con él nos resucitó, y asimismo nos hizo sentar en los lugares celestiales con Cristo Jesús, para mostrar en los siglos venideros las abundantes riquezas de su gracia en su bondad para con nosotros en Cristo Jesús" (Ef. 2:4-7).
> "nos salvó, no por obras de justicia que nosotros hubiéramos hecho, sino por su misericordia, por el lavamiento de la regeneración y por la renovación en el Espíritu Santo" (Tit. 3:5).
> "Mas la misericordia de Jehová es desde la eternidad y hasta la eternidad sobre los que le temen, y su justicia sobre los hijos de los hijos" (Sal. 103:17).
> "Porque más grande que los cielos es tu misericordia, y hasta los cielos tu verdad" (Sal. 108:4).
> "Por la misericordia de Jehová no hemos sido consumidos, porque nunca decayeron sus misericordias" (Lm. 3:22).
> "Rasgad vuestro corazón, y no vuestros vestidos, y convertíos a Jehová vuestro Dios; porque misericordioso es y clemente, tardo para la ira y grande en misericordia, y que se duele del castigo" (Jl. 2:13).
> "¿Qué Dios como tú, que perdona la maldad, y olvida el pecado del remanente de su heredad? No

retuvo para siempre su enojo, porque se deleita en misericordia" (Mi. 7:18).

2 (1:4) *Tribulación — Aflicción — Pruebas — Problema — Consolación:* Dios consuela al atribulado para que pueda ser un testimonio a otros atribulados.

1. La palabra "tribulación" (thlipsei) significa estar excesivamente abrumado; estar presionado y aplastado. Es la ilustración de una bestia de carga que queda aplastada bajo una carga que es demasiado pesada. Es la ilustración de una persona que tiene una carga pesada colocada en su pecho y esta la presiona y la aplasta al punto que se siente que va a morir. Note que la palabra se usa cuatro veces en 2 Corintios 1:3-7.

2. Note las palabras "nos" y "todas nuestras tribulaciones". Pablo *no está hablando solamente* sobre sus propias pruebas y tribulaciones, sino también sobre las nuestras. Dios nos consuela a todos, todos los creyentes. Él no tiene preferencias; sus misericordias y consolación son para todas las personas. Y Note: Él nos consuela en "*todas*", no solo en unas pocas pruebas y tribulaciones. No tenemos que soportar una sola prueba o momento de tribulación solos. Nuestro Padre, la Majestad soberana del universo que lo controla todo, no está lejos y distante en algún lugar apartado de nosotros. Su Espíritu, el precioso Espíritu Santo, está con nosotros para consolarnos en toda nuestra tribulación.

=> El propósito de Dios al consolarnos es convertirnos en un testimonio para otros.

=> Dios nos consuela para que podamos consolar a otros atribulados.

=> Dios nos lleva cargados en sus brazos en las pruebas para que podamos hacer lo mismo con otros en las pruebas.

=> Dios nos fortalece para que podamos fortalecer a otros.

=> Dios nos ayuda para que podamos ayudar a otros.

=> Dios nos alienta para que podamos alentar a otros.

> "Consolaos, consolaos, pueblo mío, dice vuestro Dios" (Is. 40:1).
> "así que, al contrario, vosotros más bien debéis perdonarle y consolarle, para que no sea consumido de demasiada tristeza" (2 Co. 2:7).
> "Por lo cual, animaos unos a otros, y edificaos unos a otros, así como lo hacéis" (1 Ts. 5:11).
> "También os rogamos, hermanos, que amonestéis a los ociosos, que alentéis a los de poco ánimo, que sostengáis a los débiles, que seáis pacientes para con todos" (1 Ts. 5:14).

3 (1:5) *Tribulación — Pruebas — Consolación:* Dios proporciona el consuelo para que iguale las tribulaciones. Note que las tribulaciones en las que se hace énfasis son "las tribulaciones de Cristo", es decir, el mismo tipo de tribulaciones que soportó el propio Cristo. ¿Qué tipo de tribulaciones soportó Cristo? De un modo sencillo, Cristo soportó todo tipo de tribulación que se pueda imaginar, incluso la tribulación de la muerte. Él tuvo que experimentar toda situación, condición, y prueba de hombre a fin de convertirse en el *Salvador* *o Simpatizante perfecto*. Por esta razón, Él sufrió las experiencias más humillantes posibles. Él sufrió:

- Nacer de una madre que no estaba casada (Mt. 1:18-19).
- Nacer en un establo, en las peores condiciones (Lc. 2:7).
- Nacer de padres pobres (Lc. 2:24).
- Tener su vida amenazada desde que era un bebé (Mt. 2:13s).
- Ser la causa de un pesar inimaginable (Mt. 2:16s).
- Tenerse que mudar de un lugar a otro cuando era un bebé (Mt. 2:13s).
- Ser criado en un lugar despreciable: Nazaret (Lc. 2:39).
- Que su padre muriera durante su juventud (vea la nota, pto. 3 — Mt. 13:53-58).
- Tener que mantener a su madre y hermanos y hermanas (vea la nota, pto. 3 — Mt. 13:53-58).
- No tener hogar, ni siquiera un lugar donde recostar la cabeza (Mt. 8:20; Lc. 9:58).
- Ser odiado y tener religiosos como oponentes (Mr. 14:1-2).
- Ser acusado de demente (Mr. 3:21).
- Ser acusado de posesión demoníaca (Mr. 3:22).
- Recibir la oposición de su propia familia (Mr. 3:31-32).
- Recibir el rechazo, el odio y la oposición de quienes lo escuchaban (Mt. 13:53-58; Lc. 4:28-29).
- Ser traicionado por un amigo íntimo (Mr. 14:10-11, 18).
- Ser abandonado y rechazado por todos sus amigos (Mr. 14:50).
- Ser juzgado por el tribunal supremo del territorio por el delito de traición (Jn. 18:33).
- Ser ejecutado por crucifixión, la peor muerte posible (Jn. 19:16s).

Note que cada una de estas experiencias llega al extremo de la humillación. Cristo descendió al nivel más bajo de la experiencia humana en cada una de las condiciones a fin de convertirse en el *Simpatizante perfecto* (Salvador). Ahora Él se puede identificar y ahora Él sabe lo que siente una persona en cada circunstancia.

> **"Porque ciertamente no socorrió a los ángeles, sino que socorrió a la descendencia de Abraham. Por lo cual debía ser en todo semejante a sus hermanos, para venir a ser misericordioso y fiel sumo sacerdote en lo que a Dios se refiere, para expiar los pecados del pueblo. Pues en cuanto él mismo padeció siendo tentado, es poderoso para socorrer a los que son tentados" (He. 2:16-18).**
>
> **"Porque no tenemos un sumo sacerdote que no pueda compadecerse de nuestras debilidades, sino uno que fue tentado en todo según nuestra semejanza, pero sin pecado. Acerquémonos, pues, confiadamente al trono de la gracia, para alcanzar misericordia y hallar gracia para el oportuno socorro" (He. 4:15, 16).**

Sucede lo siguiente: No importa cuál sea la tribulación ni cuan terrible pueda ser, Dios derrama sobre nosotros la consolación de su Hijo, el Señor Jesucristo. Él no nos da solamente fuerza y consolación para soportar la tribulación; Él nos da *toda la fuerza y la consolación* necesarias para manejar todas las tribulaciones. No hay prueba demasiado grande, ni presión demasiado pesada, que Dios no pueda igualarla con la consolación del Señor Jesucristo. Cristo ha soportado todas las pruebas y todas las tribulaciones por nosotros.

> **"Y cuando el Señor la vio, se compadeció de ella, y le dijo: No llores" (Lc. 7:13).**
>
> **"No os dejaré huérfanos; vendré a vosotros" (Jn. 14:18).**
>
> **"Estas cosas os he hablado para que en mí tengáis paz. En el mundo tendréis aflicción; pero confiad, yo he vencido al mundo" (Jn. 16:33).**

4 (1:6-7) *Tribulación — Pruebas — Consolación:* Dios usa la tribulación para estimular a otros creyentes. Con frecuencia una persona atribulada se vuelve egocéntrica y comienza a sentir lástima de sí misma. En ocasiones comienza a sentir compasión por sí misma y apatía y quiere una atención especial. Puede incluso amargarse. Un creyente no debe permitir nunca que esto suceda. En esto es en lo que consisten estos dos versículos. Note que tanto la *aflicción* como la *consolación* tienen los mismos propósitos. Dios usa la tribulación y la consolación en un creyente para estimular cuatro cosas en otros creyentes.

1. Dios usa la tribulación para despertar consolación o consuelo en el atribulado (vea la nota, *Consolación* — 2 Co. 1:3 para un análisis).

2. Dios usa la tribulación para despertar la salvación. Una persona no puede confiar en Cristo hoy y no confiar en Él mañana. Una persona no puede bendecir a Dios cuando las cosas marchan bien y maldecir a Dios cuando las cosas marchan mal. Una persona que crea verdaderamente en Dios confía en Él no importa cuales sean las circunstancias. Él continúa con Dios a lo largo de su vida:

- En las buenas como en las malas.
- En la tribulación como en la salud.
- En el rechazo como en la aceptación.
- En la persecución como en la honra.

Sucede lo siguiente: Cuando un creyente ve a otro creyente que es consolado en alguna tribulación, este se ve estimulado a continuar en la fe. Se siente estimulado a continuar en el camino de la salvación no importa cuán grande sea la tribulación que haya de soportar.

> **"Mas el que persevere hasta el fin, éste será salvo" (Mt. 24:13).**
>
> **"Y si hijos, también herederos; herederos de Dios y coherederos con Cristo, si es que padecemos juntamente con él, para que juntamente con él seamos glorificados" (Ro. 8:17).**

3. Dios usa la tribulación para despertar resistencia. De un modo sencillo, cuando somos atribulados y permitimos que Dios nos consuele, otros son estimulados a resistir en sus tribulaciones.

4. Dios usa la tribulación para despertar compañerismo

entre los creyentes. Los creyentes que padecen alguna tribulación no deben amargarse, desalentarse, no deben volverse egocéntricos, apáticos, tampoco deben comenzar a quejarse. Deben permitir que Dios los consuele. Esta debe ser la esperanza y expectativa de cada creyente. Dios espera de nosotros que suframos con la actitud adecuada, para permitirle darnos su consolación. Debemos dar a conocer a otros la consolación de Dios, y los creyentes deben esperar de nosotros que soportemos la tribulación. Deben esperar de nosotros que conozcamos la consolación de Dios para que podamos testificar de su consolación. ¿Cómo una persona puede dar a conocer la consolación de Dios si no ha sufrido y no ha experimentado la consolación de Dios?

=> Dios espera de nosotros que soportemos la tribulación y recibamos su consolación.

=> Otros creyentes esperan de nosotros que soportemos la tribulación y recibamos la consolación de Dos.

¿Por qué? Porque debemos consolarnos, ministrarnos y ayudarnos unos a otros. ¿Pero cómo podemos consolarnos unos a otros si no hemos experimentado la consolación de Dios en la tribulación?

Dios usa nuestra tribulación para despertar el compañerismo con otros. Debemos ocuparnos todos de dar a conocer unos a otros la consolación de Dios. Esta debe ser la esperanza y la expectativa que tengamos unos en otros.

> **"Por tanto, si hay alguna consolación en Cristo, si algún consuelo de amor, si alguna comunión del Espíritu, si algún afecto entrañable, si alguna misericordia, completad mi gozo, sintiendo lo mismo, teniendo el mismo amor, unánimes, sintiendo una misma cosa" (Fil. 2:1, 2).**

> **"Porque esta leve tribulación momentánea produce en nosotros un cada vez más excelente y eterno peso de gloria; no mirando nosotros las cosas que se ven, sino las que no se ven; pues las cosas que se ven son temporales, pero las que no se ven son eternas" (2 Co. 4:17, 18).**

5 (1:8-10) *Tribulación — Pruebas — Consolación:* Dios usa la tribulación para enseñar confianza. Dios permite una gran tribulación. Él permitió que Pablo, probablemente el misionero más grande de todos los tiempos, experimentara una tribulación terrible una y otra vez. (Vea el *Estudio a fondo 1* — 2 Co. 1:8-10 para un mayor análisis.) ¿A qué tribulación se refieren estos tres versículos? No sabemos. No hay registro de ella en ninguna parte de las Escrituras. Al leerlo rápidamente, parece estar haciendo referencia a un disturbio tumultuario en Éfeso (Hch. 19:23-41). Sin embargo, esto es poco probable, porque al parecer Pablo escapó de ese problema en particular mencionado en el relato de Hechos.

Lo que se tiene que tener en cuenta es que Dios permitió que Pablo sufriera algún problema terrible. Y note la intensidad del problema: "fuimos abrumados [presionados, aplastados por una carga muy pesada]"...

• sobremanera.

• más allá de nuestras fuerzas.

• perdimos la esperanza de conservar la vida.

• tuvimos en nosotros mismos sentencia de muerte (sintió que iba a morir).

¿Por qué Dios permite que su querido siervo atraviese tal tribulación, fundamentalmente cuando es tan gran siervo, un siervo que obra tan fielmente por Dios? Hay dos razones fundamentales.

1. Note que a Dios se le llama el "Dios que resucita a los muertos". Lo único que el hombre debe saber es que él no puede salvarse a sí mismo; él no puede resucitarse él mismo de los muertos. Solo Dios puede salvar al hombre, resucitarlo y darle vida eterna. La tribulación le enseña al hombre que él no puede salvarse a sí mismo. Si él desea ser salvo, debe confiar en Dios. Por consiguiente, la tribulación le enseña al hombre que él no es autosuficiente. El hombre debe contar con la presencia y la ayuda de Dios si desea vencer las tribulaciones de este mundo, las tribulaciones que finalmente terminan en la tribulación de la muerte.

2. Dios permite la tribulación para enseñar una confianza diaria en la liberación. Nota: Pablo dice que Dios siguió librándolo en las pruebas de la vida y que él siguió confiando en que Dios lo libraría. La idea es que debemos confiar en Dios diariamente, confiar en que Él nos librará de las tribulaciones diarias.

> **"No os ha sobrevenido ninguna tentación que no sea humana; pero fiel es Dios, que no os dejará ser tentados más de lo que podéis resistir, sino que dará también juntamente con la tentación la salida, para que podáis soportar" (1 Co. 10:13).**

> **"el cual nos libró, y nos libra, y en quien esperamos que aún nos librará, de tan gran muerte" (2 Co. 1:10).**

> **"Y el Señor me librará de toda obra mala, y me preservará para su reino celestial. A él sea gloria por los siglos de los siglos. Amén" (2 Ti. 4:18).**

> **"y librar a todos los que por el temor de la muerte estaban durante toda la vida sujetos a servidumbre" (He. 2:15).**

> **"sabe el Señor librar de tentación a los piadosos, y reservar a los injustos para ser castigados en el día del juicio" (2 P. 2:9).**

> **"No temas delante de ellos, porque contigo estoy para librarte, dice Jehová" (Jer. 1:8).**

> **"El salva y libra, y hace señales y maravillas en el cielo y en la tierra; él ha librado a Daniel del poder de los leones" (Dn. 6:27).**

ESTUDIO A FONDO 1

(1:8-10) *Pablo, tribulaciones:* Pablo padeció grandemente.

1. La vida de Pablo estuvo amenazada por una enorme multitud airada dirigida por Demetrio, el platero (Hch. 19:23-40).

2. Pablo sabía del peligro que le aguardaba en Asia. "pruebas que me han venido por las asechanzas de los judíos... por todas las ciudades... me esperan prisiones y tribulaciones" (Hch. 20:18-27).

3. Pablo dice que Priscila y Aquila... expusieron su vida por él (Ro. 16:3-4).

4. Pablo dice que Andrónico y Junias... eran sus

compañeros de prisiones (Ro. 16:7).

5. Pablo expresa la gran victoria experimentada en pruebas aterradoras (1 Co. 4:9-13).

6. Pablo peleó con bestias en Éfeso (1 Co. 15:32).

7. Pablo dice que fue aplastado por alguna carga aterradora que lo hizo perder la esperanza de conservar la vida. Se dijo a sí mismo que era la sentencia de muerte (2 Co. 1:8-10).

8. Pablo expresa un estado de ansiedad en extremo mientras el recuerdo de sus días en Éfeso eran aún vívidas (2 Co. 4:8-12; 6:4-11; cp. Hch. 20:18-19).

9. Pablo enumera sus pruebas aterradoras. Clemente de Roma expresa que Pablo "estuvo siete veces en prisión", lo que parecer coincidir con la descripción de Pablo (2 Co. 11:23-27).

10. Pablo, en algún momento mientras se encontraba preso en Roma, experimentó alguna tristeza tan grande que amenazó con aplastarlo con una terrible desesperación: él había temido no fuera que "tristeza sobre tristeza" vinieran sobre él (Fil. 2:27).

6 (1:11) *Tribulación — Pruebas — Consolación:* Dios usa la tribulación para enseñar la oración y la acción de gracias. Esta es una gran lección sobre la tribulación y la oración: las oraciones de los creyentes nos "*ayudan*". Pablo dice definitivamente que las oraciones de otros lo ayudaban.

La oración hace que Dios interfiera a nombre nuestro y nos libre en nuestra tribulación. Y cuando nos haya fortalecido y librado, todos alaben a Dios. La oración intercesora, la oración por otros, funciona. Dios escucha y responde la oración. Él escucha y responde nuestras oraciones por otros. Esta es la razón por la que las Escrituras hacen énfasis en la oración intercesora.

"**Pero os ruego, hermanos, por nuestro Señor Jesucristo y por el amor del Espíritu, que me ayudéis orando por mí a Dios, para que sea librado de los rebeldes que están en Judea, y que la ofrenda de mi servicio a los santos en Jerusalén sea acepta**" (Ro. 15:30, 31).

"**orando en todo tiempo con toda oración y súplica en el Espíritu, y velando en ello con toda perseverancia y súplica por todos los santos**" (Ef. 6:18).

"**Porque sé que por vuestra oración y la suministración del Espíritu de Jesucristo, esto resultará en mi liberación**" (Fil. 1:19).

"**Os saluda Epafras, el cual es uno de vosotros, siervo de Cristo, siempre rogando encarecidamente por vosotros en sus oraciones, para que estéis firmes, perfectos y completos en todo lo que Dios quiere**" (Col. 4:12).

"**Confesaos vuestras ofensas unos a otros, y *orad unos por otros,* para que seáis sanados. La oración eficaz del justo puede mucho**" (Stg. 5:16).

	II. LA DEFENSA PERSONAL DE PABLO, 1:12—2:11 A. Pablo responde a las acusaciones contra él mismo: La respuesta de un ministro a sus atacantes, 1:12-22	ser encaminado por vosotros a Judea.	1) Visitar Corinto, 1 Co. 16:5 2) "Pasar… y venir otra vez" 3) Él no había hecho ninguna de las dos, por ser indulgente, v. 23 b. Él no hacía planes como los hace un hombre mundano, egoístamente

1 Él tenía una conciencia pura
  a. Una vida de santidad
  b. Una vida de sinceridad de Dios
  c. Una vida vivida por la gracia de Dios, no con sabiduría humana
	12 Porque nuestra gloria es esta: el testimonio de nuestra conciencia, que con sencillez y sinceridad de Dios, no con sabiduría humana, sino con la gracia de Dios, nos hemos conducido en el mundo, y mucho más con vosotros.	17 Así que, al proponerme esto, ¿usé quizá de ligereza? ¿O lo que pienso hacer, lo pienso según la carne, para que haya en mí Sí y No?
		18 Mas, como Dios es fiel, nuestra palabra a vosotros no es Sí y No.
			4 Él no era incoherente en su mensaje y en su predicación
			  a. Porque Jesucristo no era inconstante ni incoherente

2 Él no escribía una cosa y quería decir otra
  a. Él solo quería decir lo que escribía
 	
  b. Su único motivo: regocijarse en el día de Cristo
	13 Porque no os escribimos otras cosas de las que leéis, o también entendéis; y espero que hasta el fin las entenderéis;
	14 como también en parte habéis entendido que somos vuestra gloria, así como también vosotros la nuestra, para el día del Señor Jesús.
		19 Porque el Hijo de Dios, Jesucristo, que entre vosotros ha sido predicado por nosotros, por mí, Silvano y Timoteo, no ha sido Sí y No; mas ha sido Sí en él;
		20 porque todas las promesas de Dios son en él Sí, y en él Amén, por medio de nosotros, para la gloria de Dios.
			b. Porque todas las promesas de Dios son seguras, en Cristo

3 Él no era inconstante ni indeciso en sus planes
  a. Él cambió sus planes
	15 Con esta confianza quise ir primero a vosotros, para que tuvieseis una segunda gracia,
	16 y por vosotros pasar a Macedonia, y desde Macedonia venir otra vez a vosotros, y
		21 Y el que nos confirma con vosotros en Cristo, y el que nos ungió, es Dios,
		22 el cual también nos ha sellado, y nos ha dado las arras del Espíritu en nuestros corazones.
			5 Él estaba tan en Cristo y tan ungido como los otros
			  a. Establecido por Dios
			  b. Ungido por Dios
			  c. Sellado por Dios
			  d. Asegurado por el Espíritu

DIVISIÓN II

LA DEFENSA PERSONAL DE PABLO, 1:12—2:11

A. Pablo responde a las acusaciones contra él mismo: La respuesta de un ministro a sus atacantes, 1:12-22

(1:12-22) *Introducción — Pablo, acusaciones contra:* Pablo fue criticado con lo que parece ser una lista innumerable de acusaciones. Estas críticas o acusaciones, que exigieron la redacción de esta epístola, se encuentran fundamentalmente en los siguientes pasajes. (Vea *PABLO*, Índice temático principal.)

1. 2 Corintios 1:12-21. Las acusaciones eran:
  a. Una conducta impura e impropia (v. 12).
  b. Motivos ocultos y egoístas (v. 13; cp. 3:12).
  c. Inconstante e indeciso (v. 15).
  d. Incoherente en su mensaje y en su predicación (v. 18; cp. 6:3).
  e. Débil y poco firme en la fe (v. 21).
  f. No ungido para el ministerio (v. 21; cp. 3:5).
2. 2 Corintios 3:1. La acusación era que él se alababa a sí mismo y no daba cartas de recomendación.
3. 2 Corintios 4:1-2. Las acusaciones eran:
  a. En ocasiones ser tímido y flojo.

  b. Hacer algunas cosas vergonzosas, embarazosas, escandalosas.
  c. Andar engañando a las personas.
  d. Maltratar la Palabra de Dios.
4. 2 Corintios 5:12-15. La acusación era Pablo estaba fuera de sí, loco, demente.
5. 2 Corintios 7:2. Las acusaciones eran:
  a. Juzgar mal a las personas; tratar a las personas injustamente.
  b. Corromper, lastimar, y destruir a las personas.
  c. Estafar, engañar, y robar a las personas.
6. 2 Corintios 10:1-13. Las acusaciones eran:
  a. Andar según la carne (no salvo o carnal) (vv. 1-2).
  b. Ser un cobarde (vv. 1-2; cp. 11:32).
  c. No de Cristo (v. 7).
  d. Alegar una autoridad no autorizada (v. 8).
  e. Tener una apariencia débil (v. 10).
  f. Ser un orador pobre (v. 10; cp. 11:6).
  g. Excederse en su autoridad (v. 13).
7. 2 Corintios 12:11-18. Las acusaciones eran:
  a. No ser apóstol (v. 11).

b. Dañar la imagen de la iglesia (v. 13).
c. Recibir dinero por medio de intermediarios (vv. 17-18; cp. 8:20-22. Vea la nota, pto. 2 — 2 Co. 12:13-18).

Estas críticas, tan numerosas, apuntan a una cosa. Pablo era un siervo extraordinario de Dios. Una serie de otros factores apuntan a la misma conclusión: Su experiencia de toda prueba y tribulación concebible (2 Co. 4:8-12; 11:23-33); su visión especial del cielo y las revelaciones dadas en ese momento (2 Co. 12:1s); su aguijón inusual para que tuviera presente que no era más que un simple hombre, excepto en la misión y la responsabilidad para la que Dios lo había llamado (2 Co. 12:7s); y su visión dramática del Señor en su conversión (Hch. 9:1s).

Probablemente sea pueda decir con certeza que Dios escogió a Pablo, un simple hombre, para hacer de él un ejemplo para todos los hombres. Porque aunque la mayoría de los ministros y los creyentes cristianos:

Han sufrido algunas de las cosas que sufrió Pablo.

Han recibido críticas por algunas de las cosas que Pablo recibió crítica.

Han experimentado algunas experiencias espirituales indescriptibles.

Han recibido un aguijón de alguna tribulación.

Se han convertido quizás de un modo dramático.

…apenas hay un siervo que asegure haber vivido todas las experiencias que Pablo vivió. Él es un siervo al que todos podemos tener como ejemplo y como aliento, no importa cuál sea el problema al que nos enfrentemos.

> "El Señor le dijo: Ve, porque instrumento escogido me es éste, para llevar mi nombre en presencia de los gentiles, y de reyes, y de los hijos de Israel; porque yo le mostraré cuánto le es necesario padecer por mi nombre" (Hch. 9:15, 16).

Este pasaje proporciona la respuesta de Pablo a algunas de las acusaciones contra él.

1. Él tenía una conciencia pura (v. 12).
2. Él no escribía una cosa y quería decir otra (vv. 13-14).
3. Él no era inconstante ni indeciso en sus planes (vv. 15-17).
4. Él no era incoherente en su mensaje y en su predicación (vv. 18-20).
5. Él estaba tan en Cristo y tan ungido como los otros (vv. 21-22).

1 (1:12) *Conciencia — Creyente, vida:* Pablo tenía una conciencia pura. Él no se sentía remordido por una conciencia violada, tampoco se sentía consumido ni acusado por la culpa. El testimonio de la conciencia de Pablo era el de la pureza.

1. Pablo llevó una vida de sencillez (aploteti), lo que significa resolución mental, una mente centrada en Dios y que es constante. Es lo opuesto a la duplicidad, de una mente y una conducta dual. Significa no estar distraído ni apartado, no tener dualidad mental. Significa poner la vida de una persona en Dios y permanecer ahí. Significa determinar seguir a Dios en toda la sencillez o resolución mental posible y hacerlo.

> "Y perseverando unánimes cada día en el templo, y partiendo el pan en las casas, comían juntos con alegría y sencillez de corazón" (Hch. 2:46).
> "Porque vuestra obediencia ha venido a ser notoria a todos, así que me gozo de vosotros; pero quiero que seáis sabios para el bien, e ingenuos para el mal" (Ro. 16:19).
> "Pero temo que como la serpiente con su astucia engañó a Eva, vuestros sentidos sean de alguna manera extraviados de la sincera fidelidad a Cristo" (2 Co. 11:3).
> "Siervos, obedeced a vuestros amos terrenales con temor y temblor, con sencillez de vuestro corazón, como a Cristo" (Ef. 6:5).
> "Siervos, obedeced en todo a vuestros amos terrenales, no sirviendo al ojo, como los que quieren agradar a los hombres, sino con corazón sincero, temiendo a Dios" (Col. 3:22).
> "Jehová guarda a los sencillos; estaba yo postrado, y me salvó" (Sal. 116:6).
> "La exposición de tus palabras alumbra; hace entender a los simples" (Sal. 119:130).

Nota: Algunas traducciones tienen la palabra "santidad" (hagioteti) en lugar de "sencillez". Esto significaría sencillamente que Pablo llevó una vida de santidad, no de impureza o inmundicia.

2. Pablo llevó una vida de "sinceridad de Dios" (eilikrineia theou) lo que significa pureza. Es lo no adulterado, lo puro que se ha pasado por un cernidor. Significa lo no adulterado, lo puro que queda sin manchas y sin tacha cuando se examina a la luz del sol. Pablo está diciendo que él es puro, sin manchas, sin tacha, no adulterado en su conducta. Esta palabra la usa Pablo otra vez más en 1 Corintios 5:8.

> "Pues no somos como muchos, que medran falsificando la palabra de Dios, sino que con sinceridad, como de parte de Dios, y delante de Dios, hablamos en Cristo" (2 Co. 2:17).
> "para que aprobéis lo mejor, a fin de que seáis sinceros e irreprensibles para el día de Cristo" (Fil. 1:10).
> "presentándote tú en todo como ejemplo de buenas obras; en la enseñanza mostrando integridad, seriedad" (Tit. 2:7).
> "Hijitos míos, no amemos de palabra ni de lengua, sino de hecho y en verdad" (1 Jn. 3:18).
> "Ahora, pues, temed a Jehová, y servidle con integridad y en verdad; y quitad de entre vosotros los dioses a los cuales sirvieron vuestros padres al otro lado del río, y en Egipto; y servid a Jehová" (Jos. 24:14).

3. Pablo vivía por la gracia de Dios, no con sabiduría humana. "Sabiduría humana" quiere decir sabiduría carnal, natural y corrupta de hombres. Es el raciocinio natural de la mente humana. Pablo está diciendo que él no usó su propio razonamiento…

- centrar su mente en Dios
- cambiar su vida
- tomar determinaciones para el nuevo año
- gobernar su conducta
- disciplinar su cuerpo
- controlar su conducta

Lo que Pablo hizo fue centrar su mente en la gracia de

Dios. Gracia quiere decir el favor glorioso de Dios al salvarnos y mostrarnos cómo vivir. La gracia de Dios no nos ha dado solamente la Palabra escrita de Dios para mostrarnos cómo vivir; nos ha dado la Palabra viva de Dios, su propio Hijo para que viviera y anduviera como un Hombre en la tierra. La gracia de Dios nos ha dado a Jesucristo para que nos demuestre y nos muestre exactamente cómo Dios quiere que vivamos. Jesucristo nos muestra cómo vivir con una conciencia pura. El propio Jesucristo es el regalo de Dios, la gracia de Dios para el mundo. Dios ha favorecido al mundo regalándole a su propio Hijo.

Sucede lo siguiente: Pablo vivió por la gracia de Dios, por Jesucristo. Él centró su mente y su vida en Jesucristo, no en las reglas y los principios ideados por su propia mente carnal. Él le entregó su corazón y su vida a Cristo; por consiguiente, Dios perdonó sus pecados y eliminó su culpa. Por eso, él tenía una conciencia pura.

> **"Y por esto procuro tener siempre una conciencia sin ofensa ante Dios y ante los hombres" (Hch. 24:16).**
>
> **"Porque nuestra gloria es esta: el testimonio de nuestra conciencia, que con sencillez y sinceridad de Dios, no con sabiduría humana, sino con la gracia de Dios, nos hemos conducido en el mundo, y mucho más con vosotros" (2 Co. 1:12).**
>
> **"Pues el propósito de este mandamiento es el amor nacido de corazón limpio, y de buena conciencia, y de fe no fingida" (1 Ti. 1:5).**
>
> **"conociendo esto, que la ley no fue dada para el justo, sino para los transgresores y desobedientes, para los impíos y pecadores, para los irreverentes y profanos, para los parricidas y matricidas, para los homicidas" (1 Ti. 1:9).**
>
> **"que guarden el misterio de la fe con limpia conciencia" (1 Ti. 3:9).**
>
> **"¿cuánto más la sangre de Cristo, el cual mediante el Espíritu eterno se ofreció a sí mismo sin mancha a Dios, limpiará vuestras conciencias de obras muertas para que sirváis al Dios vivo?" (He. 9:14).**
>
> **"Y por un tiempo como de cuarenta años los soportó en el desierto" (He. 13:18).**
>
> **"Porque esto merece aprobación, si alguno a causa de la conciencia delante de Dios, sufre molestias padeciendo injustamente" (1 P. 2:19).**
>
> **"teniendo buena conciencia, para que en lo que murmuran de vosotros como de malhechores, sean avergonzados los que calumnian vuestra buena conducta en Cristo" (1 P. 3:16).**

2 (1:13-14) *Pablo, escritos — Ministerio:* Pablo no escribía con un motivo engañoso ni oculto. Algunas personas en la iglesia decían que la primera epístola de Pablo (1 Co.) estaba llena de engaños, asegurando que Pablo no creía verdaderamente en lo que había escrito y tampoco las llevaba a la práctica. Se hizo la acusación de que al escribir sobre asuntos espirituales, él solo estaba tratando de sonar piadoso y de asegurar el apoyo de la iglesia. La respuesta de Pablo estaba compuesta de dos elementos.

1. Él dio a entender y llevó a la práctica exactamente lo que había escrito: todo cuanto él había escrito y solo lo que él había escrito, ni más, ni menos. Él era completamente sincero, y lo que había escrito era la verdad. No había mensajes ocultos ni duplicidad alguna en lo que decía; lo que ellos leyeron y comprendieron fue exactamente lo que él dio a entender.

2. Solo tenía un motivo: Regocijarse en el Día de Cristo. Los corintios habían reconocido su testimonio en el pasado y se había regocijado en él, de la misma manera que se habían regocijado en el testimonio de ellos mismos. Su único motivo fue escribir y vivir de un modo tal que él y el pueblo de Dios pudiera regocijarse en el Día del Señor Jesús.

3 (1:15-17) *Pablo, ministerio:* Pablo no fue inconstante ni indeciso en sus planes. La historia que rodea este punto es interesante. Pablo había cambiado de planes, y con eso se había expuesto mucho a la acusación de indecisión. Lo que sucedió realmente se desconoce. A continuación se da una posibilidad.

1. Pablo escribió 1 Corintios, diciéndoles a los corintios que él iba a visitarlos a su regreso de Macedonia (1 Co. 16:5).

2. Luego decidió los planes mencionado aquí, visitarlos en camino a Macedonia y a su regreso, así los vería dos veces (2 Co. 1:15-16).

3. Pero no hizo ninguna de las dos cosas; por consiguiente, algunos en la iglesia decían que en Pablo no se podía confiar; que hizo promesas que no cumplió; que era indeciso, inconstante y frívolo; que no era confiable; que no era seguro; que no podía confiarse en que se ciñera a su palabra "sí, sí" o "no, no".

Posiblemente haya otra razón para que Pablo cambiara sus planes.

1. Pablo escribió 1 Corintios, pero luego escuchó que la epístola no había logrado el efecto deseado.

2. Así que, él partió para Corinto, y le hizo una visita rápida. Fue atacado verbalmente con acusaciones severas (2 Co. 1:12-22). Su presencia ocasionó un disturbio tal y tuvo tan poco efecto que abandonó la iglesia con el corazón destrozado. (Vea la nota — 2 Co. 1:23-24 para un mayor análisis.)

3. Tras recobrar la compostura y la fuerza espiritual, él escribió una "epístola severa, y dura" que desde entonces ha estado perdida.

4. Algún tiempo después, Pablo tenía tanta preocupación por saber la respuesta de los corintios que él se dispuso a encontrarse con Tito, el portador de la epístola, en su viaje de regreso. Él se encuentra con Tito en Macedonia y se entera de que la epístola corrigió una buena parte de la corrupción de la iglesia.

5. Así que Pablo se sienta a escribir de nuevo. Él escribe 2 Corintios (su tercera epístola a ellos) para lidiar con las acusaciones contra él mismo y la corrupción de la iglesia.

En ambos casos, lo que Pablo está diciendo es que él no fue indeciso ni inconstante. Él cambió sus planes porque él era centro de polémica y disturbio dentro de la iglesia, sin justificación alguna, y la mejor manera para que él manejara la situación era escribir y no visitar (cp. 1 Co. 16:5; 2 Co. 1:15-17, 23-2:4).

Pensamiento 1. Todo creyente debe cuidar y proteger lo que promete. Él debe hacer todo cuanto pueda para cumplir su palabra. Es el cambio de planes y el incumplimiento de promesas, ya sea justificado o no, lo que ocasiona la acusación de ser indeciso, inconstante, no digno de confianza.

> **"¿Para qué discurres tanto, cambiando tus caminos? También serás avergonzada de Egipto, como fuiste avergonzada de Asiria" (Jer. 2:36).**
>
> **"Está dividido su corazón. Ahora serán hallados culpables; Jehová demolerá sus altares, destruirá sus ídolos" (Os. 10:2).**
>
> **"Y Jesús le dijo: Ninguno que poniendo su mano en el arado mira hacia atrás, es apto para el reino de Dios" (Lc. 9:62).**
>
> **"El hombre de doble ánimo es inconstante en todos sus caminos" (Stg. 1:8).**

4 (1:18-20) ***Pablo, acusaciones contra:*** Pablo no fue incoherente en su mensaje ni en su predicación. Algunas personas en la iglesia estaban diciendo que no se podía confiar en la palabra de Pablo, que *no se podía confiar en lo que él predicaba y enseñaba.* Si un hombre trata su palabra con tanta ligereza, ¿cómo se puede confiar en cualquier cosa que él diga? ¿Cómo podemos estar seguros de que Dios le ha revelado su Palabra a Pablo?

Pablo declara con énfasis que sus palabras no eran las palabras de un indeciso y tampoco eran incoherentes. Note con qué énfasis Pablo responde a aquellos que le hacían oposición: *"Como Dios es fiel,* así es lo que predico: mis palabras no fueron las palabras de un indeciso, no fueron sí y no; no fueron esto es cierto, luego cambiar de parecer y decir esto es falso. No prediqué una cosa y luego la otra". Pablo da dos razones contundentes acerca de por qué predicó con una autoridad y afirmación fuertes, dos razones de por qué él insistía en que lo que él predicaba y enseñaba era la verdad.

1. El Hijo de Dios, Jesucristo, no era inconstante ni incoherente. Él era la verdad absoluta; por consiguiente, Él tenía que proclamar "sí", es decir, nada mas que la verdad. El Hijo de Dios no podía tener nada que ver con la incertidumbre y la incoherencia, con no ser digno de confianza y no confiable. Lo que él predicaba y enseñaba tenía que ser la verdad.

> **"Dios envió mensaje a los hijos de Israel, anunciando el evangelio de la paz por medio de Jesucristo; éste es Señor de todos" (Hch. 10:36).**
>
> **"Y Pablo, como acostumbraba, fue a ellos, y por tres días de reposo discutió con ellos, declarando y exponiendo por medio de las Escrituras, que era necesario que el Cristo padeciese, y resucitase de los muertos; y que Jesús, a quien yo os anuncio, decía él, es el Cristo" (Hch. 17:2, 3).**

2. Todas las promesas de Dios son seguras y ciertas en Cristo. En Cristo todas las promesas de Dios:
- Son "sí", se cumplen en Él.
- Son "amén", que así sea; sí, así es.

Y cuando decimos "Amén", glorificamos a Dios.

Sucede lo siguiente: La predicación de Pablo, Timoteo, y Silas a los corintios fue digna de confianza. Es confiable. Es la verdad proveniente de las palabras mismas del propio Hijo de Dios. Las propias palabras y la verdad del Hijo de Dios, de Jesucristo, les fueron transmitidas a los corintios por medio de Pablo y los otros apóstoles. La predicación y enseñanza tanto de Cristo como de Pablo son "¡Sí! Las promesas de Dios en Cristo son ciertas". Y "¡Amén! Sí así es".

> **"En seguida predicaba a Cristo en las sinagogas, diciendo que éste era el Hijo de Dios" (Hch. 9:20).**
>
> **"Porque no nos predicamos a nosotros mismos, sino a Jesucristo como Señor, y a nosotros como vuestros siervos por amor de Jesús" (2 Co. 4:5).**
>
> **"El labio veraz permanecerá para siempre; mas la lengua mentirosa solo por un momento" (Pr. 12:19).**
>
> **"Estas son las cosas que habéis de hacer: Hablad verdad cada cual con su prójimo; juzgad según la verdad y lo conducente a la paz en vuestras puertas" (Zac. 8:16).**
>
> **"La ley de verdad estuvo en su boca, e iniquidad no fue hallada en sus labios; en paz y en justicia anduvo conmigo, y a muchos hizo apartar de la iniquidad" (Mal. 2:6).**

5 (1:21-22) ***Pablo, ministerio:*** Pablo estaba tan en Cristo y tan ungido como los otros. La palabra "nos" se refiere fundamentalmente a Pablo. Él se está comparando a sí mismo con los corintios e incluye también a aquellos que se le oponen. Con términos para nada inciertos, Pablo dice que el mismo Dios que ha obrado en los corintios también ha obrado en él. Note las cuatro grandes cosas que Dios hace por los creyentes.

1. Dios "confirma" (bebaion) a los creyentes. La palabra quiere decir establecer; hacer firme, inquebrantable, y constante.

> **"Y al que puede confirmaros según mi evangelio y la predicación de Jesucristo, según la revelación del misterio que se ha mantenido oculto desde tiempos eternos" (Ro. 16:25).**
>
> **"Por tanto, de la manera que habéis recibido al Señor Jesucristo, andad en él; arraigados y sobreedificados en él, y confirmados en la fe, así como habéis sido enseñados, abundando en acciones de gracias" (Col. 2:6, 7).**
>
> **"Y el mismo Jesucristo Señor nuestro, y Dios nuestro Padre, el cual nos amó y nos dio consolación eterna y buena esperanza por gracia, conforte vuestros corazones, y os confirme en toda buena palabra y obra" (2 Ts. 2:16, 17).**

2. Dios "unge" a los creyentes: La palabra significa estar consagrado y calificado para el servicio.

> **"El Espíritu del Señor está sobre mí, por cuanto me ha ungido para dar buenas nuevas a los pobres; me ha enviado a sanar a los quebrantados de corazón; a pregonar libertad a los cautivos, y vista a los ciegos; a poner en libertad a los oprimidos" (Lc. 4:18).**
>
> **"Pero vosotros tenéis la unción del Santo, y conocéis todas las cosas" (1 Jn. 2:20).**
>
> **"Pero la unción que vosotros recibisteis de él permanece en vosotros, y no tenéis necesidad de que nadie os enseñe; así como la unción misma os enseña todas las cosas, y es verdadera, y no es mentira, según ella os**

ha enseñado, permaneced en él" (1 Jn. 2:27).

3.   Dios "sella" (sphragizo) a los creyentes. La palabra significa marcar, acuñar, poner un sello en. Dios pone su sello, su cuño, su marca en los creyentes.

> **"[Dios] el cual también nos ha sellado, y nos ha dado las arras del Espíritu en nuestros corazones" (2 Co. 1:22).**

4.   Dios da "las arras del Espíritu" en el corazón de cada uno de los creyentes. La palabra "arras" (arrobon) significa garantía, seguridad, depósito, pago. Fue el primer plazo pagado por un artículo para garantizar que se pagará el resto. Fue el anillo de compromiso que garantizó el matrimonio.

Dios ha dado al Espíritu Santo como la garantía de la vida eterna. El Espíritu Santo es un pago por adelantado, una entrega inicial de su promesa a los creyentes.

> **"El Espíritu mismo da testimonio a nuestro espíritu, de que somos hijos de Dios" (Ro. 8:16).**

> **"Y por cuanto sois hijos, Dios envió a vuestros corazones el Espíritu de su Hijo, el cual clama: ¡Abba, Padre!" (Gá. 4:6).**

> **"Y el que guarda sus mandamientos, permanece en Dios, y Dios en él. Y en esto sabemos que él permanece en nosotros, por el Espíritu que nos ha dado" (1 Jn. 3:24).**

> **"En esto conocemos que permanecemos en él, y él en nosotros, en que nos ha dado de su Espíritu" (1 Jn. 4:13).**

> **"Este es Jesucristo, que vino mediante agua y sangre; no mediante agua solamente, sino mediante agua y sangre. Y el Espíritu es el que da testimonio; porque el Espíritu es la verdad" (1 Jn. 5:6).**

	B. Las razones de Pablo para demorar una visita a la iglesia: Cuando se ataca a un ministro, 1:23—2:4	¿quién será luego el que me alegre, sino aquel a quien yo contristé?	entrar en conflicto con aquellos a quienes amaba
1 Para él era mejor ser indulgente con su disciplina	23 Mas yo invoco a Dios por testigo sobre mi alma, que por ser indulgente con vosotros no he pasado todavía a Corinto.	3 Y esto mismo os escribí, para que cuando llegue no tenga tristeza de parte de aquellos de quienes me debiera gozar; confiando en vosotros todos que mi gozo es el de todos vosotros.	**4 Para él era mejor que no lo atacaran y lo hirieran una y otra vez**
a. Él no es un tirano	24 No que nos enseñoreemos de vuestra fe, sino que colaboramos para vuestro gozo; porque por la fe estáis firmes.		a. Escribir una carta ocasiona menos dolor que una visita
b. Él es un colaborador y un amigo			b. Ser acusado por aquellos que debieran ser su gozo dolería
c. Cada uno está en su propia fe	**CAPÍTULO 2**	4 Porque por la mucha tribulación y angustia del corazón os escribí con muchas lágrimas, no para que fueseis contristados, sino para que supieseis cuán grande es el amor que os tengo.	**5 Para él era mejor escribir un fuerte llamado**[EF1]
2 Para él era mejor no ser la causa del dolor	1 Esto, pues, determiné para conmigo, no ir otra vez a vosotros con tristeza.		
3 Para él era mejor no	2 Porque si yo os contristo,		

DIVISIÓN II

LA DEFENSA PERSONAL DE PABLO, 1:12—2:11

B. Las razones de Pablo para demorar una visita a la iglesia: Cuando se ataca a un ministro, 1:23—2:4

(1:23—2:4) *Introducción:* ¿Qué debiera hacer un ministro cuando algunas personas en la iglesia lo atacan? Pablo le hizo frente al problema, y casi desgarra su corazón. De hecho, él cambió el plan de su ministerio por esa razón. Él había hecho planes de regresar a Corinto, pero no pudo porque fue centro de polémica, se le criticó grandemente. Había rumores y falsedades por todas partes, y él no tenía oportunidad de ministrar a las personas. Por consiguiente, tuvo que irse a otra parte y hacer lo que pudiera por Corinto desde lejos. En este pasaje Pablo proporciona las razones de por qué él no podía ministrar en ese momento en Corinto.

1. Para él era mejor ser indulgente con su disciplina (vv. 23-24).
2. Para él era mejor no ser la causa del dolor (2:1).
3. Para él era mejor no entrar en conflicto con aquellos a quienes amaba (v. 2).
4. Para él era mejor que no lo atacaran y lo hirieran una y otra vez (v. 3).
5. Para él era mejor escribir un fuerte llamado (v. 4).

1 (1:23-24) *Ministro — Pablo, ministerio:* Era mejor para el ministro ser indulgente con su disciplina. Algunas personas dentro de la iglesia de Corinto estaban atacando a Pablo, lo estaban acusando de toda debilidad y falta concebible (vea la nota, *Pablo, acusaciones contra* — 2 Co. 1:12-22). Algunas personas en la iglesia también se habían corrompido, moral y doctrinalmente, viviendo en pecado y enseñando todo lo contrario a la Palabra de Dios.

Sucede lo siguiente: Pablo creyó que era mejor que él no estuviera con la iglesia en medio de tanta polémica y corrupción. Por consiguiente, él cambió los planes: No fue a visitarlos como había planificado originalmente. Note por qué: si los hubiera visitado, le habría sido necesario ir en disciplina pues estaban corruptos. Como ministro de Dios, él tenía autoridad espiritual sobre su bienestar; por consiguiente, se vería obligado a lidiar con su pecado y su vergüenza.

Pero note un elemento crucial: Al mencionar su autoridad ministerial, no quiere decir:

- Que se enseñoreaba en su fe.
- Que tenía la autoridad de un tirano.
- Que controlaba la vida espiritual de cada uno de ellos.
- Que podía dictar y tener autoridad sobre su conducta.

Lo que él quería decir era lo siguiente: Cuando él fue donde ellos, él quería poder ministrarles, hacer lo que él denomina: "Colaborar en vuestro gozo". Esto sencillamente significa que su tarea como ministro era:

- Ser un colaborador.
- Obrar conjuntamente con ellos.
- Participar en sus esfuerzos por crecer.
- Ayudarlos a obtener su gozo en Cristo.

Note que Pablo dice: "por la fe estáis [firmes]". No estaban firmes por él, sino por su fe en Cristo. Pablo no tenía facultad personal alguna para hacer que las personas creyeran en Cristo tampoco podía hacer que las personas estuvieran firmes en Cristo; solo podía ayudarlas. Las personas tenían que esforzarse por alcanzar el *gozo de la vida* por sí mismas. Él solo era un *colaborador* en su gozo. Él solo era el ministro que servía *con ellas*. Tenían que buscar el gozo del Señor y el gozo de la vida por sí mismas.

Otra vez, sucede lo siguiente: Pablo creyó que era mejor que él no estuviera con la iglesia, porque ellos no estaban firmes en Cristo. Estaban inmersos en una polémica sobre él y estaban en pecado ante Dios. Si los hubiera visitado, se habría ocupado de la disciplina y no del ministerio. No habría podido haberlos ayudado en su crecimiento en Cristo, no mientras estuvieran renuentes a buscar el *gozo de la vida en Cristo*.

> **"Apacentad la grey de Dios que está entre vosotros, cuidando de ella, no por fuerza, sino voluntariamente; no por ganancia deshonesta, sino con ánimo pronto; no como teniendo *señorío* sobre los que están a vuestro cuidado, sino siendo ejemplos de la grey" (1 P. 5:2, 3).**

> **"Por tanto, mirad por vosotros, y por todo el rebaño en que el Espíritu Santo os ha puesto por obispos, para apacentar la iglesia del Señor, la cual él ganó por su propia sangre" (Hch. 20:28).**

> **"Obedeced a vuestros pastores, y sujetaos a ellos; porque ellos velan por vuestras almas, como quienes han de dar cuenta; para que lo hagan con alegría, y no quejándose, porque esto no os es provechoso" (He. 13:17).**

> **"y os daré pastores según mi corazón, que os apacienten con ciencia y con inteligencia" (Jer. 3:15).**

> **"Y pondré sobre ellas pastores que las apacienten; y no temerán más, ni se amedrentarán, ni serán menoscabadas, dice Jehová" (Jer. 23:4).**

2 (2:1) *Ministro — Pablo, ministerio, viajes a Corinto:* Era mejor para el ministro no ser la causa del dolor. Note las palabras de Pablo: "Pues, determiné… no ir otra vez a vosotros *con tristeza*". Esto no se puede aplicar a la primera visita de Pablo a Corinto, porque su primera visita no terminó en fracaso y rechazo. Cuando Pablo abandonó Corinto por primera vez, estaba lleno de gozo por el gran éxito que Dios le había proporcionado. Por consiguiente, él debe estar hablando de alguna otra visita en que la iglesia lo rechazó y destrozó su corazón, provocándole una gran tristeza.

Note también el planteamiento del Capítulo 1:23, "No he pasado todavía [ouketi elthon] a Corinto". El planteamiento se puede traducir igualmente: "No vine más a Corinto". Esto, también, apunta a que Pablo haya realizado una visita rápida a Corinto luego de escribir su primera epístola, una visita en la que el resultado fue que el pueblo lo rechazó y destrozó su corazón (vea la Introducción, *Características especiales*, pto. 3 — 1 Corintios para un mayor análisis).

El planteamiento es contundente: Pablo amaba y se preocupaba por las personas y por su iglesia; sencillamente él no quería ser la causa de más dolor y pesar; por consiguiente, se mantuvo alejado.

3 (2:2) *Ministro — Pablo, ministerio:* Era mejor para el ministro no entrar en conflicto con aquellos a quienes él amaba. De un modo sencillo, si Pablo regresaba a la iglesia, su presencia solo provocaría dolor, no alegría y gozo. Su presencia solo provocaría que se asentara pesimismo y tristeza en la congregación por los rumores y la polémica acerca de él. No podía haber alegría o gozo hasta que se le pusiera fin a los rumores y al pecado.

Pensamiento 1. La presencia de un ministro debería traer gozo y ánimo a una congregación, no conflicto y tensión.

> **"Estas cosas os he hablado para que en mí tengáis paz. En el mundo tendréis aflicción; pero confiad, yo he vencido al mundo" (Jn. 16:33).**

> **"El corazón alegre hermosea el rostro; mas por el dolor del corazón el espíritu se abate" (Pr. 15:13).**

> **"El corazón alegre constituye buen remedio; mas el espíritu triste seca los huesos" (Pr. 17:22).**

4 (2:3) *Ministro — Pablo, ministerio:* Era mejor para el ministro que no lo atacaran y lo hirieran una y otra vez. Pablo anhelaba ministrar, no tener a su alrededor polémica y pecado, con toda certeza no en la iglesia. Por consiguiente, él había escrito una carta instando a la iglesia a anteponer al Señor a todo y acabar con la polémica. La carta que él había escrito es el análisis del próximo versículo y del próximo punto. Su planteamiento en este versículo es trágico: Si los hubiera visitado, habría recibido laceración y pesar como había sucedido anteriormente. Aquellos que debían haberle traído gozo solo lo habrían atacado y criticado una y otra vez. Y él no podía soportar la laceración y el pesar de su rechazo otra vez. No podía soportar ser centro de polémica y disturbio otra vez.

> **"¡Jerusalén, Jerusalén, que matas a los profetas, y apedreas a los que te son enviados! ¡Cuántas veces quise juntar a tus hijos, como la gallina junta sus polluelos debajo de las alas, y no quisiste!" (Mt. 23:37).**

> **"Por tanto, velad, acordándoos que por tres años, de noche y de día, no he cesado de amonestar con lágrimas a cada uno" (Hch. 20:31).**

> **"Porque por ahí andan muchos, de los cuales os dije muchas veces, y aun ahora lo digo llorando, que son enemigos de la cruz de Cristo" (Fil. 3:18).**

> **"Mas si no oyereis esto, en secreto llorará mi alma a causa de vuestra soberbia; y llorando amargamente se desharán mis ojos en lágrimas, porque el rebaño de Jehová fue hecho cautivo" (Jer. 13:17).**

> **"Veía a los prevaricadores, y me disgustaba, porque no guardaban tus palabras" (Sal. 119:158).**

5 (2:4) *Ministro — Pablo, ministerio:* Era mejor para el ministro escribir un fuerte llamado. Pablo decidió escribir antes de regresar donde los corintios. Su corazón estaba desgarrado; no podía hacerles frente y atravesar el dolor y la polémica otra vez. Las palabras "tribulación y angustia" significan una tensión y un pesar muy grande, dolor y penas increíbles, pesar y tristeza del corazón.

Note que Pablo había derramado muchas lágrimas por la situación.

Note también que Pablo le había escrito a la iglesia no para ocasionarles pesar, sino para que conocieran su amor por ellos, un amor que se desbordaba con preocupación y cuidado.

Debe tenerse en cuenta que el propósito de Pablo y el propósito de la iglesia es salvar y hacer que las personas crezcan. Esta era la intención de Pablo. No quería tener nada que ver con la polémica y la vergüenza. Él quería amar y cuidar de las personas.

> **"Porque deseo veros, para comunicaros algún don**

espiritual, a fin de que seáis confirmados" (Ro. 1:11).

"Hijitos míos, por quienes vuelvo a sufrir dolores de parto, hasta que Cristo sea formado en vosotros, quisiera estar con vosotros ahora mismo y cambiar de tono, pues estoy perplejo en cuanto a vosotros" (Gá. 4:19, 20).

"Porque de ambas cosas estoy puesto en estrecho, teniendo deseo de partir y estar con Cristo, lo cual es muchísimo mejor; pero quedar en la carne es más necesario por causa de vosotros. Y confiado en esto, sé que quedaré, que aún permaneceré, con todos vosotros, *para vuestro provecho y gozo en la fe,* para que abunde vuestra gloria de mí en Cristo Jesús por mi presencia otra vez entre vosotros" (Fil. 1:23-26).

"Porque quiero que sepáis cuán gran lucha sostengo por vosotros, y por los que están en Laodicea, y por todos los que nunca han visto mi rostro" (Col. 2:1).

ESTUDIO A FONDO 1

(2:4) *Pablo, escritos:* A la epístola que Pablo hace referencia es a 1 Corintios o a una *epístola dolorosa* que actualmente ha estado perdida (vea la nota — 2 Co. 1:15). Este versículo, cuando se lee con el tono de todo el pasaje, le da mucho crédito a una epístola *dolorosa* que se escribió entre 1 y 2 Corintios. (Vea la Introducción, *Características especiales*, pto. 3 — 1 Corintios para un mayor análisis.)

	C. Tratamiento de Pablo hacia un ofensor: Disciplina y perdón de la iglesia, 2:5-11	8 Por lo cual os ruego que confirméis el amor para con él.	c. Por medio del arrepentimiento piadoso
		9 Porque también para este fin os escribí, para tener la prueba de si vosotros sois obedientes en todo.	d. Por medio del amor
1 Estaba el ofensor a. No era un asunto personal b. Era un asunto de toda la iglesia	5 Pero si alguno me ha causado tristeza, no me la ha causado a mí solo, sino en cierto modo (por no exagerar) a todos vosotros.	10 Y al que vosotros perdonáis, yo también; porque también yo lo que he perdonado, si algo he perdonado, por vosotros lo he hecho en presencia de Cristo,	**4 El segundo propósito de la disciplina: Liberar a la iglesia para que cumpla con su ministerio** **5 El espíritu perdonador del ministro (Pablo)**
2 Estaba la disciplina y la corrección de la iglesia	6 Le basta a tal persona esta reprensión hecha por muchos;	11 para que Satanás no gane ventaja alguna sobre nosotros; pues no ignoramos sus maquinaciones.	a. Ayudar a la iglesia b. Agradar a Cristo
3 El primer propósito de la disciplina: Restaurar al ofensor a. Por medio del perdón b. Por medio de la consolación	7 así que, al contrario, vosotros más bien debéis perdonarle y consolarle, para que no sea consumido de demasiada tristeza.		c. Evitar que Satanás gane ventaja

DIVISIÓN II

LA DEFENSA PERSONAL DE PABLO, 1:12—2:11

C. Tratamiento de Pablo hacia un ofensor: Disciplina y perdón de la iglesia, 2:5-11

(2:5-11) *Introducción:* Cuando una persona dentro de la iglesia está causando problemas, ¿qué debe hacer la iglesia? Si la persona divisiva está criticando y atacando al ministro o a otros en la iglesia, creando polémicas y disturbios, ¿se le debe disciplinar y corregir? Si está formando una camarilla para hacerle oposición al ministro o a algún programa en la iglesia, ¿qué se debe hacer con él? ¿Se le debe dejar que provoque su daño y cree su disturbio? O, ¿se debe lidiar con él? La disciplina de la iglesia es el tema de este pasaje.

1. Estaba el ofensor (v. 5).
2. Estaba la disciplina y la corrección de la iglesia (v. 6).
3. El primer propósito de la disciplina: Restaurar al ofensor (vv. 7-8).
4. El segundo propósito de la disciplina: Liberar a la iglesia para que cumpla con su ministerio (v. 9).
5. El espíritu perdonador del ministro (Pablo) (vv. 10-11).

[1] (2:5) *Disciplina de la iglesia — División:* Estaba el ofensor, una persona que le ocasionó pesar a toda la iglesia. Algunos intérpretes creen que el ofensor era el hombre inmoral con quien se lidió en 1 Corintios 5:1s. Otros creen que era el cabecilla de aquellos que se oponían a Pablo. No es necesario saber quién era el ofensor para comprender el pasaje. Sin embargo, la mayor parte de las evidencias de las Escrituras apunta a que el ofensor sea el cabecilla de la oposición contra Pablo. ¿Cómo sabemos esto? Porque el problema con el que se lidiaba no era la inmoralidad (vv. 1-11). No hay indicios de un problema moral en estos versículos. El problema involucraba a alguien que había maltratado a Pablo,

alguien que lo había convertido en el centro de una polémica, alguien que lo había criticado e insultado a tal extremo que le había ocasionado un gran dolor y tristeza en su corazón (vea el índice y las notas — 2 Co. 1:23—2:4).

Sucede lo siguiente: Había una persona en la iglesia que estaba atacando al ministro de Dios, Pablo. El hombre estaba formando polémicas y estaba ocasionando un gran disturbio, y un pesar y dolor profundos. Se estaba afectando el nombre y el ministerio de la iglesia en toda la comunidad.

Note un elemento crucial: Los ataques contra el ministro, Pablo, no eran solo un asunto personal; es decir, los ataques no afectaban solo al ministro. Los ataques afectaban a toda la iglesia. El hombre era culpable de perturbar y dañar a toda la iglesia, una ofensa muy grave a Dios.

=> Era necesario lidiar con el ofensor para que no fuera destruido.

"Si alguno destruyere el templo de Dios, Dios le destruirá a él; porque el templo de Dios, el cual sois vosotros, santo es" (1 Co. 3:17).

=> Era necesario lidiar con el ofensor a fin de liberar al ministro para que sirviera sin el impedimento de la polémica.

"¿Tú quién eres, que juzgas al criado ajeno? Para su propio señor está en pie, o cae; pero estará firme, porque poderoso es el Señor para hacerle estar firme" (Ro. 14:4).

=> Era necesario lidiar con el ofensor a fin de librar a la iglesia de la polémica, para que se pudiera centrar en el ministerio.

"Solamente que os comportéis como es digno del evangelio de Cristo, para que o sea que vaya a veros, o que esté ausente, oiga de vosotros que estáis firmes en un mismo espíritu, combatiendo unánimes por la fe del evangelio" (Fil. 1:27).

2 (2:6) *Disciplina de la iglesia — División:* Estaba la disciplina y la corrección de la iglesia. Al parecer, inicialmente una persona había envenenado a un grupo de personas y luego había dirigido a una camarilla a la oposición contra Pablo. Pablo había insistido en que la iglesia lidiara con el problema y disciplinara al ofensor. Note dos elementos:

1. La iglesia votó sobre el asunto y la mayoría estuvo de acuerdo. Ellos sí disciplinaron al ofensor. Note que el voto no fue unánime; solo fue una mayoría ("muchos").

2. Algunas personas en la iglesia creyeron que la disciplina no fue lo suficientemente severa. Querían que se disciplinara con más severidad.

Pensamiento 1. Ha habido y siempre habrá preguntas y diferentes opiniones sobre la disciplina de la iglesia. Al igual que Corinto:

• Algunos creen que la iglesia debe disciplinar; otros creen que no debiera disciplinar.

• Algunos creen que la disciplina debe ser ligera; otros creen que la disciplina debe ser más dura.

Hasta ahora se ven tres lecciones en este pasaje:

1. Un hombre estaba cometiendo tales errores en la iglesia de Corinto que el ministro creyó que al hombre había que disciplinarlo y corregirlo. Por consiguiente, el ministro alentó a la iglesia a lidiar con el asunto.

2. La iglesia siguió el consejo del ministro y consideró el asunto, y la mayoría de los miembros de la iglesia estaban de acuerdo. Ellos disciplinaron y corrigieron al ofensor.

3. No todo el mundo estuvo de acuerdo con la disciplina, tampoco con la severidad de la disciplina. Sin embargo, la iglesia sí disciplinó al hombre, y se corrigió al hombre a pesar de las diferencias de opinión. El ministro y la mayoría de los miembros de la iglesia sí imperaron.

> "He dicho antes, y ahora digo otra vez como si estuviera presente, y ahora ausente lo escribo a los que antes pecaron, y a todos los demás, que si voy otra vez, *no seré indulgente*" (2 Co. 13:2).
>
> "Por esto os escribo estando ausente, para no usar de *severidad* cuando esté presente, conforme a la autoridad que el Señor me ha dado para edificación, y no para destrucción" (2 Co. 13:10).
>
> "También os rogamos, hermanos, *que amonestéis a los ociosos,* que alentéis a los de poco ánimo, que sostengáis a los débiles, que seáis pacientes para con todos" (1 Ts. 5:14).
>
> "Al hombre que cause divisiones, después de una y otra amonestación *deséchalo,* sabiendo que el tal se ha pervertido, y peca y está condenado por su propio juicio" (Tit. 3:10, 11).
>
> "Obedeced a vuestros pastores, y sujetaos a ellos; porque ellos velan por vuestras almas, como quienes han de dar cuenta; para que lo hagan con alegría, y no quejándose, porque esto no os es provechoso" (He. 13:17).

3 (2:7-8) *Disciplina de la iglesia:* El primer propósito de la disciplina es la restauración del ofensor. Resulta importante tener esto en cuenta: Es uno de los dos propósitos fundamentales de la disciplina de la iglesia. Cualquier creyente que ataque al ministro de Dios y perturbe la iglesia debe ser co-

rregido. El hermano ofensor debe ser corregido no solo por el bien de la iglesia y del ministro, sino por su propio bien. El creyente ofensor debe ser restaurado al punto de amar a Dios y al pueblo de Dios, incluso al ministro de Dios.

Note que el hombre se había arrepentido de su pecado: Estaba consumido por la tristeza, mucha tristeza (v. 7). Por consiguiente, se había cumplido el propósito de la disciplina. De ahí que Pablo alentara a la iglesia a restaurarlo. Note los cuatro elementos que participan en la restauración:

1. Está el *perdón de la iglesia.* El hombre había cometido un pecado terrible: Criticar y atacar al ministro de Dios, perturbar la comunión de la iglesia, y afectar el nombre y el testimonio de la iglesia en la comunidad. Existía el peligro de que algunos miembros de la iglesia guardaran rencores y no perdonaran al hombre. La exhortación de Pablo y de las Escrituras es fuerte: "debéis perdonarle".

En el perdón también se incluiría devolver a la persona a la comunión de la iglesia si estuviera excomulgado o le hubieran retirado la membresía.

> "Y cuando estéis orando, perdonad, si tenéis algo contra alguno, para que también vuestro Padre que está en los cielos os perdone a vosotros vuestras ofensas" (Mr. 11:25).
>
> "Y perdónanos nuestros pecados, porque también nosotros perdonamos a todos los que nos deben. Y no nos metas en tentación, mas líbranos del mal" (Lc. 11:4).
>
> "Y si siete veces al día pecare contra ti, y siete veces al día volviere a ti, diciendo: Me arrepiento; perdónale" (Lc. 17:4).
>
> "Antes sed benignos unos con otros, misericordiosos, perdonándoos unos a otros, como Dios también os perdonó a vosotros en Cristo" (Ef. 4:32).
>
> "soportándoos unos a otros, y perdonándoos unos a otros si alguno tuviere queja contra otro. De la manera que Cristo os perdonó, así también hacedlo vosotros" (Col. 3:13).

2. Existe la consolación o el aliento de la iglesia. Era necesario que el hombre fuera consolado y alentado. Sin lugar a dudas, él sintió pena y vergüenza, porque él había sido el centro de atención y de la disciplina de toda la iglesia. También se estaría preguntando cómo se sentirían realmente con él las personas. Lo perdonarían y aceptarían o lo rechazarían y le guardarían rencor. El hombre había creado un escándalo e hirió tanto a Pablo como a la iglesia; por consiguiente, la única manera en la que se le podía consolar y aliviarlo de la culpa sería que tanto Pablo como la iglesia lo fortalecieran en esa consolación y seguridad.

> "así que, al contrario, vosotros más bien debéis perdonarle y consolarle, para que no sea consumido de demasiada tristeza" (2 Co. 2:7).
>
> "Por lo cual, animaos unos a otros, y edificaos unos a otros, así como lo hacéis.
>
> Os rogamos, hermanos, que reconozcáis a los que trabajan entre vosotros, y os presiden en el Señor, y os amonestan; y que los tengáis en mucha estima y amor por causa de su obra. Tened paz entre vosotros. También os rogamos, hermanos, que amonestéis a los ociosos, que alentéis a los de poco ánimo, que sostengáis a los débiles, que seáis pacientes para con todos" (1 Ts. 5:11-14).

"Consolaos, consolaos, pueblo mío, dice vuestro Dios" (Is. 40:1).

3. Existe el arrepentimiento del ofensor. El hombre que atacó a Pablo se había arrepentido. Había demostrado una arrepentimiento y tristeza de Dios (vea el *Estudio a fondo 1, Tristeza de Dios* — 2 Co. 7:10). Por consiguiente, era hora de la restauración. Se había cumplido el propósito de la disciplina.

Sin embargo, note la preocupación y la amonestación de Pablo. Existe el peligro de que la disciplina dure demasiado y sea demasiado severa. Hay un punto en el que la disciplina puede volverse destructiva en lugar de constructiva. ¿Cuál es ese punto? Al ofensor se le debe *perdonar y consolar*:

• Antes de que sea "consumido de demasiada tristeza", es decir, antes de que caiga en una gran depresión y desesperación.

Cuando se ha arrepentido y ha demostrado una tristeza genuina, se le debe restaurar a la comunión de la iglesia.

> **"En todo os he enseñado que, trabajando así, se debe ayudar a los necesitados, y recordar las palabras del Señor Jesús, que dijo: Más bienaventurado es dar que recibir" (Hch. 20:35).**
>
> **"Recibid al débil en la fe, pero no para contender sobre opiniones" (Ro. 14:1).**
>
> **"Así que, los que somos fuertes debemos soportar las flaquezas de los débiles, y no agradarnos a nosotros mismos" (Ro. 15:1).**

4. Existe la seguridad y la demostración del amor por parte de la iglesia. Los creyentes debían desvivirse por demostrarle al hombre que lo amaban. La disciplina y la corrección solo eran para organizar el desorden y para poner a todo el mundo nuevamente en el camino del amor mutuo y que el Señor los continuara ministrando.

> **"Un mandamiento nuevo os doy: Que os améis unos a otros; como yo os he amado, que también os améis unos a otros. En esto conocerán todos que sois mis discípulos, si tuviereis amor los unos con los otros" (Jn. 13:34, 35).**
>
> **"Este es mi mandamiento: Que os améis unos a otros, como yo os he amado" (Jn. 15:12).**
>
> **"Quítense de vosotros toda amargura, enojo, ira, gritería y maledicencia, y toda malicia. Antes sed benignos unos con otros, misericordiosos, perdonándoos unos a otros, como Dios también os perdonó a vosotros en Cristo" (Ef. 4:31, 32).**
>
> **"Y andad en amor, como también Cristo nos amó, y se entregó a sí mismo por nosotros, ofrenda y sacrificio a Dios en olor fragante" (Ef. 5:2).**
>
> **"En esto consiste el amor: no en que nosotros hayamos amado a Dios, sino en que él nos amó a nosotros, y envió a su Hijo en propiciación por nuestros pecados. Amados, si Dios nos ha amado así, debemos también nosotros amarnos unos a otros" (1 Jn. 4:10, 11).**

4 (2:9) *Disciplina de la iglesia:* El segundo propósito de la disciplina era la obediencia de la iglesia a su misión. De un modo sencillo, mientras la iglesia le permitiera al hombre que continuara con su perturbación, la iglesia no podía centrarse en su misión y ministerio. No podía hacer su obra; estaba des-

obedeciendo a Dios, permitiendo que imperara la polémica y la división. Se estaba arruinando su comunión, y se estaba afectando drásticamente el propósito mismo de existir en la tierra.

Sucede lo siguiente: Pablo le había instruido a la iglesia disciplinar al ofensor a fin de *demostrar su obediencia* a Cristo.

=> Si a la iglesia le preocupaba obedecer a Cristo, entonces tenía que lidiar con el hombre.

=> Si a la iglesia no le preocupaba obedecer a Cristo, entonces continuaría permitiendo que se atacara a su ministro, centrando su atención en la polémica y no en su ministerio.

Según se ha planteado, el segundo propósito de disciplinar al ofensor era librar a la iglesia de la polémica, permitiéndole que se centrara en su misión y ministerio.

Es por medio de la corrección de los ofensores y de las perturbaciones que la iglesia demuestra:

• Su amor por el hermano ofensor y su ministro.

• La obediencia a Cristo "en todas las cosas".

> **"Un mandamiento nuevo os doy: Que os améis unos a otros; como yo os he amado, que también os améis unos a otros. En esto conocerán todos que sois mis discípulos, si tuviereis amor los unos con los otros" (Jn. 13:34, 35).**
>
> **"Solamente que os comportéis como es digno del evangelio de Cristo, para que o sea que vaya a veros, o que esté ausente, oiga de vosotros que estáis firmes en un mismo espíritu, combatiendo unánimes por la fe del evangelio" (Fil. 1:27).**

5 (2:10-11) *Disciplina de la iglesia:* Estaba el espíritu perdonador del ministro. Pablo dice que él perdonó al hombre por tres razones:

1. Pablo perdonó al hombre a fin de ayudar a la iglesia y ayudarse a sí mismo. La naturaleza y el cimiento mismos de la iglesia es el perdón. La iglesia existe porque Dios perdona nuestros pecados. Por consiguiente, si la iglesia se rehúsa a perdonar a una persona que se arrepiente verdaderamente, la iglesia está negando su naturaleza y propósito de existencia. La iglesia no tiene razón de existir si no perdona y restaura a las personas a la comunión.

Sucede lo siguiente: El ministro debe ser el primero en perdonar y en enseñar el perdón. Por consiguiente, Pablo perdonó al hombre y alentó a la iglesia de Corinto a perdonar al hombre también. Como dice Pablo: "lo que he perdonado [el daño hecho], por vosotros lo he hecho".

2. Pablo perdonó al hombre por amor a Cristo. "En presencia de Cristo" quiere decir frente a frente o frente a la persona de Cristo, es decir, ante Cristo. A Cristo le desagrada tanto un espíritu implacable, que se rehúsa a perdonar los pecados de cualquier hombre que sea implacable. El corazón de Cristo derrama perdón; por consiguiente, Él espera que todos los hombres perdonen a los otros. Pablo amaba a Cristo, lo amaba con todo su corazón; por consiguiente, Pablo no podía lastimar a Cristo con un espíritu implacable. Pablo tenía que perdonar al hombre por amor a Cristo.

3. Pablo perdonó al hombre para evitar que Satanás ganara ventaja. Los resultados habrían sido trágicos.

    a. Satanás habría tenido ventaja sobre el hombre. Si la iglesia no lo hubiera perdonado:

- Se habría quedado fuera de la iglesia, *fuera en el mundo*.
- Habría quedado sujeto a caer en depresión y desesperación, ser consumido de tristeza.

    b. Satanás habría tenido ventaja sobre Pablo. El ministerio de Pablo se habría vuelto ineficaz, porque ya Dios no podría bendecir a un hombre que no hizo lo que predicaba: "Perdonar los pecados de los hombres".

    c. Satanás habría tenido ventaja sobre la iglesia por la misma razón. Dios ya no podría usar más la iglesia, porque estaría negando su propio propósito de existencia. En lugar de abrir sus puertas al pecador arrepentido, estaría cerrándole sus puertas a la satisfacción de las necesidades de las personas, personas que son tan preciadas para Dios.

Note lo que Pablo dice: "no ignoramos sus maquinaciones [las de Satanás]". Satanás tiene gran influencia en los hombres y en sus asuntos. Los creyentes no deben ignorar sus maquinaciones para tentar y destruir a las personas.

"Airaos, pero no pequéis; no se ponga el sol sobre vuestro enojo, 27 ni deis lugar al diablo" (Ef. 4:26, 27).

"Por lo demás, hermanos míos, fortaleceos en el Señor, y en el poder de su fuerza. Vestíos de toda la armadura de Dios, para que podáis estar firmes contra las asechanzas del diablo" (Ef. 6:10, 11).

"Someteos, pues, a Dios; resistid al diablo, y huirá de vosotros" (Stg. 4:7).

"Sed sobrios, y velad; porque vuestro adversario el diablo, como león rugiente, anda alrededor buscando a quien devorar; al cual resistid firmes en la fe, sabiendo que los mismos padecimientos se van cumpliendo en vuestros hermanos en todo el mundo" (1 P. 5:8, 9).

	III. EL MINISTERIO Y SU DESCRIPCIÓN, 2:12—7:16	medio de nosotros manifiesta en todo lugar el olor de su conocimiento.	b. Logrado esparciendo el conocimiento de Dios
	A. El ministerio: Una panorámica general, 2:12-17	15 Porque para Dios somos grato olor de Cristo en los que se salvan, y en los que se pierden;	**3 El ministro es grato olor para Dios** a. Él es el olor de la vida para lo que se salvan
1 El ministro siente una gran pasión a. La pasión por predicar b. La pasión por ayudar a las iglesias	12 Cuando llegué a Troas para predicar el evangelio de Cristo, aunque se me abrió puerta en el Señor, 13 no tuve reposo en mi espíritu, por no haber hallado a mi hermano Tito; así, despidiéndome de ellos, partí para Macedonia.	16 a éstos ciertamente olor de muerte para muerte, y a aquéllos olor de vida para vida. Y para estas cosas, ¿quién es suficiente?	b. Él es el olor de la muerte para los que se pierden **4 El ministro tiene sobre sí exigencias severas** a. No medrar falsificando la Palabra de Dios
2 El ministro siempre triunfa en Cristo a. Logrado por Dios	14 Mas a Dios gracias, el cual nos lleva siempre en triunfo en Cristo Jesús, y por	17 Pues no somos como muchos, que medran falsificando la palabra de Dios, sino que con sinceridad, como de parte de Dios, y delante de Dios, hablamos en Cristo.	b. Ser sincero c. Ser de Dios d. Vivir delante de Dios e. Hablar en Cristo

DIVISIÓN III

EL MINISTERIO Y SU DESCRIPCIÓN, 2:12—7:16

A. El ministerio: Una panorámica general, 2:12-17

(2:12-17) *Introducción:* Esta es una ilustración clara del ministro y del ministerio al que Dios lo ha llamado. Es un gran estímulo para el ministro ser y hacer exactamente aquello para lo que Dios lo ha llamado.

1. El ministro siente una gran pasión (vv. 12-13).
2. El ministro siempre triunfa en Cristo (v. 14).
3. El ministro es grato olor para Dios (vv. 15-16).
4. El ministro tiene sobre sí exigencias severas (vv. 16-17).

1 (2:12-13) *Ministro — Ministerio:* El ministro siente una pasión ardiente por predicar y una gran preocupación por las iglesias con problemas. Pablo aún está describiendo su gran amor y preocupación por los creyentes en la iglesia de Corinto (v. 4).

Cuando lo forzaron a abandonar Éfeso (vea el *Estudio a fondo 1* — 2 Co. 1:8-10), él había planificado ir a Corinto, pero los ataques personales de algunos miembros contra él convirtieron su plan en una insensatez (vea el índice y las notas — 2 Co. 1:23—2:4). En lugar de hacer una visita personal, creyó que sería más sensato tratar de resolver el problema escribiéndoles una epístola severa. Al parecer envió a Tito a Corinto con la epístola severa y con instrucciones de hacer cuanto pudiera para ayudar a la iglesia a corregir la polémica. Después que hubiera hecho todo cuanto pudiera, Tito debía reunirse con Pablo en Troas donde Pablo estaría ministrando. Hay dos elementos al respecto:

1. El ministro tenía una pasión ardiente por predicar a Cristo. Pablo no podía estarse tranquilo; él tenía que predicar a Cristo. Él quería ministrar en Corinto, pero la iglesia de Corinto había permitido que se formara una camarilla contra él. Por consiguiente, resultaba imposible ministrar allí. Pero Pablo no podía dejar de ministrar; Dios lo había llamado y no podía fallarle a Dios. La pasión por predicar a Cristo ardía dentro de él. Los corintios podían cerrarle las puertas a su ministerio allí, pero no podían impedirle que ministrara en otra parte. Por consiguiente, cambió de planes; se fue a Troas. Y como él era fiel en la búsqueda de oportunidades para predicar y ministrar, el Señor le abrió una gran puerta de ministerio en Troas.

> "...me es impuesta necesidad; y ¡ay de mí si no anunciare el evangelio!" (1 Co. 9:16).
> "Y les dijo: Id por todo el mundo y predicad el evangelio a toda criatura" (Mr. 16:15).
> "Jesús le dijo: Deja que los muertos entierren a sus muertos; y tú ve, y anuncia el reino de Dios" (Lc. 9:60).
> "Id, y puestos en pie en el templo, anunciad al pueblo todas las palabras de esta vida" (Hch. 5:20).
> "que prediques la palabra; que instes a tiempo y fuera de tiempo; redarguye, reprende, exhorta con toda paciencia y doctrina" (2 Ti. 4:2).

2. El ministro tenía una gran preocupación por las iglesias con problemas. La iglesia de Corinto se encontraba en problemas, graves problemas. Como sucede con cualquier ministro fiel, el corazón de Pablo estaba con todos los perjudicados. Pasaron varias semanas, al parecer se alargaron hasta varios meses, y no llegaba noticia alguna de Tito sobre el bienestar de la iglesia de Corinto. Pablo estaba ansioso y preocupado. Como dijo él, "no tuve reposo [alivio] en mi espíritu". La situación afectó a Pablo: "Ya no podía soportar más el suspenso". Por consiguiente, partió para Macedonia buscando a Tito por toda la gran carretera que atravesaba la provincia.

> "Por tanto, velad, acordándoos que por tres años,

de noche y de día, no he cesado de amonestar con lágrimas a cada uno" (Hch. 20:31).

"y además de otras cosas, lo que sobre mí se agolpa cada día, la preocupación por todas las iglesias" (2 Co. 11:28).

"Pues me temo que cuando llegue, no os halle tales como quiero, y yo sea hallado de vosotros cual no queréis; que haya entre vosotros contiendas, envidias, iras, divisiones, maledicencias, murmuraciones, soberbias, desórdenes" (2 Co. 12:20).

"Me temo de vosotros, que haya trabajado en vano con vosotros" (Gá. 4:11).

"orando de noche y de día con gran insistencia, para que veamos vuestro rostro, y completemos lo que falte a vuestra fe" (1 Ts. 3:10).

[2] (2:14) *Ministro — Victoria:* El ministro siempre triunfa en Cristo. Pablo encontró a Tito, y él cubre el encuentro en el Capítulo 7. La noticia era gloriosa: La iglesia había respondido y experimentado la renovación. Solo el pensamiento de lo que había sucedido en la iglesia hizo que Pablo se sumiera en acción de gracias. Pablo tenía razones de sobra para agradecer a Dios, porque una camarilla de la iglesia lo había criticado y atacado grandemente y la iglesia estaba a punto de ser destruida por la polémica y la división. Él le dio gracias a Dios por el triunfo glorioso que Él siempre les da a sus ministros por medio de Cristo. Dios nunca les falla a sus ministros, y Él no le había fallado a Pablo. Él había hecho que Pablo *triunfara en Cristo.*

La ilustración del triunfo es descriptiva. Es la ilustración de un comandante militar que regresa a Roma después de alguna gran victoria. Al comandante siempre se le daba la bienvenida a la ciudad en una gran marcha triunfal. La mayoría de las personas han visto esas escenas en filmes ya sea en la televisión o en el cine.

Lo que Pablo ilustra es el triunfo de Cristo. Él ve a Dios dándole a Cristo la victoria triunfante y gloriosa en la medida que la Palabra de Dios se proclama en todo el mundo. Y Pablo se ve a sí mismo, como ministro de Dios, como parte de la victoria triunfante y gloriosa.

Note varios elementos:

1. Es Dios el que hace que el ministro triunfe. El propio Dios cuida al ministro, nunca le quita los ojos de encima ni pierde de vista a su querido siervo. El viaje en ocasiones puede ponerse difícil, y puede que el ministro reciba ataques y maltratos, pero Dios nunca abandona al ministro.

2. Dios siempre hace que el ministro triunfe sobre los ataques y todos los obstáculos y problemas. El verdadero ministro de Dios nunca conocerá la derrota, no de un modo permanente. Aunque caiga y falle por un período de tiempo, Dios finalmente lo ayudará, lo restaurará y seguirá usándolo. Dios *siempre* hará que su querido siervo triunfe sobre todo. No hay nada, absolutamente nada que pueda vencer y conseguir el triunfo y la victoria finales sobre el ministro de Dios, no si es llamado verdaderamente por Dios. Se garantiza el triunfo glorioso sobre todo.

3. El triunfo del ministro es "*en Cristo*" y solo en Cristo. El ministro debe…

* creer en Cristo
* ministrar en Cristo
* confiar en Cristo
* vivir en Cristo
* ser llamado en Cristo
* moverse en Cristo
* servir en Cristo
* estar en Cristo

El ministro no es diferente de ninguna otra persona: Su única victoria es en Cristo. Él debe confiar y vivir en Cristo de la misma manera que el resto de las personas. Él no es acepto ante Dios aparte de Cristo. Su aceptación ante Dios se basa en lo mismo en lo que se basa la de las otras personas: "Fe en Cristo". Por consiguiente, para triunfar "*en Cristo*" el ministro debe estar "en Cristo"; es decir, debe *creer* y *vivir en* Cristo. El ministro triunfa en Cristo y solo en Cristo.

4. Dios usa al ministro para esparcir el conocimiento de Cristo por todas partes. Esta es la razón por la que Dios hace que el ministro triunfe: "Para esparcir el mensaje glorioso de Cristo por todo el mundo". Dios está dispuesto a salvar a cada persona que pueda: "Para encargarse de que todo el mundo conozca acerca del amor de Cristo". La palabra "olor" significa sencillamente fragancia o aroma, como la fragancia de una flor. Dios esparce el olor de su Palabra por medio de sus ministros.

"Estas cosas os he hablado para que en mí tengáis paz. En el mundo tendréis aflicción; pero confiad, yo he vencido al mundo" (Jn. 16:33).

"¿Quién nos separará del amor de Cristo? ¿Tribulación, o angustia, o persecución, o hambre, o desnudez, o peligro, o espada? Como está escrito: Por causa de ti somos muertos todo el tiempo; somos contados como ovejas de matadero. Antes, en todas estas cosas somos más que vencedores por medio de aquel que nos amó" (Ro. 8:35-37).

"Mas a Dios gracias, el cual nos lleva siempre en triunfo en Cristo Jesús, y por medio de nosotros manifiesta en todo lugar el olor de su conocimiento" (2 Co. 2:14).

"Porque todo lo que es nacido de Dios vence al mundo; y esta es la victoria que ha vencido al mundo, nuestra fe. ¿Quién es el que vence al mundo, sino el que cree que Jesús es el Hijo de Dios?" (1 Jn. 5:4, 5).

"Al que venciere y guardare mis obras hasta el fin, yo le daré autoridad sobre las naciones" (Ap. 2:26).

"El que venciere será vestido de vestiduras blancas; y no borraré su nombre del libro de la vida, y confesaré su nombre delante de mi Padre, y delante de sus ángeles" (Ap. 3:5).

"Al que venciere, yo lo haré columna en el templo de mi Dios, y nunca más saldrá de allí; y escribiré sobre él el nombre de mi Dios, y el nombre de la ciudad de mi Dios, la nueva Jerusalén, la cual desciende del cielo, de mi Dios, y mi nombre nuevo" (Ap. 3:12).

"Al que venciere, le daré que se siente conmigo en mi trono, así como yo he vencido, y me he sentado con mi Padre en su trono" (Ap. 3:21).

"El que venciere heredará todas las cosas, y yo seré su Dios, y él será mi hijo" (Ap. 21:7).

[3] (2:15-16) *Ministro:* El ministro es grato olor para Dios, porque él esparce el mensaje de Cristo entre los que se salvan y los que se pierden. La ilustración es la de una flor. La flor es un grato olor para los hombres; por consiguiente, la flor es acepta ante los hombres. El ministro es grato olor para Dios;

por consiguiente, el ministro es *acepto* ante Dios. Pero quiere decir más que ser sencillamente acepto, mucho más. Quiere decir lo siguiente: Para Dios el ministro es…

- acepto
- agradable
- placentero
- satisfactorio
- pleno
- valioso
- digno de atención
- digno de cuidado
- digno de preservación

Pensamiento 1. Esta es una verdad tranquilizadora y reconfortante para el ministro, fundamentalmente para el ministro al que atacan como habían atacado a Pablo. El ministro es valioso, muy valioso para Dios; se encuentra bajo el abrigo del amor y el cuidado eternos de Dios.

Note qué es lo que hace al ministro un grato olor para Dios: Es el hecho de que el ministro esparce el mensaje ("conocimiento") de Cristo. Y note a quien se lo transmite: "Tanto a los que se salvan como a los que se pierden". El ministro es el olor de la vida para aquellos que se salvan y el olor de la muerte para aquellos que se pierden. Dondequiera que esté el ministro fiel, él esparce el olor de la vida y de la muerte, el mensaje de que los hombres pueden hallar vida en Cristo o de lo contrario el mensaje de que los hombres morirán sin Cristo, morirán y estar separados de Dios eternamente.

Imagínese al ministro fiel en una habitación con un grupo de personas. La presencia y las palabras del ministro le transmiten un olor a todos los presentes.

1. Para los que se salvan, el ministro representa la vida que es en Cristo, el hecho de que nuestra vida se debe dedicar a Dios y a ministrar las necesidades de las personas. El ministro esparce el olor de "vida para vida", que las personas pueden vivir ahora y para siempre.

2. Para los que no se salvan (los que se pierden), el ministro representa la muerte, el hecho de que alguien no crea en la vida de Cristo representada por el ministro. Por consiguiente, el ministro esparce el olor de muerte para muerte, que las personas están muertas para Dios ahora y estarán muertas eternamente para Dios en la otra vida.

Pensamiento 1. El mensaje de Cristo es la vida o la muerte para una persona.

1) A Cristo se le considera valioso y acepto o indigno y rechazado.

> "**Para vosotros, pues, los que creéis, él es precioso; pero para los que no creen, la piedra que los edificadores desecharon, ha venido a ser la cabeza del ángulo**" (1 P. 2:7).

2) A Cristo se le ama como la luz del mundo o se le odia como la luz de la condenación.

> "**Y esta es la condenación: que la luz vino al mundo, y los hombres amaron más las tinieblas que la luz, porque sus obras eran malas. Porque todo aquel que hace lo malo, aborrece la luz y no viene a la luz, para que sus obras no sean reprendidas**" (Jn. 3:19, 20).

4 (2:16-17) *Ministro:* El ministro tiene sobre sí exigencias estrictas. El ministro tiene una responsabilidad imponente.

Imagínese nada más ser responsable de un mensaje que implica tanto *la vida eterna* como *la muerte eterna*.

¿Quién es suficiente o está calificado para una tarea así? ¿Hay algún hombre así? Pablo dice, "Sí", pero no muchos. Los únicos hombres que están calificados son aquellos que cumplen cinco exigencias estrictas.

> "**Doy gracias al que me fortaleció, a Cristo Jesús nuestro Señor, porque me tuvo por fiel, poniéndome en el ministerio**" (1 Ti. 1:12).

1. Los hombres calificados no "medran falsificando la Palabra de Dios". La palabra "medrar" (kapeleuontes) proviene de una palabra antigua que significa charlatán o vendedor ambulante. Significa vender, adulterar, reducir, contaminar, alterar la Palabra de Dios. Quiere decir mezclar otras cosas con el evangelio, por ejemplo, ideas personales, especulaciones, las últimas modas religiosas o ideas noveles.

> "**Entonces respondiendo Jesús, les dijo: Erráis, ignorando las Escrituras y el poder de Dios**" (Mt. 22:29).
> "**Pues no somos como muchos, que medran falsificando la palabra de Dios, sino que con sinceridad, como de parte de Dios, y delante de Dios, hablamos en Cristo**" (2 Co. 2:17).
> "**Antes bien renunciamos a lo oculto y vergonzoso, no andando con astucia, ni adulterando la palabra de Dios, sino por la manifestación de la verdad recomendándonos a toda conciencia humana delante de Dios**" (2 Co. 4:2).

2. El hombre calificado es "sincero" (eilikrineia). Esto quiere decir que el ministro y sus motivos son puros y no adulterados, que a él y a sus motivos los han pasado por un cernidor. El ministro es impecable e intachable a la inspección. Él está en el ministerio para servir a Dios y ayudar a las personas. Él no está en el ministerio porque él lo respete como profesión, ni por ninguna otra razón. Dios lo ha llamado, y él siente la necesidad de servir a Dios.

> "**Pues no somos como muchos, que medran falsificando la palabra de Dios, sino que con sinceridad, como de parte de Dios, y delante de Dios, hablamos en Cristo**" (2 Co. 2:17).
> "**para que aprobéis lo mejor, a fin de que seáis sinceros e irreprensibles para el día de Cristo**" (Fil. 1:10).
> "**presentándote tú en todo como ejemplo de buenas obras; en la enseñanza mostrando integridad, seriedad**" (Tit. 2:7).

3. El hombre calificado es "de Dios". Es llamado, encomendado, y enviado por Dios; y vive por la gracia y fuerza de Dios y para Dios. También quiere decir que él es "de Dios", del carácter y la naturaleza de Dios, que lleva una *vida piadosa*.

> "**Sed, pues, imitadores de Dios como hijos amados**" (Ef. 5:1).
> "**sino, como aquel que os llamó es santo, sed también vosotros santos en toda vuestra manera de vivir; porque escrito está: Sed santos, porque yo soy santo**" (1 P. 1:15, 16).

4. El hombre calificado vive "delante de Dios". Es consciente y sabe de la presencia de Dios, sabiendo que él

vive y se mueve delante de Dios en cada momento de cada día. Él sabe:

- Que Dios lo *ve* en cada una de sus necesidades; por consiguiente, Dios lo protege y lo cuida.
- Que Dios *ve* todo lo que él hace; por consiguiente, él anda justa y cuidadosamente para poder agradar a Dios.

"Porque esto es bueno y agradable delante de Dios nuestro Salvador, el cual quiere que todos los hombres sean salvos y vengan al conocimiento de la verdad. Porque hay un solo Dios, y un solo mediador entre Dios y los hombres, Jesucristo hombre, el cual se dio a sí mismo en rescate por todos, de lo cual se dio testimonio a su debido tiempo" (1 Ti. 2:3-6).

"Y el Dios de paz que resucitó de los muertos a nuestro Señor Jesucristo, el gran pastor de las ovejas, por la sangre del pacto eterno, os haga aptos en toda obra buena para que hagáis su voluntad, haciendo él en vosotros lo que es agradable delante de él por Jesucristo; al cual sea la gloria por los siglos de los siglos. Amén" (He. 13:20, 21).

5. El hombre calificado "habla en Cristo". Habla en la comunión, fraternidad y poder de Cristo. No habla con su propia fuerza y energía, sino no con la energía y fuerza de Cristo. Vive en comunión con Cristo; por consiguiente, cuando él da testimonio y predica, puede hacer a todos partícipes de la comunión y la presencia de Cristo bajo la unción de la presencia del Señor.

"Permaneced en mí, y yo en vosotros. Como el pámpano no puede llevar fruto por sí mismo, si no permanece en la vid, así tampoco vosotros, si no permanecéis en mí. Yo soy la vid, vosotros los pámpanos; el que permanece en mí, y yo en él, éste lleva mucho fruto; porque separados de mí nada podéis hacer. El que en mí no permanece, será echado fuera como pámpano, y se secará; y los recogen, y los echan en el fuego, y arden. Si permanecéis en mí, y mis palabras permanecen en vosotros, pedid todo lo que queréis, y os será hecho" (Jn. 15:4-7).

"enseñándoles que guarden todas las cosas que os he mandado; y he aquí yo estoy con vosotros todos los días, hasta el fin del mundo. Amén" (Mt. 28:20).

"Y se decían el uno al otro: ¿No ardía nuestro corazón en nosotros, mientras nos hablaba en el camino, y cuando nos abría las Escrituras?" (Lc. 24:32).

"Fiel es Dios, por el cual fuisteis llamados a la comunión con su Hijo Jesucristo nuestro Señor" (1 Co. 1:9).

"acerquémonos con corazón sincero, en plena certidumbre de fe, purificados los corazones de mala conciencia, y lavados los cuerpos con agua pura" (He. 10:22).

"He aquí, yo estoy a la puerta y llamo; si alguno oye mi voz y abre la puerta, entraré a él, y cenaré con él, y él conmigo" (Ap. 3:20).

"Cercano está Jehová a todos los que le invocan, a todos los que le invocan de veras" (Sal. 145:18).

1 Las credenciales del ministro no son cartas de recomendación	B. El ministerio: Sus credenciales, 3:1-5	3 siendo manifiesto que sois carta de Cristo expedida por nosotros, escrita no con tinta, sino con el Espíritu del Dios vivo; no en tablas de piedra, sino en tablas de carne del corazón.	3 Credencial 2: Vidas escritas por Cristo mediante el ministro
	1 ¿Comenzamos otra vez a recomendarnos a nosotros mismos? ¿O tenemos necesidad, como algunos, de cartas de recomendación para vosotros, o de recomendación de vosotros?	4 Y tal confianza tenemos mediante Cristo para con Dios; 5 no que seamos competentes por nosotros mismos para pensar algo como de nosotros mismos, sino que nuestra competencia proviene de Dios,	4 Credencial 3: Estar calificado y ser hecho competente por Dios
2 Credencial 1: Vidas escritas en el corazón del ministro	2 Nuestras cartas sois vosotros, escritas en nuestros corazones, conocidas y leídas por todos los hombres;		

DIVISIÓN III

EL MINISTERIO Y SU DESCRIPCIÓN, 2:12—7:16

B. El ministerio: Sus credenciales, 3:1-5

(3:1-5) **Introducción:** Con frecuencia las iglesias tienen que considerar las credenciales de los ministros, en particular cuando buscan un nuevo ministro o están manejando algún problema con relación a un ministro. ¿Cuáles son las credenciales que se deben considerar? Este pasaje proporciona varias consideraciones importantes:

1. Las credenciales del ministro no son cartas de recomendación (v. 1).
2. Credencial 1: Vidas escritas en el corazón del ministro (v. 2).
3. Credencial 2: Vidas escritas por Cristo mediante el ministro (v. 3).
4. Credencial 3: Estar calificado y ser hecho competente por Dios (vv. 4-5).

1 (3:1) *Ministros, calificación:* Las credenciales del ministro no son cartas de recomendación. Había personas en la iglesia de Corinto que acusaban a Pablo:

- De orgullo y arrogancia.
- De actuar como si él fuera *el mensajero* de Dios, más especial que otros.
- De alegar que lo que él decía era la Palabra de Dios misma y lo que otros decían no era la Palabra de Dios.
- De actuar como si él tuviera la verdad absoluta en la mano.
- De alabarse y recomendarse él mismo.
- De exaltarse a sí mismo por encima de otros.

Pablo acababa de declarar que él no medraba falsificando la Palabra de Dios como hacen muchos, y que su ministerio estaba basado en un verdadero llamado de Dios (2 Co. 2:17). Él sabía que los que se oponían a él iban a atacar su alegato y nuevamente lo acusarían de exaltarse a sí mismo, lo acusarían de actuar como si él fuera *el mensajero* de Dios

que tenía la verdad absoluta en la mano. Por consiguiente, Pablo comienza a interceptar y prevenir la acusación.

De un modo sencillo, ¿por qué los corintios o cualquier otra persona habrían de hacerle caso a Pablo, el ministro? ¿Qué credenciales tiene él que haría que las personas le hicieran caso a él y a sus afirmaciones?

A la hora de responder a las preguntas y establecer sus credenciales, hay una verdad fundamental: "Las credenciales del ministro no son cartas de recomendación". Los hombres siempre han confiado y probablemente siempre confíen en cartas de referencia o recomendación, pero como toda persona responsable sabe, tales cartas con frecuencia se exageran y son inciertas. No siempre son exactas y fieles. Por consiguiente, no se conoce realmente a una persona hasta que demuestre quién es en algún campo del ministerio o en algún puesto.

Nota: Pablo dice que algunas personas de la iglesia de Corinto habían usado cartas de referencia para recomendarse ellos mismos a la iglesia. Al parecer esto se refiere a otros maestros o ministros de la iglesia, quizá los mismos que se oponían a Pablo. El objetivo de Pablo es el siguiente: Su recomendación a la iglesia no son cartas de referencia, sino algo de mucho más valor. Las credenciales que él presenta a la iglesia significan mucho más, mucho más que cartas de recomendación.

Pensamiento 1. Las cartas de recomendación del ministro no son sus credenciales fundamentales. Él no está calificado para el ministerio porque alguna persona lo tenga en alta estima, no porque algunas personas recomienden que él ministre o entre en el ministerio. Hay ciertas calificaciones, algunas credenciales que significan mucho más que excelentes cartas de recomendación.

2 (3:2) *Ministro — Pablo, ministerio:* La primera credencial del ministro son las vidas humanas escritas en su corazón. Se dicen dos cosas sorprendentes.

1. Pablo dice que los creyentes corintios estaban escritos en su corazón. Cualquiera que lo conociera podía ver

que se preocupaba grandemente por la iglesia de Corinto; que siempre estaba orando por ellos y expresando su amor y preocupación por ellos. Él los apreciaba mucho. Él los quería mucho, tanto que podía decir realmente que estaban *escritos en su corazón*.

Sucede lo siguiente: Las personas son mucho más importantes que las cartas. La recomendación de un ministro no son cartas de recomendación, sino un corazón:

- Que tiene personas escritas en él.
- Que le toma amor a las personas.
- Que no se desentiende con facilidad de las personas.
- Que debe alcanzar y hacer crecer personas para Cristo.

Esta es la verdadera carta de recomendación que debiera importarle a la iglesia: "Un corazón que tiene personas escritas en él".

2. Pablo dice que todos los hombres lo sabían y habían leído al respecto. Cualquiera podía echar una ojeada y leer la vida de cada uno de los creyentes corintios y darse cuenta de que estaban en el corazón de Pablo. Pablo había ido a Corinto a ministrar a las personas, a algunas las había salvado y otras habían crecido en el Señor. Su testimonio era su carta de recomendación, y su testimonio ante el mundo era mucho más importante que una carta de recomendación.

Pensamiento 1. La recomendación más grande de un ministro son las vidas cambiadas de las personas. El hecho de que un ministro haya guiado a personas a Cristo y las haya hecho crecer en Cristo dice mucho más que cartas de recomendación.

"**¿No soy apóstol? ¿No soy libre? ¿No he visto a Jesús el Señor nuestro? ¿No sois vosotros mi obra en el Señor? Si para otros no soy apóstol, para vosotros ciertamente lo soy; porque el sello de mi apostolado sois vosotros en el Señor**" (1 Co. 9:1, 2).

"**Porque ¿cuál es nuestra esperanza, o gozo, o corona de que me gloríe? ¿No lo sois vosotros, delante de nuestro Señor Jesucristo, en su venida? Vosotros sois nuestra gloria y gozo**" (1 Ts. 2:19, 20).

"**Os rogamos, hermanos, que reconozcáis a los que trabajan entre vosotros, y os presiden en el Señor, y os amonestan; y que los tengáis en mucha estima y amor por causa de su obra. Tened paz entre vosotros**" (1 Ts. 5:12, 13).

"**Los ancianos que gobiernan bien, sean tenidos por dignos de doble honor, mayormente los que trabajan en predicar y enseñar**" (1 Ti. 5:17).

"**Acordaos de vuestros pastores, que os hablaron la palabra de Dios; considerad cuál haya sido el resultado de su conducta, e imitad su fe**" (He. 13:7).

Pensamiento 2. Se dice que el creyente es "leído por todos los hombres". A diario los creyentes deben ser muy cuidadosos cuando escriben con su vida, porque el público observa detenidamente y lee exactamente lo que ellos hacen.

3 (3:3) *Ministro — Pablo, ministerio:* La segunda credencial del ministro son las vidas escritas por Cristo *mediante* el ministro. Es de crucial importancia tener en cuenta este ele-

mento, porque el ministro no es quien convierte y cambia la vida de las personas.

1. Es Cristo y solo Cristo el que convierte y hace crecer a las personas.

a. Se dice que la vida de cada uno de los creyentes son "la carta [epístola] de Cristo". Cristo es el autor de la vida del creyente, el autor de su conversión y justificación. Cualquier cambio que se obre en la vida del creyente, cualquier amor, gozo, paz, y seguridad de la vida, todo se debe a Cristo.

b. La vida de los creyentes no está escritas con la tinta que el hombre usa, sino con el *Espíritu del Dios vivo*. Cristo usa el Espíritu de Dios cuando Él desea para comunicarles un mensaje a los hombres:

=> Él sí escribe el mensaje en tablas de piedra como lo hizo cuando le dio los mandamientos a Moisés.

=> Él escribe en tablas de carne del corazón. Él pone su mensaje en el corazón de cada uno de los hombres, que hacen que los hombres lleven una vida cambiada.

2. Es el ministro el que ministra la vida de cada uno de los creyentes. Note las palabras "expedida por nosotros". Pablo está diciendo que Cristo crea la carta, la vida de los creyentes, y el ministro la cuida y se preocupa por ella.

Pensamiento 1. La recomendación más grande que puede tener un ministro no son las cartas de recomendación, sino:

- A Cristo escrito en la vida de las personas.
- Al Espíritu del Dios vivo escrito en la conducta del pueblo.
- La ley de Dios escrita en el corazón de las personas.

"**De modo que si alguno está en Cristo, nueva criatura es; las cosas viejas pasaron; he aquí todas son hechas nuevas**" (2 Co. 5:17).

"**siendo renacidos, no de simiente corruptible, sino de incorruptible, por la palabra de Dios que vive y permanece para siempre**" (1 P. 1:23).

"**Pero la unción que vosotros recibisteis de él permanece en vosotros, y no tenéis necesidad de que nadie os enseñe; así como la unción misma os enseña todas las cosas, y es verdadera, y no es mentira, según ella os ha enseñado, permaneced en él**" (1 Jn. 2:27).

4 (3:4-5) *Ministro — Pablo, ministerio:* La tercera credencial es que el ministro esté calificado y sea hecho competente por Dios. Pablo declara dos elementos significativos sobre su ministerio:

1. Cristo lo hizo competente para el ministerio. Él no era competente para el ministerio, no por sí solo. Su única competencia era de Dios. Él no se podía hacer a sí mismo competente para el ministerio aunque lo hubiera deseado. Él no tenía poder:

- Para cambiar el corazón de una persona.
- Para darle vida a una persona.

- Para dar seguridad y confirmación de la presencia de Dios y cuidar de una persona.
- Para darle el Espíritu de Dios a una persona.
- Para escribir la ley de Dios en el corazón de una persona.

Solo Cristo podía hacer una obra espiritual como esa; por consiguiente, solo Cristo puede calificar y hacer competente al ministro para hacer a todos partícipes de la Palabra de Dios a las personas. El don de la vida y el poder para dar vida es de Dios y solo de Dios.

=> Por consiguiente, ningún hombre podría transmitir el don de la vida a menos que Dios lo llamara para hacerlo.

=> Y ningún hombre tiene el poder para transmitir el don de la vida a menos que Dios le dé el poder.

2. Note las palabras "para con Dios". Las palabras quieren decir que el ministro sirve a Dios y que él sirve ante Dios, ante los ojos y la inspección de Dios. El ministro no solo está calificado y es hecho competente por Dios, él es responsable ante Dios por cómo él ministra. El ministro no tiene mayor recomendación que el hecho de que esté calificado y sea hecho competente para el ministerio por Cristo y por Dios.

El elemento es sorprendente: "Las credenciales de un ministro son la presencia de Cristo en su vida":
- El hecho de que Dios esté moviéndose y esté obrando en y a través de su ministerio.
- El hecho de que se están haciendo grandes obras que no se podrían hacer por la suficiencia de los hombres.
- El hecho de que se están haciendo grandes obras que solo Dios podría hacer.

"Respondió Juan y dijo: No puede el hombre recibir nada, si no le fuere dado del cielo" (Jn. 3:27).

"Permaneced en mí, y yo en vosotros. Como el pámpano no puede llevar fruto por sí mismo, si no permanece en la vid, así tampoco vosotros, si no permanecéis en mí. Yo soy la vid, vosotros los pámpanos; el que permanece en mí, y yo en él, éste lleva mucho fruto; porque separados de mí nada podéis hacer" (Jn. 15:4, 5).

"no que seamos competentes por nosotros mismos para pensar algo como de nosotros mismos, sino que nuestra competencia proviene de Dios" (2 Co. 3:5).

"Doy gracias al que me fortaleció, a Cristo Jesús nuestro Señor, porque me tuvo por fiel, poniéndome en el ministerio" (1 Ti. 1:12).

	C. El ministerio: Su nuevo pacto, 3:6-18	12 Así que, teniendo tal esperanza, usamos de mucha franqueza;	7 El viejo ponía un velo sobre los mensajes; el nuevo habla con mensajes claros
1 El ministro sirve a un nuevo pacto	6 el cual asimismo nos hizo ministros competentes de un nuevo pacto, no de la letra, sino del espíritu; porque la letra mata, mas el espíritu vivifica.	13 y no como Moisés, que ponía un velo sobre su rostro, para que los hijos de Israel no fijaran la vista en el fin de aquello que había de ser abolido.	a. El velo sobre los mensajes ilustrado con Moisés
2 El viejo era una ley escrita; el nuevo es el Espíritu			
3 El viejo mata; el nuevo vivifica		14 Pero el entendimiento de ellos se embotó; porque hasta el día de hoy, cuando leen el antiguo pacto, les queda el mismo velo no descubierto, el cual por Cristo es quitado.	b. El velo sobre el entendimiento permanece incluso hoy día bajo el viejo pacto
4 El viejo era glorioso; el nuevo es más glorioso	7 Y si el ministerio de muerte grabado con letras en piedras fue con gloria, tanto que los hijos de Israel no pudieron fijar la vista en el rostro de Moisés a causa de la gloria de su rostro, la cual había de perecer,		
a. Ilustración de Moisés			
b. Es claramente evidente	8 ¿cómo no será más bien con gloria el ministerio del espíritu?	15 Y aun hasta el día de hoy, cuando se lee a Moisés, el velo está puesto sobre el corazón de ellos.	
5 El viejo traía condenación; el nuevo trae justificación	9 Porque si el ministerio de condenación fue con gloria, mucho más abundará en gloria el ministerio de justificación.	16 Pero cuando se conviertan al Señor, el velo se quitará.	c. El velo sobre el entendimiento se elimina al convertirse a Cristo, Éxodo 34:35
	10 Porque aun lo que fue glorioso, no es glorioso en este respecto, en comparación con la gloria más eminente.	17 Porque el Señor es el Espíritu; y donde está el Espíritu del Señor, allí hay libertad.	8 El nuevo pacto trae libertad por medio del Señor Jesucristo
		18 Por tanto, nosotros todos, mirando a cara descubierta como en un espejo la gloria del Señor, somos transformados de gloria en gloria en la misma imagen, como por el Espíritu del Señor.	a. En Él hay libertad
6 El viejo pereció; el nuevo es permanente	11 Porque si lo que perece tuvo gloria, mucho más glorioso será lo que permanece.		b. Al contemplarlo nos transformamos en su imagen

DIVISIÓN III

EL MINISTERIO Y SU DESCRIPCIÓN, 2:12—7:16

C. El ministerio: Su nuevo pacto, 3:6-18

(3:6-18) *Introducción:* Esta es una ilustración gráfica del ministerio del ministro, él sirve al nuevo pacto. Este pasaje es también una comparación gráfica entre el viejo pacto y el nuevo pacto.

1. El ministro sirve a un nuevo pacto (v. 6).
2. El viejo era una ley escrita; el nuevo es el Espíritu (v. 6).
3. El viejo mata; el nuevo vivifica (v. 6).
4. El viejo era glorioso; el nuevo es más glorioso (vv. 7-8).
5. El viejo traía condenación; el nuevo trae justificación (vv. 9-10).
6. El viejo pereció; el nuevo es permanente (v. 11).
7. El viejo ponía un velo sobre los mensajes; el nuevo habla con mensajes claros (vv. 12-16).
8. El nuevo pacto trae libertad por medio del Señor Jesucristo (vv. 17-18).

1 (3:6) *Pacto — Ministro:* El ministro sirve al nuevo pacto. La palabra "testamento" (diathekes) se traduce mejor como *pacto*. Significa un acuerdo hecho entre dos partes; un contrato hecho entre dos o más personas; una relación especial creada y establecida entre dos personas. En el período de la historia del Antiguo Testamento, Dios había hecho un viejo pacto entre Él y el hombre que aquí se le denomina el pacto de la letra. Esto quiere decir sencillamente un pacto escrito o el pacto de la ley. Desde la existencia de Cristo, Él ha establecido un *nuevo pacto* con el hombre que aquí se le denomina el "nuevo pacto del Espíritu". Esta es sencillamente otra forma de describir el pacto de gracia o del evangelio (He. 8:8). Vine señala que a este pacto se le denomina el "nuevo" (He. 9:15), el "segundo" (He. 8:7), y el "mejor" (He. 7:22). (*Diccionario expositivo de palabras del Nuevo Testamento*, Old Tappan, NJ: Fleming H. Revell Co., s.f.)

Sucede lo siguiente: Dios solía lidiar con el hombre por medio de la ley, pero ahora Él lidia con el hombre *por medio del Espíritu Santo*. La ley fue el viejo pacto entre Dios y el hombre. El Espíritu es el nuevo pacto entre Dios y el hombre. En la actualidad, desde la existencia de Cristo, el ministro sirve al nuevo pacto del Espíritu, no al viejo pacto de la ley.

Esto resulta significativo para el ministro: Quiere decir que el nuevo pacto tiene que ver con el Espíritu de Dios, es decir, con una *relación personal* con Dios. Por consiguiente, la única manera en la que un ministro puede transmitirle el nuevo pacto del Espíritu de Dios a las personas es que Dios se lo permita. Se trata de *la presencia de Dios y del Espíritu de Dios*. Por consiguiente, ningún hombre puede hacer a todos partícipes de la presencia de Dios y el Espíritu de Dios a menos que Dios se lo permita. Dios tiene que hacer al hombre competente, capaz, e idóneo. Esto es lo que Pablo está diciendo. Dios nos ha permitido hacer a todos partícipes de su Espíritu, su nuevo pacto. Dios *nos ha llamado*, nos ha calificado y equipado para ministrar el nuevo pacto. Y el nuevo pacto de su Espíritu, de una relación personal con Él, es muy superior al viejo pacto.

2 (3:6) *Pacto, viejo contra nuevo:* El viejo pacto era una ley escrita; el nuevo pacto es el Espíritu de Dios mismo. El viejo pacto eran letras y palabras escritas, un documento escrito, un grupo de leyes que los hombres tienen que obedecer (Éx. 24:1-8). Lo que se debe tener en cuenta es lo siguiente: "La ley es externa; estaba fuera del hombre e insistía en que el hombre se sujetara a su regla y obediencia".

El nuevo pacto es diferente, completamente diferente. Es interno, está dentro del hombre. Es *una relación personal* con Dios, una relación creada por Dios mismo. Cuando una persona cree en el Hijo de Dios, Dios pone su Espíritu en el corazón de la persona, y la persona se convierte en una persona *llena del Espíritu*.

> "Mas el Consolador, el Espíritu Santo, a quien el Padre enviará en mi nombre, él os enseñará todas las cosas, y os recordará todo lo que yo os he dicho" (Jn. 14:26).
>
> "¿No sabéis que sois templo de Dios, y que el Espíritu de Dios mora en vosotros?" (1 Co. 3:16).
>
> "¿O ignoráis que vuestro cuerpo es templo del Espíritu Santo, el cual está en vosotros, el cual tenéis de Dios, y que no sois vuestros? Porque habéis sido comprados por precio; glorificad, pues, a Dios en vuestro cuerpo y en vuestro espíritu, los cuales son de Dios" (1 Co. 6:19, 20).

3 (3:6) *Pacto, viejo contra nuevo:* El viejo pacto o la ley mataba; el nuevo pacto vivifica. ¿Cómo mata la ley? Hay dos formas:

Primero, cuando la sociedad le impone una ley a un hombre, él tiene que obedecerla. Si no la obedece, rompe y corta su relación con la sociedad y tiene que soportar el castigo de una relación rota. Hay que encerrarlo, apartarlo, separarlo de la sociedad. El castigo de violar la ley de Dios es el mismo: "Cuando un hombre viola la ley de Dios, él rompe su relación con Dios". Él se separa a sí mismo de Dios; no tiene relación, no tiene conexión, no tiene vida con Dios. La ley lo mata a él, su relación y su vida con Dios.

Segundo, la ley son solo letras y palabras escritas en un papel, piedra o madera. Es externa y está fuera del hombre. Solo ordena; no le da al hombre el poder de cumplir la orden.

La voluntad, la capacidad, y el poder de obedecer dependen completamente del hombre. Puede que el hombre quiera cumplir el mandamiento, pero puede que no tenga la voluntad o el poder para cumplirlo. Por consiguiente, él viola la ley, y la ley lo mata. Debe tenerse en cuenta que la ley no mata al hombre externamente, sino por medio de la culpa y la desesperación, mata su espíritu y voluntad humanas, socavando su energía, ambición, dinamismo y esperanza.

> "Porque de la justicia que es por la ley Moisés escribe así: El hombre que haga estas cosas, vivirá por ellas" (Ro. 10:5).
>
> "Porque todos los que dependen de las obras de la ley están bajo maldición, pues escrito está: Maldito todo aquel que no permaneciere en todas las cosas escritas en el libro de la ley, para hacerlas" (Gá. 3:10).
>
> "y la ley no es de fe, sino que dice: El que hiciere estas cosas vivirá por ellas" (Gá. 3:12).

El nuevo pacto es diferente, maravillosamente diferente. El Espíritu vivifica. Vivifica por medio de dos cosas:

1. El Espíritu Santo entra en la vida de un creyente, impartiéndole la "naturaleza divina" de Dios (2 P. 1:4). El creyente se convierte en una "nueva creación", un "nuevo hombre", un hombre espiritual con una mente transformada que se centra en Dios.

> "por medio de las cuales nos ha dado preciosas y grandísimas promesas, para que por ellas llegaseis a ser participantes de la naturaleza divina, habiendo huido de la corrupción que hay en el mundo a causa de la concupiscencia" (2 P. 1:4).
>
> "De modo que si alguno está en Cristo, nueva criatura es; las cosas viejas pasaron; he aquí todas son hechas nuevas" (2 Co. 5:17).
>
> "y vestíos del nuevo hombre, creado según Dios en la justicia y santidad de la verdad" (Ef. 4:24).
>
> "y revestido del nuevo, el cual conforme a la imagen del que lo creó se va renovando hasta el conocimiento pleno" (Col. 3:10).

2. El Espíritu Santo infunde el deseo de agradar a Dios. Y, aunque el nuevo hombre con frecuencia falla, se siente remordido por el Espíritu de Dios que mora dentro de él y necesita confesarse, pedir perdón, y entregarse nuevamente a la fuerza y al cuidado de Dios. Ahora todo su deseo es confiar en Dios, confiarle a Él completamente su vida, su aliento, y todas las necesidades básicas de la vida. Explicado con sencillez, toda su vida está envuelta en Dios y en las cosas de Dios.

> "Si confesamos nuestros pecados, él es fiel y justo para perdonar nuestros pecados, y limpiarnos de toda maldad" (1 Jn. 1:9).
>
> "echando toda vuestra ansiedad sobre él, porque él tiene cuidado de vosotros" (1 P. 5:7).
>
> "Mas buscad primeramente el reino de Dios y su justicia, y todas estas cosas os serán añadidas" (Mt. 6:33).

4 (3:7-8) *Pacto, viejo contra nuevo:* El viejo pacto o ley era glorioso; el nuevo pacto es más glorioso.

1. ¿Cómo puede llamársele gloriosa a la ley que mata y ministra muerte?

=> La ley era gloriosa ya que Moisés la recibió de Dios, frente a frente.

=> La ley era gloriosa ya que revela la naturaleza de Dios mismo, de que Él es Santo y Justo y hay que acercarse a Él en santidad y justificación.

=> La ley era gloriosa ya que le señalaba a los hombres su necesidad apremiante de salvación. Le demostraba a los hombres como ninguna otra cosa podía demostrárselo que ellos eran pecadores y carecían de la gloria de Dios y necesitaban desesperadamente a un Salvador.

La gloria del viejo pacto se ilustra a través de la experiencia de Moisés al recibir la ley de Dios. Dios mismo le dio la ley a Moisés frente a frente, y el hecho de estar en la presencia de Dios hizo que el rostro de Moisés resplandeciera con la gloria de Dios. De hecho, la gloria del rostro de Moisés era tan brillante, que las personas no podían mirarlo fijamente al rostro (Éx. 34:30).

Note lo que Pablo dice: La gloria de Dios que había en el rostro de Moisés desaparecería. Pablo está diciendo que esto era un símbolo de Dios sobre el viejo pacto. La gloria de Dios sobre el viejo pacto desaparecería. El viejo pacto, la ley, estaba destinada a ser un acuerdo temporal entre Dios y el hombre.

2. El nuevo pacto es diferente, gloriosamente diferente. La diferencia se ve claramente en la pregunta hecha que exige consideración: ¿Si el viejo pacto que ministraba muerte era glorioso, cómo el ministerio del Espíritu no será más glorioso? La respuesta es obvia: El ministerio del Espíritu debe darles vida a los hombres y debe darles el poder para vivir la vida; y la vida es mucho más gloriosa que la muerte. De hecho, la vida es *eternamente* más gloriosa que la muerte.

5 (3:9-10) *Pacto, viejo contra nuevo:* El viejo pacto o ley traía condenación; el nuevo pacto trae justificación. La ley condenaba a un hombre cuado violaba la ley. Era condenado a una relación rota con Dios. El hombre debía morir. Sin embargo, el nuevo pacto, el Espíritu de Dios, le impartía justificación, la naturaleza misma de Dios al hombre (2 P. 1:4). Por consiguiente, la gloria del nuevo pacto es tan superior al viejo pacto que al compararlos el viejo pacto no tiene gloria alguna (v. 10).

6 (3:11) *Pacto, viejo contra nuevo:* El viejo pacto o la ley pereció; el nuevo pacto permanece y es permanente. Según señala Matthew Henry: "Cuando el sol sale, la luz de una lámpara pierde intensidad y disminuye" (*Comentario de Matthew Henry*, vol. 5. Old Tappan, NJ: Fleming H. Revell Co., p. 614). Pudiera añadirse que su función ya no es necesaria. La luz de la lámpara es superada por una luz mucho mayor.

La gloria del nuevo pacto es permanente. Su gloria y función nunca serán superadas. No se establecerá ninguna relación entre el hombre y Dios, no habrá una nueva forma en la que el hombre se relacione con Dios. Se ha creado y establecido para siempre el pacto final entre Dios y el hombre. Si un hombre va a tener una relación con Dios, debe permitir que el Espíritu de Dios entre en su corazón y en su vida. No hay otra manera de vivir con Dios. Si un hombre desea vivir para siempre con Dios, debe invitar al Espíritu de Dios a entrar en su vida.

> "Mas vosotros no vivís según la carne, sino según el Espíritu, si es que el Espíritu de Dios mora en vosotros. Y si alguno no tiene el Espíritu de Cristo, no es de él" (Ro. 8:9).
>
> "Y si el Espíritu de aquel que levantó de los muertos a Jesús mora en vosotros, el que levantó de los muertos a Cristo Jesús vivificará también vuestros cuerpos mortales por su Espíritu que mora en vosotros" (Ro. 8:11).
>
> "porque si vivís conforme a la carne, moriréis; mas si por el Espíritu hacéis morir las obras de la carne, viviréis" (Ro. 8:13).

Pensamiento 1. El objetivo de toda esta sección (vv. 6-11) es analizar el nuevo pacto al que el ministro sirve. El ministro no sirve al viejo pacto de la ley; él le sirve al nuevo pacto del Espíritu de Dios.

> "porque esto es mi sangre del nuevo pacto, que por muchos es derramada para remisión de los pecados" (Mt. 26:28).
>
> "Y este será mi pacto con ellos, cuando yo quite sus pecados" (Ro. 11:27).
>
> "Os daré corazón nuevo, y pondré espíritu nuevo dentro de vosotros; y quitaré de vuestra carne el corazón de piedra, y os daré un corazón de carne. Y pondré dentro de vosotros mi Espíritu, y haré que andéis en mis estatutos, y guardéis mis preceptos, y los pongáis por obra" (Ez. 36:26, 27; cp. He. 8:8-13).

7 (3:12-16) *Pacto, viejo contra nuevo:* El viejo pacto ponía un velo en su mensaje; el nuevo pacto habla con mensajes claros (directos, sencillos, y fuertes).

1. El nuevo pacto da una esperanza tan gloriosa que el ministro de Dios puede proclamarlo clara y fuertemente. Por supuesto, la razón por la que él lo puede proclamar tan clara y fuertemente es que el nuevo pacto es dado por el Espíritu en un mensaje claro y directo.

> "Y nosotros no hemos recibido el espíritu del mundo, sino el Espíritu que proviene de Dios, para que sepamos lo que Dios nos ha concedido, lo cual también hablamos, no con palabras enseñadas por sabiduría humana, sino con las que enseña el Espíritu, acomodando lo espiritual a lo espiritual" (1 Co. 2:12, 13).

2. El viejo pacto no era como el nuevo pacto. El viejo pacto fue hecho por Dios con mensajes velados.

a. Se ilustra con Moisés el velo sobre el mensaje. Cuando las personas vieron la gloria de Dios resplandeciendo en el rostro de Moisés, Moisés tuvo que ponerse un velo sobre su rostro. ¿Por qué? Porque las personas se retiraban de la gloria de Dios, y porque las personas no debían ver desaparecer la gloria del rostro de Moisés. Note las palabras exactas de Pablo: Moisés se veló su rostro para que ellos "no pudieran fijar la vista en lo que había de perecer".

Pablo está diciendo que lo que Moisés hizo fue una ilustración de cómo el hombre ve el viejo pacto o la ley. El hombre mira la ley y ve que debe obedecerla si desea agradar a Dios. Por consiguiente, el hombre obra y obra por cumplir la ley, creyendo todo el tiempo que se está ganando el favor y aceptación de Dios. El hombre se encuentra cegado ante mensaje real de la ley. La gloria y el mensaje de la ley están velados ante su vista; no puede:

- Ver el mensaje real de la ley.
- Ver que la ley fue dada para revelar la naturaleza de la gloria y la perfección de Dios.
- Ver que el hombre carece de la gloria y la perfección de Dios.
- Ver que el hombre no puede cumplir la ley, no perfectamente.
- Ver que la ley fue dada para mostrarle al hombre su necesidad apremiante de un Salvador.

"Porque el corazón de este pueblo se ha engrosado, y con los oídos oyeron pesadamente, y sus ojos han cerrado, para que no vean con los ojos, y oigan con los oídos, y entiendan de corazón, y se conviertan, y yo los sane" (Hch. 28:27).

"Pero el entendimiento de ellos se embotó; porque hasta el día de hoy, cuando leen el antiguo pacto, les queda el mismo velo no descubierto, el cual por Cristo es quitado" (2 Co. 3:14).

"en los cuales el dios de este siglo cegó el entendimiento de los incrédulos, para que no les resplandezca la luz del evangelio de la gloria de Cristo, el cual es la imagen de Dios" (2 Co. 4:4).

"teniendo el entendimiento entenebrecido, ajenos de la vida de Dios por la ignorancia que en ellos hay, por la dureza de su corazón" (Ef. 4:18).

"Estas siempre están aprendiendo, y nunca pueden llegar al conocimiento de la verdad" (2 Ti. 3:7).

"No saben, no entienden, andan en tinieblas; tiemblan todos los cimientos de la tierra" (Sal. 82:5).

"Mas ellos no conocieron los pensamientos de Jehová, ni entendieron su consejo; por lo cual los juntó como gavillas en la era" (Mi. 4:12).

b. Incluso en la actualidad cuando se lee el Antiguo Testamento, los que aún obedecen la ley están ciegos a la verdad. El velo aún cubre la verdadera gloria de Dios. Aún no entienden el verdadero propósito de la ley: señalarle a los hombres su necesidad de un Salvador, el Señor Jesucristo. Es Cristo y solo Cristo quien ha retirado el velo de la gloria de Dios. Los hombres solo pueden hacerle frente y ver la gloria de Dios en Jesucristo.

"Yo y el Padre uno somos" (Jn. 10:30).

"¿al que el Padre santificó y envió al mundo, vosotros decís: Tú blasfemas, porque dije: Hijo de Dios soy? Si no hago las obras de mi Padre, no me creáis. Mas si las hago, aunque no me creáis a mí, creed a las obras, para que conozcáis y creáis que el Padre está en mí, y yo en el Padre" (Jn. 10:36-38).

"Jesús le dijo: ¿Tanto tiempo hace que estoy con vosotros, y no me has conocido, Felipe? El que me ha visto a mí, ha visto al Padre; ¿cómo, pues, dices tú: Muéstranos el Padre? ¿No crees que yo soy en el Padre, y el Padre en mí? Las palabras que yo os hablo, no las hablo por mi propia cuenta, sino que el Padre que mora en mí, él hace las obras" (Jn. 14:9, 10).

c. El velo del viejo pacto se retira solamente cuando una persona se convierte al Señor. Cuando una persona se convierte verdaderamente a Jesucristo, se le muestra cómo Jesucristo es la gloria de Dios y el *fin*, propósito, y cumplimiento de la ley. El velo se retira de la ley, y él comprende la maravillosa gloria de Dios.

"De manera que la ley ha sido nuestro ayo, para llevarnos a Cristo, a fin de que fuésemos justificados por la fe. Pero venida la fe, ya no estamos bajo ayo" (Gá. 3:24, 25).

8 (3:17-18) *Pacto, nuevo:* El nuevo pacto trae libertad por medio del Señor Jesucristo. Note que al Señor se le identifica como el Espíritu: "el Señor es el Espíritu". Esto no quiere decir que el Señor Jesús y el Espíritu Santo sean la misma persona. Son dos personas diferentes, pero son uno mismo en su divinidad y deidad. Jesucristo y el Espíritu son uno mismo de la misma manera que Él y Dios el Padre son uno mismo: "Una misma mente, un mismo espíritu, un mismo ser, una misma naturaleza, y una misma esencia". Por consiguiente, son una misma voluntad, propósito, y obra.

"El me glorificará; porque tomará de lo mío, y os lo hará saber. Todo lo que tiene el Padre es mío; por eso dije que tomará de lo mío, y os lo hará saber" (Jn. 16:14, 15).

Note cómo el Padre, Cristo, y el Espíritu Santo todos participan en mostrarle y revelarle la salvación al hombre. A esto es a lo que se refiere al decir el Señor es el Espíritu. El Señor mismo fue realmente el que aseguró la salvación y la libertad para el hombre, pero es el Espíritu el que participa activamente en la revelación de la verdad de la salvación y la libertad al hombre. "Donde está el Espíritu del Señor, allí hay libertad".

1. En Cristo hay libertad: "Donde está el Espíritu del Señor, allí hay libertad".

a. Cristo libera al creyente del dominio del pecado.

"Porque el pecado no se enseñoreará de vosotros; pues no estáis bajo la ley, sino bajo la gracia" (Ro. 6:14).

b. Cristo libera al creyente de la ley.

"Así también vosotros, hermanos míos, habéis muerto a la ley mediante el cuerpo de Cristo, para que seáis de otro, del que resucitó de los muertos, a fin de que llevemos fruto para Dios" (Ro. 7:4).

"Pero ahora estamos libres de la ley, por haber muerto para aquella en que estábamos sujetos, de modo que sirvamos bajo el régimen nuevo del Espíritu y no bajo el régimen viejo de la letra" (Ro. 7:6).

"Pero si sois guiados por el Espíritu, no estáis bajo la ley" (Gá. 5:18).

c.   Cristo libera al creyente de la opresión del miedo.

"Pues no habéis recibido el espíritu de esclavitud para estar otra vez en temor, sino que habéis recibido el espíritu de adopción, por el cual clamamos: ¡Abba, Padre!" (Ro. 8:15).

d.   Cristo libera al creyente del poder de Satanás, que es el temor a la muerte.

"Así que, por cuanto los hijos participaron de carne y sangre, él también participó de lo mismo, para destruir por medio de la muerte al que tenía el imperio de la muerte, esto es, al diablo, y librar a todos los que por el temor de la muerte estaban durante toda la vida sujetos a servidumbre" (He. 2:14, 15).

e.   Cristo libera al creyente de la opresión de la corrupción.

"porque también la creación misma será libertada de la esclavitud de corrupción, a la libertad gloriosa de los hijos de Dios… y no solo ella, sino que también nosotros mismos, que tenemos las primicias del Espíritu, nosotros también gemimos dentro de nosotros mismos, esperando la adopción, la redención de nuestro cuerpo" (Ro. 8:21, 23).

2.   Al contemplar a Cristo, los creyentes se transforman a su imagen. La frase "nosotros todos" quiere decir los creyentes, aquellos que se han convertido a Cristo:

*   Aquellos a los que se les ha retirado el velo de su rostro.
*   Aquellos que están frente a frente con la gloria del Señor.

Cuando un creyente recibe a Jesucristo como su Salvador, se le da el privilegio de pararse frente a frente con Cristo. Esto quiere decir sencillamente que se le da el privilegio de conocer y entender a Cristo. Note varios elementos:

a.   La frase "cara descubierta" quiere decir que al creyente se le da el privilegio de pararse frente a frente con Cristo, el privilegio de conocer a Cristo personalmente y de aprender todo acerca de Él. No hay velo sobre el rostro o los ojos del creyente, nada que le impida conocer al Señor.

b.   El objetivo del creyente es contemplar la gloria del Señor. Esto quiere decir contemplar la divinidad y deidad del Señor, el esplendor, la brillantez, y excelencia de su persona y su ser. Jesucristo es el Hijo de Dios que se hizo Hombre. Su "gloria" se refiere al hecho glorioso de que Él como el Hijo de Dios sí se convirtió en Hombre. Cuando una persona entiende esto, comprende la "gloria del Señor", el hecho incomprensible de que el Señor pagó el precio máximo y supremo, el precio increíble, de la salvación del hombre.

"Y aquel Verbo fue hecho carne, y habitó entre nosotros (y vimos su gloria, gloria como del unigénito del Padre), lleno de gracia y de verdad" (Jn. 1:14).

c.   Sin embargo, el creyente nunca comprende toda la gloria del Señor. Ningún hombre, que solo sea finito y hecho de carne, podría entender al Señor, que es un Espíritu infinito. El creyente solo ve y comprende la gloria del Señor como si estuviera tras un cristal o en un espejo. Es decir, solo ve el reflejo del Señor, no la imagen completa. Actualmente, el creyente puede ver al Señor solo por medio de la Palabra y del Espíritu Santo; en el futuro, estará frente a frente con el Señor para toda la eternidad. Entonces conocerá al Señor de la misma manera que el Señor lo conoce ahora a él.

"Ahora vemos por espejo, oscuramente; mas entonces veremos cara a cara. Ahora conozco en parte; pero entonces conoceré como fui conocido" (1 Co. 13:12).

d.   El creyente cambia y se transforma en la imagen de Cristo de gloria en gloria. Esto probablemente quiera decir dos cosas:

=> Cuando el creyente contempla (comprende, entiende, estudia, asimila) la gloria del Señor, la misma gloria se crea en él.

=> Cuando el creyente contempla la gloria del Señor, el creyente progresa y crece de una etapa de gloria a una etapa superior.

	D. El ministerio: Sus exigencias, 4:1-6	los que se pierden está encubierto;	
1 El ministerio exige constancia, exige que no desmayemos	1 Por lo cual, teniendo nosotros este ministerio según la misericordia que hemos recibido, no desmayamos.	4 en los cuales el dios de este siglo cegó el entendimiento de los incrédulos, para que no les resplandezca la luz del evangelio de la gloria de Cristo, el cual es la imagen de Dios.	a. Encubierto para los que se pierden
2 El ministerio exige honestidad e integridad en la vida y el ministerio	2 Antes bien renunciamos a lo oculto y vergonzoso, no andando con astucia, ni adulterando la palabra de Dios, sino por la manifestación de la verdad recomendándonos a toda conciencia humana delante de Dios.	5 Porque no nos predicamos a nosotros mismos, sino a Jesucristo como Señor, y a nosotros como vuestros siervos por amor de Jesús.	b. Encubierto porque Satanás ha cegado el entendimiento de los incrédulos[EF1]
a. Renunciar a la deshonestidad b. No andar engañosamente c. No adulterar la Palabra de Dios d. Proclamar la verdad abiertamente y con pureza		6 Porque Dios, que mandó que de las tinieblas resplandeciese la luz, es el que resplandeció en nuestros corazones, para iluminación del conocimiento de la gloria de	**4 El ministerio exige servidumbre, exige que prediquemos a Cristo y sirvamos al hombre, no a nosotros mismos** **5 El ministerio exige conversión personal, exige que la presencia misma del propio Dios resplandezca en el corazón de una persona[EF2]**
3 El ministerio exige no encubrir el evangelio	3 Pero si nuestro evangelio está aún encubierto, entre	Dios en la faz de Jesucristo.	

DIVISIÓN III

EL MINISTERIO Y SU DESCRIPCIÓN, 2:12—7:16

D. El ministerio: Sus exigencias, 4:1-6

(4:1-6) *Introducción:* El exige que el ministerio sea claro y atendido por cada ministro de Cristo.

1. El ministerio exige constancia, exige que no desmayemos (v. 1).
2. El ministerio exige honestidad e integridad en la vida y el ministerio (v. 2).
3. El ministerio exige no encubrir el evangelio (vv. 3-4).
4. El ministerio exige servidumbre, exige que prediquemos a Cristo y sirvamos al hombre, no a nosotros mismos (v. 5).
5. El ministerio exige conversión personal, exige que la presencia misma del propio Dios resplandezca en el corazón de una persona (v. 6).

1 (4:1) *Ministerio — Perseverancia — No desmayar:* El ministerio exige constancia, exige que uno nunca desmaye. Las palabras "nos desmayamos" (ouk egkakoumen) quiere decir no rendirse, no desanimarse, no desalentarse, no perder el brío, no volverse tímido, no descorazonarse o desesperanzarse. El ministro, Pablo, no cejó ni se rindió por ninguna razón, ni siquiera por la persecución, el cansancio ni el agotamiento. Hay dos razones de porqué él no se rindió:

1. El ministro no se rindió por la grandeza de su ministerio: "Teniendo nosotros *este ministerio*"; "este ministerio" se refiere a la gran tarea que Dios le había dado, la tarea de proclamar el nuevo pacto, el mensaje de que ahora el hombre puede tener una relación gloriosa con Dios por medio del Espíritu de Dios. Este ministerio es el ministerio del evangelio glorioso, la buena nueva sobre Jesucristo, que ahora los hombres pueden ser salvos y se les pueden perdonar sus pecados y pueden ser redimidos para vivir para siempre en la gloria de Dios. (Vea el subíndice anterior y la nota 2 — 2 Co. 3:6-18 para un análisis del nuevo pacto.) No se le podría dar mayor tarea a una persona que proclamar la cura contra la muerte de los hombres. Esa cura es el nuevo pacto, la buena nueva gloriosa sobre Jesucristo. Por esta gran tarea, Pablo no desmayó; él no se rindió, sin importar las exigencias ni las circunstancias.

2. El ministro no se rinde porque ha recibido misericordia. Pablo había recibido personalmente la misericordia de Dios.

=> La misericordia de Dios había perdonado sus pecados y le había dado vida eterna con Cristo.

> **"en quien tenemos redención por su sangre, el perdón de pecados según las riquezas de su gracia" (Ef. 1:7).**

> **"Pero Dios, que es rico en misericordia, por su gran amor con que nos amó, aun estando nosotros muertos en pecados, nos dio vida juntamente con Cristo (por gracia sois salvos), y juntamente con él nos resucitó, y asimismo nos hizo sentar en los lugares celestiales con Cristo Jesús, para mostrar en los siglos venideros las abundantes riquezas de su gracia en su bondad para con nosotros en Cristo Jesús" (Ef. 2:4-7).**

=> La misericordia de Dios le había dado su gran tarea: "Ser un ministro y predicar de Cristo".

> **"A mí, que soy menos que el más pequeño de todos los santos, me fue dada esta gracia de anunciar entre los gentiles el evangelio de las inescrutables riquezas de Cristo" (Ef. 3:8; cp. Ro. 15:15, 16; 1 Co. 15:9, 10).**

Pensamiento 1. El siervo de Dios nunca debe desmayar, a pesar de las circunstancias. Ni el cansancio ni la oposición deben hacer que el ministro se rinda. No debe alejarse del ministerio por ninguna razón. Su tarea es demasiado grande, y la misericordia de Dios ha hecho mucho por él y lo seguirá sosteniendo.

> "Y seréis aborrecidos de todos por causa de mi nombre; mas el que persevere hasta el fin, éste será salvo" (Mt. 10:22).

> "Así que, hermanos míos amados, estad firmes y constantes, creciendo en la obra del Señor siempre, sabiendo que vuestro trabajo en el Señor no es en vano" (1 Co. 15:58).

> "Solamente que os comportéis como es digno del evangelio de Cristo, para que o sea que vaya a veros, o que esté ausente, oiga de vosotros que estáis firmes en un mismo espíritu, combatiendo unánimes por la fe del evangelio" (Fil. 1:27).

> "Bienaventurado el varón que soporta la tentación; porque cuando haya resistido la prueba, recibirá la corona de vida, que Dios ha prometido a los que le aman" (Stg. 1:12).

> "Sed sobrios, y velad; porque vuestro adversario el diablo, como león rugiente, anda alrededor buscando a quien devorar; al cual resistid firmes en la fe, sabiendo que los mismos padecimientos se van cumpliendo en vuestros hermanos en todo el mundo" (1 P. 5:8, 9).

> "Así que vosotros, oh amados, sabiéndolo de antemano, guardaos, no sea que arrastrados por el error de los inicuos, caigáis de vuestra firmeza" (2 P. 3:17).

2 (4:2) *Ministerio — Palabra de Dios — Vergonzoso — Adulterar — Predicación:* El ministerio exige honestidad e integridad en la vida y el ministerio. Note cuatro elementos:

1. El ministro debe renunciar a lo vergonzoso, "lo oculto y vergonzoso". La palabra "vergonzoso" (aischunes) significa pena, deshonra, escándalo. Las cosas ocultas o secretas que avergüenzan y deshonran a los hombres, que ocasionan escándalos no deben existir en la vida del ministro. El ministro debe renunciar a todo lo oculto y secreto...

- inmoralidad
- deseos
- pensamientos
- sentimientos
- codicia
- ambiciones
- avaricia
- métodos

El ministro debe llevar una *vida sin tapujos*, una vida de honestidad e integridad.

> "Si alguna iniquidad hubiere en tu mano, y la echares de ti, y no consintieres que more en tu casa la injusticia" (Job. 11:14).

> "Lavaos y limpiaos; quitad la iniquidad de vuestras obras de delante de mis ojos; dejad de hacer lo malo" (Is. 1:16).

> "Deje el impío su camino, y el hombre inicuo sus pensamientos, y vuélvase a Jehová, el cual tendrá de él misericordia, y al Dios nuestro, el cual será amplio en perdonar" (Is. 55:7).

> "Así también vosotros consideraos muertos al pecado, pero vivos para Dios en Cristo Jesús, Señor nuestro. No reine, pues, el pecado en vuestro cuerpo mortal, de modo que lo obedezcáis en sus concupiscencias" (Ro. 6:11, 12).

> "Velad debidamente, y no pequéis; porque algu-

> nos no conocen a Dios; para vergüenza vuestra lo digo" (1 Co. 15:34).

> "En cuanto a la pasada manera de vivir, despojaos del viejo hombre, que está viciado conforme a los deseos engañosos" (Ef. 4:22).

> "Por tanto, nosotros también, teniendo en derredor nuestro tan grande nube de testigos, despojémonos de todo peso y del pecado que nos asedia, y corramos con paciencia la carrera que tenemos por delante" (He. 12:1).

> "Amados, yo os ruego como a extranjeros y peregrinos, que os abstengáis de los deseos carnales que batallan contra el alma" (1 P. 2:11).

> "Si confesamos nuestros pecados, él es fiel y justo para perdonar nuestros pecados, y limpiarnos de toda maldad" (1 Jn. 1:9).

> "Hijitos míos, estas cosas os escribo para que no pequéis; y si alguno hubiere pecado, abogado tenemos para con el Padre, a Jesucristo el justo. Y él es la propiciación por nuestros pecados; y no solamente por los nuestros, sino también por los de todo el mundo" (1 Jn. 2:1, 2).

2. El ministro no debe "andar con astucia" (panourgiai). La palabra significa artimaña, malicia, inteligencia, ingenio, malos propósitos. Se refiere a cualquier hombre que haga cualquier cosa y use cualquier medio para conseguir lo que quiera. Note que el ministro no debe "andar" de esta manera; no debe andar usando ni mal utilizando a las personas, las circunstancias, los sucesos, y las cosas para su propio fin. El ministro de Dios debe andar de la misma manera que anduvo Jesús.

> "Digo, pues: Andad en el Espíritu, y no satisfagáis los deseos de la carne" (Gá. 5:16).

> "Yo pues, preso en el Señor, os ruego que andéis como es digno de la vocación con que fuisteis llamados" (Ef. 4:1).

> "Yo pues, preso en el Señor, os ruego que andéis como es digno de la vocación con que fuisteis llamados" (Ef. 5:2).

> "Mirad, pues, con diligencia cómo andéis, no como necios sino como sabios" (Ef. 5:15).

> "Por tanto, de la manera que habéis recibido al Señor Jesucristo, andad en él" (Col.2:6).

> "pero si andamos en luz, como él está en luz, tenemos comunión unos con otros, y la sangre de Jesucristo su Hijo nos limpia de todo pecado" (1 Jn. 1:7).

> "El que dice que permanece en él, debe andar como él anduvo" (1 Jn. 2:6).

3. El ministro no debe "adulterar la Palabra de Dios" (dolountes). La palabra significa falsificar, alterar, medrar, engañar, atrapar. Es "la Palabra de Dios"; es decir, proviene de Dios, no del hombre. Dios es el Autor de la Palabra de Dios. Dios es la *Autoridad* de la Palabra de Dios. El ministro solo es el *vocero* de Dios; por consiguiente, no debe:

- Falsificar la Palabra de Dios.
- Alterar la Palabra de Dios.
- Corromper la Palabra de Dios.
- Engañar o atrapar a las personas adulterando la Palabra de Dios.

El ministro no debe *añadirle* ideas, tradiciones, filoso-fías, ni especulaciones de hombres a la Palabra de Dios. No debe eliminar partes de las Escrituras, negando que sean la Palabra de Dios; tampoco debe descuidar, ignorar o mantener en silencio alguna parte de la Palabra de Dios. El ministro de Dios no debe tergiversar la Palabra de Dios de ninguna manera.

"No añadiréis a la palabra que yo os mando, ni disminuiréis de ella, para que guardéis los manda-mientos de Jehová vuestro Dios que yo os ordeno" (Dt. 4:2).

"Cuidarás de hacer todo lo que yo te mando; no añadirás a ello, ni de ello quitarás" (Dt. 12:32).

"No añadas a sus palabras, para que no te repren-da, y seas hallado mentiroso" (Pr. 30:6).

"Entonces respondiendo Jesús, les dijo: Erráis, ig-norando las Escrituras y el poder de Dios" (Mt. 22:29).

"Pues no somos como muchos, que medran falsifi-cando la palabra de Dios, sino que con sinceridad, como de parte de Dios, y delante de Dios, hablamos en Cristo" (2 Co. 2:17).

"Antes bien renunciamos a lo oculto y vergonzoso, no andando con astucia, ni adulterando la palabra de Dios, sino por la manifestación de la verdad recomen-dándonos a toda conciencia humana delante de Dios" (2 Co. 4:2).

"casi en todas sus epístolas, hablando en ellas de estas cosas; entre las cuales hay algunas difíciles de en-tender, las cuales los indoctos e inconstantes tuercen, como también las otras Escrituras, para su propia per-dición" (2 P. 3:16).

"Y si alguno quitare de las palabras del libro de esta profecía, Dios quitará su parte del libro de la vida, y de la santa ciudad y de las cosas que están escritas en este libro" (Ap. 22:19).

4. El ministro proclama la verdad honesta, pura y abiertamente. El ministro debe ser fiel a la verdad de Dios según se encuentra revelada en la Palabra de Dios. Debe ser humilde y receptivo ante Dios en su vida de estudio y oración. No debe ser sabio en su propia opinión. Y cuando esté delante de las personas, debe proclamar y enseñar la verdad según la revela la Palabra de Dios. Como dice Charles Hodge:

"Aquellos ministros que son humildes y sinceros, que no son sabios por sus propios conceptos, sino que sencillamente declaran la verdad según Dios la ha reve-lado, encuentran aceptación en las conciencias de los hombres. Es decir, garantizan el testimonio de la con-ciencia hasta de los hombres perversos en su favor" (*Una exposición de la segunda epístola a los corintios*, Grand Rapids, MI: Eerdmans, 1973, p. 83).

"Y aquel Verbo fue hecho carne, y habitó entre nosotros (y vimos su gloria, gloria como del unigénito del Padre), lleno de gracia y de verdad" (Jn. 1:14).

"Jesús le dijo: Yo soy el camino, y la verdad, y la vida; nadie viene al Padre, sino por mí" (Jn. 14:6).

"Le dijo entonces Pilato: ¿Luego, eres tú rey? Respondió Jesús: Tú dices que yo soy rey. Yo para esto he nacido, y para esto he venido al mundo, para dar

testimonio a la verdad. Todo aquel que es de la verdad, oye mi voz" (Jn. 18:37).

"Por lo cual, desechando la mentira, hablad ver-dad cada uno con su prójimo; porque somos miembros los unos de los otros" (Ef. 4:25).

"El labio veraz permanecerá para siempre; mas la lengua mentirosa solo por un momento" (Pr. 12:19).

"Estas son las cosas que habéis de hacer: Hablad verdad cada cual con su prójimo; juzgad según la ver-dad y lo conducente a la paz en vuestras puertas" (Zac. 8:16).

"La ley de verdad estuvo en su boca, e iniquidad no fue hallada en sus labios; en paz y en justicia andu-vo conmigo, y a muchos hizo apartar de la iniquidad" (Mal. 2:6).

Nota: A Pablo lo estaban haciendo las siguientes cuatro acusaciones. (Vea la nota 2 Co. 1:12-22 para un mayor análi-sis.) Había algunas personas en la iglesia que estaban acusan-do a Pablo de:

• En ocasiones ser tímido.
• Hacer cosas vergonzosas, deshonrosas, y escandalosas.
• Andar engañando a las personas.
• Maltratar la Palabra de Dios.

3 (4:3-4) *Ministerio — Evangelio — Satanás:* El ministe-rio exige transparencia, nunca encubrir el evangelio. Pablo nunca maltrató la Palabra de Dios; nunca engañó a las per-sonas con un evangelio falso. Él fue honesto y fiel al evange-lio; él proclamaba abiertamente el evangelio con toda su pureza. Si el evangelio se le encubría a los hombres, si había hombres que no creían:

• No era debido a la pusilanimidad de Pablo. Él había proclamado el evangelio con toda la energía que tenía y en las circunstancias más severas. Se había demostrado la firmeza que un hombre podría demostrar.
• No era debido a que Pablo llevara una vida impura tampoco a que Pablo adulterara la Palabra de Dios. Pablo había proclamado la pura Palabra de Dios, el puro evangelio, de la misma manera que lo había revelado la Palabra de Dios.

Pablo dice que el evangelio estaba y está encubierto para los hombres por dos razones terribles:

1. El evangelio está "encubierto" para los hombres por-que ellos están "perdidos" (apollumenois). La palabra sig-nifica perecer. Los hombres van camino a perderse, a perecer. Se han alejado de Dios y viajan en la dirección opuesta por el camino que lleva a la perdición. La frase "los que se pierden" quiere decir estar perdido, estar en proceso de ser destruido o arruinado, de corromperse y morir.

Lo que se debe tener en cuenta es lo siguiente: Cuando una persona va camino a la perdición, se ha *alejado* de Dios y se ha encaminado en la *dirección opuesta* Se está *alejando* de Dios. Se ha separado deliberadamente de Dios y ha corta-do todos los lazos con Dios.

Por ende, no puede ver a Dios, y tampoco las cosas de Dios. Su rostro y sus ojos no se encuentran orientados hacia el evangelio, sino hacia el mundo que se pierde. El evangelio está encubierto para él porque él se pierde, porque él va por el camino de los que se pierden, el camino de los que perecen. Sencillamente va en la dirección incorrecta, alejándose del evangelio.

2. El evangelio está encubierto para los hombres porque el "dios de este mundo" ha cegado el entendimiento de aquellos que no creen. Note varios elementos:

a. El "dios de este mundo" es Satanás (vea el *Estudio a fondo 1, Satanás* — 2 Co. 4:4 para un análisis).

b. Satanás ciega el entendimiento de los incrédulos no sea que crean en el evangelio. Este es el propósito de Satanás: "Evitar que las personas crean en el evangelio y que se conviertan en seguidoras y adoradoras del Señor Jesús". ¿Cómo ciega el entendimiento de una persona? Apelando a su carne, atrayéndola con el deseo de los ojos, el deseo de la carne, y el orgullo de la vida (1 Jn. 2:15-16). Si Satanás puede lograr que una persona centre su vida en sí misma y en el mundo, la persona quedará esclavizada por su carne y por las cosas del mundo. Esto se ve claramente en los hábitos esclavizados de…

• poseer cada vez más
• comer cada vez más
• desear cada vez más
• buscar cada vez más
• beber cada vez más
• fumar cada vez más
• maldecir cada vez más
• permitirse cada vez más placeres

Mientras peor siembre una persona, más esclavitud recogerá. Satanás puede cegar cada vez más el entendimiento de una persona. La idea es la siguiente: Satanás ciega el entendimiento de una persona apelando a su carne (sus apetitos sensuales) y enganchándola en los placeres del pecado. Y mientras más se enganche, más se cegará y se endurecerá al evangelio.

c. Jesucristo es la "imagen de Dios". Cuando Jesucristo vino a la tierra, los hombres pudieron ver a Dios, ver exactamente cómo es Dios:
=> Adorable, compasivo, afectivo.
=> Sanador, restaurador, salvador.
=> Corregidor, disciplinante, controlador.
=> Santo, recto, justo.

Una persona podría mirar a Jesucristo y darse cuenta de cómo es Dios exactamente.

"Yo y el Padre uno somos" (Jn. 10:30).

"Si no hago las obras de mi Padre, no me creáis. Mas si las hago, aunque no me creáis a mí, creed a las obras, para que conozcáis y creáis que el Padre está en mí, y yo en el Padre" (Jn. 10:37, 38).

"y el que me ve, ve al que me envió" (Jn. 12:45).

"Jesús le dijo: ¿Tanto tiempo hace que estoy con vosotros, y no me has conocido, Felipe? El que me ha visto a mí, ha visto al Padre; ¿cómo, pues, dices tú: Muéstranos el Padre?" (Jn. 14:9).

"el cual, siendo en forma de Dios, no estimó el ser igual a Dios como cosa a que aferrarse" (Fil. 2:6).

"el cual, siendo el resplandor de su gloria, y la imagen misma de su sustancia, y quien sustenta todas las cosas con la palabra de su poder, habiendo efectuado la purificación de nuestros pecados por medio de sí mismo, se sentó a la diestra de la Majestad en las alturas" (He. 1:3).

ESTUDIO A FONDO 1

(4:4) *Satanás:* Las Escrituras definitivamente enseñan que Satanás es real, una persona viva que vive en el mundo espiritual o en la dimensión espiritual de la existencia. Es un ser vivo que se opone a Dios.

1. Las Escrituras dicen que Satanás gobierna y reina sobre el mundo.

a. Jesús llamó a Satanás de varias maneras:
=> Satanás es "el príncipe de este mundo".

"Ahora es el juicio de este mundo; ahora el príncipe de este mundo será echado fuera" (Jn. 12:31).

"No hablaré ya mucho con vosotros; porque viene el príncipe de este mundo, y él nada tiene en mí" (Jn. 14:30).

"y de juicio, por cuanto el príncipe de este mundo ha sido ya juzgado" (Jn. 16:11).

=> Satanás es el "maligno" de quien debemos orar por ser libertados.

"Y no nos metas en tentación, mas líbranos del mal [mal en el original griego se refiere a Satanás]" (Mt. 6:13).

=> Satanás es un "mentiroso" y un "asesino".

"Vosotros sois de vuestro padre el diablo, y los deseos de vuestro padre queréis hacer. El ha sido homicida desde el principio, y no ha permanecido en la verdad, porque no hay verdad en él. Cuando habla mentira, de suyo habla; porque es mentiroso, y padre de mentira" (Jn. 8:44).

b. Pablo llamó a Satanás de las siguientes maneras:
=> El "dios de este mundo".

"en los cuales el dios de este siglo cegó el entendimiento de los incrédulos, para que no les resplandezca la luz del evangelio de la gloria de Cristo, el cual es la imagen de Dios" (2 Co. 4:4).

=> El "príncipe de la potestad del aire".

"en los cuales anduvisteis en otro tiempo, siguiendo la corriente de este mundo, conforme al príncipe de la potestad del aire, el espíritu que ahora opera en los hijos de desobediencia" (Ef. 2:2).

c. Pedro llamó a Satanás el "adversario" del hombre.

"Sed sobrios, y velad; porque vuestro adversario el diablo, como león rugiente, anda alrededor buscando a quien devorar" (1 P. 5:8).

d.   Juan llamó a Satanás el diablo y Satanás.

"Y prendió al dragón, la serpiente antigua, que es el diablo y Satanás, y lo ató por mil años" (Ap. 20:2).

2. ¿Qué quiere decir que se le llame a Satanás el "dios de este mundo"?

a.   Quiere decir que la naturaleza y los poderes malignos de Satanás imperan en todo el mundo. Cualquier noticia de cualquier día constituye una evidencia clara de esto. La naturaleza y los poderes de Satanás son cosas como las que aparecen a continuación:

=> Egoísmo y orgullo

"¡Cómo caíste del cielo, oh Lucero, hijo de la mañana! Cortado fuiste por tierra, tú que debilitabas a las naciones. Tú que decías en tu corazón: Subiré al cielo; en lo alto, junto a las estrellas de Dios, levantaré mi trono, y en el monte del testimonio me sentaré, a los lados del norte; sobre las alturas de las nubes subiré, y seré semejante al Altísimo" (Is. 14:12-14).

=> Deseo y avaricia

"Vosotros sois de vuestro padre el diablo, y los deseos de vuestro padre queréis hacer. El ha sido homicida desde el principio, y no ha permanecido en la verdad, porque no hay verdad en él. Cuando habla mentira, de suyo habla; porque es mentiroso, y padre de mentira" (Jn. 8:44; cp. Stg. 4:1-3).

=> Ira y asesinato

"Vosotros sois de vuestro padre el diablo, y los deseos de vuestro padre queréis hacer. El ha sido homicida desde el principio, y no ha permanecido en la verdad, porque no hay verdad en él. Cuando habla mentira, de suyo habla; porque es mentiroso, y padre de mentira" (Jn. 8:44).

"Oísteis que fue dicho a los antiguos: No matarás; y cualquiera que matare será culpable de juicio. Pero yo os digo que cualquiera que se enoje contra su hermano, será culpable de juicio; y cualquiera que diga: Necio, a su hermano, será culpable ante el concilio; y cualquiera que le diga: Fatuo, quedará expuesto al infierno de fuego" (Mt. 5:21, 22).

=> Mentiras y engaño

"Vosotros sois de vuestro padre el diablo, y los deseos de vuestro padre queréis hacer. El ha sido homicida desde el principio, y no ha permanecido en la verdad, porque no hay verdad en él. Cuando habla mentira, de suyo habla; porque es mentiroso, y padre de mentira" (Jn. 8:44).

"Pero si nuestro evangelio está aún encubierto, entre los que se pierden está encubierto; en los cuales el dios de este siglo cegó el entendimiento de los incrédulos, para que no les resplandezca la luz del evangelio de la gloria de Cristo, el cual es la imagen de Dios" (2 Co. 4:3, 4).

"Porque éstos son falsos apóstoles, obreros fraudulentos, que se disfrazan como apóstoles de Cristo. Y no es maravilla, porque el mismo Satanás se disfraza como ángel de luz. Así que, no es extraño si también sus ministros se disfrazan como ministros de justicia; cuyo fin será conforme a sus obras" (2 Co. 11:13-15).

b.   Quiere decir que Satanás impera en el reino de este mundo. Una vez más esto se ve claramente en cualquier noticia diaria y en la historia y la conducta de las naciones y los gobiernos. Siempre debe recordarse que cuando Satanás tentó a Jesús, él aseguró poseer todos los reinos del mundo y tener la autoridad para dárselos a quienquiera que él deseara.

"Otra vez le llevó el diablo a un monte muy alto, y le mostró todos los reinos del mundo y la gloria de ellos, y le dijo: Todo esto te daré, si postrado me adorares" (Mt. 4:8, 9).

Desde luego, esto no quiere decir que todo gobierno o gobernante sea una marioneta de Satanás. Hay muchos líderes piadosos sirviendo en los gobiernos del mundo, y muchos gobiernos sirven a sus ciudadanos de maneras piadosas. Quiere decir que los sistemas de *gobiernos y gobernantes* que basan su reinado en la naturaleza y los poderes malignos de Satanás se encuentran bajo su control. Un gobernante no puede ser de Dios — tiene que ser de Satanás — si su reinado está basado en...

• egoísmo y orgullo
• deseo y avaricia
• ira y asesinato
• mentiras y engaño

4 (4:5) *Ministerio — Predicación:* El ministerio exige servidumbre, exige que prediquemos a Cristo y sirvamos al hombre, no a nosotros mismos.

1.   El ministro debe predicar a Cristo, no a sí mismo.
=> El ministro no predica para edificarse a sí mismo delante de las personas.
=> Él no predica sus propias ideas, conceptos, pensamientos, opiniones, o filosofía.
=> Él no predica para impresionar a las personas con su carisma, capacidad, fluidez, discurso, o liderazgo.

El ministro predica a Jesucristo y solo a Él (vea la nota, *Predicación* — 1 Co. 1:17; 2:2; 9:16-23 para un análisis). Note lo que Él predica: "Jesucristo *como* Señor". En griego, no hay artículo definido (el). El mensaje del evangelio es que "Jesucristo *es* Señor".

=> *Cristo* quiere decir el Mesías, el Salvador mesiánico prometido por Dios desde el comienzo de la historia.
=> El *Mesías es Jesús*, el carpintero de Nazaret.
=> Jesús es Señor, el Señor Dios mismo.

"Sepa, pues, ciertísimamente toda la casa de Israel, que a este Jesús a quien vosotros crucificasteis, Dios le ha hecho Señor y Cristo" (Hch. 2:36).

"A éste, Dios ha exaltado con su diestra por Prín-

"cipe y Salvador, para dar a Israel arrepentimiento y perdón de pecados" (Hch. 5:31).

"En seguida predicaba a Cristo en las sinagogas, diciendo que éste era el Hijo de Dios" (Hch. 9:20).

"Dios envió mensaje a los hijos de Israel, anunciando el evangelio de la paz por medio de Jesucristo; éste es Señor de todos" (Hch. 10:36).

"que si confesares con tu boca que Jesús es el Señor, y creyeres en tu corazón que Dios le levantó de los muertos, serás salvo" (Ro. 10:9).

"la cual operó en Cristo, resucitándole de los muertos y sentándole a su diestra en los lugares celestiales, sobre todo principado y autoridad y poder y señorío, y sobre todo nombre que se nombra, no solo en este siglo, sino también en el venidero; y sometió todas las cosas bajo sus pies, y lo dio por cabeza sobre todas las cosas a la iglesia" (Ef. 1:20-22).

"el cual, siendo en forma de Dios, no estimó el ser igual a Dios como cosa a que aferrarse, sino que se despojó a sí mismo, tomando forma de siervo, hecho semejante a los hombres; y estando en la condición de hombre, se humilló a sí mismo, haciéndose obediente hasta la muerte, y muerte de cruz. Por lo cual Dios también le exaltó hasta lo sumo, y le dio un nombre que es sobre todo nombre" (Fil. 2:6-9).

"Porque hay un solo Dios, y un solo mediador entre Dios y los hombres, Jesucristo hombre" (1 Ti. 2:5).

2. El ministro debe servir a los hombres, no a sí mismo. Note la palabra "siervo" (doulos): Quiere decir esclavo. El ministro debe ser un esclavo para otros, que les sirva y los ministre. Debe dedicarse tanto a las personas como un esclavo a su amo; tan pronto para ayudarlos y suplir sus necesidades como se lo exigiría un amo a su esclavo. Note por qué: Por amor de Jesús. ¿Qué quiere decir esto?

Jesús se convirtió en nuestro siervo o esclavo. Se sacrificó todos los días y lo hizo por nosotros. Él luchó para vencer al mundo y la carne por nuestro bien, para vencer al pecado y al deseo, para conseguir la libertad del yugo y los hábitos opresores de la vida. Jesucristo sufrió día tras día y luego se sacrificó en su sentido más amplio muriendo por nosotros y soportando nuestro castigo. Se entregó por nuestro bien, se convirtió en un esclavo a fin de salvarnos. Por consiguiente, todos los ministros deben convertirse en siervos de los hombres, sacrificarse en el servicio a los hombres por amor de Jesucristo, porque Jesucristo lo hizo por el ministro. No se puede hacer mayor servicio que servir a otros por amor de Cristo, el amor de aquel que nos amó y se entregó por nosotros.

"Y cualquiera que dé a uno de estos pequeñitos un vaso de agua fría solamente, por cuanto es discípulo, de cierto os digo que no perderá su recompensa" (Mt. 10:42).

"Pero no será así entre vosotros, sino que el que quiera hacerse grande entre vosotros será vuestro servidor, y el que de vosotros quiera ser el primero, será siervo de todos" (Mr. 10:43, 44).

"Pues si yo, el Señor y el Maestro, he lavado vuestros pies, vosotros también debéis lavaros los pies los unos a los otros" (Jn. 13:14).

"Sobrellevad los unos las cargas de los otros, y cumplid así la ley de Cristo" (Gá. 6:2).

"Así que, según tengamos oportunidad, hagamos bien a todos, y mayormente a los de la familia de la fe" (Gá. 6:10).

5 (4:6) *Ministerio:* El ministerio exige conversión personal, exige que la presencia misma de Dios resplandezca en el corazón de una persona. La razón por la que Pablo predicó a Cristo es que Dios había resplandecido en su corazón, es decir, Dios había entrado realmente en su corazón y lo había convertido. Note varios elementos:

1. Se dice que la conversión es una experiencia tan dramática que su mejor ilustración es una luz que resplandece y vence a las tinieblas. De hecho, la creación es el único suceso dramático suficientemente fuerte como para ilustrar la conversión. La conversión es tan dramática que es como crear algo nuevo: "Una criatura nueva, un hombre nuevo".

"De modo que si alguno está en Cristo, nueva criatura es; las cosas viejas pasaron; he aquí todas son hechas nuevas" (2 Co. 5:17).

"Porque en Cristo Jesús ni la circuncisión vale nada, ni la incircuncisión, sino una nueva creación" (Gá. 6:15).

"y vestíos del nuevo hombre, creado según Dios en la justicia y santidad de la verdad" (Ef. 4:24).

"y revestido del nuevo, el cual conforme a la imagen del que lo creó se va renovando hasta el conocimiento pleno" (Col. 3:10).

"Y esta es la condenación: que la luz vino al mundo, y los hombres amaron más las tinieblas que la luz, porque sus obras eran malas. Porque todo aquel que hace lo malo, aborrece la luz y no viene a la luz, para que sus obras no sean reprendidas. Mas el que practica la verdad viene a la luz, para que sea manifiesto que sus obras son hechas en Dios" (Jn. 3:19-21).

"Porque en otro tiempo erais tinieblas, mas ahora sois luz en el Señor; andad como hijos de luz" (Ef. 5:8).

"para que seáis irreprensibles y sencillos, hijos de Dios sin mancha en medio de una generación maligna y perversa, en medio de la cual resplandecéis como luminares en el mundo" (Fil. 2:15).

2. La conversión la obra Dios. Es Dios mismo el que resplandece en nuestro corazón y nos convierte.

"Entonces le respondió Jesús: Bienaventurado eres, Simón, hijo de Jonás, porque no te lo reveló carne ni sangre, sino mi Padre que está en los cielos" (Mt. 16:17).

"Así que, arrepentíos y convertíos, para que sean borrados vuestros pecados; para que vengan de la presencia del Señor tiempos de refrigerio" (Hch. 3:19).

"Pero cuando agradó a Dios, que me apartó desde el vientre de mi madre, y me llamó por su gracia, revelar a su Hijo en mí, para que yo le predicase entre los gentiles, no consulté en seguida con carne y sangre" (Gá. 1:15, 16).

"Pero Dios nos las reveló a nosotros por el Espíritu; porque el Espíritu todo lo escudriña, aun lo profundo de Dios" (1 Co. 2:10).

"siendo renacidos, no de simiente corruptible, sino de incorruptible, por la palabra de Dios que vive y permanece para siempre" (1 P. 1:23).

"Todo aquel que cree que Jesús es el Cristo, es nacido de Dios; y todo aquel que ama al que engendró, ama también al que ha sido engendrado por él" (1 Jn. 5:1).

3. La conversión es buscar "la gloria de Dios en el rostro de Jesucristo". Es el conocimiento de que la gloria de Dios estaba en Jesucristo, que Jesucristo era la imagen de Dios.

"el cual es la imagen de Dios" (Vea la nota-1 Co. 4:3, 4).

"El es la imagen del Dios invisible, el primogénito de toda creación" (Col. 1:15).

"Porque en él habita corporalmente toda la plenitud de la Deidad" (Col. 2:9).

"E indiscutiblemente, grande es el misterio de la piedad: Dios fue manifestado en carne, justificado en el Espíritu, visto de los ángeles, predicado a los gentiles, creído en el mundo, recibido arriba en gloria" (1 Ti. 3:16).

"que guardes el mandamiento sin mácula ni reprensión, hasta la aparición de nuestro Señor Jesucristo, la cual a su tiempo mostrará el bienaventurado y solo Soberano, Rey de reyes, y Señor de señores, el único que tiene inmortalidad, que habita en luz inaccesible; a quien ninguno de los hombres ha visto ni puede ver, al cual sea la honra y el imperio sempiterno. Amén" (1 Ti. 6:14-16).

"el cual, siendo el resplandor de su gloria, y la imagen misma de su sustancia, y quien sustenta todas las cosas con la palabra de su poder, habiendo efectuado la purificación de nuestros pecados por medio de sí mismo, se sentó a la diestra de la Majestad en las alturas" (He. 1:3).

"Respondiendo Simón Pedro, dijo: Tú eres el Cristo, el Hijo del Dios viviente" (Mt. 16:16).

"En el principio era el Verbo, y el Verbo era con Dios, y el Verbo era Dios. Este era en el principio con Dios" (Jn. 1:1, 2).

"que fue declarado Hijo de Dios con poder, según el Espíritu de santidad, por la resurrección de entre los muertos" (Ro. 1:4).

ESTUDIO A FONDO 2

(4:6) *Gloria:* He aquí una ilustración de la creación. Dios le ordena a la luz "brillar en medio de las tinieblas" (Gn. 1:3; cp. Jn. 8:12; Stg. 1:1). La creación es el único suceso suficientemente dramático como para ilustrar la conversión.

La palabra "gloria" se usa una y otra vez relacionada con Jesucristo. (Vea el *Estudio a fondo 4* — Mt. 6:9; Jn. 17:1-4.)

1. En el Antiguo Testamento, los judíos hablaban de gloria Shekiná de Dios. Shekiná quiere decir "lo que mora". La gloria Shekiná era la presencia visible de Dios que en ocasiones resplandeció entre los hombres. La gloria de Dios vino en momentos en los que Dios estaba muy cerca de su pueblo. (Cp. Éx. 16:10; 24:16-17; 40:34; 1 R. 8:11; Is. 6:3; Ez. 1:28.)

2. La gloria de Jesucristo es la presencia misma de Dios en Cristo, de un modo permanente. Dios moró en Él y Él en Dios. Dios se manifestó en su cuerpo y en su vida en todo momento (cp. Jn. 1:14; 17:5; 2 Co. 4:6; Stg. 2:1-2; 2 P. 1:16-18).

3. La gloria que Jesucristo le da a sus seguidores es la presencia misma de Dios. Dios mora en el creyente y el creyente mora en Dios. Dios se le manifiesta al mundo en la vida del creyente (cp. Jn. 15:1-5, 22; 1 Co. 3:16; 6:19; Gá. 2:20).

	E. El ministerio: Su espíritu nutritivo y perdurable, 4:7-18	creemos, por lo cual también hablamos,	
1 La presencia de Dios sostiene	7 Pero tenemos este tesoro en vasos de barro, para que la excelencia del poder sea de Dios, y no de nosotros,	14 sabiendo que el que resucitó al Señor Jesús, a nosotros también nos resucitará con Jesús, y nos presentará juntamente con vosotros.	**5 La esperanza de ser resucitado sostiene**

2 El poder de Dios sostiene
  a. Salva de la angustia
  b. Salva de la desesperación
  c. Nunca abandona
  d. Salva de la destrucción
	8 que estamos atribulados en todo, mas no angustiados; en apuros, mas no desesperados;
	9 perseguidos, mas no desamparados; derribados, pero no destruidos;
		15 Porque todas estas cosas padecemos por amor a vosotros, para que abundando la gracia por medio de muchos, la acción de gracias sobreabunde para gloria de Dios.	**6 La necesidad de otros y la gloria de Dios sostiene**

3 El espíritu de morir diariamente sostiene
  a. Él lleva la muerte de Cristo
  b. Para que se pueda ver a Cristo en su cuerpo
	10 llevando en el cuerpo siempre por todas partes la muerte de Jesús, para que también la vida de Jesús se manifieste en nuestros cuerpos.
	11 Porque nosotros que vivimos, siempre estamos entregados a muerte por causa de Jesús, para que también la vida de Jesús se manifieste en nuestra carne mortal.
		16 Por tanto, no desmayamos; antes aunque este nuestro hombre exterior se va desgastando, el interior no obstante se renueva de día en día.
		17 Porque esta leve tribulación momentánea produce en nosotros un cada vez más excelente y eterno peso de gloria;
			7 El hombre interior que se renueva día tras día sostiene
			
			8 La esperanza de la gloria eterna sostiene
			  a. Porque las tribulaciones son leves cuando se comparan con el peso de la gloria futura

c. Para que otros puedan recibir vida mediante su muerte **4 El espíritu de fe sostiene**	12 De manera que la muerte actúa en nosotros, y en vosotros la vida. 13 Pero teniendo el mismo espíritu de fe, conforme a lo que está escrito: Creí, por lo cual hablé, nosotros también	18 no mirando nosotros las cosas que se ven, sino las que no se ven; pues las cosas que se ven son temporales, pero las que no se ven son eternas.	b. Porque nuestros ojos no están centrados en lo físico y lo temporal, sino en lo espiritual y lo eterno

DIVISIÓN III

EL MINISTERIO Y SU DESCRIPCIÓN, 2:12—7:16

E. El ministerio: Su espíritu nutritivo y perdurable, 4:7-18

(4:7-18) *Introducción:* El ministro diligente enfrenta prueba tras prueba. Experimenta fatiga y cansancio, tensión y presión, inquietudes y dudas, críticas y oposición, conflictos y persecución, la lista podría continuar y ser interminable. El ministro necesita un espíritu fuerte de aguante. Necesita un poder muy especial para sostenerse. Este pasaje trata con su espíritu resistente, con las cosas que lo sustentan. Es un debate desesperadamente necesario:

1. La presencia de Dios sostiene (v. 7).
2. El poder de Dios sostiene (vv. 7-9).
3. El espíritu de morir diariamente sostiene (vv. 10-12).
4. El espíritu de fe sostiene (v. 13).
5. La esperanza de ser resucitado sostiene (v. 14).
6. La necesidad de otros y la gloria de Dios sostiene (v. 15).
7. El hombre interior que se renueva día tras día sostiene (v. 16).
8. La esperanza de la gloria eterna sostiene (vv. 17-18).

1 (4:7) *Presencia que mora dentro — Dios:* La presencia de Dios sostiene al ministro. Este es un versículo precioso pero aún así sorprendente. "Este tesoro" se refiere al versículo anterior (v. 6). Es la presencia del propio Dios resplandeciendo en el vaso de barro del creyente, en su corazón, en su cuerpo terrenal.

1. La presencia de Dios es un tesoro, un tesoro precioso e inapreciable.

2. La presencia de Dios se coloca (entra) en vasos de barro. Dios entra en nuestro cuerpo, un cuerpo que es como un vaso terrenal hecho de cerámica o cristal. Los cuerpos son tan débiles y no valen nada, se corrompen y se destruyen con tanta facilidad. Aún así imagínese: ¡La presencia de Dios está colocada dentro de esos cuerpos terrenales!

3. El propósito de Dios de entrar en nuestro cuerpo es demostrar su poder superando todas las debilidades, incluso la propia muerte.

=> "La excelencia del poder" es una ilustración de la grandeza, la gloria, y preeminencia de su poder. Es la excelencia, el poder grande y vencedor de Dios.

La presencia de Dios en nuestro corazón y en nuestro cuerpo es poder.

    a.   Es el poder para convertirnos y transformarnos en nuevas criaturas.

      "De modo que si alguno está en Cristo, nueva criatura es; las cosas viejas pasaron; he aquí todas son hechas nuevas" (2 Co. 5:17).

    b.   Es el poder para convertirnos y transformarnos en hombre nuevos.

      "y vestíos del nuevo hombre, creado según Dios en la justicia y santidad de la verdad" (Ef. 4:24).

      "y revestido del nuevo, el cual conforme a la imagen del que lo creó se va renovando hasta el conocimiento pleno" (Col. 3:10).

    c.   Es el poder para poner dentro de nosotros su naturaleza divina.

      "por medio de las cuales nos ha dado preciosas y grandísimas promesas, para que por ellas llegaseis a ser participantes de la naturaleza divina, habiendo huido de la corrupción que hay en el mundo a causa de la concupiscencia" (2 P. 1:4).

    d.   Es el poder para darnos vida, tanto abundante como eterna.

      "El ladrón no viene sino para hurtar y matar y destruir; yo he venido para que tengan vida, y para que la tengan en abundancia" (Jn. 10:10).

      "Porque de tal manera amó Dios al mundo, que ha dado a su Hijo unigénito, para que todo aquel que en él cree, no se pierda, mas tenga vida eterna" (Jn. 3:16).

Sucede lo siguiente: El tesoro de la presencia de Dios está en este vaso terrenal, este cuerpo terrenal que es tan débil y frágil. Dios hace mucho por nosotros, y todo es obrado por Él. Por consiguiente, Dios y solo Dios recibe todo el mérito, y así Él recibe la alabanza (cp. el v. 15). Como dice el versículo, que el poder sea de Dios, no de nosotros.

Pensamiento 1. Ningún hombre puede disputar su mortalidad, porque ningún hombre puede convertirse y transformarse a sí mismo en un ser eterno. Solo la presencia de Dios, este tesoro glorioso, puede entrar en nuestra vida y cambiarnos en seres eternos. La presencia de Dios solamente puede sostenernos.

      "Acuérdate que como a barro me diste forma; ¿Y en polvo me has de volver?" (Job. 10:9).

      "¿Qué hombre vivirá y no verá muerte? ¿Librará su vida del poder del Seol?" (Sal. 89:48).

      "Yo he visto el trabajo que Dios ha dado a los hijos de los hombres para que se ocupen en él" (Ec. 3:10).

      "Pero tenemos este tesoro en vasos de barro, para que la excelencia del poder sea de Dios, y no de nosotros" (2 Co. 4:7).

      "Por tanto, no desmayamos; antes aunque este nuestro hombre exterior se va desgastando, el interior no obstante se renueva de día en día" (2 Co. 4:16).

      "Porque sabemos que si nuestra morada terrestre, este tabernáculo, se deshiciere, tenemos de Dios un edificio, una casa no hecha de manos, eterna, en los cielos" (2 Co. 5:1).

      "Porque asimismo los que estamos en este tabernáculo gemimos con angustia; porque no quisiéramos ser desnudados, sino revestidos, para que lo mortal sea absorbido por la vida" (2 Co. 5:4).

Pensamiento 2. El tesoro glorioso de la presencia de Dios vive dentro del creyente, en el poder del Espíritu Santo de Dios.

      "Y yo rogaré al Padre, y os dará otro Consolador, para que esté con vosotros para siempre: el Espíritu de verdad, al cual el mundo no puede recibir, porque no le ve, ni le conoce; pero vosotros le conocéis, porque mora con vosotros, y estará *en vosotros*" (Jn. 14:16, 17).

      "Respondió Jesús y le dijo: El que me ama, mi palabra guardará; y mi Padre le amará, y *vendremos* a él, y haremos morada con él" (Jn. 14:23).

      "Mas vosotros no vivís según la carne, sino según el Espíritu, si es que el Espíritu de Dios mora en vosotros. Y si alguno no tiene el Espíritu de Cristo, no es de él" (Ro. 8:9).

      "¿No sabéis que sois templo de Dios, y que el Espíritu de Dios mora en vosotros?" (1 Co. 3:16).

      "¿O ignoráis que vuestro cuerpo es templo del Espíritu Santo, el cual está en vosotros, el cual tenéis de Dios, y que no sois vuestros? Porque habéis sido comprados por precio; glorificad, pues, a Dios en vuestro cuerpo y en vuestro espíritu, los cuales son de Dios" (1 Co. 6:19, 20).

      "Guarda el buen depósito por el Espíritu Santo que mora en nosotros" (2 Ti. 1:14).

      "Pero la unción que vosotros recibisteis de él permanece en vosotros, y no tenéis necesidad de que nadie os enseñe; así como la unción misma os enseña todas las cosas, y es verdadera, y no es mentira, según ella os ha enseñado, permaneced en él" (1 Jn. 2:27).

2 **(4:7-9) *Dios, poder:*** El poder de Dios sostiene al ministro. El ministro (y los creyentes) de Dios se enfrentan a todo tipo de problemas y situaciones difíciles en la vida. Sin embargo, el ministro tiene un gran recurso: "La presencia y el poder de Dios dentro de él". Dios nunca lo abandona. Dios lo salva y lo libra de toda situación y prueba, por difícil que sea.

    1.   El ministro (o creyente) puede estar atribulado en todo, pero el poder de Dios lo salva de la angustia.

    => "Atribulado" (thlibomenoi) quiere decir estar presionado, exprimido, oprimido, constreñido, forzado.

    => "Angustiado" (stenochoroumenoi) significa mantenerse en un lugar estrecho y apretado; estar aplastado.

    => "En todo" quiere decir en toda forma, lugar u ocasión posible.

El ministro experimenta todo tipo de problemas y presiones. En ocasiones se siente que está más atribulado y presionado de lo que puede soportar. Es como si una carga pesada lo estuviera presionando y estuviera a punto de aplastarlo. Pero luego Dios entra en juego y lo salva de la angustia y de la presión. La presencia y el poder de Dios sostienen a su amado ministro.

    2.   El ministro (o creyente) puede estar en apuros, pero el poder de Dios lo salva de la desesperación.

    => "En apuros" (aporoumenoi) quiere decir estar sin

saber qué hacer, estar en duda, no conocer, preguntándose qué camino tomar, qué hacer, qué decir. Significa estar en apuros y no poder encontrar una solución.

=> "Desesperación" (exaporoumenoi) quiere decir estar sin esperanzas, no tener confianza ni garantía, no tener sentido alguno de seguridad.

Con frecuencia el ministro se encuentra en apuros, sin entender por qué sucedió esto o aquello, qué se debe hacer o decir, cómo se debe manejar la situación, y así sucesivamente. En ocasiones las situaciones se vuelven tan desconcertantes que se siente casi frustrado y la amenaza de la desesperación le hace frente. Existe el peligro de que se derrumbe su confianza y seguridad. Pero nuevamente, la presencia y el poder de Dios dan el paso al frente y salvan al ministro de la desesperación. Dios le da esperanza, estimula su confianza y le muestra la salida. Dios nunca permite que lo venza la desesperación.

> "Porque las cosas que se escribieron antes, para nuestra enseñanza se escribieron, a fin de que por la paciencia y la consolación de las Escrituras, tengamos esperanza" (Ro. 15:4).

3. El ministro (o creyente) puede estar perseguido, pero no desamparado. A los ministros en ocasiones se les hace oposición, y en ocasiones la oposición es fuerte y severa. La persecución puede estar detrás o delante de él. Puede tomar la forma de…

• ridículo	• abandono	• calumnia
• aislamiento	• mofa	• descuido
• martirio	• amenazas	• encarcelamiento
• burla	• confrontación	• ignorancia
• crítica	• maltrato	• censura

Sin embargo, Dios nunca renuncia, huye, ni abandona a su querido siervo. Dios nunca lo deja solo. La compañía de Dios, su presencia y poder, siempre están con su querido siervo.

4. El ministro (o creyente) puede estar derribado, pero nunca destruido.

=> "Derribado" (kataballomenoi) significa golpeado, abatido o tumbado.

=> "Destruido" (apollumenoi) significa perecer, morir, eliminar.

El ministro puede estar golpeado, pero nunca se le permite que esté eliminado; puede estar derribado, pero nunca estará destruido. Como dice William Barclay:

"La característica suprema del cristiano no es que no caiga, sino que cada vez que caiga se levante nuevamente. No es que nunca sea abatido, sino que nunca sea completamente derrotado. Puede que pierda una batalla, pero él sabe que al final él nunca podrá perder la campaña" (William Barclay. *Las epístolas a los corintios,* Filadelfia, PA: Westminster Press, p. 223).

> "enseñándoles que guarden todas las cosas que os he mandado; y he aquí yo estoy con vosotros todos los días, hasta el fin del mundo. Amén" (Mt. 28:20).

> "Y yo rogaré al Padre, y os dará otro Consolador, para que esté con vosotros para siempre: el Espíritu de verdad, al cual el mundo no puede recibir, porque no le ve, ni le conoce; pero vosotros le conocéis, porque mora con vosotros, y estará en vosotros. No os dejaré huérfanos; vendré a vosotros" (Jn. 14:16-18).

> "La paz os dejo, mi paz os doy; yo no os la doy como el mundo la da. No se turbe vuestro corazón, ni tenga miedo" (Jn. 14:27).

> "Por tanto, no desmayamos; antes aunque este nuestro hombre exterior se va desgastando, el interior no obstante se renueva de día en día" (2 Co. 4:16).

> "para que os dé, conforme a las riquezas de su gloria, el ser fortalecidos con poder en el hombre interior por su Espíritu" (Ef. 3:16).

> "Por nada estéis afanosos, sino sean conocidas vuestras peticiones delante de Dios en toda oración y ruego, con acción de gracias. Y la paz de Dios, que sobrepasa todo entendimiento, guardará vuestros corazones y vuestros pensamientos en Cristo Jesús" (Fil. 4:6, 7).

> "fortalecidos con todo poder, conforme a la potencia de su gloria, para toda paciencia y longanimidad" (Col. 1:11).

> "Y el Señor me librará de toda obra mala, y me preservará para su reino celestial. A él sea gloria por los siglos de los siglos. Amén" (2 Ti. 4:18).

> "Sean vuestras costumbres sin avaricia, contentos con lo que tenéis ahora; porque él dijo: No te desampararé, ni te dejaré" (He. 13:5).

> "He aquí, yo estoy contigo, y te guardaré por dondequiera que fueres, y volveré a traerte a esta tierra; porque no te dejaré hasta que haya hecho lo que te he dicho" (Gn. 28:15).

> "Y él dijo: Mi presencia irá contigo, y te daré descanso" (Éx. 33:14).

> "El eterno Dios es tu refugio, y acá abajo los brazos eternos; El echó de delante de ti al enemigo, y dijo: Destruye" (Dt. 33:27).

> "Me diste asimismo el escudo de tu salvación; tu diestra me sustentó, y tu benignidad me ha engrandecido" (Sal. 18:35).

> "En cuanto a mí, en mi integridad me has sustentado, y me has hecho estar delante de ti para siempre" (Sal. 41:12).

> "¿Quién midió las aguas con el hueco de su mano y los cielos con su palmo, con tres dedos juntó el polvo de la tierra, y pesó los montes con balanza y con pesas los collados?" (Is. 40:31).

> "No temas, porque yo estoy contigo; no desmayes, porque yo soy tu Dios que te esfuerzo; siempre te ayudaré, siempre te sustentaré con la diestra de mi justicia" (Is. 41:10).

> "Cuando pases por las aguas, yo estaré contigo; y si por los ríos, no te anegarán. Cuando pases por el fuego, no te quemarás, ni la llama arderá en ti" (Is. 43:2).

> "Y hasta la vejez yo mismo, y hasta las canas os soportaré yo; yo hice, yo llevaré, yo soportaré y guardaré" (Is. 46:4).

3 (4:10-12) *Ministro — Abnegación — Cruz:* El espíritu de morir diariamente sostiene al ministro. Note tres elementos:

1. El ministro debe llevar en su propio cuerpo la muerte del Señor Jesús, y debe hacerlo todo el tiempo, constantemente, en su andar diario. Expresado con sencillez, Pablo:

- Llevaba a todas partes la muerte del Señor Jesús.
- Tomó la cruz de Cristo (cp. Lc. 9:23).
- Murió para sí, es decir, para sus propios deseos.
- Se negó a sí mismo a fin de vivir por Cristo.

Pablo murió para sí. "Muerte" quiere decir en el sentido en que Jesús estaba *muriendo día tras día*. Cuando Jesús vino a la tierra, vino a garantizar una justicia perfecta para el hombre. Para lograr esto, tuvo que llevar una vida impecable; tuvo que luchar contra el pecado todos los días. Tuvo que morir para sí, negar sus propios deseos y vivir para Dios. Tuvo que luchar contra las tentaciones diarias que enfrentan los hombres, y Él tuvo que vencerlas todas.

Espiritualmente, el Señor Jesús siempre estaba muriendo para sí, es decir:

- Siempre poniendo su cuerpo en servidumbre: Sus pasiones y deseos.
- Siempre negando su voluntad a fin de hacer la voluntad de Dios.
- Siempre luchando por vencer las presiones de la tentación.
- Siempre batallando contra las fuerzas del mal y nunca rindiéndose.

Físicamente, el Señor Jesús siempre estaba muriendo para sí. Siempre gastaba mucha energía en transmitirles a todos la verdad. Como dice RVG Tasker, Él experimentó hambre y sed constantemente, y sometió su cuerpo a días agotadores y noches de insomnio por el bien de otros. Él le hizo frente a una oposición constante de líderes religiosos y políticos a fin de transmitir y predicar la verdad (RVG Tasker. *La segunda epístola de Pablo a los corintios*. "Comentarios bíblicos de Tyndale". Grand Rapids, MI: Eerdmans, 1958, p. 73s).

Un verdadero ministro del evangelio debe *morir diariamente*; debe morir al punto que el paso real de esta vida a la eternidad no es más que la etapa final de sufrir y morir por él.

2. El ministro debe morir para sí de modo que se pueda ver a Cristo en su cuerpo. Pablo se negó a sí mismo para que se pudiera ver la presencia de Cristo venciendo a la carne, las tentaciones, y las pruebas de la vida. Cuando Pablo disciplinó su cuerpo y lo mantuvo bajo control, cuando mató sus deseos y sus pasiones, cuando negó su voluntad e hizo la voluntad de Dios, él demostró que Jesucristo vivía dentro de su cuerpo. La vida de Jesús se manifestó y demostró estar en su cuerpo.

3. El ministro debe morir para sí para que otros puedan recibir vida. Cuando un ministro muere para sí, se niega realmente a sí mimo para que Cristo pueda vivir en su cuerpo y vencer la carne y las pruebas de la vida, otros ven el poder de Cristo. Ellos también anhelan un poder como ese. Son guiados a convertirse a Cristo a fin de recibir el mismo poder y vida vencedores. Son guiados a buscar la vida en Cristo, la vida que es abundante en este mundo y eterna en el próximo mundo.

"Y decía a todos: Si alguno quiere venir en pos de

mí, niéguese a sí mismo, tome su cruz cada día, y sígame" (Lc. 9:23).

"Porque todo el que quiera salvar su vida, la perderá; y todo el que pierda su vida por causa de mí, éste la salvará" (Lc. 9:24).

"En ninguna manera. Porque los que hemos muerto al pecado, ¿cómo viviremos aún en él?" (Ro. 6:2).

"Así también vosotros consideraos muertos al pecado, pero vivos para Dios en Cristo Jesús, Señor nuestro" (Ro. 6:11).

"porque si vivís conforme a la carne, moriréis; mas si por el Espíritu hacéis morir las obras de la carne, viviréis" (Ro. 8:13).

"Con Cristo estoy juntamente crucificado, y ya no vivo yo, mas vive Cristo en mí; y lo que ahora vivo en la carne, lo vivo en la fe del Hijo de Dios, el cual me amó y se entregó a sí mismo por mí" (Gá. 2:20).

"Pero los que son de Cristo han crucificado la carne con sus pasiones y deseos" (Gá. 5:24).

"Y ciertamente, aun estimo todas las cosas como pérdida por la excelencia del conocimiento de Cristo Jesús, mi Señor, por amor del cual lo he perdido todo, y lo tengo por basura, para ganar a Cristo" (Fil. 3:8).

"Porque habéis muerto, y vuestra vida está escondida con Cristo en Dios" (Col. 3:3).

4 (4:13) *Ministro — Fe:* El espíritu de fe sostiene al ministro. Cuando ya nada más sostiene al ministro, su fe lo sostendrá. El ministro puede ser tentado a rendirse: "El problema y la presión puede ser tan grande que él se puede sentir tentado a abandonar el ministerio". A nunca volver a predicar el evangelio. Sin embargo, como se ha planteado, cuando ya nada sostiene al ministro, su fe lo sostendrá. Su fe no le permitirá desalentarse a tal punto que abandone el ministerio y caiga en las profundidades de la desesperación. La fe del ministro es la misma gran fe que tuvo el salmista David (Sal. 116:10). Y en las palabras de Charles Hodge:

"El salmista estaba grandemente atribulado; los pesares de la muerte lo rodearon, los sufrimientos del infierno se apoderaron de él, pero él no se desesperó. Él invocó al Señor, y Él lo ayudó. Él libró su alma de la muerte, sus ojos del lloro, y sus pies de la caída. La fe de David no falló. Él creyó, y por consiguiente, en medio de sus tribulaciones, él proclamó su confianza y contó la bondad del Señor. La experiencia de Pablo era la misma. Él también tuvo pruebas severas. Él también mantuvo su confianza, y continuó confiando en las promesas de Dios" (Charles Hodge. *Una exposición de la segunda epístola a los corintios*. Grand Rapids, MI: Eerdmans Publishing Co., 1972, p. 97).

Por medio de la fe el ministro cree en las promesas de Dios, se mantiene en el ministerio y continúa hablando como hicieron David y Pablo. El ministro cree con todo su corazón:

- Que la presencia de Dios lo sostendrá.
- Que el poder de Dios lo sostendrá.
- Que el espíritu de morir diariamente lo sostendrá.

"Entonces le dijeron: ¿Qué debemos hacer para poner en práctica las obras de Dios? Respondió Jesús

y les dijo: Esta es la obra de Dios, que creáis en el que él ha enviado" (Jn. 6:28, 29).

"Así que la fe es por el oír, y el oír, por la palabra de Dios" (Ro. 10:17).

"Sobre todo, tomad el escudo de la fe, con que podáis apagar todos los dardos de fuego del maligno" (Ef. 6:16).

"Es, pues, la fe la certeza de lo que se espera, la convicción de lo que no se ve" (He. 11:1).

"Pero sin fe es imposible agradar a Dios; porque es necesario que el que se acerca a Dios crea que le hay, y que es galardonador de los que le buscan" (He. 11:6).

"Y si alguno de vosotros tiene falta de sabiduría, pídala a Dios, el cual da a todos abundantemente y sin reproche, y le será dada. Pero pida con fe, no dudando nada; porque el que duda es semejante a la onda del mar, que es arrastrada por el viento y echada de una parte a otra" (Stg. 1:5, 6).

"Y este es su mandamiento: Que creamos en el nombre de su Hijo Jesucristo, y nos amemos unos a otros como nos lo ha mandado" (1 Jn. 3:23).

"Porque todo lo que es nacido de Dios vence al mundo; y esta es la victoria que ha vencido al mundo, nuestra fe" (1 Jn. 5:4).

5 (4:14) *Ministro — Resurrección, la:* La esperanza de ser resucitado sostiene al ministro. El ministro lleva en su cuerpo la "muerte del Señor Jesús" (se niega a sí mismo y muere diariamente) por una gran razón: "Sabe que él ha de morir algún día".

Por encima de todas las cosas, lo único que el ministro quiere es estar con Jesús; por consiguiente, ese día glorioso de resurrección, ese día de total redención, siempre está delante de sus ojos. El ministro sufre y lo sopota todo, él sigue predicando y enseñando, sirviendo y supliendo las necesidades de las personas, todo porque él sabe que se acerca el día de la resurrección. De la misma manera que Dios resucitó al Señor Jesús, Dios va a resucitarlo para que esté con todos aquellos a los que él ha ministrado.

¿Cómo el ministro sabe esto? Porque Dios resucitó al Señor Jesús. Cuando resucitó a Cristo, Él demostró que era su voluntad resucitar a los muertos, y que Él tenía el poder para resucitar a los muertos.

"De cierto, de cierto os digo: Viene la hora, y ahora es, cuando los muertos oirán la voz del Hijo de Dios; y los que la oyeren vivirán" (Jn. 5:25).

"No os maravilléis de esto; porque vendrá hora cuando todos los que están en los sepulcros oirán su voz; y los que hicieron lo bueno, saldrán a resurrección de vida; mas los que hicieron lo malo, a resurrección de condenación" (Jn. 5:28, 29).

"Y esta es la voluntad del que me ha enviado: Que todo aquél que ve al Hijo, y cree en él, tenga vida eterna; y yo le resucitaré en el día postrero" (Jn. 6:40).

"Le dijo Jesús: Yo soy la resurrección y la vida; el que cree en mí, aunque esté muerto, vivirá" (Jn. 11:25).

"teniendo esperanza en Dios, la cual ellos también abrigan, de que ha de haber resurrección de los muertos, así de justos como de injustos" (Hch. 24:15).

"Y si el Espíritu de aquel que levantó de los muertos a Jesús mora en vosotros, el que levantó de los muertos a Cristo Jesús vivificará también vuestros cuerpos mortales por su Espíritu que mora en vosotros" (Ro. 8:11).

"Y Dios, que levantó al Señor, también a nosotros nos levantará con su poder" (1 Co. 6:14).

"Si en esta vida solamente esperamos en Cristo, somos los más dignos de conmiseración de todos los hombres. Mas ahora Cristo ha resucitado de los muertos; primicias de los que durmieron es hecho. Porque por cuanto la muerte entró por un hombre, también por un hombre la resurrección de los muertos. Porque así como en Adán todos mueren, también en Cristo todos serán vivificados" (1 Co. 15:19-22).

"sabiendo que el que resucitó al Señor Jesús, a nosotros también nos resucitará con Jesús, y nos presentará juntamente con vosotros" (2 Co. 4:14).

"Porque el Señor mismo con voz de mando, con voz de arcángel, y con trompeta de Dios, descenderá del cielo; y los muertos en Cristo resucitarán primero. Luego nosotros los que vivimos, los que hayamos quedado, seremos arrebatados juntamente con ellos en las nubes para recibir al Señor en el aire, y así estaremos siempre con el Señor. Por tanto, alentaos los unos a los otros con estas palabras" (1 Ts. 4:16-18).

6 (4:15) *Ministro:* La necesidad de otros y la gloria de Dios sostiene al ministro. Note las palabras "todas estas cosas". El ministro de Dios soporta todas estas cosas por dos razones: Por amor a las personas y por la gloria de Dios. El ministro lo soporta y lo sufre todo:

* Para que las personas puedan experimentar la gracia abundante de Dios. En la medida en que él ministra a las personas, aprenden cada vez más acerca de Dios. Experimentan cada vez más la gracia y las bendiciones maravillosas de Dios.

* El resultado es un suceso maravilloso: Las personas se gozan y se regocijan en Dios. Andan de un lado a otro ofreciendo alabanza y acción de gracias a Dios, y Dios así es glorificado.

El ministro se niega a ser derrotado, porque las personas necesitan la gracia de Dios y porque Dios necesita ser glorificado. Y de la única manera que las personas pueden glorificar a Dios es que experimenten las bendiciones y la gracia de Dios.

Pensamiento 1. El propósito del ministro tiene dos aspectos:

1) Debe suplir las necesidades de las personas. El cumplimiento de su ministerio lo sostendrá con una gran sensación de satisfacción.

"Volvió a decirle la segunda vez: Simón, hijo de Jonás, ¿me amas? Pedro le respondió: Sí, Señor; tú sabes que te amo. Le dijo: Pastorea mis ovejas" (Jn. 21:16).

"Y ahora, he aquí, yo sé que ninguno de todos vosotros, entre quienes he pasado predicando el reino de Dios, verá más mi rostro" (Hch. 20:25).

"Así que, los que somos fuertes debemos soportar las flaquezas de los débiles, y no agradarnos a nosotros mismos" (Ro. 15:1).

"Así que, hermanos míos amados, estad firmes y

constantes, creciendo en la obra del Señor siempre, sabiendo que vuestro trabajo en el Señor no es en vano" (1 Co. 15:58).

"Sobrellevad los unos las cargas de los otros, y cumplid así la ley de Cristo" (Gá. 6:2).

"Así que, según tengamos oportunidad, hagamos bien a todos, y mayormente a los de la familia de la fe" (Gá. 6:10).

"También os rogamos, hermanos, que amonestéis a los ociosos, que alentéis a los de poco ánimo, que sostengáis a los débiles, que seáis pacientes para con todos" (1 Ts. 5:14).

2) Debe guiar a las personas a la alabanza y glorificación de Dios.

"Así alumbre vuestra luz delante de los hombres, para que vean vuestras buenas obras, y glorifiquen a vuestro Padre que está en los cielos" (Mt. 5:16).

"En esto es glorificado mi Padre, en que llevéis mucho fruto, y seáis así mis discípulos" (Jn. 15:8).

"para que unánimes, a una voz, glorifiquéis al Dios y Padre de nuestro Señor Jesucristo" (Ro. 15:6).

"Porque habéis sido comprados por precio; glorificad, pues, a Dios en vuestro cuerpo y en vuestro espíritu, los cuales son de Dios" (1 Co. 6:20).

"Mas vosotros sois linaje escogido, real sacerdocio, nación santa, pueblo adquirido por Dios, para que anunciéis las virtudes de aquel que os llamó de las tinieblas a su luz admirable" (1 P. 2:9).

7 (4:16) *Ministro — Hombre interior:* El hombre interior que se renueva día tras día sostiene al ministro. Note tres elementos significativos:

1. El ministro no desmaya (cp. el v. 1). Él no ceja ni se rinde. No se desanima ni se desalienta; no permite que nada lo derrote: ninguna persona, circunstancia, suceso, fatiga, cansancio, ni siquiera la persecución y la oposición severa. Nada, absolutamente nada puede alejarlo del ministerio ni impedir que predique el evangelio del Señor Jesucristo.

Tengan presentes las cosas que le dan la fuerza para continuar su predicación: La presencia y el poder de Dios (vv. 7-9). El espíritu de fe (v. 13); la esperanza de la resurrección (v. 14); las necesidades de las personas y la gloria de Dios (v. 15).

2. El hombre exterior del ministro se desgasta día tras día.

=> El "hombre exterior" es el *vaso de barro* (v. 7), el cuerpo humano (v. 10), la *carne mortal* (v. 11), y la *morada terrestre* (5:1).

=> La palabra "desgastar" (diaphtheiretai) significa envejecer, gastarse, consumirse, deteriorarse, descomponerse, corromperse y morir.

Pablo dice que su "hombre exterior" o su cuerpo se estaba desgastando se estaba consumiendo día tras día. Se encontraba en el proceso de desgastarse y morir.

3. El "hombre interior" del ministro se renueva día tras día. El hombre interior es:

• El espíritu del hombre que ha "renacido" o que ha sido creado nuevamente por el Espíritu de Dios (Jn. 3:3, 5-6).

• El espíritu del hombre que estaba muerto en delitos

y pecados hasta que Cristo lo vivificó y lo convirtió en un cuerpo vivo (Ef. 2:2, 4-5).

• La "nueva criatura" (2 Co. 5:17) y el "nuevo hombre" (Ef. 4:24; Col. 3:10).

• La parte más alta y más profunda de la existencia del hombre donde mora el Espíritu Santo.

• El "hombre oculto del corazón" (1 P. 3:4).

El ministro se renueva día tras día cuando se acerca a Dios en busca de fuerzas y crecimiento, de alivio y liberación de las pruebas, presiones, y tribulaciones. Pero recuerden: "Es la presencia y el poder de Dios dentro de su cuerpo lo que lo renueva". (Vea las notas — 2 Co. 4:7; 4:7-9 para más versículos.)

"Venid a mí todos los que estáis trabajados y cargados, y yo os haré descansar" (Mt. 11:28).

"Pues si vosotros, siendo malos, sabéis dar buenas dádivas a vuestros hijos, ¿cuánto más vuestro Padre celestial dará el Espíritu Santo a los que se lo pidan?" (Lc. 11:13).

"No se turbe vuestro corazón; creéis en Dios, creed también en mí. En la casa de mi Padre muchas moradas hay; si así no fuera, yo os lo hubiera dicho; voy, pues, a preparar lugar para vosotros" (Jn. 14:1, 2).

"Y sabemos que a los que aman a Dios, todas las cosas les ayudan a bien, esto es, a los que conforme a su propósito son llamados" (Ro. 8:28).

"Porque esta leve tribulación momentánea produce en nosotros un cada vez más excelente y eterno peso de gloria" (2 Co. 4:17).

"Y me ha dicho: Bástate mi gracia; porque mi poder se perfecciona en la debilidad. Por tanto, de buena gana me gloriaré más bien en mis debilidades, para que repose sobre mí el poder de Cristo" (2 Co. 12:9).

"Amados, no os sorprendáis del fuego de prueba que os ha sobrevenido, como si alguna cosa extraña os aconteciese, sino gozaos por cuanto sois participantes de los padecimientos de Cristo, para que también en la revelación de su gloria os gocéis con gran alegría" (1 P. 4:12, 13).

"No temas en nada lo que vas a padecer. He aquí, el diablo echará a algunos de vosotros en la cárcel, para que seáis probados, y tendréis tribulación por diez días. Sé fiel hasta la muerte, y yo te daré la corona de la vida" (Ap. 2:10).

"Enjugará Dios toda lágrima de los ojos de ellos; y ya no habrá muerte, ni habrá más llanto, ni clamor, ni dolor; porque las primeras cosas pasaron" (Ap. 21:4).

"Muchas son las aflicciones del justo, pero de todas ellas le librará Jehová" (Sal. 34:19).

"Jehová lo sustentará sobre el lecho del dolor; mullirás toda su cama en su enfermedad" (Sal. 41:3).

"E invócame en el día de la angustia; te libraré, y tú me honrarás" (Sal. 50:15).

"Si anduviere yo en medio de la angustia, tú me vivificarás; contra la ira de mis enemigos extenderás tu mano, y me salvará tu diestra" (Sal. 138:7).

"pero los que esperan a Jehová tendrán nuevas fuerzas; levantarán alas como las águilas; correrán, y no se cansarán; caminarán, y no se fatigarán" (Is. 40:31).

"No temas, porque yo estoy contigo; no desmayes, porque yo soy tu Dios que te esfuerzo; siempre te ayudaré, siempre te sustentaré con la diestra de mi justicia" (Is. 41:10).

"Ahora, así dice Jehová, Creador tuyo, oh Jacob, y Formador tuyo, oh Israel: No temas, porque yo te redimí; te puse nombre, mío eres tú. Cuando pases por las aguas, yo estaré contigo; y si por los ríos, no te anegarán. Cuando pases por el fuego, no te quemarás, ni la llama arderá en ti" (Is. 43:1, 2).

8 (4:17-18) *Gloria — Ministro:* La esperanza de la gloria sostiene al ministro. Note dos elementos significativos:

1. Las tribulaciones del ministro son leves comparadas con la gloria que recibirán en el cielo. Note la frase "peso de gloria". Todo ministro deberá tener siempre presente esta ilustración. La ilustración es la de una balanza puesta delante del ministro. Él pesa sus tribulaciones en un extremo y la gloria eterna que ha de recibir en el otro extremo. Las tribulaciones pueden ser pesadas y severas, pero cuando el ministro coloca la gloria eterna que ha de recibir en la balanza, las tribulaciones se vuelven ligeras. Es como si no pesaran nada. (Vea la nota, *Recompensa* — Lc. 16:10-12 para una lista completa de las recompensas.)

2. Los ojos del ministro no están centrados en lo físico y lo temporal, sino en lo espiritual y lo eterno. La palabra "mirar" (scopeo) significa centrar los ojos y la atención de alguien en una meta o fin establecido. Desde luego, la meta es pasar la eternidad con Dios en los nuevos cielos y en la nueva tierra. El ministro no mira las cosas que se ven (lo físico y lo corruptible), sino las cosas que no se ven (lo espiritual y lo incorruptible).

La razón está sorprendentemente clara: Las cosas que se ven son temporales (breves, temporales, efímeras, pasantes, fugaces); pero las cosas que no se ven son eternas (duraderas, perdurables, permanentes, inmortales, gloriosas).

"Su señor le dijo: Bien, buen siervo y fiel; sobre poco has sido fiel, sobre mucho te pondré; entra en el gozo de tu señor" (Mt. 25:23).

"Entonces los justos resplandecerán como el sol en el reino de su Padre. El que tiene oídos para oír, oiga" (Mt. 13:43).

"Y si hijos, también herederos; herederos de Dios y coherederos con Cristo, si es que padecemos juntamente con él, para que juntamente con él seamos glorificados. Pues tengo por cierto que las aflicciones del tiempo presente no son comparables con la gloria venidera que en nosotros ha de manifestarse" (Ro. 8:17, 18).

"Porque esta leve tribulación momentánea produce en nosotros un cada vez más excelente y eterno peso de gloria" (2 Co. 4:17).

"el cual transformará el cuerpo de la humillación nuestra, para que sea semejante al cuerpo de la gloria suya, por el poder con el cual puede también sujetar a sí mismo todas las cosas" (Fil. 3:21).

"Si sufrimos, también reinaremos con él; si le negáremos, él también nos negará" (2 Ti. 2:12).

"Cuando Cristo, vuestra vida, se manifieste, entonces vosotros también seréis manifestados con él en gloria" (Col. 3:4).

"teniendo por mayores riquezas el vituperio de Cristo que los tesoros de los egipcios; porque tenía puesta la mirada en el galardón" (He. 11:26).

"No habrá allí más noche; y no tienen necesidad de luz de lámpara, ni de luz del sol, porque Dios el Señor los iluminará; y reinarán por los siglos de los siglos" (Ap. 22:5).

1 Seguridad 1: Convicción personal, la convicción de que tenemos una esperanza, una casa en el cielo	F. El ministerio: Su esperanza y seguridad de una casa eterna, 5:1-10	nos ha dado las arras del Espíritu.	por medio del Espíritu
		6 Así que vivimos confiados siempre, y sabiendo que entre tanto que estamos en el cuerpo, estamos ausentes del Señor	3 Seguridad 3: El Espíritu Santo, Él realza la esperanza
a. Gemimos por nuestra nueva casa, por nuestro nuevo cuerpo	1 Porque sabemos que si nuestra morada terrestre, este tabernáculo, se deshiciere, tenemos de Dios un edificio, una casa no hecha de manos, eterna, en los cielos.		a. Él proporciona gran aliento para enfrentar el presente
	2 Y por esto también gemimos, deseando ser revestidos de aquella nuestra habitación celestial;	7 (porque por fe andamos, no por vista);	b. Él despierta la fe
b. Gemimos por no estar desnudos (corruptibles)	3 pues así seremos hallados vestidos, y no desnudos.	8 pero confiamos, y más quisiéramos estar ausentes del cuerpo, y presentes al Señor.	c. Él despierta un gran aliento, hasta crea una preferencia de estar con el Señor
c. Gemimos por la liberación, por la inmortalidad	4 Porque asimismo los que estamos en este tabernáculo gemimos con angustia; porque no quisiéramos ser desnudados, sino revestidos, para que lo mortal sea absorbido por la vida.	9 Por tanto procuramos también, o ausentes o presentes, serle agradables.	4 Seguridad 4: El juicio, Él despierta la esperanza
		10 Porque es necesario que todos nosotros comparezcamos ante el tribunal de Cristo, para que cada uno reciba según lo que haya hecho mientras estaba en el cuerpo, sea bueno o sea malo.	a. Despierta una labor diligente
2 Seguridad 2: Dios, Él garantiza la esperanza	5 Mas el que nos hizo para esto mismo es Dios, quien		b. El propósito: Agradar al Señor
			c. La razón: El tribunal de Cristo[EF1]

DIVISIÓN III

EL MINISTERIO Y SU DESCRIPCIÓN, 2:12—7:16

F. El ministerio: Su esperanza y seguridad de una casa eterna, 5:1-10

(5:1-10) *Esperanza — Cielo — Muerte — Recompensa — Cuerpo:* ¿De qué está hablando Pablo en este pasaje? ¿Se refiere al cuerpo temporal, o a la mansión o casa celestial que se le ha de entregar al creyente cuando muera y vaya al cielo?

Algo es cierto: Pablo no está hablando del cuerpo de resurrección que él ha de recibir cuando Cristo regrese. El cuerpo no está en el cielo; se debe crear cuando Cristo regrese. El creyente no recibe su cuerpo resucitado *hasta* que es resucitado de los muertos al regreso de Cristo (cp. 1 Co. 15:12; 1 Ts. 4:14f).

Si Pablo está hablando de recibir un cuerpo cuando pase de la vida al cielo, entonces está hablando de recibir un cuerpo temporal, un cuerpo que albergará su Espíritu hasta que llegue la resurrección. Sin embargo, las Escrituras no dicen nada de un cuerpo temporal, aunque Dios realmente puede darnos un cuerpo temporal cuando muramos y vayamos al cielo. No hay nada que le impida hacerlo, pero las Escrituras callan en ese asunto. Es uno de los temas que son necesarios para nuestra fe y salvación; es una de las "abundantes riquezas" que Dios ha *guardado* dentro de Él y que nos va a mostrar y prodigar en los siglos eternos venideros (Ef. 2:7). Lo que enseñan las Escrituras es lo que Pablo dice acá: El creyente va a estar con el Señor inmediatamente al morir. Y, como ya se ha señalado, las Escrituras también enseñan que el cuerpo terrenal del

creyente debe ser resucitado de los muertos y perfeccionado cuando Cristo regrese (cp. 1 Co. 15:1-58).

En vista de esto, la curiosidad naturalmente pregunta ¿qué nos sucede cuando morimos? ¿Cómo existimos ante Dios: con un cuerpo temporal o solo un espíritu incorpóreo o *sin cuerpo*? Note dos elementos:

1. Las Escrituras son claras: "Cuando morimos, inmediatamente vamos al cielo a estar con el Señor".

> **"De cierto, de cierto os digo, que el que guarda mi palabra, nunca verá muerte" (Jn. 8:51).**

> **"Le dijo Jesús: Yo soy la resurrección y la vida; el que cree en mí, aunque esté muerto, vivirá. Y todo aquel que vive y cree en mí, no morirá eternamente. ¿Crees esto?" (Jn. 11:25, 26).**

> **"Porque para mí el vivir es Cristo, y el morir es ganancia. Mas si el vivir en la carne resulta para mí en beneficio de la obra, no sé entonces qué escoger. Porque de ambas cosas estoy puesto en estrecho, teniendo deseo de partir y estar con Cristo, lo cual es muchísimo mejor; pero quedar en la carne es más necesario por causa de vosotros" (Fil. 1:21-24).**

> **"Yo soy el Dios de Abraham, el Dios de Isaac y el Dios de Jacob? Dios no es Dios de muertos, sino de vivos" (Mt. 22:32).**

> **"Y entre tanto que oraba, la apariencia de su rostro se hizo otra, y su vestido blanco y resplandeciente. Y he aquí dos varones que hablaban con él, los cuales eran Moisés y Elías; quienes aparecieron rodeados de gloria, y hablaban de su partida, que iba Jesús a cumplir en Jerusalén" (Lc. 9:29-31).**

> **"Y en el Hades alzó sus ojos, estando en tormen-**

tos, y vio de lejos a Abraham, y a Lázaro en su seno" (Lc. 16:23).

"Y dijo a Jesús: Acuérdate de mí cuando vengas en tu reino. Entonces Jesús le dijo: De cierto te digo que hoy estarás conmigo en el paraíso" (Lc. 23:42, 43. Cp. 2 Co. 12:2, 4).

2. Las Escrituras no son claras sobre cómo existimos entre la muerte y la resurrección. ¿Seremos espíritus incorpóreos o recibiremos un cuerpo temporal? Cualquier comentario sobre el asunto es solo una especulación, porque las Escrituras callan. Sin embargo, siempre se deben tener en cuenta dos cosas acerca de Dios.

    a. Dios puede hacer que existamos como un espíritu sin cuerpo. Cierto, es difícil para el hombre imaginarse a una persona sin cuerpo, pero Dios puede hacerlo si ese es el método que Él ha decidido usar.

    b. Dios también puede darnos un cuerpo temporal si Él lo decide. El hombre se puede imaginar eso con más facilidad, porque él ahora vive dentro de un cuerpo temporal. Dios podría incluso hacer que los cuerpos temporales se convirtieran en una parte de nuestro cuerpo eterno que recibiremos en la resurrección.

De la misma manera que nuestro cuerpo actual será parte de nuestro cuerpo eterno, el cuerpo temporal podría ser una parte de nuestro cuerpo eterno. Para no decir y ni siquiera sugerir que recibiremos un cuerpo temporal cuando muramos. Las Escrituras callan, no dicen nada al respecto. La idea consiste sencillamente en lo que consistía el punto anterior: Si Dios ha decidido darles un cuerpo temporal a los creyentes cuando mueran, Él puede hacerlo. Dios es Dios. Al tratar con este tema debemos tener presente lo que ya se ha dicho:

=> Cómo existimos ante Cristo al morir es uno de los temas que son necesarios para nuestra fe y salvación. Es una de las "abundantes riquezas" de su gracia que Él ha guardado dentro de Él y que nos va a mostrar y prodigar en los siglos venideros (Ef. 2:7).

En vista de lo mencionado anteriormente, este pasaje se interpretará con dos significados: "Que recibiremos inmortalidad y que recibiremos una casa, una mansión eterna en el cielo".

1. Seguridad 1: Convicción personal, la convicción de que tenemos una esperanza, una casa en el cielo (vv. 1-4).
2. Seguridad 2: Dios, Él garantiza la esperanza por medio del Espíritu (v. 5).
3. Seguridad 3: El Espíritu Santo, Él realza la esperanza (vv. 5-8).
4. Seguridad 4: El juicio, Él despierta la esperanza (vv. 9-10).

1 (5:1-4) *Cielo:* La primera seguridad es la *convicción personal, la convicción de que tenemos una esperanza, de que tenemos una casa en el cielo.* Note la palabra "sabemos". La convicción es firme y segura. No es el tipo de convicción que *espera* que algo sea cierto. Es la convicción del conocimiento. Pablo lo sabía sin lugar a dudas: él tenía un edificio, una casa en el cielo.

El cuerpo terrenal se ilustra como una tienda de campaña que alberga el espíritu del hombre, su yo real, durante su peregrinaje terrenal. Pero la tienda de campaña (el cuerpo) es tan frágil y temporal; atraviesa los desgastes de esta vida, y se deteriora y finalmente se disuelve. El cuerpo del creyente muere (cp. 2 P. 1:13-14). Sin embargo, el creyente cristiano *nunca teme*, porque va a recibir un edificio de Dios, una casa espiritual hecha eterna en el cielo. La casa celestial dura para siempre; no tiene que sufrir el desgaste. No es corruptible: "No envejece, desaparece, se deteriora, o se consume; y nunca tiene que abandonarlo". Esta es la esperanza gloriosa del creyente. Sin embargo, mientras estaba en el mundo, mientras estaba en su tabernáculo actual (cuerpo), el creyente tiene dos experiencias significativas.

1. Él gime por su casa en el cielo. Note cuánto Pablo deseó su casa celestial: *Él gemía y lo deseaba.* Él ansiaba, anhelaba, y añoraba por su casa celestial.
2. Él gime por estar revestido de su habitación celestial y capacitado para ello como si estuviera entallado y vestido con un traje. Quiere decir que él quería estar abrigado, cubierto, y encerrado en su casa celestial.
3. Él gime tanto por liberación como por inmortalidad (vv. 2-3). Pablo no solo gime por estar desnudo, es decir, morir y ser librado de las pruebas de este mundo; él está angustiado (note que él dice lo siguiente) por ser revestido con su casa celestial.

El ministro sufre, y en ocasiones sufre tribulaciones terribles como las que se han analizado en el pasaje y subíndice anteriores (1 Co. 4:7-18). En ocasiones la carga es tan pesada que en medio de la situación solo puede gemir. Pero el gemido, según se ha planteado, no es por morir para ser liberado de la carga. El gemido es por su casa eterna, que su cuerpo mortal pueda ser absorbido por la vida eterna.

Si una persona interpreta este pasaje con el significado de un cuerpo celestial que el creyente debe recibir al morir, entonces los comentarios de William Barclay resultan descriptivos:

"Pero con Pablo hay una diferencia. Él no está buscando una nirvana con la paz de la extinción; él no está buscando una absorción en lo divino; él no está buscando la libertad de un espíritu incorpóreo; él está esperando el día en el que Dios le dará un cuerpo nuevo, un cuerpo espiritual, con el que podrá, incluso en los lugares celestiales, servir y adorar a Dios... Él [Pablo] veía la eternidad no como un escape a la nada, no como una liberación a una inactividad permanente, sino como la entrada a la vida y a un cuerpo en el que se podrá completar el servicio" (William Barclay, *Las epístolas a los corintios*, p. 228).

"En la casa de mi Padre muchas moradas hay; si así no fuera, yo os lo hubiera dicho; voy, pues, a preparar lugar para vosotros" (Jn. 14:2).

"vida eterna a los que, perseverando en bien hacer, buscan gloria y honra e inmortalidad" (Ro. 2:7).

"Porque es necesario que esto corruptible se vista de incorrupción, y esto mortal se vista de inmortalidad" (1 Co. 15:53).

"Porque sabemos que si nuestra morada terrestre, este tabernáculo, se deshiciere, tenemos de Dios un edificio, una casa no hecha de manos, eterna, en los cielos" (2 Co. 5:1).

"pero que ahora ha sido manifestada por la aparición de nuestro Salvador Jesucristo, el cual quitó la muerte y sacó a luz la vida y la inmortalidad por el evangelio" (2 Ti. 1:10).

"Pero estando ya presente Cristo, sumo sacerdote de los bienes venideros, por el más amplio y más perfecto tabernáculo, no hecho de manos, es decir, no de esta creación" (He. 9:11).

"porque esperaba la ciudad que tiene fundamentos, cuyo arquitecto y constructor es Dios" (He. 11:10).

"Conforme a la fe murieron todos éstos sin haber recibido lo prometido, sino mirándolo de lejos, y creyéndolo, y saludándolo, y confesando que eran extranjeros y peregrinos sobre la tierra. Porque los que esto dicen, claramente dan a entender que buscan una patria" (He. 11:13, 14).

"porque no tenemos aquí ciudad permanente, sino que buscamos la por venir" (He. 13:14).

"Y me llevó en el Espíritu a un monte grande y alto, y me mostró la gran ciudad santa de Jerusalén, que descendía del cielo, de Dios" (Ap. 21:10).

"Bienaventurados los que lavan sus ropas, para tener derecho al árbol de la vida, y para entrar por las puertas en la ciudad" (Ap. 22:14).

2 (5:5) *Dios — Espíritu Santo:* La segunda seguridad es Dios. Dios garantiza que recibiremos la inmortalidad, que recibiremos nuestra casa inmortal en el cielo, lo garantiza por medio del Espíritu Santo. Pablo había dicho que él *sabía* que él tenía una casa en el cielo. Él no tenía la esperanza de que algo así existiera tampoco estaba expresando una ilusión. ¿Cómo puede él estar tan seguro? Por Dios. Dios ha hecho dos cosas por nosotros:

1. Dios nos "hizo", es decir, nos creó, nos obró, nos capacitó, nos formó para sufrir un cambio inmortal. ¿Cómo? Entrando en nuestra vida (vea la nota — 2 Co. 4:7 para un mayor análisis). Cuando confiamos en Cristo como nuestro Salvador, Dios pone su presencia y poder en nuestro cuerpo y nos convertiremos en seres eternos e inmortales.

    a. El creyente participa de la naturaleza divina.

"por medio de las cuales nos ha dado preciosas y grandísimas promesas, para que por ellas llegaseis a ser participantes de la naturaleza divina, habiendo huido de la corrupción que hay en el mundo a causa de la concupiscencia" (2 P. 1:4).

    b. El creyente se convierte en una nueva criatura.

"De modo que si alguno está en Cristo, nueva criatura es; las cosas viejas pasaron; he aquí todas son hechas nuevas" (2 Co. 5:17).

    c. El creyente se convierte en un nuevo hombre.

"y vestíos del nuevo hombre, creado según Dios en la justicia y santidad de la verdad" (Ef. 4:24).

"y revestido del nuevo, el cual conforme a la imagen del que lo creó se va renovando hasta el conocimiento pleno" (Col. 3:10).

2. Dios nos da la presencia de su Espíritu. Esto está separado del punto anterior porque el punto anterior lidia más con Dios y su creación del creyente en una nueva criatura o un nuevo hombre. Este punto lidia más con la presencia del Espíritu de Dios dentro del creyente.

Sucede lo siguiente: El propio Espíritu Santo es las "arras" o la "garantía" o la "promesa" de que Dios nos va a dar la inmortalidad, de que Él va a darnos una casa inmortal en el cielo. El Espíritu Santo es el mismísimo "pago inicial" del cielo (William Barclay. *Las epístolas a los corintios*, p. 229).

"Y el que nos confirma con vosotros en Cristo, y el que nos ungió, es Dios, el cual también nos ha sellado, y nos ha dado las arras del Espíritu en nuestros corazones" (2 Co. 1:21, 22).

"En él también vosotros, habiendo oído la palabra de verdad, el evangelio de vuestra salvación, y habiendo creído en él, fuisteis sellados con el Espíritu Santo de la promesa, que es las arras de nuestra herencia hasta la redención de la posesión adquirida, para alabanza de su gloria" (Ef. 1:13, 14).

"Y yo rogaré al Padre, y os dará otro Consolador, para que esté con vosotros para siempre: No os dejaré huérfanos; vendré a vosotros" (Jn. 14:16-18).

"Mas el Consolador, el Espíritu Santo, a quien el Padre enviará en mi nombre, él os enseñará todas las cosas, y os recordará todo lo que yo os he dicho" (Jn. 14:26).

"y la esperanza no avergüenza; porque el amor de Dios ha sido derramado en nuestros corazones por el Espíritu Santo que nos fue dado" (Ro. 5:5).

"El Espíritu mismo da testimonio a nuestro espíritu, de que somos hijos de Dios. Y si hijos, también herederos; herederos de Dios y coherederos con Cristo, si es que padecemos juntamente con él, para que juntamente con él seamos glorificados" (Ro. 8:16, 17).

"¿No sabéis que sois templo de Dios, y que el Espíritu de Dios mora en vosotros?" (1 Co. 3:16).

"¿O ignoráis que vuestro cuerpo es templo del Espíritu Santo, el cual está en vosotros, el cual tenéis de Dios, y que no sois vuestros? Porque habéis sido comprados por precio; glorificad, pues, a Dios en vuestro cuerpo y en vuestro espíritu, los cuales son de Dios" (1 Co. 6:19, 20).

3 (5:5-8) *Espíritu Santo — Seguridad:* La tercera seguridad es el Espíritu Santo. Él realza el conocimiento de que tenemos una casa en el cielo. Él hace tres cosas significativas por nosotros:

1. El Espíritu Santo nos proporciona confianza y aliento para enfrentar la vida actual. La palabra "confiados" (tharroumen) quiere decir aliento, o estar animado (A. T. Robertson.

Metáforas del Nuevo Testamento, Vol. 4, p. 229). En este mundo todos los creyentes se enfrentan a cosas como…

- presiones
- rechazos
- accidentes
- tribulaciones
- pérdidas
- muerte
- pesares
- enfermedades

Pero no importa a lo que se enfrenten, el Espíritu Santo le proporciona aliento para enfrentarlo todo. ¿Cómo? Nuevamente, note la palabra "sabiendo". El Espíritu Santo realza nuestro *conocimiento*:

- De que nuestra casa actual es el cuerpo, pero es temporal y se pasa. Por ende todas las pruebas y problemas pronto desaparecerán.
- De que ahora estamos ausentes del Señor. La idea es que vamos a estar con Él. El Espíritu Santo despierta dentro de nosotros un anhelo de estar con Él. Y ese anhelo nos da aliento para seguir adelante en esta vida.

2. El Espíritu Santo despierta fe dentro de nosotros. Saber que nuestra casa actual (nuestro cuerpo) es solo temporal, que pronto nos mudaremos a nuestra casa celestial, despierta una gran fe en nosotros. Cierto, aún no vemos nuestra casa celestial, pero el Espíritu Santo despierta fe dentro de nosotros, fe para atravesar todas las pruebas y problemas de esta vida.

3. El Espíritu Santo despierta gran coraje, hasta una preferencia de estar con el Señor. Este es un elemento crucial, extremadamente importante para la vida cotidiana. El Espíritu Santo no solo proporciona coraje para vivir día tras día; Él proporciona el coraje para morir. Incluso despierta dentro del creyente fiel una preferencia de estar "presentes al Señor". Algunas personas pueden cuestionarlo, y algunas pueden hasta burlarse de la idea. Resulta verdaderamente cierto que muchas personas no lo entienden. No obstante, es una realidad que con frecuencia experimentan muchos creyentes. Realmente anhelan estar con el Señor; estar vestidos de inmortalidad y perfección, y capacitados para adorarlo y servirlo sin debilidad y fracaso.

Se debe hacer énfasis en que este deseo y anhelo nacen del propio creyente:

=> No es una creación de sus propias ideas y pensamientos.

=> No es obrado por sus propios deseos y esperanzas humanas.

=> Es una convicción, el conocimiento seguro, un estado anímico, que es creado por el Espíritu Santo que está dentro del creyente.

4 (5:9-10) **Juicio:** La cuarta seguridad es el juicio. El juicio despierta el anhelo de agradar a Dios y de recibir nuestra casa celestial. El juicio despierta una "labor" diligente (philotimoumetha) con el objetivo de agradar a Dios. La palabra quiere decir aspirar constantemente a, ser ambicioso constantemente, esforzarse de todo corazón. Pablo dice que será juzgado; por consiguiente, él se esfuerza al máximo. ¿Para qué? Para poder ser aceptado (euarestoi) por Dios. La palabra significa bien agradable en el sentido de ser aceptado. Pero note el elemento principal. Había una segunda razón de por qué

Pablo obraba con tanta diligencia: "Debía enfrentarse al tribunal de Cristo" (vea el *Estudio a fondo 1 — 2 Co. 5:10* para un análisis).

ESTUDIO A FONDO 1

(5:10) *Tribunal de Cristo:* Este es el juicio de los creyentes, no de los incrédulos. Note las palabras con detenimiento: "Que todos nosotros comparezcamos". Con "todos nosotros" Pablo se refiere a aquellos que tienen una naturaleza como la de él, una nueva naturaleza en Cristo. Es decir, todos aquellos que creen en Cristo son los que comparecerán ante el tribunal de Cristo. Se hace énfasis en varios elementos importantes:

1. El juicio de los creyentes es algo seguro: "Sucederá y nada puede impedirlo". "Es necesario que todos comparezcamos ante el tribunal de Cristo". Ni un solo creyente será eximido del juicio.

2. El creyente será juzgado por el propio Cristo. *Todo creyente* se enfrentará al escrutinio y la mirada inquisitiva de Cristo y será juzgado.

> **"Porque el Padre a nadie juzga, sino que todo el juicio dio al Hijo, para que todos honren al Hijo como honran al Padre. El que no honra al Hijo, no honra al Padre que le envió" (Jn. 5:22, 23).**
>
> **"Y nos mandó que predicásemos al pueblo, y testificásemos que él es el que Dios ha puesto por Juez de vivos y muertos" (Hch. 10:42).**
>
> **"por cuanto ha establecido un día en el cual juzgará al mundo con justicia, por aquel varón a quien designó, dando fe a todos con haberle levantado de los muertos" (Hch. 17:31).**
>
> **"en el día en que Dios juzgará por Jesucristo los secretos de los hombres, conforme a mi evangelio" (Ro. 2:16).**
>
> **"Pero tú, ¿por qué juzgas a tu hermano? O tú también, ¿por qué menosprecias a tu hermano? Porque todos compareceremos ante el tribunal de Cristo" (Ro. 14:10).**
>
> **"Porque es necesario que todos nosotros comparezcamos ante el tribunal de Cristo, para que cada uno reciba según lo que haya hecho mientras estaba en el cuerpo, sea bueno o sea malo" (2 Co. 5:10).**
>
> **"Te encarezco delante de Dios y del Señor Jesucristo, que juzgará a los vivos y a los muertos en su manifestación y en su reino" (2 Ti. 4:1).**

3. El creyente será juzgado por *"lo que haya hecho mientras estaba en el cuerpo"*. ¿Qué tipo de cosas se hacen por medio del cuerpo humano? Actos, conducta, obras. Note tres elementos significativos:

a. Los pecados del creyente se perdonan una vez que se haya confesado y arrepentido de ellos (Ef. 1:7; 1 Jn. 1:9; 2:1-2). Él no tiene que preocuparse nunca porque Dios lo acuse de cometer pecados, porque Cristo ya ha pagado la pena por sus pecados. Sus pecados se perdonan de una vez por todas.

b. El creyente será conformado perfectamente a la imagen de Cristo. De hecho, hasta está predestinado por Dios a la perfección eterna tal como el querido Hijo de Dios (vea las notas — Ro. 8:29; 1 Jn. 3:2). Está destinado a recibir un cuerpo perfecto y eterno, un cuerpo igual al de Cristo (1 Co. 15:50-58).

c. Sin embargo, al creyente se le llama y se le dota para una tarea y obra especiales mientras está en la tierra (1 Co. 12:4-14:40; Ef. 4:7-13). Cuán bien el creyente cumpla con su tarea y obra determinará su juicio (vea las notas — 1 Co. 3:13-15; 6:2-3; 9:24-27, fundamentalmente 9:27; Mt. 19:27-30; 25:20-23; Lc. 16:10-12; 19:15-23; el *Estudio a fondo 1* — 1 Jn. 5:16).

4. El juicio del creyente determinará su recompensa y el grado de la recompensa, ya sea bueno (ganancia) o malo (pérdida). Algunos creyentes definitivamente quedarán avergonzados ante Cristo a su regreso (1 Jn. 2:28), y ellos sufrirán pérdida (1 Co. 3:11-15). El creyente que sobreviva al fuego del juicio será recompensado grandemente, tan grandemente que las recompensas harían estallar la mente humana (vea la nota, *Recompensas* — 1 Co. 3:13-15 para una lista completa de las recompensas).

5. Cuando se estudia el juicio de los creyentes, es necesario estudiar con detenimiento varios pasajes (vea el índice y las notas — 1 Co. 3:13-15; 6:2-3; 9:24-27, fundamentalmente 9:27; Mt. 19:27-30; 25:20-23; Lc. 16:10-12; 19:15-23; el *Estudio a fondo 1* — 1 Jn. 5:16).

	G. El ministerio: Sus motivos convincentes, 5:11-16	cuerdos, es para vosotros.	personas obligan al ministro
1 El temor del Señor obliga al ministro	11 Conociendo, pues, el temor del Señor, persuadimos a los hombres; pero a Dios le es manifiesto lo que somos; y espero que también lo sea a vuestras conciencias.	14 Porque el amor de Cristo nos constriñe, pensando esto: que si uno murió por todos, luego todos murieron;	**4 El amor de Cristo obliga al ministro** a. Porque Cristo murió para que todos pudieran morir en Él
2 El testimonio de un corazón genuino obliga al ministro	12 No nos recomendamos, pues, otra vez a vosotros, sino os damos ocasión de gloriaros por nosotros, para que tengáis con qué responder a los que se glorían en las apariencias y no en el corazón.	15 y por todos murió, para que los que viven, ya no vivan para sí, sino para aquel que murió y resucitó por ellos.	b. Porque Cristo murió para que todos pudieran vivir en Él c. Porque Cristo murió para crear un nuevo hombre: Un hombre que es cristocéntrico y no egocéntrico
3 La gloria de Dios y las necesidades de las	13 Porque si estamos locos, es para Dios; y si somos	16 De manera que nosotros de aquí en adelante a nadie conocemos según la carne; y aun si a Cristo conocimos según la carne, ya no lo conocemos así.	

DIVISIÓN III

EL MINISTERIO Y SU DESCRIPCIÓN, 2:12—7:16

G. El ministerio: Sus motivos convincentes, 5:11-16

(5:11-16) *Introducción:* ¿Qué es lo que mueve y obliga una persona a ministrar? ¿Qué es lo que constriñe a una persona a entrar en el ministerio? Cuando a los ministros se les ataca, se les critica y se les hace tan oposición, ¿qué es lo que los hacer seguir adelante con el ministerio? Cuando los ministros tienen que lidiar con tantos problemas y están tan atribulados y presionados, ¿qué es lo que lo fuerza a mantenerse en el ministerio? Este pasaje analiza los motivos convincentes del ministerio o del ministro:

1. El temor del Señor obliga al ministro (v. 11).
2. El testimonio de un corazón genuino obliga al ministro (v. 12).
3. La gloria de Dios y las necesidades de las personas obligan al ministro (v. 13).
4. El amor de Cristo obliga al ministro (vv. 14-16).

1 (5:11) *Temor — Reverencia — Testimonio:* El temor del Señor obliga al ministro. La palabra "temor" (phobon) quiere decir miedo, reverencia, quedar sobrecogido por el Señor. No se refiere al tipo de temor o miedo que nos hace temblar o alejarnos de Dios. Pablo sabe que él debe enfrentarse al tribunal de Cristo (v. 10); por eso le teme al Señor: Le tiene la mayor consideración y respeto, lo reverencia, queda sobrecogido por su posición alta y exaltada.

El juicio de Cristo obliga a Pablo, lo obliga a *persuadir a los hombres:*

=> De la verdad del evangelio.

> "Porque es necesario que todos nosotros comparezcamos ante el tribunal de Cristo, para que cada uno reciba según lo que haya hecho mientras estaba en el cuerpo, sea bueno o sea malo" (2 Co. 5:21).

> "Y discutía en la sinagoga todos los días de reposo, y persuadía a judíos y a griegos" (Hch. 18:4).

> "Y habiéndole señalado un día, vinieron a él muchos a la posada, a los cuales les declaraba y les testificaba el reino de Dios desde la mañana hasta la tarde, persuadiéndoles acerca de Jesús, tanto por la ley de Moisés como por los profetas" (Hch. 28:23).

=> Del juicio de Dios.

> "Porque es necesario que todos nosotros comparezcamos ante el tribunal de Cristo, para que cada uno reciba según lo que haya hecho mientras estaba en el cuerpo, sea bueno o sea malo" (2 Co. 5:10).

> "en el día en que Dios juzgará por Jesucristo los secretos de los hombres, conforme a mi evangelio" (Ro. 2:16).

> "Te encarezco delante de Dios y del Señor Jesucristo, que juzgará a los vivos y a los muertos en su manifestación y en su reino, que prediques la palabra; que instes a tiempo y fuera de tiempo; redarguye, reprende, exhorta con toda paciencia y doctrina" (2 Ti. 4:1, 2).

=> De la muerte de Cristo para todos los hombres.

> "Porque el amor de Cristo nos constriñe, pensando esto: que si uno murió por todos, luego todos murieron; y por todos murió, para que los que viven, ya no vivan para sí, sino para aquel que murió y resucitó por ellos" (2 Co. 5:14, 15).

> "Porque los que son de la carne piensan en las cosas de la carne; pero los que son del Espíritu, en las cosas del Espíritu" (Ro. 5:8).

=> De la necesidad apremiante de reconciliación con Dios.

> "Así que, somos embajadores en nombre de Cristo, como si Dios rogase por medio de nosotros; os rogamos en nombre de Cristo: Reconciliaos con Dios" (2 Co. 5:20).

=> De su propia integridad y sinceridad en el ministerio.

"No nos recomendamos, pues, otra vez a vosotros, sino os damos ocasión de gloriaros por nosotros, para que tengáis con qué responder a los que se glorían en las apariencias y no en el corazón" (2 Co. 5:12).

Note un elemento crucial: Pablo dice que Dios sabe qué tipo de persona es él. Dios inspecciona la vida del ministro; es manifiesta y perfectamente conocida para Dios. Dios conoce su fidelidad:

* Que él obra para ser aceptado, es decir, para agradar a Dios y solo a Dios (1 Co. 5:9).
* Que él "no desmaya" en el ministerio (1 Co. 4:1).
* Que él no se predica a sí mismo, sino a Cristo Jesús el Señor (1 Co. 5:5).
* Que él siempre lleva "la muerte del Señor Jesús" (1 Co. 4:10).
* Que él hace todas las cosas por el amor del ministerio (1 Co. 4:15).

Pablo espera que los corintios se convenzan de su fidelidad y no duden al respecto. Otros se pueden oponer, pueden cuestionarlo, criticarlo, y difamarlo; pero él confiaba en que ellos conocieran su sinceridad y su compromiso con Cristo y con el ministerio.

Pensamiento 1. Todo ministro debe *temerle al juicio* de Cristo, temerle de tal manera que sea estimulado a andar fielmente ante Dios: "Persuadir a los hombres y llevar una vida de integridad y compromiso con el ministerio".

"Doy gracias al que me fortaleció, a Cristo Jesús nuestro Señor, porque me tuvo por fiel, poniéndome en el ministerio" (1 Ti. 1:12).

"del cual yo fui constituido predicador, apóstol y maestro de los gentiles. Por lo cual asimismo padezco esto; pero no me avergüenzo, porque yo sé a quién he creído, y estoy seguro que es poderoso para guardar mi depósito para aquel día" (2 Ti. 1:11, 12).

"Y si invocáis por Padre a aquel que sin acepción de personas juzga según la obra de cada uno, conducíos en temor todo el tiempo de vuestra peregrinación" (1 P. 1:17).

"Bien; por su incredulidad fueron desgajadas, pero tú por la fe estás en pie. No te ensoberbezcas, sino teme. Porque si Dios no perdonó a las ramas naturales, a ti tampoco te perdonará. Mira, pues, la bondad y la severidad de Dios; la severidad ciertamente para con los que cayeron, pero la bondad para contigo, si permaneces en esa bondad; pues de otra manera tú también serás cortado" (Ro. 11:20-22).

2 (5:12) ***Ministro — Testimonio:*** El testimonio de un corazón genuino obliga al ministro. A Pablo lo estaban atacando grandemente; algunas personas en la iglesia estaban lanzando un aluvión de acusaciones contra él. (Vea la nota — 2 Co. 1:12-22 para una lista completa de las acusaciones.) Pablo, al igual que todo ministro, había dado sus credenciales y se había recomendado a sí mismo cuando comenzó a ministrar en la iglesia. Note dos elementos:

1. Casi todo lo que Pablo le ha dicho hasta ahora a los corintios ha sido concerniente al ministerio, en particular a su propio ministerio personal. Él ha estado explicando el ministerio y demostrando cómo él había obrado con tanta diligencia llevando a cabo el ministerio. Al hablar de sí mismo, había una posibilidad de que algunos volvieran a arremeter contra él y a acusarlo de presumir sobre sí mismo. Cierto, él había estado comunicándoles sobre su papel en el ministerio, pero su propósito no era recomendarse a sí mismo. Según se ha planteado, él confiaba en que todos conocieran bien sus credenciales. Su propósito había sido proporcionarles a los creyentes fieles más municiones para responder a sus críticos. La única manera de resolver la polémica que lo rodeaba era lidiar con ella. Necesitaban hacerle frente y tomar la ofensiva dándole respuesta a sus críticos. Era necesario que resolvieran el asunto, porque la iglesia necesitaba volver al ministerio de salvar y hacer crecer a las personas para Cristo.

2. Aquellos que se oponían a Pablo (el ministro) eran aquellos que se gloriaban en su apariencia y no en su corazón. Se enorgullecían de cosas como:

* Sus ideas noveles.
* Sus interpretaciones de las Escrituras.
* Sus dones y habilidades.
* Sus posiciones de liderazgo.
* Su celo y compromiso espiritual.
* Su reconocimiento y estima.
* Sus tradiciones y raíces religiosas.
* Su lealtad a la iglesia.
* Sus posesiones.

Pero note lo siguiente: El corazón de cada uno de ellos no estaba en Cristo, estaba en ellos mismos. No se estaban gloriando en Cristo y en lo que Él había hecho por ellos, sino en el yo y en lo que ellos estaban haciendo. Se sentían como si fueran superiores a otros: más privilegiados, más dotados, más aceptos, más inteligentes, más bendecidos, más espirituales. Su profesión era falsa, porque no era de corazón.

"¡Ay de vosotros, escribas y fariseos, hipócritas! porque sois semejantes a sepulcros blanqueados, que por fuera, a la verdad, se muestran hermosos, mas por dentro están llenos de huesos de muertos y de toda inmundicia. Así también vosotros por fuera, a la verdad, os mostráis justos a los hombres, pero por dentro estáis llenos de hipocresía e iniquidad" (Mt. 23:27, 28).

"Respondiendo él, les dijo: Hipócritas, bien profetizó de vosotros Isaías, como está escrito: Este pueblo de labios me honra, mas su corazón está lejos de mí" (Mr. 7:6).

"No juzguéis según las apariencias, sino juzgad con justo juicio" (Jn. 7:24).

"Profesan conocer a Dios, pero con los hechos lo niegan, siendo abominables y rebeldes, reprobados en cuanto a toda buena obra" (Tit. 1:16).

3 (5:13) ***Ministro:*** La gloria de Dios y las necesidades de las personas obligan al ministro. Una de las acusaciones contra Pablo era que él estaba fuera de sí (exestemen), que él estaba loco, demente, insano. Significa actuar de un modo extremista, anormal, diferente de como los otros actúan. Pablo era acusado de estar "loco" por Cristo. Note que él acepta la acusación como cierta. Pero dice que es cierta por dos razones:

1. Pablo era un loco por la gloria de Dios.

> "Así alumbre vuestra luz delante de los hombres, para que vean vuestras buenas obras, y glorifiquen a vuestro Padre que está en los cielos" (Mt. 5:16).
>
> "En esto es glorificado mi Padre, en que llevéis mucho fruto, y seáis así mis discípulos" (Jn. 15:8).
>
> "Porque habéis sido comprados por precio; glorificad, pues, a Dios en vuestro cuerpo y en vuestro espíritu, los cuales son de Dios" (1 Co. 6:20).
>
> "para que el nombre de nuestro Señor Jesucristo sea glorificado en vosotros, y vosotros en él, por la gracia de nuestro Dios y del Señor Jesucristo" (2 Ts. 1:12).
>
> "Si alguno habla, hable conforme a las palabras de Dios; si alguno ministra, ministre conforme al poder que Dios da, para que en todo sea Dios glorificado por Jesucristo, a quien pertenecen la gloria y el imperio por los siglos de los siglos. Amén" (1 P. 4:11).

2. Pablo era un loco por amor a las personas, para suplir sus necesidades.

> "Porque deseara yo mismo ser anatema, separado de Cristo, por amor a mis hermanos, los que son mis parientes según la carne" (Ro. 9:3).
>
> "Hermanos, ciertamente el anhelo de mi corazón, y mi oración a Dios por Israel, es para salvación" (Ro. 10:1).
>
> "Me he hecho débil a los débiles, para ganar a los débiles; a todos me he hecho de todo, para que de todos modos salve a algunos" (1 Co. 9:22).
>
> "¿No sabéis que los que corren en el estadio, todos a la verdad corren, pero uno solo se lleva el premio? Corred de tal manera que lo obtengáis" (1 Co. 9:24).
>
> "Hermanos, yo mismo no pretendo haberlo ya alcanzado; pero una cosa hago: olvidando ciertamente lo que queda atrás, y extendiéndome a lo que está delante" (Fil. 3:13).
>
> "Por lo cual te aconsejo que avives el fuego del don de Dios que está en ti por la imposición de mis manos" (2 Ti. 1:6).
>
> "Jesús les dijo: Mi comida es que haga la voluntad del que me envió, y que acabe su obra" (Jn. 4:34).
>
> "Me es necesario hacer las obras del que me envió, entre tanto que el día dura; la noche viene, cuando nadie puede trabajar" (Jn. 9:4).
>
> "cómo Dios ungió con el Espíritu Santo y con poder a Jesús de Nazaret, y cómo éste anduvo haciendo bienes y sanando a todos los oprimidos por el diablo, porque Dios estaba con él" (Hch. 10:38).

4 (5:14-16) *Cristo, Amor de; muerte — Ministro, justificación:* El amor de Cristo obliga al ministro. La palabra "constriñe" (sunechei) significa presionar, juntar, aferrarse. El amor de Cristo presiona, obliga, e insta a Pablo a aferrarse al ministerio. El amor de Cristo es la gran cosa que constriñe a Pablo a ministrar. Note que Pablo no dice que él se siente movido a ministrar por:

- La gran enseñanza de Cristo.
- El gran ejemplo de Cristo.
- El gran ministerio de Cristo.
- La gran vida de Cristo.

Todas estas áreas de la vida del Señor son importantes, bien importantes, pero no son el fundamento de nuestra salvación y ministerio. El fundamento de la vida del creyente es el *amor de Cristo*. El amor de Cristo se ve en tres actos.

1. Cristo murió para que todas las personas pudieran morir *en Él*. En griego este versículo dice:

=> "Uno murió por todos" (heis huper panton apethanen).

=> "Luego, todos murieron" (ara hoi pantes apethanon).

Note las palabras exactas: "Uno murió por todos; luego, todos murieron". Pablo está diciendo:

- Que Jesucristo murió por todos los hombres; por ende todos los hombres murieron cuando Él murió.
- Que como Cristo murió por todos, entonces sucede que todos los hombres murieron en Él.
- Que todos los hombres estaban representados en Cristo cuando Él murió.
- Que todos los hombres se les considera que hayan muerto cuando Cristo murió.
- Que Jesucristo sufrió la muerte ideal, la muerte que representa a todos los hombres.

Desde luego, esto está diciendo lo mismo de maneras diferentes de modo que puedan entender con mayor facilidad exactamente lo que Pablo está diciendo. Pero observe lo siguiente: La palabra "todos" no está enseñando la salvación universal, es decir, que todo ser humano es salvo por la muerte de Cristo. Este pasaje debe mantenerse en contexto con el resto de las Escrituras; por ende "*todos*" quiere decir todos lo que son redimidos por la fe en la muerte de Cristo.

Planteado con sencillez, cuando una persona *cree* que Jesucristo murió por él, Dios toma la fe de esa persona y la considera como *su muerte* en Cristo.

=> Dios la considera como si hubiera muerto en Cristo.

=> Dios la acredita como si *ya hubiera muerto* en Cristo.

=> Dios le acredita la muerte de Cristo para que nunca tenga que morir.

A continuación se presenta otra forma de decir lo mismo: Dios toma la fe de la persona…

- e identifica a la persona con la muerte de Cristo.
- y acepta la muerte de Cristo como la muerte de la persona.

Aunque estos planteamientos pueden ayudar a algunos a comprender de un modo más claro lo que Pablo está diciendo, no hay planteamiento más claro que el que aparece en las Escrituras: "Cristo murió por todos; luego, todos murieron [en Él]". La muerte de Jesucristo fue la muerte representativa de todos. Su muerte representa la muerte por todos los hombres. Ninguna persona tendrá que morir. Todo cuanto tiene que hacer es creer que Jesucristo murió por él, y Dios tomará su creencia y la considerará como si *ya hubiera muerto* en Cristo. (Vea la nota, *Justificación* — Ro. 5:1; 1 Co. 6:11 para un mayor análisis.)

Sucede lo siguiente: Es el amor glorioso de Cristo el que constriñe a Pablo a mantenerse en el ministerio y a servir al Señor con tanta fidelidad.

2. Cristo murió para que todos los hombres pudieran

vivir para Él. Se hace énfasis en dos elementos significativos:

a. Cristo murió para que los hombres no pudieran vivir para ellos mismos. La mayoría de las personas son egocéntricas, centran la mayoría de sus pensamientos y esfuerzos en satisfacer sus necesidades, en satisfacerse ellas mismas por medio de…

- placer
- aceptación
- reconocimiento
- posición
- dinero
- posesiones
- fama
- poder
- recreación
- familia
- benevolencia
- servicio

Una persona debe cuidarse a sí misma, pero no debe vivir para sí misma. Cristo murió para que no viviéramos para nosotros mismos.

b. Cristo murió para que pudiéramos vivir para Él. Esto se esclarece en muchos pasajes de las Escrituras.

=> Cristo murió para *acercarnos a Dios*.

"Porque también Cristo padeció una sola vez por los pecados, el justo por los injustos, *para llevarnos* a Dios, siendo a la verdad muerto en la carne, pero vivificado en espíritu" (1 P. 3:18).

=> Cristo murió para que pudiéramos *vivir con justificación*.

"quien llevó él mismo nuestros pecados en su cuerpo sobre el madero, para que nosotros, estando muertos a los pecados, vivamos a la justicia; y por cuya herida fuisteis sanados" (1 P. 2:24).

=> Cristo murió para purificarnos de modo que fuéramos *celosos en hacer las buenas obras*.

"quien se dio a sí mismo por nosotros para redimirnos de toda iniquidad y purificar para sí un pueblo propio, celoso de buenas obras" (Tit. 2:14).

=> Cristo murió para que pudiéramos *servirlo como Señor*.

"Porque Cristo para esto murió y resucitó, y volvió a vivir, para ser Señor así de los muertos como de los que viven" (Ro. 14:9).

Nota: Cristo no solo murió, Él también resucitó de los muertos. El ministro no sirve a un Salvador muerto, sino a ¡un Señor resucitado!

3. Cristo murió para crear a un nuevo hombre: Un hombre que ya no juzga según la carne. Combinen el v. 17 con este versículo y se verá claramente la idea. Cristo murió para que ya no juzguemos a los hombres según la carne, para que ya no juzguemos a los hombres por ser solo seres terrenales, carnales y humanos. Los hombres también son seres espirituales que van existir para siempre. Cristo murió para que todos los hombres pudieran ser creados como criaturas nuevas y nuevos hombres. Note que Cristo vivió una vez en este mundo y se supo que estaban en la carne, pero se sabe que ya no está en la tierra. Él ha resucitado de los muertos y está con el Padre, y Él estará con Él eternamente.

Esta es la razón misma por la que Él murió y resucitó nuevamente: "Para que el espíritu del hombre pudiera ser *creado nuevamente* y el hombre pudiera vivir para siempre". Por consiguiente, a los hombres ya no se les debe ver como si estuvieran "en la carne", sino como si estuvieran *en el espíritu*. Deben ser traídos a Cristo para que puedan ser creados como nuevas criaturas.

"De modo que si alguno está en Cristo, nueva criatura es; las cosas viejas pasaron; he aquí todas son hechas nuevas" (2 Co. 5:17).

"y vestíos del nuevo hombre, creado según Dios en la justicia y santidad de la verdad" (Ef. 4:24).

"y revestido del nuevo, el cual conforme a la imagen del que lo creó se va renovando hasta el conocimiento pleno" (Col. 3:10).

	H. El ministerio: Su mensaje, 5:17—6:2	20 Así que, somos embajadores en nombre de Cristo, como si Dios rogase por medio de nosotros; os rogamos en nombre de Cristo: Reconciliaos con Dios.	3 Un mensaje enviando a embajadores: Un mundo de hombres hechos colaboradores de Dios
1 Un mensaje de regeneración: El hombre puede convertirse en una nueva criatura, en un nuevo hombre	17 De modo que si alguno está en Cristo, nueva criatura es; las cosas viejas pasaron; he aquí todas son hechas nuevas.	21 Al que no conoció pecado, por nosotros lo hizo pecado, para que nosotros fuésemos hechos justicia de Dios en él.	4 Un mensaje de redención: Un mundo reconciliado por una sustitución del pecado
2 Un mensaje de reconciliación: Un mundo de hombres traídos de vuelta a Dios	18 Y todo esto proviene de Dios, quien nos reconcilió consigo mismo por Cristo, y nos dio el ministerio de la reconciliación;	**CAPÍTULO 6**	
a. Las tres personas que participan: De Dios, por medio de Cristo, a través de los hombres		1 Así, pues, nosotros, como colaboradores suyos, os exhortamos también a que no recibáis en vano la gracia de Dios.	5 Un mensaje que exige una decisión
b. La forma en la que Dios obró el ministerio de reconciliación	19 que Dios estaba en Cristo reconciliando consigo al mundo, no tomándoles en cuenta a los hombres sus pecados, y nos encargó a nosotros la palabra de la reconciliación.	2 Porque dice: En tiempo aceptable te he oído, Y en día de salvación te he socorrido. He aquí ahora el tiempo aceptable; he aquí ahora el día de salvación.	a. Los ministros son colaboradores de Dios
1) Al estar en Cristo			b. La apelación
2) Al no considerar el pecado			c. La decisión: "He aquí ahora el tiempo"
3) Al encargarle el evangelio al hombre			

DIVISIÓN III

EL MINISTERIO Y SU DESCRIPCIÓN, 2:12—7:16

H. El ministerio: Su mensaje, 5:17—6:2

(5:17—6:2) *Otro bosquejo:* El ministerio — Su nuevo orden mundial.

    1. Un mundo de regeneración: Un mundo de nuevas criaturas (v. 17).

    2. Un mundo de reconciliación: Un mundo de hombres traídos de vuelta a Dios (vv. 18-19).

    3. Un mundo de embajadores: Un mundo de hombres hechos colaboradores de Dios (v. 20; cp. 6:1).

    4. Un mundo de redención: Un mundo reconciliado por una sustitución del pecado (v. 21).

    5. Un mundo de decisión para Dios: Una salvación que puede ser aceptada o rechazada (6:1-2).

(5:17—6:2) *Introducción:* Este es uno de los grandes pasajes de las Escrituras. Se aborda tanto, se pudiera pasar una vida inmersa en sus profundidades. Dos temas generales saltan a la vista del lector: "El mensaje del ministerio y el nuevo orden mundial del ministerio".

    El subíndice escogido para este estudio es el Mensaje del ministerio. El subíndice para el nuevo orden mundial se puede ver en la nota al pie de página número uno. El mensaje del ministerio es poderoso, y ofrece la única esperanza para la persona pecadora que envejece y se dirige a gran velocidad hacia la muerte.

    1. Un mensaje de regeneración: El hombre puede convertirse en una nueva criatura, en un nuevo hombre (v. 17).

    2. Un mensaje de reconciliación: Un mundo de hombres traídos de vuelta a Dios (vv. 18-19).

    3. Un mensaje enviando a embajadores: Un mundo de hombres hechos colaboradores de Dios (v. 20).

    4. Un mensaje de redención: Un mundo reconciliado por una sustitución del pecado (v. 21).

    5. Un mensaje que exige una decisión (6:1-2).

1 (5:17) *Nueva criatura — Nuevo hombre — Regeneración:* El mensaje es de regeneración, la creación de una "nueva criatura".

    1. ¿Qué significa para el hombre convertirse en una "nueva criatura"? De un modo sencillo, significa exactamente lo que dicen las Escrituras: él realmente se convierte en una *nueva criatura,* todo su ser, naturaleza, vida y conducta cambian:

    => Como hombre estaba muerto para Dios, como una nueva criatura está vivo para Dios.

    => Como hombre no tenía relación con Dios, como una nueva criatura se le da una relación con Dios.

    => Como hombre no estaba seguro acerca de Dios, como una nueva criatura está absolutamente seguro acerca de Dios.

    => Como hombre nunca tuvo fraternidad ni comunión con Dios, como una nueva criatura tiene fraternidad y comunión con Dios todo el tiempo.

    => Como hombre estaba viviendo en pecado e inmortalidad, como una nueva criatura vive en justificación y santidad.

=> Como hombre tuvo que enfrentarse a la muerte, como una nueva criatura nunca tiene que morir.

=> Como hombre estaba condenado al juicio y la separación eterna de Dios, como una nueva criatura está destinado a vivir eternamente en la presencia de Dios.

2.   ¿Cómo una persona se convierte en una nueva criatura? Note las palabras de este pasaje: "De modo que si alguno está *en Cristo*, nueva criatura es". Es estar "en Cristo" lo que hace a una persona una nueva criatura. Cuando una persona *cree verdaderamente en Cristo*, Dios *la coloca y la ubica en Cristo*, en todo cuanto Cristo es. Cristo vivió, murió, y resucitó, por lo tanto, estar en Cristo significa que una persona vive, muere, y resucita en Cristo. A la persona que cree en Jesucristo se le identifica con Cristo: es decir, se le considera y se le toma por estar "en Cristo", se le reconoce y se le acredita como si estuviera "en Cristo".

Explicado con mayor detalle, cuando una persona cree *en* Cristo, Dios coloca y ubica a esa persona "en" Cristo. La fe del creyente hace que Dios realmente identifique al creyente *con Cristo*:

• Que considere al creyente como si hubiera vivido *en* Cristo cuando Cristo vivió en la tierra. Por consiguiente, al creyente se le considera impecable y justo porque Cristo fue impecable y justo.

• Que considere al creyente como si hubiera muerto *en* Cristo. Por consiguiente, el creyente nunca tiene que morir (Jn. 3:16). La pena y la condenación de sus pecados ya están pagadas en la muerte de Cristo.

• Que considere al creyente como si hubiera sido resucitado *en* Cristo. Por consiguiente, el creyente ha recibido la "*nueva vida*" de Cristo. De la misma manera que Cristo tuvo una nueva vida después de su resurrección, de la misma manera el creyente recibe la "nueva vida" de Cristo cuando él cree en Cristo. (Vea el índice y las notas — Ro. 6:3-5. Vea también el *Estudio a fondo 1, 2* — Ro. 4:22; 5:1; 6:14-15.)

Estar *en Cristo* quiere decir que un creyente anda y vive en Cristo día tras día. Quiere decir que él no "anda conforme a la carne, sino conforme al Espíritu" (Ro. 8:1, 4). Quiere decir que "renunciando a la impiedad y a los deseos mundanos, vivamos en este siglo sobria, justa y piadosamente" (Tit. 2:12). Quiere decir que él lleva el fruto del Espíritu (Gá. 5:22-23). Quiere decir que él permanece *en* Cristo, que él está relacionado y atado a Cristo:

• De la misma manera que los miembros del cuerpo están relacionados y atados unos a otros (1 Co. 12:12-27).

• Como el pámpano está relacionado y atado a la vid (Jn. 15:4-7).

A partir de esto, se ve claramente que una persona que está "en Cristo" es una nueva criatura. Esto es lo que se quiere decir con tales términos bíblicos "nacer de nuevo" y convertirse en un "nuevo hombre". Sin embargo, no hay mejores palabras para describir esta experiencia que las palabras de este versículo: "las cosas viejas pasaron; he aquí todas son hechas nuevas". Este es el mensaje del ministerio cristiano: "Un hombre puede comenzar una vida nuevamente, no importa cuánto se haya corrompido ni cuánto haya degenerado". Dios anhela hacer de él una nueva criatura.

"Respondió Jesús y le dijo: De cierto, de cierto te digo, que el que no naciere de nuevo, no puede ver el reino de Dios" (Jn. 3:3).

"De modo que si alguno está en Cristo, nueva criatura es; las cosas viejas pasaron; he aquí todas son hechas nuevas" (2 Co. 5:17).

"En cuanto a la pasada manera de vivir, despojaos del viejo hombre, que está viciado conforme a los deseos engañosos, y renovaos en el espíritu de vuestra mente" (Ef. 4:22, 23).

"No mintáis los unos a los otros, habiéndoos despojado del viejo hombre con sus hechos, y revestido del nuevo, el cual conforme a la imagen del que lo creó se va renovando hasta el conocimiento pleno" (Col. 3:9, 10).

"Todo aquel que cree que Jesús es el Cristo, es nacido de Dios; y todo aquel que ama al que engendró, ama también al que ha sido engendrado por él" (1 Jn. 5:1).

2 (5:18-19) *Reconciliación:* El mensaje es de reconciliación, un mundo de hombres puede ser traído de vuelta a Dios. Reconciliación significa cambiar completamente, cambiar de enemistad a amistad, juntar, restaurar. La idea es que dos personas que debían haber estado juntos todo el tiempo sean juntadas. Dos personas que hayan permitido que algo se interponga entre ellas sean restauradas y reunificadas.

Lo que rompió la relación entre Dios y el hombre fue el pecado. Se dice que los hombres son enemigos de Dios (Ro. 5:10), y la palabra "enemigos" se refiere al hecho de que los hombres se habían vuelto pecadores e impíos (Ro. 5:6, 8). Los "enemigos" de Dios son los pecadores e impíos de este mundo. Esto quiere decir sencillamente que todo hombre es enemigo de Dios, porque todo hombre es pecador e impío. Esto puede parecer duro y cruel, pero es exactamente lo que dicen las Escrituras. Esto se ve claramente si se analiza el asunto un momento.

No se puede decir que el pecador sea amigo de Dios. Es antagónico hacia Dios, se opone a lo que Dios representa. El pecador está…

• rebelándose contra Dios   • desobedeciendo a Dios
• rechazando a Dios   • luchando contra Dios
• maldiciendo a Dios   • negando a Dios
• ignorando a Dios   • rehusándose a vivir para Dios

Cuando cualquiera de nosotros peca, obramos contra Dios y promovemos el mal con la palabra y el ejemplo:

=> Cuando el pecador vive para sí mismo, se convierte en un enemigo de Dios. ¿Por qué? Porque Dios no vive para sí mismo. Dios se entregó a sí mismo de la manera más suprema posible: Él dio a su único Hijo para que muriera *por* nosotros.

=> Cuando el pecador vive para el mundo y las cosas mundanas, se convierte en un enemigo de Dios. ¿Por qué? Porque escoge lo temporal y no a Dios. Él escoge aquello que pasa y no a Dios. Él lo escoge cuando Dios le ha proporcionado vida eterna por medio de la muerte de su Hijo.

En esto consiste la reconciliación y el gran amor de Dios. Él no nos reconcilió y nos salvó cuando éramos justos y buenos. Él nos reconcilió y nos salvó cuando éramos enemigos, que lo ignorábamos y los rechazábamos. Como se ha planteado anteriormente, es porque somos pecadores y enemigos que necesitamos ser reconciliados.

1. Hay tres personas que participan en la reconciliación:

a. El propio Dios s la primera persona que participa en la reconciliación. Dios es el que nos reconcilia. Note las palabras: "Todo esto proviene de Dios". Si llegara el momento en el que una persona deseara reconciliarse con Dios, cambiar su vida y convertirse en una nueva criatura, tiene que venir donde Dios. Solo Dios tiene el poder para cambiar a un hombre; solo Dios puede darle a un hombre un nuevo nacimiento y hacer de él una nueva criatura. Ningún hombre tiene el poder para cambiarse lo suficiente como para volverse acepto ante Dios. Los hombres no se reconcilian ellos mismos con Dios. No pueden obrar lo suficiente ni pueden hacer suficiente bien como para volverse perfectamente aceptos ante Dios. La reconciliación es el acto de Dios y solo de Dios. Dios es el que salva al hombre y lo reconcilia. El hombre no se gana la reconciliación; él *recibe* la reconciliación de Dios.

b. Jesucristo es la segunda persona que participa en la reconciliación. Dios nos reconcilia con Él mismo *por medio de la muerte de Jesucristo*. De un modo muy sencillo, cuando un hombre cree Jesucristo murió por él:

- Dios acepta la muerte de Jesucristo *por* la muerte del hombre.
- Dios acepta los pecados soportados por Cristo como los pecados cometidos por el hombre.
- Dios acepta la condenación soportada por Cristo como la condenación debida al hombre.

Por consiguiente, el hombre es liberado de sus pecados y del castigo por sus pecados. Cristo soportó por el hombre tanto el pecado como el castigo. El hombre que verdaderamente cree que Dios ama tanto, lo suficiente como para dar a su Hijo Unigénito, se vuelve acepto ante Dios, reconciliado para toda la eternidad.

"Al que no conoció pecado, por nosotros lo hizo pecado, para que nosotros fuésemos hechos justicia de Dios en él" (2 Co. 5:21).

"y mediante la cruz reconciliar con Dios a ambos en un solo cuerpo, matando en ella las enemistades" (Ef. 2:16).

"y por medio de él reconciliar consigo todas las cosas, así las que están en la tierra como las que están en los cielos, haciendo la paz mediante la sangre de su cruz" (Col. 1:20).

"Por lo cual debía ser en todo semejante a sus hermanos, para venir a ser misericordioso y fiel sumo sacerdote en lo que a Dios se refiere, para expiar los pecados del pueblo" (He. 2:17).

c. Los ministros son las terceras personas que participan en la reconciliación. Dios nos reconcilió con Él mismo encargándole el ministerio de la reconciliación a los hombres. De la única manera que el mundo puede escuchar sobre el gran ministerio de la reconciliación es a través de los creyentes. Los creyentes deben proclamar el mensaje de la reconciliación o nunca se escuchará.

"¿Cómo, pues, invocarán a aquel en el cual no han creído? ¿Y cómo creerán en aquel de quien no han oído? ¿Y cómo oirán sin haber quien les predique?" (Ro. 10:14).

"y mediante la cruz reconciliar con Dios a ambos en un solo cuerpo, matando en ella las enemistades" (Ef. 2:16).

2. Note cómo Dios obró o logró la reconciliación. Dios hizo tres cosas para hacer posible la reconciliación:

a. Primera, Dios vino a la tierra "en Cristo", es decir, en la persona de Cristo. Como dice este versículo, "Dios estaba en Cristo". Este planteamiento es un planteamiento fenomenal. Esto quiere decir que:

- Cuando Jesucristo vino a la tierra, el propio Dios vino a la tierra.
- Cuando Jesucristo soportó el pecado por el hombre, el propio Dios estaba soportando los pecados por el hombre.
- Cuando Jesucristo murió por el hombre, el propio Dios estaba muriendo por el hombre.

Esto quiere decir que el propio Dios estaba en la persona de Jesucristo salvando al hombre. Que el propio Dios había venido a la tierra para reconciliar al hombre. Esto quiere decir que el propio Dios amaba tanto al hombre que vino a la tierra a buscar y salvar a aquello que estaba perdido. La verdad es tan gloriosa que el propio Jesucristo hizo entrar la verdad en el corazón de los hombres.

"así como el Padre me conoce, y yo conozco al Padre; y pongo mi vida por las ovejas" (Jn. 10:15).
"Yo y el Padre uno somos" (Jn. 10:30).
"Si no hago las obras de mi Padre, no me creáis. Mas si las hago, aunque no me creáis a mí, creed a las obras, para que conozcáis y creáis que el Padre está en mí, y yo en el Padre" (Jn. 10:37, 38).

"¿No crees que yo soy en el Padre, y el Padre en mí? Las palabras que yo os hablo, no las hablo por mi propia cuenta, sino que el Padre que mora en mí, él hace las obras" (Jn. 14:10).

b. Segunda, Dios no le toma en cuenta el pecado a los hombres. La frase "tomar en cuenta" (logizomenos) quiere decir reconocer, considerar, y acreditar. Quiere decir acusar o hacer responsable a una persona. Si Dios no les toma en cuenta el pecado a los hombres ni los acusa del pecado, entonces quiere decir que Él perdona sus pecados. Cuando Jesucristo murió en la cruz, Dios estaba en Cristo muriendo por los pecados de los hombres. Dios estaba posibilitando que los hombres fueran liberados de la culpa y la condenación de sus pecados.

Imagínese la situación: "Colgado allí en la cruz, Dios en Cristo no acusaba a los hombres del pecado". Él estaba muriendo por los pecados de los hombres. Dios no estaba allí en la cruz para tomarles en cuenta el pecado a los hombres; Él estaba allí haciendo posible que a los hombres les fueran perdonados sus pecados.

"porque esto es mi sangre del nuevo pacto, que por muchos es derramada para remisión de los pecados" (Mt. 26:28).

"Pedro les dijo: Arrepentíos, y bautícese cada uno de vosotros en el nombre de Jesucristo para perdón de los pecados; y recibiréis el don del Espíritu Santo" (Hch. 2:38).

"Y casi todo es purificado, según la ley, con sangre; y sin derramamiento de sangre no se hace remisión" (He. 9:22).

c. Tercera, Dios le ha encargado la palabra de la reconciliación a los ministros. Dios no les ha dejado la palabra de la reconciliación a discreción de los hombres. Dios ha tomado la iniciativa. Dios llama y prepara a los ministros de Dios para proclamar la palabra de la reconciliación. Él ha hecho todo lo posible para reconciliar a los hombres.

"de la cual fui hecho ministro, según la administración de Dios que me fue dada para con vosotros, para que anuncie cumplidamente la palabra de Dios" (Col. 1:25).

"y que se predicase en su nombre el arrepentimiento y el perdón de pecados en todas las naciones, comenzando desde Jerusalén" (Lc. 24:47).

"según el glorioso evangelio del Dios bendito, que a mí me ha sido encomendado" (1 Ti. 1:11).

"en la esperanza de la vida eterna, la cual Dios, que no miente, prometió desde antes del principio de los siglos, y a su debido tiempo manifestó su palabra por medio de la predicación que me fue encomendada por mandato de Dios nuestro Salvador" (Tit. 1:2, 3).

3 (5:20) *Ministros — Predicación — Mensaje:* El mensaje de reconciliación se le ha encargado a embajadores. Este es un gran pasaje para los ministros del evangelio. Note dos elementos sorprendentes:

1. A los ministros se les da el más grande de los títulos: Son "embajadores en nombre de Cristo". Los "embajadores" (presbeuomen) son personas mandadas como enviados oficiales para representar al que los envía y anunciar el mensaje quien los envía. Siempre se cumplen cuatro elementos sobre el embajador:

=> El embajador pertenece a quien lo envió.
=> La misión del embajador es ser enviado. Él existe solo con el propósito por quien se envía.
=> El embajador posee toda la autoridad y poder de quien lo envió.
=> El embajador es enviado con el mensaje de quien lo envía.

"No me elegisteis vosotros a mí, sino que yo os elegí a vosotros, y os he puesto para que vayáis y llevéis fruto, y vuestro fruto permanezca; para que todo lo que pidiereis al Padre en mi nombre, él os lo dé" (Jn. 15:16).

"Doy gracias al que me fortaleció, a Cristo Jesús nuestro Señor, porque me tuvo por fiel, poniéndome en el ministerio" (1 Ti. 1:12).

"quien nos salvó y llamó con llamamiento santo, no conforme a nuestras obras, sino según el propósito suyo y la gracia que nos fue dada en Cristo Jesús antes de los tiempos de los siglos, pero que ahora ha sido manifestada por la aparición de nuestro Salvador Jesucristo, el cual quitó la muerte y sacó a luz la vida y la inmortalidad por el evangelio, del cual yo fui constituido predicador, apóstol y maestro de los gentiles" (2 Ti. 1:9-11).

2. A los ministros se les da el más grande de los mensajes: "Reconciliaos con Dios". El mensaje es tan crítico que los ministros deben "rogar" (deometha) a los hombres: mendigarles, suplicarles, y pedirles que se reconcilien con Dios.

Note que es "en nombre de Cristo" que debemos suplicarles a los hombres. Cristo ha pagado el precio máximo para hacerles posible la reconciliación a los hombres: Él ha tomado los pecados de los hombres sobre sí mismo y ha soportado la condenación por ellos. Como Él ha hecho tanto, todo hombre le debe su vida a Cristo, todo hombre le debe a Cristo estar reconciliado con Dios. En el nombre de Cristo, un hombre debería entregarse a Dios.

"Porque habéis sido comprados por precio; glorificad, pues, a Dios en vuestro cuerpo y en vuestro espíritu, los cuales son de Dios" (1 Co. 6:20).

4 (5:21) *Jesucristo, muerte:* El mensaje es increíble, un mensaje de redención, es decir, de una sustitución del pecado. Este es uno de los grandes versículos que proclaman el amor increíble de Dios. Es un versículo que tiene tanto compactado en él que una vida de estudio no podría sondear sus profundidades. Resulta imposible que el hombre entienda cómo Dios pudo hacer que Cristo se convirtiera en pecado por nosotros. Aún así, eso es exactamente lo que declaran las Escrituras: "por nosotros [Dios] lo hizo pecado". ¿Cómo fue posible que Cristo por nosotros fuera hecho pecado? Note los elementos que se plantean:

1. Cristo "no conoció pecado". Una de las razones mis-

mas por las que Jesucristo vino a la tierra fue para llevar una vida impecable y perfecta. Como Hombre Él nunca violó la ley de Dios; nunca fue en contra de la voluntad de Dios. Nunca pecó, ni siquiera una vez. Él llevó una vida perfecta. Por consiguiente, ante Dios fue el Hombre perfecto e ideal. Él fue el Ideal, el Patrón de cómo el hombre debía ser. Él había garantizado la justificación ideal y perfecta; por consiguiente, su justificación podía representar la justificación ideal por el hombre. Su justificación podía cubrir y abarcar al hombre. Como el patrón ideal, la justificación del Señor Jesucristo podía considerarse como la justificación para el hombre.

> "¿Quién de vosotros me redarguye de pecado? Pues si digo la verdad, ¿por qué vosotros no me creéis?" (Jn. 8:46).

> "Al que no conoció pecado, por nosotros lo hizo pecado, para que nosotros fuésemos hechos justicia de Dios en él" (2 Co. 5:21).

> "Has amado la justicia, y aborrecido la maldad, por lo cual te ungió Dios, el Dios tuyo, con óleo de alegría más que a tus compañeros" (He. 1:9).

> "Porque no tenemos un sumo sacerdote que no pueda compadecerse de nuestras debilidades, sino uno que fue tentado en todo según nuestra semejanza, pero sin pecado" (He. 4:15).

> "Porque tal sumo sacerdote nos convenía: santo, inocente, sin mancha, apartado de los pecadores, y hecho más sublime que los cielos" (He. 7:26).

> "Horadaste con sus propios dardos las cabezas de sus guerreros, que como tempestad acometieron para dispersarme, cuyo regocijo era como para devorar al pobre encubiertamente" (He. 9:14).

> "sabiendo que fuisteis rescatados de vuestra vana manera de vivir, la cual recibisteis de vuestros padres, no con cosas corruptibles, como oro o plata, sino con la sangre preciosa de Cristo, como de un cordero sin mancha y sin contaminación" (1 P. 1:18, 19).

> "el cual no hizo pecado, ni se halló engaño en su boca" (1 P. 2:22).

> "Y sabéis que él apareció para quitar nuestros pecados, y no hay pecado en él" (1 Jn. 3:5).

2. Dios a Cristo "por nosotros lo hizo pecado". Esto era absolutamente *necesario*. ¿Por qué? Porque el hombre necesita más que una simple justificación para ser perfecto ante Dios. Ser justo ante Dios no es suficiente, porque el hombre ya ha pecado. El hombre ya es culpable de violar la ley de Dios, y el juicio y la condenación de la muerte ya ha tenido efecto en el hombre. El hombre está muriendo tanto espiritual como físicamente, y esto se testifica claramente con la muerte de personas en todas las comunidades del mundo. Por consiguiente, hubo que ocuparse de la condenación y el juicio contra el pecado. Esto, también, hizo Dios. Dios lo hizo poniendo todos los pecados del hombre en Cristo, toda la culpa y la condenación del pecado. Dios colocó todo el pecado en Cristo y le permitió soportarlo todo Él mismo. Cristo se convirtió en pecado por nosotros. ¿Cómo pudo Cristo hacer esto por nosotros?

Él fue el Hombre ideal y perfecto. Por consiguiente, Él podía convertirse en el Portador perfecto e ideal del pecado.

Él podía sufrir la muerte ideal, la muerte que satisfaría la justicia del juicio eterno y la naturaleza santa de Dios.

> "No nos recomendamos, pues, otra vez a vosotros, sino os damos ocasión de gloriaros por nosotros, para que tengáis con qué responder a los que se glorían en las apariencias y no en el corazón" (2 Co. 5:12).

> "Cristo nos redimió de la maldición de la ley, hecho por nosotros maldición (porque está escrito: Maldito todo el que es colgado en un madero)" (Gá. 3:13).

> "Pero vemos a aquel que fue hecho un poco menor que los ángeles, a Jesús, coronado de gloria y de honra, a causa del padecimiento de la muerte, para que por la gracia de Dios gustase la muerte por todos" (He. 2:9).

> "así también Cristo fue ofrecido una sola vez para llevar los pecados de muchos; y aparecerá por segunda vez, sin relación con el pecado, para salvar a los que le esperan" (He. 9:28).

> "quien llevó él mismo nuestros pecados en su cuerpo sobre el madero, para que nosotros, estando muertos a los pecados, vivamos a la justicia; y por cuya herida fuisteis sanados" (1 P. 2:24).

> "Porque también Cristo padeció una sola vez por los pecados, el justo por los injustos, para llevarnos a Dios, siendo a la verdad muerto en la carne, pero vivificado en espíritu" (1 P. 3:18).

> "Y sabéis que él apareció para quitar nuestros pecados, y no hay pecado en él" (1 Jn. 3:5).

> "Porque me consumió el celo de tu casa; y los denuestos de los que te vituperaban cayeron sobre mí" (Sal. 69:9).

> "Mas él herido fue por nuestras rebeliones, molido por nuestros pecados; el castigo de nuestra paz fue sobre él, y por su llaga fuimos nosotros curados" (Is. 53:5).

3. El propósito de Dios era que pudiéramos volvernos la justificación de Dios en Cristo. ¿Qué quiere decir esto? De un modo sencillo, cuando una persona cree en Jesucristo, cree realmente, Dios toma la fe de ese hombre y la considera como justificación. El hombre no es justo, pero Dios *considera y acredita* la fe del hombre como justificación. ¿Por qué Dios está dispuesto a hacer esto?

a. Dios está dispuesto a justificar al hombre porque ama mucho al hombre. Dios ama tanto al hombre que envió a su Hijo al mundo y lo sacrificó a fin de justificar al hombre (Jn. 3:16; Ro. 5:8).

b. Dios está dispuesto a justificar al hombre por lo que su Hijo Jesucristo ha hecho por el hombre.

=> Jesucristo le ha garantizado al hombre la justificación Ideal. Él vino a la tierra a llevar una vida impecable y perfecta. Como Hombre Él nunca violó la ley de Dios; Él nunca fue en contra de la voluntad de Dios, ni siquiera una vez. Por consiguiente, Él fue ante Dios y ante el mundo el Hombre ideal, el Hombre perfecto, el Hombre representativo, la Justificación perfecta que podía representar la justificación de cada hombre.

=> Jesucristo vino al mundo a *morir* por el

hombre. Como el *Hombre ideal* Él carga sobre sí todos los pecados del mundo y muere por todos los hombres. Su muerte *podía representar* a todos los hombres. Él intercambió su puesto con el del hombre convirtiéndose en el pecador (2 Co. 5:19). Él soportó la ira de Dios contra el pecado, soportando la condenación de todos los hombres. Nuevamente, Él podía hacer esto porque Él era el Hombre ideal, y como el *Hombre ideal* su muerte podía representar la muerte de todos los hombres.

=> Jesucristo vino al mundo para *resucitar de los muertos* y así vencer la muerte por el hombre. Como el *Hombre ideal* su resurrección y exaltación a la presencia de Dios *podía representar* la necesidad apremiante del hombre de vencer la muerte y ser acepto ante Dios. Su vida resucitada podía representar la vida resucitada del creyente.

Ahora bien, según se ha planteado anteriormente, cuando un hombre cree en Jesucristo, cree realmente, Dios toma la creencia de ese hombre y...

• la considera como la justificación (perfección) de Cristo. Al hombre se le considera *justo en Cristo*.

• la considera como la muerte de Cristo. Al hombre se le considera como si ya hubiera *muerto en Cristo*.

• la considera como la resurrección de Cristo. Al hombre se le considera como si ya hubiera *resucitado en Cristo*.

De un modo sencillo, Dios ama tanto a su Hijo Jesucristo que Él honra a cualquier hombre que honre a su Hijo *creyendo en Él*. Él honra al hombre tomando la fe del hombre y considerándola (acreditándola) como justificación y dándole el privilegio glorioso de vivir con Cristo para siempre en la presencia de Dios. A esto es a lo que se llama *justificación*. La palabra justificar (diakioun) es un término legal tomado de los tribunales. Ilustra al hombre compareciendo en un juicio ante Dios. Al hombre se le ve como si hubiera cometido el crimen más horrendo; se ha rebelado contra Dios y ha destruido su relación con Dios. ¿Cómo puede él restaurar esa relación? En los tribunales humanos si un hombre es absuelto, se declara inocente, pero esto no sucede así en el Tribunal de Dios. Cuando un hombre comparece ante Dios, es cualquier cosa menos inocente; es completamente culpable y es condenado acorde al veredicto.

Pero cuando un hombre confía en Cristo sinceramente, entonces Dios toma la fe de ese hombre y la considera como justificación. Dios considera al hombre, lo juzga, lo trata, como si fuera inocente. Al hombre no se le hace inocente; él es culpable. Él lo sabe y Dios lo sabe, pero Dios lo trata como inocente. "Dios justifica al impío", una misericordia increíble, una gracia maravillosa. (Vea las notas — Ro. 4:1-3; el *Estudio a fondo 1* — 4:1-25; y el *Estudio a fondo 1, 2* — 4:22.)

¿Cómo sabemos esto? ¿Cómo podemos saber de cierto que Dios es así? Porque lo dijo Jesús. Él dijo que Dios nos ama. Somos pecadores, sí; pero Cristo dijo que Dios nos quería mucho, mucho.

"Y creyó a Jehová, y le fue contado por justicia" (Gn. 15:6).

"y que de todo aquello de que por la ley de Moisés no pudisteis ser justificados, en él es justificado todo aquel que cree" (Hch. 13:39).

"por cuanto todos pecaron, y están destituidos de la gloria de Dios, siendo justificados gratuitamente por su gracia, mediante la redención que es en Cristo Jesús" (Ro. 3:23, 24).

"Porque ¿qué dice la Escritura? Creyó Abraham a Dios, y le fue contado por justicia" (Ro. 4:3).

"Justificados, pues, por la fe, tenemos paz para con Dios por medio de nuestro Señor Jesucristo" (Ro. 5:1).

"Pues mucho más, estando ya justificados en su sangre, por él seremos salvos de la ira" (Ro. 5:9).

"Porque el que ha muerto, ha sido justificado del pecado" (Ro. 6:7).

"¿Quién acusará a los escogidos de Dios? Dios es el que justifica" (Ro. 8:33).

"Y esto erais algunos; mas ya habéis sido lavados, ya habéis sido santificados, ya habéis sido justificados en el nombre del Señor Jesús, y por el Espíritu de nuestro Dios" (1 Co. 6:11).

"sabiendo que el hombre no es justificado por las obras de la ley, sino por la fe de Jesucristo, nosotros también hemos creído en Jesucristo, para ser justificados por la fe de Cristo y no por las obras de la ley, por cuanto por las obras de la ley nadie será justificado" (Gá. 2:16).

"Así Abraham creyó a Dios, y le fue contado por justicia" (Gá. 3:6).

"De manera que la ley ha sido nuestro ayo, para llevarnos a Cristo, a fin de que fuésemos justificados por la fe" (Gá. 3:24).

"y ser hallado en él, no teniendo mi propia justicia, que es por la ley, sino la que es por la fe de Cristo, la justicia que es de Dios por la fe" (Fil. 3:9).

Pensamiento 1. El mensaje del ministerio de Dios es un mensaje increíble pero aún así es glorioso. Es el único mensaje que puede salvar verdaderamente a una persona pecadora y agonizante, el mensaje de la redención, de una sustitución del pecado.

5 (6:1-2) ***Decisión:*** El mensaje exige una decisión. Note tres elementos:

1. Los ministros son colaboradores de Dios. Realmente

tienen el gran privilegio de colaborar con Dios. ¿En qué colaboran con Dios? El ministro que colabora con Dios hace exactamente lo que dicen las Escrituras: él "ruega", es decir, insta, les pide, y les suplica a los hombres que reciban la gracia maravillosa de Dios. ¿Cuál es esa gracia? Es la verdad gloriosa:

- De que Dios ha proporcionado la salvación por medio de Cristo y ha proclamado esa salvación por medio de Cristo

2. El mensaje de la redención no se debe recibir en vano. Una persona no debe escuchar el mensaje con oídos sordos. La redención y la salvación se pueden alcanzar. Dios lo ha hecho posible. Él hasta les implora y les suplica a los hombres, que sean salvos; pero una persona puede recibir el mensaje con oídos sordos y un corazón vano. Puede no hacer nada sobre el mensaje o rechazarlo deliberadamente. En ambos casos se rehúsa:

- A dejar que la gracia de Dios tenga efecto en su vida.
- A dejar que la gracia de Dios obre en su corazón por medio de la regeneración.
- A dejar que la muerte y la justificación de Cristo sean consideradas como su muerte y su justificación.

Una persona no debe recibir la gracia de Dios en vano. La gracia de Dios es demasiado maravillosa. Es la única esperanza y la única forma de redención y salvación.

3. La decisión de ser salvo se debe tomar ahora. Ahora es el único momento razonable de ser salvo. Puede que no haya mañana. De hecho, puede que ni siquiera quede ni una hora para cualquiera de nosotros. La vida de cualquier persona puede ser arrebatada en cualquier momento del día por un accidente, una enfermedad, o un infarto. El versículo 2 declara

dos elementos significativos (note que esta es una cita del Antiguo Testamento y el propio Dios es el vocero, Is. 49:8):

a. Este el tiempo aceptable en que Dios ha escuchado los auxilios de los hombres. Este es el día de salvación en que Dios ha socorrido a los hombres.

b. Pablo, el ministro, grita: "He aquí *ahora* el tiempo aceptable; he aquí *ahora* el día de salvación". Note la implicación tan fuerte: "Se acerca el día en el que se ausentará el día de salvación".

"Mira, yo he puesto delante de ti hoy la vida y el bien, la muerte y el mal" (Dt. 30:15).

"A los cielos y a la tierra llamo por testigos hoy contra vosotros, que os he puesto delante la vida y la muerte, la bendición y la maldición; escoge, pues, la vida, para que vivas tú y tu descendencia" (Dt. 30:19).

"Entonces Jesús, mirándole, le amó, y le dijo: Una cosa te falta: anda, vende todo lo que tienes, y dalo a los pobres, y tendrás tesoro en el cielo; y ven, sígueme, tomando tu cruz" (Mr. 10:21).

"Desde entonces muchos de sus discípulos volvieron atrás, y ya no andaban con él. Dijo entonces Jesús a los doce: ¿Queréis acaso iros también vosotros?" (Jn. 6:66, 67).

"Y si mal os parece servir a Jehová, escogeos hoy a quién sirváis; si a los dioses a quienes sirvieron vuestros padres, cuando estuvieron al otro lado del río, o a los dioses de los amorreos en cuya tierra habitáis; pero yo y mi casa serviremos a Jehová" (Jos. 24:15).

"Y acercándose Elías a todo el pueblo, dijo: ¿Hasta cuándo claudicaréis vosotros entre dos pensamientos? Si Jehová es Dios, seguidle; y si Baal, id en pos de él. Y el pueblo no respondió palabra" (1 R. 18:21).

	I. El ministerio: Su llamado a ser consecuente y paciente, 6:3-10	sincero, 7 en palabra de verdad, en poder de Dios, con armas de justicia a diestra y a siniestra;	
1 La gran preocupación de Pablo era ser consecuente, no dar ocasión de tropiezo	3 No damos a nadie ninguna ocasión de tropiezo, para que nuestro ministerio no sea vituperado;	8 por honra y por deshonra, por mala fama y por buena fama; como engañadores, pero veraces;	6 En ignorar la reacción del mundo
2 En mucha paciencia, la cualidad suprema	4 antes bien, nos recomendamos en todo como ministros de Dios, en mucha	9 como desconocidos, pero bien conocidos; como moribundos, mas he aquí vivimos; como castigados, mas	7 En maltratos sociales y persecuciones
3 En tribulaciones físicas y angustias mentales	paciencia, en tribulaciones, en necesidades, en angustias;	no muertos;	
4 En momentos de agotamiento, insomnio y hambre	5 en azotes, en cárceles, en tumultos, en trabajos, en desvelos, en ayunos;	10 como entristecidos, mas siempre gozosos; como pobres, mas enriqueciendo a muchos; como no teniendo	8 En estar contentos, siempre
5 En conducta y crecimiento espiritual	6 en pureza, en ciencia, en longanimidad, en bondad, en el Espíritu Santo, en amor	nada, mas poseyéndolo todo.	

DIVISIÓN III

EL MINISTERIO Y SU DESCRIPCIÓN, 2:12—7:16

I. El ministerio: Su llamado a ser consecuente y paciente, 6:3-10

(6:3-10) *Introducción:* Una de las grandes necesidades del ministerio es la consecuencia y la paciencia. Con gran frecuencia se deja que las actividades y deberes diarios del ministerio se vuelvan rutinarios y triviales. Se deja que el propósito y el celo, la razón misma por la que Dios llamó al ministro, desaparezcan de la memoria. Se deja que el letargo, la autocomplacencia, la rutina, y el profesionalismo calen la vida del ministro y se atenúe el espíritu de fervor. Hay poco celo por ayudar y salvar a las personas para Cristo. Este pasaje se pronuncia fuertemente con respecto a este problema: El llamado de Dios al ministro debe ser consecuente y paciente.

1. La gran preocupación de Pablo era ser consecuente, no dar ocasión de tropiezo (v. 3).
2. En mucha paciencia, la cualidad suprema (v. 4).
3. En tribulaciones físicas y angustias mentales (vv. 4-5).
4. En momentos de agotamiento, insomnio y hambre (v. 5).
5. En conducta y crecimiento espiritual (vv. 6-7).
6. En ignorar la reacción del mundo (v. 8).
7. En maltratos sociales y persecuciones (v. 9).
8. En estar contentos, siempre (v. 10).

1 (6:3) *Ministerio — Fidelidad:* Pablo tenía una gran preocupación: Ser consecuente, no dar ocasión de tropiezo. Pablo quería que su vida y ministerio fueran consecuentes de modo que él nunca le diera razón alguna a nadie para rechazar o agriarse con respecto al Señor Jesucristo. La frase "ocasión de tropiezo" (proskope) quiere decir tropezar, arremeter contra. Pablo era cuidadoso; él cuidaba su conduc-

ta no fuera a ser que hiciera que alguien tropezara y cayera y rechazara el evangelio de Cristo. Note la razón: Pablo no quería una mala imagen del ministerio. Conocía la naturaleza del hombre, que las personas buscaban excusas para rechazar a Cristo y esquivar su iglesia. Él sabía que algunas personas siempre estaban buscando algún chisme picante que usar contra los seguidores de Cristo y fundamentalmente contra los ministros del evangelio. Él también sabía que Dios lo había llamado al ministerio de su Hijo, el Señor Jesucristo, y que no se podía hacer un llamado mayor. Por consiguiente, Pablo trató de traerle honra solamente al ministerio y al nombre del Señor Jesucristo. Él luchó contra los deseos de la carne y la vista y contra el orgullo de la vida. Él luchó:

* Por evitar toda tentación.
* Por evitar dar ocasión de tropiezo.
* Por evitar serle tropezadero a nadie.
* Por vencer todas las pruebas.
* Por ocuparse de que el ministerio nunca fuera vituperado por una debilidad o fracaso suyo.

Pensamiento 1. Todo ministro del evangelio *debe ser consciente* del gran llamado que Dios le ha dado. El ministerio *de Cristo* exige consecuencia, consecuencia en la conducta y en la obra. El ministro del evangelio debe esforzarse con la misma diligencia con la que Pablo era consecuente. Él debe ser digno de confianza e intachable ante el Señor Jesucristo.

"para que seáis irreprensibles y sencillos, hijos de Dios sin mancha en medio de una generación maligna y perversa, en medio de la cual resplandecéis como luminares en el mundo" (Fil. 2:15).

"en su cuerpo de carne, por medio de la muerte, para presentaros santos y sin mancha e irreprensibles delante de él; si en verdad permanecéis fundados y firmes en la fe, y sin moveros de la esperanza del evangelio que habéis oído, el cual se predica en toda la creación que está debajo del cielo; del cual yo Pablo fui hecho ministro" (Col. 1:22, 22).

"y os encargábamos que anduvieseis como es digno de Dios, que os llamó a su reino y gloria. Por lo cual también nosotros sin cesar damos gracias a Dios, de que cuando recibisteis la palabra de Dios que oísteis de nosotros, la recibisteis no como palabra de hombres, sino según es en verdad, la palabra de Dios, la cual actúa en vosotros los creyentes" (1 Ts. 2:12, 13).

"Y el mismo Dios de paz os santifique por completo; y todo vuestro ser, espíritu, alma y cuerpo, sea guardado irreprensible para la venida de nuestro Señor Jesucristo" (1 Ts. 5:23).

"Doy gracias al que me fortaleció, a Cristo Jesús nuestro Señor, porque me tuvo por fiel, poniéndome en el ministerio" (1 Ti. 1:12).

"Pero es necesario que el obispo sea irreprensible, marido de una sola mujer, sobrio, prudente, decoroso, hospedador, apto para enseñar" (1 Ti. 3:2).

"Por esta causa te dejé en Creta, para que corrigieses lo deficiente, y establecieses ancianos en cada ciudad, así como yo te mandé; el que fuere irreprensible, marido de una sola mujer, y tenga hijos creyentes que no estén acusados de disolución ni de rebeldía" (Tit. 1:5, 6).

"Por lo cual, oh amados, estando en espera de estas cosas, procurad con diligencia ser hallados por él sin mancha e irreprensibles, en paz" (2 P. 3:14).

2 (6:4) *Paciencia:* Pablo era consecuente en *paciencia.* "Paciencia" (hupomone) quiere decir *resistencia firme.* La paciencia es la cualidad suprema, la columna vertebral de la consecuencia. A menos que un hombre tenga paciencia, nunca será consecuente, no en un mundo pecador y corruptible. Un mundo corruptible y pecador pone obstáculo tras obstáculo y pecado tras pecado que se han de *resistir con paciencia y vencer* si una persona va a llevar una vida consecuente. La resistencia firme es la fuerza e ingrediente básico que una persona debe tener para llevar una vida consecuente para el Señor Jesús. Cuando las pruebas, la fatiga, las tentaciones o la oposición confrontan al ministro de Dios, él debe hacer todo cuanto pueda por resistir…

- continuar
- mantenerse fuerte
- ser inflexible
- triunfar
- soportar
- permanecer firme
- perdurar
- vencer

Note cuatro elementos:

1. Esta ilustración no es la de un hombre que se sienta de brazos cruzados y acepta pasivamente lo que se le presente. Es la lucha activa del espíritu del creyente por hacerle frente al obstáculo o pecado y por vencerlo.

2. Note también la palabra *mucha,* se necesita *mucha paciencia* si se ha de vencer a este mundo.

3. Pablo dice nuevamente que su propósito fundamental es llevar una vida que *recomiende el ministerio.* "En todo" él trataba de edificar, recomendar, aprobar el ministerio.

4. El objetivo de Pablo es el siguiente: Él ha llevado una vida de paciencia por el amor del ministerio. Y él enumera todas las áreas en las que ha sido paciente. Se abordan

en el resto de este pasaje. Note cómo las áreas abarcan todas las áreas de la vida del ministro y del ministerio.

"Con vuestra paciencia ganaréis vuestras almas" (Lc. 21:19).

"porque os es necesaria la paciencia, para que habiendo hecho la voluntad de Dios, obtengáis la promesa" (He. 10:36).

"sabiendo que la prueba de vuestra fe produce paciencia. Mas tenga la paciencia su obra completa, para que seáis perfectos y cabales, sin que os falte cosa alguna" (Stg. 1:3, 4).

"Por tanto, hermanos, tened paciencia hasta la venida del Señor. Mirad cómo el labrador espera el precioso fruto de la tierra, aguardando con paciencia hasta que reciba la lluvia temprana y la tardía. Tened también vosotros paciencia, y afirmad vuestros corazones; porque la venida del Señor se acerca" (Stg. 5:7, 8).

3 (6:4-5) *Ministerio:* Pablo era consecuente y paciente en *tribulaciones y angustias físicas y mentales.* Se mencionan seis cosas en particular.

1. Pablo soportó "tribulaciones" (thlipseis): presiones, esfuerzos, tensiones que provienen tanto de dentro como de fuera. Las cosas con frecuencia presionan a un hombre, lo agobian y deprimen su corazón. En ocasiones la presión es tan grande que un hombre siente que va a explotar o que será aplastado. La presión puede venir de alguna tentación lujuriosa o de alguna prueba fuerte, pero no importa, él debe resistir firmemente todas las tribulaciones que lo presionan.

2. Pablo soportó "necesidades" (anagkai): percances, dificultades, privaciones, y dolores inexorables de la vida. William Barclay señala que la palabra significa literalmente "las necesidades básicas de la vida" (*Las epístolas a los corintios*, p. 238). A un ministro se le llama para enfrentarse a las necesidades básicas de la vida: él necesita comida y bebida, ropa y abrigo para él y su familia; y tiene que hacerle frente a los pesares, luchas y dolores de la vida, incluso la propia muerte, en ocasiones más de lo que tiene que enfrentar el ciudadano promedio. Solo una cosa puede ayudar al ministro a atravesar las necesidades y experiencias de la vida: "La paciencia". Debe resistir firmemente por el amor del Señor Jesucristo y de su ministerio.

3. Pablo soportó "angustias" (stenochoriai): apuros, calamidades, aprietos, situaciones inexorables. Es la ilustración de estar acorralado y no poder escapar; una ilustración donde no hay espacio para volver, donde se está forzado a hacerle frente la situación o de lo contrario se queda completamente devastado y derrotado. Cuando el ministro está acorralado en la tentación o la prueba, cuando al parecer no hay escape, su único recurso es la paciencia. Debe resistir firmemente no sea que le dé ocasión de tropiezo al evangelio y se convierta en tropezadero para otros.

4. Pablo soportó "azotes": flagelaciones, golpizas, latigazos, palizas. Ese era un castigo salvaje e insoportable. El azote (phagellow) estaba hecho de correas de cuero con dos pequeñas bolas atadas al final de cada correa. Las bolas estaban hechas de plomo áspero, huesos o púas afiladas, de modo que cortaran profundamente en la carne. A Pablo le

ataron a un poste con las manos atadas a una altura superior a la de su cabeza y fue azotado. Era la costumbre que al prisionero lo azotaran hasta que fuera juzgado por el centurión (los tribunales judíos permitían solo cuarenta azotes) casi muerto. La espalda del criminal, desde luego, no era más que una masa irreconocible de carne desgarrada.

Pablo fue azotado al menos ocho veces. ¡Imagínese nada más! Ocho veces, cinco veces por los judíos y tres veces por los gentiles (2 Co. 11:24-25). Trágicamente, a los creyentes de todo el mundo en ocasiones los golpean y los maltratan por su testimonio del Señor Jesús. En tales ocasiones, solo una cosa puede darle al creyente una vida y un testimonio consecuente: "La resistencia firme".

5. Pablo soportó "cárceles". Pablo fue arrestado y encarcelado varias veces: en Filipos (Hch. 16), Jerusalén, Cesarea, y Roma. El cristiano de la iglesia primitiva, Clemente de Roma (96 d.C.), dice que Pablo fue encarcelado siete veces durante todo el período de su ministerio. Cuando el creyente, ministro o laico, se enfrenta a la cárcel por Cristo, el llamado del momento es a la consecuencia: Debe resistir a pesar de la amenaza. No debe debilitarse no sea que dé ocasión de tropiezo al nombre de Cristo y al ministerio.

6. Pablo Soportó "tumultos": ataques y alzamientos de muchedumbres. Con frecuencia Pablo se enfrentaba a muchedumbres enfadadas: en Antioquía de Pisidia (Hch. 13:50); Listra (Hch. 14:19); Filipos (Hch. 16:19); Éfeso (Hch. 19:29); y en Jerusalén (Hch. 21:30). Los alzamientos de las muchedumbres suponen una de las situaciones más difíciles y aterradoras que se puedan imaginar para un creyente, porque una muchedumbre no se puede controlar con raciocinio. Al creyente no se le escucha, por lo tanto, el discurso es inútil. Con frecuencia los creyentes se enfrentan al maltrato y al ridículo de las multitudes por la vida justa que llevan y porque se rehúsan a participar en los placeres mundanos y las indulgencias de la vida. En tales ocasiones el creyente debe ser consecuente en su testimonio, no importa que la tentación acompañe a la multitud. El creyente, el laico y el ministro verdaderos deben resistir firmemente.

> "Bienaventurados sois cuando por mi causa os vituperen y os persigan, y digan toda clase de mal contra vosotros, mintiendo" (Mt. 5:11).
>
> "Y seréis aborrecidos de todos por causa de mi nombre; mas el que persevere hasta el fin, éste será salvo" (Mt. 10:22).
>
> "El que halla su vida, la perderá; y el que pierde su vida por causa de mí, la hallará" (Mt. 10:39).
>
> "Y cualquiera que haya dejado casas, o hermanos, o hermanas, o padre, o madre, o mujer, o hijos, o tierras, por mi nombre, recibirá cien veces más, y heredará la vida eterna" (Mt. 19:29).
>
> "El Señor le dijo: Ve, porque instrumento escogido me es éste, para llevar mi nombre en presencia de los gentiles, y de reyes, y de los hijos de Israel; porque yo le mostraré cuánto le es necesario padecer por mi nombre" (Hch. 9:15, 16).
>
> "Porque a vosotros os es concedido a causa de Cristo, no solo que creáis en él, sino también que padezcáis por él" (Fil. 1:29).

> "Que por esto mismo trabajamos y sufrimos oprobios, porque esperamos en el Dios viviente, que es el Salvador de todos los hombres, mayormente de los que creen" (1 Ti. 4:10).
>
> "Y también todos los que quieren vivir piadosamente en Cristo Jesús padecerán persecución" (2 Ti. 3:12).
>
> "Hermanos míos, tomad como ejemplo de aflicción y de paciencia a los profetas que hablaron en nombre del Señor" (Stg. 5:10).

4 (6:5) *Ministerio — Trabajo — Fidelidad:* Pablo era consecuente y paciente en momentos de *agotamiento, insomnio y hambre.* Pablo aborda las tres áreas:

1. Pablo soportó "trabajos" (kopois): trabajos duros, trabajos arduos al punto del agotamiento. A medida que estudiamos la vida de Pablo, se esclarece una característica sorprendente del ministerio de Pablo: él nunca dejó de predicar, enseñar o ministrar hasta que tuvo que descansar. Él no era holgazán, aletargado, perezoso, ni displicente. Se levantaba en las mañanas y manos a la obra: orar, estudiar, ministrar, y dar testimonio, exactamente para lo que Dios lo había llamado.

2. Pablo soportó "desvelos", es decir, *noches de insomnio.* Según se ha planteado, el registro de su vida demuestra que se levantaba temprano y descansaba solo cuando era necesario. Pasaba noches en oración, y en ocasiones sentía tanta preocupación por las iglesias que solo podía dormir un poquito, si es que podía dormir. Lo que se debe tener en cuenta es la gran preocupación de Pablo por las personas y sus necesidades: Una preocupación tan grande que lo mantenía despierto por las noches orando e ideando cómo salvar y ayudar de una mejor manera a las personas por Cristo. Pablo era firme en el ministerio, soportando incluso noches de insomnio por la causa de Cristo.

3. Pablo soportó "ayunos". Esto no solo se refiere a ayunos deliberados, sino a estar tan inmerso en el trabajo que olvidaba comer o de lo contrario decidía seguir trabajando en lugar de comer.

Pensamiento 1. ¿Cuántos ministros honestamente…

- soportan *sobrecargas de trabajo,* trabajos arduos al punto del agotamiento? ¿Y con qué frecuencia?
- soportan *noches de insomnio* por orar e idear cómo salvar y ayudar de una mejor manera a las personas por Cristo?
- soportan *ayunos* a fin de hacer más por Cristo?

> "Por lo cual te aconsejo que avives el fuego del don de Dios que está en ti por la imposición de mis manos" (2 Ti. 1:6).
>
> "Yo reprendo y castigo a todos los que amo; sé, pues, celoso, y arrepiéntete" (Ap. 3:19).
>
> "Todo lo que te viniere a la mano para hacer, hazlo según tus fuerzas; porque en el Seol, adonde vas, no hay obra, ni trabajo, ni ciencia, ni sabiduría" (Ec. 9:10).
>
> "Entonces dijo a sus discípulos: A la verdad la mies es mucha, mas los obreros pocos. Rogad, pues, al Señor de la mies, que envíe obreros a su mies" (Mt. 9:37, 38).
>
> "Jesús les dijo: Mi comida es que haga la voluntad del que me envió, y que acabe su obra" (Jn. 4:34).

"¿No decís vosotros: Aún faltan cuatro meses para que llegue la siega? He aquí os digo: Alzad vuestros ojos y mirad los campos, porque ya están blancos para la siega. Y el que siega recibe salario, y recoge fruto para vida eterna, para que el que siembra goce juntamente con el que siega" (Jn. 4:35, 36).

"Me es necesario hacer las obras del que me envió, entre tanto que el día dura; la noche viene, cuando nadie puede trabajar" (Jn. 9:4).

"Porque nosotros somos colaboradores de Dios, y vosotros sois labranza de Dios, edificio de Dios" (1 Co. 3:9).

"y al que sabe hacer lo bueno, y no lo hace, le es pecado" (Stg. 4:17).

5 (6:6-7) *Ministerio:* Pablo era consecuente y paciente *en conducta y crecimiento espiritual*. Se abordan nueve áreas en específico:

1. Pablo soportó en "pureza" (hagnotetic): inocencia, limpieza; libre de inmundicia, suciedad, y contaminación del mundo; libre de motivo y conducta inmoral e injusta. Note que comprende tanto al corazón como los actos, tanto los motivos como la conducta. Significa estar impecable y sin mancha, santo y recto, piadoso y justo. El ministro del Señor Jesucristo debe llevar una vida pura.

"Bienaventurados los de limpio corazón, porque ellos verán a Dios" (Mt. 5:8).

"Pues el propósito de este mandamiento es el amor nacido de corazón limpio, y de buena conciencia, y de fe no fingida" (1 Ti. 1:5).

"No impongas con ligereza las manos a ninguno, ni participes en pecados ajenos. Consérvate puro" (1 Ti. 5:22).

"Habiendo purificado vuestras almas por la obediencia a la verdad, mediante el Espíritu, para el amor fraternal no fingido, amaos unos a otros entrañablemente, de corazón puro" (1 P. 1:22).

"La religión pura y sin mácula delante de Dios el Padre es esta: Visitar a los huérfanos y a las viudas en sus tribulaciones, y guardarse sin mancha del mundo" (Stg. 1:27).

"Por lo cual, oh amados, estando en espera de estas cosas, procurad con diligencia ser hallados por él sin mancha e irreprensibles, en paz" (2 P. 3:14).

2. Pablo soportó en ciencia: El estudio y la comprensión de la revelación y la Palabra de Dios. Pablo no descuidó la meditación y el estudio de la voluntad revelada y la Palabra de Dios. Él aprendió todo cuanto pudo acerca de cómo Dios quería que los hombres vivieran, y se lo aplicó a su propia vida y enseñanza.

"Dijo entonces Jesús a los judíos que habían creído en él: Si vosotros permaneciereis en mi palabra, seréis verdaderamente mis discípulos; y conoceréis la verdad, y la verdad os hará libres" (Jn. 8:31, 32).

"para que andéis como es digno del Señor, agradándole en todo, llevando fruto en toda buena obra, y creciendo en el conocimiento de Dios" (Col. 1:10).

"Procura con diligencia presentarte a Dios aprobado, como obrero que no tiene de qué avergonzarse, que usa bien la palabra de verdad" (2 Ti. 2:15).

"Toda la Escritura es inspirada por Dios, y útil para enseñar, para redargüir, para corregir, para instruir en justicia" (2 Ti. 3:16).

"vosotros también, poniendo toda diligencia por esto mismo, añadid a vuestra fe virtud; a la virtud, *conocimiento*" (2 P. 1:5).

3. Pablo soportó en "longanimidad" (makrothumia): Paciencia, soportar y sufrir mucho tiempo con las personas, fundamentalmente cuando están equivocadas, son injustas, abusivas, calumniadoras, e hirientes. El ministro de Dios siempre deberá soportar y sufrir mucho tiempo con las personas, incluso cuando estén tan equivocadas.

"fortalecidos con todo poder, conforme a la potencia de su gloria, para toda paciencia y longanimidad" (Col. 1:11).

"que prediques la palabra; que instes a tiempo y fuera de tiempo; redarguye, reprende, exhorta con toda paciencia y doctrina" (2 Ti. 4:2).

"Y tened entendido que la paciencia de nuestro Señor es para salvación; como también nuestro amado hermano Pablo, según la sabiduría que le ha sido dada, os ha escrito" (2 P. 3:15).

"Por amor de mi nombre diferiré mi ira, y para alabanza mía la reprimiré para no destruirte" (Is. 48:9).

4. Pablo soportó en "bondad" (chrestotes): Amabilidad y benevolencia del corazón y la conducta. Es ser bondadoso y bueno, dulce y delicado aunque otros sean abusivos y malignos, severos e hirientes, ingratos y desagradecidos.

"Amaos los unos a los otros con amor fraternal; en cuanto a honra, prefiriéndoos los unos a los otros" (Ro. 12:10).

"Antes sed benignos unos con otros, misericordiosos, perdonándoos unos a otros, como Dios también os perdonó a vosotros en Cristo" (Ef. 4:32).

"Vestíos, pues, como escogidos de Dios, santos y amados, de entrañable misericordia, de benignidad, de humildad, de mansedumbre, de paciencia" (Col. 3:12).

"vosotros también, poniendo toda diligencia por esto mismo, añadid a vuestra fe virtud; a la virtud, conocimiento; al conocimiento, dominio propio; al dominio propio, paciencia; a la paciencia, piedad; a la piedad, afecto fraternal; y al afecto fraternal, amor" (2 P. 1:5-7).

5. Pablo soportó en el "Espíritu Santo": En la presencia, poder, y dones del Espíritu. La gran prueba de que él era un verdadero ministro de Dios fue el hecho de que el Espíritu de Dios obró en él y por medio de él. Pablo pudo vivir para Cristo y edificar el ministerio porque él andaba en la presencia y poder del Espíritu de Dios (vea el índice y las notas, *Espíritu Santo* — Ro. 8:1-17; Jn. 14:15-26; 16:7-15 para un mayor análisis).

"y ni mi palabra ni mi predicación fue con palabras persuasivas de humana sabiduría, sino con demostración del Espíritu y de poder" (1 Co. 2:4).

"pues nuestro evangelio no llegó a vosotros en palabras solamente, sino también en poder, en el Espíritu Santo y en plena certidumbre, como bien sabéis cuáles fuimos entre vosotros por amor de vosotros" (1 Ts. 1:5).

6.   Pablo soportó en "amor sincero": Amor que no es falso ni fingido; amor que es sincero, genuino, y puro; amor que es ilimitado, desinteresado, y expiatorio. No importa lo que haga una persona, el amor sincero se olvida de sí y sacrifica lo que sea necesario para salvar y ayudar a la persona. El ministro de Dios siempre deberá ser consecuente y paciente en amor sincero.

> "Y el segundo es semejante: Amarás a tu prójimo como a ti mismo" (Mt. 22:39).
>
> "Un mandamiento nuevo os doy: Que os améis unos a otros; como yo os he amado, que también os améis unos a otros. En esto conocerán todos que sois mis discípulos, si tuviereis amor los unos con los otros" (Jn. 13:34, 35).
>
> "Este es mi mandamiento: Que os améis unos a otros, como yo os he amado" (Jn. 15:12).
>
> "El amor sea sin fingimiento. Aborreced lo malo, seguid lo bueno" (Ro. 12:9).
>
> "Y el Señor os haga crecer y abundar en amor unos para con otros y para con todos, como también lo hacemos nosotros para con vosotros" (1 Ts. 3:12).
>
> "Habiendo purificado vuestras almas por la obediencia a la verdad, mediante el Espíritu, para el amor fraternal no fingido, amaos unos a otros entrañablemente, de corazón puro" (1 P. 1:22).

7.   Pablo soportó en "palabra de verdad": La predicación y enseñanza de la verdad, es decir, del evangelio, de la Palabra de Dios. El ministro siempre deberá predicar la verdad de la Palabra de Dios, no el análisis, las filosofías, y las ideas de los hombres. Las ideas noveles de los hombres siempre aparecen en escena como la última moda del día, pero solo la Palabra de Dios permanece. Dios ha llamado al ministro a proclamar su Palabra; por consiguiente, el ministro debe *ser paciente* en la proclamación de la palabra de verdad.

> "predicando el reino de Dios y enseñando acerca del Señor Jesucristo, abiertamente y sin impedimento" (Hch. 28:31).
>
> "Y yendo, predicad, diciendo: El reino de los cielos se ha acercado" (Mt. 10:7).
>
> "Lo que os digo en tinieblas, decidlo en la luz; y lo que oís al oído, proclamadlo desde las azoteas" (Mt. 10:27).
>
> "Por tanto, id, y haced discípulos a todas las naciones, bautizándolos en el nombre del Padre, y del Hijo, y del Espíritu Santo; enseñándoles que guarden todas las cosas que os he mandado; y he aquí yo estoy con vosotros todos los días, hasta el fin del mundo. Amén" (Mt. 28:19, 20).
>
> "Y les dijo: Id por todo el mundo y predicad el evangelio a toda criatura" (Mr. 16:15).
>
> "Id, y puestos en pie en el templo, anunciad al pueblo todas las palabras de esta vida" (Hch. 5:20).
>
> "Esto manda y enseña" (1 Ti. 4:11).
>
> "que prediques la palabra; que instes a tiempo y fuera de tiempo; redarguye, reprende, exhorta con toda paciencia y doctrina" (2 Ti. 4:2).

8.   Pablo soportó en el "poder de Dios": El poder de Dios era un elemento esencial, porque ningún ser humano podría liberar a los hombres del pecado, la muerte, y el juicio.

Solo Dios tenía el poder para crear nuevamente a los hombres y darles vida eterna. Por consiguiente, Pablo tenía que tener el poder de Dios en su vida y en su ministerio si su obra debía ser eficaz y debía llevar frutos genuinos.

> "pero recibiréis poder, cuando haya venido sobre vosotros el Espíritu Santo, y me seréis testigos en Jerusalén, en toda Judea, en Samaria, y hasta lo último de la tierra" (Hch. 1:8).
>
> "Y con gran poder los apóstoles daban testimonio de la resurrección del Señor Jesús, y abundante gracia era sobre todos ellos" (Hch. 4:33).
>
> "y ni mi palabra ni mi predicación fue con palabras persuasivas de humana sabiduría, sino con demostración del Espíritu y de poder, para que vuestra fe no esté fundada en la sabiduría de los hombres, sino en el poder de Dios" (1 Co. 2:4, 5).
>
> "para que os dé, conforme a las riquezas de su gloria, el ser fortalecidos con poder en el hombre interior por su Espíritu" (Ef. 3:16).
>
> "Y a Aquel que es poderoso para hacer todas las cosas mucho más abundantemente de lo que pedimos o entendemos, según el poder que actúa en nosotros" (Ef. 3:20).

9.   Pablo soportó en "las armas de justicia": La justicia o justificación de Cristo; el poder para llevar una vida de justicia; los actos de justicia a los que Cristo lo había llamado. Probablemente se den a entender todos estos significados acá. No importa en qué consistían los ataques ni como eran los ataques, a diestra o siniestra, Pablo recurrió a la justicia. Él proclamaba:

- Que él estaba en la justicia de Jesucristo.
- Que había dedicado su vida totalmente al Señor Jesucristo, para llevar una vida dedicada totalmente a la justicia del Señor Jesucristo.
- Que él actuaba con justicia por el bien del ministerio.

> "Porque os digo que si vuestra justicia no fuere mayor que la de los escribas y fariseos, no entraréis en el reino de los cielos" (Mt. 5:20).
>
> "Velad debidamente, y no pequéis; porque algunos no conocen a Dios; para vergüenza vuestra lo digo" (1 Co. 15:34).
>
> "Estad, pues, firmes, ceñidos vuestros lomos con la verdad, y vestidos con la coraza de justicia" (Ef. 6:14).
>
> "llenos de frutos de justicia que son por medio de Jesucristo, para gloria y alabanza de Dios" (Fil. 1:11).
>
> "Mas tú, oh hombre de Dios, huye de estas cosas, y sigue la justicia, la piedad, la fe, el amor, la paciencia, la mansedumbre" (1 Ti. 6:11).

6 (6:8) *Ministerio:* Pablo era consecuente y paciente en *ignorar la reacción del mundo*. La reacción del mundo hacia Pablo se aborda en tres contrastes marcados:

1.   Pablo era honrado por unos y deshonrado por otros. Unos le mostraban respeto; otros no. Unos le daban la honra que se merece un *ministro de Dios*; otros hacían todo cuanto podían por deshonrarlo. Sin embargo, Pablo soportó y resistió toda la deshonra que le hicieron.

2.   Se hablaba de Pablo: Unos hablaban de la mala fama

de él; otros hablaban de su buena fama. Era criticado y censurado y los que se oponían a él esparcían rumores de él por todas partes, pero otros amaban, comprendían y apoyaban lo bueno que él estaba haciendo. Cualquiera que fuera la situación, Pablo consecuentemente resistía y continuaba ministrando para su Señor y Salvador, Jesucristo.

3. A Pablo se le trataba como a un engañador, aunque como persona era tan honesto como se puede ser. La palabra "engañador" quiere decir impostor, un maestro falso, a charlatán. Sin embargo, se mantenía firme: "No importaba cuál era la acusación, él resistía y continuaba predicando la verdad y haciendo todo cuanto podía por salvar y ayudar a las personas para Cristo".

> "Bienaventurados sois cuando por mi causa os vituperen y os persigan, y digan toda clase de mal contra vosotros, mintiendo" (Mt. 5:11).
>
> "Y seréis aborrecidos de todos por causa de mi nombre; mas el que persevere hasta el fin, éste será salvo" (Mt. 10:22).
>
> "Mas el Dios de toda gracia, que nos llamó a su gloria eterna en Jesucristo, después que hayáis padecido un poco de tiempo, él mismo os perfeccione, afirme, fortalezca y establezca" (1 P. 5:10).

7 (6:9) *Ministerio:* Pablo era consecuente y paciente en la faz de la *persecución y el maltrato social*.

1. Unos trataban a Pablo como un desconocido; otros como alguien bien conocido. La palabra "desconocido" quiere decir rechazar, ignorar, despreciar. Unos no querían tener nada que ver con el ministro de Dios. Pero otros amaban a Pablo por lo que él había hecho por ellos y por lo que estaba haciendo por las personas de toda la iglesia. No importaba cuál fuera el tratamiento, Pablo resistía por el bien del evangelio y de las personas.

> "A éste abre el portero, y las ovejas oyen su voz; y a sus ovejas llama por nombre, y las saca" (Jn. 10:3).
>
> "Yo soy el buen pastor; y conozco mis ovejas, y las mías me conocen" (Jn. 10:14).
>
> "Pero si alguno ama a Dios, es conocido por él" (1 Co. 8:3).
>
> "Pero el fundamento de Dios está firme, teniendo este sello: Conoce el Señor a los que son suyos; y: Apártese de iniquidad todo aquel que invoca el nombre de Cristo" (2 Ti. 2:19).

2. A Pablo lo trataban como si estuviera moribundo, pero aún así estaba vivo. Unos veían a Pablo como si fuera imprudente e insensato, como un hombre que tentaba la desaprobación, la ira, y el rechazo de los hombres. Veían a Pablo como un "loco" que estaba condenado, que se dirigía rápidamente a la muerte. Pero otros comprendían y conocían la verdad: "Él era una nueva criatura en Cristo, un hombre que había encontrado la vida eterna, y estaba obligado a hacer a todos partícipes de la buena nueva gloriosa sin tener en cuenta qué amenazara su propia seguridad". Él sabía la verdad y tenía que hacer todo cuanto pudiera por despertar a los hombres a la verdad, sin tener en cuenta las consecuencias. Por consiguiente, él soportó la cruz, morir para el mundo, a fin de hacer a todos partícipes de la buena nueva gloriosa de la vida eterna.

> "Como está escrito: Por causa de ti somos muertos todo el tiempo; somos contados como ovejas de matadero" (Ro. 8:36).
>
> "Porque nosotros que vivimos, siempre estamos entregados a muerte por causa de Jesús, para que también la vida de Jesús se manifieste en nuestra carne mortal" (2 Co. 4:11).
>
> "Con Cristo estoy juntamente crucificado, y ya no vivo yo, mas vive Cristo en mí; y lo que ahora vivo en la carne, lo vivo en la fe del Hijo de Dios, el cual me amó y se entregó a sí mismo por mí" (Gá. 2:20).
>
> "Palabra fiel es esta: Si somos muertos con él, también viviremos con él" (2 Ti. 2:11).
>
> "Y decía a todos: Si alguno quiere venir en pos de mí, niéguese a sí mismo, tome su cruz cada día, y sígame. Porque todo el que quiera salvar su vida, la perderá; y todo el que pierda su vida por causa de mí, éste la salvará" (Lc. 9:23, 24).

3. Pablo fue castigado, mas nunca fue muerto. Ser castigado significa sufrir. Pablo estaba sufriendo constantemente por la causa de Cristo y él estaba dispuesto a ser castigado a fin de ayudar y salvar a las personas por Cristo. Nada ni nadie podía matarlo hasta que Cristo decidiera que él partiera al cielo. Hasta ese momento, soportaría cualquier sufrimiento, cualquier castigo mientras le quedara aliento para dar testimonio de Cristo.

> "Todo pámpano que en mí no lleva fruto, lo quitará; y todo aquel que lleva fruto, lo limpiará, para que lleve más fruto" (Jn. 15:2).
>
> "En lo cual vosotros os alegráis, aunque ahora por un poco de tiempo, si es necesario, tengáis que ser afligidos en diversas pruebas, para que sometida a prueba vuestra fe, mucho más preciosa que el oro, el cual aunque perecedero se prueba con fuego, sea hallada en alabanza, gloria y honra cuando sea manifestado Jesucristo" (1 P. 1:6, 7).
>
> "Amados, no os sorprendáis del fuego de prueba que os ha sobrevenido, como si alguna cosa extraña os aconteciese, sino gozaos por cuanto sois participantes de los padecimientos de Cristo, para que también en la revelación de su gloria os gocéis con gran alegría" (1 P. 4:12, 13).

8 (6:10) *Ministerio:* Pablo era consecuente y paciente *en estar contentos, siempre*. Nuevamente se dan tres contrastes:

1. A Pablo lo veían como si estuviera entristecido, mas siempre estaba gozoso. Los mundanos y los carnales lo veían como si casi nunca se divirtiera. Él nunca se sumó a la multitud en sus placeres y actividades mundanas, tampoco buscaba las comodidades y posesiones del mundo. Se le veía como a un extremista en la separación, un hombre que se perdía los placeres y la diversión de la vida. Sin embargo, Pablo estaba lleno de gozo, un gozo verdadero, el gozo que proviene de conocer de dónde había provenido, de por qué estaba allí, y a dónde iba. Sentía una confianza y seguridad inmensas de la vida.

> "Estas cosas os he hablado, para que mi gozo esté en vosotros, y vuestro gozo sea cumplido" (Jn. 15:11).
>
> "Hasta ahora nada habéis pedido en mi nombre;

pedid, y recibiréis, para que vuestro gozo sea cumplido" (Jn. 16:24).

"porque el reino de Dios no es comida ni bebida, sino justicia, paz y gozo en el Espíritu Santo" (Ro. 14:17).

"a quien amáis sin haberle visto, en quien creyendo, aunque ahora no lo veáis, os alegráis con gozo inefable y glorioso" (1 P. 1:8).

"Amados, no os sorprendáis del fuego de prueba que os ha sobrevenido, como si alguna cosa extraña os aconteciese, sino gozaos por cuanto sois participantes de los padecimientos de Cristo, para que también en la revelación de su gloria os gocéis con gran alegría" (1 P. 4:12, 13).

2. A Pablo se le consideraba pobre, mas tenía muchas riquezas. Él era un misionero itinerante, un hombre que a los ojos del mundo no tenía casa ni posesiones mundanas. Aún así, él poseía la riqueza verdadera, la única riqueza que puede darle seguridad realmente al hombre, la riqueza de la presencia, amor, y cuidado de Dios. Y Pablo compartía sus riquezas con otros. Él siempre les dijo a los hombres cómo podían poseer los tesoros eternos del cielo.

"sino haceos tesoros en el cielo, donde ni la polilla ni el orín corrompen, y donde ladrones no minan ni hurtan" (Mt. 6:20).

"Desde entonces comenzó Jesús a declarar a sus discípulos que le era necesario ir a Jerusalén y padecer mucho de los ancianos, de los principales sacerdotes y de los escribas; y ser muerto, y resucitar al tercer día" (Mt. 16:21).

"Vended lo que poseéis, y dad limosna; haceos bolsas que no se envejezcan, tesoro en los cielos que no se agote, donde ladrón no llega, ni polilla destruye" (Lc. 12:33).

"Y ciertamente, aun estimo todas las cosas como pérdida por la excelencia del conocimiento de Cristo Jesús, mi Señor, por amor del cual lo he perdido todo, y lo tengo por basura, para ganar a Cristo" (Fil. 3:8).

"atesorando para sí buen fundamento para lo por venir, que echen mano de la vida eterna" (1 Ti. 6:19).

"teniendo por mayores riquezas el vituperio de Cristo que los tesoros de los egipcios; porque tenía puesta la mirada en el galardón" (He. 11:26).

"Hermanos míos amados, oíd: ¿No ha elegido Dios a los pobres de este mundo, para que sean ricos en fe y herederos del reino que ha prometido a los que le aman?" (Stg. 2:5).

"Por tanto, yo te aconsejo que de mí compres oro refinado en fuego, para que seas rico, y vestiduras blancas para vestirte, y que no se descubra la vergüenza de tu desnudez; y unge tus ojos con colirio, para que veas" (Ap. 3:18).

3. A Pablo lo veían como si no tuviera nada, aún así él lo poseía todo. Él no tenía bienes mundanos, pero sí tenía la promesa de Dios: él iba a poseerlo todo en muy poco tiempo, tan pronto Jesús regresara. Él era un heredero de Dios, incluso *coheredero con Cristo* (Ro. 8:16-17. Vea la nota, *Recompensa* — 1 Co. 3:13-15.)

"En la casa de mi Padre muchas moradas hay; si así no fuera, yo os lo hubiera dicho; voy, pues, a preparar lugar para vosotros. Y si me fuere y os preparare lugar, vendré otra vez, y os tomaré a mí mismo, para que donde yo estoy, vosotros también estéis" (Jn. 14:2, 3).

"El Espíritu mismo da testimonio a nuestro espíritu, de que somos hijos de Dios. Y si hijos, también herederos; herederos de Dios y coherederos con Cristo, si es que padecemos juntamente con él, para que juntamente con él seamos glorificados" (Ro. 8:16, 17).

"para que justificados por su gracia, viniésemos a ser herederos conforme a la esperanza de la vida eterna" (Tit. 3:7).

"Bendito el Dios y Padre de nuestro Señor Jesucristo, que según su grande misericordia nos hizo renacer para una esperanza viva, por la resurrección de Jesucristo de los muertos, para una herencia incorruptible, incontaminada e inmarcesible, reservada en los cielos para vosotros" (1 P. 1:3, 4).

	J. El ministerio: Su llamado a la separación y a la consagración, 6:11—7:1		**d.** En la fe: Son creyentes, no incrédulos
			e. En la adoración: Son templo de Dios, no templo de algún ídolo
1 Llamado 1: Abran su corazón	11 Nuestra boca se ha abierto a vosotros, oh corintios; nuestro corazón se ha ensanchado.	16 ¿Y qué acuerdo hay entre el templo de Dios y los ídolos? Porque vosotros sois el templo del Dios viviente, como Dios dijo: Habitaré y andaré entre ellos, Y seré su Dios, Y ellos serán mi pueblo.	
a. El corazón de Pablo estaba abierto	12 No estáis estrechos en nosotros, pero sí sois estrechos en vuestro propio corazón.		
b. El corazón de la iglesia estaba cerrado	13 Pues, para corresponder del mismo modo (como a hijos hablo), ensanchaos también vosotros.	17 Por lo cual, Salid de en medio de ellos, y apartaos, dice el Señor, Y no toquéis lo inmundo; Y yo os recibiré,	**3 Llamado 3: Salgan de en medio de los incrédulos y apártense**
			a. Apartarse: No tocar
2 Llamado 2: No se unan en yugo desigual con los incrédulos, ustedes son diferentes	14 No os unáis en yugo desigual con los incrédulos; porque ¿qué compañerismo tiene la justicia con la injusticia? ¿Y qué comunión la luz con las tinieblas?	18 Y seré para vosotros por Padre, Y vosotros me seréis hijos e hijas, dice el Señor Todopoderoso.	**b.** Este es el mandato de Dios
			c. Los resultados
a. En compañerismo: Son justos, no injustos			1) Dios los recibirá
		CAPÍTULO 7	2) Dios será un Padre para ustedes
b. En comunión: Son luz, no tinieblas*EF1*			
c. En el compromiso: Son de Cristo, no de Satanás	15 ¿Y qué concordia Cristo con Belial? ¿O qué parte el creyente con el incrédulo?	1 Así que, amados, puesto que tenemos tales promesas, limpiémonos de toda contaminación de carne y de espíritu, perfeccionando la santidad en el temor de Dios.	**4 Llamado 4: Límpiense y perfeccionen la santidad**

DIVISIÓN III

EL MINISTERIO Y SU DESCRIPCIÓN, 2:12—7:16

J. El ministerio: Su llamado a la separación y a la consagración, 6:11—7:1

(6:11-7:1) *Introducción:* Con frecuencia se siente temor de abordar el tema de la separación. Las personas sencillamente mal interpretan lo que significa realmente separación. Para la mayoría de las personas, la separación espiritual quiere decir que tienen que renunciar a esto, dejar de ir allá, y dejar de hacer aquello. Creen que significa no volver a divertirse de nuevo y disfrutar de los placeres de este mundo. Esto es lo que la mayoría de las personas ven y en lo que piensan cuando oyen separación espiritual. Sin embargo, el llamado más grande del mundo es el llamado a la separación y la consagración. Una persona puede ser salva de este mundo y recibir la seguridad absoluta de la vida eterna. ¡Imagínese nada más la gloria de ser adoptado verdaderamente como hijo de Dios! Esta es la verdad de la separación y la consagración.

1. Llamado 1: Abran su corazón (vv. 11-13).
2. Llamado 2: No se unan en yugo desigual con los incrédulos, ustedes son diferentes (vv. 14-16).
3. Llamado 3: Salgan de en medio de los incrédulos y apártense (vv. 17-18).
4. Llamado 4: Límpiense y perfeccionen la santidad (7:1).

1 (6:11-13) *Corazón, abierto:* El primer llamado es a un corazón abierto. Un corazón abierto es un elemento absolutamente esencial para la separación y la consagración. Nadie se va a separar del mundo y a consagrar su vida a Dios a menos que tenga un corazón y una mente abiertos.

1. Note cómo el corazón de Pablo está abierto y lleno de afecto por la iglesia de Corinto.

   a. "Oh corintios": él le habla directamente a la iglesia como si estuviera frente a frente, lo que siempre demuestra sentimientos fuertes.

   b. "Nuestra boca se ha abierto a vosotros": él ha hablado abierta y honestamente, sin vacilación ni equivocación.

   c. "Nuestro corazón se ha ensanchado": su corazón está abierto para ellos, y su afecto ha crecido en la medida en que los ha hecho partícipes de la verdad.

   d. "No estáis estrechos en nosotros": La palabra "estrechos" (stenochoreisthe) quiere decir ser restringido, carecer de espacio, estar presionado o angustiado, estar en agonía o en aprietos. Pablo dice que no había carencia de espacio alguno en su corazón para la iglesia; no había restricción alguna contra ellos. Él no tenía nada en contra de ellos. Su corazón estaba bien abierto para recibirlos.

2.   Note cuán estrecha y cerrada estaba la iglesia para con Pablo. El corazón de cada uno de ellos estaba estrecho (stenochoreisthe), restringido, cerrado, tenía poco espacio, de tener alguno, para Pablo.

Pablo apela a ellos: "corresponder", es decir, que le devuelvan a él el mismo corazón abierto y ensanchado que él les ha mostrado. Note que Pablo los llama sus hijos; por consiguiente, de la misma manera que los hijos abren el corazón y reciben a sus padres con afecto, él les ruega que lo reciban a él y sus instrucciones con afecto.

Pensamiento 1. Hay dos elementos que son absolutamente esenciales si la iglesia va a escuchar el llamado de Dios y su ministerio:

1)   Un ministro con un corazón abierto, honesto, y adorable para con Dios y su pueblo.

2)   Una iglesia con un corazón abierto, honesto, y adorable para con Dios y su ministro escogido.

> "En esto conocerán todos que sois mis discípulos, si tuviereis amor los unos con los otros" (Jn. 13:35).
> "Este es mi mandamiento: Que os améis unos a otros, como yo os he amado" (Jn. 15:12).
> "El amor sea sin fingimiento. Aborreced lo malo, seguid lo bueno" (Ro. 12:9).
> "Y el que da semilla al que siembra, y pan al que come, proveerá y multiplicará vuestra sementera, y aumentará los frutos de vuestra justicia" (2 Co. 9:10).
> "para que ya no seamos niños fluctuantes, llevados por doquiera de todo viento de doctrina, por estratagema de hombres que para engañar emplean con astucia las artimañas del error, sino que siguiendo la verdad en amor, crezcamos en todo en aquel que es la cabeza, esto es, Cristo" (Ef. 4:14, 15).
> "Y el Señor os haga crecer y abundar en amor unos para con otros y para con todos, como también lo hacemos nosotros para con vosotros" (1 Ts. 3:12).
> "Habiendo purificado vuestras almas por la obediencia a la verdad, mediante el Espíritu, para el amor fraternal no fingido, amaos unos a otros entrañablemente, de corazón puro" (1 P. 1:22).

2 (6:14-16) *Separación:* El segundo llamado es a que los creyentes no se unan en yugo desigual con los incrédulos. Las razones se dan claramente: "Los creyentes son *diferentes de los incrédulos, muy diferentes*". La diferencia se ve en las palabras "yugo desigual" (heterozugountes). Se refiere al Antiguo Testamento donde Dios prohibió arar con buey y con asno a la misma vez (Dt. 22:10), o la yunta de animales de diferentes especies (Lv. 19:19). La idea es:

•   Que la unión de un creyente genuino con un incrédulo sería tan diferente como la unión de dos tipos de animales.

•   Que el arado por la vida de un creyente con un incrédulo sería tan difícil como arar un campo con un buey y un asno en una misma yunta.

Los creyentes genuinos son radicalmente diferentes de los incrédulos. Cinco áreas lo revelan claramente. Note que cada área se comienza con una pregunta:

1.   Los creyentes difieren de los incrédulos en compañerismo. "¿Qué compañerismo tiene la justicia con la injusticia?" La palabra "injusticia" (anomiai) quiere decir anarquía. Los incrédulos no han obedecido ni obedecen a Dios. Viven y hacen lo que les viene en gana, no lo que Dios dice. Rechazan a Dios y lo que Dios dice y andan haciendo su voluntad. Se rebelan contra Dios y sus mandamientos, llevando una vida desordenada e injusta.

a.   No han creído en el nombre del Señor Jesucristo para que los salve.

> "Y este es su mandamiento: Que creamos en el nombre de su Hijo Jesucristo, y nos amemos unos a otros como nos lo ha mandado" (1 Jn. 3:23).
> "Al que no conoció pecado, por nosotros lo hizo pecado, para que nosotros fuésemos hechos justicia de Dios en él" (2 Co. 5:21).

b.   No buscan primero el reino de Dios y su justicia.

> "Mas buscad primeramente el reino de Dios y su justicia, y todas estas cosas os serán añadidas" (Mt. 6:33).

c.   No sienten hambre y sed de justicia.

> "Bienaventurados los que tienen hambre y sed de justicia, porque ellos serán saciados" (Mt. 5:6).

Note la palabra "compañerismo" (metoche) quiere decir compartir y participar. ¿Cómo puede un creyente que centra su vida en la justicia de Jesucristo participar y compartir con los incrédulos que se preocupan poco, de preocuparse, por Jesucristo y su llamado a la justicia?

2.   Los creyentes difieren de los incrédulos en comunión. "¿Y qué comunión la luz con las tinieblas?" La palabra "comunión" (koinonia) quiere decir tener unión, asociación, una comunión cerrada, estar muy unidos. Quiere decir estar tan unidos que hay una relación abierta y mutua: "Lo que uno tiene le pertenece al otro". La idea queda clara: "No hay tal comunión o unión entre la luz y las tinieblas". Por el contrario, la luz y las tinieblas son mutuamente exclusivas, de naturalezas completamente diferentes. No pueden coexistir.

a.   La luz es el símbolo o ilustración de los creyentes.
   => Se dice que los creyentes se convierten en "hijos de la luz" por medio de la creencia en la luz, el propio Jesucristo (Jn. 12:36).
   => A los creyentes se les ha trasladado de la potestad de las tinieblas al reino de Cristo, la herencia de la luz (Col. 1:13).
   => Antes de venir a Cristo, los creyentes no solo están en las tinieblas, sino que son una encarnación de las tinieblas. Pero cuando ellos vienen a Cristo, a los creyentes se les coloca en la luz y se convierten en una encarnación de la propia luz (Ef. 5:8).

=> Los creyentes son la luz del mundo (Mt. 5:14-16).

=> Los creyentes deben poner su luz en un candelero, para que todos vean su luz (Mt. 5:15).

=> Los que hacen el mal aborrecen la luz (Jn. 3:20s).

=> La creación de la luz es una ilustración de la expulsión de la oscuridad espiritual (Gn. 1:2s).

b. Las tinieblas son un símbolo o ilustración de los incrédulos. (Vea el *Estudio a fondo 1, Tinieblas* — 2 Co. 6:14 para un análisis.)

Resulta sorprendente: La naturaleza de los creyentes y los incrédulos difiere radicalmente como la luz difiere de las tinieblas.

=> Como hijos de la luz, los creyentes conocen la luz de Dios, *viven* según la luz de Dios, y son *bendecidos* por la luz de Dios.

=> Como hijos de las tinieblas, los incrédulos conocen las tinieblas de este mundo, viven según las tinieblas del mundo, y reciben solamente las bendiciones de las tinieblas del mundo (posesiones y placeres temporales, y la desesperanza de la muerte y el juicio).

3. Los creyentes difieren en compromiso y pacto. "¿Y qué concordia Cristo con Belial?" Belial se refiere a Satanás. El nombre "Belial" se refiere en específico a lo despreciable, a lo perverso, y a lo impuro del carácter de Satanás. Se le ilustra como la cabeza o líder de los incrédulos; mientras que a Cristo se le ilustra como la Cabeza o líder de los creyentes. La ilustración resulta sorprendente:

=> Las fuerzas del bien y el mal se oponen mutuamente.

=> Cristo se opone a Belial.

=> El justo se opone al perverso.

=> El digno se opone al despreciable.

=> La justicia y la pureza de Cristo se oponen a la perversidad y la impureza de Belial.

Si una persona no obedece a Cristo, las Escrituras dicen que entonces obedece a Belial o Satanás. Por consiguiente, resulta imposible que un creyente genuino viva en concordia y armonía con aquellos que obedecen a Belial en lugar de a Cristo. Los creyentes no pueden estar atados a aquellos que llevan una vida perversa e impura, personas que obedecen al líder de lo despreciable, es decir, al diablo.

"No podéis beber la copa del Señor, y la copa de los demonios; no podéis participar de la mesa del Señor, y de la mesa de los demonios" (1 Co. 10:21).

4. Los creyentes difieren en fe o creencia. "¿O qué parte el creyente con el incrédulo?" La palabra "incrédulo" (apistou) significa una persona que ha decidido no creer en Cristo y lo ha rechazado deliberadamente. La palabra "parte" (meris) quiere decir la porción, estado, esfera, campo o participación de una persona en la vida.

La fe del creyente se ilustra como si cambiara toda su vida: Su creencia hace que se mueva en una nueva esfera o campo de la vida. Puede que viva entre los incrédulos, que viva y obre junto a ellos, pero se mueve en un campo diferente. Su propósito y conducta en la tierra es diferente:

=> El creyente cree que Cristo es el Hijo de Dios y el Salvador del mundo; el incrédulo no.

=> El creyente vive según dicta Cristo; el incrédulo vive como él quiere.

=> El creyente trata de honrar a Cristo anteponiendo a Cristo y sirviéndolo; el incrédulo vive para sí, para el mundo y para sus posesiones.

El significado, propósito, e importancia mismas de la vida difieren radicalmente entre el creyente y el incrédulo. El creyente busca a Cristo y las cosas de Cristo, mientras que el incrédulo centra su vida fundamentalmente en este mundo y en el yo.

5. Los creyentes difieren en la adoración. "¿Y qué acuerdo hay entre el templo de Dios y los ídolos?" La palabra "acuerdo" (sunkatathesis) quiere decir un buen entendimiento, una unión y lazos estrechos de mente y espíritu. No puede haber acuerdo alguno, unión alguna, ni lazo alguno entre el templo de Dios y los ídolos. Dios desprecia la idolatría, por encima de todo, porque un ídolo es el dios sustituto de un hombre. Un ídolo sustituye a Dios en la vida de un hombre. La adoración o ídolo de un hombre puede variar desde el yo o las ideas personales hasta las posesiones o imágenes grabadas. Un hombre puede adorar y hacer un ídolo de cualquier cosa, por ejemplo...

• dinero	• fama	• recreación
• tierra	• reconocimiento	• familia
• posición	• viviendas	• religión
• poder	• vehículos	• profesión

Un ídolo puede ser cualquier cosa a la que el le dé su mayor lealtad, su tiempo, energía, dinero. Dondequiera que un hombre ponga su mayor tiempo, energía, y dinero y lealtad es donde están su corazón y su adoración.

Esta es una de las diferencias más significativas entre el creyente y el incrédulo: "El creyente no es un idólatra". De hecho, él mismo constituye el templo mismo de Dios. Se dice que su propio cuerpo sea uno de los lugares especiales donde mora la presencia de Dios. El creyente es capaz de conocer, presentir, y sentir la presencia y el poder de Dios dentro de él. Note que Pablo hace una cita del Antiguo Testamento para ilustrarlo:

"¿Y qué acuerdo hay entre el templo de Dios y los ídolos? Porque vosotros sois el templo del Dios viviente, como Dios dijo: Habitaré y andaré entre ellos, y seré su Dios, y ellos serán mi pueblo" (v. 16; cp. Lv. 26:11, 12; Ez. 37:27).

La idea queda clara: "El creyente adora al Dios vivo y verdadero, no a los ídolos". No puede estar de acuerdo con la adoración de los incrédulos. No puede vivir y andar con los incrédulos en la adoración, porque su adoración difiere radicalmente de la adoración de los incrédulos.

"En aquel día vosotros conoceréis que yo estoy en mi Padre, y vosotros en mí, y yo en vosotros" (Jn. 14:20).

"Mas vosotros no vivís según la carne, sino según el Espíritu, si es que el Espíritu de Dios mora en vosotros. Y si alguno no tiene el Espíritu de Cristo, no es de él" (Ro. 8:9).

"¿No sabéis que sois templo de Dios, y que el Espíritu de Dios mora en vosotros?" (1 Co. 3:16).

"¿O ignoráis que vuestro cuerpo es templo del Espíritu Santo, el cual está en vosotros, el cual tenéis de Dios, y que no sois vuestros?" (1 Co. 6:19).

"¿Y qué acuerdo hay entre el templo de Dios y los ídolos? Porque vosotros sois el templo del Dios viviente, como Dios dijo: Habitaré y andaré entre ellos, y seré su Dios, y ellos serán mi pueblo" (2 Co. 6:16).

"en quien vosotros también sois juntamente edificados para morada de Dios en el Espíritu" (Ef. 2:22).

"vosotros también, como piedras vivas, sed edificados como casa espiritual y sacerdocio santo, para ofrecer sacrificios espirituales aceptables a Dios por medio de Jesucristo" (1 P. 2:5).

"Pero la unción que vosotros recibisteis de él permanece en vosotros, y no tenéis necesidad de que nadie os enseñe; así como la unción misma os enseña todas las cosas, y es verdadera, y no es mentira, según ella os ha enseñado, permaneced en él" (1 Jn. 2:27).

ESTUDIO A FONDO 1

(6:14) *Tinieblas* (skotos, skotia): La palabra se usa en las Escrituras para describir tanto el estado como las obras del hombre. Las tinieblas son muy reales en las Escrituras.

1. Las tinieblas se refieren al mundo del hombre natural que no conoce a Jesucristo (Jn. 8:12). El hombre natural anda en ignorancia:

* De Jesucristo.
* De Dios según Jesucristo lo ha revelado.
* Del real propósito y destino reales de la vida según lo ha demostrado Jesucristo.

El hombre natural tropieza y anda a tientas en este mundo. Él no conoce más que las cosas de este mundo según las ve. Su esperanza es la esperanza de vivir mucho tiempo antes de que la muerte se apodere de él. Él anda en tinieblas, ignorando esta vida real y la otra vida (cp. Jn. 12:35, 46).

2. Las tinieblas simbolizan la falta de preparación y la desatención. Simboliza el tiempo en el que ocurre el mal (1 Ts. 5:4-8).

3. Los hombres aman las tinieblas. Los hombres pecadores hacen sus malas obras bajo la cubierta de las tinieblas. Por consiguiente, los hombres aborrecen la luz porque la luz descubre su conducta perversa (Jn. 3:19-20).

4. Las tinieblas son hostiles hacia la luz (vea el *Estudio a fondo 4 — Jn. 1:5*).

3 (6:17-18) *Separación — Adopción:* El tercer llamado es a que los creyentes salgan de en medio de los incrédulos y se aparten. Estos dos versículos son una cita del Antiguo Testamento (Is. 52:11-12). Cuando Dios guió a Israel en su salida del cautiverio babilónico, él les dijo que lo dejaran todo. No debían sacar nada de la tierra profana, porque debían comenzar una vida totalmente nueva bajo su liderazgo. Note tres elementos significativos:

1. Primero, los creyentes deben salir de en medio de los incrédulos y apartarse. ¿Qué quiere decir esto? Desde luego, *no* quiere decir que los creyentes deben abandonar las ciudades, las comunidades y los centros de trabajo del mundo. Los creyentes no deben aislarse de los incrédulos. No quiere decir que los creyentes no tengan nada que ver con los incrédulos, que no hablen, se relacionen, ni se reúnan nunca con ellos. Tanto los creyentes como los incrédulos están en el mundo, y deben compartir juntos en el mundo.

Lo que Dios quiere decir es al menos dos cosas:

a. Dios quiere decir lo que se acaba de analizar (vv. 14-16). Los creyentes difieren de los incrédulos; difieren radicalmente. Por consiguiente:

* Los creyentes no deben "unirse en yugo desigual" con los incrédulos. No deben *ponerse en la misma yunta*, tener una relación íntima con los incrédulos.

* Los creyentes no deben tener "compañerismo" con los incrédulos. No deben relacionarse ni participar en las reuniones, actividades y vida mundana de los incrédulos.

* Los creyentes no deben tener "comunión" con los incrédulos. No deben estar estrechamente relacionados a modo de sociedad con los incrédulos. No deben estar tan unidos con los incrédulos de modo que haya una relación abierta y mutua y haya compartimiento de posesiones.

* Los creyentes no deben tener compromiso ni pacto con los incrédulos. Los creyentes no deben obedecer al líder despreciable, Belial (Satanás), de los incrédulos.

* Los creyentes no deben moverse en la esfera, el campo, la vida y la posición del incrédulo, la persona que ha rechazado a Jesucristo.

* Los creyentes no deben adorar con los incrédulos.

b. Dios quiere decir lo que expresa en este versículo: "Los creyentes no deben tocar lo inmundo". Los creyentes ya no deben vivir como los pecadores del mundo. No deben participar en los pecados de los incrédulos.

"estando atestados de toda injusticia, fornicación, perversidad, avaricia, maldad; llenos de envidia, homicidios, contiendas, engaños y malignidades; murmuradores, detractores, aborrecedores de Dios, injuriosos, soberbios, altivos, inventores de males, desobedientes a los padres, necios, desleales, sin afecto natural, implacables, sin misericordia; quienes habiendo entendido el juicio de Dios, que los que practican tales cosas son dignos de muerte, no solo las hacen, sino que también se complacen con los que las practican" (Ro. 1:29-32).

"¿No sabéis que los injustos no heredarán el reino de Dios? No erréis; ni los fornicarios, ni los idólatras, ni los adúlteros, ni los afeminados, ni los que se echan con varones, ni los ladrones, ni los avaros, ni los borrachos, ni los maldicientes, ni los estafadores, heredarán el reino de Dios" (1 Co. 6:9, 10).

"Y manifiestas son las obras de la carne, que son: adulterio, fornicación, inmundicia, lascivia, idolatría, hechicerías, enemistades, pleitos, celos, iras, contiendas, disensiones, herejías, envidias, homicidios, borracheras, orgías, y cosas semejantes a estas; acerca de las cuales os amonesto, como ya os lo he dicho antes, que los que practican tales cosas no heredarán el reino de Dios" (Gá. 5:19-21).

Pensamiento 1. Planteado con sencillez, los creyentes están *en* el mundo, pero no deben ser *del mundo*. Ellos viven *en* el mundo, pero no deben participar de los pecados del mundo.

2. Segundo, note que apartarse es un mandato del propio Dios; "apartaos, *dice el Señor"*. No se debe cuestionar, racionalizar, tergiversar, ni ignorar el mandato. Dios exige separación. De hecho, la separación es muy importante para Dios, es una las cosas esenciales que ha de *recibir Dios* (vea el próximo punto, pto. 3).

3. Tercero, los resultados de la separación son fenomenales.

   a. Si nos apartamos y consagramos nuestra vida a Dios, Él nos *recibe*. La palabra quiere decir aceptar, aprobar, acoger. ¡Imagínese ser aceptado y aprobado por el propio Dios! Dios no puede recibir a una persona que vive en pecado y vergüenza, en mundanalidad e inmoralidad, en codicia e idolatría. Pero si una persona sale de en medio del mundo y se aparta, Dios recibe a esa persona.

   "No améis al mundo, ni las cosas que están en el mundo. Si alguno ama al mundo, el amor del Padre no está en él. Porque todo lo que hay en el mundo, los deseos de la carne, los deseos de los ojos, y la vanagloria de la vida, no proviene del Padre, sino del mundo" (1 Jn. 2:15, 16).

   b. Si nos apartamos y consagramos nuestra vida a Dios, Dios se convertirá en nuestro Padre y nos adoptará como hijos e hijas suyas. Note que es el "Señor Todopoderoso" el que nos adopta, la única persona que tiene la *fuerza y el poder* para hacer algo tan glorioso. ¡La relación de Dios con nosotros es la de un padre con sus hijos e hijas! Dios *nos favorece y nos alimenta* con...

- amor
- afecto
- cuidado
- instrucción
- provisión
- castigo
- gloria
- protección
- recompensa
- liberación
- dirección
- dirección
- vida
- crecimiento
- reprobación
- disciplina

   "Mas a todos los que le recibieron, a los que creen en su nombre, les dio potestad de ser hechos hijos de Dios" (Jn. 1:12).

   "Pues no habéis recibido el espíritu de esclavitud para estar otra vez en temor, sino que habéis recibido el espíritu de adopción, por el cual clamamos: ¡Abba, Padre! El Espíritu mismo da testimonio a nuestro espíritu, de que somos hijos de Dios. Y si hijos, también herederos; herederos de Dios y coherederos con Cristo, si es que padecemos juntamente con él, para que juntamente con él seamos glorificados" (Ro. 8:15-17).

   "Por lo cual, salid de en medio de ellos, y apartaos, dice el Señor, y no toquéis lo inmundo; y yo os recibiré, Y seré para vosotros por Padre, y vosotros me seréis hijos e hijas, dice el Señor Todopoderoso" (2 Co. 6:17, 18).

   "para que redimiese a los que estaban bajo la ley, a fin de que recibiésemos la adopción de hijos. Y por cuanto sois hijos, Dios envió a vuestros corazones el Espíritu de su Hijo, el cual clama: ¡Abba, Padre!" (Gá. 4:5, 6).

4 (7:1) *Separación:* El cuarto llamado es a que los creyentes se limpien y perfeccionan la santidad. Dios da dos de las promesas más maravillosas que se puedan imaginar: "Recibirnos y adoptarnos como hijos e hijas". Por consiguiente, Dios quiere dos cosas de nosotros:

1. Dios quiere que nos limpiemos de toda la inmundicia de la carne y el espíritu. Todo el pecado hace inmundo al hombre, pero hay ciertos pecados que contaminan de un modo particular su carne y otros pecados que contaminan de un modo particular su Espíritu. Una ojeada a la lista de pecados en los versículos de la nota anterior demostrarán esto claramente (Ro. 1:29-32; 1 Co. 6:9-10; Gá. 5:3-7). Los pecados de la carne serían pecados como la inmoralidad, y la borrachera, y los pecados del Espíritu serían pecados como el odio y el celo.

   "Ahora, pues, ¿por qué te detienes? Levántate y bautízate, y lava tus pecados, invocando su nombre" (Hch. 22:16).

   "Así que, amados, puesto que tenemos tales promesas, limpiémonos de toda contaminación de carne y de espíritu, perfeccionando la santidad en el temor de Dios" (2 Co. 7:1).

   "Así que, si alguno se limpia de estas cosas, será instrumento para honra, santificado, útil al Señor, y dispuesto para toda buena obra" (2 Ti. 2:21).

   "Acercaos a Dios, y él se acercará a vosotros. Pecadores, limpiad las manos; y vosotros los de doble ánimo, purificad vuestros corazones" (Stg. 4:8).

   "pero si andamos en luz, como él está en luz, tenemos comunión unos con otros, y la sangre de Jesucristo su Hijo nos limpia de todo pecado" (1 Jn. 1:7).

   "Si confesamos nuestros pecados, él es fiel y justo para perdonar nuestros pecados, y limpiarnos de toda maldad" (1 Jn. 1:9).

   "Lavaos y limpiaos; quitad la iniquidad de vuestras obras de delante de mis ojos; dejad de hacer lo malo" (Is. 1:16).

   "Lava tu corazón de maldad, oh Jerusalén, para que seas salva. ¿Hasta cuándo permitirás en medio de ti los pensamientos de iniquidad?" (Jer. 4:14).

2. Dios quiere que perfeccionemos la santidad en el temor de Dios. Note que esto es una acción continua. La palabra "perfeccionando" (epitelountes) es un término agresivo que exige una acción agresiva. Quiere decir no solo practicar, sino también terminar y completar. Desde luego, el

creyente debe *practicar la santidad*. Es decir, la práctica debe consistir en hacer las cosas que lo harán santo. Pero él debe hacer *mucho más*: "Debe perseguir la santidad agresivamente, tratar de perfeccionar y completar la santidad en su vida". Por supuesto, el creyente nunca puede volverse perfectamente santo: "No se puede convertir en Dios". Pero debe centrar su mente y su corazón en volverse santo.

Note la motivación para la santidad: "El temor de Dios". La palabra temor significa no solo temor, sino también respeto y reverencia. Cuando un hombre realmente ve y comprende a Dios y lo que Dios ha hecho por él, deja de temer a los hombres. En su lugar teme a Dios y le tiene un respeto reverencial a Dios, tratando de agradar a Dios llevando una vida pura y santa.

"Y su misericordia es de generación en generación a los que le temen" (Lc. 1:50).

"sino que en toda nación se agrada del que le teme y hace justicia" (Hch. 10:35).

"y vestíos del nuevo hombre, creado según Dios en la justicia y santidad de la verdad" (Ef. 4:24).

"Seguid la paz con todos, y la santidad, sin la cual nadie verá al Señor" (He. 12:14).

"sino, como aquel que os llamó es santo, sed también vosotros santos en toda vuestra manera de vivir; porque escrito está: Sed santos, porque yo soy santo" (1 P. 1:15, 16).

"Puesto que todas estas cosas han de ser deshechas, ¡cómo no debéis vosotros andar en santa y piadosa manera de vivir" (2 P. 3:11).

1 La restauración tenía un fundamento sólido: Un ministro fiel

  a. El gran deseo de Pablo: La reconciliación

  b. El gran amor de Pablo

  c. La franqueza de Pablo al proclamar la verdad

  d. La confianza de Pablo en que la iglesia respondería

  e. La fidelidad de Pablo a pesar de las grandes tribulaciones de dentro y de fuera

  f. La gran suficiencia de Pablo: Dios y su consolación

2 La restauración era motivada por arrepentimiento y tristeza de Dios

  a. La iglesia tenía un gran afecto por corregir su mal

  b. La iglesia experimentó tristeza: Por la proclamación de la verdad, por medio de una carta anterior

  c. El ministro experimentó gozo: No por hacer que la iglesia se sintiera culpable y sintiera tristeza, sino por su arrepentimiento

  d. La iglesia experimen

K. El ministerio: Su fin: Una restauración transformadora, 7:2-16

2 Admitidnos: a nadie hemos agraviado, a nadie hemos corrompido, a nadie hemos engañado. 3 No lo digo para condenaros; pues ya he dicho antes que estáis en nuestro corazón, para morir y para vivir juntamente. 4 Mucha franqueza tengo con vosotros; mucho me glorío con respecto de vosotros; lleno estoy de consolación; sobreabundo de gozo en todas nuestras tribulaciones.

5 Porque de cierto, cuando vinimos a Macedonia, ningún reposo tuvo nuestro cuerpo, sino que en todo fuimos atribulados; de fuera, conflictos; de dentro, temores. 6 Pero Dios, que consuela a los humildes, nos consoló con la venida de Tito; 7 y no solo con su venida, sino también con la consolación con que él había sido consolado en cuanto a vosotros, haciéndonos saber vuestro gran afecto, vuestro llanto, vuestra solicitud por mí, de manera que me regocijé aun más. 8 Porque aunque os contristé con la carta, no me pesa, aunque entonces lo lamenté; porque veo que aquella carta, aunque por algún tiempo, os contristó. 9 Ahora me gozo, no porque hayáis sido contristados, sino porque fuisteis contristados para arrepentimiento; porque habéis sido contristados según Dios, para que ninguna pérdida padecieseis por nuestra parte. 10 Porque la tristeza que es según Dios produce arrepentimiento para salvación, de

que no hay que arrepentirse; pero la tristeza del mundo produce muerte. 11 Porque he aquí, esto mismo de que hayáis sido contristados según Dios, ¡qué solicitud produjo en vosotros, qué defensa, qué indignación, qué temor, qué ardiente afecto, qué celo, y qué vindicación! En todo os habéis mostrado limpios en el asunto.

12 Así que, aunque os escribí, no fue por causa del que cometió el agravio, ni por causa del que lo padeció, sino para que se os hiciese manifiesta nuestra solicitud que tenemos por vosotros delante de Dios.

13 Por esto hemos sido consolados en vuestra consolación; pero mucho más nos gozamos por el gozo de Tito, que haya sido confortado su espíritu por todos vosotros.

14 Pues si de algo me he gloriado con él respecto de vosotros, no he sido avergonzado, sino que así como en todo os hemos hablado con verdad, también nuestro gloriarnos con Tito resultó verdad. 15 Y su cariño para con vosotros es aun más abundante, cuando se acuerda de la obediencia de todos vosotros, de cómo lo recibisteis con temor y temblor. 16 Me gozo de que en todo tengo confianza en vosotros.

tó tristeza verdadera: La tristeza de Dios contra la tristeza mundana[EF1]

  e. La iglesia proporcionó evidencia de la tristeza de Dios

    1) Fervor

    2) Defensa

    3) Indignación de pecado

    4) Temor, alarma

    5) Afecto por la fraternidad

    6) Celo, lealtad

    7) Disposición para castigar

    8) Inocencia

  f. El propósito del ministro de salvar a la iglesia quedó esclarecido para todos: Para que la iglesia supiera que era genuino; verdaderamente se preocupaba

3 La restauración le proporcionaba al discípulo joven un espíritu renovado

  a. El discípulo joven era uno de los instrumentos de Dios para proporcionar la restauración

  b. Al discípulo joven se le había informado de las buenas cualidades de la iglesia: El ministro se había gloriado de la iglesia

  c. El discípulo joven se gozó grandemente en la obediencia sumisa de la iglesia a la proclamación de la Palabra de Dios

4 Conclusión: El ministro tenía gran confianza en la iglesia después de su restauración

DIVISIÓN III

EL MINISTERIO Y SU DESCRIPCIÓN, 2:12—7:16

K. El ministerio: Su fin: Una restauración transformadora, 7:2-16

(7:2-16) *Introducción:* Este es el pasaje que aborda la gran restauración que tuvo lugar en Corinto. Todo el dolor que Pablo había sufrido por los corintios y todas las horas de oración que él había dedicado a nombre de ellos dieron fruto, mucho fruto. La iglesia se arrepintió. Y Dios envió su Espíritu de restauración sobre ellos. Este es el gran pasaje acerca de los factores que participan en la restauración. Es un gran pasaje sobre el fin que persigue el ministerio: El fin de una restauración transformadora.

1. La restauración tenía un fundamento sólido: Un ministro fiel (vv. 2-6).
2. La restauración era motivada por arrepentimiento y tristeza de Dios (vv. 7-12).
3. La restauración le proporcionaba al discípulo joven un espíritu renovado (vv. 13-15).
4. Conclusión: El ministro tenía gran confianza en la iglesia después de su restauración (v. 16).

1 (7:2-6) *Restauración — Ministro — Fidelidad:* La restauración tenía un fundamento sólido, un ministro fiel. La fidelidad es un elemento absolutamente esencial para que haya restauración en la iglesia. Ninguna iglesia ha experimentado más problemas que la iglesia de Corinto.

=> La iglesia de Corinto estaba llena de división (1 Co. 3:3); orgullo (1 Co. 3:18; 4:18; 8:1; 14:37); inmoralidad (1 Co. 5:1); engaño (1 Co. 6:8); prácticas religiosas cuestionables (1 Co. 8:1s); abuso de la Cena del Señor (1 Co. 11:17s); abuso de los dones espirituales (1 Co. 12-14); y la negación de la resurrección corporal de los creyentes (1 Co. 15:12s).

=> La iglesia de Corinto tenía algunos miembros que estaban haciendo todo tipo de acusaciones contra Pablo, desde ser un orador pobre y que estaba dañando la imagen de la iglesia hasta robar las ofrendas y llevar una vida inmoral (vea la nota, *Pablo, Acusaciones contra* — 2 Co. 1:12-22 para un análisis).

Si ha habido una iglesia donde parecía imposible la restauración, probablemente fuera Corinto. Aún así, la restauración vino en la fuerza del Espíritu de Dios. Una de las razones fundamentales era la fidelidad de su ministro, el apóstol Pablo. Estos cuatro versículos abordan su fidelidad:

1. Estaba el gran deseo de Pablo (del ministro) de ser recibido por la iglesia y reconciliarse con aquellos que se oponían a él. Note cómo escribió acerca de asegurar la reconciliación.

   a. Apeló cálida y tiernamente a la oposición: Admitidnos. Él les hizo saber que él quería reconciliación; quería que ellos lo recibieran.
   b. Él declaró que era inocente de las acusaciones que se le imputaban.

=> Él no había agraviado a nadie: "No había tratado a nadie injustamente".

=> No había corrompido a nadie; no había destruido a nadie moral ni doctrinalmente. Había llevado una vida moral, siempre cuidándose; y solo había enseñado y predicado la Palabra de Dios, no las ideas de otros hombres y tampoco las suyas propias.

=> No había engañado a nadie; no se había aprovechado de nadie financiera ni moralmente. No había robado ni confiscado dinero de las ofrendas, tampoco se había aprovechado de las familias o amigos que ayudaban y apoyaban su ministerio.

"¡Ay de vosotros, escribas y fariseos, hipócritas! porque limpiáis lo de fuera del vaso y del plato, pero por dentro estáis llenos de robo y de injusticia" (Mt. 23:25).

"Él les dijo: No exijáis más de lo que os está ordenado" (Lc. 3:13).

"No paguéis a nadie mal por mal; procurad lo bueno delante de todos los hombres" (Ro. 12:17).

"No debáis a nadie nada, sino el amaros unos a otros; porque el que ama al prójimo, ha cumplido la ley" (Ro. 13:8).

2. Estaba el gran amor de Pablo (del ministro) por la iglesia. Note cuán suave y tiernamente Pablo le hablaba a la iglesia y a aquellos que se le oponían.

=> "No lo digo para condenaros". Es decir, no es mi intención acusarlos ni arremeter contra ustedes mientras me defiendo.

=> "Estáis en nuestro corazón": Los amo, los amo tanto que moriría con ustedes y por ustedes, de la misma manera que añoro vivir con ustedes.

Lo que se debe tener en cuenta es el gran amor de Pablo por su pueblo, un amor que salva a las personas *a pesar de los terribles agravios* que le habían hecho. Un gran amor, un amor que perdona los agravios, es un elemento absolutamente esencial para la restauración.

"Nadie tiene mayor amor que este, que uno ponga su vida por sus amigos" (Jn. 15:13).

"La gracia sea con todos los que aman a nuestro Señor Jesucristo con amor inalterable. Amén" (Ef. 6:24).

"Tan grande es nuestro afecto por vosotros, que hubiéramos querido entregaros no solo el evangelio de Dios, sino también nuestras propias vidas; porque habéis llegado a sernos muy queridos" (1 Ts. 2:8).

"Nosotros sabemos que hemos pasado de muerte a vida, en que amamos a los hermanos. El que no ama a su hermano, permanece en muerte" (1 Jn. 3:14).

"En esto hemos conocido el amor, en que él puso su vida por nosotros; también nosotros debemos poner nuestras vidas por los hermanos" (1 Jn. 3:16).

"Y ahora te ruego, señora, no como escribiéndote un nuevo mandamiento, sino el que hemos tenido desde el principio, que nos amemos unos a otros" (2 Jn. 5).

3. Estaba la franqueza de Pablo (del ministro) al proclamar la verdad. Échesele un vistazo a las terribles corrupciones de la iglesia enumeradas anteriormente en esta nota e imagínese las terribles acusaciones contra Pablo. Luego, deténgase un momento y analice con qué franqueza Pablo ha escrito en Primera y Segunda Corintios. ¡Su franqueza es evidente! El ministro fiel de Dios siempre debe hacerle frente al error y la corrupción con una proclamación clara y franca de la Palabra de Dios. Sin lugar a dudas este es uno de los requisitos esenciales para la restauración.

> "Lo que os digo en tinieblas, decidlo en la luz; y lo que oís al oído, proclamadlo desde las azoteas" (Mt. 10:27).
>
> "Id, y puestos en pie en el templo, anunciad al pueblo todas las palabras de esta vida" (Hch. 5:20).
>
> "Pues si anuncio el evangelio, no tengo por qué gloriarme; porque me es impuesta necesidad; y ¡ay de mí si no anunciare el evangelio!" (1 Co. 9:16).
>
> "Esto manda y enseña" (1 Ti. 4:11).
>
> "que con mansedumbre corrija a los que se oponen, por si quizá Dios les conceda que se arrepientan para conocer la verdad" (2 Ti. 2:25).
>
> "que prediques la palabra; que instes a tiempo y fuera de tiempo; redarguye, reprende, exhorta con toda paciencia y doctrina" (2 Ti. 4:2).

4. Estaba la confianza de Pablo (del ministro) en que las personas responderían. La palabra "gloriarse" quiere decir *enorgullecerse*. En este pasaje la iglesia ya se ha arrepentido y ha experimentado la restauración, y Pablo estaba experimentando realmente el gozo y el regocijo del arrepentimiento de la iglesia. Se enorgullecía de ellos, porque *su confianza en ellos había demostrado ser bien fundada.*

Sucede lo siguiente: Pablo siempre tuvo esperanzas. Nunca perdió las esperanzas con la iglesia de Corinto, de que se arrepintieran y se reconciliaran con Dios y con él, su ministro. Fue su confianza en ellos lo que lo hizo mantenerse en función de ellos. Él sabía que no eran incorregibles. Si las personas son incorregibles, entonces no hay necesidad de seguir tratando de salvarlas. Pero nadie es incorregible hasta que el propio Dios lo determina y elimina a las persona de la tierra.

Pensamiento 1. Confianza, esperanza, y fe en la iglesia son elementos esenciales si el ministro se va a mantener en función de un pueblo. La restauración solo puede tener lugar en la medida que el ministro persevere en función de su pueblo, *creyendo siempre* que se arrepentirán de sus pecados y se convertirán a Dios.

> "Porque ¿cuál es nuestra esperanza, o gozo, o corona de que me gloríe? ¿No lo sois vosotros, delante de nuestro Señor Jesucristo, en su venida? Vosotros sois nuestra gloria y gozo" (1 Ts. 2:19, 20).

5. Estaba la fidelidad de Pablo (del ministro) a pesar de la gran tribulación tanto de fuera como de dentro. De un modo sencillo, Pablo está diciendo que él, su carne, nunca tuvo reposo de las tribulaciones.

=> En todo fue atribulado: "En toda forma y lugar concebible".

=> De fuera hubo luchas por parte de aquellos que se le oponían. De personas tanto de dentro como de fuera de la iglesia había críticas, censura, ridículo, maltrato, ataques, y persecución.

=> De dentro hubo temores. "Preocupación por la iglesia y otros creyentes, por la misión y el evangelio del Señor, por los perdidos y los necesitados".

> "Porque a vosotros os es concedido a causa de Cristo, no solo que creáis en él, sino también que padezcáis por él" (Fil. 1:29).
>
> "Por lo cual, teniendo nosotros este ministerio según la misericordia que hemos recibido, no desmayamos" (2 Co. 4:1).
>
> "Por tanto, no desmayamos; antes aunque este nuestro hombre exterior se va desgastando, el interior no obstante se renueva de día en día. Porque esta leve tribulación momentánea produce en nosotros un cada vez más excelente y eterno peso de gloria" (2 Co. 4:16, 17).
>
> "Doy gracias al que me fortaleció, a Cristo Jesús nuestro Señor, porque me tuvo por fiel, poniéndome en el ministerio" (1 Ti. 1:12).
>
> "Pero tú has seguido mi doctrina, conducta, propósito, fe, longanimidad, amor, paciencia, persecuciones, padecimientos, como los que me sobrevinieron en Antioquía, en Iconio, en Listra; persecuciones que he sufrido, y de todas me ha librado el Señor. Y también todos los que quieren vivir piadosamente en Cristo Jesús padecerán persecución" (2 Ti. 3:10-12).
>
> "En lo cual vosotros os alegráis, aunque ahora por un poco de tiempo, si es necesario, tengáis que ser afligidos en diversas pruebas, para que sometida a prueba vuestra fe, mucho más preciosa que el oro, el cual aunque perecedero se prueba con fuego, sea hallada en alabanza, gloria y honra cuando sea manifestado Jesucristo" (1 P. 1:6, 7).
>
> "Amados, no os sorprendáis del fuego de prueba que os ha sobrevenido, como si alguna cosa extraña os aconteciese, sino gozaos por cuanto sois participantes de los padecimientos de Cristo, para que también en la revelación de su gloria os gocéis con gran alegría" (1 P. 4:12, 13).

6. Estaba la gran suficiencia de Pablo (del ministro): Dios y su consolación. Cuando los queridos siervos de Dios son atacados, Dios siempre suple las necesidades de sus siervos. Si hay algún ministro que haya necesitado la presencia y la consolación de Dios, ha sido Pablo. A pesar de que a ellos no les gustaba, que ellos lo denigraban, lo criticaban, lo acusaban y calumniaban, y siempre estaba tan agobiado por la preocupación del deber y la misión, Pablo necesitaba desesperadamente a Dios para que lo apoyara mientras obraba con los corintios para corregir el pecado y los errores dentro de la iglesia.

Recuerden: Probablemente Pablo habría hecho una visita apresurada a Corinto después de escribir Primera Corintios. Él había oído que muchos no habían acogido su exhortación a corregir los problemas y que las cosas se habían empeorado. Al parecer cuando él llegó a la iglesia fue rechazado (2 Co. 2:1; 12:14; 13:1-2. Vea la nota — 2 Co. 1:15-17 y la Introducción, *Características especiales*, pto. 3,

Primera Corintios). Pablo se había marchado Corinto, y después de recuperar la compostura se sentó y escribió una carta severa llamándolos al arrepentimiento. Esta carta severa se envió por medio de Tito. Es al regreso de Tito de Corinto al que se hace referencia en este versículo. Pablo espera ansiosamente una respuesta para ver si la iglesia ha hecho caso y finalmente ha regresado al Señor y a la santidad.

La respuesta fue positiva: "La iglesia se había arrepentido". Su arrepentimiento se analiza en los próximos versículos. La idea aquí es la siguiente: Dios suplió la necesidad de Pablo al hacer a Tito regresar a salvo con la respuesta a las oraciones de Pablo: "La iglesia se había arrepentido". Note de qué modo tan descriptivo Pablo le da todo el mérito a Dios:

"Pero Dios, que consuela a los humildes, nos consoló con la venida de Tito" (v. 6).

Pensamiento 1. Dios siempre suplirá la necesidad de su siervo fiel. En ocasiones será dramático como fue con Pablo. En ocasiones será de un modo natural y ordinario. Pero note lo siguiente: Pablo tuvo que soportar fuertes pruebas durante mucho tiempo antes de que Dios hiciera algo. Tal como Cristo, Pablo tuvo que aprender obediencia por medio de las cosas que padecía (He. 5:8). Dios suple la necesidad de su siervo, pero Él *hace crecer* a su siervo a medida que suple esa necesidad.

> **"Por tanto, id, y haced discípulos a todas las naciones, bautizándolos en el nombre del Padre, y del Hijo, y del Espíritu Santo; enseñándoles que guarden todas las cosas que os he mandado;** *y he aquí yo estoy con vosotros todos los días,* **hasta el fin del mundo. Amén"** **(Mt. 28:19, 20).**
>
> **"No os dejaré huérfanos; vendré a vosotros" (Jn. 14:18).**
>
> **"Bendito sea el Dios y Padre de nuestro Señor Jesucristo, Padre de misericordias y Dios de toda consolación, el cual nos consuela en todas nuestras tribulaciones, para que podamos también nosotros consolar a los que están en cualquier tribulación, por medio de la consolación con que nosotros somos consolados por Dios" (2 Co. 1:3, 4).**
>
> **"echando toda vuestra ansiedad sobre él, porque él tiene cuidado de vosotros" (1 P. 5:7).**
>
> **"Mas el Dios de toda gracia, que nos llamó a su gloria eterna en Jesucristo, después que hayáis padecido un poco de tiempo, él mismo os perfeccione, afirme, fortalezca y establezca" (1 P. 5:10).**
>
> **"No temas, porque yo estoy contigo; no desmayes, porque yo soy tu Dios que te esfuerzo; siempre te ayudaré, siempre te sustentaré con la diestra de mi justicia" (Is. 41:10).**

2 (7:7-12) *Tristeza, de Dios; mundana — Arrepentimiento — Restauración:* La restauración era motivada por arrepentimiento y tristeza de Dios. Estos versículos dan una idea clara sobre lo que ocasiona la restauración dentro de una iglesia corrupta y dividida, una iglesia que ataca su ministro:

1.   La iglesia tenía un gran afecto por corregir su mal. Anhelaban. Añoraban, y ansiaban reconciliarse con su ministro.

=> Lloraban: El lloro, la queja, la lamentación por el pecado entre ellos y por el maltrato a su ministro.

=> Ahora tenían "solicitud" por él, un celo por corregir el pecado y defender a Pablo, su querido ministro.

2.   La iglesia experimentó tristeza. Pablo había proclamado la verdad: "La iglesia necesitaba limpiarse del pecado de los falsos maestros". Necesitaba detener los ataques contra su ministro. Necesitaba arrepentirse y regresar a ministrar para Cristo en lugar de vivir en pecado y estar envueltos en la polémica. La iglesia no permitía que Pablo ocupara el púlpito, así que él les proclamó la verdad en una carta. La carta había hecho su trabajo: La iglesia, al menos una mayoría de sus miembros, habían quedado golpeados con un espíritu de tristeza.

Note el espíritu de Pablo: "Lamentó la necesidad de tener que usar un método tan severo". Pero se alegraba de haber declarado la verdad, porque la carta había llevado a la iglesia a la convicción y la tristeza.

3.   El ministro se regocijó, pero note por qué: El regocijo de Pablo no fue por que la iglesia se sintiera culpable y triste, sino por el hecho de su arrepentimiento. Él dice que él no les haría daño de ninguna manera.

Pensamiento 1. Qué lección tan crucial para tantos creyentes que se gozan de la culpa y la tristeza de aquellos que se oponían a ellos.

4.   La experiencia de la iglesia de la tristeza verdadera: Tristeza de Dios contra tristeza mundana (vea el *Estudio a fondo 1* — 2 Co. 7:10 para un análisis).

5.   La evidencia de la iglesia de la tristeza de Dios. Hay ocho resultados de la tristeza de Dios, del verdadero arrepentimiento y la restauración mencionados en este versículo:

a.   Solicitud o *fervor y entusiasmo* por corregir el pecado, la contaminación, la suciedad, el agravio, y el daño.

b.   La defensa: "La iglesia reconoció su pecado y se arrepintió". La iglesia se alejó del pecado y se acercó a Dios. Lidió con el líder de la oposición contra Pablo (v. 12) y al parecer solucionó y corrigió todos los males que había.

c.   Indignación de pecado: Había ira por el hecho de que se permitiera que el pecado calara la iglesia. De hecho, había una ira renovada por el propio pecado, un compromiso renovado a combatir el pecado con todos los recursos disponibles en el poder del Espíritu de Dios.

d.   Temor: Estaba el temor por la ira de Dios y el temor de que se le hubiera hecho un gran daño a la iglesia y a uno de los grandes siervos de Dios, y al nombre de Cristo.

e.   Ardiente afecto: Había un ardiente afecto por corregir todo el mal hecho.

f.   Celo: Había un compromiso celoso de hacerle frente a la tarea de inmediato porque se había hecho mucho mal. Había que hacer un esfuerzo grande y extenuante por Cristo. Había también un celo por llevar a todos los pecadores al arrepentimiento.

g.   Vindicación: Esto quiere decir venganza, castigo, la venganza del mal. Había un sentido renovado de la justicia, de castigar y corregir a los malhechores. Esto era necesario si algunas personas persistían en su pecado y en atacar al ministro, y en perturbar la comunión de la iglesia. Había un compromiso renovado a no permitir más abiertamente el pecado ni la división solapada.

h.   Inocencia: La iglesia, por su arrepentimiento y tristeza de Dios, se había limpiado. Note las palabras "en todo". ¡Qué ilustración tan gloriosa del verdadero arrepentimiento y de la gracia gloriosa de Dios! ¡Por corrupta y contaminada que estaba la iglesia, cuando se arrepintieron verdaderamente, Dios los limpió de *todo*!

6.   El propósito del ministro de salvar a la iglesia se hizo evidente para todos. Este es un versículo difícil de partir en cláusulas, incluso en griego. Acá se lidia con el propósito de Pablo de mantenerse en función de los corintios. Él arregló el desorden que los rodeaba. Pablo no les había escrito ni los había llamado a arrepentimiento:

•   Por el bien del malhechor.
•   Tampoco por el bien del que padecía el mal (él mismo).
•   Sino por el bien de la iglesia como un todo: De que la iglesia pudiera aprender su verdadero carácter. Es una iglesia genuina; la iglesia sí se preocupa por su ministro y por la justicia y por la causa del Señor.

ESTUDIO A FONDO 1

(7:10) *Tristeza de Dios — Tristeza del mundo — Arrepentimiento:* El pecado y la irresponsabilidad causan arrepentimiento y decepción, culpa y remordimiento. En breve, el pecado ocasiona tristeza. Pero la tristeza no tiene poder sanador en sí mismo. Solo el arrepentimiento, un cambio de mentalidad o un vuelco a la vida, puede sanar el corazón del hombre (vea la nota 7 y el *Estudio a fondo 1* — Hch. 17:29-30).

Hay dos tipos de tristeza:

1. Tristeza del mundo. Esta tristeza es una tristeza por algo mal hecho o por no lograr lo que uno espera. Es una violación de los valores de una persona. También puede ser una tristeza causada por ser descubierto, sufrir las consecuencias o ser castigado. En ambos casos "la tristeza del mundo produce muerte" (2 Co. 7:10). Produce muerte de dos maneras:

=> Carcome a un hombre con la culpa y el remordimiento, la depresión y la desesperación, la derrota y la inactividad (cp. Judas, Mt. 27:3-5).

=> Amarga a un hombre con rebeldía y resentimiento contra las consecuencias y el castigo del pecado (cp. Esaú, He. 12:16-17).

2. Tristeza de Dios. Esta es la tristeza que produce en el corazón del creyente la convicción del Espíritu Santo. Cuando el creyente hace mal o fracasa, el Espíritu Santo se contrista (Ef. 4:30). Su obra se apaga (1 Ts. 5:19). Su mi-

nisterio de hacer al creyente como a Jesús se obstaculiza y se dificulta. Así que Él comienza su obra de convencimiento. El peso de la convicción hace que el corazón del creyente se arrepienta. El creyente cambia su mentalidad y cambia su conducta en la que debe ser (cp. Pedro, Mt. 26:75). La tristeza de Dios *siempre* lleva al arrepentimiento. Un creyente que se rehúsa a arrepentirse se regodea y finalmente mora en el reino de la tristeza del mundo. Siempre lleva la marca del fracaso y el pecado no confesado y que ora dentro de él.

"Bienaventurados los que lloran, porque ellos recibirán consolación" (Mt. 5:4).

"Así que, arrepentíos y convertíos, para que sean borrados vuestros pecados; para que vengan de la presencia del Señor tiempos de refrigerio" (Hch. 3:19).

"Porque la tristeza que es según Dios produce arrepentimiento para salvación, de que no hay que arrepentirse; pero la tristeza del mundo produce muerte" (2 Co. 7:10).

"Por eso pues, ahora, dice Jehová, convertíos a mí con todo vuestro corazón, con ayuno y lloro y lamento" (Jl. 2:12).

"si se humillare mi pueblo, sobre el cual mi nombre es invocado, y oraren, y buscaren mi rostro, y se convirtieren de sus malos caminos; entonces yo oiré desde los cielos, y perdonaré sus pecados, y sanaré su tierra" (2 Cr. 7:14).

"Cercano está Jehová a los quebrantados de corazón; y salva a los contritos de espíritu" (Sal. 34:18).

"Los sacrificios de Dios son el espíritu quebrantado; al corazón contrito y humillado no despreciarás tú, oh Dios" (Sal. 51:17).

"Deje el impío su camino, y el hombre inicuo sus pensamientos, y vuélvase a Jehová, el cual tendrá de él misericordia, y al Dios nuestro, el cual será amplio en perdonar" (Is. 55:7).

"Mi mano hizo todas estas cosas, y así todas estas cosas fueron, dice Jehová; pero miraré a aquel que es pobre y humilde de espíritu, y que tiembla a mi palabra" (Is. 66:2).

[3] (7:13-15) *Restauración — Tito:* La restauración le proporcionaba al discípulo joven un espíritu renovado. Los puntos del subíndice en su mayoría abordan este análisis. La restauración siempre despierta un espíritu renovado dentro de los discípulos jóvenes. En cuanto a Tito esto era realmente cierto:

1.   El discípulo joven, Tito, tuvo el privilegio maravilloso de ser uno de los instrumentos de Dios en traerle la restauración a la iglesia. Estar en medio de un arrepentimiento de toda una iglesia (una restauración) había facilitado su preocupación por la iglesia y le había dado un *espíritu reposado y confortado*.

Note que Tito estaba tan feliz por la restauración que Pablo disfrutó *grandemente* su gozo. El gozo de la restauración de los corintios no solo despertó gozo en Pablo, sino que la emoción de Tito hizo que el gozo de Pablo sobreabundara.

2.   Al discípulo joven Pablo le había informado de las

buenas cualidades de la iglesia. Al parecer, Tito había oído a Pablo gloriarse de las cualidades y de los puntos fuertes de los corintios muchas veces. Él había oído a Pablo hablar de su expectativa de que Dios concediera una restauración de verdadero arrepentimiento entre los corintios. El discípulo joven tuvo el privilegio de experimentar la prueba de una verdadera iglesia: "La iglesia de Corinto demostró ser digna de la gloria de Pablo".

3.   El discípulo joven disfrutó grandemente la obediencia sumisa de la iglesia a la proclamación de la Palabra de Dios. Sin lugar a dudas, Tito no solo entregó la carta escrita por Pablo, sino que él mismo también proclamó la Palabra de Dios. Note cómo respondió la iglesia: "con temor y temblor". Se dieron cuenta de que estaban frente a un Dios santo y justo que los amaba, pero también se dieron cuenta de que un Dios adorable exigía arrepentimiento o de lo contrario enfrentarían juicio. Temían no fuera que no pudieran hacer todo cuanto exigía el maravilloso amor de Dios.

4 (7:16) *Conclusión:* El ministro tenía gran confianza en la iglesia después de su restauración y arrepentimiento. La iglesia había experimentado:

- Una restauración de la unidad: Se resolvió su problema de división (1 Co. 3:3).
- Una restauración de la humildad: Se resolvió su problema de orgullo (1 Co. 3:18; 4:18).
- Una restauración de la moralidad: Se resolvió su problema de tolerar la inmoralidad en su medio (1 Co. 5:1).
- Una restauración de la honestidad: Se corrigió el problema de tolerar las cosas mal hechas y el engaño (1 Co. 6:8).
- Una restauración del amor: Se corrigió su problema de permitir en su medio las prácticas sociales cuestionables y los tropezaderos (1 Co. 8:1s).
- Una restauración de la celebración de la Cena del Señor correctamente: Se corrigió su problema de permitir el abuso de la Cena del Señor (1 Co. 11:17s).
- Una restauración del ejercicio correcto de los dones espirituales: Se corrigió su problema de permitir el abuso de los dones (1 Co. 12-14).
- Una restauración de la verdad doctrinal: Se manejó y corrigió el problema de permitir los errores doctrinales (1 Co. 15:12s).

	CAPÍTULO 8	prueba, por medio de la diligencia de otros, también la sinceridad del amor vuestro.	
	IV. EL MINISTERIO Y SUS OFRENDAS, 8:1—9:15	9 Porque ya conocéis la gracia de nuestro Señor Jesucristo, que por amor a vosotros se hizo pobre, siendo rico, para que vosotros con su pobreza fueseis enriquecidos.	4 Conocer el ejemplo de Cristo, Él dio
	A. El estímulo a dar, 8:1-15		
1 Conocer el espíritu de los macedonios: Ellos daban por la gracia y el favor de Dios	1 Asimismo, hermanos, os hacemos saber la gracia de Dios que se ha dado a las iglesias de Macedonia;		
a. Dieron a pesar de pruebas terribles y una pobreza inmensa, y dieron generosamente	2 que en grande prueba de tribulación, la abundancia de su gozo y su profunda pobreza abundaron en riquezas de su generosidad.	10 Y en esto doy mi consejo; porque esto os conviene a vosotros, que comenzasteis antes, no solo a hacerlo, sino también a quererlo, desde el año pasado.	5 Recordar su propio pasado
b. Dieron más allá de su capacidad, con disposición	3 Pues doy testimonio de que con agrado han dado conforme a sus fuerzas, y aun más allá de sus fuerzas,	11 Ahora, pues, llevad también a cabo el hacerlo, para que como estuvisteis prontos a querer, así también lo estéis en cumplir conforme a lo que tengáis.	6 Dar con facilidad y disposición
c. Dieron con insistencia, rogando por el privilegio de compartir	4 pidiéndonos con muchos ruegos que les concediésemos el privilegio de participar en este servicio para los santos.		a. Darse ustedes mismos a la misión
			b. Terminar la misión
d. Primero se dieron ellos mismos al Señor	5 Y no como lo esperábamos, sino que a sí mismos se dieron primeramente al Señor, y luego a nosotros por la voluntad de Dios;	12 Porque si primero hay la voluntad dispuesta, será aceptada según lo que uno tiene, no según lo que no tiene.	c. Dar con facilidad y disposición
			d. La razón: Dios juzga según lo que tiene el hombre
2 Sobresalir en el mismo espíritu de dádiva	6 de manera que exhortamos a Tito para que tal como comenzó antes, asimismo acabe también entre vosotros esta obra de gracia.	13 Porque no digo esto para que haya para otros holgura, y para vosotros estrechez,	7 Suplir las necesidades de cada uno, con igualdad
a. La gracia de dar se debe completar en ustedes	7 Por tanto, como en todo abundáis, en fe, en palabra, en ciencia, en toda solicitud, y en vuestro amor para con nosotros, abundad también en esta gracia.	14 sino para que en este tiempo, con igualdad, la abundancia vuestra supla la escasez de ellos, para que también la abundancia de ellos supla la necesidad vuestra, para que haya igualdad,	a. Uno no debe aligerarse y el otro cargarse
b. Las otras gracias abundan en ustedes; por ende, la gracia de dar debe abundar en ustedes			b. Toda necesidad debe suplirse con igualdad
3 Demostrar la sinceridad de su amor	8 No hablo como quien manda, sino para poner a	15 como está escrito: El que recogió mucho, no tuvo más, y el que poco, no tuvo menos.	c. Las Escrituras apoyan esta instrucción

DIVISIÓN IV

EL MINISTERIO Y SUS OFRENDAS, 8:1—9:15

A. El estímulo a dar, 8:1-15

(8:1-15) **Introducción:** Las iglesias por toda Judea sufrían de una gran pobreza y necesitaban ayuda desesperadamente. En esto consiste este pasaje: Suplir la necesidad apremiante de los otros creyentes y seres humanos que padecen la amenaza de la hambruna y la muerte, mucho de los cuales no tenían a Cristo y fueron condenados a una eternidad apartados de Cristo.

La necesidad de las misiones es un *llamado interminable*, un *llamado que nunca termina*. Las necesidades apremiantes del mundo siempre deberán confrontar al hombre. ¿Por qué? Porque el mundo es pecaminoso y corrupto, lleno de avaricia y codicia, de acumulación y acaparamiento. Las personas que *tienen* más de lo que necesitan deben estar ayudando y dando, sirviendo y ministrando. Por el contrario están acumulando y acaparando. El resultado es un mundo que padece una necesidad desesperada. ¡El estímulo a la iglesia es evidente! *Dar,* dar todo cuanto son y tienen para salvar y ayudar a los desesperados del mundo.

    1. Conocer el espíritu de los macedonios: Ellos daban por la gracia y el favor de Dios (vv. 1-5).

2. Sobresalir en el mismo espíritu de dádiva (vv. 6-7).
3. Demostrar la sinceridad de su amor (v. 8).
4. Conocer el ejemplo de Cristo, Él dio (v. 9).
5. Recordar su propio pasado (v. 10).
6. Dar con facilidad y disposición (vv. 11-12).
7. Suplir las necesidades de cada uno, con igualdad (vv. 13-15).

1 (8:1-5) *Administración — Dádiva — Ofrendas:* El primer estímulo es a conocer el espíritu de los macedonios. La provincia romana de Macedonia incluía a toda la parte norte de Grecia. Las iglesias conocidas de la región eran Filipos, Tesalónica, y Berea. Las dos primeras son bien conocidas para toda generación de cristianos por las dos epístolas dirigidas a ellas en el Nuevo Testamento. En una época, a la provincia de Macedonia se le había llegado a conocer por sus recursos naturales. Pero a través de los siglos la región había quedado saqueada por las guerras, y Roma la había despojado de sus riquezas. Por eso las iglesias de la región eran un tanto pobres en riquezas materiales. Pero note algo glorioso: "Eran extremadamente ricos en la gracia de Dios". Dios había concedido a las iglesias una *abundancia de gracia.* Tanta gracia que Pablo puede usarlos como un ejemplo dinámico de la gracia de Dios. Recuerden que gracia significa el favor y las bendiciones de Dios, todas las cosas buenas de la vida que Dios nos da, de las cuales la mayor es la salvación por medio de nuestro Señor Jesucristo. Las bendiciones de Dios fueron "dadas a" las iglesias. La idea es que Dios derramó o colocó bendición tras bendición en las iglesias. Ellos conocían la gracia, el favor, y las bendiciones de Dios de una manera muy, muy especial. Note cuatro elementos dinámicos sobre su testimonio:

Ellos daban para ayudar a otros, y daban generosamente. Daban a pesar de las pruebas terribles y la inmensa pobreza. Un gran sufrimiento rodeaba a los creyentes y a las iglesias de Macedonia.

=> Los creyentes padecían tribulaciones y persecuciones, y las tribulaciones eran una "gran prueba" a soportar. Cuando aceptaron a Cristo y decidieron seguirlo, fueron duramente perseguidos.

"**Y vosotros vinisteis a ser imitadores de nosotros y del Señor, recibiendo la palabra** *en medio de gran tribulación,* **con gozo del Espíritu Santo**" (1 Ts. 1:6).

"**Porque vosotros, hermanos, vinisteis a ser imitadores de las iglesias de Dios en Cristo Jesús que están en Judea; pues habéis padecido de los de vuestra propia nación las mismas cosas que ellas padecieron de los judíos**" (1 Ts. 2:14).

"**tanto, que nosotros mismos nos gloriamos de vosotros en las iglesias de Dios, por vuestra paciencia y fe en todas vuestras persecuciones y tribulaciones que soportáis**" (2 Ts. 1:4).

=> Los creyentes sufrían una "profunda pobreza", lo que significa una pobreza total, una pobreza a la máxima expresión. Según se ha mencionado, esto se debía a los saqueos de la guerra y a las batallas que se peleaban en su propio suelo, y a la tributación tan grande y al despojo de recursos por parte del gobierno romano.

Sin embargo, note que los creyentes estaban llenos de una "abundancia de gozo". Habían llegado a conocer a Cristo: Sus pecados habían sido perdonados y el Espíritu de Dios vivía en la vida y en el corazón de cada uno de ellos, fortaleciéndolos y guiándolos en todo. Ahora Dios cuidaba de ellos. Dios les estaba dando la seguridad absoluta de su cuidado y provisión día tras día y de la vida eterna cuando partan de este mundo. Se gozaban y regocijaban en todo lo que Dios hacía por ellos y lo que iba a hacer por ellos.

Sucede lo siguiente: Ellos conocían al Señor, lo conocían realmente, y estaban comprometidos a vivir por el Señor. Por consiguiente, cuando alguien necesitaba ayuda, estaban listos para ayudar. Daban generosamente. La palabra "generosidad" (haplotetos) quiere decir determinación, sinceramente, con un corazón abierto y libre. Las iglesias de Macedonia determinaron dar, abrir sus corazones y dar todo cuanto podían.

2. Dieron más allá de su capacidad. Dieron con disposición: No hubo que hacer apelación especial; no hubo que ejercer presión alguna. Dieron libremente y con prontitud. Y note: "No dieron según su capacidad, sino que *dieron mucho más* de lo que podían dar".

3. Dieron con insistencia, rogando por el privilegio de compartir. Al parecer, estaban dando tanto que Pablo sintió que era más allá de sus medios. Sin embargo, ellos insistieron, y note por qué: "Querían participar en el servicio *de ministrar para los santos*". Algunos creyentes tenían necesidad y querían el privilegio de fraternizar con ellos *dándoles.* Note cómo se dice que *dar es un medio de fraternizar con otros.*

4. Primero se dieron ellos mismos al Señor. Este punto y versículo es muy sorprendente. Lo que quiere decir es lo siguiente: "Estos queridos creyentes dieron todo cuanto eran y tenían al Señor". Usaron esta ocasión, la ocasión de una ofrenda, la ocasión en la que se les pidió ayudar a otros, para *dedicar* la vida y las posesiones de cada uno de ellos a Cristo. Note que hay tres pasos:

=> La dedicación de la vida de cada uno de ellos a Cristo: Todo cuanto eran.

=> La dedicación de sus posesiones a Cristo: Todo cuanto tenían.

=> La dedicación de ellos mismos al ministro, Pablo, a fin de servir a su lado y de permitirles servir juntos a Cristo.

Pablo dice claramente que ellos "a sí mismos se dieron primeramente al Señor, y luego *a nosotros* por la voluntad de Dios". Esto es esencial si se han de suplir las necesidades de un mundo que está lleno de necesidades apremiantes: "Los creyentes deben juntarse las manos con los ministros de Dios".

Pensamiento 1. Las iglesias de todas las generaciones han de estudiar el ejemplo dinámico de la iglesia de Macedonia. Demuestran claramente el espíritu que resulta absolutamente esencial para suplir las necesidades apremiantes del mundo, un mundo que está perdido y condenado a menos que se le haga llegar el evangelio del Señor Jesucristo.

"Porque tuve hambre, y me disteis de comer; tuve sed, y me disteis de beber; fui forastero, y me recogisteis; estuve desnudo, y me cubristeis; enfermo, y me visitasteis; en la cárcel, y vinisteis a mí" (Mt. 25:35, 36).

"Así que, los que somos fuertes debemos soportar las flaquezas de los débiles, y no agradarnos a nosotros mismos" (Ro. 15:1).

"En todo os he enseñado que, trabajando así, se debe ayudar a los necesitados, y recordar las palabras del Señor Jesús, que dijo: Más bienaventurado es dar que recibir" (Hch. 20:35).

"Sobrellevad los unos las cargas de los otros, y cumplid así la ley de Cristo" (Gá. 6:2).

"También os rogamos, hermanos, que amonestéis a los ociosos, que alentéis a los de poco ánimo, que sostengáis a los débiles, que seáis pacientes para con todos" (1 Ts. 5:14).

"Acordaos de los presos, como si estuvierais presos juntamente con ellos; y de los maltratados, como que también vosotros mismos estáis en el cuerpo" (He. 13:3).

"La religión pura y sin mácula delante de Dios el Padre es esta: Visitar a los huérfanos y a las viudas en sus tribulaciones, y guardarse sin mancha del mundo" (Stg. 1:27).

"¿No es que partas tu pan con el hambriento, y a los pobres errantes albergues en casa; que cuando veas al desnudo, lo cubras, y no te escondas de tu hermano?" (Is. 58:7).

2 (8:6-7) *Administración — Dádiva:* El segundo estímulo es a sobresalir en el mismo espíritu de dádiva de los macedonios. Hacía algún tiempo con anterioridad la iglesia de Corinto había comenzado a recoger una ofrenda para las iglesias pobres de Judea, pero había sucedido algo que hizo que la iglesia detuviera el proyecto. Qué exactamente, no se sabe con certeza, pero probablemente fueran todos los problemas abordados en las epístolas de Primera y Segunda Corintios. Como la iglesia había experimentado una restauración, ya era hora de completar el proyecto de la ofrenda. De un modo sencillo, Pablo dice dos cosas que se aplican a todas las iglesias:

1. La gracia de dar se debe completar en ustedes. Los corintios debían dar apoyo financiero a la obra del Señor, al ministerio mismo del propio Dios. Debían apoyar el ministerio de suplir las necesidades de personas desesperadas y de la proclamación del evangelio a un mundo perdido y agonizante. Este privilegio glorioso se ve claramente cuando se recuerda que Dios no le ha dado a los ángeles el privilegio de apoyar su obra; Dios les ha dado esta gracia, este privilegio solo a los hombres.

2. Las otras gracias abundan en ustedes; por consiguiente, la gracia de dar debe abundar en ustedes. Los corintios tenían una abundancia de recursos espirituales, fundamentalmente los dones que comprendían:

- La fe: La confianza en Dios que les posibilitaba andar victoriosos por la vida y servir a Dios fielmente.
- La palabra: La capacidad de transmitir el evangelio y las doctrinas de la Palabra de Dios.
- La ciencia: La comprensión de la Palabra de Dios.

- La diligencia: La energía y el celo para continuar el ministerio del Señor Jesús.
- El amor a nosotros: La preocupación por el ministro de Dios que sirve a Cristo tan fielmente.

Como la iglesia estaba tan fortalecida en estos dones, necesitaban abundar también en el don de la dádiva. Dar y ayudar a otros en sus necesidades apremiantes constituía un deber tanto como cualquier otra responsabilidad.

"compartiendo para las necesidades de los santos; practicando la hospitalidad" (Ro. 12:13).

"Así que, según tengamos oportunidad, hagamos bien a todos, y mayormente a los de la familia de la fe" (Gá. 6:10).

"porque raíz de todos los males es el amor al dinero, el cual codiciando algunos, se extraviaron de la fe, y fueron traspasados de muchos dolores" (1 Ti. 6:18).

"Y de hacer bien y de la ayuda mutua no os olvidéis; porque de tales sacrificios se agrada Dios" (He. 13:16).

3 (8:8) *Administración — Dádiva:* La tercera exhortación es a demostrar la sinceridad de su amor. Note que Pablo no le da a los corintios mandamientos de dar. Si se fuerza o coacciona la dádiva, no produce beneficio alguno; no agrada a Dios. Dios se agrada solo de las dádivas que se dan con disposición y alegría. Él bendice solo a aquellos que con gusto ayudan a otros. Por consiguiente, la dádiva debe basarse en dos elementos:

1. La dádiva debe estar basada en el amor por los perdidos y necesitados. La dádiva debe estar basada en el amor del Señor Jesús que nos ha dado mandamiento de ir al mundo a salvar y ayudar a las personas del mundo.

2. La dádiva debe estar basada en el ejemplo de los que dan expiatoriamente. En el caso de los corintios, tenían el ejemplo dinámico de los macedonios. Los corintios debieron haberse sentido estimulados a seguir el ejemplo de una dádiva tan expiatoria. En nuestro caso, debemos sentirnos estimulados a seguir el ejemplo dinámico de todos los que dan alegre y expiatoriamente.

Note cómo el amor se demuestra por medio de acciones. El amor no se puede conocer a menos que se demuestre por medio de obras de compasión y dádivas. El amor exige la dádiva expiatoria. De hecho, no hay amor a menos que haya dádiva expiatoria.

"Y el segundo es semejante: Amarás a tu prójimo como a ti mismo" (Mt. 22:39).

"En esto conocerán todos que sois mis discípulos, si tuviereis amor los unos con los otros" (Jn. 13:35).

"Este es mi mandamiento: Que os améis unos a otros, como yo os he amado" (Jn. 15:12).

"Y andad en amor, como también Cristo nos amó, y se entregó a sí mismo por nosotros, ofrenda y sacrificio a Dios en olor fragante" (Ef. 5:2).

"Y el Señor os haga crecer y abundar en amor unos para con otros y para con todos, como también lo hacemos nosotros para con vosotros" (1 Ts. 3:12).

4 (8:9) *Administración — Dádiva — Jesucristo, humillación; condescendencia:* El cuarto estímulo es a conocer el ejemplo del Señor Jesucristo. Por encima del resto, Jesucristo demuestra no solo que debemos dar, sino cómo debemos dar.

1. El Señor Jesucristo era rico. Él era el Hijo de Dios, poseía la naturaleza, el ser, y la plenitud mismas de Dios (Jn. 1:1-3; Fil. 2:6).

=> Él moraba en la gloria y majestad, imperio y potencia de la divinidad (Jud. 24-25).

=> Él moraba en la luz a la que nadie se puede acercar, en todo el esplendor y brillantez de la divinidad (1 Ti. 6:16).

=> Él poseía toda cosa buena y perfecta que se puede poseer (Stg. 1:17).

=> Él contaba con todo el culto y adoración de los seres celestiales (Ap. 4:6s; 5:11s).

2. El Señor Jesucristo se volvió pobre. Esto se refiere a la encarnación de Jesucristo, es decir, a su condescendencia o humillación. Se refiere a la gran brecha que tenía que acortar al venir a la tierra. El Señor Jesucristo, que era el Rey de reyes y Señor de señores, que era Dios de Dios mismo, dejó toda la gloria y adoración del cielo para convertirse en un hombre. Él que era:

- Dios se convirtió en un hombre humilde.
- El Señor asumió carne y sangre.
- El Dios santo ocupó el lugar del más humilde.
- El Señor soberano se convirtió en súbdito.
- El Amado se convirtió en el rechazado.
- El Perfecto se convirtió en el sacrificio por el pecado.
- La Vida se convirtió en el sustituto de la muerte.

Como declaran las Escrituras tan acertadamente, "por amor a vosotros se hizo pobre, siendo rico". Porque Él se hizo pobre, nosotros podemos ser ricos. Podemos recibir la adopción de hijos, convertirnos realmente en hijos e hijas de Dios y vivir con Él para siempre en los nuevos cielos y en la nueva tierra (2 Co. 6:17-18).

Sucede lo siguiente: Como Cristo de buen gusto se sacrificó tanto por nosotros para ayudarnos, debemos sacrificarnos para ayudar a los que están necesitados. De la misma manera que Cristo lo dio todo por nosotros cuando teníamos necesidades apremiantes, debemos darlo todo para suplir las necesidades de los que están desesperadamente perdidos en este mundo.

"Haya, pues, en vosotros este sentir que hubo también en Cristo Jesús, el cual, siendo en forma de Dios, no estimó el ser igual a Dios como cosa a que aferrarse, sino que se despojó a sí mismo, tomando forma de siervo, hecho semejante a los hombres; y estando en la condición de hombre, se humilló a sí mismo, haciéndose obediente hasta la muerte, y muerte de cruz" (Fil. 2:5-8).

"Así que, por cuanto los hijos participaron de carne y sangre, él también participó de lo mismo, para destruir por medio de la muerte al que tenía el imperio de la muerte, esto es, al diablo, y librar a todos los que por el temor de la muerte estaban durante toda la vida sujetos a servidumbre" (He. 2:14, 15).

"En todo os he enseñado que, trabajando así, se debe ayudar a los necesitados, y recordar las palabras del Señor Jesús, que dijo: Más bienaventurado es dar que recibir" (Hch. 20:35).

5 (8:10) *Administración — Dádiva:* El quinto estímulo es a recordar su propio pasado. Según se ha mencionado anteriormente, los corintios habían acometido el proyecto de misión de suplir las necesidades de las iglesias pobres de Judea, pero habían detenido el proyecto cuando se asentó la división en la iglesia (vea la nota 2 — 2 Co. 8:6-7). Ahora que habían experimentado la restauración, Pablo les da su consejo: "Retomen el proyecto de misión". "Esto os conviene a vosotros": Es conveniente y beneficioso para ustedes personalmente y para su ministerio. Volver a comprometerse a las misiones estimulará a Dios a bendecir la iglesia.

Note que la iglesia había querido, es decir, había sido *celosa* en acometer el proyecto de misión hacía ya casi uno año. Desde la restauración del compromiso nuevamente, debían tener *incluso más celos* por lanzar un ministerio de misiones por el Señor.

"como el Hijo del Hombre no vino para ser servido, sino para servir, y para dar su vida en rescate por muchos" (Mt. 20:28).

"¿Quién, pues, de estos tres te parece que fue el prójimo del que cayó en manos de los ladrones? Él dijo: El que usó de misericordia con él. Entonces Jesús le dijo: Ve, y haz tú lo mismo" (Lc. 10:36, 37).

"Volvió a decirle la segunda vez: Simón, hijo de Jonás, ¿me amas? Pedro le respondió: Sí, Señor; tú sabes que te amo. Le dijo: Pastorea mis ovejas" (Jn. 21:16).

"Sobrellevad los unos las cargas de los otros, y cumplid así la ley de Cristo" (Gá. 6:2).

"Así que, según tengamos oportunidad, hagamos bien a todos, y mayormente a los de la familia de la fe" (Gá. 6:10).

"sirviendo de buena voluntad, como al Señor y no a los hombres" (Ef. 6:7).

6 (8:11-12) *Administración — Dádiva:* El sexto estímulo es a dar con facilidad y disposición. Se abordan cuatro elementos breves en estos dos versículos, elementos que dan orientaciones claras acerca de las misiones a cualquier iglesia que esté dispuesta a escuchar. Nota: "Ya Pablo no está dando consejo; ahora está dándole un mandato a la iglesia de darse a sí misma a las misiones y de acometer este proyecto de misión en particular".

1. Entregarse a las misiones. Esto se deduce, se entiende. Pablo se está refiriendo a un proyecto de misión, pero subyacente a todo el análisis está la necesidad absoluta de un compromiso permanente con las misiones. Después que se supla una necesidad de misión, siempre hay otra necesidad que suplir, una necesidad igual de importante. El mundo lleva a cuesta el peso del pecado y la enfermedad, la corrupción y la muerte, el hambre y la sed, la pobreza y la ignorancia, el desamparo y la exposición a las condiciones climáticas. Literalmente a diario mueren miles de personas prematuramente y sin Cristo. Mueren porque nadie se preocupó lo suficiente para ayudarlas. El llamado de las misiones es el llamado constante de Cristo:

"como el Hijo del Hombre no vino para ser servido, sino para servir, y para dar su vida en rescate por muchos" (Mt. 20:28).

"Porque el Hijo del Hombre vino a buscar y a salvar lo que se había perdido" (Lc. 19:10).

"Por tanto, id, y haced discípulos a todas las naciones, bautizándolos en el nombre del Padre, y del Hijo, y del Espíritu Santo; enseñándoles que guarden todas las cosas que os he mandado; y he aquí yo estoy con vosotros todos los días, hasta el fin del mundo. Amén" (Mt. 28:19, 20).

2. Terminar la misión. La iglesia de Corinto había comenzado el proyecto; necesitaban terminarlo. La iglesia debe salvar en proyectos de misiones a todo el mundo, y debe terminar los proyectos. Recuerden que Jerusalén era un territorio extraño para los corintios.

3. Dar con facilidad y disposición, que haya "la voluntad dispuesta". Note que este es el primer requisito cuando una persona da. Por encima de todo, debe dar de buena voluntad.

4. La razón se plantea con sencillez: Dios nos va a juzgar por lo que demos. La idea es la siguiente: En el día del juicio Dios va a fijarse en lo que dimos y en lo que retuvimos. Si hemos acumulado y acaparado, y hemos vivido de un modo extravagante, nos va a rechazar. Pero si dimos todo cuanto teníamos más allá de nuestras necesidades, entonces seremos "aceptos", es decir, aprobados para vivir en la presencia de Cristo que sacrificó todo cuanto tenía por nosotros. (Vea el índice y las notas — Mt. 19:16-22; 19:23-26; 19:27-30 para un mayor análisis.)

"Pero dad limosna de lo que tenéis, y entonces todo os será limpio" (Lc. 11:41).

"Vended lo que poseéis, y dad limosna; haceos bolsas que no se envejezcan, tesoro en los cielos que no se agote, donde ladrón no llega, ni polilla destruye" (Lc. 12:33).

"Jesús, oyendo esto, le dijo: Aún te falta una cosa: vende todo lo que tienes, y dalo a los pobres, y tendrás tesoro en el cielo; y ven, sígueme" (Lc. 18:22).

"Entonces los discípulos, cada uno conforme a lo que tenía, determinaron enviar socorro a los hermanos que habitaban en Judea" (Hch. 11:29).

"Cada primer día de la semana cada uno de vosotros ponga aparte algo, según haya prosperado, guardándolo, para que cuando yo llegue no se recojan entonces ofrendas" (1 Co. 16:2).

"Porque si primero hay la voluntad dispuesta, será acepta según lo que uno tiene, no según lo que no tiene" (2 Co. 8:12).

"Cada uno dé como propuso en su corazón: no con tristeza, ni por necesidad, porque Dios ama al dador alegre" (2 Co. 9:7).

"cada uno con la ofrenda de su mano, conforme a la bendición que Jehová tu Dios te hubiere dado" (Dt. 16:17).

7 (8:13-15) *Administración — Dádiva:* El séptimo estímulo es a suplir las necesidades de cada uno, con igualdad.

Resulta importante notar que estos versículos no se refieren a posesiones ni a propiedades, tampoco a lo que una persona tiene, sino a las *necesidades*.

1. No se debe aliviar la necesidad de una persona y que la otra se quede cargada y que no reciba ayuda.

2. Toda necesidad se debe suplir con igualdad. Este principio es un principio explosivo, porque se opone a lo que practica la sociedad. Elimina el acaparamiento y el almacenamiento de bienes más allá de nuestras necesidades. Dios quiere que se suplan las necesidades de las masas perdidas y hambrientas. De la única manera que se pueden suplir es dándoles todo cuanto somos y tenemos *más allá de lo que se necesita* para cuidar de nuestra propia familia.

3. El pasaje del Antiguo Testamento apoya este principio (Éx. 16:18). Cuando Dios alimentó a Israel milagrosamente con maná del cielo, las personas debían tomar solamente lo que necesitaban. Si tomaban mucho y trataban de acapararlo y almacenarlo, se echaba a perder de un día para otro. Si una persona no podía recoger lo suficiente por alguna enfermedad o incapacidad física, su necesidad era suplida por la ayuda de otros o por el propio Dios.

Resulta sorprendente: Todo creyente debe usar todo cuanto tiene y entregarlo para suplir las necesidades de un mundo desesperado. Debe suplir fundamentalmente las necesidades de los otros creyentes. (Nuevamente, ver el índice y las notas — Mt. 19:16-22; 19:23-26; 19:27-30 para un mayor análisis.)

"Vended lo que poseéis, y dad limosna; haceos bolsas que no se envejezcan, tesoro en los cielos que no se agote, donde ladrón no llega, ni polilla destruye" (Lc. 12:33).

"Ni plata ni oro ni vestido de nadie he codiciado" (Hch. 20:35).

"compartiendo para las necesidades de los santos; practicando la hospitalidad" (Ro. 12:13).

"Así que, según tengamos oportunidad, hagamos bien a todos, y mayormente a los de la familia de la fe" (Gá. 6:10).

"El que hurtaba, no hurte más, sino trabaje, haciendo con sus manos lo que es bueno, para que tenga qué compartir con el que padece necesidad" (Ef. 4:28).

"A los ricos de este siglo manda que no sean altivos, ni pongan la esperanza en las riquezas, las cuales son inciertas, sino en el Dios vivo, que nos da todas las cosas en abundancia para que las disfrutemos. Que hagan bien, que sean ricos en buenas obras, dadivosos, generosos; atesorando para sí buen fundamento para lo por venir, que echen mano de la vida eterna" (1 Ti. 6:17-19).

"Y de hacer bien y de la ayuda mutua no os olvidéis; porque de tales sacrificios se agrada Dios" (He. 13:16).

	B. Los hombres que manejan la ofrenda, 8:16-24	censure en cuanto a esta ofrenda abundante que administramos,	
1 Se preocupan por la iglesia, con mucha solicitud a. Estimulados por Dios b. Estimulados por una preocupación personal	16 Pero gracias a Dios que puso en el corazón de Tito la misma solicitud por vosotros.	21 procurando hacer las cosas honradamente, no solo delante del Señor sino también delante de los hombres.	
	17 Pues a la verdad recibió la exhortación; pero estando también muy solícito, por su propia voluntad partió para ir a vosotros.	22 Enviamos también con ellos a nuestro hermano, cuya diligencia hemos comprobado repetidas veces en muchas cosas, y ahora mucho más diligente por la mucha confianza que tiene en vosotros.	**4 Son diligentes en muchas cosas, pero fundamentalmente en las ofrendas**
2 Tienen una reputación a partir del evangelio, un testimonio por su experiencia	18 Y enviamos juntamente con él al hermano cuya alabanza en el evangelio se oye por todas las iglesias;	23 En cuanto a Tito, es mi compañero y colaborador para con vosotros; y en cuanto a nuestros hermanos, son mensajeros de las iglesias, y gloria de Cristo.	**5 Son compañeros del ministro** a. Colaboradores b. Mensajeros de la iglesia y de Cristo
3 Son representantes escogidos por la iglesia a fin de evitar acusaciones de mala conducta contra el ministro	19 y no sólo esto, sino que también fue designado por las iglesias como compañero de nuestra peregrinación para llevar este donativo, que es administrado por nosotros para gloria del Señor mismo, y para demostrar vuestra buena voluntad; 20 evitando que nadie nos	24 Mostrad, pues, para con ellos ante las iglesias la prueba de vuestro amor, y de nuestro gloriarnos respecto de vosotros.	**6 La iglesia debe amarlos**

DIVISIÓN IV

EL MINISTERIO Y SUS OFRENDAS, 8:1—9:15

B. Los hombres que manejan la ofrenda, 8:16-24

(8:16-24) *Introducción:* Los hombres que se encargan de las ofrendas en la iglesia desempeñan una función muy importante. Ocupan una posición que es muy visible. Las personas siempre son muy conscientes de las personas que manejan su dinero. Por consiguiente, dentro de la iglesia resulta importante que tales personas sean dignas de confianza y tengan buena moral; que lleven una vida buena y limpia, y que tengan un verdadero testimonio cristiano.

En este pasaje, se acomete un proyecto de misión especial para ayudar a las iglesias pobres de Judea. Existe una gran suma de dinero ("esta ofrenda abundante"). Pablo se quiere asegurar de un modo absoluto de que no haya tapujos, para que no haya razón para cuestionarse qué le sucedió al dinero. Él quiere proteger el nombre de Cristo y su propio nombre. Por consiguiente, escoge a Tito para que encabece una delegación de hombres para que manejen las ofrendas. Y note: "Los hombres son escogidos por la iglesia, no por Pablo" (v. 19).

Una vez más, no se puede exagerar la importancia de los hombres que manejan las ofrendas. Por esta razón, este pasaje analiza a estos hombres y su carácter. (Vea el índice y las notas — Hch. 20:4-6; 1 Co. 16:1-4 para un mayor análisis.)

1. Se preocupan por la iglesia, con mucha solicitud (vv. 16-17).
2. Tienen una reputación a partir del evangelio, un testimonio por su experiencia (v. 18).
3. Son representantes escogidos por la iglesia a fin de evitar acusaciones de mala conducta contra el ministro (vv. 19-21).
4. Son diligentes en muchas cosas, pero fundamentalmente en las ofrendas (v. 22).
5. Son compañeros del ministro (v. 23).
6. La iglesia debe amarlos (v. 24).

1 (8:16-17) *Administración — Ofrendas:* Los hombres que manejan las ofrendas (ujieres) se preocupan por la iglesia, se preocupan con solicitud. Pablo dice que Tito tenía la "misma solicitud" por la iglesia de Corinto que tenía él. ¡Imagínese preocuparse por la iglesia tanto como Pablo! La palabra "solicitud" quiere decir celo. Los hombres que manejan las ofrendas deben tener una preocupación celosa por la iglesia y por su bienestar. Pero note de donde debe provenir la preocupación y el celo:

1. La preocupación por la iglesia debe provenir de Dios. Fue Dios quien *puso el cuidado y la preocupación* en el corazón de Tito. Tito no se preocupó por la iglesia:

• Por tradición.

• Porque era la iglesia de sus padres o de sus antepasados.

- Porque él creyó que lo hacía correcto ante Dios.
- Porque él trataba de que las personas lo vieran y lo reconocieran.

Tito tenía una *preocupación celosa* por la iglesia porque Dios había *puesto la preocupación* en su corazón. Los hombres que manejan las ofrendas deben conocer a Dios personalmente, conocerlo de un modo tan íntimo que Dios pueda moverse en el corazón de cada uno de ellos y colocar un espíritu de preocupación dentro de ellos.

2. La preocupación por la iglesia debe provenir de dentro del corazón. Así sucedió con Tito. Tito no estaba desprovisto de sentimientos; su corazón era tierno y cálido para con la iglesia. Él tenía una preocupación natural por la iglesia y por las cosas de Dios.

Sucede lo siguiente: Los hombres que manejan las ofrendas deben tener una preocupación celosa por la iglesia, una preocupación que provenga tanto del Espíritu de Dios como de un corazón tierno y cálido por las cosas de Dios.

[2] (8:18) *Administración — Ofrendas:* Los hombres que manejan las ofrendas (ujieres) tienen una reputación a partir del evangelio, es decir, por creen en el evangelio y por dar testimonio de él. El hombre mencionado en este versículo no se menciona nunca, y cualquier intento de identificarlo es una conjetura inútil y fútil. Se dicen tres cosas significativas acerca de él:

1. Él era un "hermano" en el Señor, un hermano cristiano de Pablo y de otros creyentes. Esto resulta esencial para aquellos que manejan las ofrendas:

=> Deben ser hombres que hayan confiado en Jesucristo como su Salvador.

=> Deben actuar como hermanos, vivir en comunión, armonía, y unidad con otros creyentes. No hay cabida para la crítica, la murmuración o la división.

> **"Porque todo aquel que hace la voluntad de mi Padre que está en los cielos, ése es mi hermano, y hermana, y madre" (Mt. 12:50).**

2. Él tenía un testimonio fuerte en el evangelio. Esto quiere decir que él era un testigo contundente del evangelio. Él no solo vivía para Cristo, sin que él daba testimonio del poder salvador de Cristo, de que Cristo podía y cambiaba la vida de una persona: Lo transformaba en una nueva criatura, perdonaba sus pecados y le daba vida eterna.

3. Su testimonio era tan fuerte que era conocido por "todas las iglesias".

Pensamiento 1. ¡Qué testimonio tan dinámico para aquellos que manejan las ofrendas! Qué importante...

- que sean hermanos verdaderos en el Señor.
- que tengan fuertes testimonios en el evangelio.
- que sus testimonios sean tan fuertes para que las personas sepan que ellos siguen al Señor.

> **"Porque por ella alcanzaron buen testimonio los antiguos" (He. 11:2).**
>
> **"Porque vuestra obediencia ha venido a ser notoria a todos, así que me gozo de vosotros; pero quiero que seáis sabios para el bien, e ingenuos para el mal" (Ro. 16:19).**

> **"sino santificad a Dios el Señor en vuestros corazones, y estad siempre preparados para presentar defensa con mansedumbre y reverencia ante todo el que os demande razón de la esperanza que hay en vosotros" (1 P. 3:15).**
>
> **"De más estima es el buen nombre que las muchas riquezas, y la buena fama más que la plata y el oro" (Pr. 22:1).**
>
> **"Venid, oíd todos los que teméis a Dios, y contaré lo que ha hecho a mi alma" (Sal. 66:16).**
>
> **"Vosotros sois mis testigos, dice Jehová, y mi siervo que yo escogí, para que me conozcáis y creáis, y entendáis que yo mismo soy; antes de mí no fue formado dios, ni lo será después de mí" (Is. 43:10).**

[3] (8:19-21) *Administración — Ofrendas — Ujieres:* Los hombres que manejan las ofrendas (ujieres) son representantes escogidos por la iglesia a fin de evitar acusaciones de mala conducta contra el ministro. Este elemento es muy significativo, una lección a la que deben prestar atención igualmente los ministros y las iglesias. Si Pablo hubiera manejado la ofrenda él mismo, se podía haber dejado expuesto a la acusación de confiscar y robar dinero. El único procedimiento sensato era hacer que la iglesia eligiera a uno de sus propios hombres para que manejara las ofrendas.

Note que a la ofrenda se le llamaba "esta gracia". Como señala Charles Hodge, cualquier dádiva gratuita es una gracia (*Una exposición de la segunda epístola a los corintios*, p. 209). Por consiguiente, la ofrenda de una iglesia es una gracia; es el corazón de la iglesia que se derrama en una dádiva gratuita para salvar y ayudar a los desesperados del mundo. La iglesia debe derramar su alma en sus ofrendas por los perdidos y los necesitados del mundo. Ellos llevan a cuesta el peso del pecado, el hambre, la sed, la enfermedad, la ignorancia, la soledad, la indefensión, la falta de propósito, y la muerte. Esto solamente enfatiza la *importancia formidable* de los ujieres y los hombres que manejan las ofrendas.

Note otro elemento significativo: ¿Por qué se ministraba la ofrenda? Por la gloria del Señor. Cuando las personas veían las ofrendas y sabían para qué se iban a usar, el corazón de cada uno de ellos glorificaba al Señor. El Señor recibiría más alabanza que de ninguna otra manera.

> **"Ahora bien, se requiere de los administradores, que cada uno sea hallado fiel" (1 Co. 4:2).**
>
> **"para que seáis *irreprensibles* y sencillos, hijos de Dios sin mancha en medio de una generación maligna y perversa, en medio de la cual resplandecéis como luminares en el mundo" (Fil. 2:15).**
>
> **"Y Moisés a la verdad fue fiel en toda la casa de Dios, como siervo, para testimonio de lo que se iba a decir" (He. 3:5).**
>
> **"Pero nosotros esperamos, según sus promesas, cielos nuevos y tierra nueva, en los cuales mora la justicia. Por lo cual, oh amados, estando en espera de estas cosas, procurad con diligencia ser hallados por él sin mancha e *irreprensibles,* en paz" (2 P. 3:13, 14).**

Nota: Pablo plantea claramente por qué había tenido tales precauciones. Él quería que todos los hombres supieran que él era honrado, que nunca metería su mano en la caja y sacaría dinero de las ofrendas. No quería que nadie cuestionara su conducta personal. La apariencia importaba, lo que las personas pensaban importaba, porque él había dedicado su vida a salvar y ayudar a las personas.

4 (8:22) *Administración — Ofrendas — Ujieres:* Los hombres que manejan las ofrendas (ujieres) son diligentes en muchas cosas, pero fundamentalmente en las ofrendas. Quién era este hermano no nombrado se desconoce. Se plantean tres elementos significativos acerca de él, elementos que deben hablarle al corazón de todo ujier y persona que maneje las ofrendas:

1. Él era un hermano, un creyente verdadero que tenía comunión con otros creyentes y colaboraba con la iglesia en sus empresas misioneras.

2. Con frecuencia había demostrado su "diligencia" cuando se le habían asignado otros ministerios. La palabra "diligencia" (spoudaion) significa solicitud, celo, dedicación. Él se entregaba incondicionalmente a cualquier tarea que la iglesia le encomendara.

3. Él observaba y estaba pendiente del testimonio de las iglesias. Cuando Pablo le contó acerca de la iglesia de Corinto, acerca de la gran restauración de la iglesia, se emocionó mucho y se mostró más dispuesto que nunca a servir a Cristo en medio de la iglesia.

> **"En lo que requiere diligencia, no perezosos; fervientes en espíritu, sirviendo al Señor" (Ro. 12:11).**
> **"Pero deseamos que cada uno de vosotros muestre la misma solicitud hasta el fin, para plena certeza de la esperanza" (He. 6:11).**
> **"Por lo cual, hermanos, tanto más procurad hacer firme vuestra vocación y elección; porque haciendo estas cosas, no caeréis jamás" (2 P. 1:10).**
> **"Por lo cual, oh amados, estando en espera de estas cosas, procurad con diligencia ser hallados por él sin mancha e irreprensibles, en paz" (2 P. 3:14).**

5 (8:23) *Administración — Ofrendas — Ujieres:* Los hombres que manejan las ofrendas (ushers) son compañeros de los ministros. Note que Pablo esperaba que las personas preguntaran quiénes eran estos hombres. Es una pregunta normal, porque los hombres manejan las ofrendas de la iglesia. Por consiguiente, resultaba extremadamente importante que las credenciales de estos hombres fueran de la más alta calidad.

1. Tito era el compañero y colaborador de Pablo, fundamentalmente al ministrar a la iglesia de Corinto. La mayoría de los corintios lo sabían, porque Tito había sido el instrumento principal de Dios para traer la restauración en la iglesia.

2. Los otros dos hombres eran mensajeros de la iglesia, hombres fundamentalmente escogidos por la iglesia para representar a la iglesia. Note también que eran los mensajeros de la gloria de Cristo. Debían reflejar y transmitir la gloria de Cristo mientras servían a la iglesia.

Pensamiento 1. Ambos puntos deben cumplirse en todos los ujieres y los hombres que manejen las ofrendas de la iglesia:

1) Los ujieres deben ser los compañeros del ministro.
2) Los ujieres deben ser los mensajeros tanto de la iglesia como de la gloria de Dios.

> **"así nosotros, siendo muchos, somos un cuerpo en Cristo, y todos miembros los unos de los otros" (Ro. 12:5).**
> **"Y hay diversidad de ministerios, pero el Señor es el mismo. Y hay diversidad de operaciones, pero Dios, que hace todas las cosas en todos, es el mismo. Pero a cada uno le es dada la manifestación del Espíritu para provecho" (1 Co. 12:5-7).**
> **"Pero todas estas cosas las hace uno y el mismo Espíritu, repartiendo a cada uno en particular como él quiere. Porque así como el cuerpo es uno, y tiene muchos miembros, pero todos los miembros del cuerpo, siendo muchos, son un solo cuerpo, así también Cristo" (1 Co. 12:11, 12).**

6 (8:24) *Administración — Ofrendas — Ujieres:* A los hombres que manejan las ofrendas (ujieres) la iglesia debe amarlos. Esto resulta esencial: La iglesia tenía que demostrarles su amor a los hombres que manejaban el dinero si estos iban a realizar con eficacia su ministerio. La iglesia debía demostrar su amor de dos maneras:

=> Primero, recibiendo a los hombres, aceptándolos a ellos y a su ministerio.
=> Segundo, ayudando a los hombres a realizar su ministerio. La iglesia tenía que dejar que los hombres presentaran el proyecto de misión y luego contribuir con él.

> **"Así alumbre vuestra luz delante de los hombres, para que vean vuestras buenas obras, y glorifiquen a vuestro Padre que está en los cielos" (Mt. 5:16).**
> **"Un mandamiento nuevo os doy: Que os améis unos a otros; como yo os he amado, que también os améis unos a otros. En esto conocerán todos que sois mis discípulos, si tuviereis amor los unos con los otros" (Jn. 13:34, 35).**
> **"El amor no hace mal al prójimo; así que el cumplimiento de la ley es el amor" (Ro. 13:10).**
> **"Si en verdad cumplís la ley real, conforme a la Escritura: Amarás a tu prójimo como a ti mismo, bien hacéis; pero si hacéis acepción de personas, cometéis pecado, y quedáis convictos por la ley como transgresores" (Stg. 2:8, 9).**

1 Tienen buena disposición y entusiasmo para dar a. Se puede esperar que den b. Dan de buena voluntad c. Se comprometen con disposición d. Están llenos de celo **2 No se les agarra desprevenidos para dar** a. Estar desprevenido provoca vergüenza	**CAPÍTULO 9** **C. Los dadores que agradan a Dios, 9:1-7** 1 Cuanto a la ministración para los santos, es por demás que yo os escriba; 2 pues conozco vuestra buena voluntad, de la cual yo me glorío entre los de Macedonia, que Acaya está preparada desde el año pasado; y vuestro celo ha estimulado a la mayoría. 3 Pero he enviado a los hermanos, para que nuestro gloriarnos de vosotros no sea vano en esta parte; para que como lo he dicho, estéis preparados; 4 no sea que si vinieren conmigo algunos macedonios, y	os hallaren desprevenidos, nos avergoncemos nosotros, por no decir vosotros, de esta nuestra confianza. 5 Por tanto, tuve por necesario exhortar a los hermanos que fuesen primero a vosotros y preparasen primero vuestra generosidad antes prometida, para que esté lista como de generosidad, y no como de exigencia nuestra. 6 Pero esto digo: El que siembra escasamente, también segará escasamente; y el que siembra generosamente, generosamente también segará. 7 Cada uno dé como propuso en su corazón: no con tristeza, ni por necesidad, porque Dios ama al dador alegre.	b. Estar preparado demuestra amor, no codicia **3 Ellos dan mucho y siegan mucho: Siegan lo que siembran** **4 Ellos dan deliberadamente, no con tristeza, ni por obligación**

DIVISIÓN IV

EL MINISTERIO Y SUS OFRENDAS, 8:1—9:15

C. Los dadores que agradan a Dios, 9:1-7

(9:1-7) *Introducción:* Dar agrada a Dios, por la dádiva es parte de la naturaleza misma de Dios. Dios es el que ha hecho la *dádiva suprema,* el Señor Jesucristo. El pasaje más amado de las Escrituras proclama claramente la verdad gloriosa.

> **"Porque de tal manera amó Dios al mundo, que *ha dado* a su Hijo unigénito, para que todo aquel que en él cree, no se pierda, mas tenga vida eterna" (Jn. 3:16).**

Para repetir la verdad, dar agrada a Dios. Sin embargo, no todo dador agrada a Dios. Esto se ve claramente en este pasaje. ¿Quiénes son entonces los dadores que agradan a Dios?

1. Tienen buena disposición y entusiasmo para dar (vv. 1-2).
2. No se les agarra desprevenidos para dar (vv. 3-5).
3. Ellos dan mucho y siegan mucho: Siegan lo que siembran (v. 6).
4. Ellos dan deliberadamente, no con tristeza, ni por obligación (v. 7).

1 (9:1-2) *Administración — Dádiva:* Los dadores que agradan a Dios tienen buena disposición, y entusiasmo para dar. Esto se ve en cuatro planteamientos que Pablo hace:

1. Él quería que los corintios dieran. ¿Por qué? Porque algunos "santos" queridos de Dios necesitaban ayuda. El término "santos" (hagioi) quiere decir aquellos que están apartados y dedicados a Dios. Es un término que se refiere a los creyentes genuinos. Resulta sorprendente. Algunos creyentes tenían necesidades apremiantes. Las iglesias de Judea eran pobres y necesitaban ayuda de un modo desesperado; por ende se esperaba que los corintios los ayudaran. De hecho, la expectativa era tan fuerte que hasta no hacía mucha falta decir nada al respecto.

Pensamiento 1. Los creyentes cristianos deben ser tan devotos de Dios que las personas esperan y saben que ellos darán para suplir las necesidades del mundo. De hecho, mientras exista una necesidad, los creyentes deben estar dando *todo cuanto son y tienen* para suplir esa necesidad. (Vea el índice y las notas — Mt. 19:16-22; 19:23-26; 19:27-30 para un mayor análisis.)

> **"Vended lo que poseéis, y dad limosna; haceos bolsas que no se envejezcan, tesoro en los cielos que no se agote, donde ladrón no llega, ni polilla destruye" (Lc. 12:33).**

> **"En todo os he enseñado que, trabajando así, se debe ayudar a los necesitados, y recordar las palabras del Señor Jesús, que dijo: Más bienaventurado es dar que recibir" (Hch. 20:35).**

2. Pablo conocía la buena voluntad, la buena disposición de ellos para dar. ¿Con qué frecuencia se puede decir esto de los creyentes? ¿De una iglesia? ¿Tenemos francamente buena voluntad, salvando, y buscando necesidades que suplir? ¿Otros pueden *saber* realmente que tenemos buena voluntad, que estamos dispuestos, y centrados en dar?

3. Pablo se gloriaba de los corintios, de su buena disposición para dar. Había sucedido un año antes. El espíritu de

los corintios se había comprometido tanto con el ministerio, con suplir las necesidades de sus hermanos creyentes, que de inmediato habían financiado el proyecto de misión para ayudar a las iglesias de Judea. Pero muy pronto habían surgido algunos problemas, y la iglesia se abstuvo de su compromiso. Antes del problema, Pablo se había gloriado del celo de los corintios, con qué rapidez se habían comprometido al proyecto de misión.

Pensamiento 1. El compromiso con las misiones resulta siempre encomiable y es un gran testimonio para otros. Toda iglesia necesita un compromiso como este, pero es necesario que cumpla con su compromiso. Es necesario que viva día tras día para Cristo, que ponga a un lado las diferencias y acabe con la división y el pecado que haya en ella, y que ponga manos a la obra: "Ministrar las necesidades de los que están en apuros".

4.   El celo y el compromiso de los corintios estimuló a "la mayoría" a ayudar en el proyecto de misión.

Pensamiento 1. Este es el espíritu y el testimonio que necesitan las iglesias del Señor: Un celo tan fuerte por las misiones que estimule a "la mayoría" a hacer el mismo compromiso.

> **"Y les dijo: Id por todo el mundo y predicad el evangelio a toda criatura" (Mr. 16:15).**
>
> **"Jesús les dijo: Mi comida es que haga la voluntad del que me envió, y que acabe su obra. ¿No decís vosotros: Aún faltan cuatro meses para que llegue la siega? He aquí os digo: Alzad vuestros ojos y mirad los campos, porque ya están blancos para la siega" (Jn. 4:34, 35).**
>
> **"Me es necesario hacer las obras del que me envió, entre tanto que el día dura; la noche viene, cuando nadie puede trabajar" (Jn. 9:4).**
>
> **"Entonces Jesús les dijo otra vez: Paz a vosotros. Como me envió el Padre, así también yo os envío" (Jn. 20:21).**
>
> **"porque no podemos dejar de decir lo que hemos visto y oído" (Hch. 4:20).**
>
> **"cómo Dios ungió con el Espíritu Santo y con poder a Jesús de Nazaret, y cómo éste anduvo haciendo bienes y sanando a todos los oprimidos por el diablo, porque Dios estaba con él" (Hch. 10:38).**
>
> **"Todo lo que te viniere a la mano para hacer, hazlo según tus fuerzas; porque en el Seol, adonde vas, no hay obra, ni trabajo, ni ciencia, ni sabiduría" (Ec. 9:10).**

[2] (9:3-5) *Administración — Dádiva:* A los dadores que agradan a Dios no se les agarra desprevenidos para dar. Mientras Pablo viajaba de un lugar a otro, siempre estaba entrenando a discípulos jóvenes en el ministerio, y con frecuencia estos discípulos viajaban con él. Además de estas personas, a Pablo en ocasiones lo acompañaban a la próxima ciudad hombres del lugar donde él había recién terminado su ministerio. Esto era lo que pronto sucedería: Algunos hombres de Macedonia iban a acompañarlo a Corinto. Esto es el antecedente de lo que Pablo dice ahora.

1.   Estar desprevenido para dar provoca vergüenza. Pablo dice que él enviaba a Tito y a los otros dos hombres para reactivar el proyecto de misión entre los corintios. Él

estaba haciendo esto no fuera que se apenara y avergonzara cuando él y los otros dos macedonios llegaran. Él se había gloriado en los corintios hacía ya un año, utilizando su compromiso con las misiones como testimonio para estimular a los macedonios a financiar el mismo proyecto. Si él y sus representantes llegaban y los corintios habían recaído y no habían logrado seguir adelante, la situación diría muy poco a favor de Cristo, de Pablo, y de la iglesia de Corinto.

Pensamiento 1. Un cristiano que no esté preparado para dar avergüenza el propio nombre de cristiano. El propósito mismo de Cristo al venir a la tierra fue dar. Dar expiatoriamente y darlo todo. Él dio su propia vida para suplir las necesidades de una humanidad desesperada. Por consiguiente, es una vergüenza, un bochorno para el nombre de Cristo que un cristiano profeso no dé; porque la razón de que Cristo existiera fue dar. El propio nombre de Cristo y del cristiano quiere decir dar y dar expiatoriamente, darlo todo.

2.   Estar preparado demuestra amor, no codicia. Pablo dice que él estaba enviando a los hombres delante de él de modo que la iglesia pudiera reactivar el proyecto de misión y la ofrenda. Era necesario que tuvieran la ofrenda lista cuando él llegara. Note por qué Pablo creyó que esto era necesario: "Para que los corintios demostraran amor y generosidad, no codicia". Si el proyecto de misión aún se encontraba atrasado cuando él y los macedonios llegaran, la iglesia daría una apariencia de codiciosa y mundana. Estarían fracasando en su propósito mismo de existencia en la tierra: "Ministrar a los necesitados".

Pensamiento 1. Los creyentes e iglesias *honestas* tienen que confesar haber caído en codicia. En verdad pocos son los que dan todos cuanto *son y tienen* para suplir la difícil situación de la raza humana, una raza humana de hombres y mujeres, niños y niñas que mueren sin Cristo; y tanto que mueren prematuramente de hambre, frío, enfermedad, soledad, desolación, pecado, y perversidad.

¡Cuán terrible es la codicia! Vivir de un modo extravagante, gastar más allá de nuestras necesidades, acumular, acaparar, edificar propiedades, construir casas cada vez más grandes, comprar cada vez más, todo para la privación y destrucción de la vida humana y para la condenación de las almas humanas. La codicia no tiene cabida en el corazón del cristiano ni en la iglesia, mucho menos en la tierra. Sus resultados son muy devastadores. Los creyentes deben estar preparados para dar, demostrando así el amor expiatorio mismo del propio Cristo que lo dio todo para suplir las necesidades de los desesperados.

> **"Y les dijo: Mirad, y guardaos de toda avaricia; porque la vida del hombre no consiste en la abundancia de los bienes que posee" (Lc. 12:15).**
>
> **"Jesús, oyendo esto, le dijo: Aún te falta una cosa: vende todo lo que tienes, y dalo a los pobres, y tendrás tesoro en el cielo; y ven, sígueme" (Lc. 18:22).**
>
> **"Haced morir, pues, lo terrenal en vosotros: fornicación, impureza, pasiones desordenadas, malos deseos y avaricia, que es idolatría" (Col. 3:5).**

"A los ricos de este siglo manda que no sean altivos, ni pongan la esperanza en las riquezas, las cuales son inciertas, sino en el Dios vivo, que nos da todas las cosas en abundancia para que las disfrutemos. Que hagan bien, que sean ricos en buenas obras, dadivosos, generosos; atesorando para sí buen fundamento para lo por venir, que echen mano de la vida eterna" (1 Ti. 6:17-19).

"Sean vuestras costumbres sin avaricia, contentos con lo que tenéis ahora; porque él dijo: No te desampararé, ni te dejaré" (He. 13:5).

"Y de hacer bien y de la ayuda mutua no os olvidéis; porque de tales sacrificios se agrada Dios" (He. 13:16).

"Al que te pida, dale; y al que quiera tomar de ti prestado, no se lo rehúses" (Mt. 5:42).

"En todo os he enseñado que, trabajando así, se debe ayudar a los necesitados, y recordar las palabras del Señor Jesús, que dijo: Más bienaventurado es dar que recibir" (Hch. 20:35).

"compartiendo para las necesidades de los santos; practicando la hospitalidad" (Ro. 12:13).

"Así que, según tengamos oportunidad, hagamos bien a todos, y mayormente a los de la familia de la fe" (Gá. 6:10).

"El que hurtaba, no hurte más, sino trabaje, haciendo con sus manos lo que es bueno, para que tenga qué compartir con el que padece necesidad" (Ef. 4:28).

3 (9:6) *Administración — Dádiva — Segar — Recompensa:* Los dadores que agradan a Dios dan mucho y siegan mucho. De hecho, cuando se trata de segar, siegan exactamente lo que siembran. Note que la ilustración es la de una semilla para siembra: "Cuando un hombre planta la semilla, lo mismo le es devuelto; de hecho, mucho más le es devuelto, toda una cosecha". Este es uno de los grandes principios de las Escrituras, pero debe analizársele con detenimiento: "No es al hombre que *finge dar expiatoriamente* a quien Dios bendecirá grandemente". Será al hombre que *realmente sacrifique* todo cuanto es y tiene. Este hombre nunca carecerá; Dios proveerá abundantemente para él.

"Honra a Jehová con tus bienes, y con las primicias de todos tus frutos; y serán llenos tus graneros con abundancia, y tus lagares rebosarán de mosto" (Pr. 3:9, 10).

"Hay quienes reparten, y les es añadido más; y hay quienes retienen más de lo que es justo, pero vienen a pobreza. El alma generosa será prosperada; y el que saciare, él también será saciado" (Pr. 11:24, 25).

"A Jehová presta el que da al pobre, y el bien que ha hecho, se lo volverá a pagar" (Pr. 19:17).

"El ojo misericordioso será bendito, porque dio de su pan al indigente" (Pr. 22:9).

"El que da al pobre no tendrá pobreza; mas el que aparta sus ojos tendrá muchas maldiciones" (Pr. 28:27).

"Echa tu pan sobre las aguas; porque después de muchos días lo hallarás" (Ec. 11:1).

"y si dieres tu pan al hambriento, y saciares al alma afligida, en las tinieblas nacerá tu luz, y tu oscuridad será como el mediodía" (Is. 58:10).

"Traed todos los diezmos al alfolí y haya alimento en mi casa; y probadme ahora en esto, dice Jehová de los ejércitos, si no os abriré las ventanas de los cielos, y derramaré sobre vosotros bendición hasta que sobreabunde" (Mal. 3:10).

"El que recibe a un profeta por cuanto es profeta, recompensa de profeta recibirá; y el que recibe a un justo por cuanto es justo, recompensa de justo recibirá" (Mt. 10:41).

"Dad, y se os dará; medida buena, apretada, remecida y rebosando darán en vuestro regazo; porque con la misma medida con que medís, os volverán a medir" (Lc. 6:38).

"No os engañéis; Dios no puede ser burlado: pues todo lo que el hombre sembrare, eso también segará" (Gá. 6:7).

"En gran manera me gocé en el Señor de que ya al fin habéis revivido vuestro cuidado de mí; de lo cual también estabais solícitos, pero os faltaba la oportunidad" (Fil. 4:10).

"Mi Dios, pues, suplirá todo lo que os falta conforme a sus riquezas en gloria en Cristo Jesús" (Fil. 4:19).

4 (9:7) *Administración — Dádiva:* El dador que agrada a Dios da deliberadamente, no con tristeza ni por obligación. Resulta absolutamente crucial tener algo en cuenta: Dios no acepta la dádiva de una persona que no quiere dar. Dios espera tres cosas de la persona que da:

1. El dador debe dar como *propuso* en su corazón. Esto no quiere decir que a las personas no se les deba estimular a dar, y tampoco que no se les pueda estimular a dar. Quiere decir que una persona debe:

- Pensar en la necesidad.
- Pensar en lo que debe *dar expiatoriamente*.
- Tomar una *decisión deliberada* acerca de qué debe sacrificar a fin de dar lo que debe dar.
- Dar exactamente lo que debe dar.

2. El dador no debe dar con tristeza: No por dolor, no con renuencia ni arrepentimiento. Si el dador va a estar pensando en su dádiva y arrepintiéndose de haber hecho la dádiva, su dádiva no es aceptada ante Dios. La persona necesita resolver los problemas de su corazón con Dios, porque:

- No logra ver las necesidades apremiantes del mundo.
- No logra ver lo que Jesucristo ha hecho por él.

3. El dador no debe dar por necesidad. La dádiva de una persona no es aceptada ante Dios cuando:

- Es forzada a dar.
- Da porque teme lo que otros vayan a pensar.
- Da solo para agradar a otros.
- Da para que otros dejen de molestarlo.
- Da por un deseo de honra y reconocimiento personal.

4. El dado debe dar alegremente si desea que Dios acepte su dádiva. La palabra "alegre" (hilaron) quiere decir feliz. El dador se agrada y se deleita en dar para suplir las necesidades del pueblo de Dios y del mundo. Note que Dios *ama* al dador alegre, porque el dador alegre es igual a su Hijo, Jesucristo. Jesucristo de buena voluntad y alegremente dio todo cuanto Él era y tenía para suplir las necesidades del mundo.

"Pero dad limosna de lo que tenéis, y entonces todo os será limpio" (Lc. 11:41).

"Y si repartiese todos mis bienes para dar de comer a los pobres, y si entregase mi cuerpo para ser quemado, y no tengo amor, de nada me sirve" (1 Co. 13:3).

"Cada primer día de la semana cada uno de vosotros ponga aparte algo, según haya prosperado, guardándolo, para que cuando yo llegue no se recojan entonces ofrendas" (1 Co. 16:2).

"Porque si primero hay la voluntad dispuesta, será acepta según lo que uno tiene, no según lo que no tiene" (2 Co. 8:12).

"El que hurtaba, no hurte más, sino trabaje, haciendo con sus manos lo que es bueno, para que tenga qué compartir con el que padece necesidad" (Ef. 4:28).

	D. Los motivos para dar generosamente y con sacrificio, 9:8-15	gracias a Dios. 12 Porque la ministración de este servicio no solamente suple lo que a los santos falta, sino que también abunda en muchas acciones de gracias a Dios;	**2 Motivo 2: Suplir las necesidades y traerle alabanza a Dios**
1 Motivo 1: Ser enriquecidos cada vez más por Dios a. Dios suple la necesidad del creyente, con toda suficiencia	8 Y poderoso es Dios para hacer que abunde en vosotros toda gracia, a fin de que, teniendo siempre en todas las cosas todo lo suficiente, abundéis para toda buena obra;	13 pues por la experiencia de esta ministración glorifican a Dios por la obediencia que profesáis al evangelio de Cristo, y por la liberalidad de vuestra contribución para ellos y para todos;	**3 Motivo 3: Demostrar nuestra lealtad a Cristo**
b. Dios espera que el creyente abunde para toda buena obra 1) Ministrar las necesidades de los desesperados 2) El resultado: Dios cuida del dador	9 como está escrito: Repartió, dio a los pobres; Su justicia permanece para siempre. 10 Y el que da semilla al que siembra, y pan al que come, proveerá y multiplicará vuestra sementera, y aumentará los frutos de vuestra justicia,	14 asimismo en la oración de ellos por vosotros, a quienes aman a causa de la superabundante gracia de Dios en vosotros.	**4 Motivo 4: Realzar la oración, el amor y la fraternidad**
c. Dios enriquece en todas las cosas, abundantemente	11 para que estéis enriquecidos en todo para toda liberalidad, la cual produce por medio de nosotros acción de	15 ¡Gracias a Dios por su don inefable!	**5 Motivo 5: Alabar a Dios por su don inefable**

DIVISIÓN IV

EL MINISTERIO Y SUS OFRENDAS, 8:1—9:15

D. Los motivos para dar generosamente y con sacrificio, 9:8-15

(9:8-15) *Introducción:* Hay muchas razones por las que los creyentes deben dar para suplir las necesidades apremiantes del mundo. Este pasaje aborda los motivos para dar generosamente y con sacrificio.

1. Motivo 1: Ser enriquecidos cada vez más por Dios (vv. 8-11).
2. Motivo 2: Suplir las necesidades y traerle alabanza a Dios (v. 12).
3. Motivo 3: Demostrar nuestra lealtad a Cristo (v. 13).
4. Motivo 4: Realzar la oración, el amor y la fraternidad (v. 14).
5. Motivo 5: Alabar a Dios por su don inefable (v. 15).

1 (9:8-11) *Administración — Dádiva:* El primer motivo para dar es ser enriquecidos cada vez más por Dios. El cristiano es llamado a dar expiatoriamente; de hecho, debe dar todo cuanto es y tiene para suplir las necesidades de un mundo desesperado. Esto les puede parecer muy arriesgado e insensato a muchos, pero es la enseñanza clara de las Escrituras. ¿Cómo podría Dios esperar que diéramos expiatoriamente, dar más allá de lo que necesitamos para nuestra propia familia? La respuesta es sencilla, y aún así es directa. (Vea el índice y las notas — Mt. 19:16-22; 19:23-26; 19:27-30 para un análisis claro de esta verdad.)

1. *Poderoso es Dios* para hacer que toda gracia abunde y se desborde en nosotros. Dios es poderoso para *pagarnos* lo

que demos. De hecho, note exactamente lo que dice Dios y note la plenitud de las dádivas de Dios en las palabras "todas las cosas" y "siempre":

> **"Y poderoso es Dios para hacer que abunde en vosotros *toda* gracia, a fin de que, teniendo *siempre* en *todas* las cosas *todo* lo suficiente, abundéis para toda buena obra" (v. 8).**

En las Escrituras la palabra "gracia" se refiere al favor y las bendiciones de Dios, tanto espirituales como materiales. En este pasaje en particular el tema es primordialmente las bendiciones materiales, aunque las bendiciones espirituales ciertamente están incluidas en las frases "toda gracia" y "todas las cosas". Por consiguiente, lo que Dios dice es un gran estímulo para el dador expiatorio. Dios devolverá más de lo que el dador dé. Dios devolverá:

- Toda gracia.
- Todo lo suficiente.
- Todas las cosas.

2. Dios espera que el creyente dé expiatoriamente para que el creyente pueda abundar para toda *buena obra*. Es decir, Dios le da cada vez más al creyente para que él pueda dar cada vez más.

En esto consiste el próximo versículo: Dios le da al creyente para que:

- El creyente pueda repartir todas las bendiciones de Dios.
- El creyente pueda darle al pobre.
- La justicia del creyente (las obras justas, la benignidad, la bondad, las dádivas) puedan permanecer para

siempre. Imagínese nada más: "Lo que el creyente dé permanece para siempre".

Note también algo más; note lo que Dios hace por todo dador expiatorio: Dios da semilla al que siembra. Los mejores textos griegos y los más antiguos hacen de esta una declaración real y no una oración:

* Dios ministrará y dará pan al dador expiatorio.
* Dios multiplicará la dádiva hecha por el dador expiatorio.
* Dios aumentará los frutos de las obras justas y buenas o de la justicia del creyente.
* Dios lo enriquecerá todo de todas las maneras para que el creyente pueda continuar dando con generosidad y abundancia.

Pensamiento 1. Esta es una verdad sorprendente: "El creyente recibe para que pueda dar". Esto quiere decir que ningún creyente tiene excusa para acaparar y *retener* más de lo que necesita. Dios no se lo dio a él para que lo *retuviera*. Dios se lo dio al creyente para suplir las necesidades apremiantes del mundo. Esta es una verdad que provoca conmoción, porque quiere decir que todo cuanto el creyente tiene *debe ser dado*. No se debe retener. El es solo un canal por medio del cual Dios envía sus bendiciones al mundo. Retener más de lo que se necesita es robar, no solo robarle a los desesperados del mundo, sino robarle a Dios.

> "El ladrón no viene sino para hurtar y matar y destruir; yo he venido para que tengan vida, y para que la tengan en abundancia" (Jn. 10:10).
> "Y poderoso es Dios para hacer que abunde en vosotros toda gracia, a fin de que, teniendo siempre en todas las cosas todo lo suficiente, abundéis para toda buena obra" (2 Co. 9:8).
> "Y a Aquel que es poderoso para hacer todas las cosas mucho más abundantemente de lo que pedimos o entendemos, según el poder que actúa en nosotros" (Ef. 3:20).

Pensamiento 2. Dar expiatoriamente depende de una cosa: Creer verdaderamente, que Dios es capaz de cuidarnos, de que Dios proveerá para las necesidades básicas de la vida y nos bendecirá de modo abundante.

> "Mas buscad primeramente el reino de Dios y su justicia, y todas estas cosas os serán añadidas" (Mt. 6:33).
> "Mi Dios, pues, suplirá todo lo que os falta conforme a sus riquezas en gloria en Cristo Jesús" (Fil. 4:19).
> "En gran manera me gocé en el Señor de que ya al fin habéis revivido vuestro cuidado de mí; de lo cual también estabais solícitos, pero os faltaba la oportunidad. No lo digo porque tenga escasez, pues he aprendido a contentarme, cualquiera que sea mi situación. Sé vivir humildemente, y sé tener abundancia; en todo y por todo estoy enseñado, así para estar saciado como para tener hambre, así para tener abundancia como para padecer necesidad. Todo lo puedo en Cristo que me fortalece" (Fil. 4:10-13).

> "echando toda vuestra ansiedad sobre él, porque él tiene cuidado de vosotros" (1 P. 5:7).

2 (9:12) *Administración — Dádiva:* El segundo motivo para dar es suplir las necesidades del mundo y traerle alabanza a Dios.

1. Cuando haya muchas necesidades en el mundo, cada persona que tenga algo que exceda las necesidades básicas de la vida será responsable severamente. Como hay un Dios en el cielo que lo supervisa todo, no puede ser de otra manera. ¿Cómo podría Dios menospreciar a un niño que agoniza, y ver a una persona haciéndose a un lado con más que suficiente para salvar al niño, y hacerse el desentendido? El hombre, sea cristiano o incrédulo, es un tonto por pensar que Dios pasará por alto tal egoísmo y extravagancia, complacencia y acaparamiento. Dios no podría ser Dios si Él no juzgara una conducta tan irresponsable y corrupta con el castigo más severo. Piensen nada más en las necesidades apremiantes…

• hambruna	• desamparo
• enfermedad	• vestiduras inadecuadas
• ignorancia	• pecado
• soledad	• desolación

Y en el destino más terrible de todos: morir sin conocer el amor y la salvación de Dios en su Hijo, el Señor Jesucristo.

Uno de los motivos más grandes para dar es suplir las necesidades apremiantes del mundo.

> "Jesús le dijo: Si quieres ser perfecto, anda, vende lo que tienes, y dalo a los pobres, y tendrás tesoro en el cielo; y ven y sígueme" (Mt. 19:21).
> "Pero dad limosna de lo que tenéis, y entonces todo os será limpio" (Lc. 11:41).
> "Vended lo que poseéis, y dad limosna; haceos bolsas que no se envejezcan, tesoro en los cielos que no se agote, donde ladrón no llega, ni polilla destruye" (Lc. 12:33).
> "Jesús, oyendo esto, le dijo: Aún te falta una cosa: vende todo lo que tienes, y dalo a los pobres, y tendrás tesoro en el cielo; y ven, sígueme" (Lc. 18:22).
> "Entonces Zaqueo, puesto en pie, dijo al Señor: He aquí, Señor, la mitad de mis bienes doy a los pobres; y si en algo he defraudado a alguno, se lo devuelvo cuadruplicado" (Lc. 19:8).

2. Hay otro motivo que igual de importante (esto se podría plantear como un resultado si se prefiriera): La alabanza de Dios. Cuando las necesidades se suplen verdaderamente…

* quien recibe da gracias y alaba a Dios.
* los testigos o espectadores dan gracias y alaban a Dios.
* el dador da gracias y alaba a Dios.

Note que a Dios se le ofrecen "muchas acciones de gracias".

> "Así alumbre vuestra luz delante de los hombres, para que vean vuestras buenas obras, y glorifiquen a vuestro Padre que está en los cielos" (Mt. 5:16).
> "En esto es glorificado mi Padre, en que llevéis mucho fruto, y seáis así mis discípulos" (Jn. 15:8).
> "Y comerás y te saciarás, y bendecirás a Jehová tu Dios por la buena tierra que te habrá dado" (Dt. 8:10).

"Ofrezcan sacrificios de alabanza, y publiquen sus obras con júbilo" (Sal. 107:22).

3 (9:13) *Administración — Dádiva:* El tercer motivo para dar es demostrar nuestra lealtad al evangelio de Cristo. El evangelio es la proclamación de la dádiva y el amor más grandes que se hayan conocido, la proclamación del amor de Dios y del propio Hijo de Dios. Cualquier persona que asegure obedecer el evangelio del amor de Dios debe ser leal al llevar a la práctica el evangelio de amor. Debe llevar una vida expiatoria tal como hizo Jesús, una vida que dé todo cuanto es y tenga suplir las necesidades de los desesperados.

Note que al proyecto de misión acometido por los corintios se le denomina "experiencia" o prueba. Todo ministerio acometido es una prueba de la lealtad del creyente al evangelio. Los creyentes demuestran su lealtad a Cristo ministrando el evangelio y supliendo las necesidades de las personas. De hecho, ¿de qué otra forma podemos demostrar que pertenecemos al evangelio? La respuesta es obvia: "No hay otra forma". Si somos leales a Cristo y a su evangelio, entonces damos y damos y seguimos dando para transmitir el evangelio y suplir las necesidades del mundo.

Note también algo más. Se menciona nuevamente, una tercera vez, que la gloria de Dios es estimulada por la dádiva (vv. 11, 12, 13). El hecho de que se mencione tres veces demuestra la importancia de la razón. Debemos dar porque eso estimula a las personas a glorificar a Dios.

Pensamiento 1. La lealtad a Cristo y a su evangelio comprende la administración, la dádiva de diezmos y ofrendas. De hecho, implica dar todo cuanto somos y tenemos, porque Cristo no aceptará solo parte de una persona. Una persona se rinde totalmente a Cristo o no se rinde verdaderamente.

"Jesús le dijo: Si quieres ser perfecto, anda, vende lo que tienes, y dalo a los pobres, y tendrás tesoro en el cielo; y ven y sígueme" (Mt. 19:21).

"Entonces Jesús dijo a sus discípulos: De cierto os digo, que difícilmente entrará un rico en el reino de los cielos. Otra vez os digo, que es más fácil pasar un camello por el ojo de una aguja, que entrar un rico en el reino de Dios" (Mt. 19:23, 24).

"Cada primer día de la semana cada uno de vosotros ponga aparte algo, según haya prosperado, guardándolo, para que cuando yo llegue no se recojan entonces ofrendas" (1 Co. 16:2).

"Así que, según tengamos oportunidad, hagamos bien a todos, y mayormente a los de la familia de la fe" (Gá. 6:10).

"A los ricos de este siglo manda que no sean altivos, ni pongan la esperanza en las riquezas, las cuales son inciertas, sino en el Dios vivo, que nos da todas las cosas en abundancia para que las disfrutemos. Que hagan bien, que sean ricos en buenas obras, dadivosos, generosos; atesorando para sí buen fundamento para lo por venir, que echen mano de la vida eterna" (1 Ti. 6:17-19).

"cada uno con la ofrenda de su mano, conforme a la bendición que Jehová tu Dios te hubiere dado" (Dt. 16:17).

"Honra a Jehová con tus bienes, y con las primicias de todos tus frutos" (Pr. 3:9).

4 (9:14) *Administración — Dádiva:* El cuarto motivo para dar es realzar la oración, el amor, y la fraternidad. De un modo sencillo, cuando los creyentes les dan a las personas en sus necesidades apremiantes, las personas dan gracias por ellos y por su fraternidad en el Señor. La dádiva estimula una gran oración, amor, y comunión entre el pueblo de Dios. Esto es algo que con frecuencia se pasa por alto, aún así es tan importante que eso solo merece la dádiva expiatoria. ¿Qué mejores resultados podemos pedir que la oración, el amor, y la comunión entre el pueblo de Dios?

"Por esta causa también yo, habiendo oído de vuestra fe en el Señor Jesús, y de vuestro amor para con todos los santos, no ceso de dar gracias por vosotros, haciendo memoria de vosotros en mis oraciones" (Ef. 1:15, 16).

"Doy gracias a mi Dios siempre que me acuerdo de vosotros, siempre en todas mis oraciones rogando con gozo por todos vosotros" (Fil. 1:3, 4).

"Siempre orando por vosotros, damos gracias a Dios, Padre de nuestro Señor Jesucristo, habiendo oído de vuestra fe en Cristo Jesús, y del amor que tenéis a todos los santos" (Col. 1:3, 4).

"Damos siempre gracias a Dios por todos vosotros, haciendo memoria de vosotros en nuestras oraciones, acordándonos sin cesar delante del Dios y Padre nuestro de la obra de vuestra fe, del trabajo de vuestro amor y de vuestra constancia en la esperanza en nuestro Señor Jesucristo" (1 Ts. 1:2, 3).

5 (9:15) *Administración — Dádiva:* El quinto motivo para dar es alabar a Dios por su don inefable. El don más grande que se haya dado fue el don de Dios para el mundo: "El don de su propio Hijo". No se podría dar mejor don. Dios ha dado el don supremo (vea la nota — 2 Co. 8:9 para un análisis).

"Porque de tal manera amó Dios al mundo, que ha dado a su Hijo unigénito, para que todo aquel que en él cree, no se pierda, mas tenga vida eterna" (Jn. 3:16).

"Respondió Jesús y le dijo: Si conocieras el don de Dios, y quién es el que te dice: Dame de beber; tú le pedirías, y él te daría agua viva" (Jn. 4:10).

"Porque la paga del pecado es muerte, mas la dádiva de Dios es vida eterna en Cristo Jesús Señor nuestro" (Ro. 6:23).

"El que no escatimó ni a su propio Hijo, sino que lo entregó por todos nosotros, ¿cómo no nos dará también con él todas las cosas?" (Ro. 8:32).

"¡Gracias a Dios por su don inefable!" (2 Co. 9:15).

"Porque por gracia sois salvos por medio de la fe; y esto no de vosotros, pues es don de Dios; no por obras, para que nadie se gloríe" (Ef. 2:8, 9).

	CAPÍTULO 10	4 porque las armas de nuestra milicia no son carnales, sino poderosas en Dios para la destrucción de fortalezas,	a. Él está en una lucha espiritual
	V. LA RESPUESTA DEL MINISTRO A SUS CRÍTICOS, 10:1—13:14	5 derribando argumentos y toda altivez que se levanta contra el conocimiento de Dios, y llevando cautivo todo pensamiento a la obediencia a Cristo,	b. Sus armas no son físicas, sino espirituales
	A. El ministro: Su lucha y sus armas, 10:1-6		c. Su método de vencer el mal tiene tres aspectos
1 Pablo acusado de andar según la carne	1 Yo Pablo os ruego por la mansedumbre y ternura de Cristo, yo que estando presente ciertamente soy humilde entre vosotros, mas ausente soy osado para con vosotros;		1) Derriba argumentos
a. Ser un cobarde			2) Lo derriba todo
	2 ruego, pues, que cuando esté presente, no tenga que usar de aquella osadía con que estoy dispuesto a proceder resueltamente contra algunos que nos tienen como si anduviésemos según la carne.		3) Cautiva todo los pensamientos
b. Ser carnal, carecer de poder piadoso y osadía		6 y estando prontos para castigar toda desobediencia, cuando vuestra obediencia sea perfecta.	**3 El ministro está preparado para lidiar con los rebeldes, pero solo después de que los creyentes genuinos han dado el paso al frente**
2 El ministro lucha y pelea, pero no de una manera carnal	3 Pues aunque andamos en la carne, no militamos según la carne;		

DIVISIÓN V

LA RESPUESTA DEL MINISTRO A SUS CRÍTICOS, 10:1—13:14

A. El ministro: Su lucha y sus armas, 10:1-6

(10:1-6) *Introducción:* Esta sección da comienzo a una marcada separación de lo que Pablo había estado diciendo y enseñando. Él se separa de Timoteo. Ya no dice "nosotros", sino "Yo Pablo os ruego". La frase es contundente. Ahora Pablo va a lidiar primeramente con aquellos que lo criticaban, tanto con los falsos maestros que se habían colado en la iglesia como con cualquiera de sus seguidores que no hubiera participado en la restauración de arrepentimiento que había tenido lugar (2 Co. 7:2-6).

Esto era necesario, porque a la iglesia le hacía falta que los falsos maestros no *recuperaran* apoyo en la iglesia. Era necesario que supieran que Pablo pretendía enfrentarse personalmente a cualquiera que no se hubiera arrepentido. Él iba a lidiar con aquellos que lo atacaban y que enseñaban falsas doctrinas.

Este pasaje lidia con el ministro: Su lucha y sus armas.

1. Pablo acusado de andar según la carne (vv. 1-2).
2. El ministro lucha y pelea, pero no de una manera carnal (vv. 3-5).
3. El ministro está preparado para lidiar con los rebeldes, pero solo después de que los creyentes genuinos han dado el paso al frente (v. 6).

1 (10:1-2) *Pablo, acusaciones contra:* Pablo fue acusado

de andar según la carne. (Vea la nota, *Pablo, acusaciones contra* — 2 Co. 1:12-22 para un análisis completo.) Esta acusación se puede ver tras las palabras de Pablo en estos dos versículos. Él estaba respondiéndoles a "algunos" que pensaban que él andaba según la carne (v. 2). Estaban diciendo dos cosas de Pablo:

1. Algunas personas estaban diciendo que Pablo era un cobarde (v. 1). Esto es lo que se quiere decir con la palabra "humilde" (tapeinos). Estaban diciendo que Pablo era osado en sus instrucciones; es decir, él reconvenía a la iglesia cuando les escribía, pero él era un cobarde cuando se trataba de hablar con ellos cara a cara.

Note la respuesta de Pablo a la iglesia y a sus críticos; fue la respuesta de ternura en medio de una amonestación: "Yo os ruego por la mansedumbre y ternura de Cristo". Cristo era manso y tierno al manejar los insultos, los ataques, los rumores, las mentiras, el daño y el mal que le hacían. Pablo estaba diciendo que Jesucristo era su ejemplo para lidiar con las personas; esa es la razón por la que él era manso y tierno cuando predicaba y se enfrentaba a las personas cara a cara. Él no era humilde ni modesto porque fuera un cobarde, sino porque Jesucristo demostró cómo se debe tratar a las personas, incluso a las personas que son malas y están equivocadas. Jesucristo le hizo frente a las personas con mansedumbre y ternura; por consiguiente, él, Pablo, era manso y tierno.

2. Algunos decían que Pablo era carnal, que andaba según la carne. Esto quiere decir varias cosas:

=> Que Pablo era un impenitente, es decir, no realmente salvo.

=> Que Pablo estaba predicando y ministrando en la carne; él no era realmente llamado de Dios.

=> Que Pablo estaba viviendo en la carne; él era un hombre impío e inmoral que solo buscaba agradarse a sí mismo y vivir para sí.

=> Que Pablo solo estaba ministrando en la carne; él solo buscaba que lo siguieran, solo buscaba vender sus propias ideas y posición, solo estaba interesado en llenarse sus bolsillos y en asegurar la honra y el reconocimiento personal.

De un modo sencillo, Pablo dice que él le hará frente a esos críticos cuando él llegue a Corinto. Él tiene la confianza, es decir, la fuerza y la osadía interna, para hacerles frente; y lo hará. Pero note un elemento crucial: "Incluso en esta declaración de fuerza y osadía espiritual, Pablo era manso y tierno". Él les *rogó* dos veces en estos dos versículos; es decir, él les imploró y les suplicó que se volvieran a Dios, que se arrepintieran de sus ataques y falsas doctrinas, para que él no tuviera que hacerles frente. Pablo anhelaba que todos en la iglesia se aseguraran de haber confiado en Cristo como Salvador y que se aferraran a la verdad del evangelio: que "estéis firmes en un mismo espíritu, combatiendo unánimes por la fe del evangelio" (Fil. 1:27).

Pensamiento 1. Todo ministro necesita prestar mucha atención a la mansedumbre y la ternura de Cristo y de Pablo al lidiar con las personas. Se acercaron a todas las personas con mansedumbre y ternura, dándole a todo el mundo una oportunidad de arrepentirse. Y continuaron demostrando mansedumbre y ternura durante muchísimo tiempo. Cierto, debía haber un día de confrontación: Pablo lo dice en estos versículos, y Cristo ciertamente le hizo frente a los falsos maestros y a sus seguidores que se oponían a Él. Pero su primer método fue el de mansedumbre y ternura.

> "Angustiado él, y afligido, no abrió su boca; como cordero fue llevado al matadero; y como oveja delante de sus trasquiladores, enmudeció, y no abrió su boca" (Is. 53:7).
>
> "Llevad mi yugo sobre vosotros, y aprended de mí, que soy manso y humilde de corazón; y hallaréis descanso para vuestras almas" (Mt.11:29).
>
> "y hablaba denodadamente en el nombre del Señor, y disputaba con los griegos; pero éstos procuraban matarle" (Hch. 9:29).
>
> "Y entrando Pablo en la sinagoga, habló con denuedo por espacio de tres meses, discutiendo y persuadiendo acerca del reino de Dios" (Hch. 19:8).
>
> "Considerad a aquel que sufrió tal contradicción de pecadores contra sí mismo, para que vuestro ánimo no se canse hasta desmayar" (He. 12:3).
>
> "quien cuando le maldecían, no respondía con maldición; cuando padecía, no amenazaba, sino encomendaba la causa al que juzga justamente" (1 P. 2:23).
>
> "Antes fuimos tiernos entre vosotros, como la nodriza que cuida con ternura a sus propios hijos" (1 Ts. 2:7).
>
> "Porque el siervo del Señor no debe ser contencioso, sino amable para con todos, apto para enseñar, sufrido" (2 Ti. 2:24).

> "Pero la sabiduría que es de lo alto es primeramente pura, después pacífica, amable, benigna, llena de misericordia y de buenos frutos, sin incertidumbre ni hipocresía" (Stg. 3:17).

2 (10:3-5) *Ministro — Lucha espiritual — Mente — Pensamientos:* El ministro lucha y pelea, pero no de una manera carnal. Este es un gran pasaje de las Escrituras. Lidia con la lucha espiritual del creyente, un pasaje que todo creyente debe memorizar y reflexionar sobre el mismo con frecuencia. Con frecuencia estimula al creyente a la disciplina y controla su mente y sus pensamientos. Note tres elementos significativos. (Vea el índice y las notas — Ro. 8:5-8; 12:2 para un mayor análisis.)

1. El creyente se encuentra en una lucha espiritual. Las Escrituras son perfectamente claras al respecto:

> "Porque no tenemos lucha contra sangre y carne, sino contra principados, contra potestades, contra los gobernadores de las tinieblas de este siglo, contra huestes espirituales de maldad en las regiones celestes" (Ef. 6:12).

La lucha no es contra carne y sangre, contra seres físicos y materiales, sino contra fuerzas espirituales. Las fuerzas espirituales yacen detrás de la conducta, la incredulidad, y los argumentos perversos y concupiscentes del hombre contra Dios. Estas fuerzas espirituales atacan y hacen presa en los argumentos y los pensamientos de los hombres. Inyectan ideas egoístas y diabólicas contra Dios y contra otros hombres. Y de la energía de estas ideas provienen los actos malignos de los hombres. Note dos elementos:

=> Los pensamientos egoístas, malignos y concupiscentes son mentales e inmateriales. Las ideas y los pensamientos no son esencias físicas y materiales. Son esencias invisibles y mentales.

=> Las ideas egoístas, perversas, y concupiscentes por naturaleza no son de Dios. Dios no es perverso, egoísta, ni concupiscente; por consiguiente, las fuerzas espirituales que se oponen a Dios con frecuencia inyectan tales pensamientos y razonamientos perversos en la mente de los hombres.

La idea de Pablo es la siguiente: él y otros creyentes "andan en la carne"; es decir, viven en un cuerpo justo igual que todas las otras personas. Pero no militan según la carne. No pelean las batallas de la vida usando solo su propia fuerza. ¿Por qué? Porque los creyentes saben que hay una guerra espiritual por la mente y la vida de las personas. Los creyentes saben que las fuerzas malignas del mundo espiritual yacen detrás de:

• El pecado y el mal.

• El desorden y la devastación.

• La corrupción y el deterioro.

• La muerte y el infierno.

Los creyentes saben que ellos no pueden "militar según la carne"; que ningún hombre ni ninguna combinación de hombres puede vencer las fuerzas espirituales que destrozan y carcomen al hombre hasta que lo destruyen. No importa cuán fuerte, educado o científico se pueda volver el hombre, no se puede librar él mismo de las fuerzas espirituales que provocan el pecado y la muerte.

2. Las armas del creyente no son físicas, sino espirituales. Las armas físicas o carnales serían armas humanas de la mente y el cuerpo como por ejemplo…

• disciplina y control	• resoluciones y reglas
• fuerza y capacidad	• salud y estima
• conocimiento e inteligencia	• educación y desarrollo social
• ciencia y tecnología	• riqueza y bienestar
• ideas y pensamientos	• elocuencia y personalidad
• creencias y doctrinas	• apariencia y atractivo
• leyes y principios	

Naturalmente, toda arma y poder humanos disponibles deberán desarrollarse y usarse al mayor grado posible. Se dice que el cuerpo humano y el mundo son el templo del Señor, dos de los lugares donde Él mora. Pero el creyente sabe que no hay nada en el mundo que pueda vencer las fuerzas espirituales que yacen detrás del mal y la muerte de este mundo. Por consiguiente, él pelea las batallas espirituales de esta vida con *armas espirituales*, armas que son de Dios y las que Dios ha hecho poderosas y potentes.

Note que el creyente usa las armas espirituales para "la destrucción de fortalezas". Los males de este mundo se encuentran muy atrincherados y fortificados. Esto se ve en los noticieros diarios y la conducta de las personas día tras día. Las armas carnales jamás vencerán de un modo definitivo al mal y su consecuencia inevitable de destrucción y muerte. Solo las armas espirituales de Dios pueden vencer el mal definitivamente.

3. El método del creyente para vencer las fuerzas del mal se describen claramente:

a. El creyente *derriba argumentos* (logismous): Pensamientos e imaginaciones que no se pueden controlar, que son desenfrenadas, malignas, concupiscentes, inmorales, injustas, equivocadas, inciertas, diabólicas, y opuestas a Dios.

"Porque las cosas invisibles de él, su eterno poder y deidad, se hacen claramente visibles desde la creación del mundo, siendo entendidas por medio de las cosas hechas, de modo que no tienen excusa. Pues habiendo conocido a Dios, no le glorificaron como a Dios, ni le dieron gracias, sino que *se envanecieron en sus razonamientos,* y su necio corazón fue entenebrecido… Y como ellos no aprobaron tener en cuenta a Dios, Dios los entregó a *una mente reprobada,* para hacer cosas que no convienen; estando atestados de toda injusticia, fornicación, perversidad, avaricia, maldad; llenos de envidia, homicidios, contiendas, engaños y malignidades; murmuradores, detractores, aborrecedores de Dios, injuriosos, soberbios, altivos, inventores de males, desobedientes a los padres, necios, desleales, sin afecto natural, implacables, sin misericordia; quienes habiendo entendido el juicio de Dios, que los que practican tales cosas son dignos de muerte, no solo las hacen, sino que también se complacen con los que las practican" (Ro. 1:20-21, 28-32).

El creyente milita, pelea y lucha por "derribar" argumentos perversos. Él pelea por controlar sus argumentos.

b. El creyente *derriba "toda altivez que se levanta contra el conocimiento de Dios"*: Ideas falsas acerca de Dios, falsas doctrinas, falsas enseñanzas, falsos razonamientos; la arrogancia y el orgullo humano, la autosuficiencia y las pretensiones de superioridad moral que los pusieron en contra de Dios.

c. El creyente *trata de llevar cautivo todo pensamiento* a la obediencia a Cristo. *Un planteamiento fenomenal,* ¡todo pensamiento controlado y sujeto a Cristo! Este es el objetivo espiritual del verdadero creyente cristiano. Dios creó al hombre para la fraternidad y la comunión, y el creyente lo sabe; por consiguiente, el creyente milita, lucha y pelea, por llevar cautivo todo pensamiento y centrarlo en Dios y su justicia. Él trata de andar en una fraternidad y comunión inquebrantables con Dios. ¿Cómo es posible el control de todo pensamiento? Por medio del Espíritu de Dios y solo por medio de Él. Note lo que dicen las Escrituras:

"Porque los que son de la carne piensan en las cosas de la carne; pero los que son del Espíritu, en las cosas del Espíritu" (Ro. 8:5).

"No os conforméis a este siglo, sino transformaos por medio de la renovación de vuestro entendimiento, para que comprobéis cuál sea la buena voluntad de Dios, agradable y perfecta" (Ro. 12:2).

"Porque ¿quién conoció la mente del Señor? ¿Quién le instruirá? Mas nosotros tenemos *la mente de Cristo*" (1 Co. 2:16).

"derribando argumentos y toda altivez que se levanta contra el conocimiento de Dios, y llevando cautivo todo pensamiento a la obediencia a Cristo" (2 Co. 10:5).

"Mas el fruto del Espíritu es amor, gozo, paz, paciencia, benignidad, bondad, fe, mansedumbre, templanza; contra tales cosas no hay ley" (Gá. 5:22, 23).

"Por lo demás, hermanos, todo lo que es verdadero, todo lo honesto, todo lo justo, todo lo puro, todo lo amable, todo lo que es de buen nombre; si hay virtud alguna, si algo digno de alabanza, *en esto pensad*" (Fil. 4:8).

"y renovaos en el espíritu de vuestra mente, y vestíos del nuevo hombre, creado según Dios en la justicia y santidad de la verdad" (Ef. 4:23, 24).

"Tú guardarás en completa paz a aquel cuyo pensamiento en ti persevera; porque en ti ha confiado" (Is. 26:3).

3 (10:6) *Ministro — Disciplina de la iglesia:* El ministro está listo para lidiar con los falsos maestros y los rebeldes, pero solo después de que los creyentes genuinos hayan dado el paso al frente. Pablo acababa de explicarles cómo él había luchado y peleado por vivir para Cristo todos los días, cómo había luchado y peleado por vencer todo argumento y altivez que se levanta contra el conocimiento de Dios. Por consiguiente, él no vacilaría en castigar toda desobediencia. Pero note lo siguiente: "él solo disciplinaría después de darle a todos una oportunidad de ser obedientes". Los corintios que estaban dispuestos a someterse a la verdad tenían que dar el paso al frente primero. Luego Pablo actuaría rápidamente. Él nunca recurriría a la severidad hasta que supiera con certeza quién estaba a favor de la verdad y quién estaba en contra de la verdad. Él no cometería un error con la disciplina. Por consiguiente, la iglesia tenía que dar un paso al frente por Dios primero. Tenía que agotarse todo medio de arrepentimiento y corrección; el desobediente tenía que tener toda oportunidad concebible de arrepentirse por medio de la apelación de esta carta y la medida correctiva de la iglesia. (Vea el índice y las notas — 1 Co. 5:1-5; 5:6-13; Mt. 18:15-20 para un mayor análisis.)

"Por tanto, si tu hermano peca contra ti, ve y repréndele estando tú y él solos; si te oyere, has ganado a tu hermano. Mas si no te oyere, toma aún contigo a uno o dos, para que en boca de dos o tres testigos conste toda palabra. Si no los oyere a ellos, dilo a la iglesia; y si no oyere a la iglesia, tenle por gentil y publicano" (Mt. 18:15-17).

"Dijo Jesús a sus discípulos: Imposible es que no vengan tropiezos; mas ¡ay de aquel por quien vienen! Mejor le fuera que se le atase al cuello una piedra de molino y se le arrojase al mar, que hacer tropezar a uno de estos pequeñitos. Mirad por vosotros mismos. Si tu hermano pecare contra ti, repréndele; y si se arrepintiere, perdónale" (Lc. 17:1-3).

"Y al pasar por las ciudades, les entregaban las ordenanzas que habían acordado los apóstoles y los ancianos que estaban en Jerusalén, para que las guardasen" (Hch. 16:4).

"A los que persisten en pecar, repréndelos delante de todos, para que los demás también teman" (1 Ti. 5:20).

"que prediques la palabra; que instes a tiempo y fuera de tiempo; redarguye, reprende, exhorta con toda paciencia y doctrina" (2 Ti. 4:2).

"Este testimonio es verdadero; por tanto, repréndelos duramente, para que sean sanos en la fe" (Tit. 1:13).

"Esto habla, y exhorta y reprende con toda autoridad. Nadie te menosprecie" (Tit. 2:15).

"Al hombre que cause divisiones, después de una y otra amonestación deséchalo" (Tit. 3:10).

"Obedeced a vuestros pastores, y sujetaos a ellos; porque ellos velan por vuestras almas, como quienes han de dar cuenta; para que lo hagan con alegría, y no quejándose, porque esto no os es provechoso" (He. 13:17).

	B. El ministro: Su derecho de ser aceptado, 10:7-18		

1 El ministro debe ser aceptado porque él pertenece a Cristo
 a. Acusación: Pablo era menor que los otros ministros
 b. Afirmación: Todos los ministros son iguales
 	
 2 El ministro debe ser aceptado porque él está puesto para edificación y no para destrucción
 a. Acusación: Pablo destruye a las personas
 b. Afirmación: Él edifica, no destruye a las personas
 	
 3 El ministro debe ser aceptado por la autoridad que Dios le ha dado, no por la apariencia
 a. Acusación: Pablo, apariencia débil, predicador pobre, no era posible que pudiera tener autoridad de Dios
 b. Afirmación
   1) Si fuera necesario, ejercería su autoridad
	7 Miráis las cosas según la apariencia. Si alguno está persuadido en sí mismo que es de Cristo, esto también piense por sí mismo, que como él es de Cristo, así también nosotros somos de Cristo.
	
	 8 Porque aunque me gloríe algo más todavía de nuestra autoridad, la cual el Señor nos dio para edificación y no para vuestra destrucción, no me avergonzaré;
	
	 9 para que no parezca como que os quiero amedrentar por cartas.
	 10 Porque a la verdad, dicen, las cartas son duras y fuertes; mas la presencia corporal débil, y la palabra menospreciable.
	
	 11 Esto tenga en cuenta tal persona, que así como somos en la palabra por cartas, estando ausentes, lo seremos también en hechos, estando presentes.
		12 Porque no nos atrevemos a contarnos ni a compararnos con algunos que se alaban a sí mismos; pero ellos, midiéndose a sí mismos por sí mismos, y comparándose consigo mismos, no son juiciosos.
		 13 Pero nosotros no nos gloriaremos desmedidamente, sino conforme a la regla que Dios nos ha dado por medida, para llegar también hasta vosotros.
		 14 Porque no nos hemos extralimitado, como si no llegásemos hasta vosotros, pues fuimos los primeros en llegar hasta vosotros con el evangelio de Cristo.
		 15 No nos gloriamos desmedidamente en trabajos ajenos, sino que esperamos que conforme crezca vuestra fe seremos muy engrandecidos entre vosotros, conforme a nuestra regla;
		 16 y que anunciaremos el evangelio en los lugares más allá de vosotros, sin entrar en la obra de otro para gloriarnos en lo que ya estaba preparado.
		 17 Mas el que se gloría, gloríese en el Señor;
		 18 porque no es aprobado el que se alaba a sí mismo, sino aquel a quien Dios alaba.
			2) Los juicios y las recomendaciones humanas no son sensatas
			
			 3) Un ministro debe ejercer autoridad solo en el área y dentro de los límites que Dios le ha dado
			
			 4 El ministro debe ser aceptado porque él ministra y predica el evangelio
			 a. Él le predica el evangelio a la iglesia
			 b. Su área de preocupación
			   1) Su fe y su crecimiento
			
			   2) Su envío del evangelio a lugares más allá de ellos mismos
			
			 5 El ministro debe ser aceptado porque él se gloría en el Señor y no en los hombres

DIVISIÓN V

LA RESPUESTA DEL MINISTRO A SUS CRÍTICOS, 10:1—13:14

B. El ministro: Su derecho de ser aceptado, 10:7-18

(10:7-18) *Introducción:* El ministro tiene muchos derechos, pero el único derecho que significa tanto para él como para cualquier otro es el derecho de ser aceptado. Toda iglesia, no importa la situación o las circunstancias, debe abrir sus brazos y aceptar al ministro. Si él necesita ayuda, entonces la iglesia debe ayudarlo, no importa cuál sea el problema.

1. El ministro debe ser aceptado porque él pertenece a Cristo (v. 7).
2. El ministro debe ser aceptado porque él está puesto para edificación y no para destrucción (v. 8).
3. El ministro debe ser aceptado por la autoridad que Dios le ha dado, no por la apariencia (vv. 9-13).
4. El ministro debe ser aceptado porque él ministra y predica el evangelio (vv. 14-16).
5. El ministro debe ser aceptado porque él se gloría en el Señor y no en los hombres (vv. 17-18).

1 (10:7) *Ministro — Pablo, acusaciones contra:* El ministro debe ser aceptado porque él pertenece a Cristo tanto como cualquier otro ministro. Los alborotadores y los críticos de Pablo creían que Pablo era menor que los otros ministros. Decían que Pablo no tenía talla de ministro, que no era tan llamado o dotado como los otros ministros de Dios; por consiguiente, no debía estar en el púlpito de Corinto, tampoco debía aceptarse su autoridad en Corinto.

La afirmación de Pablo es que todos los ministros son iguales. Note cómo Pablo desenmascara el énfasis vergonzoso acerca de "la apariencia" y en el rango de los ministros. Al parecer algunas personas estaban juzgando a Pablo:

- Por su vida pecaminosa pasada como persecutor y asesino de los creyentes de la iglesia primitiva (vea las notas — Hch. 8:1-4; 9:1-2 para un análisis).
- Porque al parecer otros ministros y maestros tenían dones más fuertes y más atractivos.
- Porque otros ministros y maestros tenían más carisma y eran mejores oradores (cp. el v. 10).

Pablo es contundente en su represión: "¿Por qué se fijan y juzgan según la apariencia? Si cualquier hombre afirma que él pertenece a Cristo y que Cristo lo ha llamado, yo, también hago la misma afirmación. Piensen en ello, y analícenlo una vez más. Una afirmación es una convicción personal, y a convicción personal es subjetiva. La convicción personal y la afirmación de un hombre son tan buenas como la de otro hombre. Por consiguiente, si un hombre dice que él pertenece a Cristo, yo, también pertenezco a Cristo. Yo pertenezco a Cristo tanto como él. Mi afirmación es tan válida como la de él".

Este elemento está explícitamente claro: La convicción personal es un factor en el ministerio, y a la convicción de un hombre que ha sido llamado por Cristo se le debe escuchar y prestar atención. Pero se necesita mucho más para demostrar si un hombre es un verdadero ministro de Cristo.

> "Porque he sido informado acerca de vosotros, hermanos míos, por los de Cloé, que hay entre vosotros contiendas. Quiero decir, que cada uno de vosotros dice: Yo soy de Pablo; y yo de Apolos; y yo de Cefas; y yo de Cristo. ¿Acaso está dividido Cristo? ¿Fue crucificado Pablo por vosotros? ¿O fuisteis bautizados en el nombre de Pablo?" (1 Co. 1:11-13).
>
> "¡Ay de vosotros, escribas y fariseos, hipócritas! porque sois semejantes a sepulcros blanqueados, que por fuera, a la verdad, se muestran hermosos, mas por dentro están llenos de huesos de muertos y de toda inmundicia" (Mt. 23:27).
>
> "No juzguéis según las apariencias, sino juzgad con justo juicio" (Jn. 7:24).
>
> "No nos recomendamos, pues, otra vez a vosotros, sino os damos ocasión de gloriaros por nosotros, para que tengáis con qué responder a los que se glorían en las apariencias y no en el corazón" (2 Co. 5:12).
>
> "Miráis las cosas según la apariencia. Si alguno está persuadido en sí mismo que es de Cristo, esto también piense por sí mismo, que como él es de Cristo, así también nosotros somos de Cristo" (2 Co. 10:7).

2 (10:8) *Ministro — Pablo, acusaciones contra:* El ministro debe ser aceptado porque él está puesto para la edificación y no para la destrucción. La acusación contra Pablo fue que él destruía a las personas:

- Afirmando ser un ministro de Cristo cuando en realidad no lo era.
- Predicando sus propias ideas y filosofía.
- Tratando de asegurar seguidores personales.

Pablo afirmó contundentemente que Cristo lo había llamado para edificación, no para destrucción. Él fue llamado para edificar personas, no para destruirlas. De ninguna manera había dañado ni destruido a la iglesia. Nota: Pablo dice que él podía gloriarse en su ministerio y en su fidelidad. Incluso podía gloriarse más que la mayoría de los otros ministros; y si él decidía hacerlo, no lo avergonzaría, porque tenía todo el derecho de gloriarse. Él había servido a Cristo fielmente y bien en el ministerio de edificar la iglesia.

> "Así que, sigamos lo que contribuye a la paz y a la mutua edificación" (Ro. 14:19).
>
> "Pero el que profetiza habla a los hombres para edificación, exhortación y consolación" (1 Co. 14:3).
>
> "¿Pensáis aún que nos disculpamos con vosotros? Delante de Dios en Cristo hablamos; y todo, muy amados, para vuestra edificación" (2 Co. 12:19).
>
> "Y él mismo constituyó a unos, apóstoles; a otros, profetas; a otros, evangelistas; a otros, pastores y maestros, a fin de perfeccionar a los santos para la obra del ministerio, para la edificación del cuerpo de Cristo" (Ef. 4:11, 12).
>
> "Ninguna palabra corrompida salga de vuestra boca, sino la que sea buena para la necesaria edificación, a fin de dar gracia a los oyentes" (Ef. 4:29).

3 (10:9-13) *Ministro — Pablo, acusaciones contra:* El ministro debe ser aceptado por la autoridad y gobierno que Dios le ha dado, no por la apariencia. La acusación contra Pablo era que él era débil en apariencia y un predicador pobre; por consiguiente, era posible que él no pudiera ser llamado de Dios, tampoco poseer la autoridad de Dios. William Barclay expresa:

> *"Nos ha llegado una descripción de la apariencia personal de Pablo de un libro antiguo llamado Los hechos de Pablo y Thecla. Data de alrededor del 200 d.C. Es tan poco favorecedor que bien puede ser cierto. Describe a Pablo como 'un hombre de pequeña estatura, de cabeza con poco pelo, patiestevado, de buen estado corporal, cejijunto, y con nariz aguileña, lleno de gracia, porque en ocasiones parecía un hombre y en ocasiones tenía la acara de un ángel'. Un hombre pequeño, calvo y patizambo, cejijunto y con nariz aguileña —no es una figura muy impresionante—, y bien puede ser que los corintios hayan hecho mucho énfasis en ello. Bien haríamos de vez en cuando en recordar que no pocas veces un gran espíritu se ha alojado en un cuerpo muy humilde"* (William Barclay. *Las epístolas a los corintios*, p. 271).

Además de su apariencia personal, al parecer Pablo era lo que la mayoría de las personas denominaría un *predicador pobre*. Él no era elocuente; algunas personas hasta se dormían durante su predicación (Hch. 20:9). Sus críticos en Corinto denominaban su predicación como despreciable, es decir, no tenía importancia, insignificante, una pérdida de tiempo, falto de autoridad. Note que su predicación se comparaba con sus escritos, de los que se decía que eran importantes y potentes (admirable y contundente, conmovedor y enérgico).

Pensamiento 1. Esta crítica hirió a Pablo. Esto se puede ver al leer e interpretar las palabras de este pasaje y de otros (cp. 1 Co. 1:17; 2:1-4; 2 Co. 11:6). Pablo no podía hacer nada acerca de su apariencia física, como se veía, y su don de predicar se lo había dado Dios. Él podía y obraba por mejorar, como lo hace cualquier verdadero predicador. No obstante, él era quien era, y no podía cambiar el don de Dios. Por tanto, la crítica lo iba a herir. Los creyentes laicos deberán siempre edificar al ministro, no destruirlo.

Note la respuesta de Pablo a las críticas:

1. Hay un tiempo definido para la autoridad y la disciplina dentro de la iglesia. Y si son necesarias la autoridad y la disciplina, Pablo las ejercerá cuando visite la iglesia con la misma autoridad franca que se hace tan evidente en sus escritos (v. 11). (Vea la nota — 2 Co. 10:1-2 para un mayor análisis.)

2. Las recomendaciones y juicios humanos no son sensatos. Pablo nunca haría lo que sus críticos y otras personas hicieron: "Buscar la alabanza y las recomendaciones de los hombres". Al parecer, algunas personas estaban buscando cartas de recomendación a fin de garantizar mayor reconocimiento, honra, y posición.

Con un entendimiento claro, Pablo dice que tal egoísmo solo enfrenta a un ministro contra otro; compara uno con otro. Y tal medición de ministros no es sensata.

3. Un ministro debe ejercer autoridad solo en el área y dentro de los límites que Dios le ha dado. El ministro no tiene ninguna otra autoridad legal, pero él *sí tiene esa* autoridad. Y esa autoridad es la que se reconoce y se admite.

"no que seamos competentes por nosotros mismos para pensar algo como de nosotros mismos, sino que nuestra competencia proviene de Dios, el cual asimismo nos hizo ministros competentes de un nuevo pacto, no de la letra, sino del espíritu; porque la letra mata, mas el espíritu vivifica" (2 Co. 3:5, 6).

"Por lo cual, teniendo nosotros este ministerio según la misericordia que hemos recibido, no desmayamos. Antes bien renunciamos a lo oculto y vergonzoso, no andando con astucia, ni adulterando la palabra de Dios, sino por la manifestación de la verdad recomendándonos a toda conciencia humana delante de Dios" (2 Co. 4:1, 2).

"Y todo esto proviene de Dios, quien nos reconcilió consigo mismo por Cristo, y nos dio el ministerio de la reconciliación; que Dios estaba en Cristo reconciliando consigo al mundo, no tomándoles en cuenta a los hombres sus pecados, y nos encargó a nosotros la palabra de la reconciliación. Así que, somos embajadores en nombre de Cristo, como si Dios rogase por medio de nosotros; os rogamos en nombre de Cristo: Reconciliaos con Dios" (2 Co. 5:18-20).

"del cual yo fui hecho ministro por el don de la gracia de Dios que me ha sido dado según la operación de su poder" (Ef. 3:7).

"Doy gracias al que me fortaleció, a Cristo Jesús nuestro Señor, porque me tuvo por fiel, poniéndome en el ministerio" (1 Ti. 1:12).

"pero que ahora ha sido manifestada por la aparición de nuestro Salvador Jesucristo, el cual quitó la muerte y sacó a luz la vida y la inmortalidad por el evangelio, del cual yo fui constituido predicador, apóstol y maestro de los gentiles" (2 Ti. 1:10, 11).

4 (10:14-16) *Ministro, autoridad — Pablo, acusaciones contra:* El ministro debe ser aceptado porque él ministra y predica el evangelio de Cristo. Esta es la autoridad del ministro, la única autoridad que él tiene: "La autoridad para ministrar y predicar el evangelio". Pablo declara rotundamente que él *no se ha extralimitado*. Los falsos maestros de Corinto eran los que se estaban extralimitándose, no Pablo. Pablo había sido llamado y dotado por Dios para ministrar y predicar en Corinto, no ellos. Esto implica lo siguiente: Era necesario que los falsos maestros se *arrepintieran y se unieran* a los creyentes de la iglesia, trabajaran y se esforzaran conjuntamente con los creyentes por el bien del evangelio.

Nota: Pablo usó otro término para explicar cuál era exactamente su preocupación y su área de ministerio: *su fe y su crecimiento*. Él quería que su fe creciera, y note por qué: Para que pudieran ayudar a enviarlo a él y al evangelio a otras partes del mundo, a lugares más apartados.

Pensamiento 1. ¡Qué lección! No hay cabida para la división y la competitividad en la iglesia; no hay cabida para destruir al ministro de Dios. El ministro tiene su área de interés y autoridad:

=> La de ministrar y predicar el evangelio.
=> La de edificar la fe de las personas.
=> La de guiar a las personas para enviar el evangelio a otros lugares del mundo.

Nadie debe dificultar ni detener esta obra del ministro. Él es el ministro de Dios que debe hacer la obra de Dios entre el pueblo de Dios.

"Por tanto, id, y haced discípulos a todas las naciones, bautizándolos en el nombre del Padre, y del Hijo, y del Espíritu Santo; enseñándoles que guarden todas las cosas que os he mandado; y he aquí yo estoy con vosotros todos los días, hasta el fin del mundo. Amén" (Mt. 28:19, 20).

"Y les dijo: Id por todo el mundo y predicad el evangelio a toda criatura" (Mr. 16:15).

"pero recibiréis poder, cuando haya venido sobre vosotros el Espíritu Santo, y me seréis testigos en Jerusalén, en toda Judea, en Samaria, y hasta lo último de la tierra" (Hch. 1:8).

"Por tanto, mirad por vosotros, y por todo el rebaño en que el Espíritu Santo os ha puesto por obispos, para apacentar la iglesia del Señor, la cual él ganó por su propia sangre" (Hch. 20:28).

"Porque no nos predicamos a nosotros mismos, sino a Jesucristo como Señor, y a nosotros como vuestros siervos por amor de Jesús" (2 Co. 4:5).

"que con mansedumbre corrija a los que se oponen, por si quizá Dios les conceda que se arrepientan para conocer la verdad" (2 Ti. 2:25).

"Acordaos de vuestros pastores, que os hablaron la palabra de Dios; considerad cuál haya sido el resultado de su conducta, e imitad su fe" (He. 13:7).

5 (10:17-18) *Ministro:* El ministro debe ser aceptado porque él se gloría en el Señor y no en los hombres. Pablo ha tenido mucho que decir acerca de gloriarse y el gloriarse en sí mismo en todo este pasaje (vv. 7, 8, 12, 13, 15, 16). Él ahora hace entender esto de un modo contundente: quien se gloríe debe gloriarse en el Señor, o no es aprobado ni aceptado por Dios. Un ministro no es un verdadero ministro, no importa lo que piense, predique, o afirme si...

- se exalta a sí mismo
- añora reconocimiento
- busca alabanza
- busca sus propios intereses
- ama la posición
- se envanece

Un verdadero ministro de Dios no se alaba a sí mismo; solo busca la gloria del Señor Jesucristo.

> **"Tengo, pues, de qué gloriarme en Cristo Jesús en lo que a Dios se refiere. Porque no osaría hablar sino de lo que Cristo ha hecho por medio de mí para la obediencia de los gentiles, con la palabra y con las obras"** (Ro. 15:17, 18).

> **"sino que lo necio del mundo escogió Dios, para avergonzar a los sabios; y lo débil del mundo escogió Dios, para avergonzar a lo fuerte; y lo vil del mundo y lo menospreciado escogió Dios, y lo que no es, para deshacer lo que es, a fin de que nadie se jacte en su presencia"** (1 Co. 1:27-29).

> **"En Jehová se gloriará mi alma; lo oirán los mansos, y se alegrarán"** (Sal. 34:2.

> **"En Dios nos gloriaremos todo el tiempo, y para siempre alabaremos tu nombre"** (Sal. 44:8).

> **"Así dijo Jehová: No se alabe el sabio en su sabiduría, ni en su valentía se alabe el valiente, ni el rico se alabe en sus riquezas. Mas alábese en esto el que se hubiere de alabar: en entenderme y conocerme, que yo soy Jehová, que hago misericordia, juicio y justicia en la tierra; porque estas cosas quiero, dice Jehová"** (Jer. 9:23, 24).

	CAPÍTULO 11	lio de Dios de balde?	a. Él sirvió en Corinto gratuitamente
	C. El ministro: Su amonestación contra la seducción, 11:1-15	8 He despojado a otras iglesias, recibiendo salario para serviros a vosotros.	b. Él recibió apoyo de otras iglesias
1 Él tiene un celo de Dios por la iglesia	1 ¡Ojalá me toleraseis un poco de locura! Sí, toleradme.	9 Y cuando estaba entre vosotros y tuve necesidad, a ninguno fui carga, pues lo que me faltaba, lo suplieron los hermanos que vinieron de Macedonia, y en todo me guardé y me guardaré de seros gravoso.	c. Él no deseaba ser una carga
a. Ilustración: Como en el matrimonio	2 Porque os celo con celo de Dios; pues os he desposado con un solo esposo, para presentaros como una virgen pura a Cristo.		
b. Él los guió hacia Cristo			
c. Él los quiere puros		10 Por la verdad de Cristo que está en mí, que no se me impedirá esta mi gloria en las regiones de Acaya.	d. Lo estaban criticando por su política
2 Teman a la seducción, a los sentidos extraviados	3 Pero temo que como la serpiente con su astucia engañó a Eva, vuestros sentidos sean de alguna manera extraviados de la sincera fidelidad a Cristo.	11 ¿Por qué? ¿Porque no os amo? Dios lo sabe.	e. Él aplicó esta política porque él los amaba
a. Ilustración: La seducción de Eva		12 Mas lo que hago, lo haré aún, para quitar la ocasión a aquellos que la desean, a fin de que en aquello en que se glorían, sean hallados semejantes a nosotros.	f. Él seguiría aplicando la mejor política, por el bien de la iglesia
b. Se apartó de Cristo			
3 Teman a la predicación de otro Jesús	4 Porque si viene alguno predicando a otro Jesús que el que os hemos predicado, o si recibís otro espíritu que el que habéis recibido, u otro evangelio que el que habéis aceptado, bien lo toleráis;		
a. Recibir otro espíritu		13 Porque éstos son falsos apóstoles, obreros fraudulentos, que se disfrazan como apóstoles de Cristo.	**6 Teman a los falsos apóstoles, obreros fraudulentos**
b. Recibir otro evangelio		14 Y no es maravilla, porque el mismo Satanás se disfraza como ángel de luz.	a. Se disfrazan como apóstoles, como ministros de luz
4 Teman a la comparación de ministros	5 y pienso que en nada he sido inferior a aquellos grandes apóstoles.	15 Así que, no es extraño si también sus ministros se disfrazan como ministros de justicia; cuyo fin será conforme a sus obras.	b. Se disfrazan igual a Satanás, como mensajeros de luz
a. Él no es inferior ni siquiera al mayor de los apóstoles	6 Pues aunque sea tosco en la palabra, no lo soy en el conocimiento; en todo y por todo os lo hemos demostrado.		c. Son ministros de Satanás, disfrazados como ministros de justicia
b. El don de Dios no es la habilidad de la predicación, sino el don del conocimiento			d. Deben ser juzgados según sus obras
5 Teman a aquellos que critican la norma del dinero honrado (la historia de Pablo)	7 ¿Pequé yo humillándome a mí mismo, para que vosotros fueseis enaltecidos, por cuanto os he predicado el evange-		

DIVISIÓN V

LA RESPUESTA DEL MINISTRO A SUS CRÍTICOS, 10:1—13:14

C. El ministro: Su amonestación contra la seducción, 11:1-15

(11:1-15) **Introducción:** Algunos falsos maestros y críticos en la iglesia estaban atacando a Pablo y a su ministerio con toda acusación concebible (vea la nota, *Pablo, acusaciones contra* — 2 Co. 1:12-22 para un mayor análisis). Querían destruir la influencia y el ministerio de Pablo en Corinto y tener ellos el control sobre la iglesia. De la manera que procedían para obtener el control era usando los mismos métodos que usa toda persona que busca poder: *la seducción, el*

engaño, y las mentiras. Seducían a las personas con falsas doctrinas y al mismo tiempo mentían sobre Pablo a fin de destruir su credibilidad.

Pablo tenía que salvar a la iglesia, al menos hacer todo cuanto podía por salvarla. En este pasaje él amonesta a la iglesia contra la seducción y el engaño:

1. Él tiene un celo de Dios por la iglesia (vv. 1-2).
2. Teman a la seducción, a los sentidos extraviados (v. 3).
3. Teman a la predicación de otro Jesús (v. 4).
4. Teman a la comparación de ministros (vv. 5-6).
5. Teman a aquellos que critican la norma del dinero honrado (vv. 7-12).

6. Teman a los falsos apóstoles, obreros fraudulentos (vv. 13-15).

1 (11:1-2) *Ministro — Iglesia:* El ministro tiene un celo de Dios por la iglesia. La iglesia era muy preciada para Pablo; él no ofendería a la iglesia de ninguna manera. Tenía que desenmascarar el error de los falsos maestros y de sus críticos, y para hacerlo tenía que defenderse. Esto molestaba a Pablo; él no quería hablar de sí mismo. Él prefería hablar de Jesucristo. Pero no tenía opción, tenía que defenderse. Note el método suave, y positivo que él adoptó:

> **"¡Ojalá me toleraseis un poco de locura! Sí, toleradme". (Advierta la manera en la que Pablo alienta la iglesia con esta última oración: conoce que serán probados y que junto a él se levantarán a favor de la verdad y en contra de los falsos maestros y los que critican.)**

Pablo tenía un celo de Dios por ellos porque él había guiado a muchos de ellos hacia Cristo. Los amaba y los amaba muchísimo.

> **"Porque aunque tengáis diez mil ayos en Cristo, no tendréis muchos padres; pues en Cristo Jesús yo os engendré por medio del evangelio" (1 Co. 4:15).**
> **"¿No sois vosotros mi obra en el Señor?" (1 Co. 9:1).**

Note que el único objetivo de Pablo era presentarle la iglesia a Cristo como una virgen pura, es decir, pura, santa, y sin mancha ni error. En la época de Pablo el novio tenía lo que se denominaba un *amigo* del novio. Este amigo se ocupaba de los arreglos de la boda, fundamentalmente la función particular de garantizar la castidad de la novia. En la sociedad moderna es generalmente el padre de la novia el que maneja los arreglos. Él es también el único responsable de garantizar la castidad de su hija, la novia. Pablo acá está afirmando ser el amigo, el padre de los corintios, quien amaba y se preocupaba tanto por ellos que debía garantizar su castidad ante el Señor. Por consiguiente, deben escucharlo.

> **"Maridos, amad a vuestras mujeres, así como Cristo amó a la iglesia, y se entregó a sí mismo por ella, para santificarla, habiéndola purificado en el lavamiento del agua por la palabra, a fin de presentársela a sí mismo, una iglesia gloriosa, que no tuviese mancha ni arruga ni cosa semejante, sino que fuese santa y sin mancha" (Ef. 5:25-27).**
> **"Así también vosotros, hermanos míos, habéis muerto a la ley mediante el cuerpo de Cristo, para que seáis de otro, del que resucitó de los muertos, a fin de que llevemos fruto para Dios" (Ro. 7:4).**
> **"Gocémonos y alegrémonos y démosle gloria; porque han llegado las bodas del Cordero, y su esposa se ha preparado" (Ap. 19:7).**
> **"Pero mientras ellas iban a comprar, vino el esposo; y las que estaban preparadas entraron con él a las bodas; y se cerró la puerta. Después vinieron también las otras vírgenes, diciendo: ¡Señor, señor, ábrenos! Mas él, respondiendo, dijo: De cierto os digo, que no os conozco. Velad, pues, porque no sabéis el día ni la hora en que el Hijo del Hombre ha de venir" (Mt. 25:10-13; cp. Mt. 25:1-13).**

2 (11:3) *Seducción — Iglesia:* La iglesia debe temerle a la seducción, deben temer que se extravíen sus sentidos. Note que sus sentidos aún no estaban extraviados, pero existía el peligro. Había falsos maestros dentro de la iglesia, y dondequiera que hay falsos maestros, hay probabilidad de que se extravíen algunos sentidos.

El peligro consistía en que los creyentes se apartaran de la sincera fidelidad (aplotetos) a Cristo. Las palabras significan devoción, lealtad, y compromiso con Cristo. Los creyentes deben tener sus sentidos y su vida centrados en Cristo y solo en Él. Había un gran peligro de que los falsos maestros quebrantaran la lealtad y la permanencia de algunos creyentes en Cristo y los hicieran centrarse en:

*   Alguna creencia o doctrina falsa.
*   Alguna nueva idea o posición.
*   Algún ritual o ceremonia.
*   Algún énfasis o programa.
*   Alguna persona o predicador.

El resultado de centrarse en tales cosas es devastador: "Los sentidos se extravían". Se aparta de Cristo, se aparta de la verdad de Dios y de su gracia salvadora que es en Cristo Jesús y solo en Él. Demasiadas personas estaban obedeciendo a falsas creencias y doctrinas, ideas y posiciones, rituales y ceremonias, personas y predicadores, esperando que Dios las aceptara por su lealtad a tales personas o prácticas religiosas.

Pero la lealtad a Cristo solamente, la devoción al propio Hijo querido de Dios, es lo único que estimula a Dios a aceptar a los hombres. Este era el peligro al que se enfrentaba la iglesia de Corinto y es el peligro al que se enfrenta iglesia tras iglesia hoy día: "Los sentidos que se extravían y se apartan de la lealtad a Cristo por medio de los falsos maestros".

Note la ilustración que Pablo usa: La seducción de Eva por la serpiente. Eva ilustra con qué *facilidad* un creyente puede extraviarse y apartarse de Cristo. Recuerden estos elementos sobre Eva: Ella...

*   fue creada perfectamente, sin una naturaleza pecadora.
*   fue colocada en un medio perfecto.
*   le fue otorgada una relación personal y una fraternidad con Dios.
*   le fue concedida toda bendición que se pueda imaginar.

Aún así, a pesar de estas ventajas, Eva fue seducida por Satanás. Ella fue seducida...

*   a no creer en Dios y en lo que Él había dicho.
*   a creer en otra persona y en lo que decía.

Eva cedió ante la seducción: Ella le fue desleal a Dios y a su Palabra. Por ende perdió su devoción y compromiso con Dios. En comparación con Eva y lo que Eva tenía, los creyentes se encuentran en una posición precaria (muy peligrosa). Por consiguiente, se les debe proteger de los falsos maestros. Se les debe amonestar contra la seducción, contra la posibilidad de que les extravíen los sentidos. Cuando en la iglesia hay falsos maestros, se debe lidiar con ellos o algunos creyentes se extraviarán y se les guiará por un mal camino.

"Entonces respondiendo Jesús, les dijo: Erráis, ignorando las Escrituras y el poder de Dios" (Mt. 22:29).

"para que Satanás no gane ventaja alguna sobre nosotros; pues no ignoramos sus maquinaciones" (2 Co. 2:11).

"Pues no somos como muchos, que medran falsificando la palabra de Dios, sino que con sinceridad, como de parte de Dios, y delante de Dios, hablamos en Cristo" (2 Co. 2:17).

"Antes bien renunciamos a lo oculto y vergonzoso, no andando con astucia, ni adulterando la palabra de Dios, sino por la manifestación de la verdad recomendándonos a toda conciencia humana delante de Dios" (2 Co. 4:2).

"en los cuales el dios de este siglo cegó el entendimiento de los incrédulos, para que no les resplandezca la luz del evangelio de la gloria de Cristo, el cual es la imagen de Dios" (2 Co. 4:4).

"en los cuales anduvisteis en otro tiempo, siguiendo la corriente de este mundo, conforme al príncipe de la potestad del aire, el espíritu que ahora opera en los hijos de desobediencia" (Ef. 2:2).

"Vestíos de toda la armadura de Dios, para que podáis estar firmes contra las asechanzas del diablo" (Ef. 6:11).

"casi en todas sus epístolas, hablando en ellas de estas cosas; entre las cuales hay algunas difíciles de entender, las cuales los indoctos e inconstantes tuercen, como también las otras Escrituras, para su propia perdición" (2 P. 3:16).

3 (11:4) *Predicación — Falsos maestros:* La iglesia debe temerle a la predicación de otro Jesús. Es este siempre el peligro de los falsos maestros. Nota: No es otro Cristo (Mesías) el que estaban predicando, sino otro Jesús. Es decir, estaban confundidos acerca de quién era Jesús el carpintero y quién era Jesús el Hijo de Dios. Estaban confundidos acerca de la humanidad de Jesús. Estaban enseñando que:

*   Jesús fue solo un buen hombre que vivió como deben vivir los hombres.
*   Jesús fue solo un gran maestro que les enseñó a los hombres cómo vivir.
*   Jesús fue solo un mártir maravilloso que le demostró a los hombres cómo deben morir.

Ellos hacían énfasis en la humanidad de Jesús e ignoraban o negaban su deidad.

Note lo que dice Pablo: Él dice que los hombres pueden recibir otro espíritu aparte del Espíritu de Dios, y que pueden recibir otro evangelio aparte del evangelio del Señor Jesucristo. Hay otros espíritus y evangelios que buscan la lealtad de los hombres; por consiguiente, la iglesia y sus creyentes deben estar en guardia contra la predicación de otro Jesús.

"Estoy maravillado de que tan pronto os hayáis alejado del que os llamó por la gracia de Cristo, para seguir un evangelio diferente. No que haya otro, sino que hay algunos que os perturban y quieren pervertir el evangelio de Cristo. Mas si aun nosotros, o un ángel del cielo, os anunciare otro evangelio diferente del que os hemos anunciado, sea anatema. Como antes hemos dicho, también ahora lo repito: Si alguno os predica diferente evangelio del que habéis recibido, sea anatema" (Gá. 1:6-9).

"De manera que cualquiera que quebrante uno de estos mandamientos muy pequeños, y así enseñe a los hombres, muy pequeño será llamado en el reino de los cielos; mas cualquiera que los haga y los enseñe, éste será llamado grande en el reino de los cielos" (Mt. 5:19).

"Pues en vano me honran, enseñando como doctrinas, mandamientos de hombres" (Mt. 15:9).

"queriendo ser doctores de la ley, sin entender ni lo que hablan ni lo que afirman" (1 Ti. 1:7).

"Pero el Espíritu dice claramente que en los postreros tiempos algunos apostatarán de la fe, escuchando a espíritus engañadores y a doctrinas de demonios; por la hipocresía de mentirosos que, teniendo cauterizada la conciencia" (1 Ti. 4:1, 2).

"Si alguno enseña otra cosa, y no se conforma a las sanas palabras de nuestro Señor Jesucristo, y a la doctrina que es conforme a la piedad" (1 Ti. 6:3).

"Porque vendrá tiempo cuando no sufrirán la sana doctrina, sino que teniendo comezón de oír, se amontonarán maestros conforme a sus propias concupiscencias, y apartarán de la verdad el oído y se volverán a las fábulas" (2 Ti. 4:3, 4).

"Porque hay aún muchos contumaces, habladores de vanidades y engañadores, mayormente los de la circuncisión, a los cuales es preciso tapar la boca; que trastornan casas enteras, enseñando por ganancia deshonesta lo que no conviene" (Tit. 1:10, 11).

"Pero hubo también falsos profetas entre el pueblo, como habrá entre vosotros falsos maestros, que introducirán encubiertamente herejías destructoras, y aun negarán al Señor que los rescató, atrayendo sobre sí mismos destrucción repentina" (2 P. 2:1).

4 (11:5-6) *Ministros:* La iglesia debe temerle a la comparación de ministros. Los falsos maestros estaban diciendo que Pablo no era un verdadero apóstol, que él no había sido llamado por Dios a ser ministro. Su apariencia y su habilidad para la predicación eran muy débiles; él no hablaba con la contundencia suficiente como para ser dotado y llamado por Dios (1 Co. 9:1; 2 Co. 1:21; 10:7, 10; 12:11).

De un modo sencillo, el don esencial de Dios no es la habilidad para predicar, sino el conocimiento, el conocimiento de Dios y de Cristo y de la verdad. Nota: Pablo dice que él había revelado y proclamado completamente la verdad en todas las cosas (salvación y redención). (¡Un ejemplo dinámico para cada uno de nosotros! Ver la nota — 1 Co. 4:1-2 para un mayor análisis.)

5 (11:7-12) *Finanzas — Ministro:* La iglesia debe temerle a aquellos que critican la norma del dinero honrado.

=> Pablo había ministrado en Corinto gratuitamente, sin aceptar dádivas ni apoyo financiero (v. 7).

=> Sin embargo, él sí recibió apoyo de otras iglesias (v. 8).

=> Él hizo esto porque tenía necesidades cuando estuvo Corinto, pero no quería ser una carga para los corintios tampoco quería estar en deuda con ellos. Él no quería restricciones de ningún tipo sobre la predicación de la verdad y su evangelio. Él no quería que ningún hombre tuviera el derecho de influir en su ministerio, tampoco quería estar amenazado por obligaciones financieras.

=> La norma de Pablo era garantizar el apoyo de las iglesias en otras regiones de modo que él pudiera mantener el evangelio gratuito donde estaba ministrando. Esta, declaró él, seguirá siendo su política (v. 9).

=> Pablo fue criticado por esta norma. Al parecer había dos críticas: Primero, él se rehusaba de aceptar cualquier cosa porque sabía que su doctrina era inferior. Por ende él estaba avergonzado. Segundo, él era demasiado orgulloso para permitirse ser ministrado por otros. Tales críticas demuestran claramente que estos hombres solo estaban buscando la oportunidad de criticar a Pablo (v. 12).

=> Pablo aplicó esta norma porque amaba la iglesia. La verdad no era lo que decían los críticos y los falsos maestros: que él no se preocupaba lo suficiente por la iglesia para permitirles formar parte de su ministerio. Por el contrario, él practicaba la política del autofinanciamiento porque sí los amaba. Si él aceptaba dinero de ellos, sus críticos lo acusarían de ministrar por dinero. Tales críticas solo dañarían a la iglesia. Por consiguiente, su política fue la prueba de que él amaba la iglesia (vv. 11-12).

Pensamiento 1. El ministro siempre debe cuidarse de darles a las personas una oportunidad de criticar sus políticas financieras. Pero él *no* debe *moderar* el evangelio porque tema perder su sostén o tema que molestará a las personas.

6 (11:13-15) *Satanás — Falsos maestros:* La iglesia debe temerle a los falsos ministros y a los obreros fraudulentos. A los falsos ministros se les desenmascara e identifica claramente en estos tres versículos.

1. Los falsos ministros están disfrazados de ministros de Cristo, pero son obreros fraudulentos.
   a. Son obreros religiosos, obreros que sirven en religión.
   b. Son falsos ministros: aseguran ser ministros de Cristo, pero no lo son.
   c. Se disfrazan (metashematizomenoi) como ministros de Cristo. La palabra significa formar, cambiar la apariencia exterior de alguien. Se hacen pasar por "Señores del clero", pero no son más disfraces. (A. T. Robertson. *Metáforas del Nuevo Testamento*, Vol. 4, p. 259). Son falsos ministros.
   d. Son obreros religiosos que engañan y apartan a las personas de Cristo y las llevan:
      => A falsas creencias y doctrinas.
      => A nuevas ideas y posiciones.
      => A rituales y ceremonias.
      => A organizaciones y programas.
      => A centrarse en alguna persona o ministro en lugar de en Cristo.

2. Los falsos ministros están disfrazados igual que Satanás, como ministros de luz. Con frecuencia Satanás parece un ángel o un mensajero de luz, fundamentalmente en las sociedades industrializadas. Su posición siempre se presenta como la verdad, como el camino de la inteligencia, el conocimiento y la luz. Su teoría siempre se presenta como el camino a seguir, como la solución que…

   • progresa   • satisface   • luce bien
   • desarrolla   • realiza   • sabe bien
   • asegura   • educa   • se siente bien

Satanás nunca se presenta a sí mismo como Satanás; tampoco presenta el pecado como el pecado (Tasker. *La segunda epístola de Pablo a los corintios*. "Comentarios bíblicos de Tyndale", p. 153). Satanás siempre se presenta como la inteligencia suprema que sabe lo que es mejor para el hombre y que le proporcionará al hombre un verdadero placer, disfrute y realización. Cuando Satanás le presenta su solución a los hombres, atrae, apela, y persuade al hombre a querer, desear, y anhelar. Su solución siempre parece ser la solución de la luz, es decir, de la inteligencia o el placer.

3. Los falsos ministros son de Satanás: Disfrazados como ministros de justicia. Como Satanás se disfraza de ángel o mensajero de luz, sus ministros hacen lo mismo. Al parecer son ministros de justicia, y predican y enseñan que un hombre es salvo por justificación, una justificación de…

   • moralidad   • educación   • dádiva
   • bondad   • desarrollo   • servicio
   • justicia   • ministerio   • ayuda

Hacen énfasis en la vida y las enseñanzas de Jesús, todas las buenas cualidades de la vida, todos los rasgos que deben caracterizar a las personas. Ellos les dicen a las personas que imiten la vida de Jesús y que centren el corazón de cada una de ellas en estas buenas cualidades de la vida, y que si lo hacen, Dios las aceptará. Sin embargo, cometen un error fatal: Ignoran y niegan:

   • La justificación de Jesucristo, la cual Él tuvo que garantizarle al hombre llevando una vida ideal, perfecta e impecable.
   • La muerte de Jesucristo, la cual Él tuvo que morir a fin de soportar el juicio, la condenación, y el castigo del pecado por el hombre.
   • La resurrección de Jesucristo, la cual Él tuvo que experimentar a fin de vencer la muerte y proporcionar una nueva vida para el hombre. (Vea las notas — 2 Co. 5:17; 5:21 para un mayor análisis.)

Las Escrituras inequívocamente enseñan que Dios no acepta a nadie apartado de Jesucristo, no importa cuán moral o bueno sea. Porque Jesucristo pagó un precio tan grande, el precio supremo de morir por nuestros pecados, Dios ama a Jesucristo con un amor supremo. Por consiguiente, Dios aceptará solo a la persona que honre a su Hijo. No hay otra manera de ser acepto ante Dios. Ni siquiera la predicación de la moralidad y la bondad estimulará a Dios a aceptar a una persona. Dios quiere que los hombres lleven una vida moral y buena, pero lo primero que Él quiere es el amor y la adoración de su Hijo, Jesucristo. Y para ser acepto ante Dios, primero debemos cumplir con lo más importante: "Debemos amar a su Hijo Jesucristo. Luego debemos seguir adelante y dar todo cuanto somos y tenemos para suplir las necesidades de un mundo desesperado que agoniza sin ningún tipo de relación con Dios".

Sucede lo siguiente: La estrategia de Satanás es apartar a los hombres de la verdad, apartarlos de Cristo. Él lleva a los ministros a predicar lo que es la justificación verdadera, pero hace que ignoren la verdad del *amor supremo* de Dios, la muerte de Jesucristo por los pecados de los hombres, y la exigencia absoluta de Dios: Que los hombres deben seguir el ejemplo de Jesucristo, dar todo cuanto *son y tienen* para suplir las necesidades apremiantes de los hombres.

Los ministros de Satanás son ministros de justicia, pero no son ministros de *la justicia de Dios que es el propio Jesucristo*. Ocupan púlpitos por todo el mundo, pero son los ministros de la forma de justicia del mundo. No son los ministros de la justicia de Dios, que es la justificación, muerte y resurrección del Señor Jesucristo.

> **"Y este es su mandamiento: Que creamos en el nombre de su Hijo Jesucristo, y nos amemos unos a otros como nos lo ha mandado" (1 Jn. 3:23).**

4. Los falsos ministros serán juzgados conforme a sus obras.

> **"Porque os digo que si vuestra justicia no fuere mayor que la de los escribas y fariseos, no entraréis en el reino de los cielos" (Mt. 5:20).**

> **"Muchos me dirán en aquel día: Señor, Señor, ¿no profetizamos en tu nombre, y en tu nombre echamos fuera demonios, y en tu nombre hicimos muchos milagros? Y entonces les declararé: Nunca os conocí; apartaos de mí, hacedores de maldad" (Mt. 7:22, 23).**

> **"Porque el Hijo del Hombre vendrá en la gloria de su Padre con sus ángeles, y entonces pagará a cada uno conforme a sus obras" (Mt. 16:27).**

> **"el cual pagará a cada uno conforme a sus obras: ... porque no hay acepción de personas para con Dios" (Ro. 2:6, 11).**

> **"Porque es necesario que todos nosotros comparezcamos ante el tribunal de Cristo, para que cada uno reciba según lo que haya hecho mientras estaba en el cuerpo, sea bueno o sea malo" (2 Co. 5:10).**

> **"Mas si aun nosotros, o un ángel del cielo, os anunciare otro evangelio diferente del que os hemos anunciado, sea anatema. Como antes hemos dicho, también ahora lo repito: Si alguno os predica diferente evangelio del que habéis recibido, sea anatema" (Gá. 1:8, 9).**

> **"Y si invocáis por Padre a aquel que sin acepción de personas juzga según la obra de cada uno, conducíos en temor todo el tiempo de vuestra peregrinación" (1 P. 1:17).**

> **"Pero hubo también falsos profetas entre el pueblo, como habrá entre vosotros falsos maestros, que introducirán encubiertamente herejías destructoras, y aun negarán al Señor que los rescató, atrayendo sobre sí mismos destrucción repentina... sabe el Señor librar de tentación a los piadosos, y reservar a los injustos para ser castigados en el día del juicio" (2 P. 2:1, 9).**

> **"Y vi a los muertos, grandes y pequeños, de pie ante Dios; y los libros fueron abiertos, y otro libro fue abierto, el cual es el libro de la vida; y fueron juzgados los muertos por las cosas que estaban escritas en los libros, según sus obras" (Ap. 20:12).**

> **"He aquí yo vengo pronto, y mi galardón conmigo, para recompensar a cada uno según sea su obra" (Ap. 22:12).**

	D. El ministro: Su presunción y obras costosas, 11:16-33	25 Tres veces he sido azotado con varas; una vez apedreado; tres veces he padecido naufragio; una noche y un día he estado como náufrago en alta mar;	
1 El ministro apela ser recibido y escuchado a. Él necesita gloriarse un poquito	16 Otra vez digo: Que nadie me tenga por loco; o de otra manera, recibidme como a loco, para que yo también me gloríe un poquito.	26 en caminos muchas veces; en peligros de ríos, peligros de ladrones, peligros de los de mi nación, peligros de los gentiles, peligros en la ciudad, peligros en el desierto, peligros en el mar, peligros entre falsos hermanos;	
b. De la forma en la que él se gloría no es la forma en la que habla el Señor	17 Lo que hablo, no lo hablo según el Señor, sino como en locura, con esta confianza de gloriarme.	27 en trabajo y fatiga, en muchos desvelos, en hambre y sed, en muchos ayunos, en frío y en desnudez;	
c. Sus críticos y los falsos maestros están "dándose importancia"	18 Puesto que muchos se glorían según la carne, también yo me gloriaré;	28 y además de otras cosas, lo que sobre mí se agolpa cada día, la preocupación por todas las iglesias.	
d. La iglesia los está recibiendo	19 porque de buena gana toleráis a los necios, siendo vosotros cuerdos.	29 ¿Quién enferma, y yo no enfermo? ¿A quién se le hace tropezar, y yo no me indigno?	
e. La iglesia está siendo engañada	20 Pues toleráis si alguno os esclaviza, si alguno os devora, si alguno toma lo vuestro, si alguno se enaltece, si alguno os da de bofetadas.	30 Si es necesario gloriarse, me gloriaré en lo que es de mi debilidad.	b. El ministro debe mantenerse fiel mientras sufre por Cristo
f. Ahora es necesario que el ministro, Pablo, se gloríe con fuerzas	21 Para vergüenza mía lo digo, para eso fuimos demasiado débiles. Pero en lo que otro tenga osadía (hablo con locura), también yo tengo osadía.	31 El Dios y Padre de nuestro Señor Jesucristo, quien es bendito por los siglos, sabe que no miento.	c. El ministro debe gloriarse solo en debilidades d. El ministro no debe exagerar ni mentir acerca de sus sufrimientos
2 El ministro es igual en herencia	22 ¿Son hebreos? Yo también. ¿Son israelitas? Yo también. ¿Son descendientes de Abraham? También yo.		
3 El ministro debe ser más que un ministro a. El ministro trabaja y sufre más que muchos	23 ¿Son ministros de Cristo? (Como si estuviera loco hablo.) Yo más; en trabajos más abundante; en azotes sin número; en cárceles más; en peligros de muerte muchas veces. 24 De los judíos cinco veces he recibido cuarenta azotes menos uno.	32 En Damasco, el gobernador de la provincia del rey Aretas guardaba la ciudad de los damascenos para prenderme; 33 y fui descolgado del muro en un canasto por una ventana, y escapé de sus manos.	**4 El ministro no es culpable de cobardía; él solo se libraba de la muerte**

DIVISIÓN V

LA RESPUESTA DEL MINISTRO A SUS CRÍTICOS, 10:1—13:14

D. El ministro: Su presunción y obras costosas, 11:16-33

(11:16-33) *Introducción:* ¿Debiera un ministro o cualquier otro creyente gloriarse de quién es o de lo que haya hecho? Este pasaje analiza el tema.

1. El ministro apela ser recibido y escuchado (vv. 16-21).
2. El ministro es igual en herencia (v. 22).
3. El ministro debe ser más que un ministro (vv. 23-29).
4. El ministro no es culpable de cobardía; él solo se libraba de la muerte (vv. 32-33).

1 (11:16-21) *Gloriarse — Ministro, defensa:* El ministro apela ser recibido y escuchado. Al ministro, Pablo, lo estaban atacando algunos falsos maestros y críticos en la iglesia de Corinto. Estaban diciendo que Pablo y su evangelio no tenían cabida en la iglesia, que se les debía hacer un rechazo a su autoridad y ministerio. Decían o pensaban:

- Que ellos eran los verdaderos ministros y él era el ministro falso.
- Que sus ideas eran acertadas y las ideas de él eran erróneas.
- Que ellos tenían la verdadera autoridad de Dios, y él estaba actuando por su propia autoridad.
- Que su carisma y habilidad de predicación y la apariencia pobre y la falta de oratoria de Pablo eran una prueba de que a ellos eran a los que debían seguir (cp. 2 Co. 10:10; 11:6; 1 Co. 2:1. Vea la nota — 2 Co. 1:12 para un mayor análisis).

Pablo estaba obligado a defender su ministerio y autoridad como ministro de Dios. Si no se defendía, sus críticos interpretarían su silencio como debilidad. Comenzarían a esparcir rumores de que su silencio era una prueba de que él no era llamado de Dios, porque él no consideraba su ministerio digno de defensa.

Sin embargo, había otra razón para que Pablo defendiera su ministerio: Salvar a la iglesia de Corinto de los falsos líderes y maestros. El subíndice de estos seis versículos muestra cómo Pablo apelaba a los corintios para que *lo recibieran y lo escucharan.*

1. Era necesario que él se gloriara un poquito. Solo un "loco" se gloría de sí mismo, y Pablo vaciló en defenderse gloriándose en su llamado y ministerio. Pero era la única manera de defenderse de estos críticos. Por consiguiente, Pablo apeló a la iglesia para que lo recibiera como un loco y le permitiera hacer una locura: "Gloriarse en su ministerio un poquito" (v. 16).

2. Sin embargo, de la manera que él se gloriaba no era de la manera que el Señor hablaba. El Señor no andaba gloriándose en su ministerio. Pero él, Pablo, estaba confiado en que gloriarse era lo que había que hacer a fin de defenderse de sus críticos y para salvar la iglesia de los falsos maestros (v. 17).

3. Este es el elemento crucial: Pablo se va a gloriar en su ministerio porque los críticos y los falsos maestros están *gloriándose y dándose importancia* por lo que son y lo que han hecho (v. 18).

4. La iglesia estaba recibiendo "de buena gana", y al recibirlos la iglesia creía que era más sabia que otras. Por consiguiente, la iglesia debía recibir a Pablo y dejarlo hacerse pasar por loco (v. 19).

5. La iglesia estaba recibiendo personas:
- Que esclavizaban creyentes.
- Que devoraban y tomaban dinero de los creyentes.
- Que se aprovechaban de los creyentes.
- Que se exaltaban y se enseñoreaban sobre los creyentes.
- Que les daban de bofetadas, es decir, que humillaban a los creyentes.

Por consiguiente, la iglesia debía tolerar a Pablo que no tenía entre los planes dañar de ninguna manera a los creyentes de la iglesia (v. 20).

6. *Ahora* era necesario que el ministro se gloriara con fuerza. Pablo estaba avergonzado de que hubiera parecido débil tiempo atrás. Pero ahora, se mostraría osado y hablaría tan locamente y con tanta presunción como los críticos y los falsos maestros (v. 21). Él defendería su ministerio y sería osado en su defensa.

2 (11:22) *Pablo — Ministro:* El ministro es igual al recibir una herencia piadosa. Resulta interesante que al parecer los falsos maestros y críticos de Corinto eran conversos judíos.

1. Los falsos maestros decían ser hebreos; es decir, ellos eran tan leales a Dios que ellos habían mantenido vivo el idioma hebreo. Su propósito fundamental en hacer eso era poder estudiar las Sagradas Escrituras en su idioma original (hebreo). Esto era una hazaña bien inusual, porque las naciones que habían vencido a los judíos los habían dispersado por todo el mundo. La magnitud del compromiso de un judío con Dios se medía por ser hebreo, haberse mantenido al día con el idioma del antiguo pueblo de Dios, y su estudio de las Escrituras en su idioma original. Nota: Pablo dijo que él, también, era hebreo. Él podía hacer la misma afirmación que los falsos maestros.

2. Los falsos maestros decían ser israelitas; es decir, eran ciudadanos de la raza escogida de Dios, Israel. A todos los israelitas se les consideraba descendientes del gran patriarca Jacob. La historia de Jacob demuestra que él siempre había sido un *usurpador*, un hombre que siempre estaba engañando o maltratando a otros. Sin embargo, al enfrentarse a una crisis en particular, comenzó a buscar al Señor. A pesar de su búsqueda, no llegaban la paz y la seguridad, pero él no se rendía. Él luchaba y luchaba con Dios hora tras hora en la noche, confesándose y arrepintiéndose de su vida pecaminosa. Su perseverancia triunfó. Dios hizo frente, perdonó su pecado, y reafirmó el pacto de su amor con Jacob. Como símbolo de su pacto y de la vida cambiada de Jacob, Dios cambió el nombre de Jacob a Israel, el nombre que se convertiría en el nombre de pacto del pueblo de Dios en todo el Antiguo Testamento.

Según se ha planteado anteriormente, al decir ser israelitas los falsos maestros estaban diciendo ser ciudadanos del pueblo escogido de Dios, ser el pueblo del pacto de Dios, el pueblo que había sido adoptado por Dios como su pueblo muy especial. Note que Pablo dice ser israelita.

3. Los falsos maestros decían ser "descendientes de Abraham"; es decir, iban a recibir todas las promesas hechas a Abraham (vea el *Estudio a fondo 1 — Abraham —* Jn. 4:22; y el *Estudio a fondo 1 —* Ro. 4:1-25 para un mayor análisis):
- => Que él sería el padre de una gran nación.
- => Que su nación de personas sería una bendición para todas las otras naciones de la tierra.
- => Que su línea de sucesores sería el linaje o las raíces del Mesías o Salvador del mundo.

Nuevamente, Pablo aseguraba ser "descendiente de Abraham". Los falsos maestros y los críticos no eran superiores a él en su herencia piadosa. Él estaba tan comprometido como ellos:

- Al estudio de las Escrituras (hebreo).

- A ser un verdadero seguidor del pacto de Dios (israelita).
- A confiar y esperar en las promesas hechas a Abraham (descendiente de Abraham).

Pensamiento 1. Todo ministro del evangelio debe tener una herencia piadosa. Debe vivir, moverse y tener su ser en Dios, sin dejar de andar nunca en el Señor. Debe desarrollar:

- La herencia piadosa de estudiar fielmente las Escrituras.

> **"Y éstos eran más nobles que los que estaban en Tesalónica, pues recibieron la palabra con toda solicitud, escudriñando cada día las Escrituras para ver si estas cosas eran así" (Hch. 17:11).**
>
> **"Procura con diligencia presentarte a Dios aprobado, como obrero que no tiene de qué avergonzarse, que usa bien la palabra de verdad" (2 Ti. 2:15).**
>
> **"Toda la Escritura es inspirada por Dios, y útil para enseñar, para redargüir, para corregir, para instruir en justicia" (2 Ti. 3:16).**
>
> **"desead, como niños recién nacidos, la leche espiritual no adulterada, para que por ella crezcáis para salvación, si es que habéis gustado la benignidad del Señor" (1 P. 2:2, 3).**

- La herencia piadosa de obedecer fielmente el pacto, es decir, la voluntad y los mandamientos de Dios.

> **"No todo el que me dice: Señor, Señor, entrará en el reino de los cielos, sino el que hace la voluntad de mi Padre que está en los cielos" (Mt. 7:21).**
>
> **"Cualquiera, pues, que me oye estas palabras, y las hace, le compararé a un hombre prudente, que edificó su casa sobre la roca. Descendió lluvia, y vinieron ríos, y soplaron vientos, y golpearon contra aquella casa; y no cayó, porque estaba fundada sobre la roca" (Mt. 7:24, 25).**
>
> **"El que tiene mis mandamientos, y los guarda, ése es el que me ama; y el que me ama, será amado por mi Padre, y yo le amaré, y me manifestaré a él" (Jn. 14:21).**
>
> **"Si guardareis mis mandamientos, permaneceréis en mi amor; así como yo he guardado los mandamientos de mi Padre, y permanezco en su amor... Vosotros sois mis amigos, si hacéis lo que yo os mando" (Jn. 15:10, 14).**
>
> **"Y este es su mandamiento: Que creamos en el nombre de su Hijo Jesucristo, y nos amemos unos a otros como nos lo ha mandado" (1 Jn. 3:23).**

- La herencia piadosa de confiar fielmente y esperar en las promesas de Dios.

> **"Tampoco dudó, por incredulidad, de la promesa de Dios, sino que se fortaleció en fe, dando gloria a Dios, plenamente convencido de que era también poderoso para hacer todo lo que había prometido; por lo cual también su fe le fue contada por justicia. Y no solamente con respecto a él se escribió que le fue contada, sino también con respecto a nosotros a quienes ha de ser contada, esto es, a los que creemos en el que levantó de los muertos a Jesús, Señor nuestro" (Ro. 4:20-24).**
>
> **"por medio de las cuales nos ha dado preciosas y grandísimas promesas, para que por ellas llegaseis a ser participantes de la naturaleza divina, habiendo huido de la corrupción que hay en el mundo a causa de la concupiscencia" (2 P. 1:4).**
>
> **"Y esta es la promesa que él nos hizo, la vida eterna" (1 Jn. 2:25).**

3 (11:23-31) ***Pablo — Ministro:*** El ministro debe ser más que un ministro. Debe sobrepasar los límites del ministerio, el trabajo y el sufrimiento. El ministro debe hacer mucho más que la mayoría de las personas. Pablo dice que él era más ministro que los falsos líderes y maestros. Él podía hacer una afirmación como esa porque había sobrepasado los límites del trabajo y del sacrificio por Cristo.

Pensamiento 1. Todo ministro de Cristo debe sobrepasar a la mayoría e el trabajo y el sacrificio por Cristo.

1) El trabajo diligente y el sacrificio son las respuestas más contundentes para los críticos.

2) El trabajo diligente y el sacrificio son las únicas formas concebibles en las que se salvará al mundo y se suplirán sus necesidades apremiantes por Cristo. Debemos prestar atención al acometido del Señor, todos nosotros que hemos sido llamados a ser sus ministros.

1. El ministro debe ser más que un ministro ya que trabaja y sufre más que la mayoría de los hombres por Cristo. Note los sacrificios y sufrimientos generales de Pablo.

   a. Él trabajó más que aquellos que decían ser ministros de Cristo. Él trabajó mas horas y de un modo más diligente que ellos. Se centró en su ministerio para Cristo durante todo el día y no permitió que nada desviara su atención y lo hiciera perder tiempo acá y allá con cosas secundarias como le sucedía a muchos de ellos. Sencillamente él trabajaba con más diligencia que ellos.

   b. Él sufrió palizas y azotes desmedidamente, es decir, en incontables ocasiones.

   c. Sufrió prisión mucho más que aquellos que decían ser ministros de Cristo. Clemente de Roma dice que Pablo estuvo preso siete veces (Tasker, *La segunda epístola de Pablo a los corintios.* "Comentarios bíblicos de Tyndale", p. 161).

   d. Con frecuencia sufrió la amenaza de la muerte. Casi constantemente se estaba enfrentando a la muerte por Cristo. ¡Imagínese vivir bajo tal presión! ¡Qué amor tan increíble tenía este gran ministro por nuestro Señor!

2. El ministro debe ser más que un ministro ya que sigue siendo fiel mientras sufre por Cristo. Note los sufrimientos específicos de Pablo.

Se conoce realmente tan poco acerca de Pablo. Este pasaje señala exactamente cuán poco. Él le estaba escribiendo a la iglesia de Corinto desde Éfeso. Su estancia en Éfeso se encuentra en Hechos 19. Naturalmente, esta lista de sufrimientos solo registra lo que le sucedió a Pablo antes de ese momento. Solo los anales de la eternidad registrarán qué sufrimientos soportó Pablo después de Éfeso. Pablo dijo en Hechos 20:23: "salvo que el Espíritu Santo por todas las ciudades me da testimonio, diciendo que me esperan prisiones y tribulaciones". (Vea el índice y las notas — 2 Co. 6:4-10 para un mayor análisis.)

a. "cinco veces… azotes": Ninguno de estos sucesos están registrados (v. 24).

b. "tres veces… azotes con vara": solo un suceso está registrado (v. 25 cp. Hch. 16:22).

c. "una vez apedreado" (v. 25 cp. Hch. 16:19).

d. "naufragios tres veces": Ninguna de estas está registrada. El naufragio registrado en Hechos 27 sucedió después de escribir esta epístola (v. 25). Esto quiere decir que naufragó al menos cuatro veces. ¡Imagínese nada más el terror!

e. "en caminos muchas veces": Viajes arriesgados y fatigadores, peligrosos, e incómodos (v. 26).

f. "peligros de ríos": Literalmente, ríos, crecidas, riadas. Había pocos puentes en aquella época (v. 26).

g. "peligros de ladrones": Cp. el buen samaritano (v. 26 cp. Lc. 10:25-37).

h. peligros de los de su propia nación, los judíos (v. 26 cp. Hch. 9:23, 29; 13:50; 14:5; 17:5, 13; 18:12; 23:12; 24:27). Esto se debía al hecho de que Pablo predicaba:

=> Un Mesías crucificado para todos los hombres en lugar de un Mesías de gloria que vendría a liberar a Israel y erigir la nación en la nación puntera del mundo.

=> Una salvación de gracia en lugar de la ley, de fe en vez de obras.

i. "peligros de los gentiles": Por ejemplo, en Filipos (Hch. 16:20f) y en Éfeso (Hch. 19:23s) (v. 26).

j. "peligros en la ciudad": Por ejemplo en Damasco (Hch. 9:23s) y en Éfeso (Hch. 19:23s) (v. 26).

k. "peligros en el desierto": Por ejemplo, exposición al calor, al frío, a las tormentas, a los animales salvajes y a los ladrones (v. 26).

l. "peligros en el mar": Por ejemplo, piratas y tormentas inesperadas (v. 26).

m. "peligros entre falsos hermanos": Aquellos que profesaban ser cristianos, aún así solo hacían falsas profesiones y representaban una amenaza constante haciéndole oposición a la misión de la iglesia y al verdadero ministro de Cristo (v. 26).

n. "en trabajo y fatiga": Trabajos muy duros, grandes esfuerzos, fatiga, agotamiento, tribulaciones al punto de que se lastimaba el cuerpo y le dolía (v. 27).

ñ. "en muchos desvelos": No poder dormir porque estaba cargado, preocupado, cansado o porque oraba por las necesidades del pueblo de Dios (v. 27).

o. "en hambre y sed": Pasársela sin comida ni agua por sacrificar todo cuanto era y tenía para predicar y ministrar para las necesidades apremiantes de otros (v. 27).

p. "en muchos ayunos": Arreglárselas en ayuna a fin de buscar el rostro de Dios por otros o dar para suplir las necesidades de otros (v. 27).

q. "en frío y en desnudez": Estar expuesto a los agentes climáticos de la naturaleza y dar todo cuanto tenía para ayudar a los necesitados, incluso al punto de dar sus ropas y sufrir el frío de los inviernos y la humedad y el frío de las mazmorras y prisiones (v. 27).

s. "lo que sobre mí se agolpa cada día": Quiere decir presionar. La fuerza del griego no se puede expresar adecuadamente. Es como ser asfixiado con una frazada; aplastado por un gran animal; agolpar a alguien. Es una carga intolerable, una carga muy pesada. Pablo tenía una presión diaria por la preocupación por las iglesias, una carga diaria por su pureza moral y doctrinal (v. 28).

t. Él sufrió, se condolió y sintió los sufrimientos de otros: Cuando otros eran débiles, él se consideraba como débil a fin de sentirse movido a enseñarlos más. Cuando a otros los ofendían, es decir, los extraviaban y los hacían tropezar y caer en pecado, se indignaba y airaba contra aquellos dieron el mal ejemplo o enseñaron la falsa doctrina (v. 29).

Lo que se debe tener en cuenta es la fidelidad de Pablo en todos estos sufrimientos. Nada lo apartó de Cristo ni de su ministerio. Cristo lo había llamado a predicar y ministrar, y a él nada lo detendría excepto la muerte.

"Bienaventurados sois cuando por mi causa os vituperen y os persigan, y digan toda clase de mal contra vosotros, mintiendo" (Mt. 5:11).

"Y seréis aborrecidos de todos por causa de mi nombre; mas el que persevere hasta el fin, éste será salvo" (Mt. 10:22).

"El que halla su vida, la perderá; y el que pierde su vida por causa de mí, la hallará" (Mt. 10:39).

"porque yo le mostraré cuánto le es necesario padecer por mi nombre" (Hch. 9:16).

"Y si hijos, también herederos; herederos de Dios y coherederos con Cristo, si es que padecemos juntamente con él, para que juntamente con él seamos glorificados" (Ro. 8:17).

"escogiendo antes ser maltratado con el pueblo de Dios, que gozar de los deleites temporales del pecado" (He. 11:25).

3. El ministro debe gloriarse solo en sus debilidades. Recuerden: Pablo había comenzado a gloriarse en quién era y lo que había logrado. Pero note lo que ha terminado haciendo: Contando aquellas cosas por las que la mayoría de los hombres se avergonzarían y las que nunca mencionarían: Las *experiencias de rechazo y humillación que él ha sufrido* en manos de los hombres y la naturaleza. *Los hombres y la sociedad lo estaban rechazando constantemente*, y la naturaleza siempre estaba poniendo una amenaza a su seguridad y sustento.

Sucede lo siguiente: Pablo había establecido el principio de que *un ministro debe gloriarse solo en sus debilidades y tribulaciones por Cristo*, no en su posición, logros, éxitos o resultados. Los hombres no aplauden los rechazos, las debilidades, los sufrimientos, y las experiencias vergonzosas. Pero cuando un ministro sufre por Cristo, él tiene algo de qué gloriarse, algo que es *aceptable ante Dios*: El testimonio fiel del ministro hacia Cristo.

4. El ministro no debe exagerar ni mentir acerca de sus sufrimientos. Pablo llama a Dios por testigo de que él no ha exagerado ni mentido acerca de sus tribulaciones. Desde luego, ningún ministro deberá gloriarse en cualquier cosa que haya hecho o soportado por Cristo, a menos que esté obligado a defenderse. Y, si fuera llamado a gloriarse:

- Debe gloriarse solo de sus debilidades.
- No debe exagerar ni mentir.

Pensamiento 1. ¡Qué acusación contra tantos de nosotros! Que Dios estimule nuestro corazón a comprometer totalmente nuestra vida a Cristo. Y que Él nos enseñe…

- a dejar de gloriarnos en nuestros logros.
- a dejar de buscar el reconocimiento y la alabanza.
- a gloriarse solo en nuestro maravilloso Señor y su gloriosa gracia, el Señor Jesucristo.

4 (11:32-33) *Pablo — Ministro:* Probablemente los falsos maestros y los críticos decían que Pablo había actuado como un cobarde en su viaje anterior a Damasco. Un cobarde no es digno de que se le siga y obedezca. Pablo respondió demostrando que un gobernador poderoso estaba tras de él, pero no se pueden detener los propósitos de Dios. Él fue liberado y puesto en el camino para que siguiera esparciendo el evangelio. (Cp. Hch. 9:23s.)

Pensamiento 1. No importa cuál sea la oposición, *Dios librará* a su querido siervo para que continúe en el ministerio y en la predicación de Cristo. El ministro puede ser guiado por Dios a moverse a otros lugares, pero Dios continuará usándolo para transmitir el evangelio de Cristo y para ministrar las necesidades de las personas. Dios lo fortalecerá para que supere toda decepción y todo desaliento.

	E. El ministro: Sus experiencias espirituales, 12:1-10	de mí más de lo que en mí ve, u oye de mí.	e. Pablo deseaba ser juzgado no por tales experiencias superiores, sino por lo que las personas veían y le escuchaban predicar y enseñar
1 Gloriarse no es conveniente, pero debe defenderse	1 Ciertamente no me conviene gloriarme; pero vendré a las visiones y a las revelaciones del Señor.		
2 Él había experimentado experiencias espirituales inefables, visiones y revelaciones	2 Conozco a un hombre en Cristo, que hace catorce años (si en el cuerpo, no lo sé; si fuera del cuerpo, no lo sé; Dios lo sabe) fue arrebatado hasta el tercer cielo.	7 Y para que la grandeza de las revelaciones no me exaltase desmedidamente, me fue dado un aguijón en mi carne, un mensajero de Satanás que me abofetee, para que no me enaltezca sobremanera;	**3 Él había experimentado el poder espiritual de Cristo**
a. Catorce año atrás			a. La necesidad: Evitar el orgullo y la súper espiritualidad sufriendo un aguijón en la carne
b. Arrebatado al cielo[EF1]			
c. Tuvo una experiencia indescriptible	3 Y conozco al tal hombre (si en el cuerpo, o fuera del cuerpo, no lo sé; Dios lo sabe),	8 respecto a lo cual tres veces he rogado al Señor, que lo quite de mí.	b. El deseo: Alivio, liberación
1) Cómo se experimentó se desconoce		9 Y me ha dicho: Bástate mi gracia; porque mi poder se perfecciona en la debilidad. Por tanto, de buena gana me gloriaré más bien en mis debilidades, para que repose sobre mí el poder de Cristo.	
2) Fue arrebatado al paraíso[EF2]	4 que fue arrebatado al paraíso, donde oyó palabras inefables que no le es dado al hombre expresar.		c. Las razones por las que Dios se rehusó a quitar el aguijón
3) Escuchó palabras inefables			1) Guardarse de envanecerse, v. 7
d. Un hombre con tales experiencias espirituales tiene el derecho de gloriarse, pero Pablo se va a gloriar solo en sus debilidades	5 De tal hombre me gloriaré; pero de mí mismo en nada me gloriaré, sino en mis debilidades. 6 Sin embargo, si quisiera gloriarme, no sería insensato, porque diría la verdad; pero lo dejo, para que nadie piense	10 Por lo cual, por amor a Cristo me gozo en las debilidades, en afrentas, en necesidades, en persecuciones, en angustias; porque cuando soy débil, entonces soy fuerte.	2) Revelar el poder de Cristo 3) Enseñarlo a vivir "por amor a Cristo"

DIVISIÓN V

LA RESPUESTA DEL MINISTRO A SUS CRÍTICOS, 10:1—13:14

E. El ministro: Sus experiencias espirituales, 12:1-10

(12:1-10) *Introducción:* Pablo casi nunca hablaba de él mismo en el púlpito. Ciertamente no se gloriaba en él ni en sus logros (cp. 2 Co. 11. 1, 16-17). Esto queda claro a partir de lo que decía con frecuencia:

> **"Doy gracias a Dios que hablo en lenguas más que todos vosotros; pero en la iglesia prefiero hablar cinco palabras con mi entendimiento, para enseñar también a otros, que diez mil palabras en lengua desconocida" (1 Co. 14:18, 19).**

> **"¿Acaso ha salido de vosotros la palabra de Dios, o solo a vosotros ha llegado? Si alguno se cree profeta, o espiritual, reconozca que lo que os escribo son mandamientos del Señor" (1 Co. 14:36, 37).**

> **"Pero lejos esté de mí gloriarme, sino en la cruz de nuestro Señor Jesucristo, por quien el mundo me es crucificado a mí, y yo al mundo" (Gá. 6:14).**

Por su indecisión para hablar acerca de sí mismo, los falsos maestros y críticos de Pablo decían que él no tenía experiencias espirituales, que su salvación y ministerio eran dignos de sospecha porque él no había tenido el tipo de experiencias que ellos tenían el privilegio de tener. Ellos pensaban para sí mismos y cuestionaban a otros: "¿Cómo puede Pablo ser llamado de Dios si no ha tenido visiones y revelaciones espirituales del Señor? Nosotros las hemos tenido. ¿Si él ha sido llamado realmente de Dios, por qué él no las ha tenido?"

Pablo tenía que defenderse de sus críticos, y tenía que salvar a la iglesia de Corinto de los falsos maestros. No le dejaban otra opción. Esta es la razón por la que él habla de su experiencia espiritual. Sin embargo, incluso al hablar de esta experiencia, no habla nada al respecto. No quiere atención alguna en él, sino más bien toda la atención en Cristo Jesús nuestro Señor.

1. Gloriarse no es conveniente, pero debe defenderse (v. 1).
2. Él había experimentado experiencias espirituales inefables, visiones y revelaciones (vv. 2-6).
3. Él había experimentado el poder espiritual de Cristo (vv. 7-10).

1 (12:1) *Ministro — Gloriarse:* No es conveniente que el ministro se gloríe, pero él se debe defender. Según se ha planteado, Pablo no tenía otra alternativa; tenía que defenderse de las falsas acusaciones. Su salvación y llamado de Dios eran reales. Dios lo había salvado y lo había llamado al ministerio; por consiguiente, él tenía que hacer todo cuanto pudiera por corroborar su salvación y llamado.

Pablo dice que gloriarse no es conveniente, pero era necesario a fin de defenderse. Por consiguiente, hablaría de las visiones y revelaciones que el Señor le había dado.

Pensamiento 1. Note con qué prudencia procedió Pablo a gloriarse o a hablar de cualquiera de sus experiencias espirituales. Esta lección es muy necesaria: "Siempre debemos exaltar a Jesús y no a nosotros mismos". Solo el evangelio de Cristo puede salvar y hacer crecer a las personas, no nuestras experiencias espirituales personales. Pablo lo sabía, y nosotros debemos aprenderlo.

2 (12:2-6) *Pablo — Ministro:* Pablo había experimentado experiencias espirituales increíbles, es decir, visiones y revelaciones. Note que Pablo se hacía llamar "un hombre en Cristo"; él no habló de esta experiencia en primera persona. Estaba renuente a hablar de sí mismo y de sus experiencias espirituales. (Cp. el v. 7, que demuestra que Pablo se estaba refiriendo a sí mismo.)

1. La experiencia sucedió catorce años atrás. Esta experiencia no se refiere a su experiencia de conversión en el camino de Damasco, porque su conversión había ocurrido antes, cerca de veinte años antes de escribir Segunda Corintios. Al parecer, Dios le había dado a Pablo esta maravillosa experiencia uno o dos años antes de lanzarse en sus viajes misioneros. De una manera maravillosa Dios comenzaba a preparar a su querido siervo para el ministerio extenuante en el que pronto se embarcaría.

2. Pablo fue arrebatado al tercer cielo. El tercer cielo es la morada de Dios (cp. Lc. 24:43), el lugar muy especial donde la presencia y la gloria del Señor se manifiestan y se experimentan plenamente. Pablo lo denominó "paraíso" (v. 4. Vea el *Estudio a fondo 1, 2* — 2 Co. 12:2; 12:4).

3. Pablo tuvo una experiencia indescriptible. Note la magnitud de la experiencia.

   a. Cómo sucedió se desconoce, ya sea en el cuerpo o fuera del cuerpo; solo Dios sabe. La transferencia de la tierra al cielo fue enteramente de Dios y no de sí mismo, ni de ninguna otra persona; por consiguiente, es a Dios a quien se debe glorificar, no a uno mismo ni al hombre.

   b. Pablo fue arrebatado al paraíso (vea el *Estudio a fondo 2, paraíso* — 2 Co. 12:4 para un análisis).

   c. Pablo oyó palabras inefables que no le son dadas a él expresar. Note lo siguiente: Quiere decir que la experiencia grande e íntima fue de Pablo y solo de Pablo. Dios le prohibió revelarla y hablar de ella. Pablo necesitaba una experiencia muy especial y muy fortalecedora del Señor; por consiguiente, el Señor se encontró con Pablo de una manera muy especial. La intimidad no se debía comentar.

Pensamiento 1. ¡Qué lección para nosotros! ¡Nuestras experiencias íntimas con el Señor deben ser tan personales como nuestras experiencias íntimas con nuestro cónyuge! No debemos gloriarnos de las experiencias con el Señor. Gloriarse de esa manera:

- Nos hace parecer súper espirituales.
- Tiende a hacer que otros se sientan inferiores.
- Tiende a hacer que otros busquen y se centren en sus experiencias en vez de en el Señor

4. Un hombre con tales experiencias espirituales tiene el derecho de gloriarse, pero Pablo dice que él se gloriará solo de sus debilidades. De un modo sencillo, si Pablo conociera a un hombre que hubiera tenido una experiencia espiritual como esa, personalmente se gloriaría en ese hombre, pero él no se gloriará en sí mismo.

5. Pablo deseaba solo una cosa: No ser juzgado por tales experiencias espirituales, sino por lo que realmente es esencial, lo que ellos veían en su vida y lo que ellos le escuchaban predicar y enseñar.

Pablo podía haber proclamado la verdad de su experiencia describiéndola en detalles, pero no lo haría, no fuera que las personas comenzaran a tenerle en muy alta estima. Exaltar a la persona que ha tenido alguna experiencia inusual siempre resulta peligroso; por consiguiente, Pablo se guardaba sus experiencias para sí. Él quería que los hombres conocieran *solo* el elemento absolutamente esencial de la vida: "El testimonio de su vida pura y el testimonio del Señor".

> **"Porque nuestra gloria es esta: el testimonio de nuestra conciencia, que con sencillez y sinceridad de Dios, no con sabiduría humana, sino con la gracia de Dios, nos hemos conducido en el mundo, y mucho más con vosotros" (2 Co. 1:12).**

> **"Y esto pido en oración, que vuestro amor abunde aun más y más en ciencia y en todo conocimiento, para que aprobéis lo mejor, a fin de que seáis sinceros e irreprensibles para el día de Cristo" (Fil. 1:9, 10).**

> **"Pues el propósito de este mandamiento es el amor nacido de corazón limpio, y de buena conciencia, y de fe no fingida" (1 Ti. 1:5).**

> **"teniendo buena conciencia, para que en lo que murmuran de vosotros como de malhechores, sean avergonzados los que calumnian vuestra buena conducta en Cristo" (1 P. 3:16).**

ESTUDIO A FONDO 1

(12:2) *Cielo:* El tercer cielo es la morada de Dios (cp. Lc. 23:43). Las nubes son el primer cielo; las estrellas son el segundo cielo.

ESTUDIO A FONDO 2

(12:4) *Paraíso* (paradeison): El otro mundo, el mundo invisible, el mundo espiritual, la dimensión espiritual de la existencia. El propio Jesús reveló que el paraíso es un lugar que está dividido en dos áreas, secciones, compartimentos, mundos o dimensiones de existencias inmensas. Las dos áreas o mundos están separadas por un gran abismo que no se puede cruzar. Un área o mundo es el lugar de la tristeza, un lugar llamado infierno. El infierno es a donde van los incrédulos. La otra área o mundo es el lugar del paraíso a donde van los creyentes. El paraíso es la ilustración del cielo, el lugar donde la presencia y la gloria de Dios se manifiestan y se experimentan plenamente. (Vea el *Estudio a fondo 3, paraíso* — Lc. 16:23 para un mayor análisis.)

> **"Entonces Jesús le dijo: De cierto te digo que hoy estarás conmigo en el paraíso" (Lc. 23:43).**
>
> **"que fue arrebatado al paraíso, donde oyó palabras inefables que no le es dado al hombre expresar" (2 Co. 12:4).**
>
> **"El que tiene oído, oiga lo que el Espíritu dice a las iglesias. Al que venciere, le daré a comer del árbol de la vida, el cual está en medio del paraíso de Dios" (Ap. 2:7).**

3 (12:7-10) *Pablo — Ministro:* Pablo había experimentado el poder espiritual de Cristo. Dios le había a dado a Pablo experiencias espirituales grandes e íntimas. Estaba el peligro de que pudiera comenzar a tenerse a sí mismo en muy alta estima; por consiguiente, Dios le dio a Pablo un "aguijón en la carne".

1. Pablo necesitaba un "aguijón" para mantenerlo consciente de que él no era mejor que ningún otro hombre. Él dependía totalmente de Dios a pesar de las experiencias espirituales indescriptibles. ¿Qué era este "aguijón en la carne?" La palabra "aguijón" (skolops) quiere decir espina o estaca. Por lo general, se le da el significado de *espina* en este versículo.

Hay muchas especulaciones en cuanto cuál era el "aguijón":

=> Algunos sufrimientos espirituales como ataques constantes de Satanás u oposición por parte de los hombres, o el fracaso evangelístico ocasional a fin de que Pablo se mantuviera humilde y accediera ante Dios a buscar de la fuerza sobrenatural.

=> Algunos sufrimientos físicos como una fiebre recurrente (por ejemplo, paludismo), epilepsia o falta de vista.

Exactamente cuál era el aguijón se desconoce. Al parecer la mejor especulación es algún mal físico, porque el sufrimiento es en lo que consiste este pasaje (cp. 2 Co. 11:16-12:10). Se usan las palabras carne, poder, y debilidades; y, aunque se pudieran usar estas mismas palabras para describir sufrimientos espirituales, el contexto no tiende hacia el sufrimiento espiritual (cp. también 2 Co. 10:10).

La descripción más clara del aguijón probablemente sea el problema de la vista (cp. 2 Co. 10:10; Gá. 4:13-15; 6:11). Pablo fue cegado tres días en su conversión, y lo habían golpeado y apedreado severamente varias veces (2 Co. 11:24-27). Una herida grave en sus ojos, o por esa razón en cualquier otra parte de su cuerpo, pudo haber ocurrido en cualquiera de estas tragedias.

2. Pablo quería liberación y alivio; él quería que Dios le quitara el aguijón. ¿Por qué? Porque…

• lo pinchaba y lo molestaba.

• lo distraía de su trabajo…

• lo hacía parecer personalmente débil y enfermo.

Note que Pablo oró tres veces para que Dios le quitara el aguijón. Jesucristo había orado tres veces también para que le quitara el sufrimiento de la cruz (cp. Mt. 26:36-46).

3. Había tres razones por las que Dios se rehusó a quitarle el aguijón a Pablo de la carne:

   a. Primero, Dios quería guardarse de que Pablo se envaneciera (vea el pto. 1 de esta nota).

   b. Segundo, Dios quería revelar su poder en Pablo. Mientras más débil sea la vasija, más se glorifica a Dios cuando la vasija sirve realmente a Cristo. Note la respuesta de Dios a Pablo:

=> "Bástate mi gracia": La presencia, amor, favor, y bendiciones de Dios se bastan para ayudar al creyente a atravesar cualquier tribulación. La palabra "bastar" (arkei) quiere decir el poder o fuerza para soportar cualquier peligro. La gracia de Dios dentro del creyente puede ayudarlo a atravesar cualquier cosa. En el caso de Pablo, fue el sufrimiento físico. En nuestro caso pueden ser ataques físicos o espirituales; pero no importa: "La gracia de Dios basta para ayudarnos no importa cuál sea el aguijón".

=> "Mi poder se perfecciona en la debilidad": Mientras más débil sea el creyente, más puede Dios demostrar su poder. Si un hombre es autosuficiente, no necesita a Dios; pero si es débil, necesita a Dios: "La ayuda, provisión, y suficiencia de Dios".

=> "De buena gana me gloriaré más bien en mis debilidades, para que repose sobre mí el poder de Cristo". Note la idea de este planteamiento: Las debilidades son a propósito. El creyente sufre por una razón: "Para que se pueda demostrar y ver claramente el poder de Cristo en su vida". La palabra "repose" (episkenosei) significa poner una tienda de campaña en. La idea es que el poder de Cristo repose en el creyente que sufre de la misma manera que la gloria Shekiná moraba en el Lugar santo del tabernáculo. ¡Qué pensamiento tan glorioso! El poder de Cristo se establece y mora dentro del creyente, llenándolo de la gloria Shekiná de Dios, cuando él sufre.

   c. Tercero, Dios quería enseñar a Pablo a vivir "por amor a Cristo". Cuando Pablo sufría alguna debilidad o flaqueza, le daba la oportunidad a Cristo de infundir poder en Pablo y superar la debilidad por Pablo. La debilidad de Pablo le dio a Cristo una oportunidad de demostrar quién era Él. Por consiguiente, Pablo dice que él se gozaba…

• "en las debilidades": Un término general que quiere decir todo tipo de sufrimientos y flaquezas, sean morales o físicas. El poder de Cristo puede vencer cualquier debilidad o tentación por el creyente.

• "en afrentas": Sean ridículos, insultos, calumnias, rumores o cualquier otra cosa.

• "en necesidades": Percances, necesidades, privaciones, hambre, sed, falta de albergue, ropas o cualquier otra necesidad.

• "en persecuciones": Ataques físicos o verbales, maltratos o agravios.

- "en angustias": Aprietos, desconciertos, desórdenes, momentos de preocupación, problemas y dificultades ineludibles.

Cuando el creyente es débil, es más fuerte. ¿Cómo? Por el poder de Cristo. Y el poder de Cristo es mucho más fuerte que todas las fuerzas combinadas de la humanidad.

Pensamiento 1. La gran necesidad del creyente es reconocer su debilidad ante el Señor. Cuando lo hace, el Señor derrama su poder en la mente y el corazón del creyente. El Señor faculta al creyente para superar y vencer todas las debilidades.

"Y mirándolos Jesús, les dijo: Para los hombres esto es imposible; mas para Dios todo es posible" (Mt. 19:26).

"porque nada hay imposible para Dios" (Lc. 1:37).

"sino que lo necio del mundo escogió Dios, para avergonzar a los sabios; y lo débil del mundo escogió Dios, para avergonzar a lo fuerte" (1 Co. 1:27).

"para que os dé, conforme a las riquezas de su gloria, el ser fortalecidos con poder en el hombre interior por su Espíritu" (Ef. 3:16).

"Y a Aquel que es poderoso para hacer todas las cosas mucho más abundantemente de lo que pedimos o entendemos, según el poder que actúa en nosotros" (Ef. 3:20).

"que por fe conquistaron reinos, hicieron justicia, alcanzaron promesas, taparon bocas de leones, apagaron fuegos impetuosos, evitaron filo de espada, sacaron fuerzas de debilidad, se hicieron fuertes en batallas, pusieron en fuga ejércitos extranjeros" (He. 11:33, 34).

"De la boca de los niños y de los que maman, fundaste la fortaleza, a causa de tus enemigos, para hacer callar al enemigo y al vengativo" (Sal. 8:2).

"Una vez habló Dios; dos veces he oído esto: Que de Dios es el poder" (Sal. 62:11).

"pero los que esperan a Jehová tendrán nuevas fuerzas; levantarán alas como las águilas; correrán, y no se cansarán; caminarán, y no se fatigarán" (Is. 40:31).

"No temas, porque yo estoy contigo; no desmayes, porque yo soy tu Dios que te esfuerzo; siempre te ayudaré, te sustentaré con la diestra de mi justicia" (Is. 41:10).

	F. El ministro: Su conducta ante la iglesia, 12:11-21	16 Pero admitiendo esto, que yo no os he sido carga, sino que como soy astuto, os prendí por engaño,	c. La segunda acusación: Pablo aceptó dinero a través de intermediarios
1 El ministro trata solo de demostrar su ministerio y su llamado	11 Me he hecho un necio al gloriarme; vosotros me obligasteis a ello, pues yo debía ser alabado por vosotros; porque en nada he sido menos que aquellos grandes apóstoles, aunque nada soy.	17 ¿acaso os he engañado por alguno de los que he enviado a vosotros? 18 Rogué a Tito, y envié con él al hermano. ¿Os engañó acaso Tito? ¿No hemos procedido con el mismo espíritu	d. La respuesta: La iglesia sabía bien que no
a. La acusación: Él es un ministro inferior	12 Con todo, las señales de apóstol han sido hechas entre vosotros en toda paciencia, por señales, prodigios y milagros.	y en las mismas pisadas? 19 ¿Pensáis aún que nos disculpamos con vosotros? Delante de Dios en Cristo hablamos; y todo, muy amados, para vuestra edificación.	
b. La respuesta: Él es igual a cualquier ministro, y su ministerio lo demuestra	13 Porque ¿en qué habéis sido menos que las otras iglesias, sino en que yo mismo no os he sido carga? ¡Perdonadme este agravio!		**3 El ministro solo busca arrepentimiento de los malhechores, de los carnales**
2 El ministro solo busca personas, nada más			a. Su conciencia: Él estaba delante de Dios, por deber para edificar la iglesia
a. La primera acusación: Pablo dañó la imagen de la iglesia			b. Su temor
b. La respuesta	14 He aquí, por tercera vez estoy preparado para ir a vosotros; y no os seré gravoso, porque no busco lo vuestro, sino a vosotros, pues no deben atesorar los hijos para los padres, sino los padres para los hijos.	20 Pues me temo que cuando llegue, no os halle tales como quiero, y yo sea hallado de vosotros cual no queréis; que haya entre vosotros contiendas, envidias, iras, divisiones, maledicencias, murmuraciones, soberbias, desórdenes;	1) Una iglesia carnal
1) Él quería que lo perdonaran, v. 13			
2) Él los quería a ellos, no su dinero	15 Y yo con el mayor placer gastaré lo mío, y aun yo mismo me gastaré del todo por amor de vuestras almas, aunque amándoos más, sea amado menos.	21 que cuando vuelva, me humille Dios entre vosotros, y quizá tenga que llorar por muchos de los que antes han pecado, y no se han arrepentido de la inmundicia y fornicación y lascivia que han cometido.	2) Malhechores impenitentes
3) Él planteó su amor intenso			

DIVISIÓN V

LA RESPUESTA DEL MINISTRO A SUS CRÍTICOS, 10:1—13:14

F. El ministro: Su conducta ante la iglesia, 12:11-21

(12:11-21) *Introducción:* La manera en cómo el ministro se conduce ante la iglesia resulta importante. Pocos temas son tan importantes como la conducta del ministro ante las personas, fundamentalmente ante aquellas personas a quienes él sirve. ¿Por qué? Porque hay muchas vidas en juego, su bienestar actual y su destino eterno.

1. El ministro trata solo de demostrar su ministerio y su llamado (vv. 11-12).
2. El ministro solo busca personas, nada más (vv. 13-18).
3. El ministro solo busca arrepentimiento de los malhechores, de los carnales (vv. 19-21).

1 (12:11-12) *Ministro — Llamado:* El ministro trata solo

de demostrar y probar su ministerio y llamado. Algunos falsos maestros y críticos en la iglesia de Corinto habían atacado a Pablo, a su llamado y su ministerio. Habían esparcido rumor tras rumor acerca de él a fin de destruir su ministerio. Los rumores y los ataques habían ocasionado una división severa en la iglesia. (Vea la nota, *Pablo, Acusaciones contra* — 2 Co. 1:12-22 para un mayor análisis.) En los capítulos anteriores Pablo ha estado obligado a defenderse hablando de su llamado y ministerio y acerca de su compromiso personal con el Señor y su reino. Hablar de sí mismo había avergonzado a Pablo y le había dolido. Él había dicho que eso era gloriarse en uno mismo, y que gloriarse en uno mismo era locura, pero la iglesia lo había obligado a hacerlo. ¿Cómo?

La iglesia había obligado a Pablo a gloriarse en sí mismo al no ayudarlo. La iglesia debía haber defendido a Pablo, pero no había podido silenciar a los críticos cuando comenzaron. Ahora la situación se había salido de control. Por consiguiente, Pablo no tenía alternativa: "Por el bien de su ministerio y por la protección de la iglesia tenía que defenderse él y manejar a los críticos y a los falsos maestros".

Note la acusación específica contra Pablo: "Él era un apóstol o ministro inferior o no era apóstol ni ministro en lo absoluto".

Pablo respondió con términos para nada inciertos: Que él era igual a cualquier apóstol o ministro, y su ministerio entre la iglesia lo demostraba. Las señales de apóstol se habían obrado en la iglesia. Y note: Se habían obrado en las *circunstancias más severas* que requerían de gran paciencia (resistencia, perseverancia, constancia). ¿Cuáles eran las señales? Eran...

- "señales" (semeia): Milagros.
- "prodigios" (terata): El efecto de los milagros sobre los observadores.
- "milagros" (dunameis): Grandes obras; obras poderosas.

Pensamiento 1. Toda iglesia debe ayudar a su ministro cuando los críticos lo ataquen. Los líderes fundamentalmente deben ayudar. Ninguna iglesia deberá permitir que se levanten falsos maestros o críticos ni que calen su fraternidad. Si sucede, el resultado inevitable es la división.

Pensamiento 2. Todo ministro debe preguntarse:

=> ¿Podría *defender* mi ministerio si se hiciera necesario defenderlo?

=> ¿Se *demuestra* mi ministerio por las señales del ministerio?

=> ¿Están la presencia y el poder de Dios *sobre* mi vida y obra?

=> ¿Es mi compromiso con el ministerio *igual al compromiso* de los ministros fieles?

"Así alumbre vuestra luz delante de los hombres, para que vean vuestras buenas obras, y glorifiquen a vuestro Padre que está en los cielos" (Mt. 5:16).

"Mas yo tengo mayor testimonio que el de Juan; porque las obras que el Padre me dio para que cumpliese, las mismas obras que yo hago, dan testimonio de mí, que el Padre me ha enviado" (Jn. 5:36).

"Por lo cual, teniendo nosotros este ministerio según la misericordia que hemos recibido, no desmayamos. Antes bien renunciamos a lo oculto y vergonzoso, no andando con astucia, ni adulterando la palabra de Dios, sino por la manifestación de la verdad recomendándonos a toda conciencia humana delante de Dios" (2 Co. 4:1, 2).

"del cual yo fui hecho ministro por el don de la gracia de Dios que me ha sido dado según la operación de su poder" (Ef. 3:7).

"Doy gracias al que me fortaleció, a Cristo Jesús nuestro Señor, porque me tuvo por fiel, poniéndome en el ministerio" (1 Ti. 1:12).

"del cual yo fui constituido predicador, apóstol y maestro de los gentiles. Por lo cual asimismo padezco esto; pero no me avergüenzo, porque yo sé a quién he creído, y estoy seguro que es poderoso para guardar mi depósito para aquel día" (2 Ti. 1:11, 12).

"manteniendo buena vuestra manera de vivir entre los gentiles; para que en lo que murmuran de vosotros como de malhechores, glorifiquen a Dios en el día de la visitación, al considerar vuestras buenas obras" (1 P. 2:12).

2 (12:13-18) *Ministro — Administración:* El ministro solo busca personas, nada más. Se hacen dos acusaciones contra Pablo acerca de las finanzas en estos versículos.

1. Estaba la acusación de que él había dañado la imagen de la iglesia al no aceptar el apoyo financiero de la iglesia. Al no permitir que la iglesia lo sustentara, había hecho lucir a la iglesia inferior a otras iglesias que sustentaron a Pablo. Al no poder sustentar apropiadamente a Pablo, la iglesia parecía ser...

- inferior
- descuidada
- carnal
- desamorada
- mezquina
- egocéntrica
- mundana
- desinteresada en la misión
- despreocupada
- egoísta
- sin visión de futuro

Las respuestas de Pablo a las acusaciones y las críticas fueron tres:

a. Pablo le pidió a la iglesia que le perdonara este agravio. Él no tenía intenciones de que su acción se reflejara tan negativamente en ellos. Él los amaba demasiado para deliberadamente hacerlos parecer inferior a cualquiera.

b. Pablo los buscaba por Cristo, no buscaba su dinero. Pablo pronto visitaría la iglesia de Corinto por tercera vez. Note que él tenía planes de seguir adelante con su política: "No podría aceptar dinero personalmente de ellos". (Vea la nota — 2 Co. 11:7-12 para un mayor análisis.) Su razón primordial se plantea claramente: Él los buscaba por Cristo, no buscaba su dinero. Él debe salvarlos y hacerlos crecer en Cristo. Ellos eran lo que él buscaba, no su dinero ni sus posesiones. Esto implicaba que si aceptaba su dinero sus críticos dirían que era un interesado y que se aprovechaba de la iglesia. Note que Pablo se sirvió para su política de la ilustración de un padre y sus hijos. Él dice que era el padre espiritual de la iglesia, y el padre era el que atesoraba para los hijos, no los hijos para el padre.

c. Pablo amaba la iglesia con un amor intenso. Él, como ministro de Dios, era el padre y ellos eran sus queridos hijos. Él los amaba profundamente; por consiguiente, él con gusto gastaría todo cuanto tenía y era por ellos:

=> Todo su dinero y sus posesiones.

=> Todo su tiempo y esfuerzo.

=> Toda su energía y fuerza.

=> Toda su salud y vida.

Sin embargo, parecía que mientras más los amaba, menos lo amaban a él. Sencillamente ellos no demostraban ni expresaban su amor ni lo defendían cuando los críticos hablaban mal de él.

"Un mandamiento nuevo os doy: Que os améis

unos a otros; como yo os he amado, que también os améis unos a otros. En esto conocerán todos que sois mis discípulos, si tuviereis amor los unos con los otros" (Jn. 13:34, 35).

"Este es mi mandamiento: Que os améis unos a otros, como yo os he amado" (Jn. 15:12).

"El amor sea sin fingimiento. Aborreced lo malo, seguid lo bueno" (Ro. 12:9).

"No debáis a nadie nada, sino el amaros unos a otros; porque el que ama al prójimo, ha cumplido la ley" (Ro. 13:8).

"Amados, amémonos unos a otros; porque el amor es de Dios. Todo aquel que ama, es nacido de Dios, y conoce a Dios" (1 Jn. 4:7).

2.   Estaba la acusación de que Pablo aceptaba dinero a través de intermediarios (vv. 17-18). Esto demuestra cuán mezquinos e inescrupulosos eran los críticos de Pablo, cómo se esforzaban por encontrarle elementos con los que criticar y acusar a Pablo. Dijeron que su política de no aceptar dinero era una estratagema, una confabulación astuta; que él quería parecer expiatorio y desinteresado en el dinero a fin de evitar levantar sospechas acerca de lo que en realidad hacía. ¿Qué creían ellos que él estaba haciendo? Usando intermediarios para aprovecharse de la iglesia financieramente. Dijeron que cuando enviaron a Tito y a otros para estimular a la iglesia a financiar proyectos especiales de misiones, Pablo estaba confiscando parte del dinero. La acusación era que Pablo tenía "la mano larga", Pablo tomaba parte del dinero dado a los pobres de Jerusalén (cp. 2 Co. 8:20-22).

Pablo declaró dramáticamente que los corintios conocían la verdad. Él le hizo pregunta tras pregunta a la iglesia:

=> ¿Me aproveché o robé dinero de ustedes por medio de los mensajeros que les envié? La respuesta que se da a entender es contundente: ¡Ustedes lo saben bien!

=> ¿Tito se aprovechó o robó dinero de ustedes? La respuesta que se da a entender es contundente: ¡Ustedes lo saben bien!

=> ¿No teníamos Tito y yo el mismo espíritu de Cristo? La respuesta que se da a entender es contundente: ¡Tenemos el mismo espíritu de Cristo! Pertenecemos totalmente a Cristo.

=> ¿Tito y yo no andábamos en las mismas pisadas? La respuesta que se da a entender es contundente: ¡Andamos en las mismas pisadas de Cristo, llevando una vida justa y piadosa, no la vida de dos estafadores y ladrones astutos!

Pensamiento 1. La iglesia debe ocuparse apropiadamente de su ministro.

"No os proveáis de oro, ni plata, ni cobre en vuestros cintos; ni de alforja para el camino, ni de dos túnicas, ni de calzado, ni de bordón; porque el obrero es digno de su alimento" (Mt. 10:9, 10).

"Así también ordenó el Señor a los que anuncian el evangelio, que vivan del evangelio" (1 Co. 9:14).

"El que es enseñado en la palabra, haga partícipe de toda cosa buena al que lo instruye" (Gá. 6:6).

"Sin embargo, bien hicisteis en participar conmigo en mi tribulación" (Fil. 4:14).

"Pues la Escritura dice: No pondrás bozal al buey que trilla; y: Digno es el obrero de su salario" (1 Ti. 5:18).

Pensamiento 2. El ministro siempre debe guardarse de la avaricia y la mundanería, de causar cualquier impresión de que él sea un estafador o un ladrón.

"¡Ay de vosotros, escribas y fariseos, hipócritas! porque devoráis las casas de las viudas, y como pretexto hacéis largas oraciones; por esto recibiréis mayor condenación" (Mt. 23:14).

"¡Ay de vosotros, escribas y fariseos, hipócritas! porque limpiáis lo de fuera del vaso y del plato, pero por dentro estáis llenos de robo y de injusticia" (Mt. 23:25).

"Él les dijo: No exijáis más de lo que os está ordenado" (Lc. 3:13).

"Y les dijo: Mirad, y guardaos de toda avaricia; porque la vida del hombre no consiste en la abundancia de los bienes que posee" (Lc. 12:15).

"Mas el asalariado, y que no es el pastor, de quien no son propias las ovejas, ve venir al lobo y deja las ovejas y huye, y el lobo arrebata las ovejas y las dispersa" (Jn. 10:12).

"Sus atalayas son ciegos, todos ellos ignorantes; todos ellos perros mudos, no pueden ladrar; soñolientos, echados, aman el dormir. Y esos perros comilones son insaciables; y los pastores mismos no saben entender; todos ellos siguen sus propios caminos, cada uno busca su propio provecho, cada uno por su lado. Venid, dicen, tomemos vino, embriaguémonos de sidra; y será el día de mañana como este, o mucho más excelente" (Is. 56:10-12).

"Porque desde el más chico de ellos hasta el más grande, cada uno sigue la avaricia; y desde el profeta hasta el sacerdote, todos son engañadores" (Jer. 6:13).

"Hijo de hombre, profetiza contra los pastores de Israel; profetiza, y di a los pastores: Así ha dicho Jehová el Señor: ¡Ay de los pastores de Israel, que se apacientan a sí mismos! ¿No apacientan los pastores a los rebaños? Coméis la grosura, y os vestís de la lana; la engordada degolláis, mas no apacentáis a las ovejas" (Ez. 34:2, 3).

3 (12:19-21) *Ministro:* El ministro solo busca arrepentimiento de los malhechores, de los carnales dentro de la iglesia. Note dos elementos:

1.   Pablo tenía la conciencia muy clara de que él era responsable ante Dios y no ante los hombres. ¿De qué? De edificar (construir) la iglesia. Él no se había estado defendiendo ante la iglesia a fin de hacer que ellos lo juzgaran. Él era llamado de Dios, no importa lo que pensaban algunos. Ellos no eran su juez; Dios era su juez. Por consiguiente, él había estado hablando y defendiéndose ante Dios. ¿Por qué? Porque Dios lo había llamado a edificar y construir la iglesia. Él tenía que defenderse ante la iglesia porque Dios esperaba que él mantuviera limpio y claro su ministerio para que pudiera ministrar gratuitamente y edificar a los creyentes en la iglesia.

"Así que, sigamos lo que contribuye a la paz y a la mutua edificación" (Ro. 14:19).

"Cada uno de nosotros agrade a su prójimo en lo

que es bueno, para edificación. Porque ni aun Cristo se agradó a sí mismo; antes bien, como está escrito: Los vituperios de los que te vituperaban, cayeron sobre mí" (Ro. 15:2, 3).

"Porque aunque me gloríe algo más todavía de nuestra autoridad, la cual el Señor nos dio para edificación y no para vuestra destrucción, no me avergonzaré" (2 Co. 10:8).

"¿Pensáis aún que nos disculpamos con vosotros? Delante de Dios en Cristo hablamos; y todo, muy amados, para vuestra edificación" (2 Co. 12:19).

"Y él mismo constituyó a unos, apóstoles; a otros, profetas; a otros, evangelistas; a otros, pastores y maestros, a fin de perfeccionar a los santos para la obra del ministerio, para la edificación del cuerpo de Cristo" (Ef. 4:11, 12).

"Ninguna palabra corrompida salga de vuestra boca, sino la que sea buena para la necesaria edificación, a fin de dar gracia a los oyentes" (Ef. 4:29).

2. Pablo tenía miedo, temía que la iglesia no fuera lo que debía ser y lo rechazara a él y a su ministerio. Pablo temía que la iglesia no pudiera lidiar con los críticos carnales y continuara soportando sus ataques perversos contra él. Él enumera ocho males que eran y todavía son característicos de los críticos divisivos en la iglesia:

=> "Contiendas" (ereis): Luchas, conflictos, rivalidad, competitividad, discusiones.

=> "Envidias" (zeloi): Celos, molestia por lo que otros tienen, ya sea posición, habilidades, reconocimiento, aceptación, lealtad, riquezas o cualquier otra cosa.

=> "Iras" (thumoi): Ira ardiente, arranques de ira, ataques de ira.

=> "Divisiones" (eirtheiai): Facciones, un espíritu partidista o de camarilla que rivaliza a alguien contra otros, un espíritu faccioso ocasionados por el egoísmo o el interés.

=> "Maledicencias" (katalaliai): Difamaciones abiertas, insultos, vilipendios, ataques.

=> "Murmuraciones" (psithurismoi): Chismes, habladurías a espalda de las personas, rumores picantes, imaginaciones secretas y locas que se le cuentan a un amigo íntimo que tienen un amigo íntimo que tiene un amigo íntimo, y así por el estilo.

=> "Soberbias" (phusioseis): Orgullo, insolencia, presunción, arrogancia, altanería.

=> "Desórdenes" (akatastasiai): Disturbios, anarquía, confusión.

El planteamiento es rotundo: La iglesia está permitiendo pecados tan flagrantes dentro de ella, todos ocasionados por falsos maestros y críticos. Pablo dice en términos para nada inciertos que a menos que la iglesia y los carnales se arrepientan de sus pecados, el lidiará con ambos cuando él llegue.

Recuerden: Muchas personas en la iglesia ya se habían arrepentido y habían experimentado restauración, pero había algunas que aún persistían en sus falsas doctrinas y en su espíritu crítico y divisivo. Y la iglesia aún estaba renuente a lidiar con esas personas. La iglesia desesperadamente necesitaba corregir la situación.

Pablo concluye añadiendo tres pecados más de los que algunas personas se deben arrepentir:

=> "Inmundicia" (akatharsia): Las cosas impuras, sucias, indulgentes, y extravagantes que las personas hacen en el mundo.

=> "Fornicación" (porneia): Inmoralidad, vicio sexual, sexo prematrimonial, adulterio.

=> "Lascivia" (aselgeia): Sensualidad e indecencia; lujuria y pasión descontroladas, indisciplinadas, y desmedidas.

Nuevamente, el planteamiento es contundente: Aquellos que vivían en pecado tenían que arrepentirse o de lo contrario había que lidiar con ellos y disciplinarlos cuando Pablo llegara. Pablo les había abierto su corazón declarándoles su profundo amor por ellos (v. 15) y haciendo todo cuanto podía por guiarlos al arrepentimiento. Ahora la decisión dependía de ellos.

"y diciendo: Arrepentíos, porque el reino de los cielos se ha acercado" (Mt. 3:2).

"Y el hijo le dijo: Padre, he pecado contra el cielo y contra ti, y ya no soy digno de ser llamado tu hijo" (Lc. 15:21).

"Dos hombres subieron al templo a orar: uno era fariseo, y el otro publicano. El fariseo, puesto en pie, oraba consigo mismo de esta manera: Dios, te doy gracias porque no soy como los otros hombres, ladrones, injustos, adúlteros, ni aun como este publicano; ayuno dos veces a la semana, doy diezmos de todo lo que gano. Mas el publicano, estando lejos, no quería ni aun alzar los ojos al cielo, sino que se golpeaba el pecho, diciendo: Dios, sé propicio a mí, pecador. Os digo que éste descendió a su casa justificado antes que el otro; porque cualquiera que se enaltece, será humillado; y el que se humilla será enaltecido" (Lc. 18:10-14).

"Arrepiéntete, pues, de esta tu maldad, y ruega a Dios, si quizá te sea perdonado el pensamiento de tu corazón" (Hch. 8:22).

"Pero Dios, habiendo pasado por alto los tiempos de esta ignorancia, ahora manda a todos los hombres en todo lugar, que se arrepientan" (Hch. 17:30).

"si se humillare mi pueblo, sobre el cual mi nombre es invocado, y oraren, y buscaren mi rostro, y se convirtieren de sus malos caminos; entonces yo oiré desde los cielos, y perdonaré sus pecados, y sanaré su tierra" (2 Cr. 7:14).

"Deje el impío su camino, y el hombre inicuo sus pensamientos, y vuélvase a Jehová, el cual tendrá de él misericordia, y al Dios nuestro, el cual será amplio en perdonar" (Is. 55:7).

"Mas el impío, si se apartare de todos sus pecados que hizo, y guardare todos mis estatutos e hiciere según el derecho y la justicia, de cierto vivirá; no morirá" (Ez. 18:21).

1 La amonestación del ministro	CAPÍTULO 13	7 Y oramos a Dios que ninguna cosa mala hagáis; no para que nosotros aparezcamos aprobados, sino para que vosotros hagáis lo bueno, aunque nosotros seamos como reprobados.	2 La oración del ministro por una iglesia carnal

1 La amonestación del ministro

a. Amonestación 1: Él exigirá una prueba de las acusaciones

b. Amonestación 2: Él no perdonará, sino que ejercerá su autoridad espiritual
  1) Porque hay aquellos que han pecado
  2) Porque buscan una prueba de su autoridad

  3) Porque él vive por el poder de Dios

c. Amonestación 3: Él exige que se examinen a sí mismos de inmediato
  1) Para ver si uno es genuino
  2) Para ver si uno está reprobado
  3) Para demostrar que él no está reprobado

CAPÍTULO 13

G. El ministro: Su amonestación, oración, estímulo y bendición finales, 13:1-14

1 Esta es la tercera vez que voy a vosotros. Por boca de dos o de tres testigos se decidirá todo asunto.

2 He dicho antes, y ahora digo otra vez como si estuviera presente, y ahora ausente lo escribo a los que antes pecaron, y a todos los demás, que si voy otra vez, no seré indulgente;

3 pues buscáis una prueba de que habla Cristo en mí, el cual no es débil para con vosotros, sino que es poderoso en vosotros.

4 Porque aunque fue crucificado en debilidad, vive por el poder de Dios. Pues también nosotros somos débiles en él, pero viviremos con él por el poder de Dios para con vosotros.

5 Examinaos a vosotros mismos si estáis en la fe; probaos a vosotros mismos. ¿O no os conocéis a vosotros mismos, que Jesucristo está en vosotros, a menos que estéis reprobados?

6 Mas espero que conoceréis que nosotros no estamos reprobados.

7 Y oramos a Dios que ninguna cosa mala hagáis; no para que nosotros aparezcamos aprobados, sino para que vosotros hagáis lo bueno, aunque nosotros seamos como reprobados.

8 Porque nada podemos contra la verdad, sino por la verdad.

9 Por lo cual nos gozamos de que seamos nosotros débiles, y que vosotros estéis fuertes; y aun oramos por vuestra perfección.

10 Por esto os escribo estando ausente, para no usar de severidad cuando esté presente, conforme a la autoridad que el Señor me ha dado para edificación, y no para destrucción.

11 Por lo demás, hermanos, tened gozo, perfeccionaos, consolaos, sed de un mismo sentir, y vivid en paz; y el Dios de paz y de amor estará con vosotros.

12 Saludaos unos a otros con ósculo santo.

13 Todos los santos os saludan.

14 La gracia del Señor Jesucristo, el amor de Dios, y la comunión del Espíritu Santo sean con todos vosotros. Amén.

2 La oración del ministro por una iglesia carnal

a. Su oración
  1) Que no hagan nada malo, sino solo lo que es bueno y justo
  2) Que representen la verdad
  3) Que sean fuertes y perfeccionados

b. Su razón
  1) Evitar la severidad, dureza
  2) Edificar, no destruir

3 El estímulo del ministro

4 La bendición del ministro

DIVISIÓN V

LA RESPUESTA DEL MINISTRO A SUS CRÍTICOS, 10:1—13:14

G. El ministro: Su amonestación, oración, estímulo y bendición finales, 13:1-14

(13:1-14) *Introducción:* Este es el pasaje que da fin a la epístola de Pablo a la iglesia de Corinto. Él ha hecho todo cuanto puede para llevar a los falsos maestros, los críticos, y a aquellos que están en pecado al arrepentimiento y a que se vuelvan al Señor. Sus palabras finales incluyen una amonestación, una oración, un estímulo, y una bendición.

    1. La amonestación del ministro (vv. 1-6).

    2. La oración del ministro por una iglesia carnal (vv. 7-10).

    3. El estímulo del ministro (vv. 11-13).

    4. La bendición del ministro (v. 14).

1 (13:1-6) *Ministro, autoridad — Reprobado — Examinarse a sí mismos:* Estaba la amonestación del ministro. Había algunas personas en la iglesia de Corinto que estaban enseñando falsas doctrinas, criticando y haciendo falsas acusaciones contra Pablo. Pablo pronto visitaría la iglesia, por lo que le hizo tres amonestaciones a la iglesia:

    1. La primera amonestación fue que exigiría una prueba de las acusaciones contra él. Él había soportado lo sufi-

ciente las críticas, los rumores, las acusaciones y la división, por un año. Ya era hora de que se acabaran. Era hora de lidiar con el problema frente a frente. No se podía permitir que continuara, porque muchas personas en la iglesia ya se habían arrepentido de sus pecados y habían experimentado restauración. (Vea el subíndice y la nota — 2 Co. 7:2-16.) Si se permitía que los falsos maestros y los críticos que se rehusaban a arrepentirse continuaran haciendo de las suyas, nuevamente afectarían a toda la iglesia. Pablo no podía permitir que eso volviera a suceder. Él no podía permitir que el espíritu renovado de la mayoría dentro de la iglesia se destruyera. Él tenía que hacerles frente a los falsos maestros y a los críticos: "Ya era hora de que ellos se arrepintieran o fueran disciplinados por él y por la iglesia". Por consiguiente, cuando él llegara, haría exactamente lo que dice Cristo y lo que dicen las Escrituras: "Exigiría que dos o tres testigos estuvieran presentes para demostrar su culpa o su inocencia" (Dt. 19:15). Los críticos y los falsos maestros tenían que arrepentirse o de lo contrario abandonar la iglesia antes de que él llegara. Si se rehusaban, tendrían que hacerle frente y demostrar sus críticas y sus rumores.

"Mas si no te oyere, toma aún contigo a uno o dos, para que en boca de dos o tres testigos conste toda palabra" (Mt. 18:16).

"Y en vuestra ley está escrito que el testimonio de dos hombres es verdadero" (Jn. 8:17).

"No se tomará en cuenta a un solo testigo contra ninguno en cualquier delito ni en cualquier pecado, en relación con cualquiera ofensa cometida. Solo por el testimonio de dos o tres testigos se mantendrá la acusación" (Dt. 19:15).

2. La segunda amonestación fue que él no perdonaría; él ejercería su autoridad espiritual y disciplina a todos los ofensores cuando él llegara. Había tres razones para tomar esta medida:

a. Primera, había algunas personas en la iglesia que *habían pecado y otras que estaban pensando en pecar*, que estaban pensando en rendirse a los placeres pecaminosos del mundo. Esta amonestación se le hizo a los que eran culpables de los pecados recién mencionados (cp. 2 Co. 12:20-21). Eran aquellos que eran culpables de…

• discusiones y contienda
• envidia y celo
• ira y enojos ardientes
• engreimiento y orgullo
• impureza y vida indulgente
• lascivia y lujuria y pasión descontroladas
• luchas y un espíritu faccioso
• maledicencias y difamaciones abiertas
• murmuraciones y chismes
• disturbios y confusión
• fornicación y vicios sexuales inmorales

Pablo ya los había amonestado; ahora, los volvía a amonestar. Tales pecados no debían habitar en la iglesia. Por consiguiente, cuando él

llegara, lidiaría con todos los que eran culpables de división e inmoralidad.

b. Segunda, Pablo dijo que él no perdonaría a los falsos maestros y a los críticos, aquellos que exigían pruebas de que él era un verdadero apóstol y ministro de Dios. Ellos querían una prueba de que Cristo estaba en él y hablaba en él. Su ministerio y sus apelaciones hacia ellos no bastaban para convencerlos; por consiguiente, cuando él viniera a la iglesia, les daría una prueba de su llamado y su autoridad ministerial.

c. Tercera, Pablo lidiaría con aquellos que vivían en pecado porque él vivía por el poder de Dios. Note que Pablo usó a Cristo como su ejemplo. Cuando Cristo estuvo en la tierra, Él apeló a los hombres una y otra vez, e hizo todo cuanto pudo para llegar a ellos y salvarlos. Al hacer esto, parecía débil ya que Él permitió que lo hombres lo maltrataran y lo crucificaran; pero hoy día Cristo vive por el poder de Dios. Y así sucede con el ministro de Dios. Él hace todo cuanto puede para apelar a los hombres, y al hacerlo el ministro parece ser débil ya que él acepta el rechazo y el maltrato una y otra vez. Pero esta no es toda la verdad. El ministro no solo vive en la debilidad y la paciencia de Dios; vive por el poder de Dios, y ese poder se debe ejercer en ciertas circunstancias. En el caso de la iglesia de Corinto, ya era hora de una demostración del poder de Dios, ya era hora para que cayera sobre los falsos maestros, los críticos, y los pecadores de la iglesia la mano disciplinaria de Dios.

"A los que persisten en pecar, repréndelos delante de todos, para que los demás también teman" (1 Ti. 5:20).

"que prediques la palabra; que instes a tiempo y fuera de tiempo; redarguye, reprende, exhorta con toda paciencia y doctrina" (2 Ti. 4:2).

"Este testimonio es verdadero; por tanto, repréndelos duramente, para que sean sanos en la fe" (Tit. 1:13).

"Al hombre que cause divisiones, después de una y otra amonestación deséchalo" (Tit. 3:10).

3. La tercera amonestación fue que los creyentes debía examinarse a sí mismos para asegurarse de que estaban en la fe.

=> Necesitaban asegurarse de que eran genuinos. La vida en pecado vuelve la fe de una persona digna de sospecha. Algunas personas vivían en pecado: "Examinaos a vosotros mismos si estáis en la fe; probaos a vosotros mismos".

=> Necesitaban asegurarse de que *Jesucristo estuviera en ellos* y de que *no estuvieran reprobados* (adokimoi). La palabra significa ser examinado y descalificado y rechazado; ser hallado incapaz y desaprobado; estar sentenciado y condenado a perdición (vea la nota, *Eliminado* — 1 Co. 9:27 para un mayor análisis).

=> Necesitaban saber que él no estaba reprobado.

De la única manera en la que los corintios podían conocer estas cosas era examinándose a sí mismos

> "Escudriñemos nuestros caminos, y busquemos, y volvámonos a Jehová" (Lm. 3:40).
>
> "¡Hipócrita! saca primero la viga de tu propio ojo, y entonces verás bien para sacar la paja del ojo de tu hermano" (Mt. 7:5).
>
> "Por tanto, pruébese cada uno a sí mismo, y coma así del pan, y beba de la copa" (1 Co. 11:28).
>
> "Examinaos a vosotros mismos si estáis en la fe; probaos a vosotros mismos. ¿O no os conocéis a vosotros mismos, que Jesucristo está en vosotros, a menos que estéis reprobados?" (2 Co. 13:5).

2 (13:7-10) *Ministro — Oración:* Estaba la oración del ministro por una iglesia carnal. Él hizo tres peticiones específicas:

1. Él oró para que ellos no hicieran nada malo. Él quería que ellos acabaran con sus pecados, con sus ataques contra él, su división y su inmoralidad. Note un elemento significativo: "Su razón no era egoísta". Él no buscaba que ellos lo aprobaran, sino que pudieran hacer lo bueno (tokalon). La palabra significa correcto, noble, bueno, agradable. A Pablo lo estaban atacando, y sufría la tensión y la presión del ataque, pero esa no era la razón por la que él quería que sus críticos se arrepintieran. Su propósito no era egoísta ni egocéntrico: "Él quería que sus críticos se arrepintieran por el bien de la justicia, para que se hiciera lo bueno y lo correcto". Él quería esto a pesar del hecho de que lo habían tratado como un reprobado. Podían no amarlo, pero él los amaba y quería lo mejor para ellos. Él no quería disciplinarlos; quería que se arrepintieran antes de que él llegara.

> "El amor sea sin fingimiento. Aborreced lo malo, seguid lo bueno" (Ro. 12:9).
>
> "Absteneos de toda especie de mal" (1 Ts. 5:22).
>
> "Apártese del mal, y haga el bien; busque la paz, y sígala" (1 P. 3:11).

2. Él oró para que pudieran representar la verdad. La mayoría de los comentaristas entienden que este versículo se refiere a Pablo, pero probablemente sea mejor analizarlo como parte de la oración de Pablo, es decir, que se aplica a todos los involucrados, tanto a Pablo como a la iglesia de Corinto. El versículo ciertamente es aplicable a todo creyente y debe ser parte de nuestra oración diaria:

> "Porque nada podemos contra la verdad, sino por la verdad" (v. 8).

La verdad se referiría al evangelio en su sentido más amplio, la plenitud de la verdad. La verdad se debe llevar a la práctica y se debe proclamar en cualquiera y en todas las circunstancias.

Pensamiento 1. Ningún ministro ni nadie deberán actuar contra la verdad:

- De la manera en la que se tratan unos a otros.
- De la manera en la que hablan de otros.
- En su moralidad.
- En su conducta.
- En su iglesia.

> "Por lo cual, desechando la mentira, hablad verdad cada uno con su prójimo; porque somos miembros los unos de los otros" (Ef. 4:25).
>
> "Estad, pues, firmes, ceñidos vuestros lomos con la verdad, y vestidos con la coraza de justicia" (Ef. 6:14).
>
> "Estas son las cosas que habéis de hacer: Hablad verdad cada cual con su prójimo; juzgad según la verdad y lo conducente a la paz en vuestras puertas" (Zac. 8:16).
>
> "La ley de verdad estuvo en su boca, e iniquidad no fue hallada en sus labios; en paz y en justicia anduvo conmigo, y a muchos hizo apartar de la iniquidad" (Mal. 2:6).

3. Él oró porque pudieran ser fuertes y perfeccionados. Pablo se ponía contento cuando los creyentes eran fuertes en el Señor y él podía lucir débil, es decir, cuando él no tenía que estar ejerciendo autoridad ni disciplina. En tales ocasiones, los creyentes y la iglesia crecían en pos de la perfección (katartisis). La palabra quiere decir reparar lo que está roto y restaurarlo a una condición más perfecta. Lo que la iglesia de Corinto necesitaba era volverse fuerte y perfeccionada, es decir, reparada y restaurada, que se limpiara su fraternidad de críticos y falsos maestros.

> "Sed, pues, vosotros perfectos, como vuestro Padre que está en los cielos es perfecto" (Mt. 5:48).
>
> "Por lo demás, hermanos, tened gozo, perfeccionaos, consolaos, sed de un mismo sentir, y vivid en paz; y el Dios de paz y de amor estará con vosotros" (2 Co. 13:11).
>
> "hasta que todos lleguemos a la unidad de la fe y del conocimiento del Hijo de Dios, a un varón perfecto, a la medida de la estatura de la plenitud de Cristo" (Ef. 4:13).
>
> "a quien anunciamos, amonestando a todo hombre, y enseñando a todo hombre en toda sabiduría, a fin de presentar perfecto en Cristo Jesús a todo hombre" (Col. 1:28).
>
> "Por tanto, dejando ya los rudimentos de la doctrina de Cristo, vamos adelante a la perfección; no echando otra vez el fundamento del arrepentimiento de obras muertas, de la fe en Dios" (He. 6:1).

Note las razones de Pablo para orar y escribir estas cosas:
=> Evitar tener que hacerle frente a aquellos que estaban pecando y tener que usar una disciplina severa y dura.
=> Tener la oportunidad de construir y edificar a los pecadores y no estar obligado a destruirlos. Él no quería estar obligado a destruirlos a ellos y destruir nuestra vida a fin de salvar la iglesia y su ministerio.

> "Así que, sigamos lo que contribuye a la paz y a la mutua edificación" (Ro. 14:19).
>
> "Cada uno de nosotros agrade a su prójimo en lo que es bueno, para edificación" (Ro. 15:2).
>
> "¿Qué hay, pues, hermanos? Cuando os reunís, cada uno de vosotros tiene salmo, tiene doctrina, tiene

lengua, tiene revelación, tiene interpretación. **Hágase todo para edificación**" (1 Co. 14:26).

"**¿Pensáis aún que nos disculpamos con vosotros? Delante de Dios en Cristo hablamos; y todo, muy amados, para vuestra edificación**" (2 Co. 12:19).

"**Ninguna palabra corrompida salga de vuestra boca, sino la que sea buena para la necesaria edificación, a fin de dar gracia a los oyentes**" (Ef. 4:29).

3 (13:11-13) *Ministro — Estímulo:* Estaba el estímulo del ministro. El estímulo era alentador.

1. "Perfeccionaos": Restaurarse, reformarse, corregirse, enmendarse nosotros mismos nuestros placeres. Pongan fin a sus pecados: Críticas, división, inmoralidad.

2. "Consolaos": Estar asegurados, consolados, y ayudados arrepintiéndose y volviéndose a Dios. La palabra consolaos (parakaleisthe) también puede significar "exhortaos"; es decir, escuchen y presten atención a lo que tengo que decir.

3. "Sed de un mismo sentir": En fe, creencia, propósito, misión, y ministerio.

4. "Vivid en paz": Amor, preocupación, paciencia, sufran y preocúpense por cada uno. No tengan nada que ver con la crítica, la división, el esnobismo, el orgullo o los sentimientos de superioridad.

Si los creyentes de la iglesia hicieran estas cuatro cosas, el Dios de amor y paz estaría con ellos. Note que Dios es el Autor, el Dador de amor y paz. Por consiguiente, si un hombre desea conocer el amor verdadero y la paz verdadera, debe aceptar el estímulo y vivir consiguientemente.

Nota: Pablo esperaba que la iglesia siguiera adelante. Él los estimuló: "Saludaos unos a otros con ósculo santo". Era la práctica de los creyentes de la iglesia primitiva demostrar su amor y comunión saludándose con un beso.

Note también que Pablo intentó estimular a los creyentes corintios enviándoles saludos de "todos los santos". La sola mención de la palabra "santos" sería significativa para los corintios, porque quiere decir *aquellos que están apartados del mundo para Dios.*

4 (13:14) *Ministro — Bendición:* Estaba la bendición del ministro. Esta es una de las bendiciones más usadas en la Biblia. Note con qué claridad se ve la Trinidad en este versículo. La bendición cuenta de tres partes.

1. La gracia del Señor Jesucristo: Pablo deseaba que ellos experimentaran todo el favor y las bendiciones del Señor Jesucristo. Él quería que ellos conocieran el poder salvador de la muerte del Señor y su liberación cotidiana que se debe consumar en el día glorioso de la redención eterna.

"**Porque ya conocéis la gracia de nuestro Señor Jesucristo, que por amor a vosotros se hizo pobre, sien-**

do rico, para que vosotros con su pobreza fueseis enriquecidos" (2 Co. 8:9).

"**Y me ha dicho: Bástate mi gracia; porque mi poder se perfecciona en la debilidad. Por tanto, de buena gana me gloriaré más bien en mis debilidades, para que repose sobre mí el poder de Cristo**" (2 Co. 12:9).

"**Tú, pues, hijo mío, esfuérzate en la gracia que es en Cristo Jesús**" (2 Ti. 2:1).

2. El amor de Dios: Pablo deseaba que ellos experimentaran todo el amor de Dios, desde el regalo de Cristo para salvar al mundo hasta la provisión diaria de las necesidades.

"**Porque de tal manera amó Dios al mundo, que ha dado a su Hijo unigénito, para que todo aquel que en él cree, no se pierda, mas tenga vida eterna**" (Jn. 3:16).

"**Mas Dios muestra su amor para con nosotros, en que siendo aún pecadores, Cristo murió por nosotros**" (Ro. 5:8).

"**Por lo cual estoy seguro de que ni la muerte, ni la vida, ni ángeles, ni principados, ni potestades, ni lo presente, ni lo por venir, ni lo alto, ni lo profundo, ni ninguna otra cosa creada nos podrá separar del amor de Dios, que es en Cristo Jesús Señor nuestro**" (Ro. 8:38, 39).

"**Pero Dios, que es rico en misericordia, por su gran amor con que nos amó, aun estando nosotros muertos en pecados, nos dio vida juntamente con Cristo (por gracia sois salvos)**" (Ef. 2:4, 5).

"**Mirad cuál amor nos ha dado el Padre, para que seamos llamados hijos de Dios; por esto el mundo no nos conoce, porque no le conoció a él**" (1 Jn. 3:1).

3. La comunión del Espíritu Santo: Pablo deseaba que experimentaran la presencia y poder del Espíritu de Dios en su andar en comunión con el Padre, el Hijo y con otros creyentes.

"**Pues no habéis recibido el espíritu de esclavitud para estar otra vez en temor, sino que habéis recibido el espíritu de adopción, por el cual clamamos: ¡Abba, Padre! El Espíritu mismo da testimonio a nuestro espíritu, de que somos hijos de Dios**" (Ro. 8:15, 16).

"**¿O ignoráis que vuestro cuerpo es templo del Espíritu Santo, el cual está en vosotros, el cual tenéis de Dios, y que no sois vuestros? Porque habéis sido comprados por precio; glorificad, pues, a Dios en vuestro cuerpo y en vuestro espíritu, los cuales son de Dios**" (1 Co. 6:19, 20).

"**Y por cuanto sois hijos, Dios envió a vuestros corazones el Espíritu de su Hijo, el cual clama: ¡Abba, Padre!**" (Gá. 4:6).

"**lo que hemos visto y oído, eso os anunciamos, para que también vosotros tengáis comunión con nosotros; y nuestra comunión verdaderamente es con el Padre, y con su Hijo Jesucristo**" (1 Jn. 1:3).

ÍNDICE DE BOSQUEJOS Y TEMAS
SEGUNDA CORINTIOS

RECUERDE: Cuando busca un tema o una referencia de las Escrituras, usted no solo tendrá el texto bíblico, sino también un bosquejo y una discusión (comentario) del pasaje de la Biblia y del tema.

Este es uno de los grandes valores de *La Biblia de bosquejos y sermones*. Cuando posea todos los tomos, no solo tendrá todo lo que los otros índices bíblicos le ofrecen; es decir, un listado de todos los temas y sus referencias bíblicas, SINO que también tendrá:

- un bosquejo de *cada* texto y tema de la Biblia.
- una discusión (comentario) de cada texto y tema.
- cada tema respaldado por otros textos de la Biblia o referencias cruzadas.

Descubra el gran valor usted mismo. Dé una mirada rápida al primer tema de este índice.

ABNEGACIÓN *(Vea CRUZ, ABNEGACIÓN)*
Deber.
    Morir diariamente. 4:10
    Morir para sí. 4:12
Resultado. Infunde vida a otros. 4:12

Busque las referencias. Después los textos bíblicos y el bosquejo de las Escrituras. Luego lea el comentario. De inmediato verá el gran valor de este índice de *La Biblia de bosquejos y sermones*.